TEMAS ATUAIS DE PROTEÇÃO DE DADOS

Diretora de Conteúdo e Operações Editoriais
Juliana Mayumi Ono

Gerente de Conteúdo
Milisa Cristine Romera

Editorial: Aline Marchesi da Silva, Camilla Sampaio, Emanuel Silva, Karolina de Albuquerque Araújo Martino e Quenia Becker

Gerente de Conteúdo Tax: Vanessa Miranda de M. Pereira

Direitos Autorais: Viviane M. C. Carmezim

Assistente de Conteúdo Editorial: Juliana Menezes Drumond

Analista de Conteúdo Editorial Júnior: Bárbara Baraldi

Estagiária: Mirna Adel Nasser

Produção Editorial
Gerente de Conteúdo
Andréia R. Schneider Nunes Carvalhaes

Especialistas Editoriais: Gabriele Lais Sant'Anna dos Santos e Maria Angélica Leite

Analista de Projetos: Thyara Pina da Silva

Analistas de Operações Editoriais: Caroline Vieira, Damares Regina Felício, Danielle Castro de Morais, Mariana Plastino Andrade, Mayara Macioni Pinto, Patrícia Melhado Navarra e Vanessa Mafra

Analistas de Qualidade Editorial: Ana Paula Cavalcanti, Fernanda Lessa, Gabriela Cavalcante Lino e Victória Menezes Pereira

Estagiárias: Beatriz Corrêa, Bianca Satie Abduch, Caroline Dubovicki e Gabrielly N. C. Saraiva

Capa: Linotec

Líder de Inovações de Conteúdo para Print
Camilla Furegato da Silva

Equipe de Conteúdo Digital
Coordenação
Marcello Antonio Mastrorosa Pedro

Analistas: Gabriel George Martins, Jonatan Souza, Maria Cristina Lopes Araujo e Rodrigo Araujo

Gerente de Operações e Produção Gráfica
Mauricio Alves Monte

Analistas de Produção Gráfica: Aline Ferrarezi Regis e Jéssica Maria Ferreira Bueno

Assistente de Produção Gráfica: Ana Paula de Araújo Evangelista

Dados Internacionais de Catalogação na Publicação (CIP)
(Câmara Brasileira do Livro, SP, Brasil)

Temas atuais de proteção de dados / coordenação Felipe Palhares. -- 2. ed. rev. e atual. -- São Paulo : Thomson Reuters Brasil, 2022.

Vários autores
Bibliografia
ISBN 978-65-5991-234-6

1. Direito à privacidade 2. Proteção de dados - Leis e legislação 3. Proteção de dados pessoais I. Palhares, Felipe.

22-104736 CDU-342.721

Índices para catálogo sistemático:
1. Privacidade : Proteção de dados pessoais : Direito 342.721

Eliete Marques da Silva - Bibliotecária - CRB-8/9380

COORDENAÇÃO

FELIPE **PALHARES**

ALAN **CAMPOS ELIAS THOMAZ**

ALINE **FUKE FACHINETTI**

ANA CAROLINA **CAGNONI**

ANNE **CHANG**

BRUNA **MICHELE WOZNE GODOY**

CYNTHIA **BARBOSA DE ALMEIDA**

FABRÍCIO **DA MOTA ALVES**

FELIPE **PALHARES**

FERNANDA **SIMPLICIO MAIA**

GUSTAVO **CORRÊA GODINHO**

ISABELLA **DA PENHA LOPES SANTANA**

MARCEL **LEONARDI**

MARCELLO **MULLER TEIVE**

MARCELO **CRESPO**

MARIA CECÍLIA **OLIVEIRA GOMES**

MIRIAM **WIMMER**

NATÁLIA **BALBINO DA SILVA**

PATRICIA **PECK PINHEIRO**

RAFAEL **A. F. ZANATTA**

RAÍSSA CRISTINA **DE MOURA FERREIRA**

RAPHAEL **MORAES AMARAL DE FREITAS**

REMILINA **YUN**

RENATA **BARROS SOUTO MAIOR BAIÃO**

VIVIANE **NÓBREGA MALDONADO**

TEMAS ATUAIS DE PROTEÇÃO DE DADOS

2ª EDIÇÃO
revista e atualizada

THOMSON REUTERS
REVISTA DOS TRIBUNAIS™
1912 • 2022 110 anos

TEMAS ATUAIS DE PROTEÇÃO DE DADOS

FELIPE PALHARES
Coordenação

ALAN CAMPOS ELIAS THOMAZ, ALINE FUKE FACHINETTI, ANA CAROLINA CAGNONI, ANNE CHANG, BRUNA MICHELE WOZNE GODOY, CYNTHIA BARBOSA DE ALMEIDA, FABRÍCIO DA MOTA ALVES, FELIPE PALHARES, FERNANDA SIMPLICIO MAIA, GUSTAVO CORRÊA GODINHO, ISABELLA DA PENHA LOPES SANTANA, MARCEL LEONARDI, MARCELLO MULLER TEIVE, MARCELO CRESPO, MARIA CECÍLIA OLIVEIRA GOMES, MIRIAM WIMMER, NATÁLIA BALBINO DA SILVA, PATRICIA PECK PINHEIRO, RAFAEL A. F. ZANATTA, RAISSA CRISTINA DE MOURA FERREIRA, RAPHAEL MORAES AMARAL DE FREITAS, REMILINA YUN, RENATA BARROS SOUTO MAIOR BAIÃO E VIVIANE NÓBREGA MALDONADO

2ª edição revista e atualizada
1ª edição: 2020.

Diagramação eletrônica: Linotec Fotocomposição e Fotolito Ltda., CNPJ 60.442.175/0001-80
Impressão e encadernação: Mundial Gráfica Ltda., CNPJ 12.729.574/0001-84

THOMSON REUTERS BRASIL CONTEÚDO E TECNOLOGIA LTDA.

JULIANA MAYUMI ONO
Diretora Responsável

Av. Dr. Cardoso de Melo, 1855 – 13º andar – Vila Olímpia
CEP 04548-005, São Paulo, SP, Brasil

CENTRAL DE RELACIONAMENTO THOMSON REUTERS SELO REVISTA DOS TRIBUNAIS
(atendimento, em dias úteis, das 09h às 18h)
Tel. 0800-702-2433
e-mail de atendimento ao consumidor: sacrt@thomsonreuters.com
e-mail para submissão dos originais: aval.livro@thomsonreuters.com
Conheça mais sobre Thomson Reuters: www.thomsonreuters.com.br
Acesse o nosso *eComm*
www.livrariart.com.br
Impresso no Brasil [04-2022]
Profissional
Fechamento desta edição [03.03.2022]

ISBN 978-65-5991-234-6

Introdução

Proteção de dados pessoais é um dos assuntos mais relevantes da atualidade. Na medida em que os negócios se tornam cada vez mais *data driven*, voltados para o uso expressivo de dados pessoais para a obtenção de informações que podem gerar benefícios em razão do conhecimento profundo do perfil de seus consumidores (permitindo acentuada personalização de produtos e serviços), a resposta de legisladores ao redor do mundo tem sido criar novas leis e regulamentações sobre o tema, definindo o que pode ser feito com esses dados, quando eles podem ser tratados e quais os direitos garantidos às pessoas nesta era digital.

A particularidade do tema, que demanda conhecimentos novos e específicos, e que evolui a todos os instantes, acompanhando o desenvolvimento exponencial da tecnologia, faz com que os profissionais da área de direito, em especial, tenham que se reinventar na mesma velocidade. Na época do lançamento da primeira edição deste livro, mencionei que, no futuro, escritórios de advocacia brasileiros tenderiam a ter áreas próprias só de proteção de dados pessoais, tamanha a demanda que deve surgir com a entrada em vigor da LGPD e com o maior reconhecimento da relevância dos dados pessoais pela população em geral (sem contar os constantes incidentes de vazamentos de dados que são noticiados com frequência). A previsão, hoje, tornou-se uma realidade. Já existem diversos escritórios com áreas integralmente dedicadas à proteção de dados, que não mais se confundem com áreas de propriedade intelectual, ganhando relevância própria em razão das demandas crescentes. Mais do que isso, a proteção de dados ganhou relevo constitucional, tornando-se uma garantia fundamental autônoma prevista no artigo 5º da Carta Magna em virtude da Emenda Constitucional nº 115/2022.

Conhecer só a LGPD, no entanto, não é o suficiente para verdadeiramente se aprofundar no tema. Por sua natureza, os fluxos de dados pessoais são internacionais. A cada minuto, dados são transferidos para diversos países, acessados em jurisdições distintas, armazenados em diferentes continentes, processados e compartilhados entre nações. Nesse sentido, estudar proteção de dados pessoais requer a leitura e o conhecimento de diversas legislações e regulamentos, além de guias interpretativos, opiniões de órgãos reguladores, decisões judiciais e, é claro, de conteúdos que vão além da área jurídica, como normas técnicas de segurança da informação.

Com isso em mente, a ideia deste livro não é ser mais um manual ou comentário sobre a LGPD, mas sim um compilado de discussões sobre proteção de dados de forma mais ampla, abordando tanto aspectos técnicos diretamente relacionados a tecnologias envolvidas no tratamento de dados pessoais quanto discussões polêmicas sobre a interpretação e a implementação das normas que tangenciam ou cuidam especificamente sobre proteção de dados no Brasil e no exterior, incluindo, obviamente, a nossa Lei Geral de Proteção de Dados Pessoais.

Para isso, tive o prazer de reunir um time de estrelas, dos mais renomados profissionais na área, aqueles que de fato vêm vivendo e respirando proteção de dados, que têm muito a acrescentar em qualquer discussão, seja por seu amplo conhecimento teórico, seja por sua extensa experiência prática com o tema, e os quais eu tenho a honra de chamar de amigos. Não haveria elenco melhor para esta obra do que essas autoras e autores, os quais eu admiro e respeito, e aos quais eu sou extremamente grato pela contribuição, especialmente num momento tão delicado como este.

Os artigos deste livro têm um objetivo claro: incutir no leitor a vontade de aprender cada vez mais sobre o tema e de não se conformar com argumentos rasos ou pretensas verdades absolutas. Se a cultura de privacidade e proteção de dados no Brasil está apenas começando, cabe a cada um de nós questionar as incongruências na nossa legislação, fomentar o debate sobre as lacunas da lei e instigar a evolução do pensamento crítico sobre as melhorias que o nosso sistema nacional de proteção de dados merece.

Se esta obra for exitosa em seu intuito central, o resultado esperado é um só: que, ao terminar de lê-la, o leitor fique com o desejo de ler ainda mais, de procurar mais conteúdo, de mergulhar fundo no mundo à parte (mas tão interligado em nossa realidade cotidiana) da proteção de dados pessoais. Na medida em que este livro não tem o condão de terminar a discussão, nem de abordar à exaustão os temas tratados, é primordial que o leitor não se deixe enganar quando terminar de ler a sua última página. Ao acabar a leitura da obra, chegar-se-á no momento de reflexão sobre o seu conteúdo, de discussão sobre os seus argumentos e de promoção da continuidade do debate.

O caminho para a proficiência em proteção de dados é longo, árduo e não acaba por aqui. Pelo contrário, ele só começa por aqui. Nesse cenário de incertezas, entre a pandemia de um novo vírus, o início da possibilidade de aplicação das sanções da LGPD e da regulamentação da legislação pela Autoridade Nacional de Proteção de Dados, talvez a certeza atual seja uma só: o debate sobre proteção de dados não pode parar.

Como bem disse Benjamin Disraeli, "a vida é muito curta para ser pequena". Espero que este livro seja só o começo de uma grandiosa jornada em proteção de dados, que sirva como início de um profícuo debate com cada uma das autoras e dos autores, e que provoque você, leitor, a não se resignar com qualquer argumento falacioso ou pequeno.

Boa leitura!

Felipe Palhares

Sumário

Capítulo 1

Cookies: *contornos atuais*

Felipe Palhares

Bacharel em Direito pela Faculdade de Ciências Sociais de Florianópolis (CESUSC); Pós-graduado em Direito Empresarial pela Fundação Getulio Vargas – FGV/SP; Pós-graduado em Direito Societário pelo Instituto de Ensino e Pesquisa – INSPER; Mestre (LL.M.) em *Corporate Law* pela *New York University* – NYU. Único brasileiro a ser reconhecido como *Privacy Law Specialist* (PLS) pela *International Association of Privacy Professionals* – IAPP. Primeiro brasileiro a ser reconhecido como *Fellow of Information Privacy* (FIP) e o único brasileiro a ter obtido todas as certificações de privacidade e proteção de dados da IAPP (CIPP/E, CIPP/US, CIPP/C, CIPP/A, CIPM, CIPT). Certificado em *Privacy and Data Protection Foundation* pela EXIN. Certificado como *Data Protection Officer* pela *Maastricht University*. Certificado como *Data Privacy Solutions Engineer* pela ISACA (CDPSE). Professor convidado de matérias de proteção de dados pessoais do INSPER, da FGV/Rio, da Damásio/IBMEC, do ITS Rio, do Tribunal de Justiça do Estado de Santa Catarina, da Nextlaw Academy e do Instituto New Law. Co-fundador da *Brazilian Legal Society at NYU School of Law*. Selecionado pela the *Law Society* e o *Bar Council of England and Wales* para ser um dos representantes brasileiros no 6th *Latin American Young Lawyers' Exchange Programme*. Palestrante internacional, convidado para palestrar em eventos como o *IAPP Data Protection Intensive: UK 2020*, o *IAPP Global Privacy Summit 2020*, o *IAPP Summit Sessions 2020* e o *IAPP Global Privacy Summit Online 2021*. Coordenador dos livros *Temas Atuais de Proteção de Dados* e *Estudos sobre Privacidade e Proteção de Dados*. Coautor dos livros *LGPD – Manual de Implementação*, *Compliance no Direito Digital*, *Manual do DPO*, *LGPD na Saúde*, *A*

Lei Geral de Proteção de Dados Pessoais – LGPD no Setor Público e Privado – Temas Relevantes, e *LGPD Aplicada*. Autor de diversos artigos sobre proteção de dados publicados em periódicos internacionais e nacionais, como Valor Econômico, Estadão, O Globo, JOTA, Conjur e *DataGuidance*. Advogado, admitido para a prática jurídica no Brasil e no Estado de Nova York (EUA). Reconhecido entre os maiores advogados de proteção de dados do mundo com menos de 40 anos, figurando na lista *40 under 40* da *Global Data Review*. Sócio da área de Proteção de Dados e *Cybersecurity* do BMA – Barbosa, Müssnich, Aragão Advogados.
https://www.linkedin.com/in/felipepalhares/
https://www.instagram.com/ofelipepalhares/
felipe.palhares@bmalaw.com.br

1. Introdução

Quando você navega na internet, seja para verificar as notícias do dia, seja para buscar informações sobre um tema específico ou para realizar compras em *sites* de *e-commerce*, é quase certo que alguém esteja acompanhando a sua navegação, monitorando todos os seus passos, seus cliques e o tempo que você gasta em cada *website* visitado.

Um seriado de televisão norte-americano criado em 2011, intitulado *Person of Interest*, tinha uma chamada de entrada bem propícia, que iniciava dizendo: "You are being watched. The government has a secret system, a machine that spies on you every hour of every day[1]". Embora a série fosse pautada numa máquina utilizada pelo governo, a vida real é mais abrangente: tanto entes públicos quanto empresas privadas possuem capacidades para vigiar seus passos e nenhuma máquina específica é necessária para isso. Basta uma tecnologia antiga, chamada de *cookies*.

1. Tradução livre: "Você está sendo observado. O governo tem um sistema secreto, uma máquina que espia você durante todas as horas de todos os dias."

O fato de a tecnologia não ser exatamente nova não retira a sua utilização extensiva mesmo nos tempos atuais. Com o aumento exponencial do acesso à internet ao redor do mundo, inclusive com a sua inclusão em diplomas legais como um direito essencial (vide o art. 4º, I, do Marco Civil da Internet, e a Proposta de Emenda à Constituição nº 185/2015), *cookies* se tornaram onipresentes, utilizados por um percentual expressivo dos principais *websites* de empresas e entes governamentais.

Embora referida tecnologia tenha sido criada com um objetivo específico, distinto do monitoramento constante das atividades realizadas na internet por usuários, o mercado passou a utilizar *cookies* da mesma forma com que drogas farmacêuticas são usadas para indicações *off-label*, para finalidades que não estão prescritas na bula, ou, no caso dos *cookies*, para objetivos não previstos por seus criadores.

Este artigo tem como intuito abordar o que são *cookies* e outras ferramentas de monitoramento similares utilizadas na internet, discutindo os riscos à privacidade e à proteção de dados pessoais no seu uso, além de contextualizar outras legislações globais que tratam sobre o tema e alguns precedentes regulatórios e jurisprudenciais, no nível internacional, acerca da utilização de *cookies*.

Por fim, pretende-se analisar como essa tecnologia poderá ser interpretada no Brasil quando da entrada em vigor da Lei Geral de Proteção de Dados Pessoais e quais os pontos de atenção que deverão ser observados por órgãos da administração pública e por companhias privadas para a conformidade do uso de *cookies* com o ordenamento jurídico brasileiro.

2. O QUE SÃO *COOKIES*?

A internet tem como base um protocolo de comunicação chamado HTTP (*Hypertext Transfer Protocol*), que permite a troca de conteúdos entre um cliente e um servidor. Quando você abre um navegador e coloca um determinado *website* na barra de endereço, o seu terminal (identificado como "cliente") envia uma solicitação para buscar um documento na máquina do endereço indicado (identificada como "servidor"), geralmente um documento HTML (*Hypertext Markup Language*, a linguagem utilizada para a construção de páginas na *web*), que é então mostrado na tela do usuário.[2]

2. MAYER-SCHONBERGER, Viktor. The Internet and Privacy Legislation: Cookies for a Treat? *Computer Law & Security Report*. Vol. 14, n. 3. 1998. p. 166.

Por padrão, o HTTP é um protocolo sem estado (*stateless*), o que significa que cada comunicação é considerada independente e não relacionada a uma requisição anterior. Em outras palavras, o protocolo encerra a conexão entre o cliente e o servidor assim que o servidor entrega a resposta à solicitação feita pelo cliente (o arquivo HTML que permite que você visualize um *website*), sem reter qualquer informação sobre essa comunicação.[3]

A ausência de correlação entre uma requisição e outra consecutiva trazia uma série de dificuldades técnicas, como guardar informações importantes durante uma determinada sessão de navegação de um usuário, que facilitariam o seu uso do *website*. Um dos principais problemas enfrentados na utilização de um protocolo sem estado estava relacionado a *sites* de comércio eletrônico, já que não era possível ter uma cesta de compras que guardasse os itens que eram colocados no carrinho, considerando que a cada clique em um novo produto a informação da requisição anterior (inclusão de um item colocado anteriormente no carrinho) era perdida.

Imagine o seguinte cenário: você vai ao mercado com uma lista de compras de 30 produtos, entre itens de limpeza, frutas, enlatados, entre outros. Para cada item que você pega e coloca no seu carrinho, é necessário ir ao caixa, realizar o pagamento daquele produto e voltar novamente ao mercado para pegar o próximo item. Seriam 30 viagens diferentes e 30 pagamentos distintos. Como um protocolo sem estado não permite salvar as informações anteriores, seria como se o seu carrinho de compras só pudesse armazenar um item por vez.

Em 1995, a *Netscape Communication Corporation* desenvolveu uma tecnologia chamada inicialmente de *magic cookies*, ou formalmente de *Persistent Client State HTTP Cookies*.[4] A ideia central da ferramenta, que ficou conhecida simplesmente como *cookies*, era manter o estado do protocolo HTTP, fazendo com que informações fossem mantidas de modo a permitir a continuidade das transações entre cliente e servidor.

Cookies são pequenos arquivos de texto que são armazenados no terminal do usuário (cliente) e que são deixados pelo servidor *web* antes que o ciclo da comunicação por meio do protocolo HTTP se encerre. Toda vez que o usuário acessa novamente o mesmo *website*, os *cookies* inicialmente armazenados são

3. MCCARTHY, Laura; YATES, Dave. The use of cookies in Federal agency web sites: Privacy and recordkeeping issues. *Government Information Quarterly*. Vol. 27. 2010. p. 232.

4. GRYSIUK, Mark. The cookie trail: why IG Pros must follow the crumbs. *Information Management*. Março-Abril/2015. p. 24.

lidos pelo servidor *web*, o que permite várias funcionalidades, como lembrar os itens colocados em um carrinho de compras, autenticar o usuário para o acesso à sua conta, personalizar aspectos da exibição da página (tais como a língua de exibição, padrões de medida, horários) ou mesmo para acompanhar o comportamento do usuário na página.[5]

Para que um *cookie* seja criado, quando o servidor responde à requisição do cliente (de acesso a uma determinada página *web*) ele inclui, na sua resposta via HTTP, um cabeçalho *Set-Cookie*, com a indicação do nome e do valor do *cookie*. Quando o usuário retorna posteriormente ao site, sua requisição normalmente acompanha um cabeçalho *Cookie*, pelo qual o *website* recebe o valor existente no arquivo de texto e responde à requisição de acordo com essas informações, mantendo-se, assim, uma sessão com estado (*stateful*), na qual a comunicação entre cliente e servidor ocorre de forma contínua, fazendo com que as requisições do cliente sejam relacionadas às requisições anteriores.[6]

O tamanho máximo de um *cookie* é de 4.096 bytes (4KB) e eles normalmente são compostos por 5 variáveis: nome, data de expiração, domínio do *website*, caminho e segurança. Conforme explicam Laura McCarthy e Dave Yates[7], essas não são as únicas propriedades que um *cookie* pode ter:

> "Depending on how the cookie is programmed it can also (a) record clickstream information about a user's web browsing habits, (b) be shared by third-party web hosts without the user's knowledge or permission (commonly known as third-party cookies), (c) lead to denial-of-service attacks (known as cookies storms), (d) contain content that is sensitive or classified which the user cannot control, and (e) provide the web browser with information from unvisited sites without the user's knowledge or permission."[8]

---

5. YUE, Chuan; XIE, Mengjun; WANG, Haining. An Automatic HTTP Cookie Management System. *Computer Networks*. Vol. 54. 2010. p. 2182.
6. KRISTOL, David M. HTTP Cookies: Standards, Privacy and Politics. *ACM Transactions on Internet Technology*. Vol. 1, n. 2. Novembro/2001. p. 153.
7. MCCARTHY; YATES, *op. cit.*, p. 233.
8. Tradução livre: "Dependendo de como o *cookie* é programado ele também pode (a) registrar informações do fluxo de cliques sobre os hábitos de navegação na internet do usuário, (b) ser compartilhado por *web hosts* de terceiros sem o conhecimento ou permissão do usuário (comumente conhecidos como *third-party cookies*), (c) levar a ataques de negação de serviço (conhecidos como tempestades de *cookies*), (d) conter conteúdo que é sensível ou sigiloso e que o usuário não pode controlar, e (e) prover

Desse modo, verifica-se que *cookies* podem armazenar diversas informações sobre os hábitos de utilização da internet do usuário, desde os links em que foram clicados, os produtos que foram comprados, os termos que foram pesquisados, a região em que vive o usuário, e tantos outros dados valiosos para uma eventual segmentação de publicidade, que vão muito além dos objetivos para os quais foram inicialmente concebidos, de meramente viabilizar algumas funcionalidades específicas.

Orin S. Kerr comenta que *cookies* podem ser utilizados também para restringir o acesso contínuo ao conteúdo de portais de notícias e para a ativação de *paywalls*, bloqueios que impedem, no caso de *websites* de jornais e revistas, a visualização de matérias e reportagens depois de um determinado número de acessos. Contudo, como o usuário poderia deletar os *cookies* a qualquer instante, o modelo de ativação de *paywalls* foi posteriormente alterado para se pautar no bloqueio do número do endereço de IP do usuário, e não mais nos *cookies* existentes em sua máquina.[9]

Cookies podem ser classificados principalmente em relação ao seu período de duração e a quem coloca os *cookies* na máquina do usuário. *Cookies* de sessão são aqueles que duram somente durante uma sessão de navegação e que são automaticamente excluídos da máquina do cliente quando o navegador é fechado. É comum encontrar essa modalidade de *cookies* relacionados à autenticação do usuário no *website*, para que quando o navegador seja encerrado e uma nova sessão seja iniciada, haja a necessidade de digitar novamente os dados de usuário e senha para realizar o *login* no sistema do *site*. Por outro lado, *cookies* persistentes são aqueles que possuem um período de expiração definido e que não está relacionado com a sessão de navegação do usuário. Eles podem perdurar por horas, dias, meses ou até anos, de acordo com a configuração realizada pelo servidor *web*.[10]

No que tange a quem envia os *cookies*, e, consequentemente, tem acesso aos dados neles armazenados, divide-se entre *first-party cookies* e *third-party cookies*. Os primeiros são aqueles colocados na máquina do usuário pelo próprio *website*

---

ao navegador informações sobre sites não visitados sem o conhecimento ou permissão do usuário."

9. KERR, Orin S. Norms of Computer Trespass. *Columbia Law Review.* Vol. 116, n. 4. Maio/2016. p. 1166-1167.

10. MIYAZAKI, Anthony D. Online Privacy and the Disclosure of Cookie Use: Effects on Consumer Trust and Anticipated Patronage. *Journal of Public Policy & Marketing.* Vol. 27, n. 1. 2008. p. 20.

que ele está visitando. Já os *third-party cookies* são colocados por outros *websites* que não aquele que o usuário decidiu visitar, e, geralmente, são disparados por empresas de publicidade, que possuem parcerias com o *site* visitado.[11]

Atualmente, tem sido comum a categorização de *cookies* de acordo com a sua função. *Cookies* estritamente necessários são aqueles essenciais para o funcionamento do *website*, como os que dão suporte a carrinhos de compras em *sites* de *e-commerce* ou a ferramentas para a autenticação do usuário. *Cookies* de performance são aqueles que coletam informações sobre como o *site* é utilizado pelo usuário, permitindo identificar quais as páginas mais acessadas e eventuais erros que aconteçam durante o acesso, de modo a melhorar a performance do *site*. *Cookies* de funcionalidades são aqueles que guardam informações sobre eventuais preferências do usuário (língua e região), bem como os que permitem o uso de algumas áreas do *site* que não são essenciais, mas podem trazer benefícios interessantes aos usuários (como fóruns de mensagens). *Cookies* de comportamento ou de propaganda são aqueles que coletam dados específicos para a criação de um perfil de consumo do usuário, que permitem que determinadas publicidades sejam veiculadas especificamente para aquele usuário, de acordo com seus gostos e preferências.[12]

Ainda que o presente artigo seja focado no tipo normal de *cookies*, cujas características foram expostas acima, é importante também salientar a existência de outras ferramentas técnicas para o monitoramento de usuários na internet e que são comumente utilizadas por *websites*, a exemplo de *flash cookies*, *web beacons* e *fingerprinting*.

Flash cookies são configurados pelo software *Adobe Flash Player*, que está presente na quase totalidade dos computadores e é utilizado para assistir vídeos, jogar *games* e visualizar *sites* interativos na *web*. Também chamados de *Local Shared Objects* (LSO), *flash cookies* são mais persistentes que *cookies* normais, na medida em que, por padrão, não possuem data de expiração, e são armazenados em locais distintos dos *cookies*, dificultando a sua exclusão do sistema, principalmente por não estarem ligados diretamente a um navegador, mas ao *plug-in* do *Flash Player*. Nesse sentido, mesmo que você acesse as configurações do seu navegador e selecione a exclusão de todos os *cookies* e históricos armazenados,

---

11. RUBINSTEIN, Ira S.; LEE, Ronald D.; SCHWARTZ, Paul M. Data Mining and Internet Profiling: Emerging Regulatory and Technological Approaches. *The University of Chicago Law Review*. Vol. 75, n. 1. 2008. p. 271.

12. BOND, Robert. The EU e-Privacy Directive and consent to cookies. *Business Lawyer*. Vol. 68, n. 1. 2012, p. 3.

os *flash cookies* não serão apagados. Os controles para exclusão dos *flash cookies* são de difícil acesso e, caso excluídos, o usuário pode ter dificuldades em participar de jogos que utilizam essa tecnologia, ou de visualizar vídeos e animações presentes em *websites*. Esse tipo especial de *cookies* possui um tamanho máximo de 100 KB, bem maior que o tamanho máximo dos arquivos de *cookies* padrão, podendo guardar um volume expressivo de informações.[13]

Existem dois fatores que trazem maiores preocupações em relação aos *flash cookies*: o primeiro é que, por não estarem vinculados diretamente ao navegador, eventuais opções pré-estabelecidas pelo usuário nas configurações do navegador, como a escolha de rejeitar todos os *third-party cookies* que sejam disparados por um *website*, não terão efeito no que tange aos *flash cookies*; o segundo, e talvez ainda mais alarmante, é que os *flash cookies*, em certas circunstâncias, podem ser utilizados para recriar *cookies* normais que tenham sido deletados pelo usuário, fazendo com que referidos *cookies* renasçam das cinzas, sem que o usuário seja notificado ou possa ter ciência sobre esse fato.[14] Considerando a maior complexidade para a exclusão dos *flash cookies* e para a configuração de rejeição do armazenamento de *flash cookies* (que precisa ser realizada nas configurações do próprio *Adobe Flash Player*, e não nas configurações do navegador), mesmo quando o usuário acredita que está navegando na internet sem o monitoramento do seu comportamento de buscas, é bem possível que isso esteja longe de ser verdade.

Web beacons, também conhecidos como *web bugs*, *pixel tags* ou *clear gifs*, são imagens com tamanho de 1 pixel x 1 pixel (leia-se minúsculas), colocadas em arquivos de HTML de *websites* ou de e-mails, geralmente na mesma cor do fundo desses arquivos para que pareçam transparentes e se tornem imperceptíveis, somente podendo ser detectadas caso o usuário tenha habilidades técnicas necessárias para verificar o código fonte de um arquivo HTML e identificar a existência de uma imagem que é carregada de um servidor *web* distinto do servidor do qual o restante da página é carregado.[15]

Web beacons são capazes de rastrear uma enormidade de movimentos feitos pelo usuário, como os cliques dados, os valores e textos preenchidos pelo

---

13. PIERSON, Jo; HEYMAN, Rob. Social media and cookies: challenges for online privacy. *Info*. Vol. 13, n. 6. 2011. p. 34.
14. SIPIOR, Janice C.; WARD, Burke T.; MENDOZA, Ruben A. Online Privacy Concerns Associated with Cookies, Flash Cookies, and Web Beacons. *Journal of Internet Commerce*. Vol. 10. 2011. p. 4.
15. GOLDFARB, Avi; TUCKER, Catherine E. Privacy Regulation and Online Advertising. *Management Science*. Vol. 57, n. 1. Janeiro/2011. p. 59.

usuário, bem como gravar o áudio do computador, ativar a câmera, compartilhar imagens com terceiros, entre outros. É por meio desses *pixel tags*, por exemplo, que é possível identificar se o destinatário abriu o e-mail que lhe foi enviado. Todos esses dados, depois de coletados, podem ser armazenados pelo *web beacon* em um *cookie* e compartilhados sem que o usuário jamais tenha conhecimento.[16]

Alessandro Acquisti, Curtis Taylor e Liad Wagman[17] comentam sobre *flash cookies* e *web beacons* que:

> "In fact, various and constantly evolving technologies (such as the aforementioned web bugs, or flash cookies, etc.) allow advertisers to track consumers' browsing activities and gain insight into their interests. For instance, web bugs are different from cookies because they are designed to be invisible to the user and are not store on a user's computer. Without inspecting a web page's underlying code, a customer does not know that they are being tracked."[18]

Por sua vez, *fingerprinting* é uma técnica que usa detalhes do navegador e dos dispositivos utilizados pelo usuário (como o modelo do notebook do usuário, a versão do navegador e a lista de *plug-ins* que estão instalados no navegador, a resolução da tela, o sistema operacional do dispositivo, entre outros), para identificar o usuário e lhe mostrar publicidades específicas, sem a necessidade de armazenamento de *cookies* para esse fim. Inclusive, algumas formas de *fingerprinting* também podem ser utilizadas para recriar *cookies* anteriormente apagados (como mencionado acima sobre *flash cookies*), permitindo que esses arquivos reapareçam na máquina do usuário de modo inesperado e não detectável.[19]

---

16. WEST, Sarah Myers. Data Capitalism: Redefining the Logics of Surveillance and Privacy. *Business & Society*. 2017. p. 11.
17. ACQUISTI, Alessandro; TAYLOR, Curtis; WAGMAN, Liad. The Economics of Privacy. *Journal of Economic Literature*. Vol. 54, n. 2. Junho/2016. p. 463-464.
18. Tradução livre: "De fato, várias tecnologias em constante evolução (como os *web bugs* mencionados acima, *flash cookies* etc.) permitem que os anunciantes rastreiem as atividades de navegação dos consumidores e ganhem informações sobre os seus interesses. Por exemplo, os *web bugs* são diferentes dos *cookies*, pois foram projetados para serem invisíveis ao usuário e não são armazenados no computador do usuário. Sem inspecionar o código subjacente de uma página da *web*, um cliente não sabe que está sendo rastreado."
19. ESTRADA-JIMÉNEZ, José; PARRA-ARNAU, Javier; RODRÍGUEZ-HOYOS, Ana; FORNÉ, Jordi. Online advertising: Analysis of privacy threats and protection approaches. *Computer Communications*. Vol. 100. 2017. p. 39.

Embora *flash cookies*, *web beacons* e *fingerprinting* tenham características que chamam mais atenção em relação a possíveis riscos à privacidade (e certamente merecem ser abordados profundamente num estudo futuro), os *cookies* normais, ainda que se tratem de pequenos arquivos de texto, também trazem preocupações relevantes acerca da privacidade dos usuários, como se verá a seguir.

3. Riscos à privacidade

Salvo nos casos em que as informações guardadas pelos *cookies* sejam anonimizadas (o que tiraria boa parte da valia dessa ferramenta em alguns cenários), *cookies* são considerados dados pessoais, na medida em que identificam ou podem identificar uma determinada pessoa natural, já que atribuem um identificador único a cada usuário e podem conter dados como o e-mail utilizado para *login*, preferências pessoais, entre outros.

Nesse sentido, o *recital* 30 do *General Data Protection Regulation* (GDPR) deixa claro que pessoas naturais podem estar associadas a identificadores digitais, como *cookies*, e que as informações obtidas por esses identificadores, em conjunto com outros dados, podem ser usadas para a criação de perfis e identificação exata das respectivas pessoas físicas.[20]

A partir do momento em que *cookies* são caracterizados como dados pessoais, surge uma clara preocupação em relação aos riscos à privacidade envolvidos na sua utilização, especialmente em razão da sua ubiquidade na internet. Nos tempos atuais, é difícil encontrar *websites* que não utilizem pelo menos um *cookie*, ou até os que só disparem um único *cookie*. Exemplos não faltam de páginas que, ao serem acessadas pelo usuário, enviam diversos *cookies* distintos. Cita-se, como exemplo, que o acesso ao *site* principal de um grande portal de notícias brasileiro na data em que este artigo foi atualizado, em novembro de 2021, resultou no disparo de 46 *cookies* diferentes.

Embora *first-party cookies* também tragam riscos à privacidade (caso sejam compartilhados ou acessados indevidamente por terceiros), as maiores preocupações concernentes ao uso de *cookies* residem na utilização de *third-party cookies*, aqueles que são disparados não pelo *website* visitado pelo usuário, mas por terceiros, associados ao *website* principal.

---

20. UNIÃO EUROPEIA. *Regulation (EU) 2016/679, de 27 de abril de 2016*. Disponível em: <https://eur-lex.europa.eu/legal-content/EN/TXT/PDF/?uri=CELEX:32016R0679&-from=EN>. Acesso em: 7 nov. 2021.

Empresas focadas em propaganda fazem acordos comerciais com *websites* dos mais diversos ramos, incluindo portais de notícias, lojas de *e-commerce* e blogs, para a comercialização de espaços de publicidade nesses *sites*, com a inclusão de *banners*, vídeos ou imagens que são disponibilizadas diretamente pelas empresas de propaganda, de acordo com os anúncios por ela escolhidos, baseados nas informações obtidas pelos *cookies*. Esses acordos comerciais possibilitam que as empresas de publicidade coloquem seus próprios *cookies* no computador do usuário, que serão disparados quando o *website* do parceiro comercial for acessado.[21]

Para ilustrar, quando o *site* de outro renomado portal de notícias brasileiro é acessado, são disparados *cookies* da empresa *DynAd*, especializada em publicidade *on-line* e mídia programática, que aparentemente gerencia parte dos anúncios que são veiculados para cada determinado usuário na página principal do portal de notícias, com base nas preferências específicas identificadas pelos *cookies* armazenados.

O maior dilema relacionado aos *third-party cookies* está ligado a dois fatores: a falta de aviso prévio claro sobre a utilização dos *cookies*, que em muitos casos sequer é comunicada nos Termos de Uso ou na Política de Privacidade do *website*, e a ausência de consentimento no armazenamento de *cookies* na máquina do usuário.

Conforme explanam Ira S. Rubinstein, Ronald D. Lee e Paul M. Schwartz[22]:

> "Cookies are often placed without users' express knowledge or consent; they raise additional privacy concerns to the extent that they capture and transmit data about individual users. This information can include the searches that users have run, the identifying information that they have disclosed (for example, to register for and log onto a given service), their browsing patterns while visiting a site, and their 'clickstream' behavior (that is, what links they clicked on while browsing the web). Finally, third-party ad-serving companies use cookies to compile information about users' online behavior as they visit multiple sites that rely on the same ad network to deliver targeted ads."[23]

---

21. REIDENBERG, Joel R. Resolving Conflicting International Data Privacy Rules in Cyberspace. *Stanford Law Review*. Vol. 52, n. 5. Maio/2000. p. 1321.
22. RUBINSTEIN, Ira S.; LEE, Ronald D.; SCHWARTZ, Paul M. Data Mining and Internet Profiling: Emerging Regulatory and Technological Approaches. *The University of Chicago Law Review*. Vol. 75, n. 1. 2008. p. 271.
23. Tradução livre: "*Cookies* geralmente são colocados sem o conhecimento ou consentimento expresso dos usuários; eles levantam preocupações adicionais de privacidade

No que tange ao primeiro fator, existe uma inegável falta de transparência das práticas do mercado em relação à utilização de *cookies*. Raros são os casos de *websites* que conferem ao usuário qualquer tipo de conhecimento sobre o uso de *cookies* logo no momento em que o *site* é carregado na sua tela, quem dirá detalhes específicos sobre o seu funcionamento.

Anthony D. Miyazaki comenta que existe uma falta generalizada de conhecimento técnico sobre as reais funcionalidades dos *cookies*, o que usualmente confunde os usuários na avaliação sobre as vantagens e desvantagens da ferramenta, principalmente considerando que em poucos casos há clareza sobre a utilização de *cookies* pelos *websites*.[24]

Ainda segundo o autor, o simples fato de um *website* incluir um aviso sobre a utilização de *cookies* dentro de sua política de privacidade continua sendo insuficiente para caracterizar um ato de efetiva exposição da informação, uma vez que grande parte dos usuários não perde tempo lendo referidas políticas, que são corriqueiramente escritas em linguagem rebuscada, técnica, e estão muito além da capacidade de leitura do seu público-alvo.[25]

Mesmo quando as informações relativas ao uso de *cookies* não são colocadas dentro de alguma cláusula perdida em uma política de privacidade, mas sim em um *banner*, faixa ou *pop-up* que aparece magicamente no início de uma sessão de navegação em um *website*, o que é de fato explicado ao usuário fica aquém do desejado, limitando-se a repetir descrições genéricas e que nada de concreto dizem. Atire a primeira pedra quem nunca leu um aviso de *cookies* com uma frase semelhante a "*cookies* são pequenos arquivos de texto que servem para melhorar a sua navegação pelo *website*, garantindo que ele funcione adequadamente."

Consoante pontua Ester Appelgren, a forma padrão na qual avisos de utilização de *cookies* são escritos dá sempre ênfase em como o *website* precisa dos *cookies*, criando um verdadeiro paternalismo da tecnologia, como se ela própria

---

na medida em que capturam e transmitem dados sobre usuários individuais. Essas informações podem incluir as pesquisas que os usuários executaram, as informações de identificação que eles divulgaram (por exemplo, para se registrar e fazer *logon* em um determinado serviço), seus padrões de navegação ao visitar um *site* e o comportamento do 'fluxo de cliques' (ou seja, em quais *links* eles clicaram enquanto navegavam na *Web*). Finalmente, empresas terceiras de publicidade usam *cookies* para compilar informações sobre o comportamento *on-line* dos usuários quando eles visitam vários *sites* que dependem da mesma rede de anúncios para exibir propagandas direcionadas."

24. MIYAZAKI, *op. cit.*, p. 21.
25. Ibidem, p. 30.

fosse a figura que, por si só, necessita armazenar os *cookies*, no intuito de tirar a responsabilidade da empresa que coleta as informações. Outra justificativa constantemente dada para o uso de *cookies* é a do *status quo:* ao se informar ao usuário que a maioria dos *sites* utiliza *cookies*, cria-se um falso conforto no usuário de que o uso de *cookies* é algo normal e razoável, já que outros *sites* também adotam essa prática.[26]

Não é por acaso que os botões "Aceito", "Estou de acordo" e "OK" utilizados em *banners* de aviso sobre o uso de *cookies* são sempre verdes e grandes, enquanto os botões de "Rejeito" ou "Mais informações" são (quando existentes) vermelhos e em fontes menores, às vezes escondidos no canto inferior do *banner*, passando quase imperceptíveis. A psicologia é utilizada para influenciar o usuário a aceitar os *cookies*, com base em *nudges* e na percepção de que verde é sempre a cor da escolha certa, enquanto vermelho é a cor atribuída às decisões erradas ou perigosas.[27]

Em muitas situações, as cores utilizadas nos botões sequer seriam necessárias, considerando que o usuário está afoito para receber o conteúdo do *site*, não se preocupando muito com os detalhes sobre o uso de *cookies*. A sociedade da informação é pautada em *trade-offs* de concessão de dados por parte dos usuários para a utilizaçao de serviços "gratuitos".

Nessa linha, Richard Rogers[28] comenta sobre o projeto intitulado "o botão 'tanto faz'", que enfatiza a indiferença de alguns usuários diante de determinadas práticas, ao trocar os botões de confirmação do navegador, que antes diriam "eu aceito", por "tanto faz":

> "There is a sense of docility and perhaps futility in Stevenson's notion, which surveillance theorists keep in mind, as well. To participate in consumer society, you have to be watched. It is not so much that resistance is futile. It has more to do with the fact that there is just too much interactivity. Elmer writes that turning cookies off blackens out much of Web's access for the surfer. Having to confirm every cookie,

---

26. APPELGREN, Ester. The Reasons Behind Tracing Audience Behavior: A Matter of Paternalism and Transparency. *International Journal of Communication*. Vol. 11. 2017. p. 2188.
27. LEENES, Ronald; KOSTA, Eleni. Taming the cookie monster with Dutch law – A tale of regulatory failure. *Computer Law & Security Review.* Vol. 31. 2015. p. 325.
28. ROGERS, Richard. Consumer Technology after Surveillance Theory. In: KOOIJMAN, Jaap; PISTERS, Patricia; STRAUVEN, Wanda. *Mind the Screen*. 200 Amsterdam University Press: Amsterdã, 2008, p. 289.

> after setting advanced privacy preferences, unleashes a barrage of browser alerts. Eventually, one yields back to the default setting, and carries on with 'whatever'."[29]

Ainda que o usuário possa, de fato, adotar uma posição de "tanto faz" em relação aos *cookies* ou às demais tecnologias de rastreamento, essa decisão só pode ser tomada de modo coerente se ela for informada, se o usuário tiver todas as informações relevantes sobre as funcionalidades da ferramenta.

Talvez o usuário nunca tenha se preocupado muito com a utilização de *cookies* por não conhecer a verdadeira lógica por trás da tecnologia, nem mesmo do que ela é capaz.

Imagine o seguinte cenário: você participa de uma reunião presencial, na qual um dos participantes lhe entrega um cartão de visita que tem um rastreador invisível dentro, que permite que todos os seus passos sejam monitorados, especialmente as lojas que você vai, os produtos que compra e as pessoas com que você se comunica, sem lhe informar nada sobre a existência do rastreador. Você se sentiria confortável? E se ele lhe informasse que o rastreador estava dentro do cartão, mas que essa é uma ferramenta padrão, que acompanha todos os novos cartões de visita, melhoraria o seu conforto? Ainda que eventualmente exista alguém que não se importasse com essa conduta, provavelmente a sua resposta seria negativa para ambas as perguntas acima.

Cookies possuem condições de monitorar o usuário na mesma forma em que o exemplo do cartão de visita acima, inclusive com maiores detalhes, sendo capazes de, conforme a sua configuração, registrar todos os *sites* que foram visitados pelo usuário, os produtos que foram incluídos no seu carrinho, os *sites* em que o usuário é um cliente e que tenha realizado *login*, as informações dos formulários que tenham sido preenchidos pelo usuário, entre outros.[30] Ainda

---

29. Tradução livre: "Há um senso de docilidade e talvez futilidade na noção de Stevenson, que os teóricos da vigilância também têm em mente. Para participar da sociedade de consumo, você precisa ser vigiado. Não é tanto que a resistência seja inútil. Tem mais a ver com o fato de existir muita interatividade. Elmer escreve que desativar os cookies escurece grande parte do acesso da Web ao usuário. Ter que confirmar todos os cookies, depois de definir preferências de privacidade avançadas, desencadeia uma enxurrada de alertas do navegador. Eventualmente, retornamos à configuração padrão e continuamos com o 'tanto faz'."

30. LACZNIAK, Gene R.; MURPHY, Patrick E. Marketing, Consumers and Technology: Perspectives for Enhancing Ethical Transactions. *Business Ethics Quarterly*. Vol. 16, n. 3. 2006. p. 313.

assim, mesmo *sites* que utilizam *cookies* para essas finalidades falham no quesito de transparência, deixando de informar aos seus usuários sobre as reais características da tecnologia implementada pela página.

A informação prévia sobre a existência, finalidades e tipos de dados coletados é extremamente relevante, em especial para *third-party cookies*, que são disparados por terceiros com os quais o usuário sequer tem um relacionamento direto. Quando um usuário acessa um *site* de notícias, o seu ímpeto é acessar o conteúdo disponibilizado por aquele *site* específico, não por outras empresas, principalmente quando elas são inteiramente desconhecidas pelo usuário. Pode até ser que o usuário, para ter acesso ao conteúdo, resolva se submeter à arbitrariedade do *site* em armazenar seus próprios *cookies*, mas o cenário muda completamente quando são terceiros que querem armazenar *cookies*, sem que se saiba nem as finalidades desses terceiros com tal conduta.

O fornecimento de informações sobre as funcionalidades dos *third-party cookies* é ainda mais essencial em determinados casos, nos quais o potencial para violações à privacidade do usuário é mais elevado. É o exemplo de quando os *cookies* são utilizados para a diferenciação de preço de um produto ou serviço, discriminando-se determinados usuários em razão do seu histórico de navegação na internet, retirado dos mencionados *cookies*.[31] Caso o usuário tenha visitado um *site* X, de produtos de luxo, o preço que lhe é ofertado para a compra de um determinado item pode ser maior do que o preço que é apresentado para um usuário que nunca visitou o *site* X.

Alessandro Acquisti, Curtis Taylor e Liad Wagman também comentam que a utilização de *cookies* para a discriminação de preços geralmente é utilizada tendo como parâmetro a localizaçao física do usuário, a distância entre a localização do usuário e uma loja física e as pesquisas que foram realizadas pelo usuário antes de ele chegar até o anúncio do produto desejado.[32]

Outro exemplo de elevada importância é o que envolve o procedimento de sincronização de *cookies*, a resultar na consolidação de um vasto número de informações de um mesmo usuário.[33] *Cookies* possuem um identificador único, atribuído pelo *site* que configura as propriedades dos *cookies* e que terá acesso

31. WAGNER, Gerhard; EIDENMULLER, Horst. Down by Algorithms? Siphoning Rents, Exploiting Biases and Shaping Preferences. *The University of Chicago Law Review.* Vol. 86, n. 2. Março/2019. p. 586.

32. ACQUISTI; TAYLOR; WAGMAN, *op. cit.*, p. 466.

33. MAZEL, Johan; GARNIER, Richard; FUKUDA, Kensuke. A comparison of web privacy protection techniques. *Computer Communications.* Vol. 144. 2019. p. 164.

ao arquivo toda vez que o usuário retornar ao *site*. Isso significa que um mesmo usuário terá identificadores distintos para cada *website* que armazene *cookies* em sua máquina, impossibilitando, a princípio, a junção das informações guardadas nos *cookies* entre duas empresas diferentes, já que para uma o usuário será identificado como ABC, enquanto para outra o usuário pode ser identificado como XYZ.

Também conhecido como *cookie matching*, o processo de sincronização de *cookies* parte da verificação de um critério comum de identificação entre dois *cookies* diferentes (a exemplo de um mesmo e-mail utilizado para *login* em um serviço, registrado em dois *cookies* distintos). Empresas que compram e vendem *cookies*, ou mesmo empresas concorrentes que possuem eventuais acordo de compartilhamento de *cookies*, passam a ter a capacidade de juntar as informações de *cookies* diferentes em um mesmo arquivo, criando um perfil bem mais elaborado sobre o seu usuário. Essa sincronização de *cookies* cria um efeito dossiê, tamanha a amplitude de dados que são agora conhecidos de um mesmo usuário, unificados em um mesmo registro.[34]

Segundo Lee Kovarsky[35], esse efeito dossiê é comum também para empresas de publicidade que possuem parcerias com um número elevado de *sites*, na medida em que os *third-party cookies* disparados por uma mesma empresa, quando o usuário acessa diversos *websites* de parceiros, são posteriormente consolidados, facilitando o monitoramento de todos os rastros do usuário durante sua navegação naqueles *websites*.

Panagiotis Papadopoulos, Nicolas Kourtellis e Evangelos P. Markatos explicam que existe uma política de mesma origem, que restringe o compartilhamento direto de *cookies* com terceiros, na medida em que os *cookies* só podem ser lidos pelo mesmo domínio do *site* que os armazenou. O processo de sincronização de *cookies* foi criado exatamente para burlar essa restrição, permitindo que empresas compartilhassem *cookies* e fizessem a correspondência entre diferentes identificadores atribuídos a um mesmo usuário, de modo a conseguir identificá-lo, tornando possível a junção dos *cookies* e o compartilhamento das informações obtidas por diferentes *websites*.[36]

---

34. KOVARSKY, Lee. Tolls on the Information Superhighway: Entitlement Defaults for Clickstream Data. *Virginia Law Review*. Vol. 89, n. 5. Setembro/2003. p. 1049.

35. Idem, p. 1050.

36. PAPADOPOULOS, Panagiotis; KOURTELLIS, Nicolas; MARKATOS, Evangelos P. Cookie Synchronization: Everything You Always Wanted to Know But Were Afraid to Ask. *WWW'19. Maio/2019*. p. 1432.

O processo de sincronização não é limitado a somente os *cookies* disparados depois da sua invenção, mas também pode ser aplicado a *cookies* antigos, conforme asseveram os autores[37]:

> "To make matters worse, the ill effects of CSync [cookies synchronization] may reach way back in the past – even up to the time before the invention of CSync. Assume, for example, that someone manages to get access to all data collected by tracker.com, and all the data collected by advertiser.com (e.g., by acquisition, merging or hacking of companies). In the absence of CSync, in those two datasets, our user has two different names: user123 and userABC. However, after one single CSync, those two different names can be joined into a single user profile, effectively merging all data in the two datasets. Nowadays, such cases of server-to-server user data merges are taking place at a massive scale, with the different web companies conducting mutual agreements for data exchanges or purchases, in order to enrich the quality and quantity of their user data warehouse."[38]

Nesses dois exemplos, de discriminação de preços ou de práticas em razão das informações obtidas por *third-party cookies*, ou da adoção de processos de sincronização de *cookies*, é essencial que o usuário tenha plena ciência de como os *cookies* serão utilizados e por quem, de modo a lhe garantir uma real alternativa informada entre aceitar navegar em determinado *website* sabendo que essas práticas podem ocorrer, ou deixar de navegar por aquele *website*, escolhendo outras páginas que melhor resguardem a sua privacidade.

O segundo fator relevante no que concerne *third-party cookies* é o de potencial ausência de consentimento do usuário para o armazenamento desses *cookies*

---

37. Ibidem, p. 1434.
38. Tradução livre: "Para piorar a situação, os efeitos nocivos do *CSync* [sincronização de *cookies*] podem voltar bem ao passado – até mesmo antes da invenção do *CSync*. Suponha, por exemplo, que alguém consiga acessar todos os dados coletados pelo tracker.com e todos os dados coletados pelo advertiser.com (por meio de uma aquisição, fusão ou invasão de empresas). Na ausência do *CSync*, nesses dois conjuntos de dados, nosso usuário tem dois nomes diferentes: user123 e userABC. No entanto, após um único *CSync*, esses dois nomes diferentes podem ser unidos em um único perfil de usuário, mesclando efetivamente todos os dados nos dois conjuntos de dados. Atualmente, esses casos de junção de dados de servidor para servidor estão ocorrendo em grande escala, com as diferentes empresas da *Web* realizando acordos mútuos para trocas ou compras de dados, a fim de enriquecer a qualidade e a quantidade de seu armazém de dados de usuários."

em sua máquina. Mesmo nos casos de jurisdições que permitem o consentimento implícito na utilização de *cookies*, é certo que a conduta do usuário, ao decidir navegar por um determinado *site* de *e-commerce*, poderia até representar uma concordância tácita com o disparo de *cookies* pelo próprio *site*, de sua própria origem, mas dificilmente seria uma representação fidedigna do aceite da utilização de *cookies* por terceiros, dos quais nem se conhece a identidade.

Para Daniel Lin e Michael C. Loui, o consentimento informado é o elemento principal para se evitar riscos e violações à privacidade. De acordo com os autores, a consideração pela vítima e por suas expectativas de privacidade é um aspecto fundamental do consentimento informado, que pode transformar uma situação de invasão à privacidade em uma situação aceitável, sem reflexos negativos sobre a vítima. É o exemplo de o que ocorre quando alguém tira uma foto sua sem pedir permissão (sem sequer considerar suas expectativas de privacidade), ou, quando antes de tirar a foto, pergunta se você se importaria em ser fotografado.[39]

Acquisti, Taylor e Wagman apontam para o fato de que obter o consentimento informado do usuário não é nada fácil, considerando que, na grande maioria das vezes, os consumidores desconhecem os riscos à privacidade e as consequências que podem advir do compartilhamento de seus dados pessoais, não tendo ciência do real valor da proteção de suas informações e de sua privacidade.[40]

Em um estudo recente sobre os efeitos tanto da transparência nos avisos de *cookies*, quanto da possibilidade de escolha do usuário sobre os *cookies* que serão armazenados em sua máquina, Rico Bornschein, Lennard Schmidt e Erik Maier concluíram que a mera existência de uma comunicação transparente sobre a utilização de *cookies* aumenta somente a percepção de risco por parte do usuário, na medida em que nenhuma escolha lhe é permitida. A partir do momento em que o usuário tem o direito de escolher quais *cookies* serão armazenados em seu dispositivo, consentindo com a sua utilização, a percepção de poder do usuário se amplia, o que resulta na mitigação do eventual efeito negativo da sua percepção de risco no uso de *cookies*.[41]

---

39. LIN, Daniel; LOUI, Michael C. Taking the Byte Out of Cookies: Privacy, Consent, and the Web. *Computer and Society*. Junho/1998. p. 41.

40. ACQUISTI; TAYLOR; WAGMAN, *op. cit.*, p. 444.

41. BORNSCHEIN, Rico; SCHMIDT, Lennard; MAIER, Erik. The Effect of Consumers' Perceived Power and Risk in Digital Information Privacy: The Example of Cookie Notices. *Journal of Public Policy & Marketing*. 2020, p. 14.

Ter o poder de escolha sobre o tratamento de seus dados pessoais durante a sua navegação na internet, especialmente em relação a uma ferramenta quase invisível, cuja existência somente pode ser reconhecida diante da transparência por parte do *website* ou do elevado conhecimento técnico do usuário, e cujas funcionalidades por vezes continuam obscuras mesmo quando o seu uso é comunicado, é a representação cristalina do respeito ao direito à privacidade. Nas palavras de Robert E. Litan[42]: "technology and markets ultimately should empower consumers to provide the amount of control over their personal data that they desire."[43]

Em um ensaio sobre as patologias do consentimento digital, Neil Richards e Woodrow Hartzog[44] asseveram:

> "Consent permeates our law. It is one of its most powerful and most important building blocks. This should be no wonder. We live in a society that lionizes individual choice in the many social roles we play every day, whether as consumers, citizens, family members, voter, lovers, or employees. Consent reinforces fundamental cultural notions of autonomy and choice. It transforms the moral landscape between people and makes the otherwise impossible possible. [...]
>
> Perhaps nowhere has consent been deployed more frequently as a legal concept than in the context of digital goods and services. Consent is the foundation of relationships we have with search engines, social networks, commercial web sites, and any one of the dozens of other digitally mediated businesses we interact with regularly. We are frequently asked to consent to terms of services, privacy notices, the use of tracking cookies, and so many other commercial practices. But it's possible to have too much of a good thing. As we and other privacy law scholars have documented elsewhere, while consent models permeate the digital consumer landscape, the practical conditions of these agreements fall far short of the gold standard. Think about your agreements with the social networks you use, the apps you install on your phone, or the Amazon Alexa that might sit, listening, in your

42. LITAN, Robert E. Law and Policy in the Age of the Internet. *Duke Law Journal*. Vol. 50, n. 4. Fevereiro/2001. p. 1066.

43. Tradução livre: "a tecnologia e os mercados deveriam finalmente empoderar os consumidores para fornecer-lhes o nível de controle sobre os seus dados pessoais que eles desejam."

44. RICHARDS, Neil; HARTZOG, Woodrow. The Pathologies of Digital Consent. *Washington University Law Review*. Vol. 96. 2019. p. 1462-1463.

kitchen or bedroom. Do you know what you agreed to? Have you read the agreements? Did you have a meaningful choice?"[45]

Os autores ainda indicam que há pelo menos três formas de consentimento que fogem do padrão de rigor esperado para um consentimento válido: o consentimento inconsciente, o consentimento coagido e o consentimento incapacitado. O primeiro acontece quando o indivíduo não tem ideia ou quase nada sabe sobre as práticas de proteção de dados da empresa, o que pode ocorrer tanto pela dificuldade em se compreender as políticas de privacidade e termos de uso quanto pela dificuldade de se entender a tecnologia envolvida, resultando no fato de a pessoa não saber ao que realmente está consentindo. O segundo é observado quando o indivíduo perde o aspecto da voluntariedade em consentir, quando não existe uma possibilidade real de escolha, em situações nas quais a pessoa precisa decidir entre uma opção ruim e outra pior ainda, o que pode ser exposto na própria linguagem de certas políticas, a exemplo de aplicativos de medicina que solicitam o consentimento para o envio de notificações e trazem como opção um botão "sim" e outro "não, eu prefiro sangrar até morrer". O terceiro, assim como o consentimento coagido, também retira a voluntariedade do ato, dessa vez por conta de uma previsão legal, quando o consentimento não é uma escolha própria

---

45. Tradução livre: "O consentimento permeia nossa lei. É um dos seus blocos de construção mais poderosos e mais importantes. Isso não deveria surpreender. Vivemos em uma sociedade que valoriza a escolha individual nos diversos papéis sociais que desempenhamos todos os dias, seja como consumidores, cidadãos, membros da família, eleitores, amantes ou funcionários. O consentimento reforça noções culturais fundamentais de autonomia e escolha. Transforma o cenário moral entre as pessoas e torna o que antes era impossível em possível. [...]
Talvez em nenhum lugar o consentimento tenha sido implantado com mais frequência como um conceito jurídico do que no contexto de bens e serviços digitais. O consentimento é a base dos relacionamentos que mantemos com mecanismos de pesquisa, redes sociais, *sites* comerciais e qualquer uma das dezenas de outras empresas mediadas digitalmente com as quais interagimos regularmente. Somos frequentemente solicitados a consentir com os termos de serviços, avisos de privacidade, uso de *cookies* de rastreamento e muitas outras práticas comerciais. Mas é possível ter muito de uma coisa boa. Como nós e outros estudiosos do direito da privacidade documentamos em outros lugares, enquanto os modelos de consentimento permeiam o cenário do consumidor digital, as condições práticas desses contratos ficam muito aquém do padrão-ouro. Pense nos seus acordos com as redes sociais que você usa, os aplicativos que você instala no seu telefone ou o *Amazon Alexa* que pode ficar sentado, ouvindo, na sua cozinha ou quarto. Você sabe com o que concordou? Você leu os acordos? Você teve uma escolha significativa?"

da pessoa, mas sim de terceiros, como ocorre com menores de idade e os demais incapazes por lei.[46]

Em 2012, a *Federal Trade Commission* (FTC), agência governamental norte-americana responsável pela aplicação da lei antitruste e pela proteção dos consumidores, elaborou uma proposta de "*Do-Not-Track*", pela qual os consumidores teriam a condição de realizar um *opt-out* da coleta de seus dados por *websites* que utilizam *cookies* e outras tecnologias de rastreamento. A ideia era que o usuário poderia sinalizar, de antemão, em seu navegador, seu desejo de não ser rastreado pelos *websites* visitados, mas a proposta não se transformou em legislação.[47]

Embora a iniciativa da FTC não tenha sido convertida em uma norma legal, os principais softwares de navegação na internet passaram a reconhecer a importância de conceder determinados controles ao usuário, habilitando funções que permitem escolher alguns critérios para aceitação ou rejeição automática de *cookies*, especialmente aqueles que são persistentes e disparados por terceiros.[48]

Não há, contudo, uma obrigatoriedade de que os *websites* acolham as preferências indicadas pelo usuário nas configurações de seu navegador, de não ser rastreado. Joshua A.T. Fairfield advoga a tese de que, nos EUA, a escolha de um consumidor em selecionar a opção "*do-not-track*" em seu navegador deveria ser compreendida pelo Poder Judiciário como um contrato entre o usuário e o *website*, vinculante, que determinasse a obrigação do *site* de não rastrear o usuário, sob pena de violação contratual, da mesma forma em que termos de uso redigidos por empresas privadas são considerados vinculantes aos usuários que continuam navegando pelo *site* após terem a possibilidade de lê-los.

Nas palavras do autor[49]:

> "A consumer who wishes to protect through self-help must use encryption on her computer and must read and judge thousands of pages of EULAs for the programs she installs. She must use a browser that permits her to refuse cookies. She must request secure connections wherever possible. She must use traffic analysis avoidance software, such as TOR Onion Router, which bounces traffic all over the world before it exits from an anonymized node. She must use AdBlock Plus or some similar add-on to prevent banner advertisements from

46. RICHARDS; HARTZOG, *op. cit.*, p. 1478; 1486; 1490.
47. ACQUISTI; TAYLOR; WAGMAN, *op. cit.*, p. 465.
48. CUNNINGHAM, Patrick J. Are Cookies Hazardous to Your Privacy? *The Information Management Journal*. Maio/Junho 2002. p. 53.
49. CUNNINGHAM, *op. cit.*, p. 572-573.

> reporting her on-line traffic. If she carries a cellular phone, she faces the same difficulties with the added problem that the mobile device tracks her everywhere she travels in real space. And even if she finds applications that block, delete, or redirect this information, recent scientific studies show that third parties can still track her.
>
> Instead of permitting this unreasonable situation to persist, the law should permit a consumer to select a simple one-time browser option that expresses her unwillingness to be tracked. Courts could enforce that simple term the way they have been enforcing corporate contracts for years – favorably."[50]

Outra iniciativa relevante relacionada ao consentimento dos usuários na utilização de *cookies*, embora tenha sido descontinuada, foi a criação da *Privacy Preferences Platform* (P3P), estabelecida pelo *World Wide Web Consortium*, que definia que os *websites* deveriam informar claramente as razões pelas quais precisavam das informações coletadas e por quanto tempo elas seriam retidas. O *Internet Explorer*, da *Microsoft*, foi um dos poucos navegadores que implementou, por um período de tempo, o protocolo do P3P. Todos os *sites* que aderiram também ao protocolo precisavam disponibilizar uma política de privacidade que seria lida diretamente pelo navegador, que faria a verificação se as condições estabelecidas estavam de acordo com as preferências selecionadas pelo usuário. Caso não estivessem, o usuário era alertado antes de a página ser mostrada, podendo decidir se gostaria de continuar com o acesso ou não.[51]

---

50. Tradução livre: "Um consumidor que deseja se proteger por conta própria deve usar criptografia em seu computador e ler e julgar milhares de páginas de acordo de licença final com o usuário pelos programas que instala. Ela deve usar um navegador que permita recusar *cookies*. Ela deve solicitar conexões seguras sempre que possível. Ela deve usar um software para evitar a análise de tráfego, como o TOR Onion Router, que rejeita o tráfego em todo o mundo antes de sair de um nó anônimo. Ela deve usar o AdBlock Plus ou algum complemento semelhante para impedir que anúncios em *banner* relatem seu tráfego *on-line*. Se ela carrega um telefone celular, ela enfrenta as mesmas dificuldades com o problema adicional que o dispositivo móvel a acompanha em todos os lugares em que trafega no espaço real. E mesmo que ela encontre aplicativos que bloqueiam, excluem ou redirecionam essas informações, estudos científicos recentes mostram que terceiros ainda podem rastreá-la.

    Em vez de permitir que essa situação irracional persista, a lei deve permitir que um consumidor selecione uma opção simples e única no navegador que expresse sua falta de vontade de ser rastreada. Os tribunais poderiam aplicar esse termo simples da maneira como vêm cumprindo contratos corporativos há anos – favoravelmente."
51. KIERKEGAARD, Sylvia Mercado. How the cookies (almost) crumbled: Privacy & lobbyism. *Computer Law & Security Review.* Vol. 21. 2005. p. 314.

Patrick J. Cunningham relembra que mesmo os modos "privados" dos navegadores atuais, a exemplo da função "*Incognito*" do *Google Chrome*, que anunciam uma navegação aparentemente anônima, estão longe de significar que o usuário não está sendo rastreado. O que acontece durante a utilização dessas funções é que a sessão de navegação é iniciada desconsiderando os *cookies* previamente armazenados e os *cookies* que são disparados durante a navegação são automaticamente excluídos quando a sessão é encerrada, ainda que se trate de *cookies* persistentes. Contudo, essas funções não bloqueiam o armazenamento de *cookies* durante a sessão de navegação.[52]

Por fim, vale mencionar que existem dois argumentos utilizados de forma recorrente por empresas na busca do consentimento dos usuários para o armazenamento de *cookies*. O primeiro deles é um argumento de relevância: o *website* promete que lhe oferecerá anúncios mais relevantes e ofertas personalizadas em troca de seus dados pessoais. O segundo deles, e geralmente mais eficaz, é um argumento de reciprocidade: em troca dos serviços gratuitos que o *site* lhe oferece, ele precisa da sua ajuda para manter a sua operação, que é financiada por meio de propagandas direcionadas, as quais possuem, como ingrediente fundamental, os seus dados pessoais.[53]

Conforme observado, aviso prévio e consentimento são fatores de grande importância para a utilização de *cookies*, mormente de *third-party cookies*. Ainda assim, em boa parte das jurisdições, não há um comando legal que determine como requisito imprescindível o atendimento desses dois pontos. Nas legislações que demandam que o usuário tenha amplo conhecimento sobre as práticas na utilização de *cookies* e consinta com o seu armazenamento, a exemplo das regras estipuladas na União Europeia e que serão abordadas a seguir, cumprir com tais parâmetros não é uma tarefa fácil.

4. A *ePrivacy Directive*

No âmbito da União Europeia, o uso de *cookies* é regulado especificamente pela *ePrivacy Directive*, a Diretiva nº 2002/58/EC. Antes de tudo, mostra-se relevante fazer uma breve conceituação teórica sobre a distinção entre Diretivas e Regulamentos no ordenamento jurídico da União Europeia.

52. CUNNINGHAM, *op. cit.*, p. 555.

53. SCHUMANN, Jan H.; VON WANGENHEIM, Florian.; GROENE, Nicole. Targeted Online Advertising: Using Reciprocity Appeals to Increase Acceptance Among Users of Free Web Services. *Journal of Marketing*. Vol. 78, n. 1. Janeiro/2014. p. 60.

Enquanto Regulamentos são normas autoaplicáveis em todos os Estados-membros da União Europeia, sem a necessidade de qualquer ato interno dos respectivos países para sua implementação, a exemplo do *General Data Protection Regulation* (GDPR), Diretivas são atos normativos que definem um objetivo geral para os Estados-membros, que devem ser alcançados por cada jurisdição mediante a transposição das regras contidas nas Diretivas para as suas leis nacionais, aprovadas de acordo com o rito legislativo interno. Isso significa dizer que podem existir relevantes diferenças entre as legislações de dois Estados-membros distintos, desde que ambas sigam as linhas mestras definidas pelo texto da Diretiva.[54]

A Diretiva nº 2002/58/EC foi instituída com o objetivo de definir regras específicas para a proteção da privacidade no setor de comunicações eletrônicas, sendo aplicável para os serviços publicamente disponíveis de comunicação eletrônica, em redes de comunicação públicas. O conteúdo da norma determina que os provedores de serviço precisam implementar medidas técnicas de segurança para garantir a privacidade da informação, criando, entre outras obrigações, a de o provedor de serviço notificar seus usuários no caso de um vazamento de dados.[55]

Um dos pontos mais relevantes da Diretiva, no entanto, foi o comando para que os Estados-membros criassem legislações que determinassem a proibição de que arquivos instalados na máquina do usuário (entre eles *cookies*) tivessem acesso a informações sobre ele sem o seu conhecimento, e que fosse garantido ao usuário recusar esse tratamento de dados.[56]

Interessante notar que a primeira minuta da *ePrivacy Directive*, formulada em 1997, não continha qualquer previsão sobre *cookies*. Em 2000, uma emenda apresentada por um membro do parlamento holandês defendia que o uso de *cookies* deveria ser proibido, salvo quando o usuário fornecesse o seu consentimento prévio, explícito, livre e informado. Por conta do lobby realizado primordialmente pelo *Interactive Advertising Bureau* (IAB), que chegou a criar uma campanha intitulada "Salvem os Cookies" por entender que os requisitos relacionados ao consentimento prévio estragariam a experiência *on-line* dos usuários diante de uma imensidão de *pop-ups* que seriam necessários para cumprir

---

54. UNIÃO EUROPEIA. *Legal Acts*. Disponível em: <https://eur-lex.europa.eu/collection/eu-law/legislation/recent.html#:~:text=EU%20legal%20acts%20are%3A%20regulations,Functioning%20of%20the%20European%20Union).&text=Decisions%20that%20specify%20those%20to,opinions%20are%20non%2Dbinding%20acts>. Acesso em: 7 nov. 2021.

55. ROTENBERG, Marc; JACOBS, David. Updating the Law of Information Privacy: The New Framework of The European Union. *Harvard Journal of Law & Public Policy*. Vol. 36, n. 2. p. 620.

56. Ibidem.

com esse quesito, a redação final do artigo 5(3), *naquela época*, acabou por ser alterada, criando um direito de *opt-out* ao usuário, definindo que lhe fossem fornecidas informações claras e compreensivas sobre os *cookies*, bem como a possibilidade de recusar a essa operação de tratamento.[57]

Naquele momento, o art. 5(3)[58] ficou com a seguinte redação:

> "Member States shall ensure that the use of electronic communications networks to store information or to gain access to information stored in the terminal equipment of a subscriber or user is only allowed on condition that the subscriber or user concerned is provided with clear and comprehensive information in accordance with Directive 95/46/EC, inter alia about the purposes of the processing, and is offered the right to refuse such processing by the data controller. This shall not prevent any technical storage or access for the sole purpose of carrying out or facilitating the transmission of a communication over an electronic communications network, or as strictly necessary in order to provide an information society service explicitly requested by the subscriber or user."[59]

Posteriormente, em 2009, a *ePrivacy Directive* foi alterada pela Diretiva nº 2009/136/EC, que ficou conhecida como a *Cookie Directive*, em razão das mudanças drásticas especialmente relacionadas ao regramento para o uso de *cookies*.[60]

---

57. JONES, Meg Leta. Cookies: a legacy of controversy. *Internet Histories*. Vol. 4, n. 1. 2020. p. 97.
58. UNIÃO EUROPEIA. *Directive 2002/58/EC, de 12 de julho de 2002*. Disponível em: <https://eur-lex.europa.eu/legal-content/EN/TXT/PDF/?uri=CELEX:32002L0058&from=EN>. Acesso em: 7 nov. 2020.
59. Tradução livre: "Os Estados-membros devem garantir que o uso de redes de comunicações eletrônicas para armazenar informações ou obter acesso às informações armazenadas no equipamento terminal de um assinante ou usuário seja permitido apenas na condição de que o assinante ou usuário em questão receba informações claras e abrangentes, de acordo com a Diretiva 95/46/EC, sobre os propósitos do processamento, e seja oferecido o direito de recusar esse processamento pelo controlador de dados. Isso não impedirá qualquer armazenamento ou acesso técnico com o único objetivo de realizar ou facilitar a transmissão de uma comunicação por meio de uma rede de comunicações eletrônicas ou estritamente necessário para fornecer um serviço da sociedade da informação solicitado explicitamente pelo assinante ou usuário."
60. DABROWSKI, Adrian; MERZDOVNIK, Georg; ULLRICH, Johanna; SENDERA, Gerald; WEIPPL, Edgar. Measuring Cookies and Web Privacy in a Post-GDPR World. *PAM 2019*. 2019. p. 260.

Por conta das alterações legislativas, que passaram a exigir o consentimento prévio do usuário e a indicação de informações inclusive sobre os propósitos do tratamento de dados, grande parte dos *websites* na União Europeia começou a exibir *banners* específicos sobre *cookies*, informando ao usuário sobre a utilização de *cookies* e solicitando o seu consentimento para tanto, o que muitas vezes era feito com base na interpretação do consentimento implícito quando o usuário continuava navegando pelo *site*.[61]

A falta de um delineamento claro sobre a necessidade de se utilizar um modelo de *opt-in*, no qual o consentimento era solicitado de forma explícita, ou um modelo *opt-out*, partindo do pressuposto que o usuário teria consentido ao continuar navegando pelo *website* e lhe dando a escolha de posteriormente recusar o tratamento, fez com que a segunda opção fosse a mais utilizada pelo mercado, ainda que, na prática, essa opção tivesse ligação direta com a antiga redação do art. 5(3), e não com a sua nova redação.[62]

Com a chegada da *Cookie Directive*, o art. 5(3)[63] passou a ter o seguinte conteúdo:

> "Member States shall ensure that the storing of information, or the gaining of access to information already stored, in the terminal equipment of a subscriber or user is only allowed on condition that the subscriber or user concerned has given his or her consent, having been provided with clear and comprehensive information, in accordance with Directive 95/46/EC, inter alia, about the purposes of the processing. This shall not prevent any technical storage or access for the sole purpose of carrying out the transmission of a communication over an electronic communications network, or as strictly necessary in order for the provider of an information society service explicitly requested by the subscriber or user to provide the service."[64]

---

61. DEGELING, Martin; UTZ, Christine; LENTZSCH, Christopher; HOSSEINI, Henry; SCHAUB, Florian; HOLZ, Thorsten. We Value Your Privacy... Now Take Some Cookies: Measuring the GDPR's Impact on Web Privacy. *Network and Distributed Systems Security (NDSS) Symposium 2019*. 2019. p. 3.

62. KULYK, Oksana; HILT, Annika; GERBER, Nina; VOLKAMER, Melanie. "This Website Uses Cookies": Users' Perceptions and Reactions to the Cookie Disclaimer. *European Workshop on Usable Security (EuroUSEC). 2018*. p. 2.

63. UNIÃO EUROPEIA. *Directive 2009/136/EC, 25 de novembro de 2009*. Disponível em: <https://eur-lex.europa.eu/legal-content/EN/TXT/PDF/?uri=CELEX:32009L0136&from=EN>. Acesso em: 7 nov. 2021.

64. Tradução livre: "Os Estados-membros devem garantir que o armazenamento de informações ou o acesso a informações já armazenadas no equipamento terminal de um

Com efeito, o novo art. 5(3) passou a exigir o consentimento do usuário para o armazenamento de *cookies*, sem muito definir qual o parâmetro de consentimento que era esperado, o que só foi posteriormente fortalecido com a entrada em vigor do GDPR e com seus critérios exigentes de consentimento. Ainda, o dispositivo legal trouxe uma previsão de desnecessidade do consentimento quando os *cookies* forem estritamente necessários para a provisão dos serviços solicitados pelo usuário, ou quando o armazenamento ou acesso for necessário para a transmissão de uma comunicação pela rede eletrônica.[65]

De acordo com Ronald Leenes e Eleni Kosta[66], a exceção relativa aos *cookies* estritamente necessários para a execução de serviços pode ser interpretada como uma autorização, sem a necessidade de consentimento, para o uso de *cookies* de sessão, a exemplo dos *cookies* utilizados para a manutenção de itens dentro de um carrinho de compras de um *e-commerce*, ou de *cookies* de autenticação, utilizado para que o usuário faça *login* no serviço.

Sobre os *cookies* estritamente necessários, ainda que não dependam de consentimento para seu armazenamento e acesso, Robert Bond[67] comenta que, nesses casos, poderia ser interpretado um consentimento implícito, na medida em que o usuário continua a navegar pelo *website* depois de ter recebido a chance de entender o funcionamento dessa categoria de *cookie* e parar a navegação, especialmente em razão do fato de essa categoria geralmente utilizar poucos dados pessoais.

Em junho de 2012, o *Article 29 Working Party* emitiu a Opinião nº 04/2012, sobre as exceções de consentimento aos *cookies*. Entre alguns dos casos em que o referido grupo de trabalho identificou que possivelmente não demandariam o

---

assinante ou usuário sejam permitidos apenas com a condição de que o assinante ou usuário em questão tenha dado seu consentimento e desde que seja fornecido com informações claras e abrangentes, em conformidade com a Diretiva 95/46/EC, entre outras coisas, sobre os propósitos do processamento. Isso não impedirá nenhum armazenamento ou acesso técnico com o único objetivo de realizar a transmissão de uma comunicação por meio de uma rede de comunicações eletrônicas ou quando estritamente necessário para que o provedor de um serviço da sociedade da informação solicitado explicitamente pelo assinante ou usuário forneça o serviço."

65. SANCHEZ-ROLA, Iskander; DELL'AMICO, Matteo; KOTZIAS, Platon; BALZAROTTI, Davide; BILGE, Leyla; VERVIER, Pierre-Antoine; SANTOS, Igor. Can I Opt Out Yet? GDPR and the Global Illusion of Cookie Control. *Asia CCS'19*. Julho/2019. p. 340.
66. LEENES; KOSTA, *op. cit.*, p. 321.
67. BOND, *op. cit.*, p. 4.

consentimento do usuário, foram levantados, além dos exemplos já mencionados acima (carrinho de compras e autenticação), as hipóteses de *cookies* necessários para o funcionamento de *players* multimídias, *cookies* de balanceamento no carregamento das páginas *web* e *cookies* de customização de interface, como os que guardam preferências da língua exibida pelo *website*.[68]

Em outubro de 2013, o *Article 29 Working Party* emitiu o *Working Document nº 02/2013*, trazendo diretrizes sobre a obtenção de consentimento para *cookies*. De acordo com o referido documento, o consentimento para esses fins precisa ser qualificado: ser específico, baseado em informações apropriadas e completas; ser prévio, obtido antes do armazenamento dos *cookies*; ser inequívoco, obtido mediante uma ação ativa do usuário, que não deixe dúvidas sobre sua intenção; e ser livre, fruto de uma real escolha do indivíduo.[69]

Em fevereiro de 2015, o mesmo grupo de trabalho fez uma varredura em mais de 478 *websites* para identificar como diversas empresas estavam se comportando em relação à utilização de *cookies*. O estudo trouxe algumas informações interessantes, que mostram que as regras previstas na *Cookie Directive* não estavam sendo seguidas à risca, como, por exemplo, o fato de 54% dos *sites* visitados não solicitarem o consentimento do usuário, mas tão somente informarem a utilização de *cookies*. Em 3 *sites* inspecionados, foram identificados *cookies* com período de expiração fixado em 7.991 anos.[70]

Sobre o aspecto da transparência da informação necessária segundo o art. 5(3), Luzak assevera que a legislação não deixa claro o que entende por informação compreensiva, e sugere que as políticas de privacidade deveriam ser padronizadas, para facilitar o entendimento e visualização por parte do usuário, que se sentiria mais confortável se todos os *websites* seguissem uma mesma

---

68. ARTICLE 29 DATA PROTECTION WORKING PARTY. *Opinion 04/2012 on Cookie Consent Exemption*. 7 de junho de 2017. Disponível em: <https://ec.europa.eu/justice/article-29/documentation/opinion-recommendation/files/2012/wp194_en.pdf>. Acesso em: 7 nov. 2021.

69. ARTICLE 29 DATA PROTECTION WORKING PARTY. *Working Document 02/2013 providing guidance on obtaining consent for cookies. 2 de outubro de 2013. Disponível em: <https://ec.europa.eu/justice/article-29/documentation/opinion-recommendation/files/2013/wp208_en.pdf>*. Acesso em: 7 nov. 2021.

70. ARTICLE 29 DATA PROTECTION WORKING PARTY. *Cookie sweep combined analysis – report. 3 de fevereiro de 2015. Disponível em: <https://ec.europa.eu/justice/article-29/documentation/opinion-recommendation/files/2015/wp229_en.pdf>*. Acesso em: 7 nov. 2021.

fórmula já conhecida, agilizando, inclusive, o reconhecimento dos pontos principais do documento.[71]

Vale ressaltar que a *ePrivacy Directive* se aplica a todos os tipos de *cookies*, tanto aqueles que guardam dados pessoais, quanto aqueles que guardam informações anônimas, e é a legislação global mais relevante sobre este tema. Mesmo após a entrada em vigor do GDPR, as disposições da Diretiva nº 2002/58/EC continuam sendo aplicáveis e prevalecem sobre o Regulamento no tocante aos *cookies*, haja vista se tratar de uma legislação específica sobre o assunto, conforme reconhecido expressamente pelo *European Data Protection Board* (sucessor do *Article 29 Working Party*), na Opinião nº 5/2019.[72]

Nesse sentido, ainda que o GDPR disponha de uma série de bases legais para o tratamento de dados pessoais alheias ao consentimento do titular, quando se trata de *cookies* o consentimento continua sendo a única hipótese que autoriza seu armazenamento e acesso, salvo nas exceções expressamente previstas no art. 5(3) da *ePrivacy Directive*.

Desde 2017, a União Europeia discute uma proposta para transformar a *ePrivacy Directive* em um Regulamento, portanto aplicável de forma uniforme a todos os Estados-membros. Até o presente momento, a proposta sofreu diversas alterações em sua redação original, mas ainda não foi aprovada e, aparentemente, deve se arrastar por mais algum tempo em razão das divergências sobre o seu conteúdo. A última versão do texto foi redigida em 10 de fevereiro de 2021, mas continua sob análise.

5. Precedentes internacionais

Como parte do estudo para a avaliação do cenário jurídico brasileiro no que tange à utilização de *cookies*, mostra-se relevante conhecer precedentes de outras jurisdições sobre o tema, trazendo visões distintas sobre a sua aplicação prática. Este capítulo tem o intuito de comentar algumas decisões judiciais e

71. LUZAK, J. A. Privacy Notice for Dummies? Towards European Guidelines on How to Give "Clear and Comprehensive Information" on the Cookies' Use in Order to Protect in Internet Users' Right to Online Privacy. *Journal of Consumer Policy*. Vol. 37. 2014. p. 548.

72. EUROPEAN DATA PROTECTION BOARD. *Opinion 5/2019 on the interplay between the ePrivacy Directive and the GDPR, in particular regarding competence, tasks and powers of data protection authorities, de 12 de março de 2019. Disponível em: <https://edpb.europa.eu/sites/edpb/files/files/file1/201905_edpb_opinion_eprivacydir_gdpr_interplay_en_0.pdf>*. Acesso em: 7 nov. 2021.

guias interpretativos formulados por outros países, que podem futuramente servir como parâmetros para eventuais definições sobre *cookies* no Brasil.

5.1. *DoubleClick*

A *DoubleClick* é uma das maiores empresas de propaganda *on-line* do mundo, focada em prover seus clientes com soluções de publicidade direcionada aos públicos desejados dos anunciantes, principalmente por meio da utilização de *cookies*.

O sistema empregado pela empresa funciona da seguinte forma: quando o usuário acessa um *website* parceiro da *DoubleClick*, que utiliza a sua tecnologia, o navegador faz a requisição para obter o conteúdo da página *web*. Caso um *cookie* já esteja armazenado na máquina do usuário, ele é lido pela *DoubleClick*, que automaticamente, e em questão de milissegundos, preenche os espaços publicitários do *site* com anúncios direcionados de acordo com as preferências do usuário. Na hipótese de a máquina do usuário ainda não ter um *cookie* da *DoubleClick*, ele é automaticamente disparado no primeiro acesso a um *website* de uma empresa parceira.[73]

Isso significa que os *websites* que utilizam a tecnologia da *DoubleClick* exibem páginas personalizadas para cada usuário distinto, com base nos *cookies* armazenados. Em outras palavras, caso você acesse a página de um portal de notícias, as propagandas que aparecerão na sua tela serão diferentes daquelas que aparecerão na tela quando um amigo seu visitar aquele *website*, ainda que a navegação dos dois ocorra exatamente no mesmo momento.

Em 2001, um grupo de consumidores processou a companhia perante a Corte do Distrito Sul de Nova York, sob o argumento de que as práticas de coleta de informação para fins de prover serviços de publicidade direcionada violavam três leis norte-americanas. O fundamento central da demanda judicial era que o armazenamento e acesso a *cookies* por um terceiro constituía uma interceptação de uma comunicação *on-line*, em violação ao *Electronic Communication Privacy Act* (ECPA).[74]

No entanto, a Corte decidiu favoravelmente à *DoubleClick*, indicando que o *profiling* eletrônico não violaria a privacidade pessoal e que é proporcional a

---

73. PERSON, Andrea N. Behavioral Advertisement Regulation: How the Negative Perception of Deep Packet Inspection Technology May Be Limiting the Online Experience. *Federal Communications Law Journal*. Vol. 62, n. 2, 2010. p. 444.

74. SOLOVE, Daniel J; HARTZOG, Woodrow. The FTC and the New Common Law of Privacy. *Columbia Law Review*. Vol. 114, n. 3. Abril/2014. p. 591.

outras formas de pesquisa de marketing. Ainda, o Judiciário justificou que embora a companhia não obtivesse o consentimento direto para a coleta das informações dos usuários, ela estaria protegida pela autorização expressa concedida por seus parceiros comerciais, os *websites* frequentados pelos usuários, aos quais os usuários teriam consentido (ainda que implicitamente) quando decidiram continuar a navegação.[75]

Sobre a decisão, Solove e Hartzog[76] comentam:

> "The court dismissed the case on the grounds that 'DoubleClick-affiliated Web sites consented to DoubleClick's access of plaintiffs' communications to them.' The ECPA was indeed a poor fit, as it was designed to regulate wiretapping and electronic snooping rather than commercial data gathering. The records maintained by internet retailers and websites were often held not to be 'communications' under the ECPA".[77]

Embora tenha saído vitoriosa dessa disputa judicial, a *DoubleClick* continuou sendo alvo de escrutínio público por conta de suas práticas comerciais. Ainda nos idos dos anos 2000, a empresa anunciou planos de adquirir a *Abacus Direct*, uma companhia líder no setor de marketing, que detinha um grande acervo de dados *off-line* de milhões de pessoas. O objetivo da aquisição pela *DoubleClick* era unir as suas bases de dados *on-line* com as bases de dados *off-line* da *Abacus*, o que permitiria a criação de perfis robustos sobre um número expressivo de indivíduos.[78]

Por conta dos protestos em relação à aquisição e, principalmente, à possibilidade de junção dessas bases de dados, a *DoubleClick* desistiu de seus planos de comprar a *Abacus*, e posteriormente fez acordos com a FTC para garantir maiores requisitos de segurança e de privacidade em suas práticas, permitindo que os usuários fizessem o *opt-out* de sua tecnologia de rastreamento.[79]

---

75. KIERKEGAARD, *op. cit.*, p. 315.
76. SOLOVE; HARTZOG, *op. cit.*, p. 591.
77. Tradução livre: "A Corte negou provimento ao caso sob o argumento de que 'os sites afiliados ao DoubleClick consentiram ao acesso pela DoubleClick das comunicações dos autores a eles.' O ECPA realmente era um encaixe ruim, na medida em que foi planejado para regular a escuta telefônica e espionagem eletrônica em vez da coleta comercial de dados. Os registros mantidos pelos sites e varejistas da internet eram corriqueiramente não considerados como 'comunicações' para os fins do ECPA."
78. RUBINSTEIN; LEE; SCHWARTZ, *op. cit.*, p. 271.
79. LITAN, *op. cit.*, p. 1065.

5.2. *Google*

Em 2012, a *Federal Trade Commission* processou o *Google*, no caso *United States v. Google, Inc.*, alegando que a empresa estava realizando publicidade direcionada mediante a coleta de dados de usuários, em contrariedade às definições de privacidade escolhidas pelos usuários que utilizavam o navegador *Safari*, da *Apple*. De acordo com a FTC, o *Google* representou aos usuários do *Safari* que caso eles não alterassem uma definição de privacidade presente nas configurações do navegador, a empresa não dispararia um *cookie* de monitoramento para fins de propaganda direcionada ou coletaria informações que pudessem ser utilizadas para essas finalidades.[80]

O caso acabou não indo em frente, uma vez que as partes chegaram a um acordo pelo qual o *Google* se comprometeu a pagar uma multa de US$ 22,5 milhões, a maior sanção pecuniária por um caso envolvendo privacidade *on-line* até então[81], bem como a desabilitar todos os *cookies* de rastreamento que tinham sido armazenados em computadores de usuários do *Safari* que, na época, aplicavam-se àquela situação concreta.[82]

Vale lembrar que a FTC tem competência para fiscalizar práticas injustas e enganosas no mercado de consumo, o que se aplica também para temas de privacidade, mormente quando as práticas indicadas por empresas em suas políticas de privacidade ou termos de uso não condizem com a realidade de suas ações, a exemplo deste caso envolvendo o *Google*. Segundo Daniel J. Solove e Woodrow Hartzog, a FTC tem ampliado a sua visão de aplicação das leis, para investigar não só empresas que quebram as suas promessas feitas em políticas de privacidade e atuam de forma enganosa, mas também aquelas que violam razoáveis expectativas de privacidade criadas pelos indivíduos, e que esse tipo de *enforcement* deve ser visto frequentemente nos próximos anos.[83]

Muito embora o caso contra o *Google* pelas práticas indicadas acima tenha sido resolvido por meio de um acordo nos Estados Unidos, no Reino Unido há uma ação coletiva movida por consumidores com base nesses mesmos fatos e que

---

80. SOLOVE; HARTZOG, *op. cit.*, p. 671.

81. O valor está muito aquém das multas que foram aplicadas pela FTC em casos posteriores, a exemplo da sanção de US$ 5 bilhões que foi aplicada ao *Facebook* em 2019, também por um caso de privacidade, mas não relacionada ao uso de *cookies*.

82. CANTER, Elizabeth; KARCH, Ted. A retrospective: The FTC's privacy and data security enforcement during the Obama administration. *Antitrust*. Vol. 31, n. 3. 2017, p. 4.

83. SOLOVE; HARTZOG, *op. cit.*, p. 667.

ainda será julgada pelas Cortes locais futuramente[84], de modo que este *leading case* poderá sofrer atualizações relevantes quando do respectivo julgamento.

5.3. *Planet49*

Talvez um dos precedentes mais relevantes da atualidade no que se refere a *cookies*, seja pelas consequências amplas da decisão nas práticas consolidadas pelo mercado de *websites*, seja por ser pautada em um sistema normativo de privacidade que muito se assemelha ao que se pretende adotar no Brasil com a entrada em vigor da LGPD (embora o argumento central da decisão seja a conformidade com a *ePrivacy Directive*, não com o GDPR), é o do *Case C-673/17*, julgado recentemente pela Corte de Justiça da União Europeia, e mais conhecido como *Planet49*.

Planet49 GmbH é uma companhia alemã de jogos *on-line*. Em setembro de 2013, a empresa promoveu uma loteria promocional em seu *website*. Para participar da loteria, os usuários precisavam preencher um formulário com o seu código postal, seu nome e endereço. Abaixo dos formulários, eram apresentados dois textos explanatórios, cada um com uma caixa de seleção a ser ticada pelos usuários.[85]

O primeiro texto, que era acompanhado de uma caixa de seleção que não estava inicialmente assinalada, dizia o seguinte:

> "I agree to certain sponsors and cooperation partners providing me with information by post or by telephone or by email/SMS about offers from their respective commercial sectors. I can determine these myself here; otherwise, the selection is made by the organizer. I can revoke this consent at any time. Further information about this can be found here."[86]

---

84. FINGAS, Jon. UK court rules Google must face lawsuit over Safari privacy. *Engadget*, 2 de outubro de 2019. Disponível em: <https://www.engadget.com/2019-10-02-google-safari-privacy-lawsuit-to-continue.html>. Acesso em: 7 nov. 2021.

85. COURT OF JUSTICE OF THE EUROPEAN UNION. *Judgment of 1 October 2019, Planet49 GmbH, C-673/17, ECLI:EU:C:2019:801*. 1 de outubro de 2019. p. 8. Disponível em: <http://curia.europa.eu/juris/document/document.jsf;jsessionid=755B5529F72AD7AB36E9F43CD81B5CB1?text=&docid=218462&pageIndex=0&doclang=EN&mode=lst&dir=&occ=first&part=1&cid=3369727>. Acesso em: 7 nov. 2021.

86. Tradução livre: "Concordo que certos patrocinadores e parceiros de cooperação me forneçam informações por correio ou telefone ou e-mail/SMS sobre ofertas de seus respectivos setores comerciais. Eu posso determinar isso pessoalmente aqui; caso

O segundo texto, diferentemente do primeiro, trazia consigo uma caixa de seleção que já constava como assinalada, e tinha os seguintes dizeres:

> "I agree to the web analytics service Remintrex being used for me. This has the consequence that, following registration for the lottery, the lottery organizer, [Planet49], sets cookies, which enables Planet49 to evaluate my surfing and use behaviour on websites of advertising partners and thus enables advertising by Remintrex that is based on my interests. I can delete the cookies at any time. You can read more about this here."[87]

Embora fosse obrigatório que o usuário assinalasse a primeira caixa de seleção para poder participar da loteria, a segunda caixa de seleção (que já estava previamente assinalada), não era obrigatória, de modo que o usuário poderia retirar a sua concordância com o segundo texto, fazendo com que a caixa de seleção não mais ficasse assinalada.

Em março de 2014, a *Bundesverband der Verbraucherzentralen und Verbraucherverbände – Verbraucherzentrale Bundesverband eV*, a Federação das Organizações do Consumidor alemã, ajuizou uma demanda judicial em face da *Planet49*, alegando que as informações prestadas pela companhia e a utilização das duas caixas de seleção não atendiam aos requisitos da legislação em relação ao consentimento do usuário para o armazenamento e acesso de *cookies*.[88]

Depois de alguns recursos de ambas as partes, o caso chegou à *Federal Court of Justice*, a Suprema Corte alemã, que suscitou dúvidas sobre a interpretação do art. 5(3) da *ePrivacy Directive*, e decidiu instaurar uma consulta à Corte de Justiça da União Europeia sobre a validade do consentimento obtido por meio de uma caixa de seleção já assinalada, que o usuário poderia desmarcar para recusar seu consentimento, bem como sobre quais informações um provedor de serviços precisa conceder ao usuário para garantir o atendimento do requisito de prestar

---

contrário, a seleção é feita pelo organizador. Eu posso revogar este consentimento a qualquer momento. Mais informações sobre isso podem ser encontradas aqui."

87. Tradução livre: "Concordo que o serviço de análise da web *Remintrex* seja usado para mim. Isso tem a consequência de que, após o registro na loteria, o organizador da loteria [*Planet49*], define *cookies*, o que permite à *Planet49* avaliar meu comportamento de navegação e uso em *sites* de parceiros de publicidade e, assim, possibilitar a publicidade da Remintrex com base em meus interesses. Eu posso excluir os *cookies* a qualquer momento. Você pode ler mais sobre isso aqui."

88. COURT OF JUSTICE OF THE EUROPEAN UNION, *op. cit.*, p. 10.

informações claras e compreensivas e se isso inclui o período de retenção da operação de tratamento de dados e se terceiros possuem acesso aos *cookies*.[89]

Em relação ao primeiro questionamento, a Corte decidiu que uma caixa de seleção previamente selecionada, sem que o usuário tenha que tomar qualquer ação ativa, não constitui consentimento válido, fazendo menção aos requisitos previstos no artigos 4(11) e 6(1)(a) do GDPR, bem como ao *Recital* 32 do Regulamento, que expressamente identifica que o silêncio do usuário, sua inatividade, ou caixas de seleção previamente assinaladas não configuram consentimento válido.[90]

Sobre os deveres de informação clara e compreensiva previstos no art. 5(3) da *ePrivacy Directive*, a Corte definiu que tanto o período de retenção quanto o fato de terceiros terem acesso aos *cookies,* bem como a identificação desses terceiros, são aspectos que devem ser informados ao usuário, no sentido de garantir que o tratamento de dados seja justo e transparente, conforme também previsto nos artigos 13(1)(e) e 13(2)(a) do GDPR, e dando maior suporte ao requisito legal de ser o consentimento necessariamente informado para ser considerado válido.[91]

A decisão tem reflexos expressivos, na medida em que fará com que a maior parte dos *websites* reveja seus avisos e *banners* de *cookies*, que no momento atual não cumprem com tais requisitos e precisarão ser refeitos, no sentido de incluir informações relativas ao período de retenção dos *cookies* e se terceiros possuem acesso aos *cookies*.

Pouco tempo depois da decisão ser proferida, a Autoridade de Proteção de Dados holandesa divulgou uma declaração de que vistoriou 175 *websites* para determinar se essas páginas estavam cumprindo com os requisitos impostos pela Corte de Justiça da União Europeia. Quase metade dos *sites* não estavam em conformidade com as regras. O órgão regulador ainda relembrou que *cookie walls* são ilícitas e que *cookies* de rastreamento precisam do consentimento prévio dos usuários.[92]

---

89. COURT OF JUSTICE OF THE EUROPEAN UNION, *op. cit.*, p. 11.
90. Idem, p. 14.
91. Ibidem, p. 16-17.
92. HUNTON ANDREWS KURTH. Dutch DPA Issues Cookie Compliance Statement. *Privacy & Information Security Law Blog*. 12 de dezembro de 2019. Disponível em: <https://www.huntonprivacyblog.com/2019/12/12/dutch-dpa-issues-cookie-compliance-statement/#page=1>. Acesso em: 7 nov. 2021.

5.4. Guias interpretativos

No intuito de conferir maiores esclarecimentos sobre a utilização de *cookies*, algumas Autoridades Supervisoras de Estados-membros da União Europeia, assim como a do Reino Unido, já publicaram guias sobre *cookies*.

Em maio de 2018, bem antes da decisão do caso *Planet49*, o *Information Commissioner's Office* (ICO), Autoridade Supervisora do Reino Unido, publicou um guia sobre privacidade e comunicações eletrônicas, no qual a Autoridade já antecipava que era necessário obter o consentimento dos usuários para o uso de *cookies*, mediante uma ação clara e positiva, e que isso deve ser mais do que simplesmente continuar navegando pelo *website*. Cabe ao *website* estar confiante de que o usuário compreende inteiramente que a sua ação resultará no armazenamento de *cookies* específicos, e que tomou uma conduta deliberada para consentir com essa operação.[93]

O guia ainda traz um *checklist* interessante a ser preenchido pelas organizações antes da utilização de *cookies*, para garantir que estarão em conformidade, que conta com os seguintes questionamentos[94]:

i) Nós entendemos o que são *cookies* e para que eles podem ser utilizados;

ii) Nós sabemos a diferença entre *cookies* de sessão e *cookies* persistentes;

iii) Nós sabemos a diferença entre *first-party* e *third-party cookies*;

iv) Nós entendemos o que "tecnologias similares" são e como os regulamentos se aplicam a elas;

v) Nós sabemos quais *cookies* nosso serviço *on-line* já utiliza ou pretende utilizar;

vi) Nós removemos quaisquer *cookies* que não precisamos;

vii) Nós confirmamos os propósitos de cada um dos *cookies*;

viii) Nós identificamos quais informações cada um dos *cookies* processa, incluindo se eles estão ligados a outras informações que nós temos sobre os nossos usuários ou de alguma outra forma envolvem o tratamento de dados pessoais;

ix) Quando dados pessoais estiverem envolvidos, nós nos asseguramos que o tratamento está em conformidade com o GDPR;

---

93. INFORMATION COMMISSIONER'S OFFICE. *Guide to the Privacy and Electronic Communications Regulations*. 9 de maio de 2018. p. 31. Disponível em: <https://ico.org.uk/media/for-organisations/guide-to-pecr-2-4.pdf>. Acesso em: 7 nov. 2021.

94. Ibidem, p. 33-34.

x) Nós confirmamos se os nossos *cookies* são de sessão ou persistentes;

xi) Nós confirmamos se os nossos *cookies* são *first-party* ou *third-party cookies*;

xii) Nós temos arranjos apropriados em vigor para o uso de *third-party cookies*, incluindo quais informações eles compartilham com terceiros, como ocorre o compartilhamento e o que os nossos usuários são informados;

xiii) Nós estabelecemos quanto tempo os nossos *cookies* durarão e que esse período é apropriado;

xiv) Nós identificamos quais *cookies* são estritamente necessários e quais não são;

xv) Nós nos asseguramos que oferecemos informações claras e de fácil entendimento sobre os *cookies* que usamos;

xvi) Nós nos asseguramos que a informação é compreensiva e cobre todos os *cookies* que utilizamos;

xvii) Nós implementamos um mecanismo de consentimento que permite que os usuários controlem a configuração de todos os *cookies* que não sejam estritamente necessários;

xviii) Nós nos asseguramos que o mecanismo de consentimento garanta que o consentimento é obtido de acordo com os requisitos previstos no GDPR;

xix) Nós guardamos os registros do consentimento dos *cookies* por um período apropriado de tempo;

xx) Nós documentamos todos os itens acima;

xxi) Nós criamos uma forma apropriada de revisão periódica desses procedimentos.

Em novembro de 2019, a *Agencia Española de Protección de Datos* publicou um guia detalhado sobre *cookies*, indicando que parte do dever de informação compreensiva inclui garantir que o usuário saiba como ele pode revogar o seu consentimento posteriormente ou mesmo apagar os *cookies* de sua máquina, trazendo alguns exemplos de boas práticas sobre a visualização gráfica de avisos de *cookies*. Outro ponto interessante do referido guia é que ele vai além do tema basilar sobre os *cookies*, explicando, de modo detalhado, como funcionam as plataformas de publicidade programática, as *adtechs*, e todas as partes que participam desde processo.[95]

95. AGENCIA ESPAÑOLA DE PROTECCIÓN DE DATOS. *Guía sobre el uso de las cookies*. 8 de novembro de 2019. p. 16; 33. Disponível em: <https://www.aepd.es/sites/default/files/2019-12/guia-cookies_1.pdf>. Acesso em: 7 nov. 2021.

Em fevereiro de 2020, foi a vez da Autoridade de Proteção de Dados da Grécia publicar seu guia sobre a utilização de *cookies*. O documento é altamente didático, trazendo exemplos de más práticas a serem evitadas, incluindo a utilização de *nudges*, como configurar o botão "Eu Aceito" com cores e tamanhos de fonte que lhe garantam maior ênfase do que o botão de rejeição ou de maiores informações.[96]

No dia 6 de abril de 2020, a *Data Protection Commission*, Autoridade Supervisora da Irlanda, publicou um relatório sobre o uso de *cookies* e outras tecnologias, oriundo de uma varredura realizada entre agosto e dezembro de 2019, período no qual as práticas de *cookies* de 39 controladores, dentre os principais *websites* baseados no país, foram avaliadas pela organização. De acordo com o estudo, quase a totalidade dos *websites* continua tendo falhas na sua conformidade com a *ePrivacy Directive* e a respectiva legislação nacional transposta, mesmo após o resultado do julgamento do caso *Planet49*. Dentre os 39 *sites*, 10 utilizavam caixas de seleção previamente assinaladas para fins de consentimento, em frontal contrariedade à decisão da Corte de Justiça, a exigir ações imediatas para remediar esse problema.[97]

O relatório é um retrato fidedigno de como os *websites* ainda estão longe da conformidade plena com os regramentos sobre *cookies* na União Europeia, muito embora boa parte das regras atuais esteja em vigor desde a publicação da *ePrivacy Directive*, em 2009. O documento levanta diversos pontos preocupantes de falhas dos *sites* avaliados, como a utilização de consentimento implícito, a configuração de disparo de *cookies* desnecessários assim que a página é carregada, a ausência de mecanismos que facilitam a obtenção e revogação do consentimento, a utilização de *banners* e interfaces desenhadas de forma ruim (e até enganosa), a utilização de *web beacons* não informados, entre tantos outros aspectos que precisam ser melhorados caso os respectivos *websites* não queiram sofrer sanções pelo descumprimento legal.

Na mesma data, a Autoridade irlandesa também publicou uma nova versão do seu guia sobre *cookies*, enfatizando alguns dos pontos observados durante

---

96. TASSI, Katerina. Cookie Guidance from Greece. *International Association of Privacy Professionals*. p. 6. Disponível em: <https://iapp.org/media/pdf/resource_center/Greek_DPA_Cookie_Guidance_IAPP.pdf>. Acesso em: 7 nov. 2021.

97. DATA PROTECTION COMMISSION. *Report by the Data Protection Commission on the use of cookies and other tracking technologies*. 6 de abril de 2020. p. 4. Disponível em: <https://www.dataprotection.ie/sites/default/files/uploads/2020-04/Report%20by%20the%20DPC%20on%20the%20use%20of%20cookies%20and%20other%20tracking%20technologies.pdf>. Acesso em: 6 abr. 2020.

a varredura realizada e que devem ser considerados por todas as empresas que utilizem *cookies* ou outras tecnologias de rastreamento.[98]

Em 1º de outubro de 2021, a autoridade supervisora da Bavaria, na Alemanha, publicou um guia sobre consentimento para cookies, estipulando que as empresas provedoras de serviços de telecomunicações devem cumprir não só com as leis de telecomunicações, mas também com as previsões do GDPR e da ePrivacy Directive. O guia também indica que, para a obtenção do consentimento, os cookies banners devem: (i) exigir que uma ação ativa seja realizada pelo usuário, como ao clicar numa caixa de diálogo; (ii) nenhum dado deve ser coletado ou transferido pelos cookies antes que o consentimento seja obtido; (iii) deve haver efetiva transparência acerca de quais dados são coletados, o nome das empresas para quais são transferidos e os propósitos para tanto; (iv) deve ser respeitado o direito de revogação do consentimento a qualquer tempo, em formato tão simples e acessível quanto aquele utilizado para a concessão do consentimento.[99]

Em 26 de outubro de 2021, a autoridade supervisora de Luxemburgo também publicou um guia sobre cookies e outros rastreadores eletrônicos. Em especial, a National Commission for Data Protection indicou que cookies utilizados para os seguintes propósitos poderiam ser considerados essenciais, de modo a não exigir o consentimento do usuário: (i) guardar as escolhas do usuário acerca dos cookies; (ii) para a autenticação do usuário, desde que seja utilizado somente para esse fim; (iii) para guardar as compras de um carrinho de compras; (iv) para guardar respostas de um formulário de contato; (v) para streaming de conteúdo; (vi) para a customização do serviço, como, por exemplo, a escolha da língua na qual o site será exibido; (vii) para segurança; (viii) para fins analíticos, desde que o controlador consiga demonstrar que esse tipo de cookies é necessário para o fornecimento dos serviços (como para avaliar as capacidades do servidor).[100]

---

98. DATA PROTECTION COMMISSION. *Guidance Note: Cookies and other tracking technologies*. 6 de abril de 2020. Disponível em: <https://www.dataprotection.ie/sites/default/files/uploads/2020-04/Guidance%20note%20on%20cookies%20and%20other%20tracking%20technologies.pdf>. Acesso em: 6 abr. 2020.

99. DER BAYERISCHE LANDESBEAUFTRAGTE FÜR DEN DATENSCHUTZ. Aktuelle Kurz-Information 36: Cookie-Einwilligungen auf Webseiten bayerischer öffentlicher Stellen. Disponível em: <https://www.datenschutz-bayern.de/datenschutzreform2018/aki36.html>. Acesso em: 7 nov. 2021.

100. NATIONAL COMMISSION FOR DATA PROTECTION. Lignes directrices en matière de cookies et autres traceurs. Disponível em: <https://cnpd.public.lu/content/dam/cnpd/fr/dossiers-thematiques/cookies/CNPD-LD-Cookies.pdf>. Acesso em: 7 nov. 2021.

6. *Cookies* e a Legislação Brasileira

Este capítulo tinha tudo para ser o mais curto do presente artigo, por uma razão muito simples: não há, no ordenamento jurídico brasileiro, nenhuma menção expressa a *cookies*. Nem mesmo na Lei Geral de Proteção de Dados Pessoais.

Curiosamente, o tema não está sequer dentre os assuntos que são corriqueiramente levantados como pautas imediatas para a regulamentação da futura Autoridade Nacional de Proteção de Dados. Entre a miríade de lacunas que precisarão ser reguladas pela ANPD, tecnologias de rastreamento *on-line* parecem estar no fim da fila do pão, o que se confirma pela ausência de qualquer menção específica na Agenda Regulatória da ANPD para o biênio 2021-2022.

Não haver menção a *cookies* de forma expressa em nossa legislação, no entanto, está longe de significar que as normas brasileiras não tragam reflexos diretos no uso dessa tecnologia pelo mercado e pelos órgãos da administração pública, ao menos nos casos em que *cookies* são considerados dados pessoais.

Como aludido anteriormente, em grande parte das situações *cookies* serão considerados dados pessoais, por identificarem ou terem a possibilidade de identificar uma pessoa natural, especialmente quando forem utilizados por terceiros para fins de criação de perfis comportamentais e publicidade direcionada. Nessas circunstâncias, dados anônimos trariam pouca valia para as operações de empresas de publicidade, de modo que a utilização de *cookies* tende a ser promovida para a coleta de informações pessoais.

Contudo, nem sempre *cookies* serão dados pessoais. Para muitas finalidades técnicas, como, por exemplo, para o balanceamento de carga de servidores, *cookies* podem processar dados que não identificam, nem podem identificar uma pessoa natural. Nesses casos, quando *cookies* não forem considerados dados pessoais, sua utilização foge do escopo das leis vigentes no ordenamento jurídico brasileiro, inexistindo qualquer restrição legal ou requisito específico para seu uso.

Por outro lado, nos casos em que forem considerados dados pessoais, a utilização de *cookies* deverá ser regida primordialmente pelo Marco Civil da Internet (ao menos antes da entrada em vigor da LGPD), que disciplina o uso da internet no Brasil, prevendo regras específicas para o tratamento de dados pessoais no ambiente *on-line*.

Pelas diretrizes definidas pelo Marco Civil da Internet, o uso de *cookies* (na qualidade de dados pessoais, e especialmente nos casos de *third-party cookies*) exige a comprovação de atendimento de dois requisitos: o consentimento livre, expresso e informado do usuário, e a concessão de informações claras e completas sobre a coleta, uso, armazenamento, proteção ou qualquer outro tratamento desses dados.

Note-se que esses requisitos são similares aos previstos na *ePrivacy Directive* e comentados anteriormente, com a diferença de que a Diretiva da União Europeia se aplica a todas as comunicações eletrônicas em redes públicas, indiferentemente de se tratar de dados pessoais ou não.

O nível de consentimento já demandado pelo Marco Civil da Internet é claramente elevado: requer que o usuário tenha prévia informação sobre os *cookies*, tenha uma opção real de dizer não à sua utilização (o que impediria o uso de *cookie walls*), e realize uma ação ativa para expressar sua vontade de aceitar o armazenamento de *cookies*, fazendo com que o mero silêncio ou inatividade do usuário não fossem considerados como consentimento válido.

No que tange ao dever de informação, esse também é qualificado: as informações precisam ser claras (leia-se claramente compreensíveis, evitando-se a linguagem técnica ou jurídica que dificulte o entendimento) e, acima de tudo, completas, o que, embora não esteja dito de modo explícito pela Lei, pressupõe a entrega de todos os dados relevantes para que o usuário possa realizar sua escolha consciente, incluindo informações como as finalidades do uso dos *cookies*, por quem eles serão acessados, com quem serão compartilhados, por quanto tempo serão retidos e como podem ser excluídos.

Na teoria, os critérios para a utilização de *cookies* em território nacional são rigorosos e deveriam mudar completamente o seu uso pelo mercado depois da entrada em vigor do MCI. Na prática, o *enforcement* do Marco Civil da Internet sempre foi mais focado em questões de derrubada de conteúdo gerado por usuários e postado em redes sociais e na responsabilização dos provedores de aplicações de internet pelos danos causados decorrentes da veiculação desses conteúdos por terceiros.

Basta fazer um teste simples para constatar essa realidade: acesse o *website* de qualquer grande portal de notícias brasileiro. Você recebeu algum aviso sobre o uso de *cookies*, com informações claras e completas sobre as finalidades da ferramenta, seu período de retenção, os terceiros que terão acesso aos *cookies*, ou como fazer para deletá-los de seu terminal? Ainda mais relevante: foi necessário dar o seu consentimento livre, expresso e informado antes que *cookies* fossem armazenados em sua máquina? Salvo melhor juízo, a resposta parece ser negativa, muito embora esses sejam requisitos previstos pela legislação em vigor.

Vale salientar que o Marco Civil da Internet só prevê uma base legal para o tratamento de dados pessoais: o consentimento. Tem-se, portanto, que, no momento atual, essa é a única justificativa legal para a utilização de *cookies* (na qualidade de dados pessoais). Inclusive, para que não se fale que *cookies* não eram considerados dados pessoais para os fins do Marco Civil, ressalta-se que o artigo 14, I, do Decreto nº 8.771/2016, que regulamentou o MCI, expressamente dispôs que identificadores eletrônicos, quando relacionados a uma pessoa, são dados pessoais.

Laura Schertel Mendes defende que nos casos em que *cookies* são utilizados "exclusivamente para a transmissão de comunicações na Internet ou for estritamente necessário para a realização de um serviço *on-line* solicitado pelo consumidor, não lhe acarretando riscos, não será necessário o seu consentimento".[101]

Respeitado o entendimento da proeminente autora, que, inclusive, representa exatamente as exceções ao consentimento previstas na parte final do art. 5(3) da *ePrivacy Directive*, essas hipóteses excepcionais não estão contempladas no Marco Civil da Internet. Tomada a letra da Lei, quando *cookies* forem considerados dados pessoais, eles serem estritamente necessários para a realização de um serviço *on-line*, ainda que solicitado pelo consumidor, é manifestamente irrelevante e não dispensa a necessidade de consentimento na forma do artigo 7º, VII e IX, do Marco Civil da Internet.

Com efeito, a situação é completamente distinta agora que a Lei Geral de Proteção de Dados Pessoais já entrou em vigor, na medida em que, na condição de lei específica sobre o tema, passou a ter prioridade sobre o Marco Civil da Internet no que diz respeito à disciplina do tratamento de dados pessoais, inclusive do armazenamento de *cookies*, e uma vez que conta com disposições diversas e mais abrangentes.

A LGPD prevê, em seu artigo 7º, dez bases legais para o tratamento de dados pessoais, entre elas o consentimento, embora referida base legal já não seja mais a única como era no Marco Civil da Internet, e nem tenha prioridade perante as demais. Nesse sentido, a partir do momento em que a LGPD estiver em pleno vigor, *websites* terão uma margem de manobra maior na utilização de *cookies* (quando considerados dados pessoais), haja vista a possibilidade do enquadramento de seu uso em outro permissivo legal, a exemplo do legítimo interesse do controlador ou de terceiro.

A situação será, no mínimo, curiosa. Posto que a LGPD seja uma legislação com claros objetivos de trazer maiores proteções à privacidade da pessoa natural, a ampliação das bases legais, neste caso em específico, deixará os indivíduos mais

---

101. MENDES, Laura Schertel. O diálogo entre o Marco Civil da Internet e o Código de Defesa do Consumidor. *Revista de Direito do Consumidor. Volume 106*. São Paulo: Editora Revista dos Tribunais, julho-agosto 2016.

expostos à discricionariedade dos *websites* na utilização de *cookies* sem a necessidade de consentimento prévio, inclusive para finalidades de marketing direto, conforme autorizado pelo artigo 10, I, da Lei.

Third-party cookies, inclusive, serão um ótimo teste para a interpretação por parte da ANPD (e, inevitavelmente, também por parte do Poder Judiciário) dos critérios a serem avaliados quando da adoção da base legal do legítimo interesse de terceiro[102], a permitir o tratamento de dados pessoais em conformidade com a legislação, especialmente em relação à rigorosidade do *Legitimate Interest Assessment* a ser realizado e à comprovação do atendimento aos testes da legitimidade do interesse, da necessidade e do balanceamento.

Por outro lado, os princípios dispostos na Lei, em especial o da transparência, da finalidade, da adequação e da necessidade devem incutir um julgamento mais criterioso por parte dos *websites* antes de dispararem *cookies*, além de obrigar as empresas a apresentarem informações efetivamente mais completas sobre esses tratamentos de dados, inclusive sobre a sua duração e sobre os terceiros com quem os dados serão compartilhados.

Obrigações adicionais previstas pela LGPD também trarão maiores ônus na implementação de tecnologias de rastreamento e monitoramento dos usuários por parte dos *websites*, já que, a depender do caso concreto e das posteriores regulamentações da ANPD, poderão exigir a condução prévia de Relatórios de Impacto à Proteção de Dados Pessoais.

Além disso, diferentemente do que acontece com o Marco Civil da Internet, a LGPD tende a ser uma legislação cujas obrigações serão frequentemente fiscalizadas e cobradas por titulares de dados, órgãos de defesa do consumidor, Ministérios Públicos, SENACON, e pela própria ANPD, elevando os riscos para práticas de monitoramento e rastreamento digital.

Muito embora a LGPD tenha efetivamente entrado em vigor no dia 18 de setembro de 2021, vale mencionar que o Código de Defesa do Consumidor e a Lei de Acesso à Informação também são potencialmente aplicáveis à utilização de *cookies*.

---

102. Embora não se trate do tema deste artigo, o legítimo interesse de terceiros já foi avaliado, em algumas situações, por decisões da Corte de Justiça da União Europeia. Vide: COURT OF JUSTICE OF THE EUROPEAN UNION. *Judgment of 4 May 2017, Rigas Satiksme, C-13/16, ECLI:EU:C:2017:336*. 4 de maio de 2017. Disponível em: <http://curia.europa.eu/juris/document/document_print.jsf?doclang=EN&text=&pageIndex=0&part=1&mode=req&docid=190322&occ=first&dir=&cid=136957>. Acesso em: 7 nov. 2021.

De acordo com o art. 43, § 2º, do Código de Defesa do Consumidor, a abertura de dados pessoais a respeito de um consumidor, quando não solicitadas por ele, deve lhe ser comunicada por escrito.

Quando *cookies* forem dados pessoais, o seu armazenamento sem a solicitação expressa por parte do consumidor ativaria a obrigação de comunicação escrita prevista no CDC, criando um grande empecilho operacional para os *websites*, caso a interpretação aplicável fosse a de que a comunicação precisaria ser direta e específica ao consumidor afetado, não podendo ser incluída de forma genérica na política de privacidade da companhia.[103]

Por sua vez, a Lei de Acesso à Informação (LAI) também pode incidir sobre eventuais *cookies* utilizados por órgãos da administração pública. Patrick J. Cunningham comenta que em *Cookeville*, no Estado do *Tennessee*, um jornal *on-line* chamado *The Putnam Pit* por anos tentou obter cópias dos *cookies* disparados pelo governo local sob o argumento de que esses arquivos devem ser considerados registros públicos, sujeitos, portanto, à lei de acesso à informação local.[104]

Satinder Kumar e Rishi Raj Sharma asseveram que *cookies* também são utilizados por entes governamentais, em razão da relevância das informações que podem conter. Segundo os autores[105]: "*Not only commercial firms find this information very useful, but federal web sites are tracking their users too.*"[106]

Laura McCarthy e Dave Yates, em estudo sobre o uso de *cookies* por agências governamentais de nível federal nos Estados Unidos, preconizam que *cookies* persistentes cumprem com todos os requisitos necessários para serem considerados registros governamentais de acordo com a respectiva legislação federal.[107]

Nessa linha de raciocínio, e especialmente em razão da dicção do art. 4º, I, da Lei de Acesso à Informação, que caracteriza como informação quaisquer dados que possam ser utilizados para produção e transmissão de conhecimento,

---

103. Na medida em que *cookies* são disparados para todos os usuários que acessam um determinado *website*, indiscriminadamente, a indicação na política de privacidade de um parágrafo acerca da abertura de dados pessoais do consumidor quando do acesso ao *site* não deixaria de ser uma forma de comunicação, a possivelmente cumprir com o requisito previsto no art. 43, § 2º, do Código de Defesa do Consumidor.

104. CUNNINGHAM, *op. cit.*, p. 54.

105. KUMAR, Satinder; SHARMA, Rishi Raj. Empirical Analysis of Unethical Practice of Cookies in e-Marketing. *Abhigyan*. Vol. 33, n. 3. p. 43.

106. Tradução livre: "Não apenas firmas comerciais acham essas informações muito útil, mas *sites* do governo federal também estão rastreando usuários."

107. McCARTHY; YATES, *op. cit.*, p. 235.

contidos em qualquer meio, suporte ou formato, mostra-se inquestionável que *cookies* utilizados por órgãos da administração pública cumprem com todos esses requisitos, de modo que o acesso ao seu conteúdo pode ser licitamente solicitado por indivíduos ou empresas.

7. Considerações finais

Cookies são inegavelmente onipresentes no ambiente *on-line*. Embora essa tecnologia tenha sido inventada há décadas, sua utilização continua sendo massiva em todos os cantos da internet e deve continuar se expandindo, mormente para alguns modelos de negócios que são altamente dependentes de sistemas de rastreamento, como os de publicidade direcionada.

A realidade do uso de *cookies* no Brasil está bem distante da de outros países com legislações em certa medida similares, a exemplo dos Estados-membros da União Europeia. Muito embora desde a entrada em vigor do Marco Civil da Internet seja requisito essencial a obtenção de consentimento expresso, livre e informado para o tratamento de dados pessoais, *cookies* que se enquadram nessa categoria continuam sendo amplamente disparados por *websites* brasileiros sem qualquer apego aos ditames da legislação.

A falta de uma fiscalização mais dura e exigente das disposições do Marco Civil da Internet em relação ao fornecimento de informações claras e completas sobre o tratamento de dados pessoais faz com que os domínios mais visitados de empresas nacionais não tenham qualquer *banner* ou aviso prévio específico sobre *cookies*, limitando-se à inclusão de dizeres genéricos em políticas de privacidade que nada mais falam do que o fato de *cookies* serem arquivos pequenos que auxiliam no aprimoramento dos serviços prestados ao usuário.

Cookies acabam sendo disparados automaticamente, sem que o consentimento prévio e qualificado (livre, informado e expresso) tenha sido obtido do usuário, que, de acordo com as políticas disponibilizadas pelos respectivos *websites*, concorda com o armazenamento no momento em que aceita a política e navega pelo *site*. Em algumas raras situações, o usuário é informado que pode realizar o *opt-out* caso assim desejar, bloqueando *cookies* nas configurações de seu navegador ou excluindo-os de seu terminal.

Mudar um cenário como esses é uma tarefa hercúlea, especialmente quando o mercado ainda tem dificuldades de compreender *cookies* como dados pessoais, imaginando que essa ferramenta não precisará de nenhuma adaptação mesmo com a LGPD em vigor.

Embora a Lei Geral de Proteção de Dados Pessoais traga novas bases legais nas quais a utilização de *cookies* poderá ser amparada, fugindo-se da necessidade de consentimento em determinadas situações, a mera adaptação das práticas de informação dos *websites* nacionais demandará esforços robustos, considerando o atual nível de precariedade em relação às informações sobre o uso dessa tecnologia que são disponibilizadas aos usuários.

Mais além, a maior transparência que será exigida pela legislação sobre as funcionalidades dos *cookies*, suas finalidades, o seu período de retenção, e os terceiros com quem são compartilhados devem mudar a percepção dos usuários sobre a navegação em determinados *sites*.

Se entre os maiores portais de notícias nacionais, um deles armazena um número significativamente menor de *third-party cookies* (já que imaginar que *sites* desse ramo, que possuem uma boa parte de sua receita vinculada à publicidade segmentada, não disparariam nenhum desses *cookies* seria irreal), enquanto os outros armazenam números expressivos de *third-party cookies*, será que o usuário não trocaria sua fonte de informação?

Antes mesmo de a LGPD entrar em vigor, a expectativa de profissionais da área era de que a Lei seria intensamente exigida e por um número plural de diferentes *stakeholders*: titulares de dados, PROCONs, Ministérios Públicos, SENACON e a própria Autoridade Nacional de Proteção de Dados, devem todos cobrar do mercado a adequação à nova legislação, e isso de fato se tornou uma realidade desde setembro de 2020.

Nesse cenário, *cookies* não devem escapar de serem criteriosamente analisados e questionados em relação à sua conformidade com a LGPD. Se até então a aplicação dessa tecnologia, pelos mais variados *websites* brasileiros foi, em sua maioria, simplesmente ignorada, deixando-se para que o mercado se autorregulasse e escolhesse as práticas que gostaria de implementar quando da utilização de *cookies*, não há como imaginar que eles não serão extensamente regulados num futuro próximo.

Mais do que nunca, entender o funcionamento dessa ferramenta, seus riscos à privacidade dos usuários e como possivelmente adequá-los ao novo contexto da proteção de dados pessoais no ordenamento jurídico brasileiro é fundamental.

8. Referências bibliográficas

ACQUISTI, Alessandro; TAYLOR, Curtis; WAGMAN, Liad. The Economics of Privacy. *Journal of Economic Literature*. Vol. 54, n. 2. Junho/2016. p. 442-492.

AGENCIA ESPAÑOLA DE PROTECCIÓN DE DATOS. *Guía sobre el uso de las cookies*. 8 de novembro de 2019. Disponível em: <https://www.aepd.es/sites/default/files/2019-12/guia-cookies_1.pdf>. Acesso em: 7 nov. 2021.

APPELGREN, Ester. The Reasons Behind Tracing Audience Behavior: A Matter of Paternalism and Transparency. *International Journal of Communication*. Vol. 11. 2017. p. 2178-2197.

ARRINGTON, Samantha C. Got Cookies? Bose v. Interclick, Inc.: Computer Fraud and Abuse Act Claims Dismissed with Prejudice Due to Lack of Precedent Providing for the Value of Personal Information and an Unclear Standard for Aggregation of Damages. *Journal of International Commercial Law and Technology*. Vol. 8, n.1. 2013. p. 13-23.

ARTICLE 29 DATA PROTECTION WORKING PARTY. *Cookie sweep combined analysis – report*. 3 de fevereiro de 2015. Disponível em: <https://ec.europa.eu/justice/article-29/documentation/opinion-recommendation/files/2015/wp229_en.pdf>. Acesso em: 7 nov. 2021.

_____. *Working Document 02/2013 providing guidance on obtaining consent for cookies*. 2 de outubro de 2013. Disponível em: <https://ec.europa.eu/justice/article-29/documentation/opinion-recommendation/files/2013/wp208_en.pdf>. Acesso em: 7 nov. 2021.

_____. *Cookie sweep combined analysis – report. 3 de fevereiro de 2015*. Disponível em: <https://ec.europa.eu/justice/article-29/documentation/opinion-recommendation/files/2015/wp229_en.pdf>. Acesso em: 7 nov. 2021.

_____. *Opinion 03/2016 on the evaluation and review of the ePrivacy Directive (2002/58/EC)*. 19 de julho de 2016. Disponível em: <https://ec.europa.eu/justice/article-29/documentation/opinion-recommendation/files/2016/wp240_en.pdf>. Acesso em: 7 nov. 2021.

BOND, Robert. The EU e-Privacy Directive and consent to cookies. *Business Lawyer*. Vol. 68, n. 1. 2012.

BORNSCHEIN, Rico; SCHMIDT, Lennard; MAIER, Erik. The Effect of Consumers' Perceived Power and Risk in Digital Information Privacy: The Example of Cookie Notices. *Journal of Public Policy & Marketing*. 2020, p. 1-20.

BOWIE, Norman E.; JAMAL, Karim. Privacy Rights on the Internet: Self-Regulation or Government Regulation? *Business Ethics Quarterly*. Vol. 16, n. 3. Julho/2006. p. 323-342.

CANTER, Elizabeth; KARCH, Ted. A retrospective: The FTC's privacy and data security enforcement during the Obama administration. *Antitrust*. Vol. 31, n. 3. 2017.

COURT OF JUSTICE OF THE EUROPEAN UNION. *Judgment of 1 October 2019, Planet49 GmbH, C-673/17, ECLI:EU:C:2019:801*. 1 de outubro de 2019. Disponível em: <http://curia.europa.eu/juris/document/document.jsf;jsessionid=755B5529F72AD7AB36E9F43CD81B5CB1?text=&docid=218462&pageIndex=0&doclang=EN&mode=lst&dir=&occ=first&part=1&cid=3369727>. Acesso em: 7 nov. 2021.

_____. *Judgment of 4 May 2017, Rigas satiksme, C-13/16, ECLI:EU:C:2017:336*. 4 de maio de 2017. Disponível em: <http://curia.europa.eu/juris/document/document_print.

jsf?doclang=EN&text=&pageIndex=0&part=1&mode=req&docid=190322&occ=first&dir=&cid=136957>. Acesso em: 7 nov. 2021.

CUNNINGHAM, Patrick J. Are Cookies Hazardous to Your Privacy? *The Information Management Journal*. Maio/Junho 2002. p. 52-54.

DABROWSKI, Adrian; MERZDOVNIK, Georg; ULLRICH, Johanna; SENDERA, Gerald; WEIPPL, Edgar. Measuring Cookies and Web Privacy in a Post-GDPR World. *PAM 2019*. 2019. p. 258-270.

DATA PROTECTION COMMISSION. *Guidance Note: Cookies and other tracking technologies.* 6 de abril de 2020. Disponível em: <https://www.dataprotection.ie/sites/default/files/uploads/2020-04/Guidance%20note%20on%20cookies%20and%20other%20tracking%20technologies.pdf>. Acesso em: 6 abr. 2020.

______. *Guidance Note: Cookies and other tracking technologies.* 6 de abril de 2020. Disponível em: <https://www.dataprotection.ie/sites/default/files/uploads/2020-04/Guidance%20note%20on%20cookies%20and%20other%20tracking%20technologies.pdf>. Acesso em: 6 abr. 2020.

DEGELING, Martin; UTZ, Christine; LENTZSCH, Christopher; HOSSEINI, Henry; SCHAUB, Florian; HOLZ, Thorsten. We Value Your Privacy... Now Take Some Cookies: Measuring the GDPR's Impact on Web Privacy. *Network and Distributed Systems Security (NDSS) Symposium 2019*. 2019. p. 1-15.

DER BAYERISCHE LANDESBEAUFTRAGTE FÜR DEN DATENSCHUTZ. Aktuelle Kurz-Information 36: Cookie-Einwilligungen auf Webseiten bayerischer öffentlicher Stellen. Disponível em: <https://www.datenschutz-bayern.de/datenschutzreform2018/aki36.html>. Acesso em: 7 nov. 2021.

DYRLI, Odvard Egli. Online privacy and the cookies controversy. *Technology & Learning*. Vol. 17, n. 6. Maio/1997.

ESTRADA-JIMÉNEZ, José; PARRA-ARNAU, Javier; RODRÍGUEZ-HOYOS, Ana; FORNÉ, Jordi. Online advertising: Analysis of privacy threats and protection approaches. *Computer Communications*. Vol. 100. 2017. p. 32-51.

EUROPEAN DATA PROTECTION BOARD. *Opinion 5/2019 on the interplay between the ePrivacy Directive and the GDPR, in particular regarding competence, tasks and powers of data protection authorities, de 12 de março de 2019*. Disponível em: <https://edpb.europa.eu/sites/edpb/files/files/file1/201905_edpb_opinion_eprivacydir_gdpr_interplay_en_0.pdf>. Acesso em: 7 nov. 2021.

FAIRFIELD, Joshua A.T. "Do-Not-Track" as Contract. *Vanderbilt Journal of Entertainment & Technology Law*. Vol. 14, n. 3. 2012. p. 545-602.

FAZLIOGLU, Müge. CJEU clarifies cookie consent requirements. *International Association of Privacy Professionals*. 1 de outubro de 2019. Disponível em: <https://iapp.org/news/a/cjeu-clarifies-cookie-consent-requirements/>. Acesso em: 7 nov. 2021.

FERNANDEZ, Ana; MIYAZAKI, Anthony D. Internet Privacy and Security: An Examination of Online Retailer Disclosures. *Journal of Public Policy & Marketing*. Vol. 19, n. 1. 2000. p. 54-61.

FINGAS, Jon. UK court rules Google must face lawsuit over Safari privacy. *Engadget*, 2 de outubro de 2019. Disponível em: <https://www.engadget.com/2019-10-02-google-safari-privacy-lawsuit-to-continue.html>. Acesso em: 7 nov. 2021.

GOLDFARB, Avi; TUCKER, Catherine E. Privacy Regulation and Online Advertising. *Management Science*. Vol. 57, n. 1. Janeiro/2011. p. 57-71.

GONZAGA, Bernardo. Senado aprova PL 1179/2020. *JOTA*. 3 de abril de 2020. Disponível em: <https://www.jota.info/legislativo/senado-aprova-pl-1179-2020-03042020>. Acesso em: 7 nov. 2021.

GRYSIUK, Mark. The cookie trail: why IG Pros must follow the crumbs. *Information Management*. Março-Abril/2015. p. 24-28.

HUNTON ANDREWS KURTH. Dutch DPA Issues Cookie Compliance Statement. *Privacy & Information Security Law Blog*. 12 de dezembro de 2019. Disponível em: <https://www.huntonprivacyblog.com/2019/12/12/dutch-dpa-issues-cookie-compliance-statement/#page=1>. Acesso em: 7 nov. 2021.

INFORMATION COMMISSIONER'S OFFICE. *Guide to the Privacy and Electronic Communications Regulations*. 9 de maio de 2018. Disponível em: <https://ico.org.uk/media/for-organisations/guide-to-pecr-2-4.pdf>. Acesso em: 7 nov. 2021.

JONES, Meg Leta. Cookies: a legacy of controversy. *Internet Histories*. Vol. 4, n. 1. 2020. p. 87-104.

KERR, Orin S. Norms of Computer Trespass. *Columbia Law Review*. Vol. 116, n. 4. Maio/2016. p. 1143-1183.

KIERKEGAARD, Sylvia Mercado. How the cookies (almost) crumbled: Privacy & lobbyism. *Computer Law & Security Review*. Vol. 21. 2005. p. 310-322.

KOVARSKY, Lee. Tolls on the Information Superhighway: Entitlement Defaults for Clickstream Data. *Virginia Law Review*. Vol. 89, n. 5. Setembro/2003. p. 1037-1104.

KRISTOL, David M. HTTP Cookies: Standards, Privacy and Politics. *ACM Transactions on Internet Technology*. Vol. 1, n. 2. Novembro/2001. p. 151-198.

KULYK, Oksana; HILT, Annika; GERBER, Nina; VOLKAMER, Melanie. "This Website Uses Cookies": Users' Perceptions and Reactions to the Cookie Disclaimer. *European Workshop on Usable Security (EuroUSEC)*. 2018. p. 1-11.

KUMAR, Satinder; SHARMA, Rishi Raj. Empirical Analysis of Unethical Practice of Cookies in e-Marketing. *Abhigyan*. Vol. 33, n. 3. p. 42-56.

LACZNIAK, Gene R.; MURPHY, Patrick E. Marketing. Consumers and Technology: Perspectives for Enhancing Ethical Transactions. *Business Ethics Quarterly*. Vol. 16, n. 3. 2006. p. 313-321.

LEENES, Ronald; KOSTA, Eleni. Taming the cookie monster with Dutch law – A tale of regulatory failure. *Computer Law & Security Review.* Vol. 31. 2015. p. 317-335.

LIN, Daniel; LOUI, Michael C. Taking the Byte Out of Cookies: Privacy, Consent, and the Web. *Computer and Society.* Junho/1998. p. 39-51.

LITAN, Robert E. Law and Policy in the Age of the Internet. *Duke Law Journal.* Vol. 50, n. 4. Fevereiro/2001. p. 1045-1085.

LUZAK, J.A. Privacy Notice for Dummies? Towards European Guidelines on How to Give "Clear and Comprehensive Information" on the Cookies' Use in Order to Protect in Internet Users' Right to Online Privacy. *Journal of Consumer Policy.* Vol. 37. 2014. p. 547-559.

MAYER-SCHONBERGER, Viktor. The Internet and Privacy Legislation: Cookies for a Treat? *Computer Law & Security Report.* Vol. 14, n. 3. 1998. p. 166-174.

MAZEL, Johan; GARNIER, Richard; FUKUDA, Kensuke. A comparison of web privacy protection techniques. *Computer Communications.* Vol. 144. 2019. p. 162-174.

MENDES, Laura Schertel. O diálogo entre o Marco Civil da Internet e o Código de Defesa do Consumidor. *Revista de Direito do Consumidor.* Volume 106. São Paulo: Editora Revista dos Tribunais, julho-agosto 2016.

MCCARTHY, Laura; YATES, Dave. The use of cookies in Federal agency web sites: Privacy and recordkeeping issues. *Government Information Quarterly.* Vol. 27. 2010. p. 231-237.

MIYAZAKI, Anthony D. Online Privacy and the Disclosure of Cookie Use: Effects on Consumer Trust and Anticipated Patronage. *Journal of Public Policy & Marketing.* Vol. 27, n. 1. 2008. p. 19-33.

NATIONAL COMMISSION FOR DATA PROTECTION. Lignes directrices en matière de cookies et autres traceurs. Disponível em: <https://cnpd.public.lu/content/dam/cnpd/fr/dossiers-thematiques/cookies/CNPD-LD-Cookies.pdf>. Acesso em: 7 nov. 2021.

PAPADOPOULOS, Panagiotis; KOURTELLIS, Nicolas; MARKATOS, Evangelos P. Cookie Synchronization: Everything You Always Wanted to Know But Were Afraid to Ask. *WWW'19.* Maio/2019. p. 1432-1442.

PERSON, Andrea N. Behavioral Advertisement Regulation: How the Negative Perception of Deep Packet Inspection Technology May Be Limiting the Online Experience. *Federal Communications Law Journal.* Vol. 62, n. 2, 2010. p. 435-464.

PIERSON, Jo; HEYMAN, Rob. Social media and cookies: challenges for online privacy. *Info.* Vol. 13, n. 6. 2011. p. 30-42.

REIDENBERG, Joel R. Resolving Conflicting International Data Privacy Rules in Cyberspace. *Stanford Law Review.* Vol. 52, n. 5. Maio/2000. p. 1315-1371.

RICHARDS, Neil; HARTZOG, Woodrow. The Pathologies of Digital Consent. *Washington University Law Review.* Vol. 96. 2019. p. 1461-1503.

ROGERS, Richard. Consumer Technology after Surveillance Theory. In: KOOIJMAN, Jaap; PISTERS, Patricia; STRAUVEN, Wanda. *Mind the Screen*. 200 Amsterdam University Press: Amsterdã, 2008.

ROTENBERG, Marc; JACOBS, David. Updating the Law of Information Privacy: The New Framework of The European Union. *Harvard Journal of Law & Public Policy*. Vol. 36, n. 2. p. 605-652.

RUBINSTEIN, Ira S.; LEE, Ronald D.; SCHWARTZ, Paul M. Data Mining and Internet Profiling: Emerging Regulatory and Technological Approaches. *The University of Chicago Law Review*. Vol. 75, n. 1. 2008. p. 261-285.

SANCHEZ-ROLA, Iskander; DELL'AMICO, Matteo; KOTZIAS, Platon; BALZAROTTI, Davide; BILGE, Leyla; VERVIER, Pierre-Antoine; SANTOS, Igor. Can I Opt Out Yet? GDPR and the Global Illusion of Cookie Control. *Asia CCS'19*. Julho/2019. p. 340-351.

SCHULTZ, Ned. W. On Cookies & Academic Privacy. *WebNet Journal*. Abril-Junho/2001. p. 38-51.

SCHUMANN, Jan H.; VON WANGENHEIM, Florian.; GROENE, Nicole. Targeted Online Advertising: Using Reciprocity Appeals to Increase Acceptance Among Users of Free Web Services. *Journal of Marketing*. Vol. 78, n. 1. Janeiro/2014. p. 59-75.

SIPIOR, Janice C.; WARD, Burke T.; MENDOZA, Ruben A. Online Privacy Concerns Associated with Cookies, Flash Cookies, and Web Beacons. *Journal of Internet Commerce*. Vol. 10. 2011. p. 1-16.

SOLOVE, Daniel J; HARTZOG, Woodrow. The FTC and the New Common Law of Privacy. *Columbia Law Review*. Vol. 114, n. 3. Abril/2014. p. 583-676.

TASSI, Katerina. Cookie Guidance from Greece. *International Association of Privacy Professionals*. Disponível em: <https://iapp.org/media/pdf/resource_center/Greek_DPA_Cookie_Guidance_IAPP.pdf>. Acesso em: 7 nov. 2021.

UNIÃO EUROPEIA. *Legal Acts. Disponível em: <https://eur-lex.europa.eu/collection/eu-law/legislation/recent.html#:~:text=EU%20legal%20acts%20are%3A%20regulations,Functioning%20of%20the%20European%20Union).&text=Decisions%20that%20specify%20those%20to,opinions%20are%20non%2Dbinding%20acts.>*. Acesso em: 7 nov. 2021.

_____. *Directive 2002/58/EC, de 12 de julho de 2002*. Disponível em: <https://eur-lex.europa.eu/legal-content/EN/TXT/PDF/?uri=CELEX:32002L0058&from=EN>. Acesso em: 7 nov. 2021.

_____. *Directive 2009/136/EC, 25 de novembro de 2009*. Disponível em: <https://eur-lex.europa.eu/legal-content/EN/TXT/PDF/?uri=CELEX:32009L0136&from=EN>. Acesso em: 7 nov. 2021.

VAN EIJK, Rob; ASGHARI, Hadi; WINTER, Philipp; NARAYANAN, Arvind. The Impact of User Location on Cookies Notices (Inside and Outside of The European Union). *IEEE Security & Privacy Workshop on Technology and Consumer Protection (CONPRO'19)*. 2019.

WAGNER, Gerhard; EIDENMULLER, Horst. Down by Algorithms? Siphoning Rents, Exploiting Biases and Shaping Preferences. *The University of Chicago Law Review.* Vol. 86, n. 2. Março/2019. p. 581-609.

WEST, Sarah Myers. Data Capitalism: Redefining the Logics of Surveillance and Privacy. *Business & Society.* 2017. p. 1-22.

YUE, Chuan; XIE, Mengjun; WANG, Haining. An Automatic HTTP Cookie Management System. *Computer Networks.* Vol. 54. 2010. p. 2182-2198.

Capítulo 2

AdTechs e *proteção de dados*

ISABELLA DA PENHA LOPES SANTANA

Especialista em Direito Digital e *Compliance* pelo IBMEC. Advogada de Privacidade e Proteção de Dados. Pesquisadora pelo CNPq em Direito Digital e Novas Tecnologias. *Data Protection Officer* pela Fundação Getulio Vargas/RJ. Certificada pela Microsoft em *Ethics and Law in Data and Analytics* e por HarvardX em *Computer Science for Laywers*. Autora de artigos acadêmicos publicados no Brasil e no exterior. Autora indicada como bibliografia selecionada pelo STJ em inteligência artificial.
linkedin.com/in/stmisabella
stmisabella@gmail.com

"By being social they are public, and by being public they are observable."

– Andrew McStay

1. Introdução

No que tange ao mercado de marketing, as ferramentas e estratégias inicialmente desenvolvidas e utilizadas para alcance de público foram aprimoradas com o advento das novas tecnologias. A possibilidade de trabalhar diretamente com os dados de consumidores finais viabilizou uma personalização dos anúncios que, anteriormente, não seria possível. Hoje é possível atingir, mesmo em campanhas em larga escala, exatamente o tipo de público que se espera alcançar, por meio da análise do comportamento dos titulares que se encontra disponível para a mineração, e que, quando processado, gera um perfil individual do titular (*profiling*), que pode direcionar as empresas e agências de publicidade ao público mais suscetível à finalização da compra de determinado produto ou serviço. Não é à toa que as pesquisas em provedores de buscas na internet perseguem o usuário por semanas, exibindo conteúdo publicitário relacionado aos últimos temas pesquisados.

A lógica por trás desse mecanismo, entretanto, não se demonstra tão explícita aos titulares quanto as propagandas exibidas. O sistema que torna essa alta personalização e individualização de conteúdo disponível tem como seu *core business* o tratamento de dados pessoais. O presente trabalho possui o objetivo de estudar, compreender e analisar o mecanismo que transforma esses dados coletados em informações valiosas para empresas de publicidade. Para tanto, será necessário compreender o complexo processo que torna o serviço possível, bem como analisar a legalidade do mecanismo sob a luz da LGPD.

Inicialmente, é necessário esclarecer alguns dos termos utilizados como forma de facilitar o entendimento do leitor:

Ad Exchanges: plataformas que gerenciam e facilitam as compras e vendas de inventários de mídias disponíveis on-line;

AdTechs: compreende todo o processo de compra e venda de mídia programática, abrangendo todas as etapas dessa tecnologia;

Advertiser: é a empresa que quer anunciar seu produto para os usuários;

Agency: é a agência publicitária que enquadra o pedido do *advertiser* e o público que deve ser atingido;

ATD (*Agency Trading Desks*): agência de operações de tecnologia para a compra de mídia;

DMP (*Data Management Platforms*): gerencia dados de audiência da propaganda e contribuem para a decisão de compra de mídia;

DSP (*Demand-Side Platforms*): plataforma que gerencia os dados enviados da parte requerente da publicação do conteúdo, as agências de publicidade e/ou as empresas;

PMP (*Private Marketplace*): ambientes controlados com compradores e *publishers* registrados que oferecem uma maior segurança nas transações;

Publisher: são as partes que disponibilizam os espaços para a publicação de anúncios, de acordo com o público que poderá ser alcançado;

SSP (*Supply-Side Platform*): plataforma que gerencia os dados enviados pelo *publisher* e que é responsável pela automatização da venda de espaços publicitários disponíveis.

Esclarecida a terminologia, adentra-se à pesquisa.

2. O marketing silencioso: *behavioral advertising*, *programmatic advertising* e micromomentos

Antes de se adentrar no tema específico de *AdTechs*, existem três grandes conceitos que devem ser inicialmente explorados: *behavioral advertising*, *programmatic advertising* e micromomentos.

Behavioral Advertising pode ser descrita como uma técnica utilizada para exibir anúncios direcionados a determinado público, que coleta seus dados do *browser* (*cookies* e histórico) e analisa os padrões de navegação durante um determinado período de tempo[1]. Conforme são encontrados padrões de comportamento nos consumidores, *tags* identificadoras são criadas para inserir o usuário em determinado grupo, o que, consequentemente, resulta na exibição mais frequente de determinado tipo de propaganda. Esse perfil virtual do consumidor é cada vez mais alimentado pelos seus hábitos on-line, inserindo-o em *tags* específicas, gerando o seguinte resultado, por exemplo:

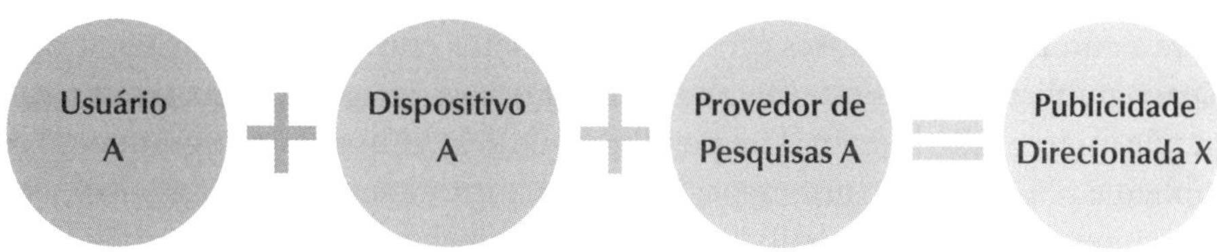

1. Conforme: PODDAR, Soumya Raj. Behavioral Advertising: Find out who clicks on your Ads. DATAFLOQ. Disponível em: [https://datafloq.com/read/behavioral-advertising-find-out-who-clicks-on-you/3572?amp-content=amp]. Acesso em: 07.11.2021.

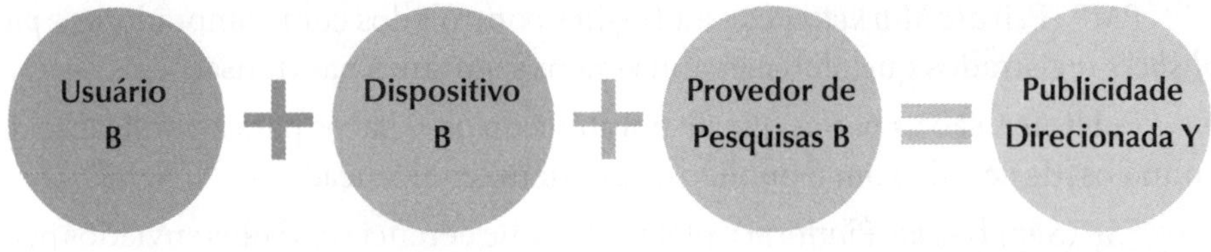

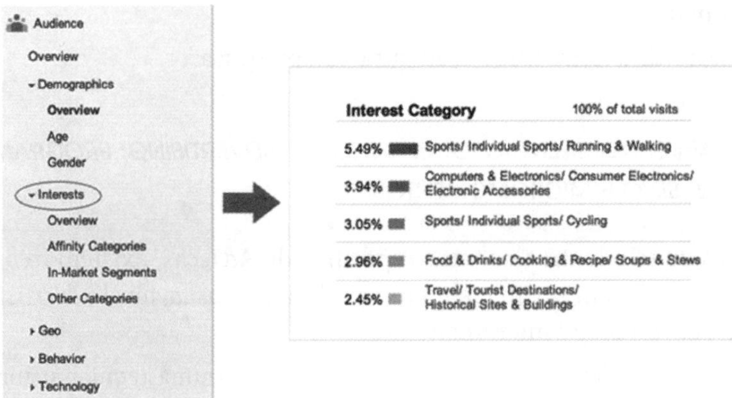

Fonte: [https://datafloq.com/read/behavioral-advertising-find-out-who-clicks-on-you/3572?amp--content=amp].

Já a *Programmatic Advertising* (publicidade programática) é caracterizada pela capacidade dos anunciantes poderem, automaticamente, encontrar seu público-alvo em vários dispositivos diferentes. Esse modelo de publicidade normalmente utiliza as chamadas *exchanges* para comprar espaço publicitário e se define como um método de análise para determinar se o espaço do inventário disponível se adequa ao que o anunciante deseja adquirir. A grande diferença entre a automatização desses processos e os meios convencionais de compra de espaço publicitário (os que envolvem um processo longo de negociação e com grande intervenção humana) é a possibilidade de administrar o engajamento do público e o número de impressões[2]. Ou seja, tornou-se possível acompanhar o engajamento do público de forma a definir o nível de alcance do conteúdo e a repercussão entre os usuários, o que possibilita a reformulação e adaptação do conteúdo conforme os gostos e reações dos usuários.

2. Conforme: SUPPORT GOOGLE. Uma impressão é contabilizada sempre que seu anúncio aparece em uma página de resultados de pesquisa ou em outro site. Disponível em: [https://support.google.com/google-ads/answer/6320?hl=pt-BR]. Acesso em: 07.11.2021.

Ao contrário de outros mecanismos, como a coleta e rastreamento de *cookies*, a publicidade programática está focada nos motivos que levam o usuário a clicar em um anúncio. Para tanto, a tecnologia utiliza três tipos diferentes de dados: *first-party data*, *second-party data* e, por último, *third-party data*. A primeira categoria é considerada como a mais valiosa, pois as informações são coletadas e agrupadas diretamente pelo *publisher*, o que possibilita um *insight* sobre o comportamento dos usuários no website em questão, suas preferências de compras e o modo de navegação pelo site[3].

A segunda categoria se define pelo compartilhamento de dados entre duas companhias de diferentes mercados sobre o comportamento de seus consumidores. Nessa categoria ocorre uma troca de dados entre ambas, por exemplo, uma companhia que vende artigos esportivos pode compartilhar dados do usuário que busca tênis de corrida com outra de aparelhos eletrônicos, que pode passar a lhe oferecer dispositivos como *smartwatches* para "complementar" a sua compra inicial e analisar sua performance nas atividades físicas.

A terceira e última categoria se caracteriza pela compra e venda de informações disponíveis no mercado (bases de dados), geralmente comercializados por DSPs (*demand-side platforms*) ou agrupadores de dados (são aqueles que mantêm relacionamento comercial com grande número de sites para montarem um perfil com uma perspectiva mais geral dos usuários). Essa última categoria pode ter origens diversas, como on-line *tracking* (*behavioural advertising*), dados de *login*, registros e documentos públicos e até mesmo transações realizadas *offline*, como utilização de cartões fidelidade[4].

Umas das maiores vantagens da publicidade programática é a promessa de um *re-targeting* aperfeiçoado[5], ou seja, quando uma publicidade foi vista, mas não gerou o resultado esperado, é possível reavaliar o contexto em que ela foi inserida e as variáveis para melhor entender a raiz do problema. Essa tecnologia inova ao realizar essa análise por meios automatizados, analisando em qual contexto o anúncio foi exibido, por qual tipo de dispositivo ele foi visualizado, análise temporal da visita e o conteúdo exibido na página (seja ele notícias, canais de esportes etc.). Assim, por intermédio de uma dinâmica de optimização criativa,

---

3. Conforme: MCSTAY, Andrew. Commercial Communication in the Digital Age: Micro-Moments, Liquidity, Intimacy and Automation: Developments in Programmatic Ad-tech. 1. ed. United Kingdom: De Gruyter Saur, 2017. p. 148.
4. Conforme: Idem.
5. Conforme: Idem.

a tecnologia tem a capacidade de, sem nenhuma interferência humana, alterar os anúncios para que eles se adaptem ao espectador e seu contexto em tempo real[6].

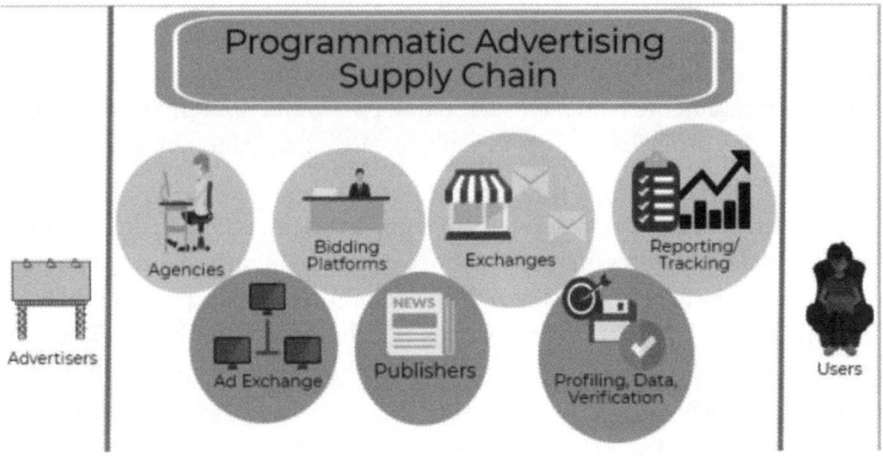

Fonte: [https://chatbotsmagazine.com/artificial-intelligence-applications-in-programmatic-advertising-db69368c7b8f].

Outro mecanismo muito utilizado por publicitários são os micromomentos, que se definem por serem o tipo de publicidade programática que permite ao anunciante encontrar seu usuário no curto espaço de tempo em que ele está mais suscetível a ser influenciado por uma propaganda específica. Para tanto, inúmeros fatores são considerados, como localização, proximidade com certos comerciantes, o que é falado/publicado pelo usuário, com quem ou para quem se está publicando, histórico de pesquisa, elementos relativos ao meio em que se encontra o indivíduo (temperatura, clima etc.) e até mesmo o estado físico-mental do recipiente. É interessante mencionar que, para a aplicação de micromomentos, não se considera o fator de compreensão das preferências ou interesses dos usuários, mas em qual momento (primordialmente físico-emocional) ele se encontra.

Conforme McStay[7], "*from a more practical advertising point of view, it is the capacity to generate exactly the right message, to the right person, at precisely the right time, so as to take advantage of moments in a person's daily life flow.*"[8]

6. Conforme: Ibidem, p. 149.
7. Conforme: Ibidem, p. 156.
8. Tradução livre: "de um ponto de vista publicitário mais prático, é a capacidade de gerar exatamente a mensagem certa, para a pessoa certa, no momento exato, de forma a aproveitar os momentos no fluxo da vida cotidiana de uma pessoa".

Portanto, não é preciso entender o que leva o indivíduo a realizar tal ação, mas tão somente assegurar a efetividade do alcance e, consequentemente, do impacto esperado com a publicidade[9]. Sobre o assunto, prossegue McStay[10]:

> "Machines may not be as good as people at comprehension of motives, but they excel at observing and remembering at levels and in ways impossible for people. This involves watching, listening, sensing and making inferences about actions or inaction. [...] This is not about authenticity, but affective, effective and predictive knowledge. [...] This is less about privileged access to private thoughts to confirm suppositions about real motives and feelings, but instead correct assessment of public data verified by the predictive power of machinic insight (such as whether we click, buy or visit after being exposed to X stimuli in Y circumstance at Z moment). [...] To go further, it is a resounding success if it can say with certainty that it does not personally 'know' people, yet is able to influence them at key decision points as if it did. Thus, it does not matter whether machines can truly know us but whether they can predict what we will do next and influence outcomes, particularly at micro-moments when we may be influenced and pivoted towards a different path."[11]

Essa análise nasce do novo contexto em que se encontra a sociedade, tempo em que as decisões passaram a ser tomadas em momentos de impulso, a partir de necessidades que não têm padrão ou momento certo para se manifestar e que, na maioria das vezes, nem mesmo podem ser caracterizadas como verdadeiras

9. Conforme: Ibidem, p. 154-155.
10. Conforme: Ibidem, p. 155-156.
11. Tradução livre: "As máquinas podem não ser tão boas quanto as pessoas na compreensão dos motivos, mas se destacam em observar e lembrar em níveis e de maneiras impossíveis para as pessoas. Isso envolve assistir, ouvir, sentir e fazer inferências sobre ações ou inação. [...] Não se trata de autenticidade, mas de conhecimento afetivo, eficaz e preditivo. [...] Trata-se menos de acesso privilegiado a pensamentos privados para confirmar suposições sobre motivos e sentimentos reais, mas, em vez disso, corrigir a avaliação de dados públicos verificada pelo poder preditivo do insight mecânico (como clicar, comprar ou visitar depois de ser exposto a estímulos X na circunstância Y no momento Z). [...] Para ir além, é um sucesso retumbante se puder dizer com certeza que não conhece pessoalmente as pessoas, mas é capaz de influenciá-las nos principais pontos de decisão, como se soubesse. Portanto, não importa se as máquinas podem realmente nos conhecer, mas se elas podem prever o que faremos a seguir e influenciar os resultados, particularmente em micro momentos em que podemos ser influenciados e orientados para um caminho diferente."

necessidades, mas sim como desejos momentâneos. Ademais, pesquisas demonstram que os usuários estão cada vez mais objetivos, priorizando a otimização de tempo[12], ou seja, o modo de experiência do usuário[13] mudou e, com isso, a tecnologia teve de se adaptar. De modo prático, explica-se o modo de processamento de micromomentos na imagem abaixo:

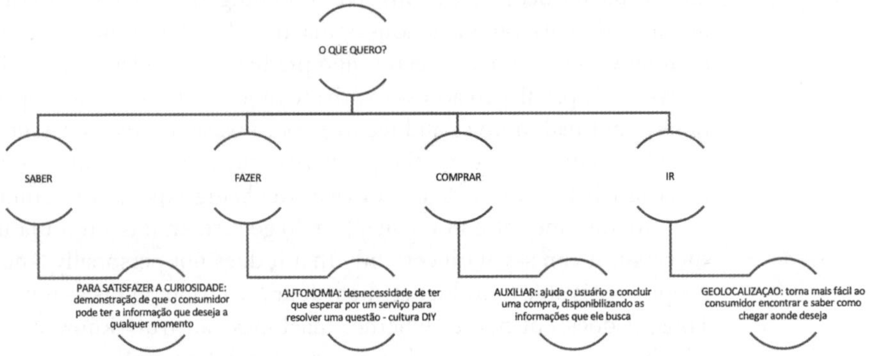

Fonte: compilação da autora.

2.1. *Profiling*

Como resultado do processamento desses inúmeros dados coletados, é possível criar um perfil de cada usuário – algo similar a uma identidade digital que se baseia no comportamento on-line. Segundo Adomavicius e Tuzhilin[14], essa personalização é a habilidade de prover conteúdo e serviços sob medida para os indivíduos, baseada nos conhecimentos obtidos por meio de mineração de dados

12. Conforme: GOOGLE. A Revolução dos Micromomentos: como eles estão mudando as regras. THINK WITH GOOGLE. 2015. Disponível em: [https://www.thinkwithgoogle.com/intl/pt-br/marketing-resources/micro-momentos/how-micromoments-are-changing-rules/]. Acesso em: 07.11.2021.
13. Conforme: GOOGLE. Os Princípios de UX para Aplicativos em Dispositivos Móveis. THINK WITH GOOGLE. 2015. Disponível em: [https://www.thinkwithgoogle.com/intl/pt-br/marketing-resources/ux-e-design/mobile-app-ux-principles/]. Acesso em: 07.11.2021.
14. Conforme: ADOMAVICIUS, Gediminas; TUZHILIN, Alexander. Using Data Mining Methods to Build Customer Profiles. SEMANTICS SCHOLAR. 2001. p. 74. Disponível em: [https://pdfs.semanticscholar.org/b298/e06b9ee4b3056c68a023035f228527a891a2.pdf]. Acesso em: 07.11.2021.

que relatam as preferências e o comportamento do usuário. Em outras palavras, cria-se uma identidade para o indivíduo a partir de seus dados.

Muito embora seja uma tecnologia louvável e geralmente precisa, não há garantias de que esse perfil será fiel à realidade, mas apenas baseado no que é coletado e presumido sobre o usuário. Uma demonstração prática facilita a visualização dos profiles que são criados de cada um de nós. A imagem abaixo, retirada de uma página do Google, é a representação do perfil desta autora feito pela empresa:

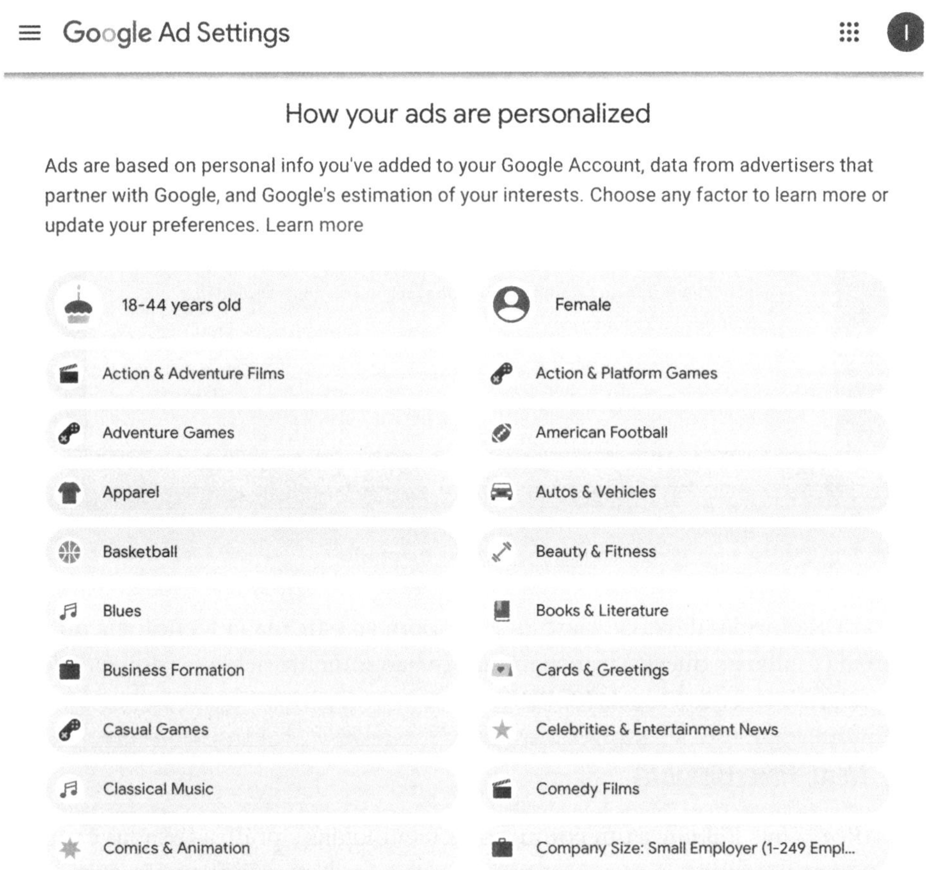

Fonte: https://adssettings.google.com/authenticated?hl=pt-BR.

Embora correto em alguns aspectos, alguns outros não correspondem aos reais interesses da autora. Para quem nunca viu um jogo inteiro de *basketball* na vida, nem mesmo pesquisou o tema no Google, é curioso ver que esse item aparece como de interesse da autora.

Por conseguinte, ao clicar no ícone do esporte, a explicação fornecida foi genérica e incapaz de explicar como aquele item se tornou parte da conta, conforme se observa na imagem abaixo:

Fonte: https://adssettings.google.com/authenticated?hl=pt-BR.

Dessa forma, deixa-se claro que, embora sofisticada, a tecnologia ainda é limitada e falha no quesito transparência (e não somente nesse), o que será debatido posteriormente à luz da LGPD.

3. *Real Time Bidding*

Real-Time Bidding é um conjunto de tecnologias e práticas usadas em marketing programático, o qual se desenvolveu e evoluiu rapidamente com o aumento do uso da internet, sustentado pelas tecnologias que possibilitam que as empresas compitam por espaços de publicidade disponíveis em tempo real. Essas "competições", que funcionam como leilões de espaços, acontecem em espaços de tempo menores que segundos e exibem bilhões de propagandas dos ganhadores de lances nos espaços publicitários fornecidos por websites e aplicativos todos os dias.

Entender esse processo complexo é difícil, uma vez que há muitas ações sendo praticadas em um curto período de tempo e alguns intermediários no caminho, principalmente quando todas essas ações são tomadas sem o conhecimento do indivíduo. E apesar de terem seus dados utilizados como parte da operação comercial, não há muitos usuários que entendam (ou mesmo saibam) a complexidade, a rapidez e mesmo a existência do sistema que mostra anúncios que lhes interessam.

Em suma, quando se visita um *website*, o *browser* abre uma conexão com o servidor do *publisher*, que agrupa o tipo de conteúdo da página em forma de HTML e devolve ao *browser*. Após essa etapa, o *browser* interpreta essas informações e as processa. Pelo menos uma das linhas do código gerado por HTML representa o espaço disponibilizado para publicidade. Nessa linha de código, existe um link (URL) que informa onde encontrar conteúdo publicitário.

A partir disso, o *publisher* tem um servidor de publicidade que começa a agir de forma a escolher o anúncio mais apropriado, por intermédio de perguntas feitas no momento da escolha, e a apresentar conteúdo personalizado de acordo com cada usuário específico.

Se não houver anúncios reservados para aquele espaço disponível, o *publisher* coloca a oportunidade de anúncio no mercado para conseguir a melhor oferta para o espaço. O servidor do *publisher* então se conecta com uma SSP[15] (*supply-side platform*), que funciona para monetizar o inventário de publicidade programática, a qual utiliza outro crivo de perguntas para filtrar ainda mais o conteúdo. A SSP também utiliza informações do *data provider* para entender qual o perfil do usuário que verá a publicidade.

Com esse conhecimento, o *publisher* envia o requerimento para uma *ad exchange*, que é a intermediária entre os potenciais anúncios publicitários, por meio de DSPs[16] (*demand-side platform*) e *networks*. A partir desse momento, o mecanismo funciona da mesma forma que a compra em mercados de ações e pode ocorrer de duas maneiras diferentes: a primeira, por *pre-cached bids* e, a segunda, por negociações com os possíveis compradores do espaço.

---

15. É a plataforma utilizada pelos *publishers* para vender mídia digital de forma automatizada. Enquanto as DSPs são usadas no processo de compra de impressões com intuito de oferecer o maior retorno sobre investimento para quem compra, as SSPs permitem aos *publishers* maximizar ao máximo o preço por impressão vendida.
16. Consistem em plataformas de software que auxiliam e otimizam a compra de mídia digital.

Os *pre-cached bids* funcionam de maneira já pré-selecionada, como quando existe um comprador que está disposto a pagar X por um determinado número de anúncios direcionados a jovens entre 18 e 24 anos, residentes no Mercosul, por exemplo. A *ad exchange*, ao analisar as propostas, checa se há algum *pre-cached bid* e, em caso positivo, escolhe a melhor oferta pelo maior preço. Essa é a forma mais rápida de negociar em *ad exchanges*. Em caso de não haver anúncios pré-personalizados, a *exchange* envia uma mensagem para todos os parceiros comerciais, discriminando o público que será atingido e checa o quanto a empresa está disposta a pagar por aquele espaço, uma operação que geralmente leva 10 milissegundos para se completar.

Por curiosidade, adiciona-se o seguinte fato: a *Interactive Advertising Bureau*[17] (entidade sem fins lucrativos que desenvolve padrões do setor, pesquisas e fornece suporte jurídico para publicidade on-line) informou que uma pessoa normal leva 300 milissegundos para piscar, sendo que a resposta, dentro do universo das *AdTechs* deve ser enviada no máximo em 10 milissegundos. Ou seja, a concretização da compra é surpreendentemente rápida.

Assim, ao responderem ao anúncio, a *ad exchange* seleciona o lance vencedor, que faz o caminho inverso até chegar à página do *publisher*, o qual indicará ao *browser* qual foi o lance vencedor e a agência de *ad server* utilizará o espaço. Essa agência registra as performances dos anúncios para os que publicam, compilando o requerimento de publicação da publicidade como impressões. Finalmente, o *browser* pode exibir o anúncio que melhor se identifica com o perfil do usuário que o vê, conforme as características informadas pelos anunciantes.

Embora as *ad exchanges* se considerem controladoras de dados, elas encontram problemas ao relatar as suas bases legais de tratamento[18]. Segundo a pesquisa do ICO[19], alguns participantes consideraram o legítimo interesse como base para o tratamento de dados, o que se demonstra ser problemático pela falta de clareza e transparência no que tange às finalidades e bases legais utilizadas pelos controladores, uma vez que a LGPD determina que a coleta e os seus propósitos

---

17. Conforme: YOUTUBE. How an Ad is Served with Real Time Bidding (RTB) – IAB Digital Simplified. INTERACTIVE ADVERTISING BUREAU. Disponível em: [https://www.youtube.com/watch?v=-Glgi9RRuJs]. Acesso em: 02.02.2022.
18. Conforme: INFORMATION COMMISSIONER'S OFFICE. Update report into adtech and real time bidding. 2019. p. 15. Disponível em: [https://ico.org.uk/media/about-the-ico/documents/2615156/adtech-real-time-bidding-report-201906-dl191220.pdf]. Acesso em: 02.02.2022.
19. Conforme: Ibidem, p. 16.

devem estar explícitos para o usuário. E, ainda, se o legítimo interesse for a base legal mais apropriada para o tratamento desses dados, para o controlador seria necessário, por motivos de segurança jurídica, elaborar um *Legitimate Interest Assessment*[20] (LIA), para que reste comprovada a real aplicabilidade dessa base, uma vez que ainda não há delimitação da sua utilização.

Além dessa falta de base legal aplicável, juntamente com a complexidade e a opacidade dos tratamentos no cenário de compra de mídia programática, o sistema também falha no que tange à individualização dos recipientes dos dados, o que, evidentemente, torna difícil, senão impossível, o exercício dos direitos do titular. Interessante ressaltar que não apenas há uma grande barreira para o exercício dos direitos previstos em lei, mas a maioria dos usuários nem mesmo têm conhecimento de que seus dados são coletados para que haja a personalização da publicidade.

É claro que, conforme se espera do homem médio, há algum conhecimento sobre os vários anúncios conexos aos temas recentemente pesquisados que são exibidos, miraculosamente, logo após a pesquisa em um provedor de busca, por exemplo. Mas não se pode presumir que o indivíduo entenda como esse processo ocorreu. Outrossim, muitas vezes nem mesmo as próprias agências participantes dos leilões entendem o processo como um todo. Acerca disso, discorre o ICO[21] em seu relatório:

> "Additionally, the information requirements under Articles 13 and 14 require privacy notices to specify 'recipients or categories of recipients'. However, in cases where the processing of personal data by third parties is intended to rely on a consent obtained by a first party, those third parties would need to be named as recipients of the data, and the nature of RTB means that the first party has no means of determining which third parties the data will be shared with. This leads to extensive lists of organisations who the data 'might' be shared with, depending on the specifics of the auction process. [...] Whilst there is extensive documentation on both the underlying protocols and the TCF and Authorized Buyers, much of this is very long, detailed and technical in

---

20. O LIA deve avaliar as seguintes características: a necessidade (a demonstração clara de que o tratamento dos dados é necessário para o funcionamento da organização), o propósito (identificação do legítimo interesse) e, por último, o teste de balanceamento (sopesagem dos direitos, interesses e liberdades dos titulares contra o tratamento dos dados).

21. Conforme: Op. cit., p. 19-20.

> nature. It is unclear whether organisations that participate in the RTB frameworks fully understand how they function in general or how the processing of personal data works.[22]"

Por conseguinte, essa tecnologia se mostra problemática porque os dados pessoais não são transferidos apenas para a parte que deu o lance vencedor, pois, apesar de ele ser o único que poderá alcançar os usuários, os dados serão transferidos a todos que participaram da oferta. O que resulta em uma transferência nacional e, provavelmente, também internacional de dados, sem que haja possibilidade de compreender o que é feito com os dados enviados. Não há garantias de medidas técnicas ou de controle para se ter certeza de que os recipientes não vencedores do lance não irão utilizar esses dados mesmo assim. Ou seja, na maioria dos casos, uma vez que a proposta é enviada, não há meios de garantir a segurança das informações. Como reporta o ICO[23]:

> "As bid requests are often not sent to single entities or defined groups of entities, the potential is for these requests to be processed by any organisation using the available protocols, whether or not they are on any vendor list and whether or not they are processing personal data in accordance with the requirements of data protection law.
>
> The nature of the processing is what leads to the risk of 'data leakage', which is where data is either unintentionally shared or used in unintended ways. Multiple parties receive information about a user, but

22. Tradução livre: "Além disso, os requisitos de informação nos artigos 13 e 14 exigem avisos de privacidade para especificar destinatários ou categorias de destinatários. No entanto, nos casos em que o processamento de dados pessoais por terceiros se baseie em consentimento obtido por uma primeira parte, esses terceiros precisarão ser nomeados como destinatários dos dados, e a natureza do RTB significa que a primeira parte não tem como determinar com quais terceiros os dados serão compartilhados. Isso leva a extensas listas de organizações com as quais os dados podem ser compartilhados, dependendo das especificidades do processo de leilão. [...] Embora exista documentação extensa sobre os protocolos subjacentes e o TCF e Compradores Autorizados, muito disso é muito longo, detalhado e de natureza técnica. Não está claro se as organizações que participam das estruturas de RTB compreendem completamente como elas funcionam em geral ou como o processamento de dados pessoais funciona."
23. Conforme: INFORMATION COMMISSIONER'S OFFICE. Update report into adtech and real time bidding. 2019. p. 20. Disponível em: [https://ico.org.uk/media/about-the-ico/documents/2615156/adtech-real-time-bidding-report-201906-dl191220.pdf]. Acesso em: 02.02.2022.

> only one will win the auction to serve that user an advert. There are no guarantees or technical controls about the processing of personal data by other parties, eg retention, security etc. In essence, once data is out of the hands of one party, essentially that party has no way to guarantee that the data will remain subject to appropriate protection and controls.[24]"

Os perfis individuais criados (*profiling*) são extremamente detalhados e compartilhados entre diversas organizações, não sendo possível determinar o número certo de recipientes e, ainda, sem que haja qualquer conhecimento por parte do titular[25].

Uma das soluções encontradas para essa complicação foi a criação de uma lista de compradores autorizados, o que gera um ambiente no qual os compradores e vendedores passam a selecionar "com quem trabalham e o modo de trabalho entre si, por meio de vários métodos de compra, incluindo transações preferenciais e programáticas garantidas"[26]. Um exemplo seria o *Google Authorized Buyers*, no qual os compradores autorizados recebem acesso priorizado e alcance unificado entre parceiros, além de terem garantidas a proteção, transparência e a

24. Tradução livre: "Como as solicitações de lances geralmente não são enviadas para entidades únicas ou grupos definidos de entidades, é possível que essas solicitações sejam processadas por qualquer organização usando os protocolos disponíveis, estejam ou não em uma lista de fornecedores e processando pessoal ou não. dados de acordo com os requisitos da lei de proteção de dados.
A natureza do processamento é o que leva ao risco de vazamento de dados, onde os dados são compartilhados involuntariamente ou usados de maneira não intencional. Várias partes recebem informações sobre um usuário, mas apenas uma delas ganhará o leilão para veicular um anúncio a esse usuário. Não há garantias ou controles técnicos sobre o processamento de dados pessoais por outras partes, por exemplo, retenção, segurança etc. Em essência, uma vez que os dados estão fora do alcance de uma parte, essencialmente essa parte não tem como garantir que os dados permaneçam. sujeitos a proteção e controles adequados."

25. Conforme: "The profiles created about individuals are extremely detailed and are repeatedly shared among hundreds of organisations for any one bid request, all without the individual's knowledge." – INFORMATION COMMISSIONER'S OFFICE. Update report into adtech and real time bidding. 2019. p. 23. Disponível em: [https://ico.org.uk/media/about-the-ico/documents/2615156/adtech-real-time-bidding-report-201906-dl191220.pdf]. Acesso em: 02.02.2022.

26. Conforme: GOOGLE. Lançamento do Authorized Buyers. SUPPORT GOOGLE. Disponível em: [https://support.google.com/authorizedbuyers/answer/9070822?hl=pt-BR]. Acesso em: 07.11.2021.

otimização[27] do processo. Dessa forma, há a possibilidade de mapear o fluxo dos dados e, consequentemente, torna o exercício dos direitos definidos em lei algo factível. Explica-se:

> "Private Auctions allow you to invite a set of buyers to bid on a portion of your inventory via an auction. You specify a minimum CPM[28] floor price on a per-buyer basis, and that buyer must exceed that floor price in order to be eligible for the auction. The winner is determined using the same auction model that applies to the Open Auction.
>
> Private Auctions hold general information about the portion of your inventory you want to make available for an auction. Once you start a Private Auction, you can invite buyers to participate. Each invite becomes a Private Auction deal with a single buyer."[29-30]

Ou seja, dessa forma há um maior controle sobre as transações que acontecem e sobre os participantes dos leilões.

---

27. "Acesso priorizado e alcance unificado entre parceiros. Como um *Authorized Buyer*, você continua a ter acesso ao inventário dos parceiros do Google no Google *Ad Manager*, na *AdMob* e no Google *AdSense*; proteção e transparência. Você pode usar os controles de inventário, como configurações de segmentação granular e bloqueio de anúncios, para especificar onde seus anúncios são veiculados e usar os recursos de relatórios para ver os resultados; otimização. Compre de maneira eficiente com ferramentas como o Detalhamento do RTB e acesse o inventário de uma forma que funcione para você por meio da IU do *Authorized Buyers*, da REST API do *Buyer* ou do protocolo de lances em tempo real." Conforme: Idem.
28. Custo por mil impressões (cost per mille). Conforme: GOOGLE. Disponível em: [https://support.google.com/admanager/answer/177222?hl=em]. GOOGLE AD MANAGER HELP. Acesso em: 07.11.2021.
29. Tradução livre: "Os leilões privados permitem que você convide um conjunto de compradores para fazer lances em uma parte do seu inventário por meio de um leilão. Você especifica um preço mínimo de CPM por comprador e esse comprador deve exceder esse preço mínimo para se qualificar para o leilão. O vencedor é determinado usando o mesmo modelo de leilão que se aplica ao leilão aberto.
   Os Leilões particulares mantêm informações gerais sobre a parte do seu inventário que você deseja disponibilizar para um leilão. Depois de iniciar um leilão privado, você pode convidar compradores para participar. Cada convite se torna um acordo de leilão privado com um único comprador."
30. Conforme: SUPPORT GOOGLE. Private Auctions. Disponível em: https://support.google.com/admanager/answer/2987915?hl=en&ref_topic=2839847. Acesso em: 02.03.2020.

4. *AdTechs*

AdTech é o termo utilizado para descrever ferramentas que analisam e gerenciam informações, incluindo dados pessoais, para campanhas de publicidade on-line e para o processo automatizado de transações de publicidade, conforme informado acima. O termo compreende o ciclo de vida completo do processo de entrega de publicidade personalizada e automatizada, possibilitando um aumento de público atingido, na velocidade em que o conteúdo encontra sua audiência, além de reduzir os custos de uma campanha tradicional e majorar a qualidade da métrica de sucesso ou de fracasso da campanha.

Basicamente, o processo de *real time bidding* (RTB) usa as *AdTechs* como meio de permitir a compra e venda de inventário de publicidade em tempo real, por intermédio de leilões de espaços publicitários disponíveis para utilização, conforme a demanda do comprador (público específico que deseja atingir).

Para que seja possível o processo de RTB e, consequentemente, a intervenção de uma *AdTech*, vários dados pessoais devem ser coletados e tratados, de forma a possibilitar a entrega de conteúdo personalizado ao usuário, cumprindo com o objetivo da agência de publicidade e com o da *AdTech*. Entre os dados coletados, estão: um identificador único para o requerimento de leilão, o IP do usuário, *cookies*, identidade do usuário, a localização do usuário, a linguagem na qual o usuário utiliza o sistema operacional de seu dispositivo, o tipo de dispositivo utilizado, o fuso horário do usuário, entre outros.

Pela fácil identificação do usuário com determinadas informações listadas acima, sejam elas utilizadas separadamente ou conjuntamente, resta clara a coleta de dados pessoais no sistema das *AdTech*, até mesmo para possibilitar a execução do serviço. A parte mais interessante dessa coleta e processamento é que o usuário não faz ideia de que está sendo produto de uma transação comercial que acontece a todo momento, em menos de um segundo, toda vez que acessa um determinado URL que possibilita o *display* de publicidade.

Segundo o ICO[31], as informações citadas conseguem tornar uma pessoa natural identificável ou identificada decorrente da informação em si, ou seja, sozinha, ou em conjunto com os outros dados que os controladores podem possuir sobre o titular. Essas outras informações podem incluir: de qual site o usuário

31. Conforme: INFORMATION COMMISSIONER'S OFFICE. Update report into adtech and real time bidding. 2019. p. 13. Disponível em: [https://ico.org.uk/media/about-the-ico/documents/2615156/adtech-real-time-bidding-report-201906-dl191220.pdf]. Acesso em: 02.02.2022.

saiu para se conectar com o destinatário da propaganda, o movimento do cursor do mouse, cliques, rolagens em páginas, visualização de mídias, localização, pesquisas feitas on-line, quanto tempo o usuário está on-line, dados demográficos, entre outros.

Ainda segundo o relatório do ICO[32], alguns desses dados não são utilizados para fins de *profiling*, mas sim para determinar e alertar as possíveis agências interessadas em mostrar sua publicidade naquele determinado sobre o tipo de usuário que o frequenta para que, assim, possa evitar o investimento em um público desconexo com o conteúdo, sendo utilizado, portanto, em determinadas situações, como meio de identificação de um público chave e/ou para a exclusão de um público incoerente com o conteúdo.

5. Proteção de dados

Inúmeras são as complicações na esfera das *AdTechs* com relação à proteção de dados. As inconsistências são percebidas desde os primeiros artigos da legislação, os quais dispõem sobre as diretrizes e princípios, estabelecendo as regras de interpretação e aplicação da lei. Desse modo, dependendo do processo realizado e das empresas envolvidas, pode haver violação de dados desde o primeiro estágio do processo de compra de mídia digital programática[33], como será abordado a seguir.

5.1. Diretrizes e princípios

As *AdTechs* não possuem métodos que garantam o cumprimento dos fundamentos estabelecidos em lei, uma vez que, pela complexidade e pela grande variedade de coleta, processamento e compartilhamento de dados, é quase impossível determinar se a privacidade do titular foi ou está sendo observada. Assim sendo, se não há garantias de que a privacidade está sendo garantida, não haverá maneira de possibilitar ao titular o exercício da autodeterminação informativa, uma vez que a obscuridade dos processos e a ignorância de todas as partes faz com que o tratamento de dados em si seja um quebra-cabeças em que as peças foram divididas na proporção de uma para cada integrante do processo, mas ninguém se conhece e não se sabe quantas pessoas fazem parte dele.

32. Conforme: Idem.

33. O que nos remete, analogamente, à teoria da árvore envenenada.

Em outras palavras, se Westin[34] afirma que "o atributo básico do direito à privacidade seria, portanto, a capacidade de o indivíduo controlar a circulação de informações a seu respeito", torna-se clara a violação a quase todos os atributos legais definidos como fundamentos, uma vez que todos estão intrinsecamente ligados ao exercício de direitos e proteção do titular. Em uma interpretação restrita ao artigo 2º da LGPD, já seria necessária a reformulação dos processos envolvidos dentro das *AdTechs*.

Quanto ao desenvolvimento econômico, tecnológico e a inovação, declara Vainzof[35]:

> "[...] mais do que a edição de norma específica sobre proteção de dados pessoais, também se faz necessária uma instância regulatória para lidar com os desafios da atual sociedade da informação, com uma autoridade capaz de apresentar opiniões técnicas para esse novo ambiente e realizar controle unificado e homogêneo da proteção de dados pessoais."

O que pode ser entendido como a já sabida necessidade de estabelecimento de uma Autoridade de Proteção de Dados que regulamente o cenário social de desenvolvimento, para que a inovação não suprima direitos fundamentais. Nas palavras de Elizabeth Denham[36]: "*the rules that protect people's personal data must be followed. Companies do not need to choose between innovation and privacy*[37]".

No que tange ao escopo territorial, embora haja incerteza sobre todo o processo de tratamento de dados realizados por esses negócios, é incontestável que ao menos uma das regras seria aplicável, uma vez que a lógica do negócio é oferecer serviços e produtos aos usuários, conforme se depreende do raciocínio de funcionamento da publicidade programática.

Do mesmo modo, quando analisados os princípios definidos no artigo 6º, é interessante notar a fala do ICO, como modo preparatório de análise de *compliance* com o artigo:

---

34. Conforme: VAINZOF, Rony. Disposições Preliminares; Do Tratamento de Dados Pessoais. In: MALDONADO, Viviane Nóbrega; BLUM, Renato Opice (Coord.). LGPD: Lei Geral de Proteção de Dados. 2. ed. São Paulo: Thomson Reuters Brasil, 2019. p. 26.

35. Ibidem, p. 39.

36. Conforme: INFORMATION COMMISSIONER'S OFFICE. Update report into adtech and real time bidding. p. 4. Disponível em: [https://ico.org.uk/media/about-the-ico/documents/2615156/adtech-real-time-bidding-report-201906.pdf]. Acesso em: 07.11.2021.

37. Tradução livre: "as regras que protegem os dados pessoais das pessoas devem ser seguidas. As empresas não precisam escolher entre inovação e privacidade".

> "It is instructive to consider the politics of platforms, in relation to less visible 'transparent intermediaries' like ad tech companies – business-to-business firms that often position themselves to publishers and advertisers as platforms, but whose brands are not visible to consumers."[38-39]

AdTechs são intermediárias entre anunciantes e espaços de anúncios disponíveis para utilização. Se houver base legal de coleta e tratamento nesse processo, é provável (ou pelo menos recomendável) que ela tenha sido formada entre o *publisher* e o usuário final, não abrangendo os intermediários que participam dos leilões. Ademais, um diagrama simplificado de funcionamento de *AdTechs* deve ser interpretado de modo inverso, partindo do ponto que é a disponibilização de um espaço para anúncios (o *publisher* é operador e controlador em relação à *ad exchange*); essa disponibilidade é informada à *ad exchange* (operadora de ambas agência e *publisher*), que recebe o pedido de alocação do anúncio por uma agência de publicidade (operadora com relação ao seu cliente e controladora com relação às *ad exchanges*) de seu cliente, o anunciante (controlador).

Funcionamento das AdTechs

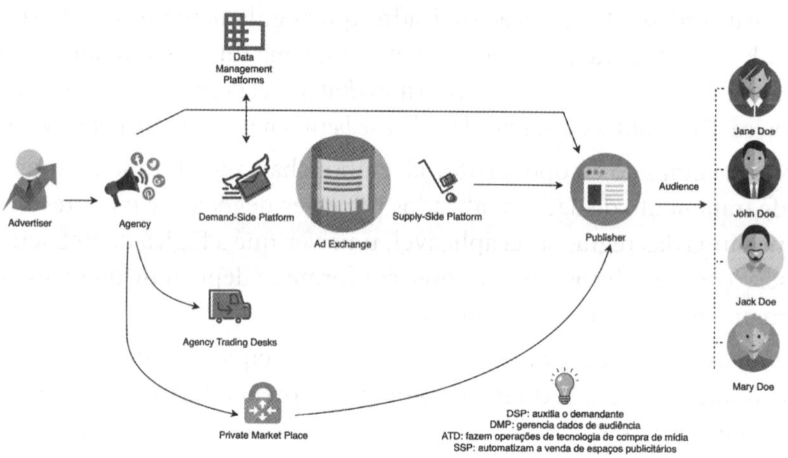

Fonte: compilação da autora.

38. Tradução livre: "É instrutivo considerar a política das plataformas, em relação aos 'intermediários transparentes' menos visíveis, como empresas de tecnologia de anúncios – empresas entre empresas que geralmente se posicionam para editores e anunciantes como plataformas, mas cujas marcas não são visíveis aos consumidores."
39. Conforme: BRAUN, Joshua A. Fake News, Real Money: Ad Tech Platforms, Profit-Driven Hoaxes, and the Business of Journalism. TAYLOR&FRANCIS ONLINE. 2019. Disponível em: [https://www.tandfonline.com/doi/full/10.1080/21670811.2018.1556314]. Acesso em: 07.11.2021.

Em operações realizadas somente com DSPs cadastradas, pode-se entender que o *Private Market Place* é operador de ambas as partes (iniciais e finais), enquanto a agência de publicidade é controladora em relação ao PMP e operadora em relação ao anunciante (controladora) e, por fim, o *publisher* é controlador em relação ao PMP.

Assim, embora haja possibilidade de observância dos princípios elencados no artigo 6º da LGPD entre as partes legítimas da operação (controlador-operador-titular), como os dados são compartilhados com inúmeros anunciantes ao mesmo tempo e, não se sabe o que é feito com esses dados disponibilizados, como responsáveis pela operação de tratamento os controladores e operadores envolvidos inevitavelmente acabam por violar os direitos dos titulares. Por esse motivo, algumas companhias têm criado espaços privados para realizar tais operações, nos quais as partes devem preencher requisitos para poderem fazer parte do processo.

5.2. Dos requisitos para o tratamento de dados pessoais

Com relação aos requisitos dispostos na LGPD para legitimar o tratamento de dados, no contexto das *AdTechs* é possível descartar algumas das alternativas, uma vez que não seriam aplicáveis ao modelo de funcionamento do negócio no que diz respeito aos processos automatizados de compra de mídia digital. Dessa forma, algumas das bases não serão estudadas neste trabalho.

Com relação ao consentimento, escreve Lima[40]:

> "Passando para o consentimento informado, ele será atingido quando, antes da coleta dos dados pessoais, os titulares forem amplamente informados acerca do ciclo de vida do tratamento dos seus dados pessoais, o que guarda bastante correlação com o princípio da transparência. Nesse sentido, entendemos que os incisos do artigo 9 devem ser contemplados [...]."

Assim sendo, mesmo que o titular de dados autorize o tratamento de forma livre e inequívoca, restaria o elemento da manifestação de vontade informada que, conforme se infere do funcionamento da tecnologia estudada é, senão impossível, improvável para que o titular compreenda todas as facetas do tratamento de

40. Conforme: LIMA, Caio César Carvalho. Dos requisitos para o Tratamento de Dados Pessoais; Do Tratamento de Dados Pessoais Sensíveis. In: MALDONADO, Viviane Nóbrega; BLUM, Renato Opice (Coord.). LGPD: Lei Geral de Proteção de Dados. 2. ed. São Paulo: Thomson Reuters Brasil, 2019. p. 181.

dados quando, na maioria das vezes, nem mesmo os próprios participantes de RTBs entendem o processo como um todo.

A realidade é diferente quando se considera o ambiente dos PMPs, uma vez que há maior segurança na transação e há como definir quem participou do processo. Embora ainda continue sendo improvável que o indivíduo (consideremos aqui com base na inteligência do homem médio) compreenda o funcionamento da tecnologia, uma vez que o Google, por exemplo, surpreende ao explicar o passo a passo do funcionamento do leilão, mas não logra êxito em demonstrar como o mecanismo afeta usuários individuais.

Não apenas é possível identificar esses problemas, mas também, conforme descrito no trecho de Lima, se o consentimento não consegue alcançar os requisitos legais, na hipótese de ser essa a base legal aplicada, a análise acima já invalida a legitimidade do tratamento. O que, conjuntamente com a ignorância das plataformas com relação ao próprio tratamento e compartilhamento de dados dos titulares, invalida a possibilidade de exercício dos direitos dos titulares no artigo 9º.

Ao analisar a base contratual definida no artigo 7º, inciso V, não há um cenário palpável em que seja possível imaginar a aplicabilidade da segunda parte do inciso, restando somente a base de execução de contratos. Muito embora em uma análise mais genérica da questão essa pareça ser uma base adequada para o tratamento, o ciclo de raciocínio toma o mesmo rumo que o de consentimento informado, a partir de determinado ponto. Ademais, a forma de funcionamento do negócio continua a impossibilitar o exercício dos direitos dos titulares, influenciando a legitimidade do tratamento (por desrespeito aos fundamentos e princípios definidos em lei).

Por fim, tem-se o legítimo interesse que, apesar de não ter definição específica, pode ser aplicado desde que haja a observância de dois requisitos[41]: o atingimento de finalidades legítimas, caracterizado "por propósitos legítimos (e também específicos, explícitos e informados ao titular)"[42], o que nos remete ao mesmo problema com relação ao consentimento informado discutido anteriormente; e a existência de situação concreta na qual "o titular deve ter a efetiva expectativa de que seus dados serão tratados, em decorrência de relação prévia que

41. Conforme: LIMA, Caio César Carvalho. Dos requisitos para o Tratamento de Dados Pessoais; Do Tratamento de Dados Pessoais Sensíveis. In: MALDONADO, Viviane Nóbrega; BLUM, Renato Opice (Coord.). LGPD: Lei Geral de Proteção de Dados. 2. ed. São Paulo: Thomson Reuters Brasil, 2019. P. 194.

42. Conforme: Idem.

exista entre ele o controlador. [...] Sendo insuficiente a mera expectativa de que venha a existir algum relacionamento entre ambos"[43]. Esse segundo requisito vai de encontro com o próprio modelo de negócio das *AdTechs*. Como se não bastasse existir o problema recorrente da adequação a uma base legal, seguindo a lógica inversa de interpretação do modelo de funcionamento das *AdTechs*, o controlador (a agência de publicidade) juntamente com o anunciante deveria ter relação direta com o público-alvo e essa relação somente pode ser comprovada por meio do entendimento do fluxo de dados que gerou aquele resultado para um usuário X. Perceba que voltamos aos mesmos dilemas anteriormente apresentados.

Quanto à legitimidade do tratamento pelos operadores, ainda segundo Lima,[44] é possível estender a base legal de legítimo interesse a terceiros (operadores): "é importante haver expressa confirmação de que: i) o tratamento se dará, de fato, por interesse legítimo do terceiro", esse raciocínio têm embasamento legal e pode ser utilizado por ser necessário para o atingimento das finalidades dos negócios (*AdTechs*, agências, etc.); "ii) o tratamento é necessário para atingir a finalidade que se almeja", aqui já é possível perceber que há uma desidentificação com a descrição legal do princípio de finalidade[45], uma vez que o titular não tem ciência da existência desses intermediários e, por último, "iii) estarão respeitados os direitos e as garantias dos titulares", requisito que enfrenta os mesmos dilemas de inadequação que as hipóteses anteriores. Uma vez comprovada a impossibilidade de utilização dessa base para o tratamento de dados pessoais[46], não serão discutidos os requisitos adicionais descritos no artigo 10 da Lei.

Quanto ao direito de acesso facilitado às informações de tratamento conforme previsto no artigo 9º, não se distancia muito do que já foi abordado anteriormente, uma vez que, embora seja possível o exercício de alguns direitos, como por exemplo a identificação do controlador (a publicidade deixa clara a empresa

43. Conforme: Idem.

44. Conforme: Idem.

45. Conforme: Artigo. 6º, inciso: I – finalidade: realização do tratamento para propósitos legítimos, específicos, explícitos e informados ao titular, sem possibilidade de tratamento posterior de forma incompatível com essas finalidades; PLANALTO. Lei Geral de Proteção de Dados Pessoais (LGPD). Disponível em: http://www.planalto.gov.br/ccivil_03/_ato2015-2018/2018/lei/L13709.htm. Acesso em: 07.11.2021.

46. Essa declaração leva em consideração o estado atual da tecnologia e das práticas de mercado. Não significa que não somente essa, mas as demais bases legais citadas não poderão ser utilizadas pelo modelo de negócios, mas sim que deverá haver uma reformulação dos processos e uma maior preocupação com medidas de segurança que tornem o ambiente das *AdTechs data friendly* para legislações de proteção de dados.

que representa), essa identificação não compreende o processo completo, de modo que ainda há obscuridades para o consumidor final que não são facilmente solucionadas. Principalmente no que tange à responsabilização dos agentes de tratamento, uma vez que a única informação que é visível ao consumidor é a empresa anunciante, nem mesmo as informações da agência de publicidade que a representa estarão disponíveis. E, por fim, a não ser que esteja se tratando de um universo dentro de um PMP, não há como definir quem participou do processo e se os dados foram violados por esses anônimos perdedores dos lances de RTB.

5.3. Dados pessoais sensíveis

Por não haver regulamentação específica na área de marketing baseada em dados sensíveis, as mesmas observações acima podem ser consideradas. A disparidade encontrada é na parte de compartilhamento de dados entre controladores com objetivo de obtenção de vantagem econômica, que poderá ser vedado ou regulamentado pela Autoridade Nacional posteriormente[47]. O compartilhamento de dados referentes à saúde é vedado se tiverem como objetivo a obtenção de vantagem econômica exceto nas hipóteses previstas por Lei. A intenção do legislador pode ter sido boa, mas é ingênuo pensar que, conforme o texto legal, apenas dados de saúde propriamente ditos são utilizados para os propósitos permitidos. Uma vez que o § 4º do artigo 11 define quais são os casos possíveis de compartilhamento de dados de saúde, é interessante estudar a disposição do texto do § 5º: *(...) "É vedado (...) vedado às operadoras de planos privados de assistência à saúde o tratamento de dados de saúde para a prática de seleção de riscos na contratação de qualquer modalidade, assim como na contratação e exclusão de beneficiários"*. A seleção de riscos independe da coleta de dados de saúde do usuário. Mesmo não havendo acesso a dados clínicos do titular é possível inferir, por intermédio de, a exemplo, seu perfil comportamental on-line, suas postagens em redes sociais, seu histórico de cartão de crédito, entre outros, a propensão daquele indivíduo de ter doença X ou Z[48]. E, ainda, a estruturação da Lei determina que os dados utilizados para formação de perfil comportamental

---

47. Conforme: PLANALTO. Art. 11, § 3. Lei Geral de Proteção de Dados Pessoais (LGPD). Disponível em: [http://www.planalto.gov.br/ccivil_03/_ato2015-2018/2018/lei/L13709.htm]. Acesso em: 07.11.2021.

48. Não é o propósito deste trabalho elucidar sobre o modo de processamento de dados de planos de saúde, mas apenas demonstrar que a interpretação de determinados dispositivos deixa a desejar no que diz respeito à finalidade que, teoricamente, foi modificada.

de pessoa natural são dados pessoais, como derivação do conceito de anonimização, entende-se que perfis comportamentais não são dados sensíveis[49]. As empresas do ramo têm se posicionado dessa forma[50]:

> "[...] controversial claim within contemporary ad-tech is the promise of knowing people in greater detail and generating more effective advertising, without the need for high amounts of personally identifiable information (PII). This is digitally acquired information that can be used either on its own or in combination with other items of information to identify people. However, what programmatic claims is that use of diverse aggregated data sets can target people like you, but not you. The claim is that advertising can be intimate without being personal."[51]

Na prática, dependeremos da atuação da ANPD para esclarecimento dos pontos levantados.

5.4. Dados pessoais de crianças e adolescentes

Não há especificidade na Lei quanto ao tratamento de dados pessoais de crianças e adolescentes para fins de marketing. Há apenas a regra geral de que o tratamento deverá ser realizado em seu melhor interesse, acrescentada a disposição específica para crianças: o tratamento de seus dados pessoais somente poderá ser realizado com o consentimento específico e em destaque dado por pelo menos um dos pais ou responsável legal. Dessa forma, entende-se que a interpretação

49. É controverso pensar que a formação de um perfil comportamental de um titular não é um dado sensível per se, em uma interpretação estrita da lei. Entretanto, se utilizarmos a hermenêutica para interpretar a LGPD, fica claro que um perfil comportamental tem grande potencial de causar danos e segmentação com relação ao titular.

50. MCSTAY, Andrew. Commercial Communication in the Digital Age: Micro-Moments, Liquidity, Intimacy and Automation: Developments in Programmatic Ad-tech. 1. ed. United Kingdom: De Gruyter Saur, 2017. p. 148.

51. Tradução livre: "[...] alegação controversa na tecnologia ad-tech é a promessa de conhecer as pessoas com mais detalhes e gerar publicidade mais eficaz, sem a necessidade de grandes quantidades de informações de identificação pessoal (PII). Trata-se de informações adquiridas digitalmente que podem ser usadas por si só ou em combinação com outros itens de informação para identificar pessoas. No entanto, o que afirmações programáticas é que o uso de diversos conjuntos de dados agregados pode atingir pessoas como você, mas não você. A alegação é que a publicidade pode ser íntima sem ser pessoal."

segue a lógica dos argumentos anteriores quanto às bases legais e legitimidade do tratamento, embora o consentimento a ser obtido tenha mais requisitos e as informações sobre o tratamento devam ser apresentadas de forma mais lúdica, levando em consideração as capacidades da criança e do adolescente.

No que diz respeito à coleta e tratamento de dados de crianças e adolescentes para propósitos de marketing, a *Federal Trade Commission*[52], organização americana de proteção aos consumidores, editou uma regulamentação complementar direcionada a esse tema, o *Children's On-line Privacy Protection Rule* (COPPA), que esclareceu:

> "Without parental consent, operators may not gather persistent identifiers for the purpose of behaviorally targeting advertising to a specific child. They also may not use persistent identifiers to amass a profile on an individual child user based on the collection of such identifiers over time and across different Web sites in order to make decisions or draw insights about that child, whether that information is used at the time of collection or later."[53-54]

Essa determinação, em termos práticos, torna-se problemática a partir do momento em que se requer o consentimento parental para a coleta das informações. Muito embora a regra seja a mesma que a estabelecida pela lei brasileira, é difícil imaginar um cenário (em qualquer país) no qual os pais ou responsáveis legais estarão sempre disponíveis para dar a aceitação do tratamento de dados de seus filhos ou tutelados[55].

---

52. Conforme: FEDERAL TRADE COMMISSION. Children's Online Privacy Protection Rule ("COPPA"). Disponível em: [https://www.ftc.gov/enforcement/rules/rulemaking-regulatory-reform-proceedings/childrens-online-privacy-protection-rule]. Acesso em: 07.11.2021.
53. Tradução livre: "Sem o consentimento dos pais, os operadores não podem coletar identificadores persistentes com o objetivo de direcionar comportamentalmente a publicidade para uma criança específica. Eles também não podem usar identificadores persistentes para acumular um perfil em um usuário filho individual com base na coleta desses identificadores ao longo do tempo e em diferentes sites da Web, a fim de tomar decisões ou obter informações sobre esse filho, independentemente de essas informações serem usadas no momento. de coleção ou posterior."
54. Conforme: FEDERAL TRADE COMMISSION. Federal Register – Part II. p. 3981. Disponível em: [https://www.ftc.gov/system/files/2012-31341.pdf]. Acesso em: 07.11.2021.
55. After considering the comments, the Commission has decided that while it is appropriate to hold an entity liable under COPPA for collecting personal information

A *Data and Marketing Association* (DMA)[56], por sua vez, baseada nas regras do COPPA, editou as seguintes disposições:

> "**Parental Responsibility and Choice.** Parents must be provided the choice of consenting to the operator's collection and internal use of a child's data. Such data may never be disclosed to third parties (unless the disclosure is integral to the site or service, in which case that must be made clear to the parent).
>
> **Collection and Use of Data from or about Children**:
>
> - Entities should limit the collection, use, and dissemination of 'personal information,' as defined in COPPA, collected from or about children to that data that is required for the promotion, sale, and delivery of goods and services; the provision of customer services; conducting market research; and engaging in other appropriate Marketing activities.
> - Entities should effectively explain that the data is being requested for Marketing. Data not appropriate for Marketing should not be collected.

---

on Web sites or online services directed to children, it is reasonable to hold such entity liable only where it has *actual knowledge* that it is collecting personal information directly from users of a child-directed site or service. In striking this balance by moving to an actual knowledge standard, the Commission recognizes that this is still contrary to the position advocated by many industry comments: That a plug-in or advertising network that collects personal information from users of both general audience and child-directed sites must be treated monolithically as a general audience service, liable only if it has actual knowledge that it is collecting personal information from a specific child.74 However, the COPPA statute also defines *Website or online service directed to children* to include "that portion of a commercial Web site or online service that is targeted to children." Where an operator of an otherwise general audience site or online service has actual knowledge it is collecting personal information directly from users of a child-directed site, and continues to collect that information, then, for purposes of the statute, it has effectively adopted that child-directed content as its own and that portion of its service may appropriately be deemed to be directed to children. Conforme: FEDERAL TRADE COMMISSION. Children's Online Privacy Protection Rule ("COPPA"). p. 3978. Disponível em: [https://www.ftc.gov/enforcement/rules/rulemaking-regulatory-reform-proceedings/childrens-online-privacy-protection-rule]. Acesso em: 07.11.2021.

56. Conforme: DATA MARKETING & ANALYTICS. Compliance With Other Laws, Regulations and Codes. Disponível em: [https://thedma.org/accountability/ethics-and-compliance/dma-ethical-guidelines/laws-codes-and-regulations/#children]. Acesso em: 07.11.2021.

- Entities should implement the strictest security measures to ensure against unauthorized access, alteration, or dissemination of the data collected from or about children, and should provide data regarding such measures upon request to the parent or guardian of the minor.
- Operators of websites and on-line services must provide a privacy notice with clear and concise description of their data policies and practices. This notice should be easy to read on smaller screens (e.g., mobile devices) for parents and allow them to provide verifiable consent.
- Entities should not knowingly collect, without verifiable prior parental consent, 'personal information,' as defined in COPPA, online or via a wireless handset or device from children that would permit any offline contact with the child.
- Entities should not knowingly distribute to any third parties, without verifiable prior parental consent, data collected from a child that would permit any contact with that child.
- Entities should take reasonable steps to prevent the on-line publication or posting of data that would allow a third party to contact a child offline unless verifiable prior parental consent has been obtained.
- Entities should not make a child's access to website or mobile content contingent on the collection of 'personal information,' as defined in COPPA. Only on-line contact data used to enhance the interactivity of the site is permitted.[57]"

57. Tradução livre: "Responsabilidade Parental e Escolha. Os pais devem ter a opção de consentir na coleta do operador e no uso interno dos dados de uma criança. Esses dados nunca podem ser divulgados a terceiros (a menos que a divulgação seja parte integrante do site ou serviço, caso em que isso deve ser esclarecido aos pais).
Coleta e uso de dados de ou sobre crianças:
• As entidades devem limitar a coleta, o uso e a disseminação de 'informações pessoais', conforme definido na COPPA, coletadas de ou sobre crianças aos dados necessários para a promoção, venda e entrega de bens e serviços; a prestação de serviços ao cliente; Realização de pesquisas de mercado; e participar de outras atividades de marketing apropriadas.
• As entidades devem explicar efetivamente que os dados estão sendo solicitados para marketing. Dados não apropriados para Marketing não devem ser coletados.
• As entidades devem implementar as mais rígidas medidas de segurança para garantir contra acesso não autorizado, alteração ou disseminação dos dados coletados de ou sobre crianças e devem fornecer dados sobre tais medidas mediante solicitação aos pais ou responsáveis do menor.

Entretanto, no cenário brasileiro atual, tem-se apenas as regras definidas pelo Conselho Nacional de Autorregulamentação Publicitária (CONAR)[58], o qual determina:

> "Artigo 37 – Os esforços de pais, educadores, autoridades e da comunidade devem encontrar na publicidade fator coadjuvante na formação de cidadãos responsáveis e consumidores conscientes. Diante de tal perspectiva, nenhum anúncio dirigirá apelo imperativo de consumo diretamente à criança. E mais:
>
> [...]
>
> II – Quando os produtos forem destinados ao consumo por crianças e adolescentes seus anúncios deverão:
>
> a. procurar contribuir para o desenvolvimento positivo das relações entre pais e filhos, alunos e professores, e demais relacionamentos que envolvam o público-alvo;
>
> b. respeitar a dignidade, ingenuidade, credulidade, inexperiência e o sentimento de lealdade do público-alvo;
>
> c. dar atenção especial às características psicológicas do público-alvo, presumida sua menor capacidade de discernimento;

• Os operadores de sites e serviços on-line devem fornecer um aviso de privacidade com descrição clara e concisa de suas políticas e práticas de dados. Este aviso deve ser fácil de ler em telas menores (por exemplo, dispositivos móveis) para os pais e permitir que eles forneçam consentimento verificável.

• As entidades não devem coletar conscientemente, sem o consentimento prévio e verificável dos pais, 'informações pessoais', conforme definido na COPPA, on-line ou por meio de um telefone celular ou dispositivo sem fio de crianças que permitam qualquer contato off-line com a criança.

• As entidades não devem distribuir conscientemente a terceiros, sem o consentimento prévio e verificável dos pais, os dados coletados de uma criança que permitiriam qualquer contato com essa criança.

• As entidades devem tomar medidas razoáveis para impedir a publicação ou publicação on-line de dados que permitiriam a terceiros entrar em contato com uma criança off-line, a menos que o consentimento prévio dos pais fosse verificado.

• As entidades não devem subordinar o acesso de uma criança ao site ou ao conteúdo móvel à coleta de 'informações pessoais', conforme definido na COPPA. Somente dados de contato on-line usados para aprimorar a interatividade do site são permitidos."

58. Conforme: CONAR. Código Brasileiro de Autorregulamentação Publicitária. Disponível em: [http://www.conar.org.br]. Acesso em: 07.11.2021.

d. obedecer a cuidados tais que evitem eventuais distorções psicológicas nos modelos publicitários e no público-alvo;

e. abster-se de estimular comportamentos socialmente condenáveis."

Dessa forma, pode-se entender que no que diz respeito ao tratamento dos dados de crianças e adolescentes para fins de marketing, no cenário de compra programática de mídias digitais, ainda há muito a ser regulamentado.

5.5. Agentes de tratamento, responsabilidade, ressarcimento de danos e transferência internacional de dados

Quanto às regras aplicáveis aos agentes de tratamento, no cenário atual legislativo seria possível responsabilizar a empresa anunciante (que apontaria a agência de publicidade X também como controladora) na sua relação com o consumidor final. Usando a lógica do CDC, a identificação da empresa seria suficiente para a responsabilização e penalização, caso ocorressem danos aos consumidores/titulares. A LGPD, por sua vez, também determina a responsabilidade do controlador e estabelece a solidariedade, definida no artigo 42, § 1º, incisos I e II, entre controladores e operadores. Alguns teóricos entendem que a aplicabilidade da responsabilidade subjetiva ou objetiva irá depender do contexto em que se encontra o tratamento de dados, ou seja, da natureza do tratamento[59].

O que se pode extrair dos entendimentos atuais dos Tribunais é que danos à privacidade, intimidade e moral são considerados *in res ipsa*[60], pois se presume que a dignidade da pessoa foi ferida. Deve-se atentar, portanto, às circunstâncias do tratamento, às partes envolvidas (relação B2C, B2B) e às diligências adotadas para mitigação de riscos. Inevitavelmente, para mitigar riscos é necessário conhecê-los, entender o funcionamento do negócio e do fluxo de dados (mapeamento), características que são impraticáveis no modelo atual de funcionamento das *AdTechs*, com exceção dos ambientes controlados (PMPs).

---

59. Conforme: BRUNO, Marcos Gomes da Silva. Da Responsabilidade e do Ressarcimento de Danos; JIMENE, Camilla do Vale. Da Segurança e das Boas Práticas. In: MALDONADO, Viviane Nóbrega; BLUM, Renato Opice (Coord.). LGPD: Lei Geral de Proteção de Dados. 2. ed. São Paulo: Thomson Reuters Brasil, 2019. p. 322-331.

60. Conforme: STJ. Súmula 403: Independe de prova do prejuízo a indenização pela publicação não autorizada de imagem de pessoa com fins econômicos ou comerciais. Disponível em: [https://ww2.stj.jus.br/docs_internet/revista/eletronica/stj-revista-sumulas-2014_38_capSumula403.pdf]. Acesso em 07.11.2021.

Quanto à transferência internacional de dados, a ignorância das partes envolvidas na compra de mídia digital torna impraticável a avaliação do *compliance* nas transações realizadas. De certo que, quando não se sabe a identidade e o número certo de recipientes dos dados, juntamente com o fato de que o processo de compra e entrega de marketing personalizado na maioria das vezes impossibilita o exercício dos direitos do titular e, ainda, desrespeita os princípios e fundamentos da Lei, há certa racionalidade na afirmação de que não há adequação no que se refere a esse tópico.

6. Considerações finais

Muito embora qualquer conclusão prévia envolva primordialmente a necessidade de estabelecimento e regulamentação da ANPD, alguns pontos podem ser discutidos, ainda que não tenhamos as regulamentações estabelecidas. Para comprovar a necessidade de atuação direta da ANPD no caso das *AdTechs*, pode-se basear nas pesquisas que o *Information Commissioner's Office* tem realizado a respeito do tema. O qual, após estudos específicos com a participação dos integrantes desse tipo de indústria, como os anunciantes, os que publicam a propaganda, bem como a sociedade civil e *start-ups*, *AdTechs* e advogados[61], para que houvesse não somente uma participação bilateral entre ICO e *AdTechs* mas, também, de outras pessoas naturais ou jurídicas que tenham interesse direto ou indireto no tema, declarou[62]:

> "Our current view is that the justification offered by organisations is insufficient. Furthermore, the Data Protection Impact Assessments we have seen have been generally immature, lack appropriate detail, and do not follow the ICO's recommended steps to assess the risk to the rights and freedoms of the individual. We have also seen examples of basic data protection controls around security, data retention and data sharing being insufficient.[63]"

61. Conforme: MCDOUGALL, Simon. Blog: Adtech – the reform of the real time bidding has started and will continue. INFORMATION COMMISSIONER'S OFFICE. 20120. Disponível em: [https://ico.org.uk/about-the-ico/news-and-events/blog-adtech-the-reform-of-real-time-bidding-has-started/]. Acesso em: 02.02.2022.
62. Conforme: MCDOUGALL, Simon. Blog: Adtech – the reform of real time bidding has started and will continue. INFORMATION COMMISSIONER'S OFFICE. 2020. Disponível em: [https://ico.org.uk/about-the-ico/news-and-events/blog-adtech-the-reform-of-real-time-bidding-has-started/]. Acesso em: 02.02.2022.
63. Tradução livre: "Nossa visão atual é que a justificativa oferecida pelas organizações é insuficiente. Além disso, as Avaliações de Impacto na Proteção de Dados que vimos

Portanto, ainda há um longo caminho a ser percorrido para que haja uma adequação às leis de proteção de dados, além de uma maior transparência com relação aos processos envolvendo proteção de dados no que diz respeito ao titular. Após a publicação do *Update Report Into AdTech and Real Time Bidding*[64] em junho de 2019, o qual identificou inúmeros problemas, como os reportados na citação acima, o órgão concedeu seis meses para a indústria envolvida com *AdTechs* para trabalhar nos problemas apontados, oferecendo apoio, quando necessário. Com o resultado positivo, o ICO[65] afirma:

> "The Internet Advertising Bureau (IAB) UK has agreed a range of principles that align with our concerns, and is developing its own guidance for organisations on security, data minimisation, and data retention, as well as UK-focused guidance on the content taxonomy. It will also educate the industry on special category data and cookie requirements, and continue work on some specific areas of detail. We will continue to engage with IAB UK to ensure these proposals are executed in a timely manner.[66]"

Fica claro que a legislação por si só não compreende todos os ramos de negócios que envolvem proteção de dados, pela complexidade e as diferentes

---

geralmente são imaturas, carecem de detalhes adequados e não seguem as etapas recomendadas pela ICO para avaliar o risco aos direitos e liberdades do indivíduo. Também vimos exemplos de controles básicos de proteção de dados em torno da segurança, retenção e compartilhamento de dados insuficientes."

64. Conforme: ICO. Update report into adtech and real time bidding. INFORMATION COMMISSIONER'S OFFICE. Disponível em: [https://ico.org.uk/media/about-the-ico/documents/2615156/adtech-real-time-bidding-report-201906-dl191220.pdf]. Acesso em: 02.02.2022.
65. Conforme: MCDOUGALL, Simon. Blog: Adtech – the reform of real time bidding has started and will continue. INFORMATION COMMISSIONER'S OFFICE. 2020. Disponível em: [https://ico.org.uk/about-the-ico/news-and-events/blog-adtech-the-reform-of-real-time-bidding-has-started/]. Acesso em: 07.11.2021.
66. Tradução livre: "O Internet Advertising Bureau (IAB) do Reino Unido concordou com uma série de princípios que se alinham às nossas preocupações e está desenvolvendo sua própria orientação para organizações sobre segurança, minimização de dados e retenção de dados, bem como orientações focadas no Reino Unido sobre a taxonomia de conteúdo. Ele também instruirá o setor sobre dados de categorias especiais e requisitos de cookies e continuará o trabalho em algumas áreas específicas de detalhes. Continuaremos a colaborar com a IAB UK para garantir que essas propostas sejam executadas em tempo hábil."

maneiras que cada tipo de negócio trata dados. Exatamente por esse motivo há a necessidade de um órgão regulador que consiga criar regulamentações específicas para os setores que necessitam. Sem a ANPD, a única conclusão advinda desse estudo é a insustentabilidade do processo como ocorre atualmente, compreendendo também as PMPs pois, embora ofereçam um ambiente privado e mais facilmente mapeável com relação aos dados pessoais, não se enquadram nos requisitos legais de transparência estabelecidos pela LGPD, se considerarmos o exemplo estudado do Google.

Com o esgotamento do prazo de seis meses concedidos para esclarecimentos e a apresentação das documentações por parte da indústria de *AdTechs*, o ICO ainda está em fase de estudos, não havendo, ainda, um posicionamento claro ou diretrizes a serem seguidas que não sejam a identificação de que há um problema de privacidade e a publicação de diretrizes gerais para que haja uma maior transparência, além de regras de *privacy by design* para RTB[67].

Desse modo, infelizmente, não há como escapar do clichê de necessidade de uma regulamentação específica pela ANPD sobre assuntos que necessitam de atenção especial sem que se trave o avanço tecnológico e a inovação, de forma a não prejudicar o mercado, mas a definir formas de se continuar desenvolvendo tecnologias e, ao mesmo tempo, respeitando os direitos fundamentais dos titulares.

7. Referências bibliográficas

ADOMAVICIUS, Gediminas; TUZHILIN, Alexander. *Using Data Mining Methods to Build Customer Profiles*. SEMANTICS SCHOLAR. 2001. p. 74. Disponível em: [https://pdfs.semanticscholar.org/b298/e06b9ee4b3056c68a023035f228527a891a2.pdf]. Acesso em: 07.11.2021.

BRAUN, Joshua A. *Fake News, Real Money: Ad Tech Platforms, Profit-Driven Hoaxes, and the Business of Journalism*. TAYLOR&FRANCIS ONLINE, 2019. Disponível em: [https://www.tandfonline.com/doi/full/10.1080/21670811.2018.1556314]. Acesso em: 07.11.2021.

BRUNO, Marcos Gomes da Silva. *Da Responsabilidade e do Ressarcimento de Danos*; JIMENE, Camilla do Vale. *Da Segurança e das Boas Práticas*. In: MALDONADO, Viviane Nóbrega; BLUM, Renato Opice (Coord.). *LGPD: Lei Geral de Proteção de Dados*. 2. ed. São Paulo: Thomson Reuters Brasil, 2019. p. 322-331.

67. Conforme: MCDOUGALL, Simon. Blog: Adtech – the reform of real time bidding has started and will continue. INFORMATION COMMISSIONER'S OFFICE. 2020. Disponível em: [https://ico.org.uk/about-the-ico/news-and-events/blog-adtech-the-reform-of-real-time-bidding-has-started/]. Acesso em: 02.02.2022.

CONAR. *Código Brasileiro de Autorregulamentação Publicitária*. Disponível em: [http://www.conar.org.br]. Acesso em: 07.11.2021.

DATA MARKETING & ANALYTICS. *Compliance With Other Laws, Regulations and Codes*. Disponível em: [https://thedma.org/accountability/ethics-and-compliance/dma-ethical-guidelines/laws-codes-and-regulations/#children]. Acesso em: 07.11.2021.

DATA MARKETING AND ANALYTICS. Marketing to Children. Disponível em: [https://thedma.org/accountability/ethics-and-compliance/dma-ethical-guidelines/marketing-to-children/]. Acesso em: 07.11.2021.

DESCONHECIDO. *Semantic vs. Behavioral Targeting: What is Best?* PLISTA. Disponível em: [https://blog.plista.com/semantic-vs-behavioral-targeting/]. Acesso em: 07.11.2021.

FEDERAL TRADE COMMISSION. *Children's Online Privacy Protection Rule ("COPPA")*. Disponível em: [https://www.ftc.gov/enforcement/rules/rulemaking-regulatory-reform-proceedings/childrens-online-privacy-protection-rule]. Acesso em: 07.11.2021.

FEDERAL TRADE COMMISSION. *Federal Register – Part II. P. 3981*. Disponível em: [https://www.ftc.gov/system/files/2012-31341.pdf]. Acesso em: 07.11.2021.

FEDERAL TRADE COMMISSION. *The Children's Online Privacy Protection Act*. Disponível em: [https://www.ftc.gov/tips-advice/business-center/privacy-and-security/children%27s-privacy]. Acesso em: 07.11.2021.

FERRAZ, Karen. *O que é e como funcionam DSPs e SSPs*. EXCHANGE WIRE. Disponível em: [https://www.exchangewire.com.br/2016/02/11/o-que-e-e-como-funcionam-dsps-e-ssps/]. Acesso em: 07.11.2021.

GOOGLE. *A Revolução dos Micro-Momentos: como eles estão mudando as regras*. THINK WITH GOOGLE. 2015. Disponível em: [https://www.thinkwithgoogle.com/intl/pt-br/marketing-resources/micro-momentos/how-micromoments-are-changing-rules/]. Acesso em: 07.11.2021.

GOOGLE. *Lançamento do Authorized Buyers*. SUPPORT GOOGLE. Disponível em: [https://support.google.com/authorizedbuyers/answer/9070822?hl=pt-BR]. Acesso em: 07.11.2021.

GOOGLE. *Os Princípios de UX para Aplicativos em Dispositivos Móveis*. THINK WITH GOOGLE, 2015. Disponível em: [https://www.thinkwithgoogle.com/intl/pt-br/marketing-resources/ux-e-design/mobile-app-ux-principles/]. Acesso em: 07.11.2021.

GOOGLE. *Value CPM*. GOOGLE AD MANAGER HELP. Disponível em: [https://support.google.com/admanager/answer/177222?hl=em]. Acesso em: 07.11.2021.

ICO. *Update report into adtech and real time bidding*. INFORMATION COMMISSIONER'S OFFICE. Disponível em: [https://ico.org.uk/media/about-the-ico/documents/2615156/adtech-real-time-bidding-report-201906-dl191220.pdf]. Acesso em: 02.02.2022.

LAMONICA, Martin. *Now advertising billboards can read your emotions ... and that's just the start.* THE CONVERSATION. Disponível em: [http://theconversation.com/now-advertising-billboards-can-read-your-emotions-and-thats-just-the-start-45519]. Acesso em: 07.11.2021.

LIMA, Caio César Carvalho. *Dos requisitos para o Tratamento de Dados Pessoais; Do Tratamento de Dados Pessoais Sensíveis.* In: MALDONADO, Viviane Nóbrega; BLUM, Renato Opice (Coord.). *LGPD: Lei Geral de Proteção de Dados.* 2. ed. São Paulo: Thomson Reuters Brasil, 2019. p. 194.

MCDOUGALL, Simon. Blog: *Adtech – the reform of real time bidding has started and will continue.* INFORMATION COMMISSIONER'S OFFICE, 2020 Disponível em: [https://ico.org.uk/about-the-ico/news-and-events/news-and-blogs/2020/01/blog-adtech-the-reform-of-real-time-bidding-has-started/]. Acesso em: 07.11.2021.

MCDOUGALL, Simon. *Blog: Adtech fact finding forum shows consensus on need for change.* INFORMATION COMMISSIONER'S OFFICE, 2019. Disponível em: [https://ico.org.uk/about-the-ico/news-and-events/blog-adtech-fact-finding-forum-shows-consensus-on-need-for-change/]. Acesso em: 07.11.2021.

MCSTAY, Andrew. *Commercial Communication in the Digital Age: Micro-Moments, Liquidity, Intimacy and Automation: Developments in Programmatic Ad-tech.* 1. ed. United Kingdom: De Gruyter Saur, 2017.

MENDES, Laura Schertel. *Privacidade, proteção de dados e defesa do consumidor: linhas gerais de um novo direito fundamental.* São Paulo: Saraiva, 2014.

PLANALTO. *Lei Geral de Proteção de Dados Pessoais (LGPD).* Disponível em: [http://www.planalto.gov.br/ccivil_03/_ato2015-2018/2018/lei/L13709.htm]. Acesso em: 07.11.2021.

PODDAR, Soumya Raj. *Behavioral Advertising: Find out who clicks on your Ads.* DATAFLOQ. Disponível em: [https://datafloq.com/read/behavioral-advertising-find-out-who-clicks-on-you/3572?amp-content=amp]. Acesso em: 07.11.2021.

PRODROMOU, Ted. *5 Ways to Make Your Online Ads More Clickable.* ENTREPRENEUR. Disponível em: [https://www.entrepreneur.com/article/243444]. Acesso em: 07.11.2021.

SUPERIOR TRIBUNAL DE JUSTIÇA. *Súmula 403/STJ.* Disponível em: [https://ww2.stj.jus.br/docs_internet/revista/eletronica/stj-revista-sumulas-2014_38_capSumula403.pdf]. Acesso em 07.11.2021.

SUPPORT GOOGLE. *Private Auctions.* GOOGLE. Disponível em: [https://support.google.com/admanager/answer/2987915?hl=en&ref_topic=2839847]. Acesso em: 07.11.2021.

SUPPORT GOOGLE. *Uma impressão é contabilizada sempre que seu anúncio aparece em uma página de resultados de pesquisa ou em outro site.* GOOGLE. Disponível em: [https://support.google.com/google-ads/answer/6320?hl=pt-BR]. Acesso em: 07.11.2021.

THINK WITH GOOGLE. *A Revolução dos Micro-Momentos: como eles estão mudando as regras*. GOOGLE. Disponível em: [https://www.thinkwithgoogle.com/intl/pt-br/marketing-resources/micro-momentos/how-micromoments-are-changing-rules/]. Acesso em: 07.11.2021.

THINK WITH GOOGLE. *Os Princípios de UX para Aplicativos em Dispositivos Móveis*. Disponível em: [https://www.thinkwithgoogle.com/intl/pt-br/marketing-resources/ux-e-design/mobile-app-ux-principles/]. Acesso em: 07.11.2021.

THINK WITH GOOGLE. *Programmatic Helps Brands Make the Most of Micro-Moments*. GOOGLE. Disponível em: [https://www.thinkwithgoogle.com/articles/programmatic-helps-brands-make-the-most-of-micromoments.html]. Acesso em: 07.11.2021.

UNITED STATES PATENT. *Platform for mobile advertising and persistent microtargeting of promotions*. Patent nº US 9959547 B2, Date of Patent: May 1, 2018.

VAINZOF, Rony. *Disposições Preliminares; Do Tratamento de Dados Pessoais*. In: MALDONADO, Viviane Nóbrega; BLUM, Renato Opice (Coord.). *LGPD: Lei Geral de Proteção de Dados*. 2. ed. São Paulo: Thomson Reuters Brasil, 2019. p. 26.

VOIGT, Paul; KAUS, Stefan. AdTech – *Vorgaben an die Zulässigkeit interes- senbezogener Werbung und das Online-Trackin: Eine kritische Auswertung der aufsichtsbehördlichen Ansät- ze in Deutschland, Frankreich und dem Vereinigten Königreich*. Otto Schmidt, Deustchland, p. 812-821, nov./2019.

YOUTUBE. *How an Ad is Served with Real Time Bidding (RTB) – IAB Digital Simplified*. INTERACTIVE ADVERTISING BUREAU. Disponível em: [https://www.youtube.com/watch?v=-Glgi9RRuJs]. Acesso em: 02.02.2022.

Capítulo 3

Blockchain *e proteção de dados*

Anne Chang

Advogada especialista em fusões, aquisições e investimentos, formada pelo Largo São Francisco – USP, LLM (mestrado) pela Universidade da Califórnia – Berkeley e especialização pela LSE. É uma das sócias de HCO Law | eAdvisor, escritório especializado no atendimento de empresas com foco em tecnologia e nova economia. Em 2016, foi coautora do *paper* premiado pelo governo norte-americano no Blockchain Challenge e tem se dedicado, nos últimos anos, a operações envolvendo tecnologia.

Cynthia Barbosa de Almeida

Advogada formada pela FGV Direito SP, com especializações em gestão de riscos pela FIA e *compliance* pela FGV. Superintendente Jurídica – Pagamentos e Novas Tecnologias no Itaú.

1. Introdução

"*Blockchain* é uma revolução", dizem os especialistas. É a internet do valor surgindo para mudar a internet da informação, descrevem Alex e Don Tapscott[1], dois dos autores mais conhecidos e mais influentes no tema. É um termo tão em voga que a mera inclusão da palavra "*blockchain*" em projetos já se mostrou suficiente para impactar o mercado de ações mesmo sem uso efetivo da tecnologia. Um bom exemplo é a valorização (artificial) das ações da Long Island Ice Tea Corp, que em 2018[2] mudou seu nome para Long Blockchain Corp e viu suas ações aumentarem em quase 300% (dependendo da fonte) antes de ser excluída da NASDAQ.

Mas o que é *blockchain*? Sob o ponto de vista técnico, o *blockchain* é, essencialmente (e de uma forma bastante simplista), uma estrutura de dados semelhante a um livro-razão (*ledger*) distribuído em que se registra operações por ordem cronológica de forma pública, (quase) imutável e digital. As tecnicalidades necessárias para nossa discussão serão mais detalhadas na próxima seção, mas não devem ser vistas como um impeditivo. Afinal, não é necessário entender o protocolo de comunicação TCP/IP para usar – ou discutir o uso jurídico geral – de e-mails.

Não é inesperado que novas tecnologias façam com que operadores de direito revisem regras e modelos. No entanto, antes de impor qualquer inovação legislativa ou teórica, é necessário refletir sobre a aplicabilidade dos conceitos jurídicos já existentes e entender, em âmbito acadêmico, quais os possíveis desdobramentos que essa nova tecnologia pode trazer à aplicação do direito.

Essa reflexão, no momento, é complexa tanto por falta de casos práticos quanto por ausência de clareza técnica. Como em qualquer tipo de revolução, talvez só seja possível entender e analisar os efeitos e impactos do *blockchain a posteriori*, ou seja, quando pudermos olhar para trás e comparar a situação pré-*blockchain* e pós-*blockchain*.

Afinal, quem conseguiria, no começo da Internet, prever seus desdobramentos operacionais e legais?

---

1. Alex e Don Tapscott são autores do *best seller* Blockchain Revolution: How the Technology behind Bitcoin is Changing Money, Business and The World, mas o conceito também é brevemente explicado em https://www.ted.com/talks/don_tapscott_how_the_blockchain_is_changing_money_and_business/. Acesso em 07.11.2021.
2. WEISSMAN, Cale Guthrie. *Surprise! The Long Island Iced Tea blockchain pivot didn't work*. Disponível em https://www.fastcompany.com/40558198/surprise-the-long-island-iced-tea-blockchain-pivot-didnt-work. Acesso em 07.11.2021.

Diante da (justificada) simplificação no modelo, para nossa análise, diante do maior número de dados e estudos realizados, consideraremos a proteção de dados no *blockchain* original (ou 1.0, como alguns preferem chamar), que é o *blockchain* do Bitcoin[3]. Nosso objetivo é, nesse contexto tecnológico, discutir a aplicabilidade dos conceitos de "privacidade" e "proteção de dados" em uma situação em que, *by design*, as informações são protegidas apenas por um pseudoanonimato[4] controlado apenas pelo usuário.

2. Terminologia do *Blockchain*

Ainda não temos, até o momento, perspectiva ou dados suficientes para entender o fenômeno e muito menos definir "*blockchain*". O próprio termo, inclusive, não tem uma definição técnica ou jurídica clara, com muitos especialistas usando alternativas como "*distributed ledger technology*", "*consensus ledger*" e "*shared ledger technology*"[5].

A terminologia, embora inicialmente pareça desnecessária, é bastante relevante no debate. Do ponto de vista não jurídico, há diversas gerações de tecnologias derivadas de *blockchain* que, apesar de compartilharem a mesma arquitetura, têm diferenças bastante relevantes em seu funcionamento, o que faz com que qualquer análise técnica tenha que ser específica e detalhada para certa geração. Portanto, o uso genérico do termo, além de pouco técnico, dificulta a comunicação sobre o tema e facilita generalizações grosseiras.

Adicionalmente, o uso generalista do termo *blockchain* para definir uma tecnologia descrevendo um sistema – no caso, o *blockchain* de Bitcoin – é quase

---

3. Para detalhes sobre a utilização anterior de alguns dos conceitos envolvidos no *blockchain*, recomendamos a leitura de GRIGG, Ian. Triple-Entry Accounting. Systemics Inc (2005) e LAW, Laurie, SABETT, Susan e SOLINAS, Jerry. How to Make a Mint: The Cryptography of Anonymous Electronic Cash. American University Law Review 46, no. 4 (April 1997): 1131-1162.

4. Pseudoanonimato é a identificação de algo ou alguém por meio de um pseudônimo, código ou número. É uma forma de anonimato mais tênue: "*A weaker form is given by pseudo-anonymity. Here, privacy-related data is modified according to a specific assignment rule (usually by using pseudonyms) with the effect that single data carrying privacy-critical data can no longer be associated with a specific person without the knowledge of the assignment rule.*" ECKERT, Claudia and PIRCHER, Alexander, "*Internet Anonymity: Problems and Solutions*". Disponível em https://link.springer.com/content/pdf/10.1007%2F0-306-46998-7_3.pdf. Acesso em 07.11.2021.

5. WALCH, Angela. *The Path of the Blockchain Lexicon (and the Law)*. 36 Review of Banking & Financial Law 713 (2017).

uma metonímia que estimula a confusão do conceito com um sistema específico. Essa generalização inicialmente inofensiva é relevante para que não se presuma, erroneamente, que certas peculiaridades tecnológicas inerentes ao *blockchain* são comuns a todos os sistemas.

A fim de evitar esse tipo de confusão entre conceito e sistema, a comunidade científica buscou definições alternativas – como *descentralized ledger technologies* (DLT) – mas, até o momento não há nenhuma definição que seja suficiente para descrever a tecnologia de forma compreensiva e que não se confine à descrição de características de sistemas específicos.

Por exemplo, comumente se costuma simplificar a descrição do *blockchain* como uma estrutura de dados semelhante a um livro-razão distribuído, descentralizado, pública, virtualmente imutável[6], cujos registros são feitos em blocos criptografados e lineares. No entanto, essa mesma definição, por exemplo, não seria aplicável ao Hyperledger Fabric[7], que é um sistema privado mantido pelo consórcio liderado pela Fundação Linux, ou ao Hashgraph[8], que prefere se definir como um protocolo de consenso.

A discussão sobre o conceito tecnológico de *blockchain* pode parecer alheia ao mundo jurídico, que geralmente se dedica menos a tecnologias e mais a leis. No entanto, devemos lembrar que as leis e todo o sistema legal dependem de conceitos para existir e terem eficácia no mundo real. Nesse sentido, é imperativo que operadores de direito não só compreendam, mas também reflitam sobre os novos conceitos tecnológicos que, direta ou indiretamente, podem demandar regulamentação própria.

Do ponto de vista jurídico, como operadores da lei, a terminologia é inerente ao Direito: dependemos de termos e contextos específicos para entender, identificar e excutir certas situações e condutas como consequências de um ato, fato ou evento.

O descompasso entre o texto jurídico e a realidade, aliás, não é uma dificuldade jurídica nova. O uso de analogias ou mesmo abstrações em casos novos é comum quando a definição objetiva não é possível. Por exemplo, nos Estados Unidos, em 1964, ao julgar se um filme envolvia ou não obscenidade, Justice

---

6. ANTONOPOULOS, Andreas, *The Monumentum of Immutability, at the Silicon Valley Bitcoin Meetup* apud Walch, Angela. *The Path of the Blockchain Lexicon (and the Law).*
7. Para maiores detalhes, https://www.hyperledger.org/projects/fabric. Acesso em 07.11.2021.
8. Para maiores detalhes, o *whitepaper* original do Hashgraph pode ser acessado em http://www.swirlds.com/downloads/SWIRLDS-TR-2016-01.pdf. Acesso em 07.11.2021.

Potter Stewart afirmou que "*hoje, não tentarei definir os casos que entendo como abrangidos pela descrição abreviada da lei; e talvez eu nunca consiga fazê-lo de maneira inteligível. Mas eu sei quando vejo [um caso de obscenidade], e o filme envolvido neste caso não o é*"[9].

Por isso, (i) o termo "*blockchain*", sempre que utilizado neste artigo, irá se referir ao sistema tecnológico inerente ao Bitcoin, não devendo ser interpretado de forma ampla ou genérica, e (ii) vamos utilizar analogias e abstrações para aproximar os institutos jurídicos atualmente existentes e discutir sua aplicabilidade.

3. Os conceitos de privacidade e proteção de dados

Como já mencionado, o *blockchain* pode ser descrito simplificadamente como uma estrutura de dados semelhante a um livro-razão (*ledger*) descentralizado, distribuído e criptografado que registra operações em blocos. É, em essência, uma rede pública com informações privadas como detalhado abaixo. Nesse contexto, qual é a expectativa de proteção de dados?

Antes de nos atentarmos à proteção de dados, é importante retomarmos o conceito de privacidade.

3.1. Contexto jurídico da privacidade

Historicamente, a preocupação com aspectos relacionados à privacidade tem sido recorrente e o tema muito estudado por doutrinadores. Privacidade é um conceito aberto, altamente subjetivo e atualmente a expressão tem sido utilizada para, de forma genérica, inferir uma série de outros conceitos que podem se confundir com parte ou com o todo, o que tem feito com que a legislação aborde o tema de forma fragmentada.

Contudo, essa imprecisão é mais recente: no direito romano, havia a dicotomia do público e do privado, sendo o público aquilo que fosse de utilidade comum e o privado aquilo que fosse de utilidade dos particulares. De forma mais específica – e que se aproxima um pouco mais dos entendimentos modernos – o antigo direito grego entendia como público aquilo que era visível para todos; ao passo que o privado, sendo seu oposto, era aquilo que estava em segredo, que era secreto[10].

---

9. JACOBELLIS v. OHIO, 378 U.S. 184 (1964). Disponível em https://supreme.justia.com/cases/federal/us/378/184/. Acesso em 07.11.2021.

10. FERRAZ JÚNIOR, Tércio Sampaio. *Sigilo de dados: o direito à privacidade e os limites à função fiscalizadora do Estado*. Revista da Faculdade de Direito da Universidade de São Paulo, v. 88 (1993), p. 440.

Essas distinções entre o que estaria na esfera pública e o que estaria na esfera privada da vida de uma pessoa eram mais facilmente detectáveis. Com o advento da internet, que consegue transmitir informações em tempo real e interconectar o mundo, o compartilhamento constante de informações por parte de milhões de usuários e o uso de novas tecnologias tem deixado menos clara a divisão entre o público e o privado.

Essa zona cinza na divisão entre público e privado trouxe à tona uma preocupação que vai além da busca da definição de privacidade: há um direito/expectativa de direito à privacidade?

O direito à privacidade tem raízes modernas[11] e ganhou espaço na doutrina em 1890 com a publicação *Right to Privacy*[12] dos norte-americanos Samuel D. Warren e Louis D. Brandeis. Pelos julgados da época analisados por esses autores, privacidade foi pela primeira vez estudada como um direito em si e entendida como o direito que a pessoa teria de ser deixada só e ganhou aceitação nas cortes norte-americanas.[13]

Posteriormente, diversos tratados internacionais versaram, dentre outros assuntos, sobre aspectos relativos ao direito à privacidade, desta vez entendido, além do já citado direito de ser deixado só, como o resguardo de interferências alheias e o segredo/sigilo.[14]

O direito à privacidade, após os tratados internacionais, foi paulatinamente introduzido às legislações dos países signatários.

A doutrina, resumindo a evolução histórica pela qual o termo passou, entende privacidade como conceitos unitários, os quais podem ser enquadrados, de modo geral, em quatro categorias brevemente explicadas abaixo[15]:

> i) o direito a ser deixado só (*the right to be let alone*): O direito que uma pessoa tem de ter um espaço minimamente privado, não para fins de direito da propriedade, mas em uma concepção de que a pessoa deve ter, em algum momento, paz para ser deixado só.

---

11. Idem, ibidem.
12. WARREN, Samuel D. e BRANDEIS, Louis D. *Right to Privacy*. Harvard Law Review, Vol. 4, No. 5. (Dec. 15, 1890), pp. 193-220. Disponível em http://links.jstor.org/sici?sici=0017-811X%2818901215%294%3A5%3C193%3ATRTP%3E2.0.CO%3B2-C. Acesso em 07.11.2021.
13. O caso mais emblemático decidido à luz desse conceito de privacidade foi PAVESICH v. NEW ENGLAND LIFE INS. CO. – 122 Ga. 190, 50 S.E. 68 (1905).
14. LEONARDI, Marcel. *Tutela e privacidade na internet*. São Paulo: Saraiva (2012), p. 95.
15. Ibidem, p. 52/67.

ii) o resguardo contra interferências alheias: Muitas vezes entendido como intimidade, o resguardo contra interferências alheias é referido como a vida privada da pessoa, onde deve haver o mínimo de interferência de terceiros não autorizados a compartilhar daquele momento.

iii) segredo ou sigilo: O direito que uma pessoa tem de ter informações sensíveis, confidenciais não divulgadas.

iv) controle sobre informações e dados pessoais: O exercício do domínio de determinada pessoa sobre suas próprias informações e dados pessoais.

Diante da subjetividade do conceito, os operadores do direito têm dificuldade para definir privacidade justamente por estar relacionada à percepção individual de cada um e por ter seu significado reinventado, conforme a evolução das circunstâncias fáticas que permeiam esse direito na prática.

No Brasil, a privacidade já era tutelada no ordenamento jurídico de forma indireta e majoritariamente em legislação esparsa.

A Constituição Federal de 1988[16] em seu artigo 5º, cujo *status* é de cláusula pétrea, faz referência a direitos invioláveis do cidadão e cita diferentes vertentes da privacidade, dentre elas se destacam a intimidade, a inviolabilidade do domicílio e de correspondência.

O Código de Defesa do Consumidor de 1990[17] ("Código do Consumidor") dá ao consumidor o direito de ter acesso às suas informações pessoais e às suas

---

16. Constituição Federal: "Art. 5º Todos são iguais perante a lei, sem distinção de qualquer natureza, garantindo-se aos brasileiros e aos estrangeiros residentes no País a inviolabilidade do direito à vida, à liberdade, à igualdade, à segurança e à propriedade, nos termos seguintes: (...)
X – são invioláveis a intimidade, a vida privada, a honra e a imagem das pessoas, assegurado o direito a indenização pelo dano material ou moral decorrente de sua violação;
XI – a casa é asilo inviolável do indivíduo, ninguém nela podendo penetrar sem consentimento do morador, salvo em caso de flagrante delito ou desastre, ou para prestar socorro, ou, durante o dia, por determinação judicial;
XII – é inviolável o sigilo da correspondência e das comunicações telegráficas, de dados e das comunicações telefônicas, salvo, no último caso, por ordem judicial, nas hipóteses e na forma que a Lei estabelecer para fins de investigação criminal ou instrução processual penal; (...)"

17. Código do Consumidor: "Art. 43. O consumidor, sem prejuízo do disposto no art. 86, terá acesso às informações existentes em cadastros, fichas, registros e dados pessoais e de consumo arquivados sobre ele, bem como sobre as suas respectivas fontes.

respectivas fontes. Além disso, também prevê que cadastros não podem conter informações negativas por período superior a 5 anos e que, caso houver, o consumidor pode exigir imediata correção de incongruências em seus dados.

A Lei nº 9.507 de 1997[18] (referida como "Lei do Habeas Data") regula o direito de acesso a informações e disciplina o rito processual do habeas data. O habeas data permite que a pessoa tenha direito a assegurar o conhecimento de suas informações em registros ou banco de dados de entidades governamentais ou de caráter público.

O Código Civil de 2002[19] ("Código Civil") traz à tona a vida privada e a divulgação de informações sensíveis que, por meio de solicitação do indivíduo, pode ser proibida. Outro ponto relevante que o Código Civil trouxe para a privacidade é o pseudônimo, que é o artifício adotado para a proteção do nome de um indivíduo.

A Lei nº 12.414 de 2011[20] (reconhecida como "Lei do Cadastro Positivo") disciplina a formação e consulta a bancos de dados com informações de

---

§ 1º Os cadastros e dados de consumidores devem ser objetivos, claros, verdadeiros e em linguagem de fácil compreensão, não podendo conter informações negativas referentes a período superior a cinco anos.
§ 2º A abertura de cadastro, ficha, registro e dados pessoais e de consumo deverá ser comunicada por escrito ao consumidor, quando não solicitada por ele.
§ 3º O consumidor, sempre que encontrar inexatidão nos seus dados e cadastros, poderá exigir sua imediata correção, devendo o arquivista, no prazo de 5 (cinco) dias úteis, comunicar a alteração aos eventuais destinatários das informações incorretas."

18. Lei do Habeas Data: "Art. 7º Conceder-se-á habeas data:
I – para assegurar o conhecimento de informações relativas à pessoa do impetrante, constantes de registro ou banco de dados de entidades governamentais ou de caráter público; (...)".

19. Código Civil: "Art. 19. O pseudônimo adotado para atividades lícitas goza da proteção que se dá ao nome.
Art. 20. Salvo se autorizadas, ou se necessárias à administração da justiça ou à manutenção da ordem pública, a divulgação de escritos, a transmissão da palavra, ou a publicação, a exposição ou a utilização da imagem de uma pessoa poderão ser proibidas, a seu requerimento e sem prejuízo da indenização que couber, se lhe atingirem a honra, a boa fama ou a respeitabilidade, ou se se destinarem a fins comerciais. (...)
Art. 21. A vida privada da pessoa natural é inviolável, e o juiz, a requerimento do interessado, adotará as providências necessárias para impedir ou fazer cessar ato contrário a esta norma."

20. Lei do Cadastro Positivo: "Art. 3º Os bancos de dados poderão conter informações de adimplemento do cadastrado, para a formação do histórico de crédito, nas condições estabelecidas nesta Lei.

adimplemento, de pessoas naturais ou de pessoas jurídicas, para formação de histórico de crédito. A Lei do Cadastro Positivo limita o conteúdo dos bancos de dados a informações de adimplemento que sejam necessárias para avaliar a situação econômica de um indivíduo.

A Lei nº 12.527, de 2011[21] (também conhecida como "Lei de Acesso à Informação"), regula o acesso (i) às informações fornecidas por órgãos públicos que possam ser de interesse particular ou coletivo, (ii) a registros administrativos e a informações sobre atos de governo, e (iii) à gestão da documentação governamental e as providências para franquear sua consulta a quantos dela necessitem. A Lei de Acesso à Informação prevê que o tratamento de informações pessoais deve ser feito de forma transparente e que respeite a intimidade e a vida privada das pessoas. Ademais, estabelece regras para o acesso e divulgação dessas informações.

---

§ 1º Para a formação do banco de dados, somente poderão ser armazenadas informações objetivas, claras, verdadeiras e de fácil compreensão, que sejam necessárias para avaliar a situação econômica do cadastrado."

21. Lei de Acesso à Informação: "Art. 31. O tratamento das informações pessoais deve ser feito de forma transparente e com respeito à intimidade, vida privada, honra e imagem das pessoas, bem como às liberdades e garantias individuais.
§ 1º As informações pessoais, a que se refere este artigo, relativas à intimidade, vida privada, honra e imagem:
I – terão seu acesso restrito, independentemente de classificação de sigilo e pelo prazo máximo de 100 (cem) anos a contar da sua data de produção, a agentes públicos legalmente autorizados e à pessoa a que elas se referirem; e
II – poderão ter autorizada sua divulgação ou acesso por terceiros diante de previsão legal ou consentimento expresso da pessoa a que elas se referirem.
§ 2º Aquele que obtiver acesso às informações de que trata este artigo será responsabilizado por seu uso indevido.
§ 3º O consentimento referido no inciso II do § 1o não será exigido quando as informações forem necessárias:
I – à prevenção e diagnóstico médico, quando a pessoa estiver física ou legalmente incapaz, e para utilização única e exclusivamente para o tratamento médico;
II – à realização de estatísticas e pesquisas científicas de evidente interesse público ou geral, previstos em lei, sendo vedada a identificação da pessoa a que as informações se referirem;
III – ao cumprimento de ordem judicial;
IV – à defesa de direitos humanos; ou
V – à proteção do interesse público e geral preponderante.
§ 4º A restrição de acesso à informação relativa à vida privada, honra e imagem de pessoa não poderá ser invocada com o intuito de prejudicar processo de apuração de irregularidades em que o titular das informações estiver envolvido, bem como em ações voltadas para a recuperação de fatos históricos de maior relevância. (...)"

A Lei nº 12.965, de 2014[22] (comumente conhecida como "Marco Civil da Internet"), estabelece princípios, garantias, direitos e deveres para o uso da Internet no Brasil. O Marco Civil da Internet tem como princípio a proteção da privacidade, mas não garante a privacidade. Suas disposições estão mais focadas em regras de consentimento, segurança e contextualização da informação que eventualmente podem tangenciar o tema.

3.2. Repercussão da proteção de dados

A proteção de dados se provou como um dos temas mais recorrentes no meio de tecnologia. Desde 2018, diversos países sancionaram legislações de proteção de dados, blocos econômicos definiram diretrizes e agências nacionais de proteção de dados foram criadas. Todos esses eventos foram permeados por escândalos sobre vazamento de dados e uso não autorizado de dados, inclusive para fins eleitorais.

De fato, 2018 foi o ano da proteção de dados, seja sob a ótica das discussões sobre proteção e governança de dados, seja por conta das diversas violações que ocorreram por *big techs* ou vazamentos de dados de instituições financeiras.

Nos Estados Unidos, em 11 de abril de 2018, o senado norte-americano colheu depoimento de Mark Zuckerberg, CEO do Facebook, para esclarecer as políticas de privacidade da rede social, bem como o uso indevido de dados pessoais de usuários que teria se dado por meio da empresa de consultoria política Cambridge Analytica[23]. Após 5 horas de questionamentos por parte do governo norte-americano, Mark Zuckerberg admitiu falhas no Facebook, bem como erros em administrá-las, ainda que não houvesse uma Lei específica sendo descumprida[24].

---

22. Marco Civil da Internet: "Art. 3º A disciplina do uso da internet no Brasil tem os seguintes princípios: (...)
II – proteção da privacidade; (...)"

23. Por meio de denúncias, descobriu-se que dados pessoais de usuários do Facebook foram utilizados com finalidade comercial e eleitoral. Os veículos de comunicação noticiaram que "O mais grave capítulo do escândalo foi a revelação de que estes dados foram usados de forma não autorizada pela consultoria Cambridge Analytica para definir a retórica de Donald Trump em sua vitoriosa campanha à Casa Branca em 2016." Disponível em https://veja.abril.com.br/mundo/no-senado-zuckerberg-admite-falha-em-protecao-a-usuarios-do-facebook/. Acesso em 07.11.2021.

24. *"It's clear now that we didn't do enough to prevent these tools from being used for harm. That goes for fake news, foreign interference in elections, and hate speech, as well as developers and data privacy."* GUARDIAN, The. *The key moments from Mark Zuckerberg's testimony to Congress*. Disponível em https://www.theguardian.com/technology/

Ainda nos Estados Unidos, no dia 2 de junho de 2018, entrou em vigor a Lei de Uso de Dados no Exterior (*Cloud Act*), que veio complementar a regulamentação em vigor sobre o tema.[25] Regulamentação esta que, nos mesmos moldes da GDPR, tem potencial para repercussão global dado que possibilita a divulgação de informações armazenadas em servidores fora dos Estados Unidos.

Na União Europeia, no dia 25 de maio de 2018, entrou em vigor a Regulamentação Geral de Proteção de Dados da União Europeia (mais conhecida como "GDPR") que revogou a Diretiva Europeia de Proteção de Dados Pessoais (Diretiva 95/46/EC). A GDPR tem como principal objetivo garantir maior controle dos dados pessoais por parte dos usuários e tem potencial para repercussão global uma vez que se aplica a qualquer entidade que armazene ou processe informações pessoais de cidadãos europeus, esteja essa entidade situada dentro ou fora da União Europeia.

Após a entrada em vigor da GDPR, houve mais de 160.000 notificações de vazamento de dados para as agências reguladoras e mais de 126 milhões de euros em multas. A maior pena aplicada na União Europeia foi imposta pela agência reguladora da França (CNIL), de 50 milhões de euros ao Google por falta de transparência no uso dos dados pessoais e ausência de consentimento válido de seus usuários para a veiculação de propaganda personalizada. O caso ainda está em curso, dado que o Google recorreu da decisão.[26]

Os números mostrados não são irrisórios e tendem a aumentar, considerando que *big techs* como Facebook (e empresas do grupo como Instagram, Whatsapp), Twitter e LinkedIn estão na mira das agências reguladoras. A maior parte das investigações teve origem de reclamações de usuários finais feitas às agências reguladoras. Os principais motivos de contato são: base legal para processamento de dados, falta de transparência sobre a forma como os dados pessoais são coletados e direitos dos usuários finais sobre os dados pessoais.[27]

2018/apr/11/mark-zuckerbergs-testimony-to-congress-the-key-moments. Acesso em 07.11.2021.

25. Constituição dos Estados Unidos (conhecida como "*Bill of Rights*"); Lei da Privacidade (conhecida como "*Privacy Act of* 1974"), e suas alterações posteriores; Lei da Privacidade em Comunicações Eletrônicas (conhecida como "*Electronic Communications Privacy Act of* 1986"); e Lei da Responsabilidade Digital (conhecida como "*Digital Accountability Act of* 2014").
26. BROWNE, Ryan. *Europe's privacy overhaul has led to $126 million in fines – but regulators are just getting started.* Disponível em https://www.cnbc.com/2020/01/19/eu-gdpr-privacy-law-led-to-over-100-million-in-fines.html. Acesso em 07.11.2021.
27. WALL, Matthew. *Facebook, Google and Twitter in data regulators' sights.* Disponível em https://www.bbc.com/news/business-48357772. Acesso em 07.11.2021.

No Brasil, a Lei nº 13.709/2018 (popularmente conhecida como Lei Geral de Proteção de Dados Pessoais "LGPD"), conforme alterações posteriores, regulamentou o tratamento de dados pessoais no Brasil[28] feito por pessoas físicas ou jurídicas, do poder público ou da iniciativa privada, criando a necessidade de governança no tratamento desses dados, o que tem dado espaço para os termos cada vez mais comuns de "*compliance* digital" e "governança de dados".

Em seguida, a Autoridade Nacional de Proteção de Dados (ANPD) foi criada e é responsável por editar normas e fiscalizar procedimentos relativos à proteção de dados pessoais. A ANPD tem papel decisivo na interpretação e balizamento dos dispositivos da LGPD que servirão como norte para seus destinatários e já divulgou sua agenda regulatória para 2021/2022, diversos guias de orientação, consultas públicas e cartilhas de segurança.[29]

No meio privado, muito se discute entre jurídico, *compliance* e áreas de tecnologia sobre as formas de se colocar a LGPD em prática nas empresas. O debate não poderia ser mais rico, com perguntas do tipo: qual a melhor forma de solicitar consentimento para não prejudicar a experiência do usuário; como mapear a jornada do dado pessoal em diversas aplicações; quais os usos necessários do dado pessoal para prover determinado serviço; qual a diferença entre dados confidenciais, sigilosos, pessoais e sensíveis; como conciliar backups e solicitações de exclusão de dados em meio a tantas legislações que permeiam o tema, etc.

A preocupação para aderir a tempo à LGPD veio em boa hora, tendo em vista os últimos escândalos e vazamentos de dados no Brasil. Segurança cibernética foi a bola da vez nos últimos anos, entes dos setores privado e público sofreram com ataques cibernéticos que culminaram em vazamento de dados. Em 2018, vale recordar que grandes empresas brasileiras como Netshoes, Buscapé, Banco Inter, Sicredi, FMU e Porto Seguro sofreram ataques hackers que tiveram como resultado a exposição de milhares de dados de seus clientes.[30] Em 2019 não foi diferente, inclusive o setor público foi afetado com invasões no Incra, Ginfes e até mesmo

---

28. O relator na Comissão de Assuntos Econômicos, senador Ricardo Ferraço (PSDB-ES), frisou que o Brasil estava inclusive atrasado no quesito proteção de dados ao dizer que "*mais de 100 países já colocaram de pé leis e diretrizes de proteção de dados no ambiente da internet. A internet não pode ser ambiente sem regras. A privacidade é um valor civilizatório.*" VALENTE, Jonas. *Senado aprova projeto de lei sobre proteção de dados pessoais*. Disponível em http://agenciabrasil.ebc.com.br/geral/noticia/2018-07/senado-aprova-projeto-de-lei-de-protecao-de-dados-pessoais. Acesso em 07.11.2021.
29. Disponível em https://www.gov.br/anpd/pt-br. Acesso em 03.02.2022.
30. Disponível em https://www.tecmundo.com.br/seguranca/137353-hackerspectiva-2018-vazamento-dados-ponto-alarmante.htm. Acesso em 07.11.2021.

o celular do Ministro da Justiça na época, Sérgio Moro, foi hackeado.[31] Em 2020, em plena pandemia, os incidentes continuaram. Dados sensíveis (doenças pré-existentes) de 16 milhões de pacientes com COVID-19 ou suspeita de foram expostos por um permissionamento errado de pastas na rede de um funcionário do hospital Albert Einstein.[32] Além disso, também houve tentativa de ataque hacker no Superior Tribunal de Justiça ("STJ") para acesso de informações sigilosas e sequestro do ambiente virtual.[33]

4. *BLOCKCHAIN* E PROTEÇÃO DE DADOS: ASPECTOS ISOLADOS

Diante dos conceitos de privacidade e proteção de dados, como tais conceitos são aplicados ao *blockchain*? A fim de facilitar a discussão, dividimos a análise em quatro seções sobre conceitos tecnológicos e seus impactos.

4.1. Redes centralizadas e descentralizadas: diferenças tecnológicas e impactos jurídicos

De forma simplificada, a centralização ou descentralização de uma rede pode ser determinada verificando (i) se há diferença hierárquica entre os participantes da rede e (ii) se há centralização de dados ou informações em nós específicos.

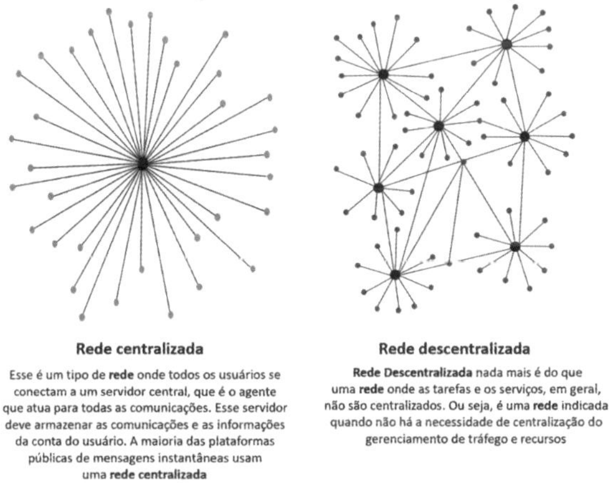

Fonte: arte por Maria Clara Canário.

---

31. Disponível em https://blog.konduto.com/pt/2019/10/onda-de-vazamento-de-dados-no-brasil/. Acesso em 07.11.2021.

32. Disponível em https://www.cnnbrasil.com.br/saude/2020/11/26/16-milhoes-de-pacientes-de-covid-19-tem-dados-expostos-saude-investiga. Acesso em 07.11.2021.

33. Disponível em https://www.stj.jus.br/sites/portalp/Paginas/Comunicacao/Noticias/04122020-STJ-Noticias-destaca-reforco-na-seguranca-de-informacoes-digitais-do-tribunal-apos-o-ataque%E2%80%AFhacker.aspx. Acesso em 07.11.2021.

Em uma rede centralizada, o nó central (*trusted third party*) controla as operações ao ser o único que pode verificar, validar e efetuar transações dos usuários, que, isoladamente, não detêm privilégios suficientes para agir. Por ser o ente controlador da rede, o nó central deve processar todas as operações dos participantes, o que pode tornar o processo lento. Além disso, o nó central é facilmente identificado como o ponto mais valioso da rede, o que faz com que deva ser fortemente protegido para evitar ataques.

A relação de clientes com um banco, por exemplo, é um exemplo de rede centralizada: por mais que o titular da conta seja o proprietário dos valores depositados, uma transferência bancária deve ser validada e implementada pelo banco, que é o nó controlador da rede como um todo. No ambiente de *internet banking*, o cliente é completamente dependente do banco para qualquer operação. Se, por uma vulnerabilidade do sistema, um terceiro tomar o controle do sistema do banco, os valores poderiam ser transferidos de uma conta sem que o titular possa interferir diretamente nas transações, já que o máximo que lhe caberia seria contatar o próprio banco.

Por outro lado, na rede descentralizada do *blockchain*, a verificação, validação e implementação de operações depende do consenso de nós (por uma prova matemática de *proof of work*, feita de forma não identificada) que fazem parte da rede, de modo que o controle da rede não cabe a um único ente isolado (*trusted third party*). Os nós verificam e validam informações e, uma vez que uma operação e suas informações (chaves privadas e públicas de acordo, saldos e demais itens cabíveis) seja verificada, há um consenso que determina a validade da operação e que a mesma deve ser incluída no bloco de operações. Uma vez que seja parte do bloco minerado (processado) pela rede, não há, via de regra, como alterar ou eliminar a operação.

Ou seja: um nó em si não tem poderes suficientes para efetuar uma operação. Consequentemente, qualquer alteração fora do curso normal (por um agente malicioso, por exemplo), só seria possível, por exemplo, em um *Sybil attack*[34] em que um número relevante de nós é comprometido ou se esse agente malicioso controlasse a maioria dos nós.

Ao mesmo tempo, se a implementação de operações depende do consenso de nós não identificáveis, não há um único nó, central, que pode ser

---

34. *Sybil attacks* são ataques em que, por meio de artimanhas como nós/identidades falsas, um agente malicioso compromete o consenso da rede. Diversas estratégias de mitigação são frequentemente discutidas no meio acadêmico, como em ALACHKAR, Kotaiba e GAASTRA, Dirk. *Blockchain-based Sybil Attack Mitigation: A Case Study of the I2P Network*. Disponível em https://www.os3.nl/_media/2017-2018/courses/rp2/p97_report.pdf. Acesso em 07.11.2021.

responsabilizado pelas alterações feitas no livro-razão. Esse ponto, por mais que pareça uma questão meramente tecnológica, tem um impacto jurídico claro: não há, na rede, uma pessoa a ser responsabilizada. Não há a quem endereçar um pedido e, ainda que algum pedido fosse acatado, não há como se assegurar ou forçar o consenso, que é obtido por uma prova matemática.

A ideia de uma rede descentralizada não é comum ao Direito, que tende a sempre ter uma pessoa responsável – ou considerar o resultado como um fenômeno da natureza ou de força maior. Por exemplo, a inexistência de uma pessoa responsável pelas alterações no livro-razão e pela rede torna, por princípio, a Lei Geral de Proteção de Dados inaplicável[35]. Considerando que não há um ente centralizador ou mantenedor, quem pode ser considerado responsável pela rede?

4.2. Rede distribuída: conceito tecnológico e impactos jurídicos

O segundo ponto relevante para se entender o conceito de *blockchain* é a distribuição, que é um critério quase que geográfico: o livro-razão distribuído significa simplesmente que diversos nós/partes da rede têm cópias do *ledger* e que essa informação não fica apenas com um nó central.

Rede distribuída

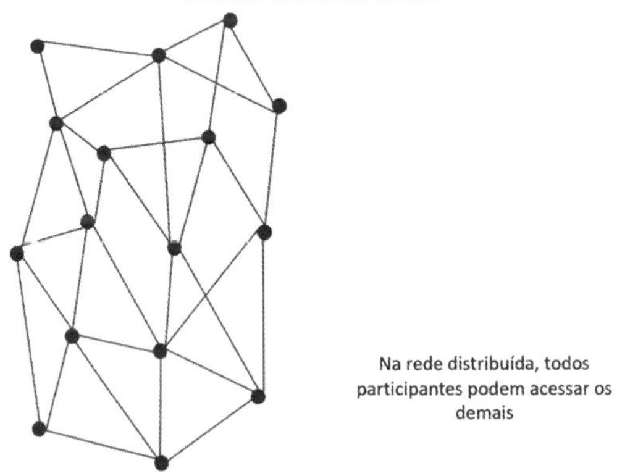

Fonte: arte por Maria Clara Canário.

No *blockchain* do bitcoin, praticamente todos os nós da rede têm uma cópia do *ledger*.

35. Art. 1º da Lei no. 13.709 de 14.08.2018: "Esta Lei dispõe sobre o tratamento de dados pessoais, inclusive nos meios digitais, *por pessoa natural ou por pessoa jurídica de direito público ou privado*, com o objetivo de proteger os direitos fundamentais de liberdade e de privacidade e o livre desenvolvimento da personalidade da pessoa natural" (grifo nosso).

O conceito pode parecer uma novidade inovadora, mas, na verdade, pode ter uma raiz mais antiga – e inesperada!

Discutindo uma possível origem histórica para o conceito e retomando Milton Friedman, Michael Casey e Paul Vigna[36] citam Felix Martin ao descrever como rai[37], a "moeda" da Ilha de Yap, consistia em grandes discos de pedras que, por suas dimensões e fragilidade, não podiam ser facilmente transportadas (ou roubadas). Rai, por sua composição e escala, eram raras, difíceis de se obter e impossíveis de se falsificar[38].

Lee C. Cora, ao analisar a numismática do conceito, descreve rai como um valor atrelado a pedras que são frequentemente trocadas, mas raramente movidas[39]. O título físico de rai não se confunde com o valor intangível de rai, de modo que a posse física da pedra não se confunde com a titularidade do valor. Era possível perder a pedra que simboliza rai em um naufrágio, por exemplo, mas manter o valor como um "crédito" na sociedade[40]. Para John Lanchester, o dinheiro de verdade não era a pedra física rai, mas sim a ideia de quem tem rai.

Como, então, era controlado o crédito ou saldo de cada um dos habitantes da ilha? Uma vez que não há prova física ou tangível do crédito, como se sabia quantos rai cada indivíduo tinha? Por meio da memória coletiva da comunidade, muitas vezes criada por tradição oral, que tinha um controle seguro, detalhado e transparente das movimentações de forma semelhante a um livro-razão[41].

---

36. CASEY, Michael, and VIGNA, Paul. *The Truth Machine: The Blockchain and the Future of Everything* (2018).

37. Embora se discuta se o termo mais adequado seja fa, fei, fa ou rai, adotamos aqui o termo "rai" como defendido por Lee C. Cora. Friedman, Casey e Vigna, por outro lado, utilizam "fei" em seus textos.

38. LANCHESTER, John. *When the Bitcoin Grows Up*. Disponível em https://www.lrb.co.uk/the-paper/v38/n08/john-lanchester/when-bitcoin-grows-up?referrer=. Acesso em 07.11.2021.

39. CORA, Lee C. 1975. *Stone Money of Yap: A Numismatic Survey*. Smithsonian Studies in History and Technology. 1–75. Disponível em https://repository.si.edu/bitstream/handle/10088/2422/SSHT-0023_Lo_res.pdf?sequence=2&isAllowed=y. Acesso em 07.11.2021.

40. Em *The Island of Stone Money*, Jacob Goldstein e David Kestenbaum narram como o valor de uma grande pedra perdida durante um naufrágio continuou sendo reconhecido na sociedade apesar de a pedra estar, fisicamente, no fundo do mar. Disponível em https://www.npr.org/sections/money/2011/02/15/131934618/the-island-of-stone-money. Acesso em 07.11.2021.

41. FITZPATRICK, Scott e MCKEON, Stephen. *Banking on Stone Money: Ancient Antecedents to Bitcoin. Economic Anthropology*. Disponível em https://www.researchgate.net/publication/333657766_Banking_on_Stone_Money_Ancient_Antecedents_to_Bitcoin/citation/download. Acesso em 07.11.2021.

O conceito pode parecer curioso, como aponta Milton Friedman ao descrever que, ao cobrar multas impostas a certos distritos, as autoridades alemãs simplesmente foram aos locais em que estavam as rai e marcaram algumas pedras com uma cruz preta. No entanto, "marcar" fisicamente uma moeda não é tão diferente quanto colocar fisicamente dinheiro ou barras de ouro em gavetas com etiquetas com nomes, que era exatamente o mecanismo utilizado pelo Banco da Reserva Federal dos EUA à época[42].

A diferença, portanto, não seria tanto na separação ou marcação física do ativo, mas sim no fato de que o controle do valor detido por cada indivíduo caberia a um registro coletivo e compartilhado (semelhante a um livro-razão) constantemente atualizado pela comunidade. Esse conceito é muito diferente da ideia à qual estamos acostumados de que há sempre um ente centralizador (como um banco) que centraliza e controla todos os acessos.

A distribuição pode, ainda, ser relativa: não necessariamente todos os participantes da rede recebem todas as informações ou, ainda que as recebam, conseguem compreendê-las. Ao analisar distribuição entre diferentes tecnologias distribuídas, R3 Research nota que no Ethereum, por exemplo, todos os nós recebem e entendem a informação, enquanto no Corda[43], apenas os nós envolvidos na operação têm conhecimento de sua existência[44].

Nessa situação, em que não há um "local" claro e único em que os dados estão localizados, não é possível controlar a "posse" da informação. Não é possível, por exemplo, uma ordem judicial que determine alteração de dados uma vez que cópias estão espalhadas em inúmeros nós e não reconheceriam como legítima qualquer versão adulterada do livro-razão.

Isso, no entanto, não significa que a informação está necessariamente disponível a todos, como vamos discutir abaixo.

4.3. *Ledger*: conceito tecnológico e impactos jurídicos

O *blockchain* é um *ledger*, livremente traduzido como uma estrutura de dados, com uma natureza semelhante à de um livro-razão de natureza contábil. Visualmente e operacionalmente, o *ledger* é próximo de uma "lista" criptografada de lançamentos e operações.

---

42. FRIEDMAN, Milton em "*Island of Stone Money*". Disponível em https://miltonfriedman.hoover.org/objects/56723/the-island-of-stone-money.

43. Corda é uma tecnologia distribuída desenvolvida pelo consórcio R3 e famosa por seu uso em aplicações financeiras e mercados de capitais.

44. R3 Research. *Blockchain Bytes*. Disponível em https://www.finra.org/sites/default/files/2017_BC_Byte.pdf. Acesso em 07.11.2021, p. 2.

A primeira consequência imediata da natureza operacional do *ledger* é que, semelhante à memória coletiva de rai debatida na Seção acima, ele apenas se limita a listar fatos. O *ledger* não contém cópias de arquivos e não é uma base de dados no sentido de servidor ou *cloud* como Dropbox, Google Drive, AWS e semelhantes, que permitem baixar conteúdo ou organizar arquivos livremente.

As operações listadas nesse livro-razão do *blockchain* podem ser visualizadas praticamente de forma anônima com um navegador de blocos, que possibilita a visualização de transações entre carteiras, mas sem identificar as partes ou seu conteúdo. Por exemplo:

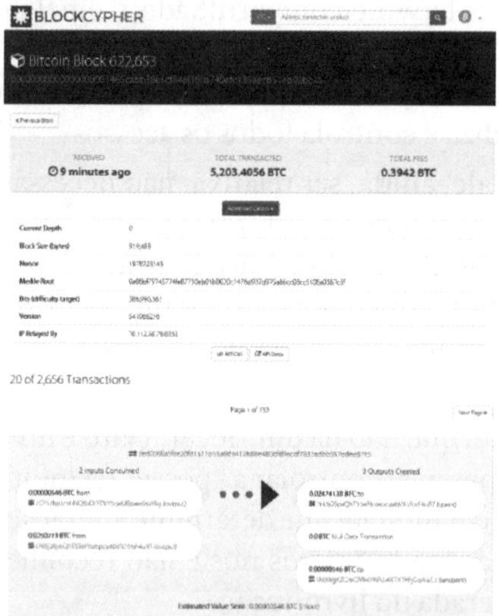

Fonte: [https://live.blockcypher.com/btc/block/00000000000000000001465cabb38e1cf84ef160a740efc135aecb51eb92bc1a/]. Acesso em 03.03.2022.

Como podem ver, diferentemente de rai, as partes das operações são identificadas com números e letras que não remetem à sua identidade no mundo *offline*. Esse pseudoanonimato[45] é reforçado pelo fato de que, caso a *wallet* seja criada diretamente no *blockchain* – e não por meio de intermediários como sites

45. Pseudoanonimato é a identificação de algo ou alguém por meio de um pseudônimo, código ou número. É uma forma de anonimato mais tênue: "*A weaker form is given by pseudo-anonymity. Here, privacy-related data is modified according to a specific assignment rule (usually by using pseudonyms) with the effect that single data carrying privacy-critical data can no longer be associated with a specific person without the knowledge of the assignment rule.*" ECKERT, Claudia e PIRCHER, Alexander. *Internet Anonymity: Problems and Solutions*. Disponível em https://link.springer.com/content/pdf/10.1007%2F0-306-46998-7_3.pdf. Acesso em 07.11.2021.

e carteiras –, a conta não tem qualquer relação com o mundo real. Não é pedida qualquer identificação ou dado de contato ao usuário, que passa a ser o único responsável por suas chaves (a serem descritas na Seção abaixo). Ainda, por conta da descentralização e distribuição, não há um ente centralizador que pode ser questionado ou contatado para pedir suporte ou uma segunda senha em caso de problemas de acesso.

Nesse sentido, como ensina Renata Barros Souto Maior Baião, "*embora, em primeira análise, as chaves pública e privada não configurem dados pessoais, se for possível atrelá-las a uma pessoa física, haverá essa identificação*"[46]. Muito, portanto, da proteção de dados de um usuário no *blockchain* acaba por depender do próprio usuário e seu controle sobre sua informação.

4.4. Criptografia: *hash, dehash* e impactos jurídicos

Por questões de segurança e a fim de garantir a (quase absoluta) imutabilidade dos dados, o *blockchain* utiliza algumas ferramentas. Para os fins deste artigo, vamos comentar apenas a criptografia assimétrica, ou seja, baseada na existência de uma chave pública e uma chave privada e o SHA 256 (*Secure Hash Algorithm*), que "codifica" toda a informação de forma que ela não possa ser decodificada.

Para que um usuário possa enviar Bitcoins no *blockchain*, são necessárias chaves criptográficas que são sequências extensas de números e letras, sendo (i) uma chave pública, que equivale a uma carteira (*wallet*) que funciona como um "endereço" ou "número da conta" do usuário, e (ii) uma chave privada, sempre correspondente a uma chave pública específica, que funciona como uma "senha" e possibilita ao seu portador movimentar as moedas virtuais. Portanto, sempre que desejar receber Bitcoins, um usuário deverá divulgar sua chave pública. A chave privada, por sua vez, deve ser mantida sempre em segredo.

Aqui cabem alguns comentários sobre desdobramentos imediatos desses conceitos:

(i) a chave pública não é fixa e uma nova chave pública (junto com sua respectiva chave privada) pode ser gerada pelo usuário a qualquer momento, o que inclusive é incentivado por questões

---

46. BAIÃO, Renata Barros Souto Maior. *Lei Geral de Proteção de Dados, direito ao apagamento, correção de dados e blockchain: análise da pertinência tecnológica*, Cadernos Jurídicos, Ano 21, Número 53, Janeiro-Março/2020. Disponível em https://api.tjsp.jus.br/Handlers/Handler/FileFetch.ashx?codigo=118902. Acesso em 07.11.2021. p. 157.

de segurança uma vez que, idealmente, uma nova carteira deveria ser gerada a cada operação;

(ii) a chave privada não é alterada ou influenciada (escolhida) pelo usuário, o que muitas vezes faz com que o usuário tenha que recorrer a meios mais "criativos" para guardá-la seguramente, e

(iii) não havendo um ente centralizador, uma vez perdida, a chave não pode ser recuperada ou alterada. A fim de evitar esse tipo de fricção para o usuário, diversos sites e aplicativos permitem a centralização de carteiras e chaves em contas geridas por terceiros, mas reiteramos que, ao se gerar uma carteira diretamente no *blockchain*, não há interface direta do usuário que permita uma nova senha.

A relação do usuário com sua chave privada, portanto, é muito semelhante à relação de uma pessoa com cédulas de dinheiro: uma vez perdida (na rua, por exemplo), não há muito que possa ser feito para recuperar aquela cédula específica. Como afirma Renata Barros Souto Maior Baião, *"em uma rede distribuída, pública, não permissionada, na qual a transação seja feita diretamente pelo titular dos dados, caso haja rompimento da criptografia ou por outro modo o detentor das chaves pública e privada venha a ser conhecido, nada poderá ser feito"*[47].

A título ilustrativo, James Howells ficou internacionalmente famoso tentando pedir à prefeitura local autorização para procurar no depósito de lixo um computador contendo 7.500 Bitcoins (que já chegaram a valer USD 150 milhões se considerarmos o preço de dezembro de 2017)[48].

Já o SHA 256 é um algoritmo utilizado para verificar a integridade da informação. Como exemplificado no gráfico abaixo, a função dá um resultado (*digest*) (i) sempre com o mesmo número de caracteres, independentemente do tamanho do *input*, e (ii) quando comparado a outros *digests*, substancialmente diferente ainda que a alteração no *input* seja mínima:

---

47. BAIÃO, Renata Barros Souto Maior. *Lei Geral de Proteção de Dados, direito ao apagamento, correção de dados e blockchain: análise da pertinência tecnológica*, Cadernos Jurídicos, Ano 21, Número 53, Janeiro-Março/2020. Disponível em https://api.tjsp.jus.br/Handlers/Handler/FileFetch.ashx?codigo=118902. Acesso em 07.11.2021. p. 157.

48. CUTHBERTSON, Anthony. *Man Accidentally Threw Bitcoin Worth $108 Million in the Trash, Says There's 'No Point Crying About It'*. Disponível em https://www.newsweek.com/man-accidentally-threw-bitcoin-worth-108m-trash-says-theres-no-point-crying-726807. Acesso em 07.11.2021.

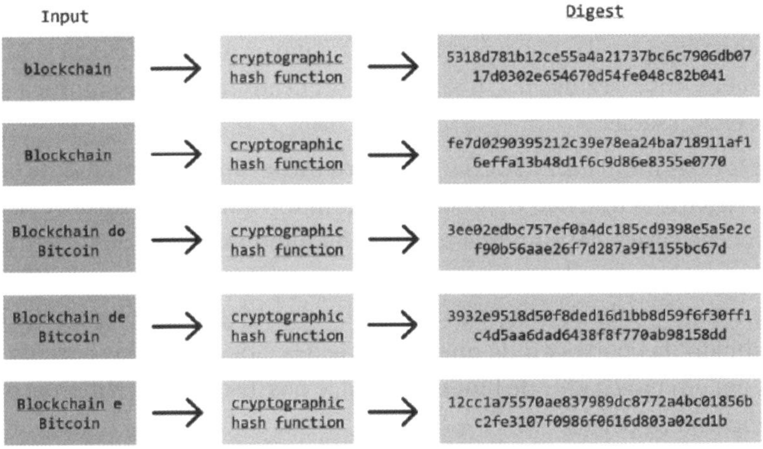

Fonte: arte por Maria Clara Canário.

Uma vez submetida ao SHA 256 (*hash*), a informação (ou documento) resulta em uma sequência de números e letras que não podem ser decodificadas (*dehash* ou *unhash*) para remeter à informação original. O SHA 256 não pode ser utilizado, por exemplo, para codificar e decodificar mensagens enviadas por uma rede, que é uma função mais típica de chaves públicas e privadas.

O impacto mais claro do SHA 256 é que ele é, muitas vezes, um mecanismo confirmatório: ou seja, ele permite que alguém compare *hashes*. Não conseguimos confirmar que o *digest* "12cc1a75570ae837989dc8772a4bc01856bc2fe3107f-0986f0616d803a02cd1b" corresponde ao *input* "*Blockchain* e Bitcoin", mas, sabendo a criptografia utilizada, podemos utilizar o *input* "*Blockchain* e Bitcoin" para confirmar o *digest* "12cc1a75570ae837989dc8772a4bc01856bc2fe3107f-0986f0616d803a02cd1b".

A criptografia, portanto, é parte essencial da segurança do *blockchain* mas, ainda que fosse comprometida, para o âmbito de proteção de dados, não permitiria o acesso direto a informações do *ledger*, mas sim confirmações de *hash*. Ressaltamos, no entanto, que o comprometimento da criptografia seria fatal ao *blockchain* por permitir, por exemplo, a possível determinação de chaves privadas com base em chaves públicas, o que permitiria a um terceiro que movimente uma carteira que não lhe pertence.

5. *BLOCKCHAIN* E PROTEÇÃO DE DADOS: ANÁLISE AMPLA

A transparência do *blockchain* tem sido alardeada como um possível remédio para a crise de confiança que assola o mundo, especialmente o Brasil. Para fins deste artigo, considerando os aspectos isolados acima discutidos, a análise se dará apenas com relação às transações feitas entre carteiras de Bitcoin já que, como acima exposto, (i) não é possível armazenar arquivos no *blockchain* e (ii) as informações, uma vez *hashed*, não podem ser *dehashed*, o que significa que não podem ser acessadas.

De forma simplista, ao se criar uma carteira de Bitcoin diretamente no *blockchain*, o usuário – que não preenche nenhum formulário ou fornece dado pessoal – recebe séries de números e letras, incluindo o signo que identifica sua carteira e a chave privada que permite que a carteira seja movimentada. O signo, por não estar inicialmente ligado a um indivíduo identificável, permite o pseudoanonimato das partes ainda que as operações e os saldos das carteiras sejam visíveis em um navegador de blocos. Afinal, é possível ver movimentações, mas não identificar as partes.

No entanto, uma vez que o pseudoanonimato seja violado e uma chave pública seja ligada a uma pessoa – seja por que a pessoa divulgou voluntariamente essa informação ou ainda que a informação tenha sido obtida informalmente –, o *blockchain* passa a dar visibilidade às operações de sua carteira sem que haja expresso consentimento.

Nesse caso, a descentralização da rede – que, de novo, não é típica de todas as tecnologias descentralizadas – traz diversos impactos:

(i) no âmbito civil, por não haver um ente administrador responsável pela rede, não há um ente que pode ser acionado em juízo para auxiliar o indivíduo. Adicionalmente, ainda que houvesse uma ordem judicial de autoridade competente para alterar um registro ou mesmo apagá-lo, (a) não há um ente com poderes suficientes para executar a ordem, (b) o *ledger* é distribuído, o que impossibilita a alteração e (c) a própria imutabilidade natural da tecnologia inibiria a efetividade da decisão;

(ii) no âmbito de proteção de dados, como na Seção 4.1, o *blockchain* do Bitcoin, ao não se caracterizar como pessoa natural ou jurídica de direito público ou privado, não é destinatário da LGPD. Esta tecnologia, ainda que trate dados que podem por meio de uma conjunção de fatores serem considerados em algumas circunstâncias pessoais, não está adstrita às obrigações relacionadas ao tratamento dos dados que angaria;

(iii) no âmbito de consumidor, não há, por exemplo, um suporte ao qual o usuário possa recorrer; e

(iv) não há termos e condições de uso aos quais o usuário pode aderir ou um contrato entre usuário e *blockchain*, de modo que o usuário depende apenas de seus conhecimentos técnicos (ou de terceiros) para entender como a relação se dá com a plataforma.

6. Conclusão

As operações são registradas de forma criptografada (*hash*) em blocos (*blocks*) que, junto com sua respectiva data (*timestamp*), são ligados (*chain*) ao bloco anterior de operações. O *ledger*, além de distribuído, não é administrado por nenhuma entidade ou administrador com privilégios, sendo as operações escrituradas conforme o consenso dos computadores (*nodes*) que fazem parte do *ledger*.

O *blockchain* de Bitcoin, como já mencionamos anteriormente, é distribuído, ou seja, permite que os participantes da rede, sem a necessidade de intermediários, conectem-se diretamente entre si. Não é necessário, portanto, que os participantes da rede confiem em um terceiro para que operações sejam processadas ou implementadas. Essa arquitetura não só elimina custos e fricção, mas também traz maior transparência e segurança aos usuários que passam a não depender de um terceiro, que muitas vezes são remunerados e têm privilégios específicos e maior controle da rede.

Essa arquitetura transparente tem sido alardeada como um possível remédio para a crise de confiança que assola o mundo, especialmente o Brasil. Ao permitir a visibilidade das operações e os saldos das carteiras sem que seja necessária a confiança em um terceiro – e sendo o saldo de um usuário garantido pelo consenso da rede – o *blockchain* de fato inibe possíveis fraudes. No entanto, uma vez que o pseudoanonimato seja violado, o *blockchain* dá visibilidade às operações da carteira de um indivíduo sem que haja expresso consentimento. Nesse caso, ainda que haja ordem judicial de autoridade competente para alterar um registro ou mesmo apagá-lo, a própria imutabilidade natural da tecnologia inibiria a efetividade da decisão.

A fim de regulamentar as relações entre pessoas e coisas, o Direito deve se adaptar aos novos contornos sociais e fáticos que revestem a sociedade. Nesse sentido, a privacidade e proteção de dados têm se destacado como novas frentes de evolução jurídica uma vez que tutelam direitos e aspectos que, até a ampla adoção da internet, não despertavam tanta preocupação do público e dos operadores de Direito.

No entanto, a visão permissionada que permeia o Direito como nós o conhecemos hoje, cujos conceitos básicos muitas vezes presumem uma estrutura vertical e hierárquica de relações, deve ser revista diante da nova realidade tecnológica que permite uma relação horizontal, igualitária, entre participantes que passam a ser mais empoderados em suas relações.

O *blockchain* do Bitcoin é uma das tecnologias que, ao revolucionar a arquitetura social então vigente, deve motivar inovações jurídicas ao:

> (i) não ter um ente controlador (administrador) que possa ser responsabilizado nos termos mais tradicionais da lei, de forma que na plataforma, por sua estrutura horizontal, todos os usuários de uma mesma categoria são em geral operacionalmente iguais;
>
> (ii) não tem termos e condições de uso ou quaisquer documentos que expressem suas regras aos usuários, sendo que o uso de tecnologia se assemelha a uma adesão tácita aos usos e costumes da plataforma, ainda que o usuário possa ser incapaz ou hipossuficiente;
>
> (iii) ser pseudoanônimo *by design* e não permitir customizações ou interferências do usuário fora de contextos operacionais pré-determinados pela programação da plataforma, o que nos leva a refletir sobre os níveis de anonimato e privacidade; e
>
> (iv) impossibilitar direitos que só vieram recentemente à voga, como o direito de esquecimento (que, apesar de dificilmente exequível na internet, passa a ser impossível no *blockchain*).

7. Bibliografia

ALACHKAR, Kotaiba e GAASTRA, Dirk. *Blockchain-based Sybil Attack Mitigation: A Case Study of the I2P Network*. Disponível em https://www.os3.nl/_media/2017-2018/courses/rp2/p97_report.pdf. Acesso em 07.11.2021.

ANDROULAKI, Elli et all, "*Evaluating User Privacy in Bitcoin*", IACR Cryptology ePrint Archive 596 (2012). Disponível em http://fc13.ifca.ai/proc/1-3.pdf. Acesso em 07.06.2020.

BAIÃO, Renata Barros Souto Maior. *Lei Geral de Proteção de Dados, direito ao apagamento, correção de dados e blockchain: análise da pertinência tecnológica,* Cadernos Jurídicos, Ano 21, Número 53, Janeiro-Março/2020. Disponível em https://api.tjsp.jus.br/Handlers/Handler/FileFetch.ashx?codigo=118902. Acesso em 07.11.2021.

BRITO, Jerry e CASTILLO, Andrea. *Bitcoin: A Primer for Policymakers* (2013). Disponível em http://mercatus.org/sites/default/files/Brito_BitcoinPrimer_v1.3.pdf. Acesso em 07.11.2021.

BROWNE, Ryan. *Europe's privacy overhaul has led to $126 million in fines — but regulators are just getting started.* Disponível em https://www.cnbc.com/2020/01/19/eu-gdpr-privacy-law-led-to-over-100-million-in-fines.html. Acesso em 07.11.2021.

CASEY, Michael, and VIGNA, Paul. *The Truth Machine: The Blockchain and the Future of Everything* (2018).

CASEY, Michael, and VIGNA, Paul. *The age of cryptocurrency: how bitcoin and digital money are challenging the global economic order* (2015).

CORA, Lee C. 1975. *Stone Money of Yap: A Numismatic Survey*. Smithsonian Studies in History and Technology. 1–75. Disponível em https://repository.si.edu/bitstream/handle/10088/2422/SSHT-0023_Lo_res.pdf?sequence=2&isAllowed=y. Acesso em 07.11.2021.

CUTHBERTSON, Anthony. *Man Accidentally Threw Bitcoin Worth $108 Million in the Trash, Says There's 'No Point Crying About It'*. Disponível em https://www.newsweek.com/man-accidentally-threw-bitcoin-worth-108m-trash-says-theres-no-point--crying-726807. Acesso em 07.11.2021.

DONEDA, Danilo. *Da privacidade à proteção de dados pessoais*, Renovar (2006).

ECKERT, Claudia e PIRCHER, Alexander. *Internet Anonymity: Problems and Solutions*. Disponível em https://link.springer.com/content/pdf/10.1007%2F0-306-46998-7_3.pdf. Acesso em 07.11.2021.

EFFY, Vayena et al. *Elements of a New Ethical Framework for Big Data Research* (2016), 72 Wash. & Lee L. Rev. Online 420. Disponível em http://scholarlycommons.law.wlu.edu/wlulr-online/vol72/iss3/5. Acesso em 07.11.2021.

FERRAZ JÚNIOR, Tércio Sampaio. *Sigilo de dados: o direito à privacidade e os limites à função fiscalizadora do Estado*. Revista da Faculdade de Direito da Universidade de São Paulo, v. 88 (1993).

FITZPATRICK, Scott e MCKEON, Stephen. *Banking on Stone Money: Ancient Antecedents to Bitcoin. Economic Anthropology*. Disponível em https://www.researchgate.net/publication/333657766_Banking_on_Stone_Money_Ancient_Antecedents_to_Bitcoin/citation/download. Acesso em 07.11.2021.

FRIEDMAN, Milton em "*Island of Stone Money*". Disponível em https://miltonfriedman.hoover.org/friedman_images/Collections/2016c21/Stanford_02_01_1991.pdf. Acesso em 07.11.2021.

GOLDSTEIN, Jacob e KESTENBAUM, David. *The Island of Stone Money*. Disponível em https://www.npr.org/sections/money/2011/02/15/131934618/the-island-of-stone-money. Acesso em 07.11.2021.

GRIGG, Ian. *Triple-Entry Accounting. Systemics Inc* (2005).

GUARDIAN, The. *The key moments from Mark Zuckerberg's testimony to Congress*. Disponível em https://www.theguardian.com/technology/2018/apr/11/mark-zuckerbergs-testimony-to-congress-the-key-moments. Acesso em 07.11.2021.

JACOBELLIS v. OHIO, 378 U.S. 184 (1964). Disponível emhttps://supreme.justia.com/cases/federal/us/378/184/. Acesso em 07.11.2021.

KINGSTON, John. *Artificial Intelligence and Legal Liability* (2016). Research and Development in Intelligent Systems XXXIII: Incorporating Applications and Innovations in Intelligent Systems XXIV.

KORSEC, Kirsten. *Let This Iced Tea Company Be a Warning to Hasty Blockchain Investors*. Disponível em http://fortune.com/2018/02/02/long-island-iced-tea-blockchain-2/. Acesso em 07.11.2021.

LANCHESTER, John. *When the Bitcoin Grows Up*. Disponível em https://www.lrb.co.uk/the-paper/v38/n08/john-lanchester/when-bitcoin-grows-up?referrer=. Acesso em 07.11.2021.

LAW, Laurie, SABETT, Susan e SOLINAS, Jerry. *How to Make a Mint: The Cryptography of Anonymous Electronic Cash*. American University Law Review 46, no.4 (April 1997): 1131-1162.

LEONARDI, Marcel. *Tutela e privacidade na internet*. São Paulo: Saraiva (2012).

LUU, Jason e IMWINKELRIED, Edward J. *The Challenge of Bitcoin Pseudo-Anonymity to Computer Forensics*. Disponível em https://papers.ssrn.com/sol3/papers.cfm?abstract_id=2671921. Acesso em 07.11.2021.

NAKAMOTO, Satoshi. *Bitcoin: A peer-to-peer electronic cash system*. Disponível em https://bitcoin.org/bitcoin.pdf. Acesso em 07.11.2021.

PAVESICH v. NEW ENGLAND LIFE INS. CO. – 122 Ga. 190, 50 S.E. 68 (1905).

R3 Research. *Blockchain Bytes*. Disponível em https://www.finra.org/sites/default/files/2017_BC_Byte.pdf. Acesso em 07.11.2021, p. 2.

SHAPIRA, Arie e LEINZ, Kailey. *Long Island Iced Tea Soars After Changing Its Name to Long Blockchain*. Disponível em https://www.bloomberg.com/news/articles/2017-12-21/crypto-craze-sees-long-island-iced-tea-rename-as-long-blockchain. Acesso em 07.11.2021.

TAPSCOTT, Don. *How the Blockchain is Changing Money and Business*. Disponível em https://www.ted.com/talks/don_tapscott_how_the_blockchain_is_changing_money_and_business/. Acesso em 07.11.2021.

VALENTE, Jonas. *Senado aprova projeto de Lei sobre proteção de dados pessoais*. Disponível em http://agenciabrasil.ebc.com.br/geral/noticia/2018-07/senado-aprova-projeto-de-lei-de-protecao-de-dados-pessoais. Acesso em 07.11.2021.

VIREIRA, Tatiana Malta. *O direito à privacidade na sociedade da informação: efetividade desse direito fundamental diante dos avanços da tecnologia da informação*. Disponível em http://repositorio.unb.br/handle/10482/3358. Acesso em 07.11.2021.

WALCH, Angela. *The Path of the Blockchain Lexicon (and the Law) (March 24, 2017)*. 36 Review of Banking & Financial Law 713 (2017).

WALL, Matthew. *Facebook, Google and Twitter in data regulators' sights*. Disponível em https://www.bbc.com/news/business-48357772. Acesso em 07.11.2021.

WARREN, Samuel D. Warren e BRANDEIS, Louis D. *Right to Privacy*. Harvard Law Review, Vol. 4, No. 5. (Dec. 15, 1890), pp. 193-220. Disponível em http://links.jstor.org/sici?sici=0017-811X%2818901215%294%3A5%3C193%3ATRTP%3E2.0.CO%3B2-C. Acesso em 07.11.2021.

WEISSMAN, Cale Guthrie. *Surprise! The Long Island Iced Tea blockchain pivot didn't work*. Disponível emhttps://www.fastcompany.com/40558198/surprise-the-long-island-iced-tea-blockchain-pivot-didnt-work. Acesso em 07.11.2021.

Capítulo 4

Privacidade e proteção de dados na indústria financeira

ALAN CAMPOS ELIAS THOMAZ

Advogado e coordenador das áreas de Proteção de Dados e Cybersecurity, Tecnologia e Propriedade Intelectual no Mattos Filho Advogados, onde atuou nos últimos 10 anos. Assessora empresas nacionais e internacionais em questões relacionadas à privacidade, proteção de dados e segurança cibernética, incluindo implementação de projetos de adequação ao General Data Protection Regulation (GDPR) e à Lei Geral de Proteção de Dados (LGPD), regulação de novas tecnologias e aplicações de internet, tecnologia da informação, serviços em nuvem e *e-commerce*, negociação de contratos, proteção de ativos de propriedade intelectual, entre outros assuntos. É bacharel em Direito pela Universidade Presbiteriana Mackenzie, pós-graduado em Propriedade Intelectual e Novos Negócios pela Fundação Getulio Vargas (FGV), mestre em Direito dos Negócios pela FGV e mestrando (LLM) em Law, Science and Technology pela Stanford Law School. Membro do *advisory board* da Associação Internacional de Profissionais de Privacidade (IAPP), da Câmara Internacional de Comércio (ICC) e da Associação Brasileira da Propriedade Intelectual (ABPI). Certificado pela IAPP como especialista em legislação europeia de proteção de dados (CIPP/E) e em gestão de programas de privacidade (CIPM), também foi reconhecido como Fellow of Information Privacy (FIP) pela IAPP. É professor e autor de livros e artigos sobre privacidade, proteção de dados e *cybersecurity*, tecnologia e propriedade intelectual, disponíveis em: www.linkedin.com/in/alanthomaz.
athomaz@stanford.edu ou alanthmz@hotmail.com

1. Introdução

O presente artigo tem por objetivo apresentar o impacto das regras relativas à privacidade e proteção de dados pessoais aplicáveis às instituições do setor financeiro.

Como ocorreu em diversas indústrias, o setor financeiro foi objeto de profunda evolução tecnológica. Não me refiro apenas às novas tecnologias aplicadas à forma de atendimento de clientes (caixas eletrônicos, *on-line banking*, *mobile baking* etc.), mas à gestão da informação financeira destes que se torna matéria-prima para novos avanços e aprimoramento dos serviços financeiros.

Ao longo das últimas décadas, as informações esparsas e mantidas em papel foram substituídas por bases de dados eletrônicas e incluídas em aplicativos hospedados na nuvem, de modo a permitir a perenidade da informação, a facilidade de acesso e o cruzamento de dados, trazendo para essa indústria um novo horizonte e imprimindo um novo dinamismo.

Assistimos, no Brasil e no mundo, uma proliferação de empresas que aplicam tecnologias de ponta na criação de sistemas de inteligência e análises de mercado (*data analytics*) com inúmeras finalidades e aplicações no setor financeiro. Hoje, o setor conta com as denominadas *fintechs*, empresas que aliam serviços financeiros e tecnologia (seja de tratamento de dados ou outras).

A análise sistemática de base de dados que reúne informações de clientes pode trazer benefícios incalculáveis a toda a coletividade e alterar a forma como o serviço é prestado, por exemplo, com a identificação de padrões comportamentais para avaliar perfis de maior ou menor risco de crédito, o reconhecimento de perfis de consumo para oferta customizada e individualizada de produtos e serviços, a elaboração de índices precisos sobre potencial risco de inadimplência e a prevenção à fraude, somente para citar alguns.

No entanto, conforme veremos adiante, esse tipo de atividade deve andar em paralelo com o direito à privacidade e à proteção dos dados pessoais dos usuários desses serviços. O crescimento exponencial no armazenamento de dados pessoais em sistemas informatizados traz, automaticamente, uma maior exposição de tais dados a um incidente de segurança, além de tornar mais fácil a eventual utilização não autorizada de tais informações.

Assim, verificamos uma evolução bastante significativa nas normas que visam regulamentar o uso e proteger informações e dados pessoais contra uso e/ou divulgação não autorizada, entre outros riscos de segurança da informação. A cada dia verificamos uma maior importância no cumprimento das regras de proteção de dados pessoais e segurança da informação por todos os *stakeholders* que atuam na área financeira, sejam eles bancos, corretoras, instituições de pagamento ou ainda terceiros que atuem em parceria com estes. Como veremos adiante, tais regras podem exigir não somente o consentimento do indivíduo para que este tenha seus dados coletados, mas também a contínua adoção de procedimentos de segurança e políticas corporativas que visem assegurar o correto tratamento de dados dentro das corporações.

Por esse e outros motivos, em 2018 foi aprovada a Lei Geral de Proteção de Dados (Lei nº 13.709/2018 ou "LGPD"), que regulamenta a utilização de dados pessoais por organizações no Brasil. A LGPD dá robustez às regras de tratamento de dados pessoais no setor financeiro, que anteriormente tinha como principais marcos regulatórios no tema o Código de Defesa do Consumidor (Lei nº 8.078/1990), a Lei de Sigilo Bancário (Lei Complementar nº 105/2001 ou "LC 105/2001") e o Marco Civil da Internet (Lei nº 12.965/2014), regras de aplicação setorial e de alcance limitado. Adicionalmente, também em 2018 foi publicada a Resolução do Conselho Monetário Nacional ("CMN") nº 4.658/2018 e a Circular nº 3.909/2018, que trouxe a obrigatoriedade de implementação de uma política de segurança cibernética por parte das instituições financeiras e instituições de pagamento, respectivamente. Além disso, a atualização da Lei do Cadastro Positivo (Lei Complementar nº 166/2019) passou a permitir a inclusão automática de indivíduos na base de dados do cadastro positivo, ampliando a relevância dessa base de dados para o sistema financeiro nacional. Por fim, há um movimento importante no setor para o desenvolvimento do sistema bancário aberto, denominado popularmente como *Open Banking*, que tem como fundamento central a facilitação do compartilhamento e acesso aos dados pessoais. Recentemente, foi publicada pelo Banco Central do Brasil a Circular nº 4.015 e, em conjunto com o CMN, a Resolução Conjunta nº 1, que regulamentam como será implementado o *Open Banking* no Brasil.

Como se pode notar, nos últimos anos tivemos um aumento significativo de normas que visam regulamentar o uso de dados pessoais no âmbito do sistema financeiro. Sem a pretensão de esgotar a matéria neste breve estudo, será analisado o regime jurídico que hoje rege alguns aspectos relevantes de privacidade e a proteção de dados pessoais no setor financeiro no Brasil.

2. *Big Data* e dados anonimizados no setor financeiro

Como se sabe, aumenta a cada dia a quantidade de dados capturados nos processos que envolvem o sistema financeiro, seja sob a forma de transações financeiras por meios eletrônicos, solicitações de serviços, análises de comportamento, dados sobre histórico de consumo de produtos e serviços, entre outros. A coleta eletrônica desses dados tem possibilitado a criação de bancos de dados significativamente robustos. Esse fenômeno vem sendo denominado *Big Data*, em referência ao armazenamento de um grande número de dados por sistemas informatizados.

A análise inteligente dessa quantidade massiva de dados é feita pelo que se denominou, na indústria de tecnologia, *data mining* ou "mineração de dados", a qual revela tendências, comportamentos, probabilidades e estatísticas de grande valor para os *stakeholders* e mesmo para o Poder Público, na elaboração de políticas públicas (por exemplo, determinação da taxa-base de juros). Ferramentas de mineração de dados podem responder de forma muito mais eficiente e rápida a perguntas que tradicionalmente levariam anos ou décadas para serem respondidas de modo convencional.

Assim, as grandes bases de dados digitais oferecem uma incrível oportunidade de examinar as tendências que vão mudar fundamentalmente a relação entre as instituições financeiras e seus clientes, ou como produtos e serviços na área financeira podem ou devem ser oferecidos.

Aparentemente, há um interesse público relevante e justificável quanto à inclusão de dados anonimizados nessas bases, ou seja, aqueles que não podem ser associados a uma pessoa determinada ou determinável, de modo a contribuir para o aprimoramento de serviços e também do sistema financeiro como um todo. Com a anonimização de dados e a garantia de que esse processo dissociativo não possa ser revertido, não nos parece haver qualquer afronta ao direito à privacidade, particularmente ao que dispõe a LGPD e/ou ao dever de sigilo bancário estabelecido na LC 105/2001.

3. Proteção e sigilo de dados financeiros no Brasil

3.1. Panorama geral

Os direitos de privacidade e proteção de dados são resguardados , nos termos da Constituição Federal Brasileira:[1]

1. O art. 5º, inciso LXXII, da Constituição Federal incluiu o instituto do *habeas data*, um direito assegurado aos indivíduos de: (i) ter conhecimento das informações ao seu

Artigo 5º: Todos são iguais perante a lei, sem distinção de qualquer natureza, garantindo-se aos brasileiros e aos estrangeiros residentes no País a inviolabilidade do direito à vida, à liberdade, à igualdade, à segurança e à propriedade, nos termos seguintes: [...]

X – são invioláveis a intimidade, a vida privada, a honra e a imagem das pessoas, assegurado o direito a indenização pelo dano material ou moral decorrente de sua violação; [...]

LXXIX – é assegurado, nos termos da lei, o direito à proteção dos dados pessoais, inclusive nos meios digitais.

Além da Constituição Federal, o Código Civil brasileiro também reconhece e reforça a ideia de que a privacidade é inerente à personalidade do indivíduo, ao estabelecer[2] que tal direito é inalienável e irrenunciável e não pode ser voluntariamente limitado.[3]

3.2. Código de Defesa do Consumidor

O CDC estabeleceu alguns direitos e obrigações referentes à coleta de dados de indivíduos no âmbito de uma relação de consumo, característica da relação entre instituições financeiras e seus clientes. Os principais aspectos/direitos de privacidade e de gestão de banco de dados, segundo o CDC, são:

- o armazenamento de dados pessoais do consumidor (criação de banco de dados) deve ser informado ao consumidor sempre que ele não solicitar expressamente a inclusão no banco de dados;
- os bancos de dados do consumidor (principalmente classificações de crédito realizadas por empresas independentes) não manterão perfil de crédito negativo por mais de 5 anos;

respeito, constantes de registros ou bancos de dados de entidades governamentais ou de caráter público; e (ii) retificar os dados a seu respeito (quando inexatos), quando não se prefira fazê-lo por processo sigiloso, judicial ou administrativo.

2. Código Civil, art. 11: "Com exceção dos casos previstos em lei, os direitos da personalidade são intransmissíveis e irrenunciáveis, não podendo o seu exercício sofrer limitação voluntária".

3. Além disso, o art. 21 do Código Civil expressamente determina que a vida privada da pessoa natural é inviolável. Esse direito, inserido no capítulo dos direitos personalíssimos do indivíduo, reforça a ideia de que a privacidade é inerente à personalidade do indivíduo. Por consequência, tal direito é inalienável e irrenunciável, não podendo ser voluntariamente limitado (BRASIL, 2002).

- ao consumidor sempre será concedido o direito de solicitar a imediata retificação de seus dados, o que deve ser feito e informado ao consumidor no prazo de 5 (cinco) dias a contar da data do pedido; e
- bancos de dados de consumidores com classificações de crédito são considerados entidades públicas e, como tal, as informações precisam ser mantidas devidamente atualizadas.

3.3. Marco Civil da Internet

O Marco Civil da Internet foi promulgado em 2014, trazendo certos direitos e obrigações relacionados à proteção e privacidade de dados, no caso de informações coletadas pela internet. O Marco Civil da Internet estabelece, por exemplo, que para possibilitar a coleta de dados, o titular dos dados deve consentir de forma prévia e expressa. Além disso, ele deve ser informado, de forma clara e completa sobre a coleta, uso, armazenamento, tratamento e proteção de seus dados pessoais, os quais somente poderão ser utilizados para finalidades[4] que: (a) justificaram sua coleta; (b) não sejam vedadas pela legislação; e (c) estejam especificadas nos contratos de prestação de serviços ou em termos de uso de aplicações de internet (i.e. as Políticas de Privacidade). Assim, as Políticas de Privacidade devem descrever de forma bastante completa a forma pela qual a coleta, uso e tratamento de dados serão realizados.

Os dados coletados devem ser mantidos em sigilo, observadas as diretrizes de segurança impostas pelo Decreto 8.771/2016[5]. Os provedores de aplicação

---

4. Adicionalmente, o Decreto 8.771/2016, recentemente promulgado, regulamentou o Marco Civil da Internet e estabeleceu que os provedores de conexão e aplicações de internet devem reter a menor quantidade possível de dados pessoais, comunicações privadas e registros de conexão e acesso a aplicações, os quais deverão ser excluídos: (i) tão logo atingida a finalidade de seu uso; ou (ii) se encerrado o prazo determinado por obrigação legal.
5. Artigo 13 do Decreto 8.771/2016: "*Art. 13. Os provedores de conexão e de aplicações devem, na guarda, armazenamento e tratamento de dados pessoais e comunicações privadas, observar as seguintes diretrizes sobre padrões de segurança:*
I – o estabelecimento de controle estrito sobre o acesso aos dados mediante a definição de responsabilidades das pessoas que terão possibilidade de acesso e de privilégios de acesso exclusivo para determinados usuários;
II – a previsão de mecanismos de autenticação de acesso aos registros, usando, por exemplo, sistemas de autenticação dupla para assegurar a individualização do responsável pelo tratamento dos registros;
III – a criação de inventário detalhado dos acessos aos registros de conexão e de acesso a aplicações, contendo o momento, a duração, a identidade do funcionário ou do responsável

(i.e., aquele que fornece uma aplicação de internet, como site ou aplicativo) são obrigados a guardar registros de conexão à internet pelo prazo mínimo de seis meses.

3.4. Lei Geral de Proteção de Dados

Em 2018, com a aprovação da LGPD, o Brasil passou a ter uma Lei que regulamenta de forma abrangente como as organizações passarão a utilizar dados pessoais no Brasil. A LGPD impõe uma profunda transformação no sistema de proteção de dados brasileiro, em boa medida alinhada com o Regulamento Geral de Proteção de Dados na União Europeia ("GDPR")[6].

Organizações públicas e privadas de todos os setores estão sujeitas à LGPD, e isso inclui instituições financeiras, instituições de pagamento, corretoras, *fintechs* e demais organizações do setor financeiro. A LGPD regulamenta não só a coleta e tratamento de dados nas relações dessas organizações com clientes e parceiros de negócio, no ambiente digital ou fora dele, mas também a coleta e uso de dados pessoais no âmbito de suas relações com empregados. Assim, novos desafios terão que ser enfrentados para cumprir com os requisitos previstos na LGPD, na concepção e na oferta de produtos e serviços ao consumidor, incluindo, por exemplo, a análise e concessão de crédito.

A LGPD tem como objetivo regular os "dados pessoais". Esses são definidos como qualquer informação relacionada à pessoa natural identificada ou identificável. Ficam fora do escopo dessa lei, portanto, os dados relacionados a pessoas jurídicas. Qualquer informação que possa ser relacionada a um indivíduo, já identificado ou passível de identificação, pode ser considerada como um dado pessoal. Assim, informações de cadastro, perfil comportamental, econômico e/ou social se enquadram no conceito de dado pessoal. Por outro lado, as informações que não permitem a identificação (imediata ou posterior) de

---

pelo acesso designado pela empresa e o arquivo acessado, inclusive para cumprimento do disposto no art. 11, § 3º, da Lei nº 12.965, de 2014; *e*
IV – o uso de soluções de gestão dos registros por meio de técnicas que garantam a inviolabilidade dos dados, como encriptação ou medidas de proteção equivalentes".

6. UNIÃO EUROPEIA. Parlamento Europeu. (EU) 2016/679 of the European Parliament and of the Council of 27 April 2016 on the protection of natural persons with regard to the processing of personal data and on the free movement of such data, and repealing Directive 95/46/EC (General Data Protection Regulation). Disponível em https://eur-lex.europa.eu/legal-content/EN/TXT/?uri=celex%3A32016R0679. Acesso em 7 nov. 2021.

um único indivíduo, podem se enquadrar no conceito de "dado anonimizado". Como mencionado anteriormente neste artigo, trata-se, por exemplo, de informação sobre o percentual de mulheres em uma carteira de clientes ou da média de financiamentos contratados por pessoas de determinada faixa etária. Dados estatísticos e cujo processo de anonimização seja irreversível revelam apenas uma informação de caráter coletivo e, por isso, não estão sujeitos ao regime de proteção de dados da LGPD, sendo seu uso livre.

Os princípios estabelecidos pela LGPD trazem novas diretrizes e limitações sobre como os dados pessoais poderão ser tratados[7]. De forma não exaustiva e bastante resumida, tais princípios estabelecem um dever de transparência sobre como os dados pessoais são tratados dentro das respectivas organizações, estabelecendo ainda que dados desnecessários não devem ser coletados, deve haver uma limitação de finalidade para qual os dados são utilizados, os dados devem ser mantidos em segurança, e a organização que trata dados pessoais deve demonstrar o cumprimento dos requisitos previstos na LGPD.

Além de adequação aos princípios da LGPD, para que o tratamento de dados seja lícito, a organização deverá fundamentar o tratamento em uma das 10 (dez)

7. Os princípios previstos na LGPD são: Finalidade: O tratamento de dados pessoais deve ser realizado para propósitos legítimos, específicos, explícitos e informados ao titular, observadas as finalidades originárias; Adequação: O tratamento de dados pessoais deve ser compatível com as finalidades informadas ao titular, de acordo com o contexto do tratamento; Necessidade: O tratamento de dados pessoais deve ser limitado ao mínimo necessário para a realização de suas finalidades, com abrangência dos dados pertinentes, proporcionais e não excessivos em relação às finalidades do tratamento de dados; Livre Acesso: É garantido aos titulares a consulta facilitada e gratuita sobre a forma e a duração do tratamento, bem como sobre a integralidade de seus dados pessoais; Qualidade dos dados: É garantido aos titulares que seus dados sejam exatos, claros, relevantes e atualizados, de acordo com a necessidade e para o cumprimento da finalidade de seu tratamento; Transparência: É garantido aos titulares o direito a informações claras, precisas e facilmente acessíveis sobre a realização do tratamento e os respectivos agentes de tratamento, observados os segredos comercial e industrial; Segurança: Devem ser utilizadas medidas técnicas e administrativas aptas a proteger os dados pessoais de acessos não autorizados e de situações acidentais ou ilícitas de destruição, perda, alteração, comunicação ou difusão; Prevenção: Devem ser adotadas medidas para prevenir a ocorrência de danos em virtude do tratamento de dados pessoais; Não discriminação: Impossibilidade de realização do tratamento para fins discriminatórios ilícitos ou abusivos; Responsabilização e Prestação de Contas: Demonstração, pelo agente, da adoção de medidas eficazes e capazes de comprovar a observância e o cumprimento das normas de proteção de dados pessoais e, inclusive, da eficácia dessas medidas.

bases legais previstas na LGPD. Entre outras hipóteses, o tratamento de dados pessoais é autorizado com o consentimento do titular dos dados pessoais, para fins de cumprimento de obrigação legal ou regulatória, quando necessário para a execução de contrato, quando necessário para atender interesses legítimos do controlador dos dados ou de terceiros e para fins de proteção ao crédito.

Particularmente com relação à base legal de "proteção ao crédito", ainda não é certa qual a sua amplitude, isto é, em quais hipóteses a base legal de tratamento para fins de proteção ao crédito poderá ser utilizada, mas esta certamente será de grande valia para as instituições do setor financeiro, especialmente nos casos em que o consentimento não puder ser obtido e outra base legal não puder ser utilizada. Tal amplitude será definida pela Autoridade Nacional de Proteção de Dados ("ANPD"). Sem prejuízo, parece sustentável que a base legal "proteção ao crédito" tenha como escopo permitir a criação de bases de dados com perfis de crédito de consumidores, para fins de auxiliar o processo de concessão de crédito pelas instituições financeiras e demais entidades que de alguma forma concedam crédito no mercado. Além disso, tal base legal também deveria permitir operações de tratamento de dados para fins de realizar a cobrança e negativação de inadimplentes, ainda que em caráter extrajudicial ou anterior à fase litigiosa.

Além da definição de bases legais, alinhada com os seus princípios, a LGPD impõe às organizações um dever de transparência para com o titular dos dados, independentemente de qual base legal é utilizada para autorizar o tratamento de dados (*i.e.*, seja com base no consentimento ou por outra base legal). Assim sendo, as organizações devem fornecer ao titular dos dados informações claras e completas sobre[8] (i) as categorias de informações coletadas; (ii) como e com que finalidade a coleta de informações é realizada; (iii) identificação da(s) empresa(s) que vai(ão) utilizar, tratar, processar e transferir a informação e qual a responsabilidade dos agentes que realizarão o tratamento; (iv) o que se pode fazer com a informação; (v) por quanto tempo a informação será tratada/armazenada; (vi) como o indivíduo pode entrar em contato com a empresa para pedir correções e exclusões, e também exercer outros direitos a que lhe são atribuídos (como por exemplo, como o consentimento pode ser revogado); e (vii) o nível de proteção assegurado às informações coletadas.

A LGPD estabelece bases legais mais restritivas para o tratamento de dados sensíveis, que incluem, dentre outros, informações sobre saúde, dados

8. As instituições financeiras devem disponibilizar as suas respectivas políticas de privacidade, que deverão detalhar todas as características envolvendo a coleta, uso, tratamento e descarte de dados pessoais.

biométricos e/ou genéticos do titular de dados. Vale notar que as informações financeiras não estão abarcadas pelo conceito de dados sensíveis estabelecido na LGPD. Algumas das bases legais que autorizam o tratamento de dados pessoais não podem ser utilizadas para tratar dados sensíveis, entre elas, o interesse legítimo e para fins de proteção ao crédito. Por outro lado, dados biométricos podem ser utilizados para fins de identificação do titular (como por exemplo, nos casos de autenticação no caixa eletrônico ou aplicativo), com o objetivo de prevenir fraude.

A LGPD traz novos direitos aos titulares de dados, como o direito de obter informações sobre o tratamento de dados, realizar o acesso, retificação e eliminação de dados, direito à portabilidade a outro fornecedor de produtos e serviços e obter a revisão de decisões automatizadas, dentre outros. Particularmente com relação à portabilidade, trata-se de direito relevante diante do sistema bancário aberto (*Open Banking*), que tem como um de seus objetivos permitir a portabilidade de informações entre diversos *stakeholders* do mercado financeiro. O direito à revisão de decisões tomadas por meios exclusivamente automatizados também é particularmente importante ao setor financeiro, dando origem, por exemplo, a solicitações de revisão de perfis ou do processo de concessão de crédito, realizado de forma automatizada. A partir da entrada em vigor da LGPD, tais decisões devem passar obrigatoriamente por um processo de revisão, quando solicitado pelo titular.

As instituições financeiras, enquanto entidades responsáveis por determinar como os dados pessoais são utilizados, passarão a ter obrigações adicionais relativas ao tratamento desses dados. Entre tais obrigações, destacamos a necessidade de indicar um *data protection officer*, pessoa encarregada de atuar na comunicação entre a organização e os titulares dos dados e a ANPD.

Igualmente à regulamentação europeia (GDPR), a LGPD trouxe novas limitações à transferência internacional de dados pessoais, que somente é permitida nas hipóteses previstas na LGPD. Tais hipóteses incluem a transferência para países com grau de proteção adequado ou por meio da utilização de cláusulas contratuais padrão, normas corporativas globais, selos e certificados e códigos de condutas a serem aprovados pela ANPD, entre outras hipóteses. A despeito da limitação imposta pela LGPD para transferência internacional de dados pessoais, o Conselho Monetário Nacional (CMN) impôs, por meio da Resolução nº 4.658/2018 e da Circular nº 3.909/2018, restrições adicionais à contratação de serviços de processamento de dados e baseados em nuvem que sejam prestados no exterior, conforme abordaremos nos próximos capítulos deste artigo.

Em caso de descumprimento da LGPD, as penalidades que podem ser impostas à organização incluem advertência, obrigação de divulgação do incidente, eliminação ou bloqueio de dados pessoais, multa de até 2% (dois por cento) do faturamento da pessoa jurídica de direito privado, grupo ou conglomerado no Brasil, no seu último exercício, excluídos os tributos, limitada, no total, a R$ 50.000.000,00 (cinquenta milhões de reais) por infração, e suspensão ou proibição das atividades de tratamento ou do funcionamento do banco de dados.

3.5. Lei de Sigilo Bancário

Além da LGPD, que se aplica a todos os setores da economia, a LCP 105 estabelece no setor financeiro uma série de regras sobre o dever de sigilo das instituições financeiras em relação às suas operações ativas e passivas e aos serviços prestados por estas. Tais informações incluem dados pessoais dos clientes, como nome, endereço, número de inscrição no Cadastro de Pessoas Físicas do Ministério da Fazenda (CPF/MF), saldo em conta corrente, histórico de movimentação financeira, contratação de produtos e serviços financeiros, entre outros, que, conforme a LCP 105, devem ser mantidas em sigilo.

Tal dever de sigilo somente poderá ser quebrado nas hipóteses previstas na própria LCP 105,[9] por exemplo, na comunicação de ilícitos penais ou administrativos para as autoridades competentes, ou nos casos em que a revelação de informações sigilosas contar com o expresso consentimento dos interessados, dentre outras. Neste sentido, conforme abordaremos adiante, para que o compartilhamento de dados pessoais no âmbito do sistema aberto de dados (*Open Banking*) não implique em violação do sigilo bancário, foi determinado que o compartilhamento de dados de transações financeiras no *Open Banking* somente poderá ocorrer com o consentimento qualificado do titular.

---

9. Nos termos da LCP 105: "Art. 1º As instituições financeiras conservarão sigilo em suas operações ativas e passivas e serviços prestados. [...] § 3º Não constitui violação do dever de sigilo: I – a troca de informações entre instituições financeiras, para fins cadastrais, inclusive por intermédio de centrais de risco, observadas as normas baixadas pelo Conselho Monetário Nacional e pelo Banco Central do Brasil; II – o fornecimento de informações constantes de cadastro de emitentes de cheques sem provisão de fundos e de devedores inadimplentes, a entidades de proteção ao crédito, observadas as normas baixadas pelo Conselho Monetário Nacional e pelo Banco Central do Brasil; III – o fornecimento das informações de que trata o § 2º do art. 11 da Lei n. 9.311, de 24 de outubro de 1996; IV – *a comunicação, às autoridades competentes, da prática de ilícitos penais ou administrativos, abrangendo o fornecimento de informações sobre operações que envolvam recursos provenientes de qualquer prática criminosa; V – a revelação de informações sigilosas com o consentimento expresso dos interessados;* VI – a prestação de informações nos termos e condições estabelecidos nos artigos 2º, 3º, 4º, 5º, 6º, 7º e 9º desta Lei Complementar" (grifos nossos).

Cumpre esclarecer que a violação do dever de sigilo constitui ilícito penal, sujeitando os responsáveis à pena de reclusão de um a quatro anos e multa.[10] Além disso, tal conduta tem reflexos nas esferas cível e administrativa, sujeitando seus responsáveis a eventual pagamento de indenização para o prejudicado e imposição de penalidades administrativas.

3.6. Segurança cibernética

Como vimos, os dados pessoais coletados e armazenados devem ser mantidos em sigilo, de modo a preservar a privacidade do indivíduo. A LGPD estabelece um dever de adoção de medidas de segurança, técnicas e administrativas aptas a proteger os dados pessoais contra acesso não autorizado e de situações acidentais ou ilícitas de destruição, perda, alteração, comunicação ou qualquer forma de tratamento inadequado ou ilícito. As organizações serão obrigadas a adotar tais medidas de proteção a partir da criação de qualquer nova tecnologia ou produto (*privacy by design*). Vazamentos de dados e incidentes de segurança devem ser notificados à autoridade de proteção de dados e, em alguns casos, aos titulares afetados.

Não obstante, em adição às regras impostas pela LGPD e LC 105/2001, existem normas referentes à preservação e ao tratamento de dados às quais as instituições financeiras estão sujeitas, dentre as quais destacamos, a título de exemplo, as seguintes:

> Resolução do CMN nº 4.968, de 25 de novembro de 2021, que exige que as instituições financeiras, bem como outras instituições autorizadas pelo Banco Central do Brasil (BACEN), criem e implementem controles internos relativos: (i) às atividades que desempenham; (ii) aos seus sistemas de informação financeira, operacional e de gestão; e (iii) ao cumprimento de leis e regulamentos a que estão sujeitas.
>
> Resolução do CMN nº 4.480, de 25 de abril de 2016[11], posteriormente revogada e atualizada pela Resolução nº 4.753, de 26 de setembro de 2019[12], destinada a regulamentar a abertura e o encerramento de contas bancárias por meios eletrônicos e que dispõe de regras específicas de cibersegurança e proteção de dados.

---

10. Art. 10 da LCP 105.
11. Regulamentada pela Circular do BACEN nº 3.789, de 5/5/2016.
12. Disponível em: https://www.bcb.gov.br/pre/normativos/busca/downloadNormativo.asp?arquivo=/Lists/Normativos/Attachments/50847/Res_4753_v1_O.pdf.

Resolução do CMN nº 4.474, também de 2016, impõe regras específicas aos procedimentos e tecnologias utilizados na digitalização de documentos e na manutenção de documentos digitalizados por instituições financeiras. Essa resolução estabelece, por exemplo, que os documentos digitalizados e os *backups* de documentos digitalizados devem ser armazenados em um local seguro, permitindo acesso rápido para sua revisão e restauração. Além disso, documentos digitalizados e suas cópias de *backup* devem ser armazenadas no Brasil e em um local físico diferente do local de armazenamento do documento digitalizado. Os contratos para digitalização de documentos celebrados entre a instituição financeira e terceiros devem conter linguagem específica que autorize o acesso do BACEN aos contratos celebrados e à documentação e informações sobre os serviços prestados.

Resolução do CMN nº 4.658/2018 e Circular nº 3.909/2018, respectivamente, atualizadas pela Resolução CMN nº 5.893/2021 e Resolução BCB nº 85/2021, que dispõem sobre a obrigatoriedade de implementação de uma política de segurança cibernética por parte das instituições financeiras e demais entidades autorizadas a operar pelo BACEN, bem como sobre os requisitos para a contratação de serviços de processamento e armazenamento de dados e de computação em nuvem (*cloud computing*) pelas referidas instituições financeiras. Essa Resolução propõe uma transformação no modelo de cibersegurança e de contratação de serviços de processamento de dados e baseados em nuvem por instituições financeiras. Para tanto, a norma apresenta regras e diretrizes voltadas ao tratamento preventivo e reativo de incidentes de segurança, exigências mínimas para a contratação de serviços que envolvam dados e atribuições de responsabilidade dentro da instituição financeira.

Os principais pontos abordados pela Resolução CMN nº 5.893/2021 e pela Resolução BCB nº 85/2021 são:

Obrigatoriedade da implementação de políticas de segurança cibernética, com estabelecimento de conteúdo mínimo da referida política de segurança cibernética;

Obrigatoriedade de estabelecer um plano de ação e resposta a incidentes de segurança da informação;

Estabelecimento de exigências mínimas para a contratação de serviços de processamento e armazenamento de dados e de computação em nuvem (*cloud computing*), com requisitos para contratação desses serviços quando prestados no exterior;

Obrigatoriedade de designação de diretor responsável pela segurança cibernética da instituição financeira;

Dever de comunicação prévia, pelas instituições financeiras, ao BACEN a respeito da contratação de serviços relevantes de processamento, armazenamento de dados e de computação em nuvem;

Estabelecimento de regras específicas para o tratamento dos incidentes relacionados ao ambiente cibernético, incluindo o desenvolvimento de ações para o compartilhamento de informações sobre os referidos incidentes; e

Possibilidade do BACEN vetar ou impor restrições para a contratação de serviços de processamento e armazenamento de dados e de computação em nuvem quando constatar a inobservância do disposto na resolução.

Tendo em vista as regras de cibersegurança apresentadas acima, a ocorrência de um vazamento de dados pessoais e, principalmente, se provado que tal vazamento se deu por negligência, a entidade que controla tais dados pode ser responsabilizada pelos danos resultantes aos consumidores que tiveram suas informações pessoais divulgadas. Tal situação é especialmente crítica quando falamos de dados financeiros. Muitas vezes, os dados financeiros revelam situações íntimas do sujeito, e sua divulgação pode ser absolutamente desastrosa.

Imagine, por exemplo, o dano causado pelo vazamento de informações sobre a situação financeira de consumidores, incluindo detalhes sobre rendimentos financeiros, patrimônio detido, endividamento, informações sobre seu perfil de consumo ou sobre preferências pessoais (identificadas a partir de suas informações de consumo ou não), além de informações sobre eventos de inadimplência, dentre tantos outros exemplos.

O tratamento adequado de informações e dados pessoais é importante não somente para mitigar a responsabilização civil e/ou administrativa e possíveis penalidades decorrentes desses eventos, mas também evitar um dano de imagem decorrente de um incidente de dados que, em muitas vezes, causam prejuízos muito maiores do que qualquer pena pecuniária.

Assim, para evitar incidentes de dados e buscar uma adequação aos dispositivos legais aplicáveis, algumas medidas vêm sendo adotadas por empresas privadas e entidades do poder público que coletam, armazenam e tratam dados pessoais no setor financeiro, no sentido de desenvolver e estabelecer controles internos para assegurar que sejam cumpridas as normas mencionadas. As medidas incluem:

- emprego de tecnologias de segurança atualizadas e comumente utilizadas na indústria/setor;
- adoção e revisão de políticas de privacidade aplicáveis aos clientes que têm seus dados coletados;

- avaliação das operações de tratamento de dados, análise de *gaps* e providências para adequação à LGPD e demais leis aplicáveis;
- elaboração de políticas corporativas (internas) restritivas sobre o uso de informações e dados pessoais coletados;
- elaboração de políticas corporativas (internas) de segurança cibernética e de resposta a incidentes de dados;
- revisão de contratos com fornecedores relevantes, para estabelecer obrigações específicas a esses fornecedores relacionadas ao uso da informação/dados pessoais, requisitos de segurança da informação e localização dos dados; e
- treinamento de funcionários e servidores para que conheçam e apliquem as regras atinentes ao gerenciamento de dados pessoais.

4. Cadastro Positivo

Outro assunto de grande relevância envolvendo dados pessoais para o setor financeiro foi a recente reformulação do cadastro positivo. O cadastro positivo é um banco de dados que coleta informações relacionadas ao histórico financeiro e de pagamentos do consumidor em diferentes tipos de obrigações com instituições financeiras e provedores de serviços. Os dados financeiros processados no cadastro positivo incluem informações sobre a concessão de crédito e outras operações financeiras, incluindo data, valor, número de parcelas, datas de pagamento, parcelas pagas (no todo ou em parte) ou em atraso, entre outras.

Originalmente criado no Brasil em 2011, a inclusão de indivíduos nesse banco de dados exigia o consentimento do consumidor. A necessidade de obtenção do consentimento implicou baixa taxa de adesão por parte dos consumidores. Com as alterações recentes, a inclusão de consumidores no cadastro positivo passa a ser automática e tais indivíduos serão notificados no prazo de 30 dias a partir da criação de seu perfil no cadastro positivo.

De acordo com as estimativas da Serasa Experian, o número de participantes no cadastro positivo pode aumentar de 11 milhões para 137 milhões de perfis[13], reduzindo assimetrias informacionais e promovendo o uso de taxas de juros

13. Cadastro Positivo pode favorecer 137 milhões de brasileiros dentro do sistema financeiro, revela estudo da Serasa Experian. Acesso em 7 nov. 2021. Disponível em: <https://www.serasaexperian.com.br/sala-de-imprensa/estudos-e-pesquisas/cadastro-positivo-pode-favorecer-137-milhoes-de-brasileiros-dentro-do-sistema-financeiro-revela-estudo-da-serasa-experian/>.

adequadas para cada perfil de consumidor. Também é esperado que o registro se torne uma ferramenta para a prevenção de endividamento excessivo. Ao consolidar as informações financeiras em um banco de dados, o consumidor agora pode consultar suas informações e verificar suas obrigações de pagamento de forma centralizada, permitindo um melhor controle de suas finanças pessoais e uso consciente de crédito.

Apesar do registro automático, o indivíduo terá o direito de optar por não participar (i.e., sair) do cadastro positivo. Essa solicitação de exclusão pode ser exercida a qualquer momento e por meio eletrônico, e os gestores de banco de dados devem cancelar ou suspender o acesso ao score de crédito daquele indivíduo em até dois dias úteis. Os gestores de banco de dados também devem transmitir a solicitação aos outros gestores de banco de dados, que devem atender a essa solicitação dentro de dois dias úteis a partir do recebimento da comunicação.

Para proteger a privacidade do participante do cadastro positivo, os gestores de banco de dados devem disponibilizar aqueles que consultam o banco de dados apenas o score de crédito (*credit score*), que será baseado nas informações financeiras armazenadas. No sistema de registro dos antigos pagadores, não havia limitação clara de que tipo de informação poderia ser acessada por terceiros, permitindo (em teoria) a divulgação de todo o histórico financeiro e de crédito, sem nenhuma restrição. Nesse novo sistema, o acesso ao histórico completo de pagamentos e financeiro somente será possível com o consentimento prévio e específico do titular. Esse consentimento pode ser concedido para cada acesso ou por um período fixo de até três meses.

A nova Lei do Cadastro Positivo proíbe expressamente o uso de informações consideradas excessivas (ou seja, aquelas que não estão vinculadas à análise de risco de crédito do consumidor) ou o tratamento de dados sensíveis (ou seja, informações que revelem origem étnica e social, saúde, informações genéticas, orientação sexual e crenças políticas, religiosas e filosóficas) para formar o histórico e/ou o score de crédito.

Qualquer entidade que pretenda ser gestora do cadastro positivo deve ser registrada junto ao Banco Central do Brasil, cumprindo com uma série de requisitos específicos[14]. As informações tratadas no cadastro positivo devem ser consideradas confidenciais entre os gestores do banco de dados e a divulgação não autorizada implicará violação do sigilo bancário. Há ainda alguns requisitos

---

14. Em 29 de julho de 2019, o Conselho Monetário Nacional (CMN) emitiu a Resolução nº 4.737/2019, estabelecendo requisitos específicos para o registro dos gestores de banco de dados do cadastro positivo junto ao Banco Central do Brasil.

específicos de segurança[15], que devem ser observados pelos gerentes de banco de dados, como a obtenção de uma certificação emitida por uma entidade independente para atestar a integridade e confidencialidade dos dados que estão sendo processados e o uso das melhores práticas de segurança.

Incidentes[16] envolvendo dados do cadastro positivo podem ter que ser notificados à ANPD, ao Banco Central do Brasil e à Secretaria Nacional do Consumidor vinculada ao Ministério da Justiça (SENACON). A comunicação deve ser feita dentro de dois dias úteis do conhecimento da violação de dados ou incidente de segurança.

Além das regras específicas do cadastro positivo, os princípios e obrigações estabelecidos na LGPD também devem ser observados na utilização de dados pessoais advindos dessa base de dados.

5. *OPEN BANKING*

O setor financeiro brasileiro é caracterizado por elevado grau de concentração em poucos agentes econômicos. Reconhecendo os potenciais impactos negativos decorrentes da concentração de mercado, o Banco Central do Brasil tem se engajado em iniciativas regulatórias e fiscalizatórias para consolidar um arcabouço jurídico que viabilize a atuação de outras organizações. Em linha com as iniciativas regulatórias adotadas em âmbito internacional e com a evolução das regras aplicáveis a instituições financeiras, o Banco Central incluiu na Agenda BC+[17] a estruturação de um modelo jurídico de *open banking* para o país. Os objetivos de tal autarquia com essa iniciativa são (i) simplificar os procedimentos e regras adotados pelo Banco Central do Brasil, de modo a adequá-los ao perfil e porte das instituições reguladas; (ii) monitorar os impactos das

15. Em 25 de julho de 2019, o Decreto nº 9.936/2019 regulamentou alguns aspectos importantes da Lei do Cadastro Positivo, entre eles os requisitos de segurança aplicáveis aos gestores desse banco de dados.
16. Incidentes são acessos não autorizados e de situações acidentais ou ilícitas de destruição, perda, alteração, comunicação ou qualquer forma de tratamento inadequado ou ilícito dos dados pessoais tratados.
17. A Agenda BC+ corresponde ao conjunto de medidas que o Banco Central pretende implementar para desenvolver o Sistema Financeiro Nacional em curto, médio e longo prazo. Nesse sentido, a Agenda BC+ se divide em 4 pilares, quais sejam: (i) mais cidadania financeira; (ii) legislação mais moderna; (iii) Sistema Financeiro Nacional mais eficiente (pilar no qual se inserem as iniciativas regulatórias referentes ao *open banking*); e (iv) crédito mais barato.

inovações tecnológicas; (iii) analisar novos meios de pagamentos; (iv) fomentar o crescimento sustentável do Sistema Financeiro Nacional; (v) adequar, alinhar e convergir a regulamentação nacional aos padrões internacionais; (vi) reduzir os custos de observância; e (vii) aprimorar o relacionamento das instituições reguladas com usuários e clientes.

O *open banking* é uma iniciativa que pressupõe a "abertura" dos dados pertencentes aos clientes de instituições financeiras e outras instituições reguladas pelo Banco Central do Brasil. Mediante consentimento fornecido pelo cliente ou titular dos dados, as instituições financeiras e/ou outras instituições reguladas pelo Banco Central do Brasil devem compartilhar os dados cadastrais e dados de transações financeiras com outras organizações participantes do sistema *Open Banking*, por meio de sistemas interoperáveis.

Nesse sentido, o Banco Central publicou, em 24 de abril de 2019, o Comunicado nº 33.455[18], detalhando os requisitos mínimos para a implementação de *open banking* no Brasil[19] e listou as informações mínimas a serem compartilhadas pelos participantes da estrutura de *open banking*[20]. Além disso, o comunicado informou que a autorregulação desta estrutura ficará sob responsabilidade das entidades participantes. Contudo, o Banco Central adiantou que poderá participar da estruturação inicial da autorregulação, de forma a garantir "*o cumprimento do disposto na regulamentação, bem como os objetivos propostos para o modelo, o acesso não discriminatório e a representatividade dos segmentos participantes*". Em 2019 o Banco Central do Brasil disponibilizou uma consulta pública sobre as normas de implementação do *open banking*[21].

Mais recentemente, o Banco Central do Brasil publicou a Circular nº 4.015 e, em conjunto com o CMN, a Resolução Conjunta nº 1, ambas de 4 de maio de 2020 ("Resolução Conjunta"), que regulamentam como será implementado o

18. Comunicado do Banco Central do Brasil nº 33.455, de 24 de abril de 2019. Disponível em https://www.bcb.gov.br/estabilidadefinanceira/exibenormativo?tipo=Comunicado&numero=33455. Acesso em 7 nov. 2021.

19. No Comunicado nº 33.455, o Banco Central definiu *open banking* como: "*o compartilhamento de dados, produtos e serviços pelas instituições financeiras e demais instituições autorizadas, a critério de seus clientes, em se tratando de dados a eles relacionados, por meio de abertura e integração de plataformas e infraestruturas de sistemas de informação, de forma segura, ágil e conveniente.*

20. As informações a serem compartilhadas são: (i) dados sobre produtos e serviços oferecidos; (ii) dados cadastrais dos clientes; (iii) dados de transações financeiras dos clientes; e (iv) serviços de pagamento das instituições.

21. Consulta pública objeto do edital 73/2019.

Open Banking no Brasil. De acordo com a Resolução Conjunta, o *open banking*[22] tem como objetivos: (i) incentivar a inovação, (ii) promover a concorrência, (iii) aumentar a eficiência do Sistema Financeiro Nacional e do Sistema de Pagamentos Brasileiro, e (iv) promover a cidadania financeira.

A Resolução Conjunta estabeleceu que o *open banking* no Brasil deverá contar com participação obrigatória apenas de instituições integrantes de conglomerados dos segmentos S1 e S2, ou seja, as instituições de maior porte[23]. No entanto, é possível que posteriormente tal obrigatoriedade se estenda às instituições dos demais segmentos no futuro. De todo modo, todas as instituições financeiras, instituições de pagamento e demais instituições autorizadas a funcionar pelo Banco Central do Brasil que não estiverem inicialmente obrigadas a participar do sistema, terão opção de integrar a estrutura voluntariamente, se assim desejarem. A integração ao sistema permite receber os dados sujeitos a compartilhamento no âmbito do sistema *Open Banking*.

A Circular nº 4.015 do Banco Central do Brasil regulamenta e padroniza quais dados estão sujeitos ao sistema do *Open Banking* e que devem ser disponibilizados para compartilhamento. São eles:

(a) o cadastro de clientes: compreendendo, no mínimo,

a. os dados de identificação do cliente exigidos pela regulamentação em vigor;
b. qualificação pessoal do cliente; e
c. outras informações cadastrais como data de início do relacionamento com a instituição, identificação de agência e conta, tipos de produtos e serviços com contratos vigentes e poderes dos representantes, se houver (art. 4º da Circular nº 4.015/2020 do Banco Central do Brasil).

(b) os dados sobre transações de clientes: compreendendo, no mínimo

a. em contas de pagamento à vista, poupança e pré-pagas: o tipo de conta, saldo, e transações realizadas (com identificador da transação, valor, data, pagador e recebedor), débitos e pagamentos autorizados (com valor, data e recebedor), limite de cheque especial (com valor utilizado e valor disponível);

---

22. *Open Banking* foi definido pela Resolução Conjunta nº 1/2020 como "compartilhamento padronizado de dados e serviços por meio de abertura e integração de sistemas".
23. Conforme definido na Resolução CMN nº 4.553, de 30 de janeiro de 2017.

b. em contas de pagamento pós-pagas: tipo de conta, limite de crédito total (com valor utilizado e valor disponível), limite de crédito por modalidade de operação (com valor utilizado e valor disponível), transações de pagamento realizadas (com identificador da transação, valor, data e recebedor), informações sobre o pagamento da fatura (com data do vencimento, data do pagamento efetivo, valor total da fatura, valor de pagamento da fatura, forma de pagamento e encargos cobrados);
c. operações de crédito: modalidades de operações de crédito, número do contrato, data da contratação, valor da operação, data de vencimento, data dos respectivos pagamentos, saldo devedor, prazo total e remanescente da operação, quantidade de prestações, valor das prestações, taxas de juros remuneratórios anual, nominal e efetiva pactuadas, Custo Efetivo Total (CET), sistema de pagamento, tarifas; e encargos. (Art. 5º da Circular nº 4.015/2020 do Banco Central do Brasil)

Os dados objeto de compartilhamento podem ser apresentados de forma agrupada[24], com base em critérios a serem estabelecidos pelas instituições participantes do sistema de *Open Banking*.

A LC 105/2001 (Lei de Sigilo Bancário) estabelece que as instituições financeiras devem conservar sigilo em suas operações (ativas e passivas) e serviços prestados, e parte relevante dos dados acima listados se encontram protegidos pelo regime de sigilo bancário imposto pela referida lei. A LC 105/2001 também estabelece algumas exceções a essa regra de sigilo (artigo 1º, § 3º)[25], por meio da

---

24. No entanto, o agrupamento de dados deve: (i) ser identificado de forma clara, objetiva e adequada; (ii) possibilitar a discriminação dos dados pelo cliente em nível granular; e (iii) guardar relação com os dados representados em nível granular (Artigo 11, parágrafo único, da Resolução Conjunta).

25. "*§ 3º Não constitui violação do dever de sigilo: I – a troca de informações entre instituições financeiras, para fins cadastrais, inclusive por intermédio de centrais de risco, observadas as normas baixadas pelo Conselho Monetário Nacional e pelo Banco Central do Brasil; II – o fornecimento de informações constantes de cadastro de emitentes de cheques sem provisão de fundos e de devedores inadimplentes, a entidades de proteção ao crédito, observadas as normas baixadas pelo Conselho Monetário Nacional e pelo Banco Central do Brasil; III – o fornecimento das informações de que trata o § 2º do art. 11 da Lei nº 9.311, de 24 de outubro de 1996; IV – a comunicação, às autoridades competentes, da prática de ilícitos penais ou administrativos, abrangendo o fornecimento de informações sobre operações que envolvam recursos provenientes de qualquer prática criminosa; V – a revelação de informações sigilosas com o consentimento expresso dos interessados; VI – a prestação*

qual informações financeiras poderiam ser compartilhadas com terceiros com o consentimento do interessado, ou com outras instituições financeiras em certas circunstâncias. Assim, em linha com o a LC 105/2001 e outras alterações regulatórias recentes[26], a Resolução Conjunta estabelece que os dados pessoais de clientes somente poderão ser compartilhados com terceiros mediante o consentimento do cliente, definido na Resolução Conjunta como a manifestação livre, informada, prévia e inequívoca de vontade, feita por meio eletrônico, pela qual o cliente concorda com o compartilhamento de dados ou de serviços para finalidades determinadas.

Assim diferentemente do que dispõe a LGPD, autorizando o tratamento (e portanto, o compartilhamento) de dados pessoais em outras bases legais que o consentimento do titular, a portabilidade ou compartilhamento de dados dentro do sistema de *Open Banking* dependerá sempre do consentimento do titular dos dados.

Por outro lado, em linha com os princípios da LGPD, a Resolução Conjunta estabelece expressamente que o consentimento para compartilhamento de dados no sistema de *Open Banking* deve (i) ser obtido por meio do emprego de linguagem clara, objetiva e adequada, (ii) referir-se a finalidades determinadas, (iii) ter prazo de validade compatível com as finalidades apresentadas, limitado a doze meses[27], (iv) discriminar a instituição transmissora de dados ou detentora de conta, conforme o caso; (v) discriminar os dados ou serviços que serão objeto de compartilhamento, observada a possibilidade de agrupamento prevista na Resolução Conjunta, (vi) incluir a identificação do cliente, (vii) ser obtido após

---

de informações nos termos e condições estabelecidos nos artigos 2º, 3º, 4º, 5º, 6º, 7º e 9º desta Lei Complementar."

26. Dentre esses esforços, abaixo algumas regras recentes emitidas pelo CMN, entidade responsável por regular a atividade de instituições financeiras: (i) Resolução CMN nº 3.401/2006, que dispõe sobre a cobrança de tarifas e a quitação antecipada de operações de crédito e de arrendamento mercantil. Estabelece o dever de as instituições reguladas fornecerem informações cadastrais de clientes a terceiros quando formalmente autorizadas e altera a Resolução CMN nº 2.835/2001, para incluir a obrigação de fornecimento das mencionadas informações a clientes mediante solicitação; (ii) Resolução CMN nº 4.292/2013, que trata da portabilidade de operações de crédito com pessoas naturais, isto é, a "*possibilidade de o cliente solicitar transferência de operações de crédito (empréstimos e financiamentos) e de arrendamento mercantil de uma instituição financeira para outra, mediante liquidação antecipada da operação na instituição original pela nova instituição financeira.*"

27. O prazo poderá superar 12 (doze) meses no caso de transações de pagamento sucessivas.

a data de entrada em vigor da Resolução Conjunta, e (viii) qualquer alteração das característica "ii" a "vii" acima exigirão a obtenção de um novo consentimento do cliente. Além disso, o consentimento poderá ser revogado a qualquer tempo[28], e não poderá ser obtido (i) por meio de contrato de adesão, (ii) por meio de formulário com opção de aceite previamente preenchida; ou (iii) de forma presumida, sem manifestação ativa pelo cliente.

De acordo com a Resolução Conjunta, o consentimento, os registros de acesso e revogação do consentimento devem ser armazenados pelo prazo mínimo de 5 (cinco) anos (art. 49 da Resolução Conjunta). Além do consentimento, antes de concluir o compartilhamento de dados, as instituições deverão observar as etapas de autenticação (do titular ou da instituição solicitante dos dados, conforme aplicável) e confirmar a operação. Tais etapas são detalhadamente regulamentadas pela Resolução Conjunta.

O sistema interoperável que viabilizará o compartilhamento de informações no âmbito do *Open Banking* será padronizado e definido mediante convenção entre as instituições participantes (artigos 23 e 44 da Resolução Conjunta). De modo geral, os dados devem ser representados em meio digital e processáveis por máquina, em formato livre de restrição quanto à sua utilização (art. 23, § 1º, da Resolução Conjunta).

De modo similar à LGPD e à CMN nº 5.893/2021, a Resolução Conjunta também determina a obrigatoriedade das instituições participantes de nomear um Diretor Responsável pelo Compartilhamento (artigo 32 da Resolução Conjunta), responsável por produzir semestralmente relatório de compartilhamento (nas datas-bases de 30 de junho e 31 de dezembro), com pelos menos as informações sobre demandas de clientes, o canal de atendimento para suporte técnico e testes de continuidade de negócios (detalhando os casos de indisponibilidade das interfaces de compartilhamento de dados), incidentes de segurança e a quantidade de solicitações de compartilhamento. Tal relatório deve ser submetido ao comitê de risco da instituição, quando existente, e apresentado ao conselho de administração ou, na sua inexistência, à diretoria da instituição até noventa dias após a respectiva data-base.

Por fim, a Resolução Conjunta permitirá o compartilhamento de dados entre instituições financeiras e seus parceiros de negócio não regulados (Artigo 36 da Resolução Conjunta), desde que obtido o consentimento do titular, adotadas

---

28. As instituições devem disponibilizar ao cliente a opção da revogação de consentimento ao menos pelo mesmo canal de atendimento no qual foi concedido, caso ainda existente (Artigo 15, §1º, da Resolução Conjunta).

medidas organizacionais e condições contratuais específicas, conforme estabelecido na Resolução Conjunta.

6. Conclusão

O sigilo em relação aos dados financeiros deve ser garantido a todos os indivíduos nos moldes determinados pela Constituição Federal e pelas leis infraconstitucionais. A coleta e a utilização de dados financeiros devem ser informadas aos titulares dos dados e estarem baseadas em uma ou mais bases legais de tratamento, sendo que qualquer alteração de finalidade ou destinação desses dados deve ser obrigatoriamente informado ao indivíduo titular dos dados.

Não obstante, a inclusão de dados financeiros anonimizados em bases de dados de interesse público ou até privado, para fins de auxílio no desenvolvimento de produtos e serviços, parece ser amplamente justificável. Além disso, a cada dia avança a legislação e regulamentação que trata de segurança cibernética, sendo cada vez mais importante a atenção aos requisitos de segurança e estabelecimento de procedimento e políticas que visem assegurar a segurança da informação.

Além disso, o novo sistema do cadastro positivo e o *Open Banking* vêm aos poucos revolucionando o sistema financeiro nacional, ampliando as possibilidades de acesso aos dados pessoais.

Em qualquer caso, deve-se buscar um equilíbrio entre o direito à privacidade e o desenvolvimento de produtos e serviços, que ganha enorme propulsão com a digitalização dos serviços bancários, alinhado com a crescente capacidade de processamento de dados pelas *fintechs*, instituições financeiras e outros *players* do mercado financeiro.

Bibliografia

BRASIL. Banco Central do Brasil. Comunicado nº 33.455, de 24 de abril de 2019. Divulga os requisitos fundamentais para a implementação, no Brasil, do Sistema Financeiro Aberto (Open Banking). Disponível em http://www.in.gov.br/web/dou/-/comunicado-n%C2%BA-33.455-de-24-de-abril-de-2019-85378506. Acesso em 7 nov. 2021.

_______. Edital 73/2019. Divulga propostas de atos normativos que dispõem sobre a implementação do Sistema Financeiro Aberto (Open Banking). Disponível em https://www3.bcb.gov.br/audpub/DetalharAudienciaPage?11&pk=322. Acesso em 7 nov. 2021.

_______. Resolução Conjunta nº 1, de 4 de maio de 2020. Dispõe sobre a implementação do Sistema Financeiro Aberto (Open Banking). Disponível em https://www.bcb.gov.br/pre/normativos/busca/downloadNormativo.asp?arquivo=/Lists/Normativos/Attachments/51028/Res_Conj_0001_v1_O.pdf. Acesso em 7 nov. 2021.

_______. Circular nº 4015, de 4 de maio de 2020. Dispõe sobre o escopo de dados e serviços do Sistema Financeiro Aberto (Open Banking). Disponível em https://www.bcb.gov.br/pre/normativos/busca/downloadNormativo.asp?arquivo=/Lists/Normativos/Attachments/51025/Circ_4015_v1_O.pdf. Acesso em 7 nov. 2021.

_______. BRASIL. Conselho Monetário Nacional. Resolução do CMN nº 2.554, de 24 de setembro de 1998. Disponível em https://www.bcb.gov.br/pre/normativos/res/1998/pdf/res_2554_v3_P.pdf. Acesso em 7 nov. 2021.

_______. Resolução do CMN nº 4.480, de 25 de abril de 2016. Disponível em http://www.in.gov.br/materia/-/asset_publisher/Kujrw0TZC2Mb/content/id/21510095. Acesso em 7 nov. 2021.

_______. Resolução CMN nº 4.753, de 26 de setembro de 2019. Disponível em https://www.bcb.gov.br/pre/normativos/busca/downloadNormativo.asp?arquivo=/Lists/Normativos/Attachments/50847/Res_4753_v1_O.pdf. Acesso em 7 nov. 2021.

_______. Resolução do CMN nº 4.474/2016. Disponível em 2016https://www.bcb.gov.br/pre/normativos/busca/downloadNormativo.asp?arquivo=/Lists/Normativos/Attachments/50177/Res_4474_v1_O.pdf. Acesso em 7 nov. 2021.

_______. Resolução CMN nº 4.658/2018. Disponível em https://www.bcb.gov.br/pre/normativos/busca/downloadNormativo.asp?arquivo=/Lists/Normativos/Attachments/50581/Res_4658_v1_O.pdf. Acesso em 7 nov. 2021.

_______. Circular nº 3.909/2018. Disponível em https://www.bcb.gov.br/pre/normativos/busca/downloadNormativo.asp?arquivo=/Lists/Normativos/Attachments/50645/Circ_3909_v1_O.pdf. Acesso em 7 nov. 2021.

_______. Constituição Federal Brasileira. Disponível em http://www.planalto.gov.br/ccivil_03/constituicao/constituicao.htm. Acesso em 7 nov. 2021.

_______. Código de Defesa do Consumidor. Lei nº 8.078/1990. Disponível em http://www.planalto.gov.br/ccivil_03/leis/l8078.htm. Acesso em 7 nov. 2021.

_______. Marco Civil da Internet. Lei nº 12.965/2014. Disponível em http://www.planalto.gov.br/ccivil_03/_ato2011-2014/2014/lei/l12965.htm. Acesso em 7 nov. 2021.

_______. Lei de Sigilo Bancário. Lei Complementar nº 105 de 10 de janeiro de 2001. Disponível em http://www.planalto.gov.br/ccivil_03/leis/lcp/lcp105.htm. Acesso em 7 nov. 2021.

_______. Lei do Cadastro Positivo. Lei nº 12.414, de 9 de junho de 2011. Disponível em http://www.planalto.gov.br/ccivil_03/_ato2011-2014/2011/lei/l12414.htm. Acesso em 7 nov. 2021.

_______. Lei nº 13.709 de 14 de agosto de 2018. Disponível em http://www.planalto.gov.br/ccivil_03/_ato2015-2018/2018/Lei/L13709.htm. Acesso em 7 nov. 2021.

UNIÃO EUROPEIA. Parlamento Europeu. (EU) 2016/679 of the European Parliament and of the Council of 27 April 2016 on the protection of natural persons with regard to the processing of personal data and on the free movement of such data, and repealing Directive 95/46/EC (General Data Protection Regulation). Disponível em https://eur-lex.europa.eu/legal-content/EN/TXT/?uri=celex%3A32016R0679. Acesso em 7 nov. 2021.

Capítulo 5

Autoridades de proteção de dados pessoais no mundo: fundamentos e evolução na experiência comparada

MIRIAM WIMMER

Doutora em Políticas de Comunicação e Cultura pela Faculdade de Comunicação da Universidade de Brasília; Bacharel e Mestre em Direito Público pela Universidade do Estado do Rio de Janeiro.

1. INTRODUÇÃO

Privacidade e proteção de dados pessoais são temas debatidos há mais de cem anos, mas sua incorporação à agenda política e sua caracterização como *policy issue* podem ser temporalmente situadas no final da década de 1960, fruto do desenvolvimento das capacidades computacionais e de sua progressiva utilização por governos e por empresas. Nas décadas subsequentes, o aumento no volume dos fluxos transnacionais de dados pessoais e a sua crescente importância econômica impulsionaram um movimento global de adoção de leis de proteção de dados pessoais e fortaleceram a busca por harmonização internacional quanto ao tema.

Embora as leis de proteção de dados tenham surgido como fenômeno essencialmente europeu, já a partir dos anos 80 e 90 começou-se a observar a adoção de normas dessa natureza em outros continentes[1]. A consolidação de tal tendência é evidenciada pelos números mais recentes: em 2019, mais de cento e trinta países globalmente haviam adotado leis sobre privacidade e proteção de dados pessoais[2].

As estratégias nacionais para proteção de dados pessoais sofreram mudanças ao longo do tempo, em resposta ao desenvolvimento tecnológico, às novas possibilidades de utilização de dados pessoais e à compreensão jurídica dos direitos associados à proteção de dados não mais apenas como liberdades negativas, mas como direitos dotados de dimensão positiva, necessários para o exercício da autodeterminação informativa e para o exercício das liberdades informacionais. Tais mudanças vieram acompanhadas da crescente relevância atribuída às autoridades de proteção de dados pessoais, entidades compreendidas como elemento-chave das estratégias regulatórias para proteção de direitos do indivíduo na sociedade da informação.

---

1. De fato, como relata Greenleaf, o primeiro país não europeu a adotar uma lei transversal de proteção de dados pessoais, aplicável ao setor público e ao setor privado, foi Israel, em 1981. A tendência se acelerou nos anos 90, com aprovação de leis nos países europeus que ainda não dispunham de legislação dessa natureza e nos países integrantes do extinto bloco soviético. Na América Latina, o Chile foi o primeiro país a aprovar uma lei de proteção de dados pessoais, seguido da Argentina, da Colômbia, do Paraguai e do Uruguai; na região da Ásia-Pacífico, Hong Kong, Nova Zelândia, Taiwan, Tailândia e Coreia do Sul aprovaram leis dessa natureza. A partir dos anos 2000, já havia leis de proteção de dados pessoais em quase todas as regiões do mundo, inclusive na África, na Ásia Central e no Oriente Médio. Na década de 2010 se verificou o mais intenso período de desenvolvimentos legislativos no campo de proteção de dados pessoais dos últimos 40 anos, com mais de cinco novas leis aprovadas por ano. Cfr. GREENLEAF, G. Sheherezade and the 101 Data Privacy Laws: Origins, Significance and Global Trajectories (September 10, 2013). (2014) *23(1) Journal of Law, Information & Science, Special Edition: Privacy in the Social Networking World.*; UNSW Law Research Paper No. 2013-40, pp. 11-12.
2. V. GREENLEAF, G. Global Tables of Data Privacy Laws and Bills (6th Ed January 2019) (February 9, 2019). (2019) Supplement to *157 Privacy Laws & Business International Report (PLBIR).*

Ainda que as autoridades independentes de proteção de dados pessoais tenham surgido com mais força inicialmente no contexto europeu, há que se ressaltar que tal tendência tem sido observada em todo o mundo. Não por acaso, noventa por cento das cento e trinta e duas leis de proteção de dados pessoais existentes globalmente promoveram a criação de autoridades especializadas de proteção de dados pessoais[3]. Para além das normas europeias, importantes instrumentos internacionais, como as Diretrizes e Recomendações da OCDE[4] e a Convenção para a Proteção dos Indivíduos com relação ao Processamento de Dados Pessoais (Convenção 108)[5], frisam a necessidade de constituição de estruturas administrativas responsáveis por assegurar a observância das normas referentes à proteção de dados pessoais.

Diante desse cenário, o presente artigo busca traçar um breve panorama das autoridades de proteção de dados pessoais no mundo, evidenciando as razões de seu surgimento e descrevendo a alteração de suas funções no decorrer do tempo. Sem pretensão de exaustividade, pretende-se evidenciar algumas características comuns de tais estruturas institucionais, assim como as mais notáveis diferenças entre elas.

2. Arranjos institucionais e seus contextos

Antes de adentrar na avaliação dos fundamentos e da evolução das autoridades de proteção de dados pessoais na experiência comparada, cabe recordar que o recurso à análise comparativa, no campo das ciências sociais, deve ser sempre acompanhado de uma pitada de cautela.

---

3. GREENLEAF, G. Global Data Privacy 2019: DPAs, PEAs, and their Networks (March 30, 2019). (2019) *158 Privacy Laws & Business International Report*, 11-14; UNSW Law Research Paper No. 19-68.

4. As mais recentes orientações sobre privacidade da OCDE (*Recommendation of the Council concerning Guidelines governing the Protection of Privacy and Transborder Flows of Personal Data)*, de 2013, por exemplo, avançando com relação à Diretriz de 1980 e à Recomendação de 2007, explicitam a necessidade de que os países membros estabeleçam e mantenham autoridades para *enforcement* da privacidade com a governança, com os recursos e com a *expertise* técnica necessários para exercer suas competências de maneira efetiva e para tomar decisões de maneira objetiva, imparcial e consistente.

5. O artigo 15 da Convenção 108 determina que os países signatários devem constituir uma ou mais autoridades responsáveis por assegurar a observância da convenção, com poderes de investigação e de sancionamento, atuando com completa independência e imparcialidade.

A análise comparativa é, de fato, extremamente útil não apenas na pesquisa científica em ciências sociais, mas também como instrumento de fornecimento de subsídios para a formulação de políticas públicas baseadas em evidências. Conhecer e compreender experiências de outros países viabiliza a formulação e o esclarecimento de conceitos, assim como, em determinadas circunstâncias, a dedução de causas[6]. Ao evidenciar semelhanças e diferenças entre arranjos institucionais e sistemas jurídicos em diferentes países, a análise comparativa torna visíveis aspectos que muitas vezes são de difícil identificação quando se está a analisar somente um caso nacional.

Por outro lado, é preciso ter presente que estruturas institucionais, políticas públicas e ferramentas regulatórias inevitavelmente assumem a coloração das realidades sociais, políticas e econômicas nas quais estão inseridas. Ainda que desenhos jurídicos, regras regulatórias e arranjos institucionais sejam, em certa medida, passíveis de "exportação", o ambiente no qual tais estruturas estão inseridas é, em geral, impossível de ser replicado. Essa afirmação é particularmente verdadeira no campo da proteção de dados pessoais, cujos arranjos jurídicos e institucionais foram, especialmente na Europa, profundamente influenciados por fatos históricos.

Esse é um ponto enfatizado por Bennet e Raab (2018), que salientam que a escolha do repertório de instrumentos regulatórios e de políticas públicas normalmente não decorre de um exercício racional de tomada de decisão, mas é fruto de restrições, estilos e legados específicos de cada contexto, frequentemente condicionados por elementos de natureza subjetiva, cultural e informal[7].

Na mesma linha, Reidenberg salienta que as diferenças entre países no campo das normas sobre privacidade e proteção de dados pessoais refletem escolhas políticas também distintas quanto ao papel atribuído ao Estado, ao mercado e ao indivíduo em sociedades democráticas. Em sua visão, as diferentes interpretações e formas de implementação de normas de proteção da privacidade exercem uma função de governança, seja para conformar ambientes mais apoiados na liberdade de mercados, seja para organizar ambientes socialmente mais protetivos[8].

---

6. HALLIN, D.; MANCINI, P. *Sistemas midiáticos comparados*. Barcelona: Hacer, 2008, p. 2.
7. BENNETT, C; RAAB, C. Revisiting the governance of privacy: Contemporary policy instruments in global perspective. *Regulation & Governance*, September 2018, p. 1.
8. REIDENBERG, J. R. Resolving Conflicting International Data Privacy Rules in Cyberspace, 52, *Stanford Law Review*, 1999, p. 1340 ss.

Tais reflexões são úteis para que se possa compreender as profundas variações encontradas não apenas na estrutura e no tamanho das autoridades de proteção de dados em diferentes países do mundo, mas também para justificar as significativas divergências quanto à própria concepção sobre a finalidade de tais estruturas e seu modo de atuação, assim como os desafios existentes em termos de harmonização e interoperabilidade de marcos jurídicos. É o que se examina a seguir.

3. SURGIMENTO E DESENVOLVIMENTO DAS AUTORIDADES DE PROTEÇÃO DE DADOS PESSOAIS

3.1. Europa

A caracterização do tema de proteção de dados pessoais como objeto de políticas públicas – e não apenas como um problema jurídico – remonta à década de 1960, período a partir do qual se verifica o surgimento de ampla gama de instrumentos legais, autorregulatórios, transnacionais e tecnológicos, adotados em diferentes países, em combinações distintas e com impactos também distintos[9].

Apesar de somente em meados da década de 1990 ter sido aprovada a primeira norma da Comissão Europeia instituindo a exigência de criação de autoridades independentes de proteção de dados pessoais, àquela altura um grande número de países europeus já contava com autoridades dessa natureza em funcionamento[10].

Segundo Viktor Mayer-Schönberger, a primeira geração de normas de proteção de dados pessoais tinha como principal alvo a regulação do funcionamento de computadores e de bases de dados, criando, para tal finalidade, estruturas administrativas com competências para o licenciamento e registro de sistemas computacionais, assim como para a fiscalização de aspectos técnicos ligados à segurança e confidencialidade dos dados tratados. Assim, muitas das primeiras leis de proteção de dados pessoais já previram a criação de Comissões ou Comissários de proteção de dados pessoais. Esse é o caso da Lei de Proteção de Dados Pessoais de Hesse *(Hessisches Datenschutzgesetz)*, na Alemanha, de 1970; da Lei de Proteção de Dados Pessoais de Rheinland-Pfalz, também na Alemanha, de 1974 *(Landesdatenschutzgesetz Rheinland-Pfalz)*; e da lei sueca de Proteção de Dados Pessoais, de 1974 (*Datalag*, 1973:289). Poucos anos depois, inaugurando

9. BENNETT, C; RAAB, C. *op. cit.* p. 2.

10. HIJMANS, H. *The European Union as Guardian of Internet Privacy: the Story of Art 16 TFEU*. Springer, 2016, p. 330.

a segunda geração de leis de dados pessoais, os estatutos de proteção de dados de países como França e Áustria, ambos aprovados em 1978, seguiram a mesma tendência de criação de estruturas administrativas para lidar com o tema[11].

A exigência, em nível europeu, de criação de autoridades públicas independentes, responsáveis pela fiscalização da aplicação das regras de proteção de dados pessoais, foi instituída pela primeira vez pela Diretiva 95/46, de 24 de outubro de 1995, que estabeleceu de maneira detalhada as suas competências e responsabilidades. Por se tratar de uma Diretiva, e não de um Regulamento, a transposição de tal exigência para o direito doméstico foi deixada a cargo dos Estados-membros, por meio de seus processos legislativos nacionais. De acordo com Hijmans, dentre as diversas razões que levaram à decisão de incorporar nas normas europeias a exigência de criação de autoridades de proteção de dados pessoais estava a necessidade de harmonização de práticas existentes, em um contexto em que se aceleravam os fluxos globais de dados pessoais[12].

Atualmente, na União Europeia, onde a proteção de dados pessoais é reconhecida como direito fundamental, a existência de autoridades independentes para assegurar o exercício de tal direito é exigida tanto pela Carta dos Direitos Fundamentais da União Europeia[13] como também pelo Tratado sobre o Funcionamento da União Europeia[14]. O Regulamento Geral de Proteção de Dados Pessoais (Regulamento 2016/679 do Parlamento Europeu e do Conselho, de 27 de abril de 2016 – RGPD), por sua vez, deu concretude a tais comandos, ao detalhar, ao longo de um capítulo inteiro, as características das autoridades públicas independentes responsáveis pela fiscalização da sua aplicação. É o que se verá adiante.

3.2. América Latina

Na América Latina, o surgimento de normas e autoridades responsáveis pela proteção de dados pessoais é normalmente associado à influência do direito

11. MAYER-SCHONBERGER, V. "Generational Development of Data Protection in Europe". In: AGRE, P.; ROTENBERG, M. *Technology and Privacy: the New Landscape*. Cambridge: MIT Press, 1997, pp. 224 ss.

12. HIJMANS, H. *op. cit.*, p. 331.

13. O artigo 8º da Carta de Direitos define o direito fundamental à proteção dos dados de caráter pessoal, estabelecendo, em seu parágrafo terceiro, que o cumprimento das regras correspondentes fica sujeito à fiscalização por parte de uma autoridade independente.

14. O artigo 16(2) do Tratado estabelece que todos têm o direito à proteção dos dados pessoais que lhes digam respeito e especifica que a observância das regras relativas à proteção de dados e ao livre fluxo de dados será controlada por autoridades independentes.

europeu. De fato, de forma semelhante a muitos Estados europeus, os sistemas jurídicos de diversos países da região incorporam pressupostos constitucionais e mesmo instrumentos processuais que associam a proteção da privacidade e da intimidade à própria dignidade da pessoa humana.

No Brasil, por exemplo, muito embora a Constituição de 1988 não explicite o reconhecimento a um direito fundamental à proteção de dados pessoais, o texto constitucional consagra diferentes direitos especificamente voltados a proteger o cidadão quanto ao uso de seus dados pessoais – como os direitos à proteção da intimidade, da vida privada e do sigilo das comunicações. A própria Constituição prevê, ainda, procedimentos para tutelar o exercício de tais direitos face ao Poder Público, como a possibilidade de "obtenção de certidões em repartições públicas, para defesa de direitos e esclarecimento de situações de interesse pessoal" (art. 5, inciso XXXIV, b, da Constituição Federal) e a instituição da figura do *habeas data*, para assegurar o conhecimento de informações relativas à pessoa do impetrante, constantes de registros ou bancos de dados de entidades governamentais ou de caráter público, ou para a retificação de dados (art. 5, inciso LXXII, da Constituição Federal).

De acordo com Cerda Silva, essa é, de fato, uma tendência do constitucionalismo latino-americano, que tem salvaguardado o direito à proteção de dados pessoais não apenas reconhecendo-o como um direito autônomo, mas também estabelecendo ações constitucionais para sua proteção, a exemplo da *acción de tutela* na Colômbia, do *recurso de protección* no Chile e do mandado de segurança no Brasil, além do próprio *habeas data*. Além disso, evidencia-se a tendência de que Constituições da América Latina assegurem direitos e procedimentos para a proteção de tal direito não apenas face ao setor público, mas também face ao setor privado. Por outro lado, assevera Cerda Silva, as normas constitucionais se revelam excessivamente amplas e o tratamento das questões resultantes tem sido realizado precipuamente pelo Poder Judiciário[15].

A região se encontra, assim, em estado de transição de uma regulação fragmentada para a adoção de leis gerais, como ocorreu na Argentina (2000), no Uruguai (2008), no México (2010), no Peru (2011), na Costa Rica (2011), na Nicarágua (2012), na Colômbia (2012) e na República Dominicana (2013). A recente aprovação, no Brasil, da Lei Geral de Proteção de Dados pessoais – LGPD

---

15. CERDA SILVA, A. "Protección de datos personales y prestación de servicios en línea en América Latina" In: BERTONI, E. *Hacia una Internet Libre de Censura: propuestas para América Latina.* Centro de Estudios en Libertad de Expresión y Acceso a la Información de la Facultad de Derecho de la Universidad de Palermo, 2012, p. 169 ss.

(Lei n. 13.709, de 14 de agosto de 2018), vai nessa linha e guarda importantes semelhanças com o marco jurídico europeu, inclusive no que se refere à previsão de criação de uma autoridade independente para assegurar a observância dos direitos e deveres previstos em lei.

Na América Latina, tanto Argentina[16] como Uruguai[17] foram considerados, pela Comissão Europeia, como detentores de níveis adequados de proteção de dados pessoais face à Diretiva 95/46/EC, o que evidencia a proximidade de seus marcos jurídicos com os paradigmas europeus. O Uruguai foi também o primeiro país não europeu a ratificar a Convenção 108. Entretanto, como salienta Nougrères, ainda existem importantes desafios relacionados à efetividade das normas de proteção de dados, agravados pela ausência de integração e harmonização legislativa entre os países da região. Ademais, há significativas dificuldades para assegurar a efetiva independência e autonomia para as autoridades de proteção de dados na América Latina[18].

Lehuedé relata que uma particularidade da região é a íntima conexão entre leis relacionadas à transparência e normas voltadas à proteção de dados pessoais. Tal tendência é evidenciada também na própria definição de estruturas institucionais para lidar com o tema: no México, no Peru, no Uruguai e na Argentina, o mesmo órgão é responsável por tratar de ambos os temas. Em alguns casos, a responsabilidade por promover a proteção de dados foi acrescentada ao rol de competências de órgãos responsáveis por assegurar transparência e acesso à informação; em outros, a autoridade de proteção de dados recebeu também atribuições relativas à transparência. Segundo o autor, tal combinação de competências gera consequências visíveis quanto à ênfase com a qual as autoridades que possuem esse duplo mandato buscam reconciliar os inevitáveis conflitos entre privacidade e transparência[19].

É importante, por fim, observar a influência, na região, de marcos normativos oriundos de outras jurisdições e ambientes, a maior parte das quais têm por pressuposto a existência de estruturas institucionais responsáveis pelo

---

16. Decisão 2003/490/EC.
17. Decisão 2012/484/EC.
18. NOUGRÈRES, A. B. "Data Protection and Enforcement in Latin America and in Uruguay". In: WRIGHT, D.; DE HERT, P. (org). *Enforcing Privacy. Regulatory, Legal and Technological Approaches*. Springer, 2016, pp. 148-149.
19. LEHUEDÉ, H. "*Corporate governance and data protection in Latin America and the Caribbean*", Production Development series, No. 223 (LC/TS.2019/38), Santiago, Economic Commission for Latin America and the Caribbean (ECLAC), 2019, p. 31.

enforcement de normas sobre privacidade e proteção de dados pessoais. Dentre os países da América Latina, México e Chile são membros da Organização para a Cooperação e Desenvolvimento Econômico – OCDE e sofrem influência direta de suas diretrizes sobre o tema, enquanto Brasil, Colômbia e Costa Rica se encontram em processo de acessão àquela organização. Por outro lado, Chile, México e Peru são membros da Cooperação Econômica Ásia-Pacífico – APEC, que possui também um *framework* voltado a viabilizar os fluxos internacionais de dados entre os países integrantes do bloco. Por último, mas não menos importante, cabe mencionar a existência da Rede Ibero-americana de Proteção de Dados, criada em 2003, um importante fórum de harmonização regional, do qual participam também Espanha e Portugal.

3.3. EUA

Conforme mencionado anteriormente, a escolha do repertório de instrumentos e de políticas para lidar com o tema da privacidade e da proteção de dados pessoais é passível de variações significativas, seja em função de elementos relacionados à história de cada país, seja em razão de distintas concepções relacionadas ao papel do Estado. Nesse sentido, é correto apontar que embora haja uma tendência forte, globalmente, de criação de autoridades independentes de proteção de dados pessoais, isso não ocorre em todos os países democráticos.

Nos EUA, o *right to privacy* é um componente fundamental da própria identidade do direito norte-americano, relacionando-se fortemente à ideia da liberdade de ação sem inferência estatal, muito embora em situações de conflito seja frequentemente atribuído maior peso a outros direitos, como a liberdade de expressão[20]. A sistemática estadunidense quanto ao tema é bastante complexa, caracterizada pela inexistência de uma lei geral de proteção de dados nos moldes europeus e pela coexistência de inúmeras leis federais e estaduais destinadas a regular âmbitos ou setores econômicos específicos[21].

No que se refere à proteção de dados face ao setor público, muito embora existam normas jurídicas para lidar com o tema desde a década de 1970 – o

---

20. DONEDA, D. *Da Privacidade à Proteção de Dados Pessoais*. São Paulo: Thomson Reuters Brasil, 2019, p. 215.

21. Nessa linha, como analisa Danilo Doneda, *op. cit.* p. 241, "[o] fato de que a proteção de dados pessoais no direito norte-americano é um sistema bastante empírico, cujo desenvolvimento foi marcado pelo embate de forças, no qual elementos como o *lobby* têm importância fundamental, pode ser inferido do regime de proteção diferenciado reservado a determinados setores e espécies de dados pessoais".

Privacy Act, de 1974, estabelece proteções face aos dados sobre cidadãos armazenados por órgãos federais – não há uma instância de *enforcement* claramente definida quanto ao tratamento de dados pessoais pelo Estado, aplicando-se apenas os mecanismos gerais de freios e contrapesos quanto às atividades do poder público[22].

O mais importante ator regulatório face ao setor privado é a Comissão Federal de Comércio *(Federal Trade Commission – FTC)*, com competências para reprimir práticas comerciais injustas ou enganosas no campo das relações de consumo. A FTC possui competências para promover o cumprimento de diversas normas federais voltadas a temas como proteção do crédito e proteção da infância, tais como o *Fair Credit Reporting Act* (FCRA) e o *Children's Online Privacy Protection Act* de 1998 (COPPA). A FTC também desempenha um papel relevante com relação à viabilização de transferências internacionais de dados pessoais ao abrigo do *EU-US Privacy Shield*, que viabiliza transferências entre os EUA e a União Europeia, e no contexto das regras de transferência da APEC *(Asia Pacific Economic Cooperation Cross-Border Privacy Rules System – APEC-CBPR)*.

Gellman e Dixon salientam, por fim, a importância – assim como as limitações – de processos de auto – e corregulação nos EUA, tanto impulsionadas pelo setor privado como também em resposta a pressões governamentais[23].

4. Principais atribuições de autoridades de Proteção de Dados Pessoais

Uma análise das características e atribuições de autoridades de proteção de dados no mundo revela, de imediato, as importantes modificações pelas quais tais estruturas passaram ao longo das últimas décadas.

No que tange à *forma*, existe uma grande diversidade de configurações de autoridades de proteção de dados. O censo de autoridades de proteção de dados pessoais realizado pelo *International Conference of Data Protection & Privacy Commissioners – ICDPPC*, em 2017, indica uma enorme diversidade,

---

22. Conforme Hijmans, *op. cit*, p. 339, tal sistemática não está necessariamente ancorada em razões legais ou constitucionais, mas pode ter sido simplesmente fruto de oposição no âmbito da administração pública, visto que versões anteriores do US Privacy Act (1974) continham a previsão de criação de um Conselho Federal de Privacidade *(Federal Privacy Board)*.

23. GELLMAN, R; DIXON, P. "Failures of Privacy Self-Regulation in the United States". In: WRIGHT, D.; DE HERT, P. (org.). *Enforcing Privacy. Regulatory, Legal and Technological Approaches*. Springer, 2016, p. 54.

globalmente, quanto aos elementos estruturantes de tais autoridades, no que se refere, por exemplo, à sua estrutura decisória[24], à forma de nomeação de seus dirigentes, à disponibilidade de recursos orçamentários e à quantidade de profissionais trabalhando em tempo integral.

Já no que tange às suas *competências e atribuições*, é visível a ampliação não apenas das competências legais, mas também das expectativas depositadas sobre tais autoridades nos últimos anos, como resposta direta à crescente ênfase atribuída à proteção de novos e ampliados direitos relativos à esfera informacional dos indivíduos. Assim, autoridades que tinham surgido inicialmente apenas com a função de reprimir infrações e aplicar sanções passaram a progressivamente incorporar, adicionalmente, papel análogo ao de um *ombudsman*, recebendo reclamações individualizadas dos cidadãos e exercendo atividades de *advocacy*[25].

Embora se tenha verificado, em alguns países, a tendência de separação, em distintos órgãos administrativos, da função de *advocacy* e da função de julgamento de casos concretos, é, de fato, bastante frequente a coexistência, em um mesmo órgão, de competências (i) de conformação e regulação do ambiente institucional de proteção de dados, por meio do exercício de competências normativas e de atividades de promoção e de defesa de direitos; e (ii) de aplicação de normas de proteção de dados em casos concretos, seja por meio do *enforcement* administrativo, seja por meio de mediação.

A assunção desse duplo papel confere a muitas autoridades de proteção de dados pessoais um caráter híbrido, conforme ressalta András Jori, com ocasional predomínio de um desses papéis em detrimento do outro:

> "Uma forte ênfase na função de *advocacy* é um sinal de alto nível de proteção à privacidade em um país e indica que a Autoridade de Proteção de Dados está funcionando bem. Se a Autoridade está em condições de conformar de maneira eficiente os ambientes jurídicos e não

24. Dentre as diversas possibilidades de estruturação de uma autoridade dessa natureza, uma primeira questão a ser definida diz respeito à escolha entre a indicação de um comissário único, ainda que apoiado por um corpo técnico expressivo, ou a criação de uma comissão ou autoridade com composição colegiada. Ambos os modelos possuem prós e contras: enquanto um comissário único – como é o modelo da autoridade britânica de proteção de dados, por exemplo – pode trazer uma abordagem mais focada e consistente à regulação, um órgão colegiado pode agregar um conjunto mais representativo de competências e de interesses. Cfr. LLOYD, I. J. *Information Technology Law*. Oxford University Press, 2011, p. 62.

25. Cfr. MAYER-SCHONBERGER, V., *op. cit.*, pp. 227-228.

> jurídicos, se consegue resistir a planos do governo e se é um participante ativo na formulação de políticas no país, isso também indica que ela é fundamentalmente independente.
>
> Se a função de aplicação das leis da Autoridade (papel de *enforcement* ou de mediação) é dominante e a função de *advocacy* está ausente ou é secundária, podemos ter razoáveis dúvidas quanto ao nível de proteção à privacidade em um país e quanto à independência da Autoridade. (...) Essa tendência geral pode ser descrita como a 'tecnicização' (ou 'despolitização') da proteção de dados, em que a ênfase não mais recai sobre a proteção de direitos fundamentais, mas sim sobre o cumprimento de regras mais técnicas (e.g. relativas à segurança de dados).[26]"

Sem prejuízo à categorização acima apresentada, é preciso reconhecer que tais funções estruturantes se desdobram em uma miríade de diferentes atividades e competências.

Importante proposta de sistematização de tais atividades e competências foi empreendida por Bennet e Raab ainda em 2003, tendo sido identificados sete diferentes componentes da atuação de uma autoridade de proteção de dados: (i) *ombudsman*; (ii) auditor; (iii) consultor; (iv) educador; (v) negociador; (vi) conselheiro político; e (vii) *enforcer* da lei[27]. Diferentes combinações de tais atividades são encontradas em autoridades de proteção de dados ao redor do mundo, muito embora a ênfase dada a cada um desses papéis possa variar significativamente entre países[28].

Ilustrando esse ponto, cabe mencionar que uma questão crítica no contexto europeu, antes da aprovação do RGPD, dizia respeito às grandes diferenças entre autoridades de diferentes países não apenas quanto à interpretação da Diretiva 95/46/CE, mas também com relação às posturas e comportamentos adotados – algumas assumindo papel próximo ao de ativistas, outros atuando de forma mais parecida com a de autoridades administrativas tradicionais[29].

---

26. JÓRI, A. Shaping vs. Applying Data Protection Law: Two Core Functions of Data Protection Authorities. *International Data Privacy Law* 5, 2015, p. 135.

27. Apesar de ter sido concebida em 2003, essa sistematização é até hoje usada como referência para a análise das atividades de autoridades, como se observa, por exemplo, do Censo realizado pelo ICDPPC em 2017.

28. BENNETT, C; RAAB, C. *The Governance of Privacy: Policy Instruments in Global Perspective*. Ashgate Publishing, 2003.

29. Cfr. JORI, *op. cit.* p. 133.

Nessa linha, há que se salientar a importância do Regulamento Europeu de Proteção de Dados pessoais – RGPD[30] não apenas como instrumento de modernização do arcabouço normativo europeu, mas também como ferramenta de promoção da uniformização de padrões e práticas entre países que, apesar da raiz jurídica comum, tinham, no decorrer dos anos, sofrido algum distanciamento quanto à forma de atuação.

O RGPD incorpora em grande parte as decisões do Tribunal de Justiça da União Europeia sobre o papel das autoridades de proteção de dados pessoais[31] e enumera, em seu artigo 57(1), vinte e duas atribuições, a serem empreendidas mediante o exercício de poderes de investigação, de correção, consultivos e de autorização. Nessa linha, ressalta Bieker, a partir da jurisprudência e da nova legislação, é possível identificar claramente o papel das Autoridades como agentes de proteção de indivíduos e de seus direitos, concebidos para realizar um contraponto aos interesses de grupos empresariais multinacionais:

> "Idealmente, em razão de sua completa independência, as Autoridades supervisoras são também capazes de interagir de maneira discursiva com outros atores estatais, especialmente no Poder Executivo. Essa é a justificativa para conferir a uma autoridade pública ampla independência com relação ao Executivo. (...) No entendimento do Tribunal de Justiça, a forte supervisão pelo Judiciário possui papel chave em assegurar que as Autoridades supervisoras não entendam sua independência como um fim em si mesmo, mas que a utilizam para cumprir seu papel de *advocacy*"[32].

Também Hijmans dá ênfase à independência como característica essencial das autoridades de proteção de dados e como elemento imprescindível para

30. Regulamento (UE) 2016/679 do Parlamento Europeu e do Conselho, de 27 de abril de 2016.

31. No contexto europeu, o Tribunal de Justiça da União Europeia já se debruçou, em diversas oportunidades, sobre a interpretação do papel das Autoridades de Proteção de Dados à luz da Diretiva 95/46/CE. Conforme destaca Bieker, já foram proferidas decisões acerca do escopo de aplicação de leis nacionais, assim como sobre a competência das Autoridades para receber reclamações individuais. Também a noção de independência foi objeto de escrutínio com relação à sua implementação na Alemanha, na Áustria e na Hungria. Cfr. BIEKER, F. "Enforcing Data Protection Law – The Role of the Supervisory Authorities in Theory and Practice". In: LEHMANN, A; WHITEHOUSE, D; FISCHER-HÜBNER, S; FRITSCH, L.; RAAB, C. (eds) *Privacy and Identity Management: Facing Up to Next Steps:* 11th IFIP WG 9.2, 9.5, 96/11.7, 11.4, 11.6/SIG 9.2.2 International Summer School, Karlstad, Sweden, August 21-26, 2016, p. 2.

32. BIEKER, F. *op. cit.*, p. 15.

assegurar a proteção de indivíduos. Muito embora seja possível, em sua visão, identificar semelhanças entre autoridades de proteção de dados pessoais e agências autônomas responsáveis pela supervisão de determinados mercados, há importantes diferenças entre tais estruturas administrativas: de um lado, as tarefas das autoridades de proteção de dados não se voltam à regulação de mercados, mas à proteção de direitos fundamentais; de outro lado, especificamente no contexto europeu, as autoridades de proteção de dados não exercem suas competências com base em delegação governamental, mas possuem garantias de independência que decorrem dos próprios Tratados que estruturam a União Europeia[33].

Assim, como esclarecem Raab e Szekely, o RGPD estabelece novas expectativas e demandas quanto ao papel a ser desempenhado por tais autoridades, com um novo ímpeto em direção à cooperação e à interação (de modo institucional ou informal). Tais novas atribuições se somam aos papéis já anteriormente desempenhados à luz da Diretiva 95/46/CE e das legislações nacionais[34].

5. Tendências recentes e novos desafios

Não há dúvidas de que os desafios relacionados à proteção de dados pessoais têm aumentado de maneira exponencial nos últimos anos e sofrido alterações também de natureza qualitativa. As profundas mudanças ocasionadas pelo processo de transformação digital, com impactos nas esferas econômica, política e social, suscitam inéditos problemas no tocante à privacidade, em um contexto em que dados pessoais se apresentam como insumo imprescindível para as mais variadas atividades econômicas e governamentais.

Para as autoridades de proteção de dados pessoais, essas transformações acarretam a necessidade não apenas de agregação de novos recursos e de atualização do ponto de vista tecnológico, mas de ressignificação de sua forma de atuação face a uma sociedade crescentemente digitalizada, em que a acumulação de dados pessoais representa diferencial competitivo e suscita novas categorias de risco. Tal fenômeno impõe, ainda, a necessidade de aproximação com outros órgãos de governo, destacando-se, nesse sentido, a cada vez mais importante interface entre proteção de dados pessoais e defesa da concorrência.

Diante das dificuldades de proteção de dados pessoais em face de novos usos e novos padrões de processamento de dados pessoais, diferentes tendências

---

33. HIJMANS, *op. cit.*, p. 326.

34. RAAB C.; SZÉKELY, I. Data Protection Authorities and Information Technology. *Computer Law & Security Review* 33, 2017, p. 422.

são identificadas. Segundo Bennet e Raab, existe uma tendência global de que normas mais recentes sobre proteção de dados pessoais enfatizem as possibilidades de regulação e de aplicação de sanções, aumentando o valor das multas pecuniárias e dotando as autoridades de competências fiscalizadoras mais fortes. Em paralelo, verifica-se também uma tendência de intensificação de atividades educacionais e de coordenação transnacional, em busca do estabelecimento de consensos e patamares interpretativos comuns. Observa-se também, em alguns campos, o fortalecimento do argumento de que a regulação baseada em princípios seria mais adequada do que a regulação prescritiva para fazer frente a ambientes dinâmicos e intensivos em tecnologia[35].

É possível identificar também o fortalecimento do discurso quanto à importância de mecanismos corregulatórios, amparados pelas ideias de *accountability*, responsabilização, prestação de contas e uso ético de dados. Apesar da imprecisão conceitual dos termos, observa-se que normas mais recentes têm incorporado elementos que permitem que o próprio setor regulado exerça um relevante papel de conformação do ambiente regulatório, por meio de códigos de conduta privados, regras de boas práticas, selos e certificados livremente pactuados pelos interessados. Trata-se de abordagem que, embora não isenta de críticas, busca oferecer uma alternativa tanto à regulação governamental tradicional como à autorregulação pela indústria, apresentando a possibilidade de instituição de padrões mais efetivos e flexíveis, aptos a oferecer proteção relevante à privacidade[36].

De acordo com Bennet e Raab, tal tendência pode ser resultado, também, de uma abordagem mais responsável quanto ao tema por parte dos principais controladores de dados e das associações de indústria, assim como das mudanças gerenciais e organizacionais que têm permitido que o tema da proteção de dados pessoais ganhe mais proeminência dentro das organizações[37]. Também tem assumido destaque, no debate público e nas estratégias regulatórias, o reconhecimento das potencialidades da própria tecnologia em conformar o ambiente de privacidade ao qual os indivíduos estão sujeitos, dando-se cada vez mais ênfase ao papel do *design* como elemento central para a implementação efetiva de mecanismos de privacidade e de segurança.

Observa-se, assim, que o aumento da visibilidade e da importância do tema da proteção de dados pessoais tem conduzido a uma série de modificações

35. BENNETT, C; RAAB, C. *Revisiting...*, *op. cit.*, pp. 6-7.
36. HIRSCH, D. The Law and Policy of Online Privacy: Regulation, Self-regulation or Co-regulation. *Seattle University Law Review* 34, 2011, pp. 441.
37. BENNETT, C; RAAB, C. *Revisiting...*, *op. cit.*, p. 10.

quanto à estrutura, quanto às atribuições e quanto ao modo de atuação das autoridades responsáveis pelo tema, com crescente ênfase ao papel construtivo dos atores privados e da própria tecnologia na viabilização dos direitos juridicamente estabelecidos.

A análise da trajetória de desenvolvimento das autoridades de proteção de dados pessoais no mundo revela, sem espaço para dúvidas, o amadurecimento e a consagração da importância desses atores institucionais para promover o respeito aos direitos associados à proteção de dados pessoais – essenciais para assegurar o livre desenvolvimento da personalidade e o próprio exercício da cidadania – em uma sociedade movida a dados.

6. Referências

BENNETT, C; RAAB, C. Revisiting the governance of privacy: Contemporary policy instruments in global perspective. *Regulation & Governance*, September 2018.

BENNETT, C; RAAB, C. *The Governance of Privacy: Policy Instruments in Global Perspective*. Ashgate Publishing, 2003.

BIEKER, F. "Enforcing Data Protection Law – The Role of the Supervisory Authorities in Theory and Practice". In: LEHMANN, A; WHITEHOUSE, D; FISCHER-HÜBNER, S; FRITSCH, L.; RAAB, C. (eds) *Privacy and Identity Management: Facing Up to Next Steps:* 11th IFIP WG 9.2, 9.5, 96/11.7, 11.4, 11.6/SIG 9.2.2 International Summer School, Karlstad, Sweden, August 21–26, 2016.

CERDA SILVA, A. "Protección de datos personales y prestación de servicios en línea en América Latina" In: BERTONI, E. *Hacia una Internet Libre de Censura: propuestas para América Latina.* Centro de Estudios en Libertad de Expresión y Acceso a la Información de la Facultad de Derecho de la Universidad de Palermo, 2012. Disponível em http://www.palermo.edu/cele/pdf/internet_libre_de_censura_libro.pdf, consultado em março de 2020.

DONEDA, D. *Da Privacidade à Proteção de Dados Pessoais*. São Paulo: Thomson Reuters Brasil, 2019.

GELLMAN, R; DIXON, P. "Failures of Privacy Self-Regulation in the United States". In: WRIGHT, D.; DE HERT, P. (org). *Enforcing Privacy. Regulatory, Legal and Technological Approaches*. Springer, 2016.

GREENLEAF, G. Global Data Privacy 2019: DPAs, PEAs, and their Networks (March 30, 2019). (2019) *158 Privacy Laws & Business International Report*, 11-14; UNSW Law Research Paper No. 19-68. Disponível em: https://ssrn.com/abstract=3434407, consultado em março de 2020.

GREENLEAF, G. Global Tables of Data Privacy Laws and Bills (6th Ed January 2019) (February 9, 2019). (2019) Supplement to *157 Privacy Laws & Business International*

Report (PLBIR) 16 pgs. Disponível em: https://ssrn.com/abstract=3380794, consultado em março de 2020.

GREENLEAF, G. Sheherezade and the 101 Data Privacy Laws: Origins, Significance and Global Trajectories (September 10, 2013). (2014) *23(1) Journal of Law, Information & Science, Special Edition: Privacy in the Social Networking World.*; UNSW Law Research Paper No. 2013-40. Disponível em: https://ssrn.com/abstract=2280877 ou http://dx.doi.org/10.2139/ssrn.2280877, consultado em março de 2020.

HALLIN, D.; MANCINI, P. *Sistemas midiáticos comparados*. Barcelona: Hacer, 2008.

HIJMANS, H. *The European Union as Guardian of Internet Privacy: the Story of Art 16 TFEU*. Springer, 2016.

HIRSCH, D. The Law and Policy of Online Privacy: Regulation, Self-regulation or Co-regulation. *Seattle University Law Review 34*, 2011, pp. 439-480.

ICDPPC – International Conference of Data Protection & Privacy Commissioners. *Counting on Commissioners: High level results of the ICDPPC Census 2017*. Disponível em: https://icdppc.org/the-conference-and-executive-committee/icdppc-census/, consultado em março de 2020.

JÓRI, A. Shaping vs. Applying Data Protection Law: Two Core Functions of Data Protection Authorities. *International Data Privacy Law 5*, 2015, pp. 133-143.

LEHUEDÉ, H. "*Corporate governance and data protection in Latin America and the Caribbean*", Production Development series, No. 223 (LC/TS.2019/38), Santiago, Economic Commission for Latin America and the Caribbean (ECLAC), 2019.

LLOYD, I. J. *Information Technology Law*. Oxford University Press, 2011.

MAYER-SCHÖNBERGER, V. "Generational Development of Data Protection in Europe". In: AGRE, P.; ROTENBERG, M. *Technology and Privacy: the New Landscape*. Cambridge: MIT Press, 1997.

NOUGRÈRES, A. B. "Data Protection and Enforcement in Latin America and in Uruguay". In: WRIGHT, D.; DE HERT, P. (org). *Enforcing Privacy. Regulatory, Legal and Technological Approaches*. Springer, 2016.

RAAB C.; SZÉKELY, I. Data Protection Authorities and Information Technology. *Computer Law & Security Review 33*, 2017, pp. 421-433.

REIDENBERG, J. R. Resolving Conflicting International Data Privacy Rules in Cyberspace *52, Stanford Law Review*, 1999, pp. 1315-1372.

SCHWARTZ, P. M.; REIDENBERG, J. R. *Data Privacy Law: A Study of United States Data Protection*. Michie Law Publishers, 1996.

Capítulo 6

Desafios da adequação do Poder Público à LGPD

FABRÍCIO DA MOTA ALVES

Advogado, professor de proteção de dados pessoais, representante indicado pelo Senado Federal para o Conselho Nacional de Proteção de Dados e da Privacidade.

1. Breve contexto político-legislativo

A Lei nº 13.709, de 14 de agosto de 2018, formalmente nominada "Lei Geral de Proteção de Dados Pessoais (LGPD)", decorre de um extenso processo legislativo, com nuances políticas pouco – senão jamais – vistas na história da democracia brasileira.

O primeiro projeto de lei que se propunha a tratar do tema data de 2004 e foi uma iniciativa do então senador Sérgio Zambiasi (PTB/RS) e tramitou numerado como PLS 321, de 2004. Sua ementa demonstrou o objeto claro e abrangente: "Dispõe sobre a proteção, o tratamento e o uso dos dados pessoais e dá outras providências". Em sua justificação, constam referências à (hoje revogada) Diretiva 95/46/CE, a Lei portuguesa nº 67, de 1998, e à Lei Orgânica espanhola nº 15, de 1999. Além de uma lúdica referência à antológica obra de George Orwell, 1984. A matéria, porém, não tramitou, nem fora aprovada por todas as Comissões a que fora distribuída, vindo a ser arquivada em definitivo, ao final da legislatura, como preconizam as normas regimentais do Senado Federal.

O segundo projeto sobre o tema foi apresentado oito anos depois, pelo Deputado Milton Monti: trata-se do PL 4060, de 2012, que, em razão de sua antiguidade, foi o condutor regimental de todas as proposições legislativas que se sucederam e veio a ser transformado na LGPD que conhecemos. Fixou-se, aí, um ponto de atenção sobre a temática de proteção de dados pessoais, ao qual foram apensadas outras matérias posteriormente, dentre elas a mais relevante o PL 5276, de 2016, enviado pela Presidente da República.

Um ano depois, o então Senador Antonio Carlos Valadares reapresentou o PLS 321, de 2004, agora sob a nomenclatura do PLS 330, de 2013. A ele foram apensados ainda o PLS 181, de 2014 (Senador Vital do Rêgo) e PLS 131, de 2014 (CPI da Espionagem). Instalou-se, portanto, no Senado Federal, um *locus* de tramitação processual legislativa sobre a matéria.

Até o afastamento da Presidente Dilma Rousseff do cargo, em decorrência do processo de *impeachment*, o controle político sobre a tramitação dos projetos de leis de proteção de dados pessoais vinha sendo exercido pelo Poder Executivo federal, mais precisamente pelo Ministério da Justiça, sob a coordenação da Secretaria Nacional do Consumidor (Senacon). Havia centralidade, comando e direção temática, sem mencionar ampla participação popular, por meio das consultas públicas promovidas pelo Ministério.

No Senado, o fato político de relevância foi a designação do então Senador Aloysio Nunes Ferreira (PSDB-SP) para relatar o PLS 330, de 2013, e seus apensos, perante a Comissão de Ciência, Tecnologia, Inovação, Comunicação e Informática (CCT). Pela importância e envergadura política do parlamentar, bem como por seu perfil técnico e postura suprapartidária na condução dos assuntos sob sua relatoria, o Ministério da Justiça estabeleceu um canal de diálogo direto com o gabinete do parlamentar, o que permitiu, até então, uma evolução significativa na discussão processual de seu relatório e voto, os quais foram aprovados pela Comissão em outubro de 2015, com a anuência política do Ministério da Justiça e da Casa Civil.

Em 2016, porém, o Brasil se viu em meio a um ambiente político-institucional extremamente grave, cujo ápice se deu com o julgamento político-constitucional da Presidente Dilma Rousseff, pelo Senado Federal, por crime de responsabilidade. No dia 12 de maio de 2016, o Senado Federal aprovou a admissibilidade da acusação apresentada pela Câmara dos Deputados, que tem como um de seus efeitos o afastamento temporário da Presidente da República de suas funções e, assim, instaurou-se o processo de *impeachment*.

Como último ato antes do afastamento cautelar, a Presidente enviou, à Câmara dos Deputados, diversas proposições legislativas, entre elas o PL 5276, de 2016, que passou a dominar as atenções do processo legislativo desde então. Ainda assim, foi somente após o julgamento definitivo da Presidente Dilma por crime de responsabilidade que as matérias voltaram a tramitar, desta vez, sob nova formatação do cenário político-parlamentar.

De fato, o Vice-Presidente da República, Michel Temer, assumiu em definitivo o cargo de Presidente da República, a Senacon perdeu o protagonismo e o controle político sobre os projetos de proteção de dados pessoais e o PLS 330, de 2013, relatado pelo Senador Aloysio Nunes Ferreira, passou a ser o protagonista do processo legislativo.

Paralelamente, o Deputado Orlando Silva articulou, juntamente com a Deputada Bruna Furlan, a criação de um Comissão Especial para emitir parecer sobre o PL 5276, de 2016.

Com isso, dois núcleos político-legislativos foram estabelecidos no Congresso Nacional: de um lado, a Câmara dos Deputados conduzia o processo legislativo sobre o PL encaminhado pela Presidente da República. De outro lado, o Senado Federal avançava rapidamente na tramitação do PLS 330, de 2013. Por definição estratégica, a Casa Civil do Governo Michel Temer optou por negociar e discutir técnica e politicamente o PLS 330, de 2013.

Dessa forma, todos os esforços e sugestões de forma e de mérito sobre a regulação legal de proteção de dados trazidos pelo Governo Federal, inclusive quanto à aplicabilidade do texto no setor público, foram direcionados a um texto substitutivo que vinha sendo gestado no Senado Federal.

Muito embora o Deputado Orlando Silva tenha conduzido com grande capacidade técnica e política na Câmara dos Deputados e a despeito de todos os convites do parlamentar direcionados ao Poder Executivo Federal para integrar as articulações do texto naquela Casa legislativa, as sugestões do Governo Federal eram direcionadas ao Senado Federal, no acordo político até então firmado com o Senador Aloysio Nunes e o relator da matéria seguinte, Senador Ricardo Ferraço.

Dessa maneira, havia dois textos sendo construídos: um trabalhado na Câmara dos Deputados com a sociedade civil representada, mas sem participação técnica do Governo Federal, concentrado no PL 5276, de 2016, e outro, no Senado Federal, também aberto à participação popular, mas com a contribuição direta e o canal permanente de diálogo com a Casa Civil, concentrado no PLS 330, de 2013.

Esse cenário demonstra, muito claramente, as razões e deficiências técnicas do texto final da LGPD quanto ao Capítulo do Poder Público, sobre o qual trataremos a partir de agora: as preocupações, percepções e opiniões atualizadas do Governo Federal quanto à temática do poder público não alcançaram o texto da Câmara dos Deputados, o qual fora fortemente baseado tão somente na minuta, ainda imatura e precocemente encaminhada à Câmara dos Deputados por ocasião do afastamento da Presidente Dilma Rousseff.

Em razão disso, diversos problemas de ordem técnica são encontrados no Capítulo destinado ao poder público, conforme veremos adiante.

2. LGPD e poder público: nomenclatura excessivamente plural

Antes de adentrar ao capítulo em si, não podemos nos furtar de analisar o número elevado de nomenclaturas adotadas pela LGPD sempre que referenciando o poder público.

Mais que isso: os termos e expressões utilizados têm conceitos distintos entre si e não poderiam – ou deveriam – ser aplicados como sinônimos, ainda que em um esforço de efetividade da lei de proteção de dados. Para tanto, invocam-se as lições do renomado administrativista, Prof. Hely Lopes Meirelles[1], que classifica os entes ou entidades de direito público como sendo: (i) entidades estatais; (ii) entidades autárquicas; e (iii) entidades fundacionais.

As entidades estatais são "pessoas jurídicas de Direito Público que integram a estrutura constitucional do Estado e têm poderes políticos e administrativos, tais como a União, os Estados-membros, os Municípios e o Distrito Federal. A União é soberana; as demais entidades estatais têm apenas autonomia política, administrativa e financeira, mas não dispõem de Soberania, que é privativa da Nação e própria da Federação."

As entidades autárquicas são "pessoas jurídicas de direito público, de natureza meramente administrativa, criadas por lei específica, para a realização de

---

1. MEIRELLES, Hely Lopes. Direito Administrativo Brasileiro. Malheiros: 2002. pp. 64-65. 27ª edição.

atividades, obras ou serviços descentralizados da entidade estatal que as criou. Funcionam e operam na forma estabelecida na lei instituidora e nos termos de seu regulamento. As autarquias podem desempenhar atividades educacionais, previdenciárias e quaisquer outras outorgadas pela entidade estatal-matriz, mas sem subordinação hierárquica, sujeitas apenas ao controle finalístico de sua administração e da conduta de seus agentes."

E, por fim, as entidades fundacionais são "pessoas jurídicas de Direito Público ou pessoas jurídicas de Direito Privado", devendo a lei definir as respectivas áreas de atuação, conforme inc. XIX do art. 37 da CF, na nova redação dada pela EC 19/98. No primeiro caso elas são criadas por lei, à semelhança das autarquias, e no segundo a lei apenas autoriza a sua criação, devendo o Poder Executivo tomar as providências necessárias à sua instituição."

O Código Civil brasileiro indica, em seu art. 41:

> "Art. 41 – São pessoas jurídicas de direito público interno:
>
> I – a União;
>
> II – os Estados, o Distrito Federal e os Territórios;
>
> III – os Municípios;
>
> IV – as autarquias, inclusive as associações públicas; (Inciso IV com redação determinada por Art. 16, da Lei 11.107/2005)
>
> V – as demais entidades de caráter público criadas por lei.
>
> Parágrafo único. Salvo disposição em contrário, as pessoas jurídicas de direito público, a que se tenha dado estrutura de direito privado, regem-se, no que couber, quanto ao seu funcionamento, pelas normas deste Código."

Importante destacar, desde já, o teor do Enunciado nº 141, da III Jornada de Direito Civil, organizada pelo Conselho da Justiça Federal, que organiza a devida interpretação sobre esse dispositivo do Código Civil[2]:

> "A remissão do art. 41, parágrafo único, do Código Civil às pessoas jurídicas de direito público, a que se tenha dado estrutura de direito privado, diz respeito às fundações públicas e aos entes de fiscalização do exercício profissional."

Esse enunciado terá vez na análise mais à frente deste Capítulo.

---

2. Disponível em: https://www.cjf.jus.br/enunciados/enunciado/226. Acesso em 7 nov. 2021.

Note-se que alguns doutrinadores utilizam a expressão "pessoa jurídica de direito público" como sinônimo de "ente público" ou "entidade estatal", sendo, portanto, uma forma alternativa de se denominar o ente de direito público.

Não obstante, uma leitura simples da LGPD revela a adoção de diversos termos e expressões em normas aplicáveis ao poder público. O quadro a seguir demonstra a multiplicidade redacional, uma possível violação às regras prescritas pela Lei Complementar nº 95, de 26 de fevereiro de 1998, que "dispõe sobre a elaboração, a redação, a alteração e a consolidação das leis, conforme determina o parágrafo único do art. 59 da Constituição Federal, e estabelece normas para a consolidação dos atos normativos que menciona":

Termo ou Expressão	nº de menções
"entidades do poder público"	03
"entidades, organismos ou empresas, públicos ou privados"	01
"órgãos e entidades do Poder Executivo federal"	01
"órgãos setoriais do Poder Público"	01
"entidades públicas" ou "entes públicos"	02
"órgãos e entidades com competências sancionatórias" ou "órgãos e entidades com competências sancionatórias e normativas"	02
"órgãos e entidades da administração pública responsáveis pela regulação de setores específicos da atividade econômica e governamental"	02
Termo ou Expressão	**nº de menções**
"órgãos e entidades do poder público"	02
"órgãos e entidades públicos" ou "entidades e órgãos públicos"	03
"pessoa jurídica de direito público" ou "pessoas jurídicas de direito público"	06
"órgãos e entidades da administração pública federal" ou "órgãos e entidades da administração pública" ou "órgão da administração pública"	07

A forma como se redigem as leis deve respeitar normas específicas garantidoras de maior clareza, precisão e cognição pela sociedade. Mas, no que toca a regulação na LGPD para o poder público, parece não ter havido o mesmo zelo, se comparado às normas gerais aplicáveis ao setor privado do mesmo diploma.

Apenas a título de curiosidade, a norma fundamental da República Federativa brasileira – a Constituição Federal – e seus 250 artigos, além de outros 114 do Ato das Disposições Constitucionais Transitórias, contém uma referência a "setor público", três referências a "pessoa(s) jurídica(s) de direito público", oito a "órgãos públicos", oito a "entidades públicas" e cinquenta e cinco a "poder público". Não mais que isso, onde se vê, claramente, a predominância a esta última expressão.

Outra norma típica da era informacional, a Lei de Acesso à Informação, possui estrutura de nomenclaturas também simplificada: basicamente se refere a "poder público", "órgãos ou entidades" públicas ou do poder público ou da administração pública.

A esse respeito, inclusive, vale destacar uma bem realizada delimitação da aplicabilidade material que a LAI apresenta: o artigo inaugural da lei define os seus destinatários: União, Estados, Distrito Federal e Municípios, entes públicos

O mesmo cuidado não teve a LGPD, ainda que estabelecendo uma remissão, no *caput* do art. 23, ao mesmo artigo 1º, da LAI:

> "Art. 23. O tratamento de dados pessoais pelas pessoas jurídicas de direito público *referidas no parágrafo único do art. 1º da Lei nº 12.527, de 18 de novembro de 2011 (Lei de Acesso à Informação),* deverá ser realizado para o atendimento de sua finalidade pública, na persecução do interesse público, com o objetivo de executar as competências legais ou cumprir as atribuições legais do serviço público, desde que: (...)" [grifamos]

Há, inclusive, um equívoco conceitual nesse intercâmbio de referência normativa, que exigirá um arranjo hermenêutico para devida aplicabilidade da lei de dados brasileira: note-se que o comando expresso no *caput* do art. 23 da LGPD, estabelece regra para tratamento de dados pessoais das pessoas jurídicas de direito público a que se refere a LAI.

É bem verdade que o parágrafo único, do artigo 1º da LAI, inclui entidades autárquicas, fundacionais, empresas públicas e sociedades de economia mista. Também é necessário destacar que a própria LGPD cria um regime equiparado a essas duas últimas categorias de entidades, em seu art. 24, deixando de fora as fundações públicas.

Ora, conforme ensinamento de Hely Lopes Meirelles citado, as entidades fundacionais criadas por entes públicos ou mantidas com seus recursos podem ser pessoas jurídicas de direito privado e, portanto, uma rigorosamente gramatical leitura do art. 23 da LGPD, poderia levar à conclusão de que as regras estabelecidas no Capítulo IV não se aplicariam às fundações públicas constituídas sob a forma de entidades privadas.

Como exemplo de fundação pública dotada de personalidade jurídica de direito privado podemos citar o Instituto de Pesquisa Econômica Aplicada (Ipea), criado pela União Federal por intermédio do Decreto-Lei nº 200, de 25 de fevereiro de 1967.

Seguindo, pois, essa direção, restaria às entidades fundacionais a plena aplicabilidade da LGPD como ente do setor privado, o que seria impensável.

O ideal teria sido uma redação mais precisa e detalhada na LGPD, até mesmo em respeito à Lei Complementar nº 95, de 1998. Porém, não tendo sido essa opção, resta à sociedade interpretar da forma mais adequada a fim de assegurar a maior eficácia do sistema proposto.

Ainda assim, como será visto adiante, essa pluralidade em nada contribui para a devida compreensão da lei. Pelo contrário, colabora para uma dificultosa aplicabilidade, uma vez que boa parte de suas disposições, quando se analisar a responsabilidade do agente de tratamento do poder público, poderá trazer concretos obstáculos para o poder fiscalizatório.

3. Aplicabilidade material da lei ao poder público

É certo que a LGPD possui um capítulo próprio para concentrar a disciplina de suas regras ao poder público: trata-se do Capítulo IV, intitulado "Do Tratamento de Dados Pessoais pelo Poder Público". Composto apenas pelos artigos 23 a 32, o segmento, porém, não exaure as regras aplicáveis especificamente ao setor público.

Basta que se observem núcleos importantes da regulação jurídica que a lei promove, como as regras de aplicabilidade territorial e material (artigos 3º e 4º), os próprios conceitos legais aplicáveis (artigo 5º), os requisitos do tratamento de dados pessoais (artigos 7º e 11), a previsão dos direitos dos titulares de dados pessoais (artigos 17 a 20), a regulação sobre o papel do controlador, operador e encarregado de proteção de dados (artigos 37 a 41) e o sistema sancionador (artigos 52 a 54), para citar algumas.

Não há, portanto, como deixar de observar um conjunto bastante expressivo de regras "gerais", aplicáveis ao tratamento de dados pessoais indistintamente da natureza jurídica do agente de tratamento.

Mesmo porque o processo de adequação e conformidade com a LGPD deve partir de uma visão holística sobre o tema "proteção de dados" e isso também compreende a observância de normas e regras gerais, tal como aquelas previstas em outros trechos da lei brasileira de dados pessoais e não somente nela.

Em relação ao primeiro ponto, é imprescindível observar se a LGPD incide ou não à entidade do poder público, a fim de dimensionar de forma adequada os riscos e mudanças legais, processuais ou comportamentais que haverão de serem promovidas internamente.

Para tanto, uma leitura atenta dos artigos 3º e 4º da LGPD, em especial este último, poderão dar o direcionamento adequado ao gestor público responsável pelo processo de adequação e mesmo a manutenção da conformidade legal.

Evidentemente que, sendo o caso das exceções de aplicabilidade material postas, o ente estatal poderá estar isento, entre outras, de consequências sancionatórias previstas na LGPD, mas nem por isso deve furtar-se a implementar as boas práticas que a lei sugere sejam adotadas, pois, ao final, é da proteção de direitos fundamentais que a legislação trata.

Sem detalhar ou escrutinar os dispositivos citados, vê-se claramente que as exceções de incidência normativa estão relacionadas diretamente à finalidade do tratamento de dados pessoais, pouco importando a natureza jurídica do agente de tratamento. Ou seja, em outras palavras, todas as exceções apresentadas pelo artigo 4º, da LGPD, referem-se à finalidade exclusiva de tratamento no contexto dado.

Se, e quando, o poder público, por meio de suas entidades, realizar tratamento de dados pessoais para fim exclusivamente "jornalístico", "artístico" ou "acadêmico", ainda que numa acepção ampla e subjetiva desses conceitos, a LGPD não se lhe aplicaria, mas apenas para o exercício dessas atividades. Da mesma forma se dá no caso das finalidades relacionadas no inciso III do mesmo artigo, que são exercidas pelo poder público, por meio das entidades competentes para tanto.

Nesse sentido, por exemplo, se o Distrito Federal, quando, por intermédio do seu instrumento competente (polícia judiciária), realiza uma investigação de crime comum cometido nos seus limites político-territoriais, pode até não sofrer a incidência da LGPD para aquela finalidade exclusiva, mas fatalmente terá de se curvar aos ditames dessa lei para realização de tratamento de dados pessoais para outros fins, como no caso de tratar dados pessoais de servidores públicos de seus quadros, como os agentes e delegados de polícia civil e demais servidores.

Dessa maneira, invariavelmente, não haverá um único ente ou órgão público que não deverá estar adequado às regras legais de proteção de dados, ainda que sua atividade fim seja preponderantemente realizada fora do escopo da norma.

4. Riscos jurídicos decorrentes da não regulamentação da LGPD

Outro ponto que merece ser discutido e deve ser aprofundado reside na falta da estruturação da Autoridade Nacional de Proteção de Dados (ANPD), criada pela Medida Provisória nº 869 em dezembro de 2018. Os dispositivos legais que a previram estão vigentes desde então, sem, até o momento de feitura deste capítulo, qualquer notícia do Poder Executivo Federal, mais especificamente do Presidente da República, quanto à sua constituição e estruturação regimental.

De fato, até agora, em termos institucionais, somente foram indicados, para compor o Conselho Nacional de Proteção de Dados e da Privacidade (CNPD), representantes da Câmara dos Deputados, do Senado Federal e do Conselho Nacional do Ministério Público. Nenhum diretor da ANPD teve seu nome submetido ao crivo do Senado Federal, nem o próprio decreto de estruturação regimental fora editado pelo Presidente da República.

Não obstante, um dos mais importantes papéis da Autoridade Nacional, consistente na edição da regulamentação necessária para se concluir o sistema brasileiro de proteção de dados inaugurado com a LGPD, não fora cumprido até então. Do momento em que este Capítulo é redigido até a entrada em vigor da lei, restariam[3] pouco mais de quatro meses, tempo absolutamente insuficiente para o cumprimento pleno dessas atribuições, que cabem ao Conselho Diretor do órgão.

A esse respeito, reproduzimos parte de um artigo escrito por este autor, em coautoria com o membro suplente do CNPD indicado também pelo Senado Federal, em que destrinchamos os pontos pendentes de regulamentação da lei[4]:

> "No melhor cenário, vamos supor que os nomes sejam indicados, aprovados e tomem posse em fevereiro de 2020. Na linha do tempo, restariam apenas 6 meses para que esses Diretores pudessem exercer suas primeiras atribuições, sendo a mais urgente delas a edição de um regimento interno para funcionamento da Casa (art. 55-G, § 2º).
>
> Em seguida, devem elaborar propostas de regulamentações que a lei exige e as submeter à consulta pública, tal como determina a própria LGPD, entre elas o regulamento sobre sanções administrativas

3. Durante a revisão deste texto, fora editada a Medida Provisória nº 959, de 29 de abril de 2020, que, em seu art. 4º, prorroga a entrada em vigor de boa parte da LGPD para 3 de maio de 2021. Referida proposição, obviamente, tem eficácia provisória e deve ser aprovada pelo Congresso Nacional e por suas Casas legislativas para efetiva e definitivamente produzir os efeitos a que se pretende.

4. ALVES, Fabrício da M; VIEIRA, Gustavo A. S. Sem a ANPD, a LGPD é um problema, não uma solução. Disponível em: https://www.jota.info/paywall?redirect_to=//www.jota.info/opiniao-e-analise/artigos/anpd-lgpd-problema-solucao-06012020. Acesso em 7 nov. 2021.

contendo as metodologias para o cálculo do valor-base das multas (art. 53). Mas não somente isso: para se ter uma noção da dimensão desse desafio a ser enfrentado pela primeira Diretoria da ANPD, podemos evidenciar outros pontos que também dependem de regulamentação. São eles:

Características de informações sobre o tratamento de dados pessoais para fins de concretização do direito de acesso facilitado pelo titular e de atendimento ao princípio do livre acesso (art. 9º, caput);

Possibilidade de limitação (ainda maior) da comunicação e do uso compartilhamento de dados pessoais sensíveis entre controladores com o objetivo de obter vantagem econômica (art. 11, § 3º);

Padrões e técnicas utilizadas em processos de anonimização (art. 13, § 3º);

Definição de acesso a dados pessoais e de práticas de segurança para adequação de ambiente controlado e seguro no qual os dados serão tratados para fins de estudos de saúde pública por órgãos de pesquisa (art. 13, caput e § 3º);

Regras de portabilidade de dados pessoais (art. 18, inc. V);

Prazo e termos para atendimento de requerimento de informações realizado pelo titular ao controlador dos seus dados pessoais (art. 18, § 3º);

Termos e formato para atendimento de solicitação, pelo titular, de cópia eletrônica integral de dados pessoais coletados com base no consentimento ou contrato (art. 19, § 3º);

Prazo diferenciado para atendimento de requisição de confirmação de existência ou de acesso a dados pessoais em formato simplificado ou completo para setores específicos (art. 19, § 4º);

Formas de publicidade das operações de tratamento pelo setor público (art. 23, § 1º)

Regras sobre informação à ANPD, por pessoa jurídica de direito público, sobre a comunicação ou o uso compartilhado de dados pessoais com pessoa jurídica de direito privado (art. 27, parágrafo único);

Normas complementares sobre comunicação e uso compartilhado de dados pessoais (art. 30);

Medidas de segurança necessárias para aferição do nível de proteção de dados de país estrangeiro ou de organismo internacional para fins de avaliação da ANPD quanto ao fluxo internacional de dados (art. 34, inc. V);

Regras de definição de conteúdo, de fiscalização e designação de organismos certificadores de definição de cláusulas-padrão contratuais,

> de cláusulas específicas, de normas corporativas globais, selos, certificados e códigos de conduta para fins de transferência internacional de dados (art. 35, caput e § 3º);
>
> Regras para elaboração do Relatório de Impacto à Proteção de Dados Pessoais (art. 38, caput);
>
> Padrões de interoperabilidade para fins de portabilidade, livre acesso aos dados, segurança e tempo de guarda dos registros de operações de tratamento (art. 40);
>
> Normas complementares sobre a definição e as atribuições do encarregado de proteção de dados, inclusive sobre a dispensa de sua indicação (art. 41, § 3º);
>
> Padrões técnicos mínimos para segurança e sigilo dos dados pessoais (art. 46, § 1º);
>
> Prazo para comunicação de incidente de segurança (art. 48, § 1º);
>
> Prazo para solução de reclamação do titular (art. 55-J, inc. V);
>
> Normas, orientações e procedimentos simplificados e diferenciados para adequação à lei por microempresas, empresas de pequeno porte e startups (art. 55-J, inc. XVIII);
>
> Regras para indicação dos representantes da sociedade no Conselho Nacional de Proteção de Dados Pessoais e da Privacidade (CNPD) (art. 58-A, § 3º, inc. I);
>
> Regras para acesso a dados tratados pela União nos termos da Lei de Diretrizes e Bases da Educação Nacional e do Sistema Nacional de Avaliação da Educação Superior) (art. 62); e
>
> Normas de adequação progressiva de bancos de dados constituídos até a data de entrada em vigor da lei (art. 63).
>
> Há, nesse rol, questões de maior ou menor gravidade, a depender da ótica através da qual se enxergue o processo de adequação à LGPD ou mesmo a eficácia do sistema de proteção de dados brasileiro."

Ora, nota-se, claramente, que alguns desses pontos pendentes de regulamentação não possuem qualquer eficácia à regulação jurídica que deles dependem. Sem a ANPD, portanto, essas normas, tanto quanto outras mais, não têm repercussão plenamente estabelecida, pois dependentes de uma diretriz que somente a autoridade competente poderá expedir, dentro das suas atribuições legais.

Para o setor privado, esse vácuo de regulamentação pode ser preenchido com algum grau de assunção de riscos jurídicos e econômicos, bastando adotar, como paradigma do processo de adequação, as regras, interpretações e propostas regulatórias das autoridades supervisoras dos Estados-Membros da União Europeia, já que a LGPD é fortemente inspirada no Regulamento Geral de Proteção de Dados (RGPD).

Todavia, para o poder público, assumir esse risco, sem uma diretriz protocolar de autoridade pública competente, é flertar com a irresponsabilidade administrativa.

Um exemplo claro dessa questão: o edital de pregão eletrônico da Companhia Hidrelétrica do São Francisco – CHESF (PG-70.2020.0510) foi lançado com o seguinte objeto: "Contratação de empresa de prestação de serviço de implantação do programa de governança em privacidade para atendimento à Lei 13.709/2018 – LGPD."

Em seu Termo de Referência nº TR-SGI-003-2019, consta a seguinte descrição de atividades:

Figura 1 – Reprodução gráfica de trecho do TR SGI 003-2019[5]

ELABORAÇÃO E IMPLANTAÇÃO DE PROGRAMA DE GOVERNANÇA EM PRIVACIDADE	
Políticas e normas revisadas sobre todos os temas que envolvem o objeto dessa especificação (ex: segurança de informação, privacidade, entre outros).	
Contratos revisados com as cláusulas ajustadas à LGPD, de acordo com os tipos de contrato do inventário construído.	
Desenho do(s) processo(s) de tratamento de DSRs (Data Subject Requests) e de gerenciamento de consentimento.	
Proposta de ajustes, validada pela equipe da Chesf, nos procedimentos de gestão de incidentes.	
Relatórios de impacto à proteção de dados pessoais (DPIA).	

Note-se que, da descrição dos serviços entregáveis acima reproduzido, todos dependem ou serão afetados pela regulamentação que está por vir, conforme a seguir destacado: falta regulamentação sobre a regra prescrita no art. 18, § 3º, em que a ANPD definirá o prazo para atendimento dos pedidos de acesso a dados pelo titular (*Data Subject Access Request*); as formas de publicidade das operações de tratamento pelo setor público (art. 23, § 1º); as regras para elaboração do Relatório de Impacto à Proteção de Dados Pessoais (art. 38, caput); os padrões técnicos mínimos para segurança e sigilo dos dados pessoais (art. 46, § 1º); e, por fim, sobre as normas de adequação progressiva de bancos de dados legados (art. 63).

5. Disponível em: http://aplicprod.chesf.gov.br/eeditalapi/api/aviso/arquivo/Download?id=1461. Acesso em: 7 nov. 2021.

Um processo licitatório dessa magnitude e com a importância que tem, inclusive em relação à responsabilidade administrativa e civil, bem como o serviço público objeto da contratação, serão fatalmente impactados por normas complementares que a ANPD editará. O que significa dizer que há grande possibilidade de o processo de adequação por que pretende passar a entidade licitante acima deverá ser revisto, modificado, refeito ou complementado de alguma maneira (com impactos financeiro-orçamentários ainda imprevistos).

E não apenas: na falta de regulamentação e, portanto, de diretrizes oficiais de autoridade competente para se proceder a todas as nuances, ações e etapas necessárias à execução de um projeto de adequação em LGPD, como poderia o gestor público dar seguimento a um programa de conformidade legal?

Isso porque toda essa discussão decorre de um princípio inafastável aplicável à Administração Pública: o princípio da legalidade. Miguel Seabra Fagundes já afirmava: "administrar é aplicar a lei de ofício"[6]. Na mesma toada, José Afonso da Silva leciona que princípio da legalidade é a "a submissão e o respeito à lei, ou a atuação dentro da esfera estabelecida pelo legislador."[7]

Traduzido em parâmetros compatíveis com a análise presente, isso significa que qualquer obrigação posta pelo Estado somente o pode ser mediante o respeito e a compatibilidade plena com o devido processo legislativo prescrito pelo ordenamento jurídico vigente. O que inclui o exercício efetivo do poder regulamentar, quando e se autorizado e nos limites impostos pelo legislador.

Dessa maneira, a ausência de regulamentação impacta diretamente a capacidade e a eficiência da Administração Pública de todos os poderes em definir seu processo de adequação à LGPD.

Necessário pontuar que, na ausência de norma regulamentadora da lei que se pretende aplicar, o próprio cidadão fica desamparado, ante a possível fragmentação regulatória que disso pode decorrer: se cada órgão ou entidade do poder público interpretar a lei ao seu modo e adotar os processos e procedimentos que lhes convier, o sistema de proteção de dados brasileiro será fragilizado em uma percepção macrossocial.

Isso sem mencionar os riscos regulatórios e de responsabilidade civil que recaem sobre o ente público e, pela via regressiva, ao agente público. Ou, ainda, de responsabilidade administrativa, inclusive quanto à possível caracterização

---

6. FAGUNDES, Miguel S. O controle dos atos administrativos pelo poder judiciário. Revista de Direito Administrativo nº 179/180. p. 53.
7. SILVA, José Afonso. Curso de Direito Constitucional Positivo, 33ª edição, Malheiros Editores, 2009. p. 422.

de seus atos como atos de improbidade administrativa, sobretudo se repercutir em prejuízo ao erário.

5. A desconformidade com a LGPD como ato de improbidade administrativa

Ainda durante a tramitação da Medida Provisória nº 869, de 2018, foram realizadas diversas audiências públicas pela Comissão Mista designada para sua apreciação. Entre elas, uma em particular contou com a presença do Promotor de Justiça e Coordenador da Unidade Especial de Proteção de Dados e Inteligência Artificial do Ministério Público do Distrito Federal e Territórios (MPDFT), Frederico Meinberg Ceroy.

Em sua fala, durante a 4ª Reunião da Comissão Mista, realizada no dia 10 de abril de 2019[8], o promotor de justiça foi enfático ao defender que o agente público ou servidor público poderá responder a ações de improbidade administrativa (Lei nº 8.429, de 1992) pela não observância da LGPD.

A própria lei deixa claro, em seu artigo 52, destinado à previsão das penalidades:

> "Art. 52. ....
>
> § 3º O disposto nos incisos I, IV, V, VI, X, XI e XII do caput deste artigo poderá ser aplicado às entidades e aos órgãos públicos, sem prejuízo do disposto na Lei nº 8.112, de 11 de dezembro de 1990, na *Lei nº 8.429, de 2 de junho de 1992*, e na Lei nº 12.527, de 18 de novembro de 2011." [grifamos]

Não que fosse necessário manter essa disposição legal, uma vez que o ato de improbidade é assim classificado conforme tipificação prevista na lei de regência. Mas se trata de uma eloquente forma de advertir o agente público quanto ao alcance de suas ações ou omissões em matéria de conformidade legal.

De maneira similar, a Lei de Acesso à Informação tratou a questão:

> "Art. 32. Constituem condutas ilícitas que ensejam responsabilidade do agente público ou militar:
>
> ....
>
> § 2º Pelas condutas descritas no caput, poderá o militar ou agente público responder, também, *por improbidade administrativa*, conforme

8. Disponível em: https://www12.senado.leg.br/multimidia/evento/86989. Acesso em 7 nov. 2021.

> o disposto nas Leis nºs 1.079, de 10 de abril de 1950, e *8.429, de 2 de junho de 1992.*" [grifamos]

A jurisprudência em torno da questão se avoluma, inclusive quanto à culpabilidade do agente público, da qual destacamos julgado recentemente proferido pelo Tribunal Regional Federal da 4ª Região, nos autos da Apelação Cível 5003488-40.2012.4.04.7102/RS:

> "No tocante ao elemento subjetivo da conduta irregular, oportuno reiterar que, para os atos enquadráveis no artigo 10 da Lei n.º 8.429/1992, basta a culpa em qualquer de suas modalidades, somada ao dano ao erário, e, para os casos previstos nos art. 9º e 11, é exigível o dolo genérico, para cuja configuração é suficiente a simples vontade consciente de aderir à conduta, produzindo os resultados vedados pela norma jurídica – ou, ainda, a simples anuência aos resultados contrários ao Direito quando o agente público ou privado deveria saber que a conduta praticada a eles levaria (...)."

Ora, é sabido que os atos de improbidade administrativa, assim compreendidos aqueles disciplinados pela Lei nº 8.429, de 1992, são classificados em três categorias: os que importam em enriquecimento ilícito (artigo 9º), os que causam prejuízo ao erário (artigo 10) e os que afrontam os princípios da Administração Pública (artigo 11). Nesse sentido, a desconformidade legal com as regras de proteção de dados são enquadráveis em qualquer dessas categorias de ato improbo, a depender da circunstância.

Nessa direção, a recusa ou omissão do gestor público em, por exemplo, negar ato de ofício e dar ampla publicidade de atos oficiais já é suficiente para o ajuizamento de ações civis públicas, pelo Ministério Público Federal, por ato de improbidade administrativa. Mesmo porque a tipicidade do ilícito administrativo é clara na Lei de Improbidade Administrativa (art. 11, inc. IV).

Nesse sentido, muito brevemente, órgãos técnicos e de controle passarão, eles mesmos, pelo processo de conformidade legal e, independente disso, a expedir recomendações aos demais entes e órgãos do poder público. Nesse sentido, uma das discussões mais severas na doutrina e jurisprudência em torno da caracterização da improbidade administrativa será ultrapassada. Ora, a jurisprudência do Superior Tribunal de Justiça (STJ) tem se dedicado a firmar o entendimento no sentido de exigir a exigência do dolo para caracterização do ato improbo:

> "ADMINISTRATIVO. AÇÃO DE IMPROBIDADE. Lei 8.429/92. ELEMENTO SUBJETIVO DA CONDUTA. IMPRESCINDIBILIDADE.

1. A ação de improbidade administrativa, de matriz constitucional (art.37, § 4º e disciplinada na Lei 8.429/92), tem natureza especialíssima, qualificada pelo singularidade do seu objeto, que é o de aplicar penalidades a administradores ímprobos e a outras pessoas – físicas ou jurídicas – que com eles se acumpliciam para atuar contra a Administração ou que se beneficiam com o ato de improbidade. Portanto, se trata de uma ação de caráter repressivo, semelhante à ação penal, diferente das outras ações com matriz constitucional, como a Ação Popular (CF, art. 5º, LXXIII, disciplinada na Lei 4.717/65), cujo objeto típico é de natureza essencialmente desconstitutiva (anulação de atos administrativos ilegítimos) e a Ação Civil Pública para a tutela do patrimônio público (CF, art. 129, III e Lei 7.347/85), cujo objeto típico é de natureza preventiva, desconstitutiva ou reparatória.

2. Não se pode confundir ilegalidade com improbidade. A improbidade é ilegalidade tipificada e qualificada pelo elemento subjetivo da conduta do agente. *Por isso mesmo, a jurisprudência dominante no STJ considera indispensável, para a caracterização de improbidade, que a conduta do agente seja dolosa*, para a tipificação das condutas descritas nos artigos 9º e 11 da Lei 8.429/92, ou pelo menos culposa, nas do artigo 10 (v.g.: REsp 734.984/SP, 1 T., Min. Luiz Fux, DJe de 16.06.2008; AgRg no REsp 479.812/SP, 2ª T., Min. Humberto Martins, DJ de 14.08.2007; REsp 842.428/ES, 2ª T., Min. Eliana Calmon, DJ de 21.05.2007; REsp 841.421/MA, 1ª T., Min. Luiz Fux, DJ de 04.10.2007; REsp 658.415/RS, 2ª T., Min. Eliana Calmon, DJ de 03.08.2006; REsp 626.034/RS, 2ª T., Min. João Otávio de Noronha, DJ de 05.06.2006; REsp 604.151/RS, Min. Teori Albino Zavascki, DJ de 08.06.2006).

3. *É razoável presumir vício de conduta do agente público que pratica um ato contrário ao que foi recomendado pelos órgãos técnicos, por pareceres jurídicos ou pelo Tribunal de Contas.* Mas não é razoável que se reconheça ou presuma esse vício justamente na conduta oposta: de ter agido segundo aquelas manifestações, ou de não ter promovido a revisão de atos praticados como nelas recomendado, ainda mais se não há dúvida quanto à lisura dos pareceres ou à idoneidade de quem os prolatou. Nesses casos, não tendo havido conduta movida por imprudência, imperícia ou negligência, não há culpa e muito menos improbidade. A ilegitimidade do ato, se houver, estará sujeita a sanção de outra natureza, estranha ao âmbito da ação de improbidade.

4. Recurso especial do Ministério Público parcialmente provido. Demais recursos providos."[9] [grifamos]

---

9. REsp 827445/SP, Rel. Ministro LUIZ FUX, Rel. p/ Acórdão Ministro TEORI ALBINO ZAVASCKI, PRIMEIRA TURMA, julgado em 02/02/2010, DJe 08/03/2010.

A questão ganha contornos ainda mais contundentes quando se analisa o cenário sob a ótica da ofensividade do ato ímprobo, de maneira a repercutir em dano moral coletivo. Isso porque a proteção de dados é direito alinhado à própria noção de coletividade, enquanto a privacidade, à do indivíduo. Nesse sentido, os dados pessoais e a forma como são tratados têm impacto direto na coletividade, para muito além da esfera íntima afeta ao interesse privado do cidadão.

Por isso, rememora-se o conceito de dano moral coletivo, a fim de reforçar o alerta que ora promovemos, conforme lição de Carlos Alberto Bittar Filho[10]:

> "Assim, pode-se afirmar que o dano moral coletivo é a injusta lesão da esfera moral de uma dada comunidade, ou seja, é a violação antijurídica de um determinado círculo de valores coletivos. Quando se fala em dano moral coletivo, está-se fazendo menção ao fato de que o patrimônio valorativo de uma certa comunidade (maior ou menor), idealmente considerado, foi agredido de maneira absolutamente injustificável do ponto de vista jurídico: quer isso dizer, em última instância, que se feriu a própria cultura, em seu aspecto imaterial. Tal como se dá na seara do dano moral individual, aqui também não há que se cogitar de prova da culpa, devendo-se responsabilizar o agente pelo simples fato da violação (*damnum in re ipsa*)."

Outro ponto a se considerar, na presente abordagem, diz respeito à estrita e necessária observância dos princípios de proteção de dados, prescritos no artigo 6º, da LGPD. É assente na doutrina europeia a força e a importância dos princípios norteadores do tratamento e da regulação em privacidade e proteção de dados. Inclusive, não são raros os casos de violação dos princípios que repercutem em infração às leis de proteção de dados.

Nesse contexto, torna-se anda mais eloquente a lição de Marçal Justen Filho, *verbis*:

> "Deve lembrar-se que a relevância do princípio não reside na sua natureza estrutural, mas nas suas aptidões funcionais. Vale dizer, o princípio é relevante porque impregna todo o sistema, impondo ao conjunto de normas certas diretrizes axiológicas. *O princípio é importante não exatamente por ser a origem das demais normas, mas porque todas elas serão interpretadas e aplicadas à luz dele*. Quando se identifica o

10. BITTAR FILHO, Carlos Alberto. B. Repertório IOB de jurisprudência. Nº 3/12290. p. 271.

princípio fundamental do ordenamento jurídico, isola-se todas as normas dele integrantes."[11] [grifamos]

Associa-se ao jurista o Professor Celso Antônio Bandeira de Mello:

> "*Violar um princípio é muito mais grave do que transgredir uma norma qualquer*. A desatenção ao princípio implica ofensa não apenas a um específico mandamento obrigatório, mas a todo o sistema de comandos. *É a mais grave forma de ilegalidade ou inconstitucionalidade*, conforme o escalão do princípio atingido, porque representa insurgência contra todo o sistema, subversão de seus valores fundamentais, contumélia irremissível a seu arcabouço lógico e corrosão de sua estrutura mestra. Isso porque, com ofendê-lo, abatem-se as vigas que o sustêm e alui-se a toda a estrutura nelas esforçada."[12] [grifamos]

Dessa maneira, não há caminho menos complexo ou atalhado: a conformidade legal em proteção de dados, para o poder público, ganha contornos ainda mais desafiadores, com consequências que vão muito além das penalidades previstas no artigo 52, das quais se excluem, inclusive as penas de multa simples e multa diária.

Fato é que a discussão se inaugura tem reflexos significativos por toda a estrutura jurídica e administrativa do Estado brasileiro.

6. Desafios para indicação do encarregado de proteção de dados

Por fim, dentre os já extensivos e desafiadores problemas postos, aqui não se pretendendo exaurir o assunto, está a indicação obrigatória e inafastável do chamado "encarregado sobre o tratamento de dados pessoais".

A LGPD buscou, na definição legal, apresentar o encarregado como sendo uma indicação tanto do controlador, como do operador (art. 5º, inc. VIII). Todavia, na regulação jurídica sobre a função, buscou estabelecer apenas a obrigatoriedade de sua indicação pelo controlador (art. 41, *caput*).

Essa é, sem dúvida, uma leitura apressada da questão.

Isso porque, no artigo 23, *caput* e incisos I e III, está claro que o tratamento de dados pessoais somente poderá ocorrer se concorrerem as seguintes circunstâncias:

---

11. JUSTEN FILHO, Marçal. Comentários à Lei de Licitações e Contratos Administrativos. Editora Dialética. 11ª ed., p. 41.

12. Curso de Direito Administrativo, 18ª Edição, Editora Malheiros, p. 883.

i. Forem informadas as hipóteses em que, no exercício de suas competências, os órgãos e entidades públicas realizam o tratamento de dados pessoais, fornecendo informações claras e atualizadas sobre a previsão legal, a finalidade, os procedimentos e as práticas utilizadas para a execução dessas atividades, em veículos de fácil acesso, preferencialmente em seus sítios eletrônicos; e
ii. For indicado um encarregado quando realizarem operações de tratamento de dados pessoais.

Ora, verifica-se que a indicação do encarregado não é mera obrigação, como se dá com os entes privados, mas *condição* autorizadora do tratamento de dados pessoais. E mais: aplicável às pessoas jurídicas de direito público referidas no parágrafo único do art. 1º da Lei nº 12.527, de 18 de novembro de 2011 (Lei de Acesso à Informação).

Portanto, não há aqui distinção quanto ao papel exercido pelo ente público: se controlador ou operador de dados pessoais. Sendo a categoria de pessoa jurídica prevista no caput do artigo 23, ou, ainda, se empresa pública ou sociedade de economia mista quando no exercício de políticas públicas (artigo 24), a indicação de encarregado de proteção de dados é imposição inafastável, sequer sujeita à dispensa, nos termos do artigo 41, § 3º.

Outro ponto relevante, quanto à indicação do encarregado, seria o possível risco de desvio de função pública, prática vedada pela Constituição Federal, em seu art. 37, *caput*. Compreende-se o desvio de função como sendo o exercício de atividades, pelo servidor público, estranhas àquelas que correspondem ao cargo para o qual foi nomeado e empossado, ou seja, que não correspondam à competência de seu cargo público.

Trata-se, segundo a melhor doutrina e a jurisprudência dominante, de uma violação ao princípio do concurso público[13], importando o dever de correção, pela Administração Pública, se constatada a irregularidade:

> "(...) a administração pública promove o denominado "desvio de função", vale dizer, o dirigente da unidade administrativa de lotação do servidor impõe a este o exercício de atribuições de outro cargo, diversas daquelas que correspondem ao cargo para o qual ele foi nomeado e empossado.
>
> (...)

13. ARE 1.183.394, rel. min. Gilmar Mendes, dec. monocrática, j. 1º-2-2019, DJE 23 de 6-2-2019.

> Nessas circunstâncias, em virtude da exigência constitucional de aprovação em concurso público específico para cada cargo, não pode o servidor, depois da Constituição de 1988, ser 'reenquadrado' no cargo cujas atribuições está indevidamente sendo obrigado a exercer.
>
> (...) constatado o desvio, deve a administração adotar as providências necessárias à imediata cessação dessa anomalia (e responsabilizar quem a ocasionou)."[14]

Cabe, no entanto, uma discussão: seria o encarregado um novo cargo ou uma nova função atribuída a cargo preexistente? Explica-se: o encarregado tem suas atribuições definidas pela própria LGPD (art. 41, § 2º, complementado pelo art. 5º, inc. VIII). O que se compreende é que o encarregado possui atribuições que lhe permitem ser cumuladas com outras, observadas as advertências exaustivamente publicizadas pelas autoridades supervisoras de proteção de dados dos Estados-membros da União Europeia.

Não temos, ainda, no Brasil, discussão a esse nível pelos órgãos e entes públicos, daí, por óbvio, inexistir um cargo de encarregado de proteção de dados, o que exigia sua criação por lei em sentido estrito.

Porém, dada a complexidade das atribuições e responsabilidades civis e administrativas sobre o encarregado, bem como a importância de sua presença no sistema de proteção de dados, essa discussão tende a ganhar corpo.

7. Guia de Boas Práticas – Lei Geral de Proteção de Dados (LGPD)

Durante a feitura deste capítulo, o Governo Federal lançou um Guia de Boas Práticas para Implementação na Administração Pública Federal[15], numa iniciativa conjunta que contou com o apoio técnico de membros da Advocacia Geral da União, Casa Civil, Controladoria Geral da União, Gabinete de Segurança Institucional, Instituto Nacional de Seguro Social e Ministério da Economia.

Em sessenta e cinco páginas, o Guia aborda desde questões conceituais da LGPD até aspectos práticos. É o caso do item 2.5, que versa sobre o Relatório de Impacto à Proteção de Dados Pessoais (RIPD), e o item 3, que trata do Ciclo de Vida.

---

14. ALEXANDRINO, Marcelo; PAULO, Vicente. Direito Administrativo Descomplicado. 18ª Ed. São Paulo: Método, 2010. p. 268 e 269.

15. Disponível em https://www.gov.br/governodigital/pt-br/seguranca-e-protecao-de-dados/guias/guia_lgpd.pdf. Acesso em 3 mar. 2022.

De forma didática, mas ainda distante do que se deveria esperar do poder público, o documento representa um primeiro (e, até o momento, único) esforço do Poder Executivo federal no sentido de apresentar à sociedade, em particular, ao próprio poder público, alguma direção no sentido dos primeiros passos para a conformidade legal.

No entanto, não deixa de ser curiosa e peculiar a situação: na ausência absoluta da autoridade competente para a elaboração de tais diretrizes – ou seja, da ANPD – o próprio Governo federal edita e publica um guia com essa proposta.

Realizado, ainda, por servidores vinculados a diversos órgãos públicos, mas não à autoridade central sobre o tema.

Certamente, o documento será revisto e reeditado, uma vez instituída a ANPD. Questão que se coloca, desde já: e se o documento não for chancelado, e suas sugestões e orientações, com as melhores práticas a serem adotadas pela ANPD?

Enfim, louvável o esforço, no vácuo de poder, mas preocupante, pela incongruência entre a ação e a omissão promovidas pelo mesmo Poder republicano.

8. Conclusão

O presente capítulo apenas inaugura um debate e não se presta a esgotar o tema. Pelo contrário, diversas temáticas hão de serem abordadas, em particular decorrentes da relação poder público – entidades privadas, quanto ao compartilhamento de dados pessoais. Mas, por ora, basta que evidenciemos essas circunstâncias postas, para avançar sobre os demais pontos em momento oportuno.

As questões são seguramente mais complexas do que se pode observar, dada a correlação sistêmica que se faz necessária da LGPD com as normas cogentes igualmente aplicáveis ao poder público e, mais ainda, aos setores sob incidência de regulações próprias.

Nesse sentido, espera-se que a atuação coordenada da ANPD possa lançar luz sobre diversos pontos ainda obscuros, de maneira a ampliar a efetividade da própria LGPD na sociedade brasileira.

9. Referências bibliográficas

ALEXANDRINO, Marcelo; PAULO, Vicente. Direito Administrativo Descomplicado. 18ª Ed. São Paulo: Método, 2010.

ALVES, Fabrício da M; VIEIRA, Gustavo A. S. Sem a ANPD, a LGPD é um problema, não uma solução. Disponível em: https://www.jota.info/paywall?redirect_to=//

www.jota.info/opiniao-e-analise/artigos/anpd-lgpd-problema-solucao-06012020. Acesso em 7 nov. 2021.

BITTAR FILHO, Carlos Alberto. Repertório IOB de jurisprudência. Nº 3/12290, 1996.

BRASIL. [Constituição (1988)]. Constituição da República Federativa do Brasil de 1988. Brasília, DF: Presidência da República, [2020]. Disponível em: http://www.planalto.gov.br/ccivil_03/Cnonstituicao/Constituiçao.htm. Acesso em: 7 nov. 2021.

BRASIL. Lei nº 13.709, de 14 de agosto de 2018. Lei Geral de Proteção de Dados Pessoais (LGPD). Brasília, DF: Presidência da República [2020]. Disponível em: http://www.planalto.gov.br/ccivil_03/_ato2015-2018/2018/lei/L13709.htm. Acesso em: 7 nov. 2021.

BRASIL. Lei nº 8.112, de 11 de dezembro de 1990. Brasília, DF: Presidência da República [2020]. Disponível em: http://www.planalto.gov.br/ccivil_03/leis/l8112cons.htm. Acesso em: 7 nov. 2021.

BRASIL. Decreto-Lei nº 200, de 25 de fevereiro de 1967. Brasília, DF: Presidência da República [2020]. Disponível em: http://www.planalto.gov.br/ccivil_03/decreto-lei/del0200.htm. Acesso em: 7 nov. 2021.

BRASIL. Lei nº 10.406, de 10 de janeiro de 2002. Brasília, DF: Presidência da República [2020]. Disponível em: http://www.planalto.gov.br/ccivil_03/leis/2002/l10406.htm. Acesso em: 7 nov. 2021.

FAGUNDES, Miguel S. O controle dos atos administrativos pelo poder judiciário. Revista de Direito Administrativo nº 179/180, 1950.

JUSTEN FILHO, Marçal. Comentários à Lei de Licitações e Contratos Administrativos. Editora Dialética. 11ª ed., 2005.

MEIRELLES, Hely Lopes. Direito Administrativo Brasileiro. Malheiros: 2002. 27ª edição.

MELLO, Celso A. B. de. Curso de Direito Administrativo, 18ª Edição, Editora Malheiros, 1996.

SILVA, José Afonso. Curso de Direito Constitucional Positivo, 33ª edição, Malheiros, 2005.

Capítulo 7

Base legal "Legítimo Interesse" e seus desdobramentos

Fernanda Simplicio Maia

Advogada especializada em Direto Digital e associada do Leonardi Advogados, onde atua com consultoria jurídica e regulatória e contratos com temas relacionados à proteção de dados e privacidade e tecnologia. Certificada pela EXIN Privacy and Data Protection Essentials (PDPE) e coautora das obras "Direito e Internet IV – Sistema de Proteção de Dados Pessoais" e da "Revista de Direito e as Novas Tecnologias". Cofundadora do LGPD Acadêmico e coautora de e-books – 1) Programa de Adequação à Proteção de Dados Pessoais – Guia Prático e 2) Lei Geral de Proteção de Dados e as Investigações Corporativas. fernandasimpliciomaia@gmail.com

Remilina Yun

Advogada especializada em Gestão de Riscos e *Compliance* com experiência na área jurídica, auditoria interna, implementação e gestão de canal de denúncias, bem como nas conduções de investigação de fraudes. Tutora da Trilha Fraude Cibernética pelo Instituto de Pesquisa do Risco Comportamental (IPRC). Certificada pela EXIN Information Security Foundation – ISO IEC 27001. Gestão de Projetos pela Universidade de Ohio – LAIOB. Graduada em Direito pela Universidade Presbiteriana Mackenzie. Pós-Graduada em MBA em Gestão de Riscos e *Compliance* pela Trevisan Escola de Negócios. Professora convidada pela New Law – Pós-graduação em Direito (Avaliação de Impacto e *Risk Management*). Professora convidada pela

Associação Paulista da Propriedade Intelectual. Fundadora do LGPD Acadêmico e coautora de e-books *creative commons* – 1) Relatório de Impacto à Proteção de Dados Pessoais, Aspectos Práticos Relevantes à luz da LGPD; 2) Políticas de Privacidade; 3) Programa de Adequação à Proteção de Dados Pessoais – Guia Prático; 4) Lei Geral de Proteção de Dados e as Investigações Corporativas. Fundadora da WithLab.
remi.yun86@gmail.com

1. Introdução

A Lei Geral de Proteção de Dados (LGPD), ao ser sancionada, impôs às organizações e sociedade como um todo diversas obrigações e responsabilidades. Uma delas foi quanto à adoção de fundamentos jurídicos para as atividades de tratamento de dados pessoais, conhecidas também como bases legais.

Dentre as dez bases legais descritas na LGPD, o "Legítimo Interesse" tem se mostrado a mais flexível e ao mesmo tempo a com maior nível de criticidade em sua adoção prática, pois ao enquadrar um tratamento de dados pessoais nesta base legal, deverá ser feita uma avaliação em razão dos riscos jurídicos inerentes à sua flexibilidade. Tal avaliação deverá conter também as condições mínimas que as empresas assegurarão à luz dos direitos dos titulares de dados.

O presente artigo explicará todas as particularidades da aplicação desta base legal, como a obrigatoriedade da elaboração do Relatório de Impacto à Proteção de Dados Pessoais (RIPD). Além disso, desmitificará a natureza do RIPD, que erroneamente é equiparado à Avaliação de Legítimo Interesse, conhecida como *Legitimate Interest Assessment* ou "LIA", conforme interpretação do considerando 47 da regulação europeia[1].

1. UNIÃO EUROPEIA. GENERAL DATA PROTECTION REGULATION, 25 maio 2018. Disponível em: https://gdpr-info.eu/>. Acesso em: 7 nov. 2021.

Assim, ao longo do artigo serão demonstrados os diversos desdobramentos que estão inerentes a esta base legal. Vale ressaltar que a futura Autoridade de Proteção de Dados Pessoais tem como um de seus objetivos regular diversas lacunas sobre o tema, o que poderá influenciar no conteúdo aqui descrito.

2. Legítimo Interesse como Base Legal

A Lei 13.709/2018, conhecida como "Lei Geral de Proteção de Dados Pessoais" (LGPD), estabelece diretrizes específicas em relação ao tratamento de dados pessoais. No ordenamento jurídico brasileiro, sobre este tema, existiam apenas normas setoriais esparsas.

Uma dessas diretrizes é a adoção de uma base legal específica para cada atividade de tratamento de dados pessoais, observando-se sempre a boa-fé, os princípios da lei e sua finalidade. Resumidamente, as organizações, independente do seu porte e segmento, têm o desafio de entender quais dados pessoais estão sendo tratados e para qual finalidade, a fim de assegurar a base legal mais adequada para justificar a atividade de tratamento, bem como sua conformidade com a LGPD.

Na LGPD, em seu artigo 7º, foram disponibilizadas dez bases legais para fundamentar os tratamentos de dados pessoais. Ainda de acordo com a referida lei, cabe ao controlador a responsabilidade de adotar a base legal mais adequada para a finalidade pretendida àquele tratamento de dados pessoais.

Importante ressaltar que dentre as dez bases legais, a mais discutida é o legítimo interesse, já que se trata da base mais flexível, uma vez que não fica atrelada a nenhuma finalidade específica. Ainda, ela se torna a base legal aplicável quando o enquadramento de qualquer uma das outras nove bases legais for considerado não adequado.

O legítimo interesse como base legal segue disposto no inciso IX do artigo 7º da LGPD, cujos interesses legítimos do controlador ou de terceiro poderão ser atendidos para fins de tratamento de dados pessoais, salvo se não houver qualquer violação aos direitos e liberdades fundamentais dos titulares de dados. Note-se que o legítimo interesse não é aplicável para tratamento de dados sensíveis[2], já que o artigo 11 da LGPD[3] não prevê tal condição.

---

2. Conforme definido no artigo 5º, II, dado pessoal sensível é dado pessoal sobre origem racial ou étnica, convicção religiosa, opinião política, filiação a sindicato ou a organização de caráter religioso, filosófico ou político, dado referente à saúde ou à vida sexual, dado genético ou biométrico, quando vinculado a uma pessoa natural.

3. Artigo 11º da LGPD, descreve as hipóteses legais para tratamento de dados pessoais sensíveis.

Por outro lado, identifica-se uma provável exceção no enquadramento de tratamento em legítimo interesse no que versa o tratamento de dados pessoais de crianças e adolescentes.

Primeiramente, o artigo 14 da LGPD determina que o tratamento de dados pessoais de crianças e de adolescentes deverá ser realizado em seu melhor interesse, no entanto, se o tratamento de dados pessoais for relativo a uma criança, ou seja, até doze anos incompletos, seu tratamento deverá ser realizado com o consentimento específico e em destaque por pelo menos um dos pais ou pelo responsável legal como estabelece o § 1º do referido artigo.

É notório que a previsão acima faz referência tão somente a dados pessoais de crianças, não fazendo qualquer referência aos dados pessoais dos adolescentes. Diante desta ausência, segue o entendimento de que as dez bases legais dispostas na lei, incluindo o legítimo interesse, poderá ser adotada quando a atividade de tratamento envolver dados pessoais de adolescente, ora doze anos completos a dezoito anos de idade (definido, de acordo com o artigo 2º da Lei 8.069/90, como aquele entre doze anos completos e dezoito anos de idade).

Necessário ainda desmistificar que não existe hierarquia entre as dez bases legais, ou seja, todas têm sua importância, relevância e aplicabilidade, não tendo qualquer sobreposição ou prevalência uma com as outras. Cada uma das dez bases traz consigo particularidades quanto às suas obrigações e responsabilidades, o que torna essa análise e enquadramento das bases legais uma decisão estratégica de cada organização, não existindo o certo ou errado, mas sim, o mais defensável e/ou justificável.

Em complemento, a flexibilidade do legítimo interesse não está associada a uma adoção imprudente para as atividades de tratamento de dados pessoais, uma vez que se trata de uma base legal em que condições preliminares precisam ser asseguradas e documentadas por meio de uma avaliação cuidadosa, pois ela representa um risco jurídico inerente por sua flexibilidade de interpretação.

A presente avaliação é representada pelo relatório de impacto à proteção de dados pessoais que poderá ser solicitado pela Autoridade Nacional de Proteção de Dados ("ANPD") quando o tratamento tiver como fundamento o legítimo interesse como segue no § 3º do artigo 10º da LGPD.

Como a natureza e a percepção de risco é diferente para cada organização, a avaliação a ser documentada por meio do relatório de impacto à proteção de dados pessoais é passível de revisão da ANPD.

Apesar da sua flexibilidade como base legal, ela não é apropriada para todas as situações de tratamento de dados pessoais como dispõe o artigo 10º e seus incisos I e II da LGPD, que sustentam sobre sua aplicabilidade ao controlador quando presente uma finalidade legítima e uma situação concreta, ou seja, não pode ser uma situação ou contexto hipotético, que incluem, mas não se a limitam *a) apoio e promoção de atividades do controlador e b) proteção, em relação ao titular, do exercício regular de seus direitos ou prestação de serviços que o beneficiem, respeitadas as legítimas expectativas dele e os direitos e liberdades fundamentais, nos termos desta Lei.*

Destaque-se que pelo artigo 10º da LGPD, o rol de finalidades não é taxativo, ao contrário, encontra-se em uma linha exemplificativa. Além disso, as condições acima se referem tão somente ao controlador, restando ausente qualquer extensão ao interesse legítimo do terceiro, resultando assim, em uma lacuna a ser esclarecida pela ANPD quanto ao atendimento ou não desses requisitos como base legal para terceiros.

Esse ponto foi brilhantemente ressaltado por Marcel Leonardi ao explicar:

> "O legítimo interesse de terceiros engloba não apenas os terceiros em uma relação negocial, mas também a própria sociedade amplamente considerada, ou seja, o legítimo interesse de categorias de pessoas ou mesmo de toda a população, conforme o caso. No universo das atividades empresariais, a utilização do legítimo interesse como base legal de tratamento de dados pessoais pode ser, em tese, justificada por múltiplas perspectivas: do controlador, de terceiros e do titular. No entanto, cada situação demandará uma análise específica, o que varia conforme o caso."[4]

Além das condições supracitadas, ao fundamentar uma atividade de tratamento de dados pessoais por meio do legítimo interesse, o controlador tem a responsabilidade de assegurar que os dados pessoais envolvidos são apenas aqueles realmente necessários para atingimento da finalidade, e ainda por cima, de maneira transparente, atendendo-se assim, aos princípios da minimização e transparência, respectivamente como disposto nos §§ 1º e 2º do artigo 10º da LGPD.

Por fim, um ponto importante a destacar é o § 3º do artigo 10º da LGPD, pois ele apresenta a possibilidade da ANPD solicitar ao controlador o relatório de impacto à proteção de dados pessoais quando o tratamento tiver como fundamento o legítimo interesse. Este relatório deverá conter a justificativa da empresa

---

4. LEONARDI, M. Principais Bases Legais de Tratamento de Dados Pessoais no Setor Privado. In: LUCCA, N., FILHO, A.S., LIMA, C.R.P., MACIEL, M, M. (Org.). Direito & Internet IV: Sistema de Proteção de Dados Pessoais Cirurgia Vascular, 1. ed. São Paulo: 2019. Cap. 14, p. 327.

em enquadrar o tratamento nesta base. Essa justificativa deverá ser feitar com base em um teste de três partes ("Teste") conhecido como Avaliação de Legítimo Interesse ou "LIA", que será explicado ao longo deste artigo.

Necessário esclarecer que ao dispor sobre a possibilidade de solicitar o relatório, entende-se que o documento precisa estar à disposição quando solicitado. Assim, adota-se que ao enquadrar o tratamento de dados pessoais na base legal "legítimo interesse", este relatório deverá ser elaborado.

Esse entendimento é corroborado pela redação do artigo 10, § 3º, da LGPD pelo qual versa "*a autoridade nacional poderá solicitar ao controlador relatório de impacto à proteção de dados pessoais, quando o tratamento tiver como fundamento seu interesse legítimo, observados os segredos comercial e industrial*". A interpretação da obrigatoriedade acompanha a leitura do artigo 38 da referida lei que dita que a ANPD poderá, também, determinar a elaboração, ao controlador, do relatório em outros cenários, inclusive de dados sensíveis, referente a suas operações de tratamento de dados pessoais.

Dessa forma, se observa que a lei trata de duas obrigações distintas, pois o artigo 38 estipula a futura solicitação do relatório de impacto, enquanto o artigo 10 destaca que a ANPD irá apenas solicitar o documento, o que significa que ele deverá estar devidamente pronto no momento dessa solicitação.

Esse ponto é estressado por Marcel Leonardi:

> "Note-se, porém, que são obrigações distintas: enquanto o artigo 38 estipula que a futura Autoridade Nacional de Proteção de Dados pode determinar a elaboração de relatório, o artigo 10 da mesma Lei destaca que a Autoridade poderá solicitar ao controlador esse relatório, o que significa que o documento já deve ter sido elaborado anteriormente, no momento da decisão pela utilização do legítimo interesse e antes que qualquer tratamento de dados pessoais fundamentado nessa base legal efetivamente ocorra. Assim, entendemos que o artigo 10, parágrafo 3º estipula que sempre deve ser elaborado relatório de impacto à proteção de dados pessoais no caso de tratamento de dados pessoais baseado em legítimo interesse, pois esse documento pode ser exigido pela Autoridade a qualquer tempo, não podendo ser elaborado apenas quando de sua requisição. Já nos casos do artigo 38, a Autoridade pode determinar a elaboração do relatório em situações específicas, ainda pendentes de regulamentação. Naturalmente, é possível que, uma vez que a Autoridade seja criada, delibere de modo diverso." (LEONARDI, 2019)[5]

---

5. LEONARDI, M. Principais Bases Legais de Tratamento de Dados Pessoais no Setor Privado. In: LUCCA, N., FILHO, A.S., LIMA, C.R.P., MACIEL, M,M. (Org.). Direito

3. Desmistificando o *Legitimate Interests Assessment* e o Relatório de Impacto à Proteção de Dados Pessoais

Como destacado anteriormente, para a adoção do legítimo interesse como base legal, seja para o controlador ou terceiro, a escolha deverá ser previamente sustentada por uma avaliação adequada, a qual deve ser formalizada por meio de um documento específico denominado Relatório de Impacto à Proteção de Dados Pessoais (RIPD).

Diferentemente da LGPD, a Regulamentação Europeia sobre Proteção de Dados (RGPD ou GDPR em inglês) estabelece em seu artigo 6º e considerando 47[6] que antes da adoção do legítimo interesse como fundamento de uma atividade de tratamento de dados pessoais, haja a condução uma avaliação que pode ser dividida em um teste de três partes denominado de *Legitimate Interests Assessment* (LIA) para assegurar os interesses, direitos e liberdades fundamentais dos titulares de dados quanto aos eventuais impactos que eles poderão sofrer.

A diferença entre as duas legislações está atrelada ao modo em que será formalizado a eventual adoção da base legal "legítimo interesse", pois enquanto na LGPD, a formalização está associada ao Relatório de Impacto à Proteção de Dados Pessoais, também conhecido como *Data Protection Impact Assessment* (DPIA), à luz do GDPR, um DPIA não deve ser substituído por um LIA, pois se tratam de documentos com natureza diversa.

O LIA, ao contrário do DPIA (RIPD na LGPD), se trata de um *framework* em defesa de um fundamento legal, ou seja, quanto é aplicável e incontestável a adoção do legítimo interesse como uma base legal, já que inexiste a possibilidade da aplicação de outra base legal.

O que difere do propósito do DPIA ou RIPD, pois esses documentos possuem maior rigor e critério de avaliação. Portanto, seu conteúdo e propósito são diferentes de um LIA, o qual será descrito e explicado no próximo capítulo. Quando falamos de Relatório de Impacto à Proteção de Dados Pessoais (DPIA no GDPR), temos um universo mais amplo de avaliação e atuação que se inicia desde o entendimento da estrutura da Governança Corporativa até a cultura de riscos dentro de uma organização.

& Internet IV: Sistema de Proteção de Dados Pessoais Cirurgia Vascular,1.ed. São Paulo: 2019. Cap. 14, p. 327.

6. UNIÃO EUROPEIA. GENERAL DATA PROTECTION REGULATION, 25 maio 2018. Disponível em: https://gdpr-info.eu/>. Acesso em: 7 nov. 2021.

O RIPD não se trata de uma inovação ou pioneirismo da LGPD, ao contrário, trata-se de mais um documento de avaliação de riscos dentre outros já existentes em nosso ordenamento jurídico como ocorre no Direito Ambiental, por meio da Resolução do Conama nº. 001, de 23 de janeiro de 1986, a exigência de elaboração do Relatório de Impacto Ambiental – RIMA, bem como o Estudo de Impacto Ambiental – EIA na fase de pré-licença.

Uma vez explicado tal equívoco, o RIPD nada mais é que um documento de avaliação de riscos, que é parte integrante do processo de gestão de riscos. Esse processo consiste no exercício de levantamento de probabilidade e impacto de eventos de riscos, que uma vez identificados devem ser reduzidos, transferidos, compartilhados ou transformados em uma oportunidade.

A premissa básica de um gerenciamento de risco é a identificação ou mapeamento prévio dos riscos por intermédio de um esforço diligente e contínuo da organização, independentemente do tamanho, complexidade, indústria e missão.

A avaliação de riscos deve ser desempenhada e atualizada periodicamente, pois o risco é como um organismo vivo que é influenciado por um ambiente VUCA.

VUCA é o acrônimo das palavras em inglês "*Volatility, Uncertainty, Complexity e Ambiguity*" (em português VICA – volátil, incerto, complexo e ambíguo), conceito esse empregado pelo U.S. Army War College[7] para explicar o cenário pós-Guerra Fria.

> Volatilidade – Aquilo que ontem era de um jeito, amanhã já será de outro.
>
> Incerteza – Dificuldade de enxergar para onde vamos e qual o próximo passo.
>
> Complexidade – Inúmeras variáveis que dificultam na tomada de decisão.
>
> Ambiguidade – Falta de clareza ou interpretação dúbia dos fatos que prejudicam a tomada de decisão.

A LGPD e suas obrigações foram consequências de um ambiente VUCA, pois diante do avanço tecnológico, indústria 4.0, dependência das organizações

7. BRASILIANO, Antonio Celso Ribeiro. Inteligência em riscos [livro eletrônico]: gestão integrada em riscos corporativos. Disponível em: <https://d335luupugsy2.cloudfront.net/cms/files/40195/1535144616LIVRO_GRC_INTERNET_AF_240818.pdf>. 2. ed. rev. e ampl. São Paulo Sicurezza, 2018, p. 14 e 15.

aos *Big Datas*, as pessoas informando seus dados pessoais em troca de uma contrapartida, entre outros, testemunha-se assim, um contexto de insegurança jurídica e necessidade de um processo de adequação diante de toda essa volatilidade.

Tal entendimento reforça a importância do Relatório de Impacto à Proteção de Dados Pessoais que segue disposto no artigo 5º, inciso XVII, da LGPD, pois diante da mutação dos riscos num contexto VUCA, os riscos inerentes ou não às atividades de tratamento de dados pessoais precisam ser identificados, bem como analisadas suas causas raízes e seus impactos devidamente documentados.

O artigo 5º, XVII da LGPD traz a seguinte redação:

> "Art. 5º Relatório de impacto à proteção de dados pessoais: *documentação* do *controlador* que *contém* a *descrição dos processos* de tratamento de dados pessoais *que podem gerar riscos às liberdades civis e aos direitos fundamentais*, bem como medidas, salvaguardas e mecanismos de *mitigação de risco*;" (g.n.)[8]

Uma vez esclarecida a real natureza do RIPD e sua importância na organização, é importante conduzir uma leitura literal do artigo acima, e extrair alguns entendimentos, principalmente quanto ao conteúdo mínimo exigido dentro do relatório.

O primeiro entendimento a ser esclarecido é quanto à adoção do termo "documentação" que foi descrito de maneira genérica e sem maior detalhamento quanto ao formato ou estrutura do documento a ser entregue para a ANPD, uma vez solicitado. Destaque-se que tal lacuna existe também na Regulamentação Europeia sobre Proteção de Dados e, por isso, as organizações têm apresentado seus relatórios em diversos formatos, desde uma planilha de Excel, modelo de notificação e até petição inicial.

Além disso, o mesmo dispositivo estabelece de maneira taxativa que a responsabilidade por este relatório pertence ao controlador, cabendo a ele descrever sobre o processo de tratamento de dados pessoais quando identificado um risco às liberdades civis e aos direitos fundamentais do titular dos dados pessoais. Em outras palavras, a documentação do RIPD deverá ser elaborada quando identificadas tais condições a pedido da ANPD.

---

8. BRASIL. Lei Nº 13.709, de 14 de agosto de 2018. Disponível em: <http://www.planalto.gov.br/ccivil_03/_Ato2015-2018/2018/Lei/L13709.htm>. Acesso em: 7 nov. 2021.

Necessário deixar claro que o encarregado de proteção de dados, conhecido também como Data Protection Officer (DPO), ao contrário do que se defende e se doutrina, não é o responsável pelo processo de elaboração do RIPD, mas sim pela sua revisão e orientação daqueles que conduzirão a avaliação de riscos.

Apesar de a elaboração da referida documentação ser uma obrigação exclusiva do controlador, em uma organização, cuja cultura de risco esteja devidamente inserida, o RIPD será elaborado independente dessa obrigação legal e exclusividade dirigida a este agente de tratamento, pois ele nada mais é que um documento de avaliação de riscos com nome próprio dentro do contexto da LGPD, cuja prática – Gerenciamento de Riscos – sempre existiu para fins de análise de todo e qualquer processo e/ou tomada de decisão.

O entendimento acima é assegurado no artigo 50 da LGPD, que dispõe sobre a adoção das boas práticas e de governança, exemplificando a mitigação de riscos como uma delas, porém tal ação apenas será garantida ao incluir controles, métodos de segurança de informação, entre outros. Mas novamente, a mitigação só é possível quando se conhece os riscos, reforçando assim, sobre a importância da natureza do RIPD como um documento de avaliação de riscos.

> "Art. 50 – Os *controladores* e operadores, no âmbito de suas competências, pelo tratamento de dados pessoais, individualmente ou por meio de associações, poderão *formular regras de boas práticas e de governança* que estabeleçam as condições de organização, o regime de funcionamento, os procedimentos, incluindo reclamações e petições de titulares, as normas de segurança, os padrões técnicos, as obrigações específicas para os diversos envolvidos no tratamento, as ações educativas, os mecanismos internos de supervisão e de *mitigação de riscos* e outros aspectos relacionados ao tratamento de dados pessoais."(g.n.)[9]

Além da relevância e o protagonismo próprio do RIPD, a referida documentação será o meio utilizado para se atestar a conformidade do controlador quanto as suas obrigações e princípios preconizados na LGPD perante a ANPD e aos titulares de dados.

Em conclusão, ao elaborar o RIPD para os casos de legítimo interesse, caberá ao controlador descrever o processo de forma detalhada, o que significa que o LIA deverá ser parte integrante desse documento.

---

9. BRASIL. Lei Nº 13.709, de 14 de agosto de 2018. Disponível em: <http://www.planalto.gov.br/ccivil_03/_Ato2015-2018/2018/Lei/L13709.htm>. Acesso em: 7 nov. 2021.

4. Avaliação de Legítimo Interesse (*Legitimate Interest Assessment*)

O artigo 10 da LGPD descreve os requisitos para a utilização da base legal "Legítimo Interesse". Em sua redação resta claro que ao se basear no legítimo interesse do controlador, deverá ser observada a finalidade legítima – considerada a partir de situações concretas – que inclui, sem se limitar, a proteção do exercício regular dos direitos do titular ou prestação de serviços que o beneficiem, respeitadas as legítimas expectativas dele e os seus direitos e liberdades fundamentais.

Existe uma ampla gama de interesses que podem ser considerados legítimos. Eles podem ser interesses próprios do titular dos dados pessoais ou de terceiros incluindo interesses comerciais e/ou benefícios para a sociedade. Logo, caberá ao controlador equilibrar os interesses dele com os interesses dos titulares de dados.

Como não existe uma definição específica sobre o que seria um "interesse legítimo" cada caso dependerá de uma análise frente ao tratamento dos dados pessoais. Por existir essa subjetividade dos tratamentos e uma possível abertura para tratamentos que possam ser considerados abusivos, a lei exige a elaboração do RIPD de forma a mitigar o máximo de risco possível ao titular, além do próprio artigo 10 especificar os requisitos mínimos para a legitimidade da utilização dessa base legal.

Dessa forma, no relatório deverá ser documentado se o tratamento é suscetível de resultar em um alto risco aos direitos e liberdades dos titulares. Nesse caso, a empresa precisará fazer um Relatório de Impacto à Proteção de Dados ("DPIA"), que deverá incluir a análise do LIA.

Realizar um LIA é garantir que a empresa realize as perguntas corretas sobre seu tratamento de dados pessoais, além de considerar objetivamente quais as expectativas dos titulares dos dados pessoais junto com os impactos que eles po derão sofrer com o tratamento. O registro do LIA ajudará, também, a demonstrar a adoção de medidas eficazes e capazes de comprovar a observância e o cumprimento das normas dispostas na LGPD (princípio da responsabilização e prestação de contas, artigo 6º, X).

A análise do LIA é dividida em três partes, conforme segue:

> Propósito: identificar se o propósito do controlador possui um interesse legítimo.
>
> Necessidade[10]: demonstrar que o tratamento dos dados pessoais é necessário para alcançar o propósito.

---

10. "Necessário" significa que o tratamento deve ser direcionado e proporcional para atingir seu objetivo. Você não pode confiar em legítimo interesse se houver outra maneira razoável e menos invasiva de obter o mesmo resultado.

> Equilíbrio: equilibrar o propósito e a necessidade com os interesses, direitos e liberdades do titular.

Para orientar as empresas com esse teste, o *Information Commissioner's Office*[11] (ICO) elencou uma série de perguntas que devem ser respondidas[12]. A seguir vamos descrever as perguntas por fase do Teste.

1. Teste do Propósito

> Por que você quer tratar os dados?
>
> Qual o benefício que você espera obter com o tratamento?
>
> Algum terceiro se beneficia do tratamento?
>
> Existem benefícios públicos mais amplos para o tratamento?
>
> Quão importantes são esses benefícios?
>
> Qual seria o impacto se você não conseguisse tratar os dados?
>
> Qual é o resultado pretendido para os titulares?
>
> Você está cumprindo com outras leis relevantes?
>
> Você está cumprindo as diretrizes do setor ou os códigos de prática?
>
> Há algum problema ético no tratamento?

2. Teste da Necessidade

> Realmente ajudará você a atingir seu objetivo?
>
> O tratamento é proporcional a essa finalidade?
>
> Você consegue atingir seu objetivo sem tratar os dados ou tratando menos dados?
>
> Você consegue alcançar seu objetivo tratando os dados de outra forma mais óbvia ou menos intrusiva?

Essa análise requer honestidade, pois se houver outras alternativas potencialmente menos intrusivas para o tratamento de dados pessoais, será necessário descrever e justificar no LIA o porquê dessas alternativas não serem utilizadas.

---

11. ICO (Information Comissioner's Office). When can we rely on legitimate interests? 2018a. Disponível em: <https://ico.org.uk/for-organisations/guide-to-data-protection/guide-to-the-general-data-protection-regulation-gdpr/legitimate-interests/when-can-we-rely-on-legitimate-interests/>. Acesso em: 7 nov. 2021.
12. Tradução nossa.

3. Teste do Equilíbrio

Diferente dos outros testes, não há uma lista exaustiva do que deve ser levado em consideração nesta etapa do teste. No entanto, existem os requisitos mínimos:

A natureza dos dados pessoais que você deseja tratar:

A LGPD descreve que quando houver tratamento de dados pessoais sensíveis, tal tratamento não poderá ser enquadrado com legítimo interesse.

As expectativas razoáveis do titular:

O controlador deverá levar em consideração se os titulares esperam razoavelmente que seus dados pessoais sejam tratados dessa maneira nas circunstâncias específicas. O controlador deverá considerar todos os fatores relevantes, incluindo:

- existe um relacionamento existente com o titular? Se sim, qual é a natureza desse relacionamento?
- como os dados pessoais dele foram tratados no passado?
- os dados pessoais foram coletados diretamente do titular?
- se os dados pessoais foram obtidos por terceiros, o que eles disseram aos titulares sobre a reutilização dos dados por terceiros para outros fins?
- há quanto tempo os dados pessoais foram colctados? Houve alguma mudança na tecnologia ou outro contexto desde aquela época que afetaria as expectativas atuais?
- o objetivo e método pretendidos são óbvios ou amplamente compreendidos pelos titulares?
- o tratamento será para algo novo ou inovador?
- haverá alguma evidência sobre as expectativas, por exemplo, de pesquisa de mercado ou outras formas de consulta?
- existem outros fatores nas circunstâncias específicas que significam que eles esperariam ou não o tratamento?

Este é um teste objetivo. Não é necessário mostrar que todos os titulares realmente esperam que os dados sejam tratados dessa maneira. Em vez disso, deverá ser demonstrado que uma pessoa esperaria o tratamento à luz das circunstâncias particulares.

A expectativa do titular tem um peso particular neste teste como é enfatizado em diversos pontos da "*Opinion 06/2014 on the notion of legitimate interests of the data controller under Article 7 of directive 95/46/EC*", adotada pelo Article 29 Working Party (WP29), em 9 de abril de 2014[13].

> O impacto provável do tratamento no indivíduo e se é possível implementar medidas de proteção para mitigar os impactos negativos.

Se for decidido que não precisará ser feito um DPIA, ainda será necessário fazer uma avaliação de risco mais leve para considerar se o tratamento pode causar algum dano aos interesses, direitos e liberdades das pessoas, mesmo que isso não atinja um alto risco. Você deve pensar em particular se o tratamento poderá contribuir para que:

- titulares exerçam seus direitos;
- titulares acessem serviços ou oportunidades;
- qualquer perda de controle sobre o uso adicional de dados pessoais;
- dano físico;
- perda financeira, roubo de identidade ou fraude; ou
- qualquer outra desvantagem econômica ou social significativa (como discriminação, perda de confidencialidade ou danos à reputação).

Ao criar salvaguardas e medidas apropriadas para o tratamento, o teste de equilíbrio poderá ser alterado, possibilitando o tratamento. Contudo, nem sempre as criações dessas medidas justificam o tratamento.

Logo, se o controlador identificar o potencial para um alto risco (devido a uma chance de dano grave ou à alta probabilidade de algum dano), precisará de um interesse legítimo muito mais convincente para satisfazer o teste de equilíbrio. Será preciso demonstrar que o legítimo interesse pode substituir um impacto sério. Isso também desencadeia a necessidade de um RIPD avaliar esses riscos com mais detalhes.

Não existe um formato específico para realizar o LIA. No entanto, o documento precisará abordar cada parte do Teste e registrar o resultado, seja positivo ou negativo. Assim, ao registrar todos os fatores relevantes que apoiam, ou não,

13. ARTICLE 29 DATA PROTECTION WORKING PARTY. Opinion 06/2014 on the notion of legitimate interests of the data controller under Article 7 of Directive 95/46/EC. Disponível em: <https://ec.europa.eu/justice/article-29/documentation/opinion-recommendation/files/2014/wp217_en.pdf>, 2014. Acesso em: 7 nov. 2021.

o uso do legítimo interesse, fica demonstrado e documentado que o controlador usou todas as informações antes de tomar a decisão.

Há vertentes que defendem que a ANPD regulamentará que nos casos de legítimo interesse será necessário apenas a elaboração do LIA para garantir a conformidade com as exigências legais da LGPD. Contudo, é importante desmistificar que ambos os documentos não são equivalentes. Assim, se for elaborado um RIPD, não haverá necessidade de se fazer um LIA separado, pois o RIPD cobrirá toda a análise do LIA junto com demais detalhes do próprio tratamento em conjunto com uma análise de risco conforme explicado no capítulo anterior.

4.1. Exemplos práticos de LIA

Interesse do Controlador

Caso: uma empresa está decidindo se deve, ou não, demitir um de seus funcionários por má conduta. A empresa entende que precisará de aconselhamento sobre leis trabalhistas e deseja enviar detalhes da suposta má conduta do funcionário a seus consultores jurídicos externos.

Teste do Propósito: a empresa precisa ser capaz de gerenciar o desempenho de sua força de trabalho e garantir que os funcionários ajam adequadamente. Também precisa garantir que qualquer ação que esteja sendo executada esteja de acordo com suas obrigações de direito do trabalho. Isso é do interesse legítimo dos negócios da empresa. Também é do interesse legítimo dos funcionários que a empresa atue de maneira justa e dentro da lei em suas relações com os funcionários.

Teste de Necessidade: é necessário obter conhecimento jurídico externo sobre a suposta má conduta e a estrutura legal relevante para a tomada de decisão. Somente os dados pessoais relevantes para as alegações serão compartilhados com seus consultores jurídicos, sujeitos a obrigações de confidencialidade profissional.

Teste de Equilíbrio: os dados pessoais se referem à vida profissional do indivíduo e não à vida privada. Existe uma relação claramente definida entre empregador e empregado, e os funcionários esperam razoavelmente que a empresa trate detalhes de conduta profissional para gerenciar o desempenho e procurar aconselhamento jurídico ao lidar com possíveis demissões. Embora o compartilhamento dos dados possa contribuir para danos significativos ao indivíduo, se o conselho apoiar a demissão, também deve ajudar a garantir que a decisão não seja arbitrária ou ilegal. Os dados também são compartilhados, sujeitos a obrigações profissionais de confidencialidade, que fornecem uma proteção contra outros riscos ou perda de controle sobre os dados.

O resultado para a empresa ter considerado todos os fatores relevantes é que os interesses do funcionário não superam seus interesses legítimos na obtenção de aconselhamento jurídico, e o tratamento é legal com base nesses interesses legítimos (ICO, 2018c).[14]

Interesse de Terceiro (Sociedade)

Caso: uma empresa realiza atividades de combate à fraude. Seu serviço informa à sociedade uma lista de fraudadores do sistema financeiro.

Teste do Propósito: a empresa precisa ser capaz de tratar os dados a fim de monitorar, detectar e prevenir fraudes. Desta forma, as empresas poderão alertar todo o sistema financeiro e auxiliá-los a determinar se um relacionamento comercial pode representar um risco de crime financeiro ou de outra natureza.

Teste de Necessidade: é necessário tratar os dados pessoais inerentes dessas relações financeiras e enriquecê-los com outros bancos de dados, como por exemplo, pesquisas de antecedentes criminais, a fim de unificar as informações e divulgá-las para o ecossistema financeiro para ajudar na prevenção à fraude.

Teste de Equilíbrio: existe o interesse dos *players* do sistema financeiro em proteger sua rede, marca, prevenir perdas e maiores impactos causados com a fraude alinhados com os interesses dos titulares de dados pessoais em possuir segurança dentro do ecossistema financeiro.

O resultado para a empresa em utilizar esses dados para essa finalidade deverá observar o princípio da mitigação, o que significa que os tratamentos deverão ser realizados com a menor forma de impactar os titulares.

Interesse do Titular

Caso: uma empresa está desenvolvendo um novo serviço para seus clientes, assim, passará a enviar lista de músicas adequadas com o gosto musical de cada cliente, além de relatórios das músicas mais ouvidas ao longo do ano. Esse novo serviço não estava destacado quando o cliente passou a utilizar a plataforma, porém, está relacionado com a finalidade dela.

Teste do Propósito: a empresa deseja fornecer ao titular dos dados um novo serviço atrelado a um produto antigo dela. O objetivo desse tratamento é engajar mais a relação da empresa com os clientes, mantendo-os fidelizados à sua plataforma. Desta forma, serão tratados os dados comportamentais e os cadastrais dos clientes para o recebimento de novas *playlists* como "*as mais ouvidas do ano*"; "*as músicas da sua infância*"; entre outras.

---

14. ICO (Information Comissioner's Office). How do we apply legitimate interests in practice? 2018c. Disponível em: <https://ico.org.uk/media/for-organisations/guide-to-the-general-data-protection-regulation-gdpr/legitimate-interests-1-0.pdf>. Acesso em: 7 nov. 2021.

Teste de Necessidade: é necessário reunir os dados pessoais e análises comportamentais dentro da plataforma para elaborar os relatórios e as *playlists* personalizadas, sem o tratamento desses dados não é possível realizar os novos serviços.

Teste de Equilíbrio: Existe uma relação claramente definida entre o titular dos dados pessoais e a empresa, e os titulares esperam razoavelmente que a empresa trate seus dados pessoais para sugestão de novas músicas e *playlists*. Ao se cadastrar com a conta atrelada a outra rede social, o usuário permite o acesso da plataforma à sua rede social a fim de enriquecer a base de dados e garantir com precisão as novas indicações.

5. Conclusão

Este artigo analisou a implementação prática do enquadramento dos tratamentos de dados pessoais na base legal "legítimo interesse". Para tanto, foram apresentados os requisitos obrigatórios previstos na Lei Geral de Proteção de Dado, tais como: (i) a existência de uma finalidade concreta; (ii) a análise jurídica denominada como Análise de Legítimo Interesse; e (iii) a elaboração do Relatório de Impacto à Proteção de Dados.

Dessa forma, no primeiro capítulo foi traçado uma breve explicação da base legal "legítimo interesse", explicando suas peculiaridades com relação aos tratamentos de dados pessoais. No segundo capítulo o artigo desmistificou a figura do Relatório de Impacto à Proteção de Dados, apontando suas exigências, como a descrição detalhada do processo de tratamento de dados, junto com a analogia desse relatório em outras legislações brasileiras e em gerenciamento de risco, especialmente, onde há análise de risco. Por fim, há a explicação do LIA, que visou demonstrar os pontos que a lei exige desta base legal, tais como: a finalidade legítima – considerada a partir de situações concretas – respeitadas as legítimas expectativas do titular e os seus direitos e liberdades fundamentais.

Realizada a análise, resta claro que por mais que regulamentações europeias utilizem como obrigatória a elaboração da Avalição do Legítimo Interesse para fundamentar seu enquadramento legal, esse processo de avaliação não pode ser confundido com *Data Protection Impact Assessment*. À luz da LGPD, não existe previsão da Avalição do Legítimo Interesse como um documento independente, ao contrário tal condição está inserida e englobada no Relatório de Impacto à Proteção de Dados Pessoais, o qual segue com um grau de detalhe maior, principalmente, no que condiz aos riscos do processo de tratamento.

Conclui-se que os controladores, ao realizar o enquadramento em legítimo interesse, precisarão fundamentar sua análise conforme explicado pelo LIA, que será parte integrante do Relatório de Impacto à Proteção de Dados Pessoais, que é um meio de documentação das análises de todos os riscos da atividade de tratamento de dados, englobando mais do que apenas os riscos jurídicos. Assim, as empresas terão seus riscos identificados, junto com o mapeamento de ações e adoção de controles que corroborarão na mitigação dos riscos do tratamento de dados.

Bibliografia

ARTICLE 29 DATA PROTECTION WORKING PARTY. Opinion 06/2014 on the notion of legitimate interests of the data controller under Article 7 of Directive 95/46/ EC. Disponível em: <https://ec.europa.eu/justice/article-29/documentation/opinion-recommendation/files/2014/wp217_en.pdf>, 2014. Acesso em: 7 nov. 2021.

BRASIL. Lei Nº 13.709, de 14 de agosto de 2018. Disponível em: <http://www.planalto.gov.br/ccivil_03/_Ato2015-2018/2018/Lei/L13709.htm>. Acesso em: 7 nov. 2021.

BRASILIANO, Antonio Celso Ribeiro. Inteligência em riscos [livro eletrônico]: gestão integrada em riscos corporativos. Disponível em: <https://d335luupugsy2.cloudfront.net/cms/files/40195/1535144616LIVRO_GRC_INTERNET_AF_240818.pdf>. 2. ed. rev. e ampl. São Paulo Sicurezza, 2018, p. 14 e 15.

EUROPEAN COMISSION (EC). What does 'grounds of legitimate interest' mean? 28 jan. 2018. Disponível em: <https://ec.europa.eu/info/law/law-topic/data-protection/reform/rules-business-and-organisations/legal-grounds-processing-data/grounds-processing/what-does-grounds-legitimate-interest-mean_en>. Acesso em: 7 nov. 2021.

ICO (Information Comissioner's Office). Legitimate interests. 2017. Disponível em: <https://ico.org.uk/for-organisations/guide-to-data-protection/guide-to-the-general-data-protection-regulation-gdpr/lawful-basis-for-processing/legitimate-interests/>. Acesso em: 7 nov. 2021.

_____. When can we rely on legitimate interests? 2018a. Disponível em: <https://ico.org.uk/for-organisations/guide-to-data-protection/guide-to-the-general-data-protection-regulation-gdpr/legitimate-interests/when-can-we-rely-on-legitimate-interests/>. Acesso em: 7 nov. 2021.

_____. Lawful basis for processing: legitimate interests. 2018b. PDF. 46p. Disponível em: <https://ico.org.uk/media/for-organisations/guide-to-the-general-data-protection-regulation-gdpr/legitimate-interests-1-0.pdf>. Acesso em: 7 nov. 2021.

_____. How do we apply legitimate interests in practice? 2018c. Disponível em: <https://ico.org.uk/media/for-organisations/guide-to-the-general-data-protection-regulation-gdpr/legitimate-interests-1-0.pdf>. Acesso em: 7 nov. 2021.

LEONARDI, M. Principais Bases Legais de Tratamento de Dados Pessoais no Setor Privado. In: LUCCA, N., FILHO, A.S., LIMA, C.R.P., MACIEL, M, M. (Org.). Direito & Internet IV: Sistema de Proteção de Dados Pessoais Cirurgia Vascular, 1. ed. São Paulo: 2019. Cap. 14, p. 327.

UNIÃO EUROPEIA. GENERAL DATA PROTECTION REGULATION, 25 maio 2018. Disponível em: https://gdpr-info.eu/>. Acesso em: 7 nov. 2021.

Capítulo 8

Aspectos controvertidos entre a Lei Geral de Proteção de Dados e o Marco Civil da Internet

MARCEL LEONARDI

Bacharel, Mestre e Doutor em Direito pela USP e pós-Doutor pela Berkeley Law. Foi Diretor de Políticas Públicas no Google de 2011 a 2018, onde colaborou intensamente na elaboração do Marco Civil da Internet e da Lei Geral de Proteção de Dados. Também atuou em questões de políticas públicas nos mais variados assuntos do setor de tecnologia e Internet. Especializado em proteção de dados pessoais e certificado pela International Association of Privacy Professionals (IAPP) em EU Privacy (CIPP/E) e US Privacy (CIPP/US). Autor dos livros "Responsabilidade Civil dos Provedores de Serviços de Internet", "Tutela e Privacidade na Internet" e "Fundamentos de Direito Digital". Professor da FGVLaw desde 2005. Advogado.

1. INTRODUÇÃO

Apesar de a Constituição Federal brasileira reconhecer em seu artigo 5º, como direitos fundamentais, a inviolabilidade da intimidade e da vida privada (inciso X) e o sigilo da correspondência e das comunicações telegráficas, de dados e das comunicações telefônicas (XII)[1], antes da promulgação da Lei Federal 13.709/2018, popularmente conhecida como Lei Geral de Proteção de Dados Pessoais (LGPD), o sistema jurídico brasileiro não dispunha de uma lei específica regulando de maneira ampla a proteção de dados pessoais. A opção legislativa até então era criar normas sobre temas correlatos, voltadas para determinados setores e atividades, com destaque para os sigilos bancário, fiscal e profissional.

Com o objetivo de estabelecer princípios, garantias, direitos e deveres para o uso da Internet no Brasil, em abril de 2014 foi promulgada a Lei Federal 12.965/2014, popularmente conhecida como Marco Civil da Internet (MCI), que estabeleceu diversos princípios e regras a respeito da economia digital e das atividades realizadas no ambiente *on-line*.

Entre esses princípios e regras, o MCI criou diversos dispositivos específicos relacionados à privacidade e a dados pessoais, valendo aqui destacar os direitos assegurados ao usuário previstos no artigo 7º, incisos VII, VIII, IX e X, e a proibição de retenção de dados pessoais excessivos que tenham sido tratados mediante consentimento, constante do artigo 16, inciso II:

> "Art. 7º O acesso à internet é essencial ao exercício da cidadania, e ao usuário são assegurados os seguintes direitos: (...)
>
> VII – não fornecimento a terceiros de seus dados pessoais, inclusive registros de conexão, e de acesso a aplicações de internet, salvo mediante consentimento livre, expresso e informado ou nas hipóteses previstas em lei;
>
> VIII – informações claras e completas sobre coleta, uso, armazenamento, tratamento e proteção de seus dados pessoais, que somente poderão ser utilizados para finalidades que:
>
> a) justifiquem sua coleta;
>
> b) não sejam vedadas pela legislação; e
>
> c) estejam especificadas nos contratos de prestação de serviços ou em termos de uso de aplicações de internet;
>
> IX – consentimento expresso sobre coleta, uso, armazenamento e tratamento de dados pessoais, que deverá ocorrer de forma destacada das demais cláusulas contratuais;

---

1. BRASIL. [Constituição (1988)]. Constituição da República Federativa do Brasil de 1988. Brasília, DF: Presidência da República, [2016]. Disponível em: <http://www.planalto.gov.br/ccivil_03/constituicao/constituicao.htm>. Acesso em: 7 nov. 2021.

> X – exclusão definitiva dos dados pessoais que tiver fornecido a determinada aplicação de internet, a seu requerimento, ao término da relação entre as partes, ressalvadas as hipóteses de guarda obrigatória de registros previstas nesta Lei e na que dispõe sobre a proteção de dados pessoais.
>
> (...)
>
> Art. 16. Na provisão de aplicações de internet, onerosa ou gratuita, é vedada a guarda: (...)
>
> II – de dados pessoais que sejam excessivos em relação à finalidade para a qual foi dado consentimento pelo seu titular, exceto nas hipóteses previstas na Lei que dispõe sobre a proteção de dados pessoais."[2]

Antes do MCI, o tratamento de dados pessoais *on-line* para fins comerciais não dispunha nem mesmo de parâmetros gerais. O tema era trabalhado por meio de equiparação e de analogia, com aplicação das normas genéricas mencionadas pela Constituição Federal (art. 5º, incisos X e XII) e Código de Defesa do Consumidor (art. 43).

Entre as diversas incertezas sobre o tema, destacavam-se: i) Qual seria o conceito de dados pessoais? ii) Quais dados poderiam ser coletados, pessoais ou não? iii) Como os dados pessoais poderiam ser coletados? Somente por meio de consentimento? Quais são as formas de consentimento? Livre? Expresso? Inequívoco? Tácito? iv) Como demonstrar o consentimento do usuário? v) De que formas e para quais finalidades os dados pessoais poderiam ser utilizados? vi) Os dados pessoais poderiam ser repassados a terceiros? Se sim, em que circunstâncias? Se não, haveria exceções legítimas?

A LGPD, por sua vez, foi promulgada em agosto de 2018[3] e estabelece em seu artigo 1º que "dispõe sobre o tratamento de dados pessoais, *inclusive nos meios digitais*, por pessoa natural ou por pessoa jurídica de direito público ou privado, com o objetivo de proteger os direitos fundamentais de liberdade e de privacidade e o livre desenvolvimento da personalidade da pessoa natural" e engloba, entre diversos outros princípios e regras, os mesmos temas abordados pelo MCI nos incisos acima citados.

Nesse contexto, é natural indagar como deve ser realizada a interpretação conjunta das duas normas e quais são os principais aspectos controvertidos entre a LGPD e o MCI. Essa é a proposta deste breve artigo.

---

2. BRASIL. Lei nº 12.965, de 23 de abril de 2014. Disponível em: <http://www.planalto.gov.br/ccivil_03/_Ato2015-2018/2018/Lei/L13709.htm>. Acesso em: 7 nov. 2021.
3. BRASIL. Lei nº 13.709, de 14 de agosto de 2018. Disponível em: <http://www.planalto.gov.br/ccivil_03/_Ato2015-2018/2018/Lei/L13709.htm>. Acesso em: 7 nov. 2021.

2. A ESSÊNCIA DA CONTROVÉRSIA

Os §§ 1º e 2º do artigo 2º da Lei de Introdução às Normas do Direito Brasileiro (Decreto-Lei 4.657/1942, com a redação dada pela Lei nº 12.376, de 2010), dispõem:

> "§ 1º A lei posterior revoga a anterior quando expressamente o declare, quando seja com ela incompatível ou quando regule inteiramente a matéria de que tratava a lei anterior.
>
> § 2º A lei nova, que estabeleça disposições gerais ou especiais a par das já existentes, não revoga nem modifica a lei anterior."[4]

Nesse contexto, a essência da controvérsia existente entre a LGPD e o MCI consiste em definir (i) se, e como, as normas sobre privacidade e proteção de dados pessoais constantes do Marco Civil da Internet são compatíveis com a LGPD, e (ii) se a LGPD regulou inteiramente, ou não, a matéria de que tratava o MCI.

Para encontrar as respostas, antes de analisar dispositivos específicos das duas leis, é necessário avaliar alguns momentos importantes da tramitação legislativa dos projetos de lei que culminaram no MCI e na LGPD, em particular o Projeto de Lei 2.126/2011, que resultou na Lei Federal 12.965/2014, e os principais Projetos de Lei sobre proteção de dados pessoais (PL 4.060/2012, PLS 330/2013 e PL 5.276/2016), que resultaram na Lei 13.709/2018.

2.1. O Projeto de Lei 2.126/2011[5] e o "efeito Snowden"

O processo de construção do MCI foi único: teve inspiração no Decálogo da Internet – dez princípios fundamentais, estabelecidos pelo Comitê Gestor da Internet no Brasil, para embasar as ações para o desenvolvimento da Internet em nosso país – e foi objeto de consulta pública *on-line* em duas fases: na primeira, indagou-se à comunidade de usuários, empresas, sociedade civil e ao público em geral quais temas deveriam fazer parte de um marco regulatório civil para a

---

4. BRASIL. Decreto-Lei nº 4.657, de 04 de setembro de 1942. Disponível em: <http://www.planalto.gov.br/ccivil_03/decreto-lei/del4657compilado.htm>. Acesso em: 7 nov. 2021.

5. Não é objetivo deste artigo tecer considerações sobre as fases da consulta pública que antecederam e auxiliaram a formulação do Anteprojeto de Lei que resultou no PL 2.126/2011, ainda que as contribuições ali apresentadas tenham sido fundamentais para moldar a redação final do texto original desse Projeto de Lei e servido como um dos primeiros casos de sucesso de elaboração legislativa participativa.

Internet no Brasil; na segunda, com apoio nas contribuições recebidas na fase anterior, um texto-base do projeto de lei foi apresentado à sociedade e submetido à consulta aberta, resultando em centenas de contribuições e manifestações – todas elas publicadas *on-line* no endereço http://culturadigital.br/marcocivil/.

No entanto, desde que a ideia de um Marco Civil para a Internet brasileira foi apresentada, questionava-se qual seria a efetiva necessidade de sua existência. A maioria dos críticos argumentava, por exemplo, que a regulação da internet por meio da legislação era desnecessária e que as leis existentes já seriam suficientes para proteger os direitos dos cidadãos no ambiente *on-line*.

Os críticos da proposta, porém, não haviam compreendido que o objetivo do MCI era duplo: consagrar direitos dos usuários da Internet – notadamente privacidade, liberdade de expressão e neutralidade da rede – e estabelecer segurança jurídica para as atividades de plataformas digitais, redes sociais e dos demais serviços oferecidos *on-line*.

Essa era, ao menos, a teoria. A prática se revelaria bastante diferente: se é defensável argumentar que o MCI alcançou seus objetivos em relação à liberdade de expressão, particularmente por meio da criação de salvaguardas de responsabilidade civil e regras específicas para a remoção de conteúdo de plataformas *on-line*, em temas de privacidade e proteção de dados pessoais o MCI criou um microssistema confuso, restritivo e contraditório, explicado em boa parte pelo histórico de sua tramitação.

O Anteprojeto de Lei do MCI[6] apresentado pelo Poder Executivo (e posteriormente transformado no PL 2.126/2011) pouco falava a respeito de dados pessoais. Ainda assim já continha, em seu artigo 3º, inciso III, a estipulação de que a disciplina do uso da Internet no Brasil teria, como um de seus princípios, "a proteção aos dados pessoais, *na forma da lei*", texto que inclusive foi mantido em todas as versões subsequentes, fazendo referência a uma futura norma específica sobre o assunto.

O artigo 7º, por sua vez, continha apenas cinco incisos, dos quais somente dois tinham relação com privacidade e proteção de dados pessoais, a saber:

> "Art. 7º O acesso à Internet é essencial ao exercício da cidadania e ao usuário são assegurados os seguintes direitos:
>
> (...)

6. PROJETO DE LEI 2126/2011. Câmara dos Deputados. Disponível em https://www.camara.leg.br/proposicoesWeb/prop_mostrarintegra?codteor=912989. Acesso em 7 nov. 2021.

> IV – a informações claras e completas constantes dos contratos de prestação de serviços, com previsão expressa sobre o regime de proteção aos seus dados pessoais, aos registros de conexão e aos registros de acesso a aplicações de Internet, bem como sobre práticas de gerenciamento da rede que possam afetar a qualidade dos serviços oferecidos; e
> V – ao não fornecimento a terceiros de seus registros de conexão e de acesso a aplicações de Internet, salvo mediante consentimento ou nas hipóteses previstas em lei."

Mais importante para nossa análise, porém, é este trecho da exposição de motivos (EMI 00086, de 25 de abril de 2011) constante da parte final do texto do Anteprojeto, afirmando o seguinte:

> "No panorama normativo, *o anteprojeto representa um primeiro passo no caminho legislativo*, sob a premissa de que uma proposta legislativa transversal e convergente *possibilitará um posicionamento futuro mais adequado sobre outros importantes temas relacionados à Internet que ainda carecem de harmonização, como a proteção de dados pessoais*, o comércio eletrônico, os crimes cibernéticos, o direito autoral, a governança da internet e a regulação da atividade dos centros públicos de acesso à internet, entre outros".[7] (grifos do autor)

Como se constata, desde seu início o MCI nunca pretendeu substituir uma lei geral de proteção de dados pessoais, servindo apenas de *"primeiro passo no caminho legislativo"*. Esse fato é particularmente importante, pois permite compreender que a intenção legislativa original do MCI era regular, de modo limitado e provisório, alguns aspectos do tema, até a promulgação de uma lei específica sobre dados pessoais.

O Anteprojeto foi apresentado na Câmara dos Deputados como Projeto de Lei 2.126/2011 em agosto de 2011 e manteve a mesma redação original durante os anos de 2011, 2012 e por quase todo o primeiro semestre de 2013.

Como de notório conhecimento, em 5 de junho de 2013 o ex-funcionário da *Central Intelligence Agency* (CIA), Edward Joseph Snowden, revelou à imprensa informações altamente confidenciais da *National Security Agency* (NSA) a respeito de supostos programas globais de vigilância mantidos e operados pela NSA e pelas agências de inteligência de outros países aliados dos Estados

7. EMI nº 00086 – MJ/MP/MCT/MC. Planalto. Disponível em: <http://www.planalto.gov.br/ccivil_03/Projetos/ExpMotiv/EMI/2011/86-MJ%20MP%20MCT%20MC.htm>. Acesso em: 7 nov. 2021.

Unidos[8], com a alegada cooperação de empresas de telecomunicações e governos de alguns países europeus.

As revelações de Snowden englobavam informações a respeito de supostas práticas de espionagem realizadas contra diversos líderes mundiais, incluindo a então presidente Dilma Rousseff e outros membros do alto escalão do governo brasileiro.

Essas notícias modificaram completamente o cenário legislativo brasileiro. O Projeto de Lei 2.126/2011, cuja tramitação estava praticamente paralisada em razão dos debates sobre neutralidade de rede – e que até então estava fora da lista de prioridades do Poder Executivo – repentinamente passou a ser visto como a solução urgente para "combater a espionagem norte-americana" e "assegurar a soberania nacional".

Em razão disso, o Projeto de Lei 2.126/2011 passou a tramitar em regime de urgência a partir de 12 de setembro de 2013, após a aprovação, pela Mesa Diretora da Câmara dos Deputados, da Mensagem de Solicitação de Urgência 391[9], enviada pelo Poder Executivo.

A realidade é que os representantes do Poder Executivo estavam indignados com as alegações de espionagem e buscavam reagir de alguma forma. Em poucas semanas, o Projeto de Lei 2.126/2011 foi radicalmente modificado, tanto em forma quanto em conteúdo: até então, haviam sido realizadas dezenas de audiências públicas, com ampla participação de representantes dos setores acadêmico, técnico, privado e governamental, com longos debates sobre cada detalhe do Projeto de Lei, devidamente registrados e documentados.

Com as revelações de Snowden, esse modelo participativo e transparente foi instantaneamente deixado de lado: o texto foi unilateralmente modificado pelo Poder Executivo, com a inclusão de uma série de novos dispositivos sobre privacidade, proteção de dados pessoais e até mesmo armazenamento obrigatório de dados em servidores nacionais, temas que nunca haviam sido sequer cogitados anteriormente.

Nenhuma dessas alterações unilaterais foi objeto de novos debates ou de audiências públicas, e nem sempre havia certeza sobre qual era a redação mais atual do Projeto de Lei. De setembro de 2013 até a aprovação da redação final pela

---

8. Austrália, Canadá, Nova Zelândia e Reino Unido que, em conjunto com os Estados Unidos, são conhecidos como The Five Eyes – FVEY.

9. Mensagem 391. Câmara dos Deputados. Disponível em: <https://www.camara.leg.br/proposicoesWeb/prop_mostrarintegra?codteor=1132586>. Acesso em 7 nov. 2021.

Câmara dos Deputados em 25 de março de 2014, o texto sofreu diversas alterações, nem sempre documentadas pelos canais oficiais[10].

O texto aprovado pela Câmara ainda precisaria ser analisado pelo Senado Federal, e múltiplas emendas foram apresentadas à época por diversos senadores. No entanto, em razão de acordo político entre o Poder Executivo e as lideranças do Senado Federal, todas as emendas foram rapidamente rejeitadas – em um brevíssimo intervalo de duas semanas – para assegurar a célere aprovação do Projeto de Lei.

Em 23 de abril de 2014, o texto do Projeto de Lei 2.126/2011 foi sancionado pela Presidência da República na abertura da NETmundial, evento global sobre governança da Internet realizado uma única vez e sediado pelo Brasil, e transformado na Lei Federal 12.965/2014, com vigência a partir de junho do mesmo ano.

2.2. O texto final do MCI e a falta de boa técnica legislativa em proteção de dados pessoais: cinco exemplos

Como visto, o MCI nunca se propôs a funcionar como uma lei geral de proteção de dados pessoais, nem tampouco a criar normas separadas sobre o tema apenas para o ambiente *on-line*. Tanto é assim que, ao longo de toda a sua tramitação, o MCI manteve a redação do artigo 3º, inciso III, pelo qual a disciplina do uso da Internet no Brasil tem como um de seus princípios a proteção dos dados pessoais, *na forma da lei*.

Por si só, essa redação já seria suficiente para evidenciar que o legislador, de modo consciente, optou por manter a referência a uma futura lei específica de proteção de dados pessoais, até mesmo porque propostas legislativas com esse objetivo já tramitavam tanto na Câmara dos Deputados (Projeto de Lei 4.060/2012) quanto no Senado Federal (Projeto de Lei do Senado 330/2013) quando da promulgação do MCI.

---

10. É interessante observar como essas versões não estão disponíveis para consulta no website da Câmara dos Deputados, apesar de ser possível encontrar diversas notícias sobre as polêmicas derivadas de algumas dessas propostas, principalmente a equivocada ideia de obrigar empresas a armazenar dados exclusivamente em servidores localizados no Brasil. Vide, por exemplo, Marco Civil vai obrigar empresas a manter dados no Brasil, in Exame online, 5 de novembro de 2013. Disponível em: <https://exame.abril.com.br/tecnologia/marco-civil-vai-obrigar-empresas-a-manter-dados-no-brasil/>. 7 nov. 2021. Essa proposta acabou sendo retirada do texto final após intensa campanha do setor privado demonstrando os múltiplos efeitos nocivos decorrentes dessa obrigatoriedade.

Esse ponto, porém, é corroborado por trecho do parecer ao Projeto de Lei 2.126/2011, proferido no Plenário da Câmara dos Deputados em 12 de fevereiro de 2014, pelo qual o relator, Deputado Federal Alessandro Molon, afirma que "(...) *na ausência de uma lei de proteção de dados pessoais no ordenamento jurídico nacional*, capaz de garantir ao cidadão a adequada tutela de tais informações, *faz-se necessário antecipar no Marco Civil da Internet algumas regras relativas ao registro e tratamento de tais dados*"[11]. (grifos do autor)

Essa "antecipação", porém, trouxe diversas imprecisões em matéria de proteção de dados pessoais, em especial na redação dos incisos unilateralmente incluídos no artigo 7º do MCI.

O *primeiro exemplo* está nas referências a "dados pessoais" constantes dos incisos VII ("*não fornecimento a terceiros de seus dados pessoais*"), VIII ("*informações claras e completas sobre coleta, uso, armazenamento, tratamento e proteção de seus dados pessoais*"), IX ("*consentimento expresso sobre coleta, uso, armazenamento e tratamento de dados pessoais*") e X ("*exclusão definitiva dos dados pessoais que tiver fornecido a determinada aplicação de Internet*")[12].

À primeira vista, o texto dos incisos parece claro, criando uma série de direitos e obrigações relativas a dados pessoais. O MCI, porém, *não definiu esse conceito*: não há nada na lei que conceitue o que seriam "dados pessoais". A intenção legislativa era justamente preencher essa lacuna conceitual por meio de uma futura lei de proteção de dados pessoais.

Como é intuitivo, a ausência de uma definição legal para "dados pessoais" causa tremenda insegurança jurídica, principalmente em relação a plataformas digitais, redes sociais e demais empresas com presença *on-line*. Sem um conceito claro para "dados pessoais" definido em lei, não é possível ter certeza de (i) quais dados podem ser tratados e utilizados livremente e quais estão sujeitos a regras específicas; (ii) quais atividades de tratamento exigem ou não consentimento ou outras bases legais específicas, (iii) em quais hipóteses os dados pessoais podem ser tratados para múltiplas finalidades, entre outros problemas.

O conceito de "dado pessoal" para os fins do MCI viria a ser apresentado somente dois anos depois, por meio do Decreto 8.771/2016, que regulamentou a neutralidade de rede e outros temas do MCI, da seguinte forma (artigo 14, I):

---

11. PPP 2 PL212611. Planalto. Disponível em: <https://www.camara.leg.br/proposicoesWeb/fichadetramitacao?idProposicao=609470>. Acesso em 7 nov. 2021.

12. BRASIL. Lei nº 12.965, de 23 de abril de 2014. Disponível em: <http://www.planalto.gov.br/ccivil_03/_ato2011-2014/2014/lei/l12965.htm>. Acesso em: 7 nov. 2021.

> "I – dado pessoal – dado relacionado à pessoa natural identificada ou identificável, inclusive números identificativos, dados locacionais ou identificadores eletrônicos, quando estes estiverem relacionados a uma pessoa."[13]

Esse conceito diverge da definição sucinta existente no artigo 5º, inciso I da LGPD, pelo qual dado pessoal é *"informação relacionada a pessoa natural identificada ou identificável"*[14]. Além disso, não há nem no MCI, nem no Decreto 8.771/2016, qualquer definição de "dado sensível", "dado anonimizado" ou de "dado pseudonimizado".

O *segundo exemplo* está nas referências a "coleta, uso, armazenamento e *tratamento"* de dados pessoais constantes dos incisos VIII e IX do artigo 7º do MCI, com o emprego separado da palavra "tratamento", o que demonstra a falta de familiaridade com o tema pelo legislador do MCI.

Tratamento é *gênero,* sendo que as diversas operações realizadas com dados pessoais são *espécies*. O conceito de tratamento é extremamente abrangente e alcança praticamente tudo que possa ser feito com dados pessoais, da coleta ao descarte dessas informações. Em outras palavras, o tratamento *engloba* a coleta, o uso e o armazenamento de dados pessoais, não fazendo sentido mencioná-lo como se fosse uma das possíveis operações realizadas com dados pessoais. Ou seja: basta falar em *tratamento* para incluir a coleta, o uso, o armazenamento e quaisquer outras operações realizadas com dados pessoais.

A definição de "tratamento" constante tanto do artigo 14, inciso II, do Decreto 8.771/2016, quanto do artigo 5º, inciso X, da LGPD – que é idêntica nas duas normas – evidencia esse ponto. Tratamento é:

> "toda operação realizada com dados pessoais, como as que se referem a coleta, produção, recepção, classificação, utilização, acesso, reprodução, transmissão, distribuição, processamento, arquivamento, armazenamento, eliminação, avaliação ou controle da informação, modificação, comunicação, transferência, difusão ou extração"[15].

---

13. BRASIL. Decreto Nº 8.771/2016, de 11 de maio de 2016. Disponível em: <http://www.planalto.gov.br/ccivil_03/_ato2015-2018/2016/decreto/d8771.htm>. Acesso em: 7 nov. 2021.

14. BRASIL. Lei nº 13.709, de 14 de agosto de 2018. Disponível em: <http://www.planalto.gov.br/ccivil_03/_Ato2015-2018/2018/Lei/L13709.htm>. Acesso em: 7 nov. 2021.

15. BRASIL. Lei nº 13.709, de 14 de agosto de 2018. Disponível em: <http://www.planalto.gov.br/ccivil_03/_Ato2015-2018/2018/Lei/L13709.htm>. Acesso em: 7 nov. 2021.

O *terceiro exemplo* está na combinação da parte final do "caput" do artigo 7º ("*ao usuário são assegurados os seguintes direitos:*") com o texto do inciso IX ("*consentimento expresso sobre coleta, uso, armazenamento e tratamento de dados pessoais, que deverá ocorrer de forma destacada das demais cláusulas contratuais*").

No âmbito da proteção de dados pessoais, consentimento não é um *direito*, mas sim uma *manifestação de concordância* de uma pessoa a respeito do tratamento de seus dados pessoais para finalidades determinadas. A obtenção de consentimento é uma das hipóteses legais que autoriza o tratamento, de acordo com certas condições. É impróprio afirmar, portanto, que uma pessoa tem "direito a consentimento": o que há é uma exigência legal, em circunstâncias determinadas, de obtenção de consentimento pelo agente que pretende realizar o tratamento de dados pessoais daquele indivíduo.

O *quarto exemplo* está na ausência de conceituação de "consentimento", bem como o emprego de qualificadoras desse consentimento ("livre", "expresso" e "informado") sem que sejam definidas ou, ao menos, exemplificadas. Nem o MCI, nem seu Decreto regulamentador esclarecem o significado dessas expressões ou fornecem exemplos para sua utilização.

Ainda que igualmente não defina as qualificadoras do consentimento, a LGPD ao menos conceitua "consentimento" como "*manifestação livre, informada e inequívoca pela qual o titular concorda com o tratamento de seus dados pessoais para uma finalidade determinada*"[16], trazendo exigências adicionais quando se trata de dados pessoais sensíveis ("*de forma específica e destacada, para finalidades específicas*"). O termo "*consentimento expresso*" nem sequer consta da LGPD, nem mesmo por equiparação.

O *quinto exemplo* está na imposição do uso do consentimento para qualquer atividade de tratamento de dados pessoais *on-line*, como se constata do inciso IX do artigo 7º ("*consentimento expresso sobre coleta, uso, armazenamento e tratamento de dados pessoais, que deverá ocorrer de forma destacada das demais cláusulas contratuais*"). Em outras palavras, pelo texto do MCI, o consentimento expresso é a única base legal disponível para o tratamento de dados pessoais em quaisquer atividades realizadas no âmbito da Internet.

Como é intuitivo, essa obrigatoriedade de consentimento expresso para toda e qualquer atividade de tratamento de dados pessoais no ambiente *on-line* é impraticável, não condiz com a realidade tecnológica e ignora a necessidade de

---

16. BRASIL. Lei nº 13.709, de 14 de agosto de 2018. Disponível em: <http://www.planalto.gov.br/ccivil_03/_Ato2015-2018/2018/Lei/L13709.htm>. Acesso em: 7 nov. 2021.

tratamento de dados pessoais para o cumprimento de obrigações legais, cumprimento de contratos e defesa de direitos em juízo, entre outras hipóteses.

Ademais, do ponto de vista do titular dos dados, a exigência de obtenção de consentimento expresso para toda e qualquer atividade de tratamento de dados gera um fenômeno conhecido como "fadiga de consentimento", em que o titular passa a concordar com todo e qualquer pedido de consentimento, ficando paradoxalmente menos protegido por não prestar atenção às hipóteses de tratamento que envolvem riscos maiores e que mereceriam maior cautela tanto do titular quanto dos agentes de tratamento.

Esses cinco exemplos, somados ao histórico de sua tramitação, evidenciam que o legislador do MCI não era familiarizado com o tema e redigiu os dispositivos sobre privacidade e proteção de dados pessoais às pressas e com má técnica legislativa.

Leis mal redigidas, porém, não deixam de ser leis, exigindo do intérprete maior esforço para sua compreensão, interpretação e harmonização. Resta saber, portanto, se e como a LGPD resolveu esses problemas, o que se faz a seguir.

3. As alterações nos Projetos de Lei que culminaram na LGPD

Em 28 de janeiro de 2015, o Ministério de Justiça iniciou consulta pública para debater um Anteprojeto de Lei de Proteção de Dados Pessoais. Diversas contribuições foram enviadas ao longo daquele ano por membros do setor privado, sociedade civil e academia, e um texto final foi enviado à Câmara dos Deputados e transformado no Projeto de Lei 5.276/2016. Em paralelo, já se encontravam na própria Câmara dos Deputados o Projeto de Lei 4.060/2012 e, no Senado Federal, o Projeto de Lei do Senado 330/2013.

Em sua redação original[17], os artigos 1º e 3º do Projeto de Lei 5.276/2016 diziam o seguinte:

> "Art. 1º Esta Lei dispõe sobre o tratamento de dados pessoais por pessoa natural ou por pessoa jurídica de direito público ou privado, com o objetivo de proteger os direitos fundamentais de liberdade e de privacidade e o livre desenvolvimento da personalidade da pessoa natural. (...)

17. PROJETO DE LEI 5.276/2016. Câmara dos Deputados. Disponível em: <https://www.camara.leg.br/proposicoesWeb/prop_mostrarintegra;jsessionid=841AC510D226406970F627F46202D3FC.proposicoesWebExterno1?codteor=1457459&filename=PL+5276/2016>. Acesso em 7 nov. 2021.

> Art. 3º Esta Lei aplica-se a qualquer operação de tratamento realizada por pessoa natural ou por pessoa jurídica de direito público ou privado, independentemente do país de sua sede ou do país onde estejam localizados os dados, desde que:
>
> I – a operação de tratamento seja realizada no território nacional;
>
> II – a atividade de tratamento tenha por objetivo a oferta ou fornecimento de bens ou serviços ou o tratamento de dados de indivíduos localizados no território nacional; ou
>
> III – os dados pessoais objeto do tratamento tenham sido coletados no território nacional.
>
> Parágrafo único. Consideram-se coletados no território nacional os dados pessoais cujo titular nele se encontre no momento da coleta."[18]

Já o artigo 1º do PLS 330/2013, em sua redação original, dizia o seguinte:

> "Art. 1º Esta Lei regula a proteção, o tratamento e o uso de dados das pessoas naturais e jurídicas de direito público ou privado.
>
> Parágrafo único. Reger-se-á por esta Lei todo tratamento de dados pessoais, qualquer que seja o mecanismo empregado, quando sua coleta, armazenamento ou utilização ocorrer em território nacional ou em local onde seja aplicável a lei brasileira, por força de tratado ou convenção."[19]

Como se constata, a intenção legislativa desses dois Projetos de Lei era regular inteiramente a matéria de proteção de dados pessoais, em toda e qualquer atividade econômica, sem distinção, justamente para evitar o surgimento de normas separadas e setoriais – daí o emprego de expressões amplas e abrangentes, enfatizando que "esta lei aplica-se a *qualquer operação de tratamento* realizada por pessoa natural ou por pessoa jurídica de direito público ou privado" e "reger-se-á por esta lei *todo tratamento de dados pessoais, qualquer que seja o mecanismo empregado*".

---

18. PROJETO DE LEI 5.276/2016. Câmara dos Deputados. Disponível em: <https://www.camara.leg.br/proposicoesWeb/prop_mostrarintegra;jsessionid=841AC510D226406970F627F46202D3FC.proposicoesWebExterno1?codteor=1457459&filename=PL+5276/2016>. Acesso em 7 nov. 2021.
19. PROJETO DE LEI DO SENADO Nº 330/2013. Senado. Disponível em: <https://legis.senado.leg.br/sdleg-getter/documento?dm=3927883&ts=1567533189767&disposition=inline>. Acesso em 7 nov. 2021.

No entanto, apesar de essas propostas englobarem todo e qualquer tratamento de dados pessoais e, portanto, serem aplicáveis a toda e qualquer atividade econômica, restava a dúvida: como ficaria o ambiente *on-line*, tendo em vista as normas do MCI?

Durante os debates legislativos, a incompatibilidade dos dispositivos do MCI com a futura LGPD ficou evidente: a manutenção de um microssistema específico de proteção de dados pessoais para os meios digitais contrariava o principal propósito desses Projetos de Lei, que era justamente criar uma lei única e uniforme, aplicável a toda e qualquer atividade de tratamento de dados pessoais, independentemente do meio empregado ou do setor econômico envolvido e, assim, evitar o fracionamento desejado por diversos representantes do setor privado, que buscavam escapar da regulação ou sugeriam a criação de regras setoriais sobre o tema para suas próprias atividades.

No entanto, apesar de sugestões nesse sentido, não havia espaço político para acolher a solução óbvia: *a revogação expressa dos dispositivos do MCI incompatíveis com a LGPD*. O MCI era uma lei nova e visto como uma "conquista" pelos principais envolvidos com os Projetos de Lei sobre proteção de dados pessoais, fossem membros do Poder Executivo, representantes do Poder Legislativo ou ativistas de direitos digitais, entre outros. Ou seja: revogar direitos do usuário previstos no MCI, ainda que para ampliá-los e harmonizá-los com a LGPD, não era politicamente viável à época[20].

A solução foi a inclusão do aposto "*inclusive nos meios digitais*" no artigo 1º e da expressão "*independentemente do meio*" no artigo 3º do Projeto de Lei 5.276/2016, de modo a deixar cristalina a aplicação da lei também no ambiente *on-line*, com redação que permaneceria no texto atual e vigente da LGPD:

> "Art. 1º Esta Lei dispõe sobre o tratamento de dados pessoais, *inclusive nos meios digitais*, por pessoa natural ou por pessoa jurídica de direito público ou privado, com o objetivo de proteger os direitos fundamentais de liberdade e de privacidade e o livre desenvolvimento da personalidade da pessoa natural.
>
> Art. 3º Esta Lei aplica-se a qualquer operação de tratamento realizada por pessoa natural ou por pessoa jurídica de direito público ou

---

20. Vale recordar que o Projeto de Lei 5.276/2016 era de iniciativa do Poder Executivo e foi apresentado à Câmara dos Deputados em 13 de maio de 2016 pela gestão Dilma Rousseff, que já havia aprovado o MCI em 2014 e feito sua regulamentação em 2016. Já o PLS 330/2013 restou prejudicado em razão da aprovação acelerada do PL 5.276/2016, aglutinado pelo PL 4.060/2012, que ocorreu em 29 de maio de 2018.

> privado, *independentemente do meio*, do país de sua sede ou do país onde estejam localizados os dados (...)."[21] (grifos do autor)

O acolhimento dessas sugestões, portanto, representou a saída política para a derrogação tácita dos dispositivos conflitantes do MCI sobre proteção de dados pessoais sem ser necessário declarar a revogação expressa desses mesmos dispositivos no texto da LGPD.

Entretanto, a controvérsia não se encerra aqui. Se a intenção legislativa era realmente essa – ou seja, derrogar tacitamente os dispositivos conflitantes do MCI – como explicar o artigo 60 da LGPD, que altera especificamente o artigo 7º, inciso X e o artigo 16, inciso II, do MCI? Confira-se:

> "Art. 60. A Lei nº 12.965, de 23 de abril de 2014 (Marco Civil da Internet), passa a vigorar com as seguintes alterações:
>
> "Art. 7º (...)
>
> X – exclusão definitiva dos dados pessoais que tiver fornecido a determinada aplicação de internet, a seu requerimento, ao término da relação entre as partes, ressalvadas as hipóteses de guarda obrigatória de registros previstas nesta Lei e na que dispõe sobre a proteção de dados pessoais;"
>
> "Art. 16. (...)
>
> II – de dados pessoais que sejam excessivos em relação à finalidade para a qual foi dado consentimento pelo seu titular, exceto nas hipóteses previstas na Lei que dispõe sobre a proteção de dados pessoais."(NR)[22]

A resposta, mais uma vez, está no contexto político da tramitação da LGPD. Deixar de alterar esses dispositivos – o primeiro sobre exclusão de dados pessoais em cenários em que sua manutenção pode ser obrigatória (MCI, 7º, X), e o segundo sobre guarda de dados pessoais tidos como excessivos em relação a uma finalidade de tratamento baseada em consentimento (MCI, 16, II) – seria contraditório com a posição de não revogação expressa dos trechos do MCI incompatíveis com a LGPD, servindo as alterações de "aperfeiçoamento" do MCI.

Surpreendentemente, caso não se entendesse pela derrogação tácita dos dispositivos do MCI incompatíveis com a LGPD, *essas mudanças teriam o potencial*

21. BRASIL. Lei nº 13.709, de 14 de agosto de 2018. Disponível em: <http://www.planalto.gov.br/ccivil_03/_Ato2015-2018/2018/Lei/L13709.htm>. Acesso em: 7 nov. 2021.
22. BRASIL. Lei nº 12.965, de 23 de abril de 2014. Disponível em: <http://www.planalto.gov.br/ccivil_03/_Ato2015-2018/2018/Lei/L13709.htm>. Acesso em: 7 nov. 2021.

de limitar o exercício dos direitos do titular, já que, no primeiro caso, a exclusão de dados pessoais obtidos mediante consentimento não se restringe apenas aos dados fornecidos pelo próprio usuário a uma aplicação de Internet, *englobando também quaisquer outros dados pessoais tratados mediante consentimento* (LGPD, 18, VI), ao passo que, no segundo caso, a proibição de retenção de dados excessivos em relação à finalidade não se aplica somente quando o tratamento é baseado em consentimento, *mas também quando é realizado com apoio em qualquer outra base legal* (LGPD, 18, IV)[23].

Evidentemente, esses efeitos colaterais não foram previstos pelo legislador da época, que certamente não pretendia, com sua opção de não revogação expressa dos dispositivos do MCI incompatíveis com a LGPD, restringir direitos dos usuários da Internet assegurados a qualquer titular de dados pessoais.

Resta saber, portanto, se há mais elementos que auxiliam a corroborar o entendimento de que a promulgação da LGPD implicou na derrogação tácita dos dispositivos incompatíveis do MCI, o que se faz a seguir.

3.1. LGPD: a incompatibilidade com o MCI e a regulação integral da matéria do MCI

Como mencionado no início deste artigo, o § 1º do artigo 2º da Lei de Introdução às Normas do Direito Brasileiro (Decreto-lei 4.657/1942, com a redação dada pela Lei nº 12.376, de 2010)[24], dispõe: "§ 1º A lei posterior revoga a anterior quando expressamente o declare, quando seja com ela incompatível ou quando regule inteiramente a matéria de que tratava a lei anterior."

Não há dúvidas de que a LGPD, promulgada em 14 de agosto de 2018, é lei *posterior* ao MCI, promulgado em 23 de abril de 2014. Vale analisar, portanto, cada uma dessas hipóteses.

Como visto anteriormente, a LGPD não revogou expressamente qualquer dispositivo do MCI, fazendo apenas alterações nos artigos 7º e 16. Não há que se falar, portanto, em revogação por meio de declaração *expressa*.

Quando se pondera, porém, tudo o que foi analisado até aqui, *resta clara a derrogação tácita dos dispositivos sobre proteção de dados pessoais do MCI em razão*

---

23. BRASIL. Lei nº 13.709, de 14 de agosto de 2018. Disponível em: <http://www.planalto.gov.br/ccivil_03/_Ato2015-2018/2018/Lei/L13709.htm>. Acesso em: 7 nov. 2021.
24. BRASIL. Decreto-Lei Nº 4.657, de 04 de setembro de 1942. Disponível em: <http://www.planalto.gov.br/ccivil_03/decreto-lei/del4657compilado.htm>. Acesso em: 7 nov. 2021.

de sua incompatibilidade com a LGPD, sendo útil sintetizar os principais prontos trazidos anteriormente:

a) o MCI nunca se propôs a funcionar como uma lei geral de proteção de dados pessoais, nem tampouco a criar normas separadas sobre o tema apenas para o ambiente *on-line*, o que se depreende do artigo 3º, inciso III, pelo qual a disciplina do uso da Internet no Brasil tem como um de seus princípios a proteção dos dados pessoais, *na forma da lei;*

b) o parecer final ao Projeto de Lei 2.126/2011 afirma que "(...) *na ausência de uma lei de proteção de dados pessoais no ordenamento jurídico nacional*, capaz de garantir ao cidadão a adequada tutela de tais informações, *faz-se necessário antecipar no Marco Civil da Internet algumas regras relativas ao registro e tratamento de tais dados*"[25]. (grifos do autor)

c) o MCI não define o que seriam "dados pessoais" e seu decreto regulamentador apresenta conceito diferente do conceito previsto na LGPD;

d) nem o MCI nem o Decreto 8.771/2016 definem "dado sensível", "dado anonimizado" ou de "dado pseudonimizado";

e) o MCI equipara tratamento (que é gênero) com suas espécies (coleta, uso e armazenamento), sem se atentar que o tratamento *engloba* todas as atividades de tratamento de dados pessoais, da coleta ao descarte de dados pessoais;

f) o MCI trata consentimento como um "direito" e não como uma manifestação de vontade;

g) o MCI não define consentimento e emprega qualificadoras desse consentimento sem exemplificá-las, exigindo "consentimento expresso" para qualquer tratamento de dados pessoais, expressão sem equivalência na LGPD;

h) pelo MCI, o consentimento expresso é a única base legal disponível para o tratamento de dados pessoais em quaisquer atividades realizadas no âmbito da Internet, ignorando a necessidade de tratamento de dados pessoais para o cumprimento de obrigações legais, cumprimento de contratos e defesa de direitos em juízo, entre outras hipóteses.

Finalmente, é preciso avaliar a terceira hipótese: se a LGPD regulou inteiramente a matéria de proteção de dados pessoais prevista no MCI. Note-se que não se está, aqui, indagando se a LGPD regulou *todos os temas* de proteção de dados pessoais, *mas sim se regulou inteiramente a matéria de proteção de dados pessoais de que trata o MCI.* A resposta, dentro desse escopo limitado, é positiva.

---

25. PPP 2 PL212611. Planalto. Disponível em: <https://www.camara.leg.br/proposicoesWeb/fichadetramitacao?idProposicao=609470>. Acesso em 7 nov. 2021.

Essa conclusão é decorrência lógica da inclusão, na LGPD, *de todas as matérias sobre proteção de dados pessoais* de que trata o MCI em seus artigos 7º e 16, a saber:

a) o inciso VII do artigo 7º assegura a usuários de Internet o direito de "*não fornecimento a terceiros de seus dados pessoais*, inclusive registros de conexão, e de acesso a aplicações de internet, *salvo mediante consentimento livre, expresso e informado ou nas hipóteses previstas em lei*"[26](grifos do autor). Fornecimento de dados pessoais é uma atividade de tratamento e, como tal, inteiramente regulado pela LGPD.

Nesse ponto, a LGPD é muito mais abrangente e estabelece também uma série de deveres, obrigações e direitos a respeito do tratamento: bases legais (que não se limitam ao consentimento – artigos 7º e 11)[27]; princípios a serem observados (artigo 6º); direitos do titular (artigos 9º, 18, 19 e outros) e sanções em caso de descumprimento (artigos 52 e seguintes), para mencionar apenas os elementos mais básicos.

b) a primeira parte do inciso VIII do artigo 7º assegura a usuários de Internet o direito a "*informações claras e completas sobre coleta, uso, armazenamento, tratamento e proteção de seus dados pessoais (...)*". Informações claras e completas sobre o tratamento representam apenas uma faceta do princípio da transparência e, como tal, são inteiramente reguladas pela LGPD.

Nesse ponto, a LGPD é novamente muito mais abrangente e, além de assegurar aos titulares o direito a obtenção de "*informações claras, precisas e facilmente acessíveis sobre a realização do tratamento e os respectivos agentes de tratamento, observados os segredos comercial e industrial*" (artigo 6º, VI), cria diversos outros direitos específicos e pormenorizados relacionados ao acesso facilitado a informações sobre o tratamento (artigo 9º), bem como procedimentos detalhados a serem adotados para atendimento de suas solicitações (artigos 18 e 19).

c) a segunda parte do inciso VIII do artigo 7º assegura a usuários de Internet que seus dados pessoais "*somente poderão ser utilizados para finalidades que: a) justifiquem sua coleta; b) não sejam vedadas pela legislação; e c) estejam especificadas nos contratos de prestação de serviços ou em termos de uso de aplicações de*

---

26. BRASIL. Lei nº 13.709, de 14 de agosto de 2018. Disponível em: <http://www.planalto.gov.br/ccivil_03/_Ato2015-2018/2018/Lei/L13709.htm>. Acesso em: 7 nov. 2021.

27. Ademais, ainda que se se entendesse que as duas normas seriam aplicáveis, a expressão "nas hipóteses previstas em lei" autoriza o fornecimento de dados pessoais sempre que essa atividade de tratamento estiver baseada em uma das hipóteses legais previstas nos artigos 7º e 11º, e não apenas mediante consentimento.

internet". A limitação do tratamento de dados a finalidades específicas, justificadas, não proibidas por lei e descritas contratualmente representa somente uma pequena parcela do princípio da finalidade e, como tal, inteiramente regulada pela LGPD.

Nesse ponto, a LGPD é, novamente, muito mais abrangente e apresenta riqueza de detalhes a respeito dessa limitação, exigindo que todo tratamento de dados pessoais atenda, simultaneamente, aos princípios da *finalidade*, *adequação* e *necessidade*. Ou seja, qualquer atividade de tratamento somente pode ser realizada "*para propósitos legítimos, específicos, explícitos e informados ao titular, sem possibilidade de tratamento posterior de forma incompatível com essas finalidades*" (finalidade – artigo 6º, I), sendo que deve ser mantida a "*compatibilidade do tratamento com as finalidades informadas ao titular, de acordo com o contexto do tratamento*" (adequação – artigo 6º, II), observada ainda a "*limitação do tratamento ao mínimo necessário para a realização de suas finalidades, com abrangência dos dados pertinentes, proporcionais e não excessivos em relação às finalidades do tratamento de dados*" (necessidade – artigo 6º, III)[28].

d) o inciso IX do artigo 7º assegura a usuários de Internet "*consentimento expresso sobre coleta, uso, armazenamento e tratamento de dados pessoais, que deverá ocorrer de forma destacada das demais cláusulas contratuais*". No contexto da proteção de dados pessoais, o consentimento é uma das diversas hipóteses legais que autoriza o tratamento, com nuances e especificidades próprias e, como tal, inteiramente regulado pela LGPD.

Nesse ponto, a LGPD é, mais uma vez, muito mais abrangente, conceituando e detalhando o consentimento em múltiplos dispositivos (artigo 5º, XII; artigo 7º e §§ 4º, 5º e 6º; artigo 8º e seus parágrafos; artigo 9º, §§ 1º e 2º; artigo 11º, entre diversos outros), particularmente sua obtenção, sua função, seus limites e sua revogação, além de assegurar diversos direitos ao titular quando o tratamento de seus dados pessoais é baseado em seu consentimento.

Mais importante, porém, é o fato de a LGPD não condicionar o tratamento de dados pessoais nos meios digitais apenas às hipóteses de fornecimento de consentimento pelo titular, mas sim estabelecer e detalhar, em seus artigos 7º e 11º, diversas outras bases legais de tratamento aplicáveis em diversas situações, particularmente nos casos de cumprimento de obrigação legal ou regulatória, execução e cumprimento de contratos, exercício regular de direitos, proteção da vida e incolumidade física do titular e de terceiros, e quando necessário para atender a interesses legítimos do controlador ou de terceiros.

---

28. BRASIL. Lei nº 13.709, de 14 de agosto de 2018. Disponível em: <http://www.planalto.gov.br/ccivil_03/_Ato2015-2018/2018/Lei/L13709.htm>. Acesso em: 7 nov. 2021.

A multiplicidade, a abrangência e o detalhamento das bases legais de tratamento, somados às ressalvas constantes dos artigos 1º e 3º da LGPD, os quais expressamente mencionaram que a lei regula o tratamento de dados pessoais *inclusive nos meios digitais* e se aplica a qualquer operação de tratamento *independentemente do meio* deixam claro que a LGPD regulou inteiramente as hipóteses legais de tratamento no ambiente *on-line* constantes do MCI.

e) o inciso X do artigo 7º assegura a usuários de Internet a "*exclusão definitiva dos dados pessoais que tiver fornecido a determinada aplicação de internet, a seu requerimento, ao término da relação entre as partes, ressalvadas as hipóteses de guarda obrigatória de registros previstas nesta Lei e na que dispõe sobre a proteção de dados pessoais*". Exclusão é uma das hipóteses de eliminação de dados pessoais e, como tal, inteiramente regulada pela LGPD.

Nesse ponto, a LGPD é, outra vez, muito mais abrangente, conceituando e detalhando a eliminação de dados pessoais em múltiplos dispositivos (artigo 5º, XIV; artigo 8º, § 5º), particularmente ao término do tratamento (artigos 15 e 16), além de assegurar diversos direitos ao titular a respeito do tema, principalmente em caso de revogação de seu consentimento (artigo 18, VI) ou se houver dados pessoais desnecessários, excessivos ou tratados em desconformidade com a lei (artigo 18, IV)[29].

Valem, aqui, as observações feitas anteriormente: o titular tem direitos de eliminação de dados pessoais mais amplos na LGPD do que no MCI, podendo solicitar a exclusão de dados pessoais obtidos mediante consentimento não apenas quando os forneceu diretamente a uma aplicação de Internet, mas também de *quaisquer outros dados pessoais tratados mediante consentimento* (LGPD, artigo 18, VI).

f) por fim, o inciso II do artigo 16 estabelece que, na provisão de aplicações de internet, onerosa ou gratuita, é vedada a guarda "*de dados pessoais que sejam excessivos em relação à finalidade para a qual foi dado consentimento pelo seu titular, exceto nas hipóteses previstas na Lei que dispõe sobre a proteção de dados pessoais*". A proibição de retenção de dados pessoais excessivos em relação às finalidades do tratamento é outra faceta do princípio da finalidade e, como tal, inteiramente regulada pela LGPD.

Nesse ponto, a LGPD é, igualmente, muito mais abrangente, sendo úteis, aqui, as mesmas observações feitas anteriormente a respeito dos princípios do tratamento: toda atividade de tratamento de dados pessoais – incluindo guarda e retenção – deve atender, simultaneamente, aos princípios da *finalidade*,

29. BRASIL. Lei nº 13.709, de 14 de agosto de 2018. Disponível em: <http://www.planalto.gov.br/ccivil_03/_Ato2015-2018/2018/Lei/L13709.htm>. Acesso em: 7 nov. 2021.

adequação e *necessidade*. Ou seja, a guarda e a retenção de dados pessoais somente pode ser realizada "*para propósitos legítimos, específicos, explícitos e informados ao titular, sem possibilidade de tratamento posterior de forma incompatível com essas finalidades*" (finalidade – artigo 6º, I), sendo que deve ser mantida a "*compatibilidade do tratamento com as finalidades informadas ao titular, de acordo com o contexto do tratamento*" (adequação – artigo 6º, II), observada ainda a "*limitação do tratamento ao mínimo necessário para a realização de suas finalidades, com abrangência dos dados pertinentes, proporcionais e não excessivos em relação às finalidades do tratamento de dados*" (necessidade – artigo 6º, III)[30].

Valem, também, as ponderações anteriores: a proibição de retenção de dados pessoais excessivos em relação às finalidades do tratamento é mais ampla na LGPD do que no MCI, pois não se aplica somente quando o tratamento é baseado em consentimento, *mas também quando é realizado com apoio em qualquer outra base legal* (LGPD, 18, IV).

3.2. LGPD: uma lei mais especial do que geral

A análise realizada no item anterior leva à conclusão de que a LGPD derrogou tacitamente todos os dispositivos do MCI relacionados à proteção de dados pessoais, por aplicação do § 1º do artigo 2º da Lei de Introdução às Normas do Direito Brasileiro (Decreto-Lei 4.657/1942).

Resta saber, porém, se não teria aplicação o § 2º desse mesmo artigo 2º, pelo qual "*a lei nova, que estabeleça disposições gerais ou especiais a par das já existentes, não revoga nem modifica a lei anterior*"[31].

Como se sabe, pelo princípio da especialidade, a norma especial – mais específica – prevalece sobre a norma geral. Em outras palavras, a lei especial afasta a incidência da lei geral, sendo de notório conhecimento o brocardo em latim "*Lex specialis derogat legi generali*".

A primeira – e equivocada – reação do intérprete, portanto, seria afirmar que a LGPD seria uma lei geral e não prevaleceria sobre normas especiais. Afinal, a própria lei se autointitula "Lei *Geral* de Proteção de Dados Pessoais".

Paradoxalmente, porém, apesar de seu nome, a LGPD deve ser interpretada preponderantemente como uma lei *especial*, e não como uma lei geral.

---

30. BRASIL. Lei nº 13.709, de 14 de agosto de 2018. Disponível em: <http://www.planalto.gov.br/ccivil_03/_Ato2015-2018/2018/Lei/L13709.htm>. Acesso em: 7 nov. 2021.

31. BRASIL. Decreto-Lei nº 4.657, de 04 de setembro de 1942. Disponível em: <http://www.planalto.gov.br/ccivil_03/decreto-lei/del4657compilado.htm>. Acesso em: 7 nov. 2021.

É verdade que a LGPD pode ser considerada a primeira lei com enfoque exclusivo, horizontal e homogêneo no tema de proteção de dados pessoais. Isso, porém, não a torna necessariamente uma lei geral: é preciso voltar ao contexto de sua tramitação, constatar o que ocorreu no cenário internacional e, por fim, compará-la com outras normas para compreender sua classificação.

A expressão "geral" nunca constou dos Projetos de Lei que culminaram na LGPD. Desde as primeiras consultas públicas sobre o tema, bem como durante toda a tramitação desses Projetos de Lei, fazia-se referência apenas a uma "Lei de Proteção de Dados Pessoais", muitas vezes abreviada como "LPDP", o que pode ser constatado da leitura dos textos originais das propostas apresentadas tanto pelo Poder Executivo quando do Poder Legislativo.

Em realidade, a adoção da expressão "Lei Geral de Proteção de Dados Pessoais" e a utilização da sigla "LGPD" decorreram da enorme influência do *General Data Protection Regulation* ("GDPR") europeu, ou "Regulamento Geral sobre a Proteção de Dados", em português.

Mais importante, porém, é compreender o porquê de a expressão "geral" ser utilizada no contexto europeu. A resposta é singela e nada tem a ver com o princípio da especialidade: no contexto do GDPR, "*geral*" se opõe a "*setorial*". Isso pode ser constatado da leitura tanto da antiga Diretiva 95/46/CE quanto do próprio GPDR que a substituiu.

Por exemplo, na Diretiva 95/46/CE, o "Considerando" (*Recital*) 23 afirmava o seguinte (grifos nossos):

> "(23) Considerando que os Estados-membros podem assegurar a concretização da protecção das pessoas *tanto por uma lei geral* relativa à protecção das pessoas no que diz respeito ao tratamento de dados pessoais, *como por leis sectoriais*, por exemplo as relativas aos institutos de estatística"[32].

Por sua vez, os trechos relevantes do "Considerando" (*Recital*) 10 do GDPR afirmam que (grifos nossos):

> "10) A fim de assegurar um nível de proteção coerente e elevado das pessoas singulares e eliminar os obstáculos à circulação de dados pessoais na União, o nível de proteção dos direitos e liberdades das

---

32. DIRECTIVA 95/46/CE DO PARLAMENTO EUROPEU E DO CONSELHO. Relativa à proteção das pessoas singulares no que diz respeito ao tratamento de dados pessoais e à livre circulação desses dados. Disponível: <https://eur-lex.europa.eu/legal-content/PT/TXT/PDF/?uri=CELEX:31995L0046&from=PT>. Acesso em 7 nov. 2021.

> pessoas singulares relativamente ao tratamento desses dados deverá ser equivalente em todos os Estados-Membros. É conveniente assegurar em toda a União a aplicação coerente e homogénea das regras de defesa dos direitos e das liberdades fundamentais das pessoas singulares no que diz respeito ao tratamento de dados pessoais.
>
> (...)
>
> *Em conjugação com a legislação geral e horizontal sobre proteção de dados que dá aplicação à Diretiva 95/46/CE*, os Estados-Membros dispõem de *várias leis setoriais em domínios que necessitam de disposições mais específicas.* (...)"[33].

Ou seja: *em momento algum o GDPR afirma ser uma lei geral em oposição a uma lei especial*, mas sim *uma legislação geral e horizontal, em oposição a leis setoriais.*

Pelos mesmos motivos, a LGPD é apenas uma lei "geral" em oposição a uma lei "setorial": é lei específica sobre proteção de dados pessoais e aplicável, de modo uniforme, horizontal e *geral*, a toda e qualquer atividade de tratamento, realizada por toda e qualquer entidade pública ou privada, por todo e qualquer meio, ressalvas as exceções previstas na própria lei.

Por fim, quando comparada ao MCI, é evidente que a LGPD representa lei especial, regulando de modo pormenorizado todas as atividades de tratamento de dados pessoais, enquanto o MCI trata de diversos outros temas distintos, tais como neutralidade de rede, salvaguardas de responsabilidade civil e regras específicas para a remoção de conteúdo de plataformas *on-line*. Nesse contexto, pelo critério da especialidade, *a LGPD igualmente prevaleceria sobre os dispositivos sobre proteção de dados pessoais do MCI.*

4. Conclusão

Como visto, seja qual for o critério adotado, entendemos que houve *derrogação tácita dos dispositivos sobre proteção de dados pessoais do MCI, sendo aplicáveis exclusivamente as normas previstas na LGPD após sua entrada em vigor.*

A economia moderna transformou-se em uma economia baseada em dados, independentemente de ramo de atividade, setor empresarial ou mesmo de modelos de negócio específicos. A utilização de dados, pessoais ou não, representa hoje um dos principais elementos de crescimento da atividade econômica e de inovação, inclusive nas atividades do poder público.

---

33. UNIÃO EUROPEIA. GENERAL DATA PROTECTION REGULATION, 25 maio 2018. Disponível em: <https://gdpr-info.eu/>. Acesso em: 7 nov. 2021.

Ainda que cada setor da economia tenha suas especificidades, elas não devem justificar o fracionamento da regulação a respeito da proteção de dados pessoais. A opção legislativa brasileira foi prestigiar o modelo de uma lei "geral" de proteção de dados pessoais – em oposição a leis setoriais – aplicável de modo uniforme e horizontal a toda e qualquer atividade de tratamento, realizada por toda e qualquer entidade pública ou privada, por todo e qualquer meio, ressalvadas as exceções previstas na própria lei, justamente para servir como marco regulatório completo e trazer segurança jurídica a respeito do tema.

5. Referências bibliográficas

BRASIL. Decreto-Lei nº 4.657, de 04 de setembro de 1942. Disponível em: <http://www.planalto.gov.br/ccivil_03/decreto-lei/del4657compilado.htm>. Acesso em: 8 junho 2021.

BRASIL. [Constituição (1988)]. Constituição da República Federativa do Brasil de 1988. Brasília, DF: Presidência da República, [2016]. Disponível em: <http://www.planalto.gov.br/ccivil_03/constituicao/constituicao.htm>. Acesso em: 8 junho 2021.

BRASIL. Lei nº 12.965, de 23 de abril de 2014. Disponível em: <http://www.planalto.gov.br/ccivil_03/_Ato2015-2018/2018/Lei/L13709.htm>. Acesso em: 8 junho 2021.

BRASIL. Lei nº 13.709, de 14 de agosto de 2018. Disponível em: <http://www.planalto.gov.br/ccivil_03/_Ato2015-2018/2018/Lei/L13709.htm>. Acesso em: 8 junho 2021.

EMI nº 00086 – MJ/MP/MCT/MC. Planalto. Disponível em: <http://www.planalto.gov.br/ccivil_03/Projetos/ExpMotiv/EMI/2011/86-MJ%20MP%20MCT%20MC.htm>. Acesso em: 8 junho 2021.

Mensagem 391. Câmara dos Deputados. Disponível em: <https://www.camara.leg.br/proposicoesWeb/prop_mostrarintegra?codteor=1132586>. Acesso em 8 junho 2021.

PPP 2 PL212611. Planalto. Disponível em: <https://www.camara.leg.br/proposicoesWeb/fichadetramitacao?idProposicao=609470>. Acesso em 8 junho 2021.

PROJETO DE LEI 2126/2011. Câmara dos Deputados. Disponível em: <https://www.camara.leg.br/proposicoesWeb/prop_mostrarintegra?codteor=912989>. Acesso em 8 junho 2021.

PROJETO DE LEI 5.276/2016. Câmara dos Deputados. Disponível em: <https://www.camara.leg.br/proposicoesWeb/prop_mostrarintegra;jsessionid=841AC510D226406970F627F46202D3FC.proposicoesWebExterno1?codteor=1457459&filename=PL+5276/2016>. Acesso em 8 junho 2021.

DIRECTIVA 95/46/CE DO PARLAMENTO EUROPEU E DO CONSELHO. Relativa à proteção das pessoas singulares no que diz respeito ao tratamento de dados pessoais e à livre circulação desses dados. Disponível: <https://eur-lex.europa.eu/legal-content/PT/TXT/PDF/?uri=CELEX:31995L0046&from=PT>. Acesso em 8 junho 2021.

UNIÃO EUROPEIA. GENERAL DATA PROTECTION REGULATION, 25 maio 2018. Disponível em: https://gdpr-info.eu/>. Acesso em: 8 junho 2021.

Capítulo 9

Entre o método e a complexidade: compreendendo a noção de risco na LGPD

Maria Cecília Oliveira Gomes

Doutoranda na Faculdade de Direito da Universidade de São Paulo (USP). Foi *visiting researcher* no European Data Protection Supervisor (EDPS) e *visiting researcher* na Data Protection Unit do Council of Europe (CoE). Pós-graduada em Propriedade Intelectual e Novos Negócios pela FGV Direito SP.

Introdução

A Lei Geral de Proteção de Dados Pessoais (LGPD – Lei nº 13.709, de 14 de agosto de 2018), em vários artigos do seu texto, traz a referência ao risco e à necessidade de avaliação dos possíveis efeitos colaterais das operações de tratamento de dados pessoais, a fim de avaliar o seu impacto no que diz respeito aos direitos e liberdades individuais dos titulares de dados. Mas, será que a forma como o risco vem sendo compreendido e aplicado no sistema de proteção de dados brasileiro de fato está alinhada com a sua função de ser um instrumento de proteção dos direitos e liberdades individuais dos titulares?[1]

No século XX, com o surgimento das primeiras leis de proteção de dados[2], o risco passou a ser um elemento integrante desse sistema. O sistema europeu de proteção de dados passou a cada vez mais mesclar a regulação de risco (*risk regulation*) com a sua estrutura normativa[3] e, a partir disso, surgiram características na norma fortemente embasadas em risco, como as regulações baseadas em risco (*risk based regulation*), o que, também, foi chamado de risquificação (*risquification*[4]) dos programas de conformidade e governança em proteção de dados (*risk compliance*).

Essa característica, cada vez mais "risquificada," aparenta gerar um conflito com a própria natureza das leis de proteção de dados. Enquanto esta busca a redução da assimetria de poder entre Estado e titulares, através de incentivos legais que favoreçam à autodeterminação informacional e um maior controle do titular, por outro lado, a "risquificada" busca uma conformidade com obrigações gerais, não olhando diretamente para os direitos associados ao titular, mas se preocupando em quais riscos os agentes de tratamento podem assumir e quais eles podem mitigar.

E esse cenário vem se tornando mais complexo, devido ao modelo regulatório escolhido para o sistema de proteção de dados, no caso, o da metarregulação[5]. Nesse modelo, ambos os agentes reguladores e agentes regulados exercem forças para gerenciar e executar as obrigações regulatórias. E na ausência de uma

---

1. Agradeço aos comentários e conversas com Andressa Bizutti, Bruno Bioni e Fernando Issao Ninomiya durante a elaboração desse texto. Quaisquer erros ou inconsistências são de minha responsabilidade.
2. Para compreender mais sobre as gerações de leis de proteção de dados, recomendamos a leitura de: DONEDA, Danilo. *Da privacidade à proteção de dados pessoais: elementos da formação da Lei geral de proteção de dados*. 2. ed., São Paulo: Thomson Reuters Brasil, 2019, p. 174-179.
3. Sobre regulação de risco no sistema de proteção de dados europeu, recomendamos a leitura de: QUELLE, Claudia. *Enhancing Compliance under the General Data Protection Regulation: The Risky Upshot of the Accountability and Risk-based Approach*. In European Journal of Risk Regulation. Vol. 9:3, 2018. p. 502-526.
4. SPINA, A. *A Regulatory Mariage de Figaro: risk regulation, data protection, and data ethics*. In European Journal of Risk Regulation, 8, 2017, p. 88-94.
5. BINNS, Reuben. *Data Protection Impact Assessments: a meta-regulatory approach*. In International Data Privacy Law, v. 7, n. 1, 2017. p. 22-35. Disponível em https://ssrn.com/abstract=2964242. Acesso em 04/02/2022.

agência reguladora, ou caso esta seja pouco atuante, quem passa a definir o que é risco e como avaliá-lo são prioritariamente os próprios agentes regulados.

O resultado desse aparente conflito, hoje se apresenta na forma como a avaliação de risco existente em relatórios de impacto à proteção de dados pessoais e na forma como o *compliance* com as regulações vêm sendo executados. Avaliar riscos se transformou numa tarefa pura e simplesmente de checar conformidade com a Lei, avaliando se as operações de tratamento de dados possuem base legal, se elas atendem aos princípios, se os dados estão sendo eliminados ao final do tratamento, tudo isso, para mitigar o risco de sanções e para demonstrar *accountability*. Ou seja, uma empreitada muito mais voltada ao risco (regulatório) da organização que trata dados pessoais, do que um exercício de mensuração dos possíveis efeitos adversos para o titular dos dados.

Contudo, será que a forma como o risco vem sendo compreendido nas avaliações de risco atuais está alinhada com a noção de risco propriamente dita? Para conseguir compreender o impacto do risco na moldura das avaliações de risco atualmente realizadas, é necessário antes entender o que é possível compreender como risco e qual é o diálogo desse conceito com o sistema de proteção de dados. A partir disso, será possível ter um vislumbre das características que a noção de risco carrega e que podem refletir na forma como as avaliações de risco hoje são feitas e, quem sabe, passar a alterar a forma como elas vêm sendo interpretadas, no caso, através da análise da complexidade e do desconhecimento.

1. COMPREENDENDO A NOÇÃO DE RISCO

1.1. Estabelecendo limites e fronteiras de análise

O presente artigo não contém fórmulas mágicas e nem se propõe a apresentar um método infalível de classificação de risco que se aplique a todos os modelos de negócio do Brasil. Este é um artigo que tenta explicar um pouco da complexidade existente na compreensão sobre a noção de risco e, especificamente, o que pode ser compreendido como risco na LGPD. Nesse sentido, o escopo dele se divide em duas partes.

A primeira parte é focada na compreensão de como o risco surgiu na história e a forma como ele vem sendo interpretado, dessa forma, será feita uma análise descritiva do tema aliado a uma narrativa cronológica. O objetivo é demonstrar: (i) como o risco vem sendo utilizado para explicar tomadas de decisões por responsáveis por tal tipo de avaliação e como essas decisões têm impactado direitos; e (ii) como a construção da noção de risco, hoje se reflete no sistema normativo de proteção de dados.

A segunda parte busca trabalhar a compreensão da menção do risco na LGPD, identificando onde na Lei esse elemento aparece e a que tema ele se relaciona. Para isso, serão classificadas todas as 11 menções ao "risco" no texto da Lei e será feita uma análise prescritiva em relação a sua forma de interpretação. O objetivo dessa construção é: (i) avaliar se o risco na LGPD tem sido aplicado de maneira adequada; e (ii) responder como é possível avaliar riscos a partir da compreensão construída neste artigo.

É importante estabelecer também os limites de análise deste artigo: (i) a análise da noção de risco não irá confrontar linhas teóricas de interpretação, p. ex. sistema de proteção de dados *x* sistema econômico *x* sociologia; (ii) não será enfrentado o debate sobre abordagem baseada em risco *x* abordagem baseada em direitos[6]; e (iii) não será enfrentado o debate da diferenciação entre os conceitos de risco *x* incerteza[7].

O motivo para isso é simples: não seria possível, em um artigo, analisar risco em seu aspecto geral, convergindo e divergindo conceitos de diferentes áreas sobre o tema, a fim de criar um senso comum ou estabelecer noções de parâmetro gerais. Isso se enquadraria com uma dissertação ou até mesmo uma tese, o que claramente, não é objetivo do presente artigo.

Nesse sentido, é importante iniciar a leitura entendendo que já se tornou comum no dia a dia associar risco a perigo ou ameaça e à probabilidade futura de um evento acontecer. Ao longo da história se falou e se tem falado muito sobre risco, riscos associados à saúde, riscos de eclodir uma guerra, riscos associados à integridade física etc. A sociedade conseguiu compreender que estes riscos existem e está alerta para a existência deles, por mais que a verdade aparenta ser que na maioria das vezes ela não está preparada para lidar com eles.

Atualmente, na era da pós-modernidade[8], o conceito e as nuances associadas ao risco se expandiram para as mais diferentes áreas e conseguir explicar o que é risco se tornou cada vez mais complexo.

---

6. Para saber mais sobre esse tema recomendamos a leitura do artigo: GELLERT, Raphaël. *We Have Always Managed Risks in Data Protection Law: Understanding the Similarities and Differences Between the Rights-Based and the Risk-Based Approaches to Data Protection*. In European Data Protection Law Review (EDPL). 4/2016, Vol. 2, p. 481-492.

7. Para saber mais sobre esse tema recomendamos a leitura dos artigos: BIONI, Bruno R. LUCIANO, Maria. *O princípio da precaução na regulação de inteligência artificial*. In Inteligência artificial e direito: ética, regulação e responsabilidade. Coord. FRAZAO, Ana. MULHOLLAND, Caitlin. São Paulo: Thomson Reuters Brasil, 2019, p. 207-231. E KNIGHT, F. *Risk, Uncertainty and Profit*. New York: Cosimo, 2005.

8. Vamos levar em consideração, para fins deste artigo, dentro da idade contemporânea, a separação sociológica entre modernidade e pós-modernidade feita por Jean

O risco sempre foi mencionado em diversas legislações no Brasil; ele aparece na Constituição Federal de 1988, no Código de Defesa do Consumidor de 1990, no Código Civil de 2002, entre outros. No entanto, por mais que sua presença exista há tempos no ordenamento jurídico e que seja um tema amplamente debatido em algumas teorias, como a da responsabilidade civil, quando se fala sobre proteção de dados e risco, surge uma grande interrogação.

O que leva ao questionamento central deste artigo: *será que risco em termos ontológicos*[9] *e risco como elemento normativo do sistema de proteção de dados significam a mesma coisa?*

1.2. Uma breve história sobre o risco

In this sense, risk is a choice rather than a fate[10].

De acordo com Ewald, a palavra risco vem da palavra italiana "*risico*", a qual vem do latim "*resecum*", que se refere a algo que corta. Ela apareceu durante o século XIV e era utilizada para designar recifes de corais e, em geral, qualquer tipo de perigo que ameaçasse mercadorias e os barcos que as carregavam pelos mares e oceanos[11]. Peretti-Watel adiciona uma outra origem para essa palavra, no caso do romano "*rixicare*", que significa briga. O que também evoca uma ideia de perigo.

François Lyotard. Esta estabelece, que a pós-modernidade teve início após a queda do muro de Berlim em 1989 e se caracteriza como uma decorrência da morte das "grandes narrativas" totalizantes. Vem daí o termo "falência das metanarrativas". Para saber mais, recomendamos a leitura: LYOTARD, Jean François. *A condição pós-moderna*. Trad. Ricardo Corrêa Barbosa, Rio de Janeiro: José Olympio. 12 ed., 2009.

9. Ontológico, palavra derivada do substantivo ontologia, que significa "Conjunto estruturado de termos e conceitos que representa um conhecimento sobre o mundo". Disponível em: "ontologia", in Dicionário Priberam da Língua Portuguesa, 2008-2020, Disponível em https://dicionario.priberam.org/ontologia. Acesso em 04/02/2022.

10. BERNSTEIN, Peter L. *Against the Gods: The Remarkable Story of Risk*. New York: John Wiley & Sons, 1996, p. 8. "*Nesse sentido, o risco é uma escolha e não um destino*". (tradução livre).

11. GELLERT, Raphaël. *Understanding the risk-based approach to data protection: An analysis of the links between law, regulation, and risk*. Tese (Doutorado). Faculteit Recht en Criminologie, Vrije Universiteit Brussel, 2017. p. 34-35. "According to Ewald, the word risk comes from the Italian word "risico", which itself comes from the latin "resecum", which refers to something that cuts. It appears during the 14th century. It was used to designate reefs, and more in general any sort of danger that threatened merchandises and the boats that were carrying them through the seas and oceans (1990a, p. 6). Peretti-Watel adds another origin to the word, that of the Roman "rixicare", which means brawl. This also evokes the idea of danger (2010, p. 7)".

Para Peter Bernstein, que escreveu um livro, hoje clássico, sobre a história do risco, chamado "Desafio dos Deuses: a incrível história sobre o risco", a palavra risco deriva do antigo italiano "*risicare*", que significa "desafiar". Para ele, nesse sentido, o risco é uma escolha e não um destino. Ainda, de acordo com ele, são as ações que nós desafiamos tomar, as quais dependem do quanto nós somos livres para tomá-las, que representam o que significa a história do risco. E essa história ajuda a definir o que significa ser um ser humano[12].

Nessa época, sorte ou azar eram questões relativas ao divino, a uma decisão dos deuses, encarada pelos seres humanos como destino. Essa compreensão leva a entender que, diante do destino inevitável determinado pelos deuses e da necessidade do ser humano ocupar seu espaço de dominador dos mares e, consequentemente, conquistador das terras e do mundo, o risco com o passar da história passou a ser compreendido como uma necessidade de controle do destino, uma necessidade de desafiar os deuses.

Raphaël Gellert esclarece como essa progressão em relação à compreensão da noção de risco aconteceu:

> "At the heart of the notion of risk lies the will to master one's destiny, to withdraw it from the fate of the Gods. Risk strives to appraise events upon which there is precisely no mastery; which are by definition uncertain and contingent. This is the reason why Bernstein refers to risk as "the ability to define what may happen in the future and to choose among alternatives" (1996, p. 2). Risk in this sense is a tool for decision-making, insofar as it makes certain the uncertain. Its constitutive elements are two distinct yet joined operations: forecasting the future (with the help of numbers) and making decisions on the basis thereof (ibid. p. 3)"[13].

---

12. BERNSTEIN, Peter L. *Against the Gods: The Remarkable Story of Risk*. New York: John Wiley & Sons, 1996, p. 8. "The word risk derives from the early italian risicare, which means "to dare". In this sense, risk is a choice rather than a fate. The actions we dare to take, which depend on how free we are to make choices are what the story of risk is all about. And that story helps define what it means to be a human being".

13. GELLERT, Raphaël. *Understanding the risk-based approach to data protection: An analysis of the links between law, regulation, and risk*. Tese (Doutorado). Faculteit Recht en Criminologie, Vrije Universiteit Brussel, 2017. p. 35. "No coração da noção de risco está a vontade de dominar o destino, de retirá-lo do destino dos deuses. O risco se esforça para avaliar eventos sobre os quais não há precisamente domínio; que são, por definição, incertos e contingentes. Essa é a razão pela qual Bernstein se refere ao risco como "a capacidade de definir o que pode acontecer no futuro e escolher entre

Caminhando um pouco mais na história, a responsabilização por acontecimentos como catástrofes naturais, sorte ou azar, perda etc. sempre foi atribuída a fatores externos, alheios à vontade humana, se algo acontecia era por determinação dos deuses ou deus e por força da natureza. Com o advento do Renascimento (séc. XIV ao XVII), o homem passou a ser considerado o centro do universo (antropocentrismo), e o poder, antes divino, de decidir o futuro passou a ser considerado um poder humano. Portanto, nesse ponto é possível enxergar a transposição gradativa da responsabilidade e da tomada de decisão do divino para o homem, o qual investido do poder concedido por ele próprio, se dedicou a cada vez mais racionalizar as tomadas de decisões, na busca de desenvolver métodos que pudessem estimar e qualificar os riscos associados a elas.

Anos mais tarde, já no Iluminismo (séc. XVII e XVIII), a racionalização da tomada de decisão amadureceu com os trabalhos de J. Bernoulli e De Moivre no campo da matemática e tomou um caminho transformador e divisor de águas em 1812, com a Teoria Analítica das Probabilidades[14] (*Théorie Analytique des Probabilités*), desenvolvida por Pierre-Simon Laplace. Através de uma fórmula matemática, Laplace desenvolveu um método de avaliação, no qual era possível chegar a duas conclusões: falha ou sucesso.

Na perspectiva de Bernstein, a teoria das probabilidades é o núcleo matemático do conceito de risco[15]. Naquela época, o ser humano estava desenvolvendo sua capacidade de escolha com base em números, mesmo que naquele momento os números apenas apresentassem uma conclusão dualista, falha ou sucesso. A partir de Laplace, outros matemáticos começaram a trabalhar em hipóteses de

alternativas" (1996, p. 2). O risco, nesse sentido, é uma ferramenta para a tomada de decisões, na medida em que torna certo o incerto. Seus elementos constitutivos são duas operações distintas, porém unidas: previsão do futuro (com a ajuda de números) e tomar decisões com base nisso (ibid, p. 3)" (tradução livre).

14. A Teoria da Probabilidade pode ser aplicada tanto pela geometria quanto pela matemática. No caso em específico, focamos na matemática. Historiadores sobre a teoria da probabilidade, sempre indicam que o ponto de partida mais importante foi o trabalho de Blaise Pascal e Pierre de Fermat em 1654, desenvolvido a partir do desafio do monge Luca Paccioli proposto em 1494, conhecido como o problema dos pontos. Devido ao tamanho do artigo, decidimos avançar no tempo e focar no séc. XVIII com o desenvolvimento por Laplace da Teoria da Probabilidade, a qual contribuiu de forma significativa para a construção da noção atual de risco. Um bom resumo sobre a história da probabilidade pode ser encontrado aqui: http://www.mat.ufrgs.br/~viali/estatistica/mat2006/material/textos/hist_prob_Gadelha.pdf. Acesso em 04/02/2022.

15. BERNSTEIN, Peter L. *Against the Gods: The Remarkable Story of Risk*. New York: John Wiley & Sons, 1996, p. 03.

probabilidades, com a finalidade de mensurar ganhos ou perdas econômicas associadas à vida[16] ou ao crédito,[17] e, assim, nasceu a estatística.

É possível mencionar que, em 600 anos, os seres humanos retiraram das mãos dos deuses o seu destino e passaram a ser senhores dele. Com o passar do tempo a necessidade de controle na sociedade aumentou proporcionalmente a sua capacidade de calcular a probabilidade de riscos, alcançando seu auge na pós-modernidade. A partir do século XX surgiram formas nas mais diferentes áreas de calcular a probabilidade de riscos e, junto com elas, o aumento da capacidade de controle.

O risco nessa construção demonstra não pertencer a uma ideologia ou interesses pessoais ou do Estado, ele parece existir e coexistir na história da sociedade. E, é possível perceber essa característica ao ser feita uma breve análise histórica, uma vez que se nota que o seu significado muda a partir do olhar do interlocutor.

Ulrich Beck, em seu livro "Sociedade do Risco", aprofunda essa questão a partir de um caso histórico, que foi o acidente de Chernobyl, com perguntas como "o que acontece com a população de um continente inteiro que, em diferentes graus (de acordo com variáveis "fatalistas" como vento, condições

---

16. De acordo com Yuval Noah Harari, o primeiro fundo de seguro de vida no mundo nasceu na Escócia em 1744, e era voltado a dar pensões às viúvas após a morte dos seus maridos clérigos. Alexander Webster e Robert Wallace, juntamente com o professor de matemática Colin Maclaurin, conseguiram desenvolver estatísticas, para traçar a expectativa de vida dos clérigos. Esse estudo foi baseado em avanços há época no campo da estatística e da probabilidade, tendo sido um desses avanços a Lei dos Grandes Números de Jacob Bernoulli, que é o teorema fundamental da teoria da probabilidade. Com isso, foi possível estabelecer o quanto cada clérigo deveria contribuir mensalmente para o fundo de acordo com seu padrão de vida, a fim de que sua viúva e seus filhos não ficassem desemparados financeiramente após a sua morte. Para saber mais: HARARI, Yuval Noah. *Sapiens. Uma breve história da humanidade*. Trad. Janaína Marcoantonio. Porto Alegre, RS: L&PM, 2016, p. 266-268.

17. Posteriormente, no século XIX, nasceram as primeiras empresas de crédito, as quais avaliavam quem tinha condições de receber ou não crédito, através da atribuição de uma nota a cada pessoa jurídica, a partir do século XX essas notas também passaram se aplicar às pessoas físicas (instrumento mais conhecido hoje como *credit score* ou cadastro positivo no Brasil). E com base no histórico de pagamento dessa pessoa, era calculado o risco e a probabilidade dela ser uma boa ou má pagadora. Para saber mais: GOMES, Maria Cecília O. "Rating System: a construção de uma sociedade ranqueada". Disponível em: https://www.nexojornal.com.br/ensaio/2017/%E2%80%98Rating-System%E2%80%99-a-constru%C3%A7%C3%A3o-de-uma-sociedade-ranqueada. Acesso em 04/02/2022.

atmosféricas, distância em relação ao local do acidente etc.), é irreversivelmente contaminada?"[18].

Para Beck, perguntas como essas revelam o tipo de suscetibilidade objetiva na qual o diagnóstico do perigo coincide com a sensação de desamparo diante dele[19]. Beck, nesse sentido, apresenta a partir de um erro humano na mensuração do risco, um dos principais fatores que causaram o acidente em Chernobyl, a necessidade de uso de métodos para a avaliação de perigos, para ele:

> "Não é a falha que produz a catástrofe, mas os sistemas que transformam a humanidade do erro em inconcebíveis forças destrutivas. *Para a avaliação dos perigos, todos dependem de instrumentos de medição, de teorias e, sobretudo: do seu desconhecimento* – inclusive os especialistas que ainda há pouco haviam anunciado o império de 10 mil anos da segurança probabilística atômica e que agora enfatizam, com uma segurança renovada de tirar o fôlego, que o perigo jamais seria agudo."[20] (g.n.)

Essa reflexão de Beck apresenta o núcleo duro do debate sobre risco e o principal ponto dessa abordagem – no caso, que é necessário reconhecer e assumir que desconhecemos o risco, ou melhor, *ignoramus*[21].

Assumir essa verdade, dolorosa para alguns, permite à sociedade passar para uma nova etapa do debate, a de pensar em como é possível relacionar essas observações em ferramentas que ajudem a racionalizar[22] o risco em diferentes formas e em diferentes cenários, reduzindo assim a sua complexidade. Por esse motivo, é importante compreender que a noção de risco em uma área específica como proteção de dados, ou em qualquer outra área, não comporta todas as experiências humanas com o risco, uma vez que ele carrega consigo o desconhecido.

---

18. BECK, Ulrich. *Sociedade de Risco. Rumo a uma outra modernidade*. Trad. Sebastião Nascimento. São Paulo: Editora 34, 2011, 2 edição, p. 8.
19. Ibidem. p. 8.
20. Ibidem. p. 8-9.
21. HARARI, Yuval Noah. *Sapiens. Uma breve história da humanidade*. Trad. Janaína Marcoantonio. Porto Alegre, RS: L&PM, 2016, p. 261. "a ciência moderna se baseia na sentença latina *ignoramus* – 'nós não sabemos'. Presume que não sabemos tudo. O que é ainda mais crucial, aceita que as coisas que achamos que sabemos podem se mostrar equivocadas à medida que adquirimos mais conhecimento. Nenhum conceito, ideia ou teoria é sagrado ou inquestionável".
22. Ibidem, p. 261. "tendo admitido a ignorância, a ciência moderna almeja obter novos conhecimentos e o faz reunindo observações e então usando ferramentas matemáticas para relacionar essas observações em teorias abrangentes".

1.3. Compreendendo a noção de risco enquanto elemento normativo do sistema de proteção de dados

Assumindo o desconhecimento da amplitude da noção de risco nas suas mais diferentes formas, é possível tentar racionalizá-lo através de uma lupa específica, olhando detidamente para como o risco vem dialogando com o sistema de proteção de dados.

De acordo com Raphaël Gellert, que escreveu sua tese de doutorado sobre a noção de risco no *Data Protection Impact Assessment* (DPIA) da *General Data Protection Regulation* (GDPR), o risco em proteção de dados pode ser compreendido como:

> "In a nutshell, one can argue that risk can be given two mean- ings – a vernacular one and a more technical one. In the vernacular sense, risk is usually referred to as future, possible danger, i.e., as 'an eventual danger that can be foreseen only to some extent' (Godard et al., 2002, p. 12). In a technical sense however, risk can be seen as a two-fold notion. It is used for decision-making based on the assessment of future events. *Its constitutive elements are two distinct yet joined operations: forecasting future events (both negative and positive) and making decisions on the basis thereof.* One can there- fore argue that 'any decision relating to risk involves two distinct and yet inseparable elements: the objective facts and a subjective view about the desirability of what is to be gained, or lose, by the decision')."[23] (g.n.)

Na análise de Gellert, o risco possui dois elementos distintivos: prever eventos futuros (negativos e positivos) e tomar decisões com base nisso, em outras palavras, isso significa que o risco não possui um significado dualista, não se trata

23. GELLERT, Raphaël. *Understanding the notion of risk in the General Data Protection Regulation*, Computer Law & Security Review: The International Journal of Technology Law and Practice (2017), p. 02. "Em poucas palavras, pode-se argumentar que o risco pode ter dois significados – um vernacular e outro mais técnico. No sentido vernacular, o risco é geralmente referido como um futuro, possível perigo, ou seja, como "um perigo eventual que pode ser previsto apenas até certo ponto" (Godard et al., 2002, p. 12). No sentido técnico, no entanto, o risco pode ser visto como uma noção dupla. Isto é, usado para tomada de decisão com base na avaliação de futuros eventos. *Seus elementos constitutivos são duas operações distintas e unidas: prever eventos futuros (negativos e positivos) e tomar decisões com base nisso.* Portanto, pode-se argumentar que "qualquer decisão relacionada ao risco envolve dois e, ainda assim, elementos inseparáveis: os fatos objetivos e uma visão subjetiva sobre a conveniência do que deve se ganhar, ou perder, pela decisão". (g.n.) (tradução livre).

de ter ou não ter risco. O risco existe e é inerente, se trata, portanto, de quanto risco um agente de tratamento é capaz de assumir e o quanto de risco ele consegue mitigar.

O problema central na tomada de decisão frente ao risco ocorre quando essa decisão não é orientada por um embasamento técnico-científico e se resume a conclusões subjetivas, orientadas pela perspectiva pessoal do agente de tratamento. A equivocada compreensão do que é risco, não gera apenas efeitos sancionatórios pela LGPD aos agentes de tratamento que avaliaram o risco de forma errada, mas pode gerar danos aos titulares de dados pessoais, que são os mais vulneráveis nesse contexto.

Quando é avaliada sobre qual será a tomada de decisão associada aos riscos, também está sendo avaliada a distribuição desses riscos; é o que Beck chama de distribuição de riscos numa perspectiva sociológica[24]. Desse modo, quando essa distribuição é trazida para o campo da proteção de dados, onde já existe uma clássica assimetria de poder entre Estado *x* Agentes de Tratamento *x* Titulares, verifica-se que é necessário repensar a forma como a distribuição de riscos em proteção de dados tem sido debatida, legislada e aplicada.

Essa compreensão se torna mais fácil através de alguns exemplos históricos relacionados às políticas públicas, nos quais é possível compreender como o uso de dados pessoais por parte do Estado foi realizado como um elemento de vigilância, sob o argumento de controle de riscos, gerando abuso nos direitos dos titulares e aumentando a assimetria de poder já existente.

Em 1935, os EUA aprovaram o *Social Security Act*, cujo objetivo era conceder benefícios sociais para a população mais vulnerável do país. Só que para realizar essa concessão os EUA passaram a cadastrar uma significativa parte da sua população através de um formulário, no qual eram solicitados inúmeros dados pessoais (nome, idade, sexo, raça, estado civil, empregador, dados do empregador etc.). De acordo com Sarah Igo, o fornecimento massivo de dados gerava riscos às pessoas que já sofriam discriminação nos EUA, como negros, judeus, imigrantes e mulheres[25]. Nesse sentido, o fornecimento desses dados pessoais

24. Para saber mais: BECK, Ulrich. *Sociedade de Risco. Rumo a uma outra modernidade*. Trad. Sebastião Nascimento. São Paulo: Editora 34, 2011, 2 ed., p. 23-60.

25. IGO, Sarah E. *The Known Citizen: a history of privacy in modern América*. Cambridge, Massachussets: Harvard University Press. 2018. p. 74 "Divulging personal information about one's religion or ethnicity via telling a surname on an oficial form would have been especially worrisome for Americans already at risk for

aumentava a discriminação social e econômica já existente, e colocava em risco a integridade física e o emprego de um enorme contingente de pessoas:

> "On their part, hundreds of working women reportedly called the Social Security Board to ask whether their bosses would be alerted to their age or marital status, information women often falsified in order to get or keep a job. Married women workers, often blamed for taking jobs that were rightfully men's, were greeted with hostility during the Depression if were not fired outright. Registering one's date of birth was also quite nettlesome for female employees. Employers favored Young, single women because they were inexpensive to hire and judge least likely to quit to start a Family. And so, on both counts, women workers were inclined to lie"[26].

Nessa mesma época, do outro lado do continente, na Holanda, era comum desde o século XIX, o cadastramento da população através do censo. O censo holandês incluía a coleta de dados pessoais diversos, inclusive, de dados relacionados à religião e à etnia. No entanto, quando houve a ocupação nazista no território holandês, que durou de maio de 1940 a maio de 1945, os dados do censo populacional passaram a ser usados para identificar judeus e levá-los aos campos de concentração, matando à época quase 70% da população judia da Holanda e chegando a 100% em algumas cidades[27]. Sob o racismo nazista de que isso representava uma eliminação de risco.

---

discrimination. Of particular concern was the chance that these details would make their way back to employers".

26. Ibidem, p. 74. "Por sua parte, centenas de mulheres trabalhadoras ligaram para o Conselho da Segurança Social para perguntar se seus chefes seriam alertados sobre sua idade ou estado civil, informações que as mulheres frequentemente falsificavam para conseguir ou manter um emprego. (...) O registro da data de nascimento também foi bastante incômodo para as trabalhadoras. Os empregadores favoreciam as jovens solteiras porque eram baratas de contratar e julgavam menos provável que deixassem o emprego para iniciar uma família. E assim, em ambos os aspectos, as trabalhadoras estavam inclinadas a mentir" (tradução livre).

27. Desconhecemos o quanto o governo da Holanda contribuiu com o regime nazista no uso dos dados pessoais de judeus, existem diversas fontes históricas que tratam sobre o assunto, mas não encontramos elementos suficientes para fazer qualquer afirmação do gênero. Para saber mais recomendamos a leitura de: The Netherlands: the greatest number of Jewish victims in Western Europe. Disponível em https://www.annefrank.org/en/anne-frank/go-in-depth/netherlands-greatest-number-jewish-victims-western-europe/. Acesso em 04/02/2022.

Atualmente, sob o argumento da necessidade de aumento da segurança pública, é possível identificar cada vez mais o uso de tecnologias de reconhecimento facial e de inteligência artificial pela polícia, ou por agentes públicos e privados, para prever e monitorar quem pode cometer ou reincidir em crimes, na conhecida Polícia Preditiva[28].

Percebe-se, assim, como ao longo dos séculos o argumento de "redução de risco" através de mecanismos de controle, como o uso de dados pessoais, foi usado como justificativa para tomadas de decisões que acarretaram o cometimento de crimes contra a humanidade, subjugando os mais vulneráveis e aumentando as desigualdades sociais.

Fatos esses que foram levados em consideração na forma como as regulações no campo da proteção de dados foram formuladas a cada geração de leis no século XX e, mais recentemente, a partir do século XXI[29]. Em cada uma dessas gerações, foram introduzidas ferramentas na regulação de proteção de dados, com o objetivo de aumentar a proteção dos direitos à privacidade e à proteção de dados e contribuir para uma redução da assimetria de poder, atribuindo aos titulares um maior controle, na chamada autodeterminação informacional[30].

Em paralelo a isso, os sistemas normativos de proteção de dados foram também fortemente influenciados por um modelo regulatório baseado em risco, no

28. Para saber mais sobre o tema recomendamos a leitura da pesquisa: *Future Crime: Assessing twenty first century crime prediction* do Instituto Igarapé. Disponível em https://igarape.org.br/inteligencia-artificial-pode-melhorar-policiamento/. Acesso em 01/02/2022.
29. DONEDA, Danilo. Da privacidade à proteção de dados pessoais: elementos da formação da Lei geral de proteção de dados. 2 ed., São Paulo: Thomson Reuters Brasil, 2019, p. 174-179.
30. BIONI, Bruno R. *Proteção de dados pessoais. A função e os limites do consentimento.* Rio de Janeiro: Gen Forense, 2 ed. 2020. p. 104-105. Ao comentar sobre a autodeterminação informacional e a dupla função das leis de proteção de dados pessoais, Bioni diz: "A LGPD internaliza tal orientação constitucional. As suas disposições preliminares enunciam que a disciplina da proteção de dados pessoais tem como objetivo proteger os direitos fundamentais e o livre desenvolvimento da personalidade (art. 1), repetindo-os como um dos seus fundamentos ao lado do desenvolvimento econômico tecnológico e da inovação (art. 2). A LGPD estabelece, portanto, uma *dialética normativa* de conciliação entre todos esses elementos. O principal vetor para alcançar esse objetivo é franquear ao cidadão controle sobre seus dados pessoais. Essa estratégia vai além do consentimento do titular dos dados, pelo qual ele autorizaria o seu uso. Tão importante quanto esse elemento volitivo é assegurar que o fluxo informacional atenda às suas legítimas expectativas e, sobretudo, não seja corrosivo ao livre desenvolvimento da sua personalidade".

caso, a regulação de risco. Rafael Zanatta sintetiza como a regulação de risco, que ganhou força no modelo europeu de proteção de dados, passou a fazer parte do sistema normativo de proteção de dados pessoais:

> "O modelo teórico da regulação do risco, aplicável à proteção de dados pessoais, está relacionado a autores que analisam a 'reformatação' da proteção de dados pessoais por um prisma mais complexo do direito regulatório, envolvendo mecanismos de contenção de abusividade e técnicas de prevenção e mitigação à riscos a direitos e liberdades em uma perspectiva coletiva"[31].

A LGPD, a GDPR e outras leis possuem em sua estrutura regulatória o modelo de metarregulação[32], no qual como vimos anteriormente[33], os agentes reguladores e os agentes regulados exercem forças que contribuem para o desenvolvimento de uma estrutura onde a regulação é construída de forma colaborativa.

A partir dessa estrutura regulatória que foi se moldando, foi formado o modelo de risquificação, o qual Zanatta sintetiza:

> "No modelo tipológico da regulação do risco, a proteção de dados pessoais 'risquificada' passa a ter os seguintes elementos: (i) instrumentos de tutela coletiva e participação de entidades civis no diálogo preventivo com autoridades independentes de proteção de dados pessoais, (ii) obrigações e instrumentos de regulação *ex ante* atribuídas aos controladores para identificação de riscos a direitos e liberdades fundamentais, (iii) disseminação de metodologias de 'gestão de risco' e calibragem entre riscos gerados pelo tratamento e uso de dados pessoais e imunidades jurídicas construídas pela discussão ética sobre os limites do progresso técnico"[34].

Avaliar riscos se transformou numa tarefa pura e simples de checar conformidade com a Lei, avaliando se as operações de tratamento de dados possuem

---

31. ZANATTA, Rafael. *Proteção de dados pessoais como regulação do risco: uma nova moldura teórica*? I Encontro da Rede de Pesquisa em Governança da Internet. Rio de Janeiro, 2017. p. 181.
32. BINNS, Reuben. Data Protection Impact Assessments: A Meta-Regulatory Approach. In International Data Privacy Law, Vol. 7(1), 2017, p. 22-35.
33. Verificar a Introdução do artigo.
34. ZANATTA, Rafael. *Proteção de dados pessoais como regulação do risco: uma nova moldura teórica*? I Encontro da Rede de Pesquisa em Governança da Internet. Rio de Janeiro, 2017. p. 183.

base legal, se elas atendem aos princípios, se os dados estão sendo eliminados ao final do tratamento, tudo isso, para mitigar o risco de sanções e para demonstrar *accountability*. Ou seja, uma empreitada muito mais voltada ao risco (regulatório) da organização que trata dados pessoais, do que um exercício de mensuração dos possíveis efeitos adversos para o titular dos dados.

O ponto nervoso nesse caso é que somando-se: (i) o modelo regulatório da LGPD como metarregulação; (ii) ausência de regulamentação do tema pela ANPD; (iii) autonomia dos agentes de tratamento na avaliação do risco; (iv) pouco exercício de tutela de direitos coletivos; e (v) ausência de um debate amadurecido sobre avaliação de risco em proteção de dados; gera-se no final das contas um resultado desequilibrado, no qual a "conformidade de riscos" exerce um papel de maior relevância do que a proteção dos direitos dos titulares.

A LGPD atribuiu aos agentes de tratamento uma corresponsabilidade sobre a regulação do risco e esse cenário favoreceu a criação de metodologias de avaliação de risco e classificações próprias por agentes de tratamento, as quais foram alargadas pela ausência da regulamentação do tema.

Esse caminho na verdade é o oposto do que deveria estar sendo feito em termos de conformidade regulatória com a LGPD. A conformidade técnica e jurídica com a Lei, tem se sobreposto à necessidade de serem protegidos e levados em consideração, no momento da avaliação dos riscos, o nível de proteção aplicado às liberdades civis e aos direitos fundamentais dos titulares de dados. Nesse sentido Claudia Quelle comenta que:

> "This ties the implementation of the GDPR back to its objective of protecting 'fundamental rights and freedoms of natural persons and in particular their right to the protection of personal data'. *By focusing not only on the technical meaning of legal norms, but also on risks to the rights and freedoms themselves, controllers cannot get away with so-called 'creative compliance'.* Instead, they are to enhance data protection on the ground, as is key to the shift to an accountability-oriented approach (see further Section IV.4). *This means that controllers should interpret the data protection principles such that processing operations are only permitted if they do not unduly impact the rights and freedoms of data subjects*[35]." (g.n.)

35. QUELLE, Claudia. *Enhancing Compliance under the General Data Protection Regulation: The Risky Upshot of the Accountability and Risk-based Approach*. In European Journal of Risk Regulation. Vol. 9:3, 2018. p. 507. "Isso vincula a implementação da GDPR ao seu objetivo de proteger 'direitos e liberdades fundamentais das pessoas naturais e, em particular, o direito à proteção de dados pessoais'. Concentrando-se não

Quelle avalia que a abordagem baseada em risco, comumente utilizada na GDPR, para a elaboração de DPIA, vem sendo aplicada por controladores de forma que reduz a lei de proteção de dados a uma mera análise de risco:

> "It could even be said that, by requiring them to engage in risk management, the risk-based approach turns controllers into risk regulators which should adopt the method of risk-based regulation. But this is not the full story. *The risk-based approach does not replace the principles and rules of data protection*. Instead, it requires controllers to calibrate what it means, according to the law, to protect the rights and freedoms of data subjects. *In other words, the risk-based approach, as we know it, does not reduce data protection law to risk analysis. Instead, it uses the notion of risk to regulate how controllers should implement the law in practice*"[36].(grifos da autora)

Sintetizando essa reflexão, é possível preliminarmente concluir, que o elemento risco e o sistema de proteção de dados possuem um ponto importante em comum, ambos são transversais, ambos transpassam por diversas áreas e regulações e coexistem com e entre elas. O ponto nervoso existente entre ambos é entender como a estrutura regulatória do risco (mais próxima da abordagem baseada em risco) e a estrutura regulatória da proteção de dados existentes na LGPD (mais próxima da abordagem baseada em direitos e obrigações) podem coexistir de maneira equilibrada.

---

apenas no significado técnico das normas legais, mas também nos riscos para os direitos e liberdades, os controladores não podem se livrar com a chamada 'conformidade criativa'. Em vez disso, devem aumentar a proteção de dados desde o chão, como a chave para a mudança para uma abordagem orientada à prestação de contas (consulte a Seção IV.4). Isso significa que os controladores devem interpretar os princípios de proteção de dados, de modo que as operações de processamento sejam permitidas apenas se não impactarem indevidamente os direitos e liberdades dos titulares de dados." (tradução livre)

36. Ibidem. p. 512. "Pode-se até dizer que, ao exigir que eles se envolvam no gerenciamento de riscos, a abordagem baseada em risco transforma os controladores em reguladores de riscos, que devem adotar o método de regulação baseada em risco. Mas essa não é a história completa. A abordagem baseada em risco não substitui os princípios e regras de proteção de dados. Em vez disso, exige que os controladores calibrem o que significa, de acordo com a lei, proteger os direitos e liberdades dos titulares dos dados. Em outras palavras, a abordagem baseada em risco, como a conhecemos, não reduz a lei de proteção de dados à análise de risco. Em vez disso, usa a noção de risco para regular como os controladores devem implementar a lei na prática" (tradução livre).

2. Compreendendo a menção ao risco na LGPD

Primeiramente, cumpre ressaltarmos que a LGPD não conceitua risco e na nossa percepção essa foi uma decisão correta. Como foi possível verificar no tópico anterior, compreender a noção de risco e risco em proteção de dados é uma tarefa hercúlea e, no mínimo, complicada. Uma definição equivocada de risco na Lei, no rol do artigo 7º por exemplo, potencialmente traria mais prejuízos do que iria contribuir para a compreensão da noção desse conceito e a sua aplicação no cotidiano dos agentes de tratamento e titulares de dados.

Como vamos ver abaixo, cabe à Autoridade Nacional de Proteção de Dados (ANPD) regular o assunto em termos de elaboração de orientações sobre o tema. Contudo, não podemos esperar a ANPD um dia elaborar uma resolução sobre o tema, a qual desconhecemos a qualidade, para começarmos a estudar e nos aprofundar nesse debate. Nesse sentido, o que nos resta é sermos pragmáticos e trabalharmos com o que temos nesse momento – que é a indicação da palavra risco em alguns artigos do texto da LGPD.

A palavra "risco" aparece 11 vezes ao longo do texto da LGPD, mas de que forma o risco é indicado na LGPD? A que exatamente o risco se refere? Essas são questões que não estão claras na Lei, o que tem levado a uma série de interpretações equivocadas e incompletas, na nossa perspectiva, por parte dos agentes de tratamento no Brasil e pelos operadores da Lei.

Considerando isso, para podermos realizar uma análise do elemento "risco" na LGPD, vamos listar todas as menções ao risco seguindo os seguintes critérios: (i) indicação de artigo, inciso, alínea ou parágrafo; (ii) a que matéria está se referindo; (iii) quantas vezes é mencionado; e (iv) se está relacionado ou não à governança. Vejam:

Indicação na Lei	Matéria	Quantas vezes é mencionado	Está relacionado à governança?
Art. 5º, XVII	Relatório de Impacto à Proteção de Dados Pessoais.	2	Sim
Art. 11, § 5º	Tratamento de dados sensíveis – grupos de riscos classificados pelas operadoras de planos privados de assistência à saúde.	1	Não

Indicação na Lei	Matéria	Quantas vezes é mencionado	Está relacionado à governança?
Art. 38, parágrafo único	Relatório de Impacto à Proteção de Dados Pessoais.	1	Sim
Art. 44, II	Responsabilidade dos Agentes de Tratamento.	1	Sim
Art. 48, caput Art. 48, § 1º, IV	Segurança	2	Sim
Art. 50, caput. Art. 50, § 1º Art. 50, I, alínea "d"	Governança	3	Sim
Art. 55-J, §, 2º, XIII	Obrigações da ANPD e Relatório de Impacto à Proteção de Dados Pessoais.	1	Sim

Em praticamente todas as menções percebe-se que "risco" está associado ao Relatório de Impacto à Proteção de Dados Pessoais (RIPDP) e à Governança de Proteção de Dados.

No tocante ao RIPDP, percebe-se que a preocupação maior era que ele, seguindo uma estrutura semelhante à do DPIA na GDPR, abarcasse a necessidade de avaliação do risco e formas de mitigação dos riscos identificados (art. 38, parágrafo único). E que, para além disso, a ANPD exercendo uma função orientadora pudesse elaborar recomendações que contribuíssem para a construção de uma governança em proteção de dados (art. 55-J, XIII) no Brasil, que considerasse o risco como um dos seus elementos normativos.

Nesse sentido, interessante notar que o verbo "podem" gerar riscos, na definição de RIDPD do art. 5º parece considerar o risco numa perspectiva dualista (pode ter risco ou não ter risco). Conforme vimos na análise da noção de risco feita no tópico anterior, consideramos que essa não é a melhor interpretação[37]..

37. Verificar tópico 1.3 do artigo, "Na análise de Gellert o risco possui dois elementos distintivos: prever eventos futuros (negativos e positivos) e tomar decisões com base nisso, em outras palavras isso significa que o risco não possui um significado dualista, não se trata de ter ou não ter risco".

Fato é que operações de tratamento de dados pessoais possuem riscos: o ponto é como identificar esses riscos, compreender e avaliar o seu impacto e assim mitigá-los, preservando e protegendo os direitos dos titulares. Quando se discute gerenciamento de risco é exatamente isso que está sendo levado em consideração: se o risco é inerente, como posso fazer para torná-lo ao menos gerenciável?

Relatórios de impacto são uma ferramenta de avaliação de risco e de governança, mas, assim como o relatório de impacto é um elemento essencial na governança, a metodologia que é usada em tal relatório para realizar a avaliação do risco é tão importante quanto o próprio relatório em si.

A LGPD menciona o termo "metodologia" no art. 38, parágrafo único, para se referir ao conteúdo dos relatórios de impacto, mas não especifica ou dá indicadores de qual metodologia seria essa[38]. O que podemos afirmar independente de orientação da ANPD ou de ausência de indicativo na LGPD é que não existe uma única metodologia para a elaboração de relatórios de impacto e elaboração de avaliações de risco, no entanto, qualquer metodologia que seja aplicada precisa de fundamentação e referencial.

Claudia Quelle se refere às soluções criativas ("*creative solutions*"), como as "metodologias" que foram criadas por agentes de tratamento para fazer avaliações e análises de riscos, mas que carecem de fundamentação. Assim como, a metodologia da abordagem baseada em risco ("*risk-based approach*") tem sido utilizada para demonstrar conformidade no geral com a GDPR, mas não para avaliar possíveis violações aos direitos dos titulares de dados:

> "The risk-based approach is not a choice internal to the controller in favour of risk-oriented compliance practices, nor does it require controllers to manage risks instead of "ticking the boxes" of purpose limitation, data minimisation, transparency and consent. It is a legal requirement for controllers to calibrate their legal obligations in light of the risks to the rights and freedoms of data subjects"[39].

---

38. Para saber mais sobre o assunto, recomendamos a leitura do artigo: GOMES, Maria Cecília O. *Para além de uma "obrigação legal": o que a metodologia de benefícios e riscos nos ensina sobre o relatório de impacto à proteção de dados*. In Direito Digital: Debates Contemporâneos, orgs. LIMA, Ana Paula. HISSA, Carmina. SALDANHA, Paloma Mendes. São Paulo: Revista dos Tribunais, 2019. p. 141-153.

39. QUELLE, Claudia. *Enhancing Compliance under the General Data Protection Regulation: The Risky Upshot of the Accountability and Risk-based Approach*. In European Journal of Risk Regulation. Vol. 9:3, 2018. p. 514. "A abordagem baseada em risco não é uma opção interna do controlador em favor de práticas de conformidade orientadas a risco, nem exige que os controladores gerenciem riscos em vez de 'marcar as

Trazendo essa análise crítica para a LGPD, em outras palavras, a análise do risco não deve ser baseada apenas em obrigações gerais da Lei, como um *check list* de *compliance* – cumprir o máximo possível de obrigações para demonstrar o máximo de conformidade.

Considerando essas questões, o importante em uma avaliação de risco é estabelecer método (escolha de metodologia, justificativa para essa escolha, desenvolvimento de matriz de risco com indicadores e elaboração de procedimento interno de avaliação de impacto para verificar a necessidade do relatório). Para isso, é necessário estabelecer indicadores mínimos de análise. Volume de dados, espécie dos dados (pessoal e/ou sensível) e tipo de titulares de dados, são, por exemplo, indicadores na avaliação do risco em operações de tratamento. Se uma operação de tratamento possui um grande volume de dados, provenientes de crianças e que são sensíveis (dados de saúde, p. ex.), é possível qualificar essa operação de tratamento de dados como de alto risco. E, a partir disso, analisar qual é o impacto dela nas liberdades civis e nos direitos fundamentais desses titulares.

Importante mencionar que não é possível quantificar o risco na LGPD, o risco como elemento normativo da Lei possui características qualitativas e valorativas. Com base nessa compreensão conseguimos afirmar que através de indicadores é possível atribuir ao risco qualificações como, alto, médio, baixo. Mas não um valor quantitativo, por exemplo: esse agente de tratamento trabalha com 10% de risco em suas operações de tratamento. Classificar riscos de 1 a 100 ou 1 a 10 é ranquear as operações de tratamento de dados, mas não quantificá-lo, porque risco nesse aspecto não pode ser quantificado.

Existem diversas metodologias de avaliação de risco e não há problema nisso, o problema existe em estas metodologias não estarem fundamentadas em indicadores e métodos de análise que levem em consideração as características do risco. Risco em proteção de dados não significa exclusivamente risco técnico ou risco jurídico, esse pensamento, inclusive, está mais do que ultrapassado.

Portanto, o que será avaliado durante a realização da avaliação de impacto ou, especificamente, a avaliação de risco, é qual é a matriz de risco envolvida que está relacionada às liberdades civis e aos direitos fundamentais, das pessoas naturais que são os titulares de dados[40].

---

caixas' de limitação de finalidade, minimização de dados, transparência e consentimento. É um requisito legal para os controladores calibrarem suas obrigações legais à luz dos riscos para os direitos e liberdades dos titulares de dados" (tradução livre).

40. GOMES, Maria Cecília O. *Relatório de Impacto à Proteção de Dados. Uma breve análise da sua definição e papel na LGPD.* In Revista do Advogado, Org. BIONI, Bruno R. São Paulo, Ano XXIX, n. 144, 2019. p. 178.

Caso seja constatado no procedimento de avaliação de impacto que é necessário realizar um relatório de impacto devido ao risco envolvido[41], ele deve ser estruturado levando em consideração os seus objetivos, que são apontar quais as medidas, salvaguardas e mecanismos de mitigação de risco.

Nesse sentido, em outro artigo, nós apresentamos as diferenças envolvendo cada um dos elementos que compõem o objetivo do relatório de impacto:

> "Como medidas, podemos compreender ações afirmativas do controlador que visem à redução dos riscos existentes ou o gerenciamento desses riscos de forma efetiva, como a decisão de um modelo de negócio de não realizar operações que envolvam dados sensíveis, por exemplo. Como salvaguardas, podemos compreender medidas preventivas que potencializam a mitigação dos riscos ou a redução dos danos causados por esses, como a contratação de um seguro específico contra incidentes de segurança, por exemplo. E, por fim, como mecanismos podemos entender que é o conjunto de ações positivas ou negativas (fazer ou deixar de fazer) que irão contribuir para a mitigação dos riscos envolvidos em uma determinada operação de tratamento de dados"[42].

Na nossa perspectiva, não é possível reduzir o risco a zero. Sendo um dos elementos do risco, o gerenciamento de eventos futuros, afirmações como "o risco foi reduzido a zero" são equivocadas. Os riscos podem ser reduzidos, controlados, mitigados, gerenciados, mas não podem ser zerados, caso pudessem não seriam riscos.

O problema associado a essa questão reflete muito mais um aspecto cultural da sociedade do que um aspecto científico ou matemático, agentes de tratamento querem afirmar para reguladores e para os seus clientes que o risco é zero, a matemática, ao contrário, demonstra que devido à complexidade[43] envolvida no

41. Para saber mais sobre o debate envolvendo a obrigatoriedade ou não dos relatórios de impactos, recomendamos a leitura do artigo: GOMES, Maria Cecília O. *Para além de uma "obrigação legal": o que a metodologia de benefícios e riscos nos ensina sobre o relatório de impacto à proteção de dados*. In Direito Digital: Debates Contemporâneos, orgs. LIMA, Ana Paula. HISSA, Carmina. SALDANHA, Paloma Mendes. São Paulo: Revista dos Tribunais, 2019. p. 141-153.

42. GOMES, Maria Cecília O. *Relatório de Impacto à Proteção de Dados. uma breve análise da sua definição e papel na LGPD*. In Revista do Advogado, Org. BIONI, Bruno R. São Paulo, Ano XXIX, n. 144, 2019. p. 179.

43. Sobre complexidade, importante considerar a Teoria da Complexidade de Edgar Morin.

cenário de proteção de dados, com uma infindável quantidade de possibilidades, o risco nunca será zero.

O risco estar mapeado, não quer dizer que ele esteja zerado, significa apenas que o agente de tratamento pôde tomar decisões com base nos riscos avaliados. Nesse sentido está Gellert:

> "Mirroring the two-fold dimension of risk, risk analysis is composed of two steps: risk assessment and risk management. Risk assessment measures the level of risk (in terms of likelihood and severity), while the point of risk management is to decide whether or not to take the risk. The decision at risk management level is usually accompanied by measures aiming at reducing the level of risk: sometimes the risk level is too high, but it can be reduced to an acceptable level. **These measures can be referred to as risk reduction, risk control, risk response, or more generally, risk mitigation measures. It is commonly accepted that it is impossible to reduce risks to a zero level.**[44]" (g.n.)

Se não é possível zerar o risco, então, o que é possível fazer? Utilizar ferramentas previstas na LGPD para adotar medidas que visem ao gerenciamento do risco. Nesse sentido, foram previstas na LGPD algumas dessas ferramentas, como Código de Conduta, Certificações, Relatórios de Impacto à Proteção de Dados Pessoais, *Privacy by Design*, *Privacy by Default*, Programa de Governança. E, nesse caso, voltamos ao início desse tópico para afirmar que as ferramentas são parte da Governança de Proteção de Dados, elas podem estar previstas em Lei, ou ainda, serem criadas para contribuir com a gestão dos procedimentos. No final, o gerenciamento de risco se resume a método e a procedimento.

Como próximos passos nesse debate, podemos afirmar, que na nossa perspectiva a ANPD não deve estabelecer um conceito fechado sobre o que é risco em uma orientação futura sobre o tema e, sim, demonstrar nessas orientações

44. GELLERT, Raphaël. *Understanding the notion of risk in the General Data Protection Regulation*, Computer Law & Security Review: The International Journal of Technology Law and Practice (2017), p. 2. "Espelhando a dimensão dupla do risco, a análise de risco é composta de duas etapas: avaliação e gerenciamento de riscos. A avaliação de riscos mede o nível de risco (em termos de probabilidade e gravidade), enquanto o objetivo do gerenciamento de riscos é decidir se deve ou não correr o risco. A decisão no nível de gerenciamento de riscos geralmente é acompanhada de medidas com o objetivo de reduzir o nível de risco: às vezes o nível de risco é muito alto, mas pode ser reduzido para um nível aceitável. Essas medidas podem ser chamadas de redução de risco, controle de risco, resposta a risco ou, mais geralmente, medidas de mitigação de risco. É geralmente aceito que é impossível reduzir os riscos a um nível zero". (tradução livre).

como o risco pode ser avaliado através de metodologias para avaliação de risco e elaboração de relatórios de impacto à proteção de dados pessoais.

Para isso, será necessário a ANPD estabelecer critérios mínimos de análise, isso significa que a partir de estudos de caso é possível indicar quais tipos de operações de tratamento de dados pessoais podem representar alto risco. O *Working Party 29*[45] fez isso no contexto europeu[46], contudo, é necessário dar um passo além. Apresentar operações de tratamento de dados pessoais, que fundamentadas em metodologias possam ser classificadas como operações de alto risco na LGPD.

Indo além, a classificação de operações de tratamento de dados que possam gerar alto risco, não pode ser um rol taxativo, é ilusório acreditar que possa existir um rol taxativo, inclusive. É possível que operações de tratamento de dados pessoais que possam gerar alto risco, não estejam acobertadas por uma orientação porque elas não foram mapeadas e analisadas em estudos de caso, ou simplesmente, porque elas ainda não existem. Todos os dias novas operações de tratamento de dados pessoais são feitas com base em novas tecnologias que estão sendo desenvolvidas, por esse motivo, não é possível considerar que se uma operação não está listada em uma orientação, ela não apresenta necessariamente altos riscos.

Por fim, orientar no sentido que cada agente de tratamento possa avaliar risco através de indicadores previstos nas operações listadas, são os indicadores aplicados na metodologia que contribuem para uma avaliação e conclusão de que determinada operação de tratamento apresenta um alto risco.

Tudo isso para afirmar que não existem fórmulas mágicas ou receita de bolo na avaliação do risco, cada operação de tratamento tem sua particularidade, e cada agente de tratamento possui uma estrutura organizacional diferente que eleva ainda mais o número de possibilidades diante dessas operações, tornando-a mais e mais complexa. Portanto, diante da complexidade envolvendo todos os possíveis cenários de operações de tratamento e, de todas as infinitas medidas

---

45. Grupo de trabalho formado pelas Autoridades de Proteção de dados na União Europeia (Data Protection Authorities "DPA" ou Supervision Authorities) e que atuou até 2016, quando o European Data Protection Board assumiu essa função.

46. ARTICLE 29 DATA PROTECTION WORKING PARTY. Guidelines on Data Protection Impact Assessment (DPIA) and determining whether processing is "likely to result in a high risk" for the purposes of Regulation 2016/679, wp248rev.01. Disponível em https://ec.europa.eu/newsroom/article29/item-detail.cfm?item_id=611236. Acesso em 07/04/2020.

que podem ser utilizadas para avaliar essa complexidade, não é possível ter uma fórmula padrão para todos os agentes de tratamento de todos os setores. Por isso, para reduzir essa complexidade, é necessário criar diretrizes gerais que ajudem a tornar esse cenário menos complexo e mais fácil de ser racionalizado e compreendido. A ANPD e todos nós temos um papel fundamental na construção desse debate.

Conclusão

Uma conclusão preliminar, que podemos ter sobre a compreensão do risco em proteção de dados, é que não é possível desassociá-lo da compreensão holística que o risco carrega em suas raízes. Assim como, não é possível compreender o risco em proteção de dados como algo desassociado do uso de ferramentas para gerenciamento de risco, tal como os relatórios de impacto. A forma como o risco será avaliado em operações de tratamento depende intrinsecamente da metodologia que será aplicada, e metodologia é método científico, não é opinião. O mais importante é ter clareza que o referencial dessa metodologia é o próprio titular dos dados, de modo que o produto final seja, de fato, uma documentação que mensura os riscos às liberdades civis e aos direitos fundamentais dos titulares.

Importante reiterar que essas conclusões precisam ser debatidas, através de um debate qualificado sobre o tema. Na nossa perspectiva nenhuma metodologia de avaliação de risco é uma tábula rasa, a qual se aplica e serve a todos, não importando a natureza das operações de tratamento. Esse ponto, especialmente, é um dos que mais merecem atenção, uma vez que "soluções criativas" não levam em consideração características inerentes ao risco como o desconhecimento e a complexidade.

A ANPD, quando criar orientações sobre o tema, precisa se basear em métodos científicos de avaliação de risco e usar esses métodos para aplicar em estudos de caso para, a partir disso, obter uma análise mais concreta de quais operações apresentam alto risco. Dessa forma, será possível traçar diretrizes gerais que criem alicerces na avaliação de risco à luz do sistema de proteção de dados brasileiro.

Por fim, este artigo e suas conclusões preliminares não almejam estabelecer dogmas relacionados à noção de risco e a sua avaliação, mas, sim, pavimentar um caminho interdisciplinar para a sua compreensão na LGPD.

Referências bibliográficas

ARTICLE 29 DATA PROTECTION WORKING PARTY. *Guidelines on Data Protection Impact Assessment (DPIA) and determining whether processing is "likely to result in a high risk" for the purposes of Regulation 2016/679*, WP248. Disponível em https://ec.europa.eu/newsroom/article29/item-detail.cfm?item_id=611236. Acesso em: 7 nov. 2021.

ARTICLE 29 DATA PROTECTION WORKING PARTY. *Statement on the role of a risk-based approach in data protection legal frameworks*. Adopted on 30 May 2014, WP 218. Disponível em https://ec.europa.eu/justice/article-29/documentation/opinion-recommendation/files/2014/wp218_en.pdf. Acesso em: 7 nov. 2021.

BECK, Ulrich. *Sociedade de Risco. Rumo a uma outra modernidade*. Trad. Sebastião Nascimento. São Paulo: Editora 34, 2011, 2 ed., p. 7-60.

BERNSTEIN, Peter L. *Against the Gods: The Remarkable Story of Risk*. New York: John Wiley & Sons, 1996.

BINNS, Reuben. *Data Protection Impact Assessments: a meta-regulatory approach*. In International Data Privacy Law, v. 7, n. 1, 2017. p. 22-35. Disponível em https://ssrn.com/abstract=2964242. Acesso em: 7 nov. 2021.

BIONI, Bruno R. *Proteção de dados pessoais. A função e os limites do consentimento*. Rio de Janeiro: Gen Forense, 2 ed. 2020.

BIONI, Bruno R. LUCIANO, Maria. *O princípio da precaução na regulação de inteligência artificial*. In Inteligência artificial e direito: ética, regulação e responsabilidade. Coord. FRAZAO, Ana. MULHOLLAND, Caitlin. São Paulo: Thomson Reuters Brasil, 2019, p. 207-231.

DONEDA, Danilo. *Da privacidade à proteção de dados pessoais: elementos da formação da Lei geral de proteção de dados*. 2 ed., São Paulo: Thomson Reuters Brasil, 2019, p. 174-179.

GELLERT, Raphaël. *We Have Always Managed Risks in Data Protection Law: Understanding the Similarities and Differences Between the Rights-Based and the Risk-Based Approaches to Data Protection*. In European Data Protection Law Review (EDPL). 4/2016, Vol. 2, p. 481-492.

GELLERT, Raphaël. *Understanding the notion of risk in the General Data Protection Regulation*, Computer Law & Security Review: The International Journal of Technology Law and Practice (2017). Disponível em https://www.sciencedirect.com/science/article/pii/S0267364917302698. Acesso em: 7 nov. 2021.

GELLERT, Raphaël. *Understanding the risk-based approach to data protection: An analysis of the links between law, regulation, and risk*. Tese (Doutorado). Faculteit Recht en Criminologie, Vrije Universiteit Brussel, 2017.

GOMES, Maria Cecília O. *Para além de uma "obrigação legal": o que a metodologia de benefícios e riscos nos ensina sobre o relatório de impacto à proteção de dados*. In Direito Digital: Debates Contemporâneos, orgs. LIMA, Ana Paula. HISSA, Carmina. SALDANHA, Paloma Mendes. São Paulo: Revista dos Tribunais, 2019. p. 141-153.

GOMES, Maria Cecília O. *Relatório de Impacto à Proteção de Dados. uma breve análise da sua definição e papel na LGPD*. In Revista do Advogado, Org. BIONI, Bruno R. São Paulo, Ano XXIX, n. 144, 2019. p. 174-183.

HARARI, Yuval Noah. *Sapiens. Uma breve história da humanidade*. Trad. Janaína Marcoantonio. Porto Alegre, RS: L&PM, 2016, p. 257-284.

IGO, Sarah E. *The Known Citizen: a history of privacy in modern America*. Cambridge, Massachussets: Harvard University Press. 2018. p. 55-98.

LYOTARD, Jean François. *A condição pós-moderna*. Trad. Ricardo Corrêa Barbosa, Rio de Janeiro: José Olympio. 12 ed., 2009.

KNIGHT, F. *Risk, Uncertainty and Profit*. New York: Cosimo, 2005.

SPINA, A. *A Regulatory Mariage de Figaro: risk regulation, data protection, and data ethics*. In European Journal of Risk Regulation, 8, 2017, p. 88-94.

QUELLE, Claudia. *The Data Protection Impact Assessment, or: How the General Data Protection Regulation May Still Come to Foster Ethically Responsible Data Processing* (November 25, 2015). Disponível em https://ssrn.com/abstract=2695398. Acesso em: 7 nov. 2021.

QUELLE, Claudia. *The 'Risk Revolution' in EU Data Protection Law: We Can't Have Our Cake and Eat It, Too*, Rochester, NY: Social Science Research Network, 2017. Disponível em https://ssrn.com/abstract=3000382. Acesso em: 7 nov. 2021.

QUELLE, Claudia. *Enhancing Compliance under the General Data Protection Regulation: The Risky Upshot of the Accountability and Risk-based Approach*. In European Journal of Risk Regulation. Vol. 9:3, 2018. p. 502-526.

ZANATTA, Rafael. *Proteção de dados pessoais como regulação do risco: uma nova moldura teórica?* I Encontro da Rede de Pesquisa em Governança da Internet. Rio de Janeiro, 2017. p. 175-193, Disponível em: <https://www.researchgate.net/publication/322804864_Protecao_de_dados_pessoais_como_regulacao_do_risco_uma_nova_moldura_teorica>. Acesso em: 7 nov. 2021.

ZANATTA, Rafael. *A tutela coletiva na proteção de dados pessoais*. In Revista do Advogado, Org. BIONI, Bruno R. São Paulo, Ano XXIX, n. 144, 2019. p. 201-208.

Capítulo 10

A evolução do direito ao esquecimento

VIVIANE NÓBREGA MALDONADO

Data Protection Expert (CIPP/E). Juíza de Direito do TJSP (1993/2018). Mestre em Direito Comparado (MCL) pela Samford University (USA), MBA em Relações Internacionais pela FGV e Pós-Graduação em Direito Civil pela Escola Paulista da Magistratura. Autora do livro "Direito ao Esquecimento", Ed. Novo Século, autora e coordenadora dos livros "Comentários ao GDPR", "LGPD Comentada", "Advocacia 4.0", "LGPD – Manual de Implementação", "Manual do DPO" e "LGPD: Sanções e Decisões Judiciais", Ed. Thomson Reuters, e autora de artigos acadêmicos publicados no Brasil e no Exterior. Docente em Proteção de Dados e Direito Digital em nível de educação executiva. Idealizadora e coordenadora do primeiro curso sobre o GDPR no Brasil. Coordenadora do 1º Privacy Summit Brazil. Membro da ITech Law. Membro do Training Advisory Board – IAPP. Co-founder do Instituto de Inovação Legal (Portugal) e Fundadora da Nextlaw Academy.

"Nothing stands out so conspicuously, or remains so firmly fixed in the memory, as something which you have blundered."

(Marcus Tullius Cicero)

1. Introdução

O antagonismo entre a liberdade de expressão e o direito à privacidade não é recente e passou a ostentar particular relevância a partir do contexto subsequente à Segunda Guerra Mundial, quando foram reconhecidos como direitos fundamentais na forma de materialização em instrumentos vinculativos.

O conflito entre tais direitos acentuou-se nas últimas décadas em razão do notável progresso tecnológico, que trouxe ao menos três efeitos imediatos: a maior capacidade intrusiva na vida privada dos indivíduos, a maior possibilidade de propagação de informações de caráter pessoal e a construção da proteção de dados pessoais como direito fundamental autônomo e destacado do direito à privacidade, agora previsto no art. 5º, LXXIX da Constituição Federal em razão da Emenda Constitucional nº 115/2022.

Tais efeitos, por evidente, clamaram por uma abordagem atualizada e por uma análise diferenciada no que se refere ao exercício de ponderação de valores na forma como era realizado até então. E foi precisamente nesse contexto, dentre as muitas consequências decorrentes da necessidade de reformulação de conceitos e de um novo olhar sobre a antiga dicotomia, que se estabeleceu o Direito ao Esquecimento de forma definitiva.

A formulação da doutrina, porém, não permaneceu intacta e inalterada. Com efeito, como corolário do crescimento de informações no universo digital, foi necessária atualização quanto aos termos de sua compreensão para adequá-la à nova realidade. E, nesse ponto, pode-se dizer que houve transmutação quanto à sua natureza originária.

Nesse artigo, será analisada a lógica fundamental do Direito ao Esquecimento em sua origem, para, a partir de então, ser abordada a sua evolução e a mutação verificada. Serão examinados os parâmetros legais e jurisprudenciais construídos nos últimos anos.

2. A lógica fundamental do direito ao esquecimento

O pequeno porte do presente trabalho não permite o aprofundamento de cada um dos elementos essenciais que compõem a estrutura do Direito ao Esquecimento, tais sejam as premissas que devem ser observadas para o seu reconhecimento. Deve-se dizer, no entanto, que é imprescindível a compreensão de que a lógica construtiva encontra-se atrelada ao sopesamento de valores e de direitos de igual patamar.

Em obra anterior[1], discorri detidamente sobre tais pilares. Em um plano inicial, para facilitar-se a compreensão, coloca-se como premissa a lógica da realização da operação de ponderação no contexto da contemporaneidade dos fatos. Na sequência, desloca-se o exame para a análise da mesma ponderação à luz de outra perspectiva, tal seja a da inexistência de contemporaneidade. Ou seja, agora o debate tem por foco uma determinada informação lançada no passado.

E, é precisamente nesse quadro que surge a análise da existência, ou não, do Direito ao Esquecimento em um determinado caso concreto.

A esse propósito, precisamente no que tange à eliminação de informações, assinalei que, como critério primordial a ser adotado para o solucionamento da equação em ambas as hipóteses, impõe-se a análise do direito à privacidade, do direito de informação, bem como a eventual existência de interesse público.

Extrai-se da obra:

> "Para a ponderação de todos estes aspectos, deve ser levada a efeito operação de balanceamento no que tange ao direito à privacidade e à liberdade de informação, de modo que deve ser decidido sobre qual elemento se assenta a preponderância.
>
> Nesse ponto, registra-se que, no que concerne a esta matéria, é pressuposto inalienável a existência de informação verídica, na medida em que, quanto a informações despidas de veracidade ou a discursos que configurem ato criminoso, sequer há margem de debate para o reconhecimento de que devem eles ser, desde logo, eliminados da Internet.
>
> Pois bem. Ao proceder-se ao exame de todas estas questões, a problemática mais relevante que se apresenta quanto às hipóteses de pedidos de remoção de dados reside na compreensão exata do que seja interesse público para a definição quanto à possibilidade, ou não, do desaparecimento de uma determinada informação atual ou pretérita.
>
> Com efeito, o interesse público é a chave que leva ao resultado concreto, de modo que, se ele estiver presente, não será viável o acolhimento do pedido de remoção ou o deferimento de indenização por possíveis danos materiais ou morais."

E ainda:

> "Pois bem. Se a questão já se mostra espinhosa no terreno da mera remoção de dados, torna-se ainda mais tormentosa se estiver fundada na doutrina do Direito ao Esquecimento.

---

1. MALDONADO, Viviane N. Direito ao Esquecimento. Ed. Novo Século. 2017.

> E tal ocorre porque o Direito ao Esquecimento pressupõe, em definição essencial, a perda do interesse público quanto a uma determinada informação em razão do mero transcurso do tempo.
>
> Em outras palavras, aquele que invoca o Direito ao Esquecimento reconhece a relevância de uma determinada informação no tempo passado, mas sustenta que o interesse público deixou de existir em função da fluência temporal".[2]

Deve ser destacado, nesse ponto, que, a par da positivação do direito de informação como direito fundamental (e aqui entendido o direito de informar e o direito de ser informado de qualquer pessoa), há outro direito autônomo, precisamente relacionado à liberdade da imprensa, o qual se refere à possibilidade de veiculação de informações e de notícias sem ingerências ou restrições estatais.

No mais, muito embora os conceitos de liberdade de imprensa, o direito de informação e a liberdade de expressão possam ser entendidos como aproximados e estejam previstos em diversas Cartas internacionais, o fato é que a liberdade de imprensa diz respeito unicamente aos veículos de comunicação, a quem está formalmente cometida a tarefa de informar. Por essa razão, pode-se dizer que, quanto a eles, trata-se de verdadeiro poder-dever, na medida em que sua ausência malfere o direito de informação atribuído a todas as pessoas, sob a acepção do direito de ser informado.

Tornando à específica questão do interesse público, há que se compreender que sua natureza não é imutável. Ou seja, uma determinada informação pode ostentar interesse público em um certo marco temporal, mas esse pode ser reduzido pelo transcurso do tempo e, quiçá, até mesmo desaparecer.

Em exame do tema, o trabalho conjunto de *Yohko Orito* e *Kiyoshi Murata* oferece a perspectiva de que os indivíduos têm o direito de se verem livres de informações acerca de si próprios que lhes possam causar efeitos danosos ("*An individual has the right to be free from any use of information concerning him/her which causes harmful effects on him/her*").[3]

Essa espécie de definição coloca como elemento-chave e pilar do conceito a ideia de tempo, de modo que a revelação de fatos individuais somente seria possível, no dizer dos autores, quando pudessem ser considerados relevantes e presentes. Nessa perspectiva, a par do princípio da dignidade humana, o outro

---

2. Ibidem, p. 3.
3. MURATA, Kiyoshi; ORITO, Yohko. The Right to Forget/be Forgotten, Ethics in Interdisciplinary and Intercultural Relations, 2011.

parâmetro definidor reside no fato de que o já mencionado interesse público pode ter suas feições alteradas pelo transcurso do tempo, a ponto de até mesmo perder tal qualidade.

Meg Leta Ambrose, PhD pela Universidade do Colorado e especialista em Tecnologia Internacional, bem aborda a questão, ao mencionar Helen Nissenbaum, a qual modificou o clássico conceito de privacidade para defini-lo como aquele baseado no fluxo da informação esperada, assim compreendido e definido como "integridade contextual[4]".

Em linhas gerais, entende-se o fator tempo como imprescindível à realidade contextual, sendo certo que seu transcurso pode ocasionar a ruptura do fluxo da informação, notadamente quanto à pertinência lógica da sua subsistência. A grandeza de valores se altera.

No contexto europeu, o Direito ao Esquecimento tem sua origem na França ("*le droit a l'oubli*"), centrando-se primordialmente no direito de objeção à publicação de informações e de fatos uma vez que uma determinada sentença condenatória penal tivesse sido integralmente cumprida. Evidentemente, a razão para tal permissivo reside na ideia de que, uma vez que a pessoa tenha obtido sua reabilitação, deve estar livre da possibilidade de que o passado criminoso macule sua reputação.[5]

E, de fato, vêm da Europa os casos mais relevantes sobre a matéria.

No ano de 1969, em um pequeno vilarejo chamado Lebach[6], localizado no oeste da Alemanha, ocorreu brutal assassinato de quatro soldados que guardavam um depósito de munição, ato do qual restou também um quinto soldado gravemente ferido. Na oportunidade, foram subtraídas armas e munições.

No ano seguinte, os dois principais acusados do crime foram condenados à prisão perpétua, sendo que um terceiro foi apenado a seis anos de reclusão em razão de seu auxílio nos atos preparatórios do crime.

Quatro anos após o incidente, o canal alemão ZDF (Zweites Deutsches Fernsehen)[7], face ao grande interesse público acerca dos fatos, produziu documentário a ser apresentado na emissora, no qual seriam mencionados os nomes, bem como exibidas as imagens de todos os envolvidos. Ademais, haveria

4. AMBROSE Jones, Meg Leta e AULOOS, Jef. The Right to be Forgotten Across the Pond, Journal or Information Policy, vol. 3., 2013.
5. 64 Hastings L.J. 257.
6. Referências sobre a localidade http://www.lebach.de/. Acesso em: 7 nov. 2021.
7. Canal Alemão ZDF https://www.zdf.de/. Acesso em: 7 nov. 2021.

igualmente a reconstituição do crime a ser levada a efeito por atores, exibindo a relação dos condenados entre si, e o que incluía ligações de ordem sexual[8].

A emissora agendou a transmissão do documentário para uma sexta-feira à noite, pouco antes da soltura do terceiro acusado, o qual já havia cumprido significativa parcela de sua pena. Ciente da iminência de referida transmissão, este apenado buscou, em juízo, medida destinada a impedir a transmissão do programa televisivo, ao argumento de que o documentário ensejaria impactos negativos no que concerne à sua ressocialização.

O Tribunal da Mogúncia negou o pedido do autor da ação, sob o fundamento de que o postulante era pessoa diretamente envolvida em fatos históricos, pelo que não poderia invocar a proteção de seus direitos da personalidade para impedir a sua difusão. E, em grau de recurso, o Tribunal de Koblenz manteve a decisão de primeiro grau. O caso foi levado à apreciação do Tribunal Constitucional Federal da Alemanha, ao argumento de que se mostrava imperativa a proteção ao direito da personalidade, na forma do quanto previsto na Constituição.

O Tribunal, ao buscar harmonizar os direitos em colidência, considerou que, na hipótese, prevalecia o direito da personalidade sobre o direito de informação, de modo que à rede televisiva não foi possível a transmissão do documentário com a utilização de menção ao nome e à imagem do autor da demanda.

Segue a tradução da ementa da decisão:

> "1. Uma instituição de Rádio ou Televisão pode se valer, em princípio, em face de cada programa, primeiramente da proteção do Art. 5 I 2 GG. A liberdade de radiodifusão abrange tanto a seleção do conteúdo apresentado como também a decisão sobre o tipo e o modo da apresentação, incluindo a forma escolhida de programa. Só quando a liberdade de radiodifusão colidir com outros bens jurídicos pode importar o interesse perseguido pelo programa concreto, o tipo e o modo de configuração e o efeito atingido ou previsto.
>
> 2. As normas dos §§ 22, 23 da Lei da Propriedade Intelectual-Artística (Kunsturhebergesetz) oferecem espaço suficiente para uma ponderação de interesses que leve em consideração a eficácia horizontal (Ausstrahlungswirkung) da liberdade de radiodifusão segundo o Art. 5 I 2 GG, de um lado, e a proteção à personalidade segundo o Art. 2 I c. c. Art. 5 I 2 GG, do outro. Aqui não se pode outorgar a nenhum dos dois

8. Georgia Journal of International and Comparative Law, 2007, vol. 35, https://digitalcommons.law.uga.edu/cgi/viewcontent.cgi?article=1169&context=gjicl. Acesso em: 7 nov. 2021.

> valores constitucionais, em princípio, a prevalência [absoluta] sobre o outro. No caso particular, a intensidade da intervenção no âmbito da personalidade deve ser ponderada com o interesse de informação da população.
>
> 3. Em face do noticiário atual sobre delitos graves, o interesse de informação da população merece em geral prevalência sobre o direito de personalidade do criminoso. Porém, deve ser observado, além do respeito à mais íntima e intangível área da vida, o princípio da proporcionalidade: Segundo este, a informação do nome, foto ou outra identificação do criminoso nem sempre é permitida. *A proteção constitucional da personalidade, porém, não admite que a televisão se ocupe com a pessoa do criminoso e sua vida privada por tempo ilimitado e além da notícia atual, p.ex. na forma de um documentário. Um noticiário posterior será, de qualquer forma, inadmissível se ele tiver o condão, em face da informação atual, de provocar um prejuízo considerável novo ou adicional à pessoa do criminoso, especialmente se ameaçar sua reintegração à sociedade (ressocialização).* A ameaça à ressocialização deve ser em regra tolerada quando um programa sobre um crime grave, que identificar o autor do crime, for transmitido [logo] após sua soltura ou em momento anterior próximo à soltura."

E, na fundamentação do julgado, constou ainda:

> "Em casos de conflito como o presente, vale, por isso, de um lado, o princípio geral de que a aplicação dos §§ 22, 23 KUG em face de programas de televisão não pode limitar a liberdade de radiodifusão excessivamente. De outro lado, existe aqui, em contraposição às demais leis gerais na acepção do Art. 5 II GG, a peculiaridade de que a limitação da liberdade de radiodifusão serve, por sua vez, à proteção de um alto valor constitucional; o interesse da pessoa em questão contra a divulgação ou apresentação de sua imagem, a ser considerado no contexto do § 23 KUG, é reforçado diretamente pela garantia constitucional da proteção à personalidade [do Art. 2 I c. c. Art. 1 I GG]. A solução do conflito deve partir do pressuposto de que, segundo a vontade da Constituição, ambos os valores constitucionais configuram componentes essenciais da ordem democrática livre da Grundgesetz, de forma que nenhum deles pode pretender a prevalência absoluta. O conceito de pessoa humana (Menschenbild) da Grundgesetz e a configuração a ele correspondente da comunidade estatal exigem tanto o reconhecimento da independência da personalidade individual como a garantia de um clima de liberdade que não é imaginável atualmente sem comunicação livre. Ambos os valores constitucionais devem ser,

> por isso, em caso de conflito, se possível, harmonizados; se isso não for atingido, deve ser decidido, considerando-se a configuração típica e as circunstâncias especiais do caso particular, qual dos dois interesses deve ser preterido. Ambos os valores constitucionais devem ser vistos, em sua relação com a dignidade humana, como o centro do sistema axiológico da Constituição"[9] (os grifos não são do original).

O exame de referida decisão deixa claro que, efetuada a operação de ponderação entre os direitos envolvidos, prevaleceu a validação da proteção ao direito da personalidade invocado pelo postulante em detrimento do direito de informação, sob o argumento de que a imprensa não há de se ocupar da pessoa de um condenado por tempo ilimitado, o que aqui, *in casu*, interferia em seu processo de ressocialização. E, com esse fundamento, ainda que não tenha se operado menção expressa, reconheceu-se, inequivocamente, o Direito ao Esquecimento do condenado.

Anos depois, sobreveio novo julgamento, que ficou conhecido como caso Lebach II, no qual, muito embora as circunstâncias fossem relativamente parecidas, a solução encontrada foi diversa.

Estes são os fatos. Em 1996, uma emissora de televisão alemã (SAT 1[10]) produziu uma série sobre crimes que entraram para a história (*Verbrechen, die Geschichte machten*[11]). Dentre estes, seria abordado o episódio ocorrido no arsenal de Lebach, já mencionado, do qual decorreram quatro militares mortos e um gravemente ferido.

Diferentemente do que ocorrera no caso anterior, julgado em 1973, a emissora substituiu os nomes de algumas das pessoas envolvidas, omitindo, outrossim, seus verdadeiros nomes. Inobstante tal fato, houve, mais uma vez, questionamento acerca da transmissão televisiva, com argumentos bastante similares aos utilizados no caso Lebach I.

Nesse caso, o Tribunal Constitucional Federal afastou a pretensão de negativa à veiculação sob os seguintes argumentos, conforme artigo publicado de autoria do professor Otávio Luiz Rodrigues Júnior[12]:

---

9. SCHWAB, Jurgen. Cinquenta Anos de Jurisprudência do Tribunal Constitucional Alemão. Konrad Adenauer Stiftung, 2006. Pg. 491.
10. Canal Alemão Sat1. http://www.sat1.de/. Acesso em: 7 nov. 2021.
11. Programa Original Relativo ao crime (Alemanha) disponível em http://www.fernsehserien.de/verbrechen-die-geschichte-machten/sendetermine/-1. Acesso em: 7 nov. 2021.
12. Matéria de autoria de Otávio Luiz Rodrigues Nunior publicada no Portal Conjur em 25/12/2013 disponível em http://www.conjur.com.br/2013-dez-25/direito-comparado-nao-tendencias-protecao-direito-esquecimento#author. Acesso em: 7 nov. 2021.

> "1) A 'liberdade de radiodifusão' é assegurada, mas não sem reservas. Cabe aos tribunais, na hipótese de colisão com outros direitos, resolver o caso, tendo em conta o art. 5º, *Absatz* 2º da Lei Fundamental, além das normas ordinárias. Sendo certo que a atuação do Tribunal Constitucional, em matéria civil, deve ocorrer somente se houver violação total aos direitos fundamentais e em caráter de reserva. 2) O direito geral da personalidade é protetivo dos indivíduos em face de situações como a representações da pessoa, que distorçam ou desfigurem sua imagem em público, de modo a impedir o livre desenvolvimento da personalidade, o que se revela de modo evidente quando há sério risco de estigmatização. Outra hipótese de ofensa a esse direito fundamental dá-se quando essas representações ameaçam, de modo efetivo, a reintegração dos delinquentes à sociedade, desde que esses hajam cumprido suas penas. 3) No Caso Lebach-1, o Tribunal Constitucional preservou o direito geral da personalidade porque ali havia uma lesão capaz de associar, de modo permanente, o criminoso a essa condição. Tratou-se, portanto, de uma questão de intensidade do ato que interferiu no direito ao desenvolvimento da personalidade. Nos termos do acórdão, é de se lembrar que o mero fato de ter cumprido a pena de prisão não significa que o criminoso adquiriu o 'direito a ser deixado em paz' (ou, mais literalmente, 'direito a ser deixado só'). 4) A intensidade da violação ao direito fundamental dos criminosos, no Caso Lebach-1, era sensível porquanto o programa de televisão da ZDF conferira um caráter sensacionalista ao fato, com a exposição do nome e de fotografias dos envolvidos. A veiculação do documentário, à época, prejudicaria, e muito, a ressocialização dos condenados. 5) No programa da SAT 1, no entanto, é inadequado encontrar tal nível de interferência no direito ao desenvolvimento da personalidade dos autores da reclamação constitucional. Passaram-se 30 anos da ocorrência do crime (de 1969; o acórdão é de 1999) e os riscos para a ressocialização foram bastante minorados. 6) O Tribunal Constitucional Federal anotou ainda que, com base no direito à radiodifusão, a *proibição a um programa é sempre uma forte violação ao direito fundamental.*"

No presente caso, em solução diversa, a Corte entendeu que o direito de informação preponderava sobre o direito da privacidade, mesmo porque as identidades, de fato, foram relativamente resguardadas. Ademais, o significativo transcurso de tempo, na hipótese, afastou o argumento atinente à ressocialização, que assumiu particular relevo no que tange à hipótese anterior.

Um terceiro exemplo bem retrata as considerações atinentes ao Direito ao Esquecimento em sua acepção tradicional.

Em 15.07.90, no quarto de seu apartamento, em Munique, foi encontrado o corpo de Walter Sedlmayr[13], ator de cinema e de televisão nascido na Baviera. O ator havia sido amarrado, atingido por uma faca em seu estômago e alvejado com um martelo em sua cabeça.

Em 21.05.93, a Corte de Munique considerou culpados pelo homicídio o também alemão Wolfgang Werlé e seu meio-irmão Manfred Lauber, que foram condenados à prisão perpétua. Após cumprirem, respectivamente, quinze e dezesseis anos na prisão, os réus foram colocados em livramento condicional, nos anos de 2007 e 2008.

Pouco tempo depois de suas solturas, precisamente em 27.10.09, o advogado do primeiro réu, Wolfgang Werlé, encaminhou requerimento[14] à Fundação Wikipedia[15], postulando que o nome do condenado fosse removido do idioma inglês nas buscas efetuadas na enciclopédia quando era lançado, na pesquisa, o autor do homicídio de Sedlmayr. Para a formulação do pedido, o advogado valeu-se do argumento de que seu cliente não era figura pública e que o anonimato, na hipótese concreta, representava importante circunstância para sua reabilitação. Constou do requerimento, outrossim, que, no passado, constara, na versão alemã da Wikipedia, a menção do nome dos réus como homicidas do ator, mas que essa informação, ao tempo desse novo requerimento, já não mais subsistia por força de decisão judicial de primeira instância. Sustentando, por fim, que a lei aplicável à hipótese é a alemã, porquanto todos os fatos ocorreram naquela jurisdição, pretendeu o advogado fazer cessar a informação também no idioma inglês.

A plataforma Wikipedia, que é sediada nos Estados Unidos, não atendeu a pretensão, porquanto entendido que a questionada publicação se achava protegida pela Primeira Emenda da Constituição Norte-Americana. Ademais, a plataforma argumentou que não redige e nem edita materiais de qualquer espécie, de modo que não pode ser responsabilizada pelas informações consignadas, mormente se verídicas. Por fim, em dezembro de 2009, a Corte Constitucional Alemã reverteu a decisão de primeiro grau para afirmar que a invocação do direito à privacidade não é "um cheque em branco", nos dizeres do Juiz Gregor Galke.[16]

13. Referências à biografia de Walter Sedlmayer no IMDb disponíveis em http://www.imdb.com/name/nm0781356/bio. Acesso em: 7 nov. 2021.

14. Documentos relativos ao caso Werlé/Wikipedia disponíveis em http://www.wired.com/images_blogs/threatlevel/2009/11/stopp.pdf. Acesso em: 7 nov. 2021.

15. Página Oficial de Wikipedia https://wikimediafoundation.org/wiki/Home. Acesso 08/06/2020.

16. Matéria publicada na Focus (Alemanha) sobre a fundamentação da decisão disponível em http://www.focus.de/digital/internet/bgh-urteil-keine-staendige-kontrolle-von-online-archiven_aid_463464.html. Acesso em: 7 nov. 2021.

É certo que, no episódio em questão, não foi reconhecido o Direito ao Esquecimento aos postulantes. É de relevo, porém, mencionar o acontecido, seja porque, em primeiro grau, havia sido atendida a pretensão, seja porque as discussões levaram em consideração os parâmetros que definem o direito, notadamente no que tange à questão da informação, privacidade, interesse público e transcurso do tempo.

Verifica-se, pois, que, na concepção primária do Direito ao Esquecimento, o fator temporal é elemento primordial que capacita o exercício de ponderação de direitos sob a ótica da subsistência do interesse público.

Com base na mesma *ratio*, de acordo com Koops[17], na forma citada por Jasmine E. McNealy[18], o Direito ao Esquecimento pressupõe os seguintes aspectos: a) o direito a ter deletada a informação após certo período de tempo; b) o direito a "recomeçar do zero" ("*clean slate*"); c) o direito a estar conectado unicamente com o presente, desde que, evidentemente, a essas questões não se sobreponha o interesse público.

3. A TRANSMUTAÇÃO DA NATUREZA DO DIREITO AO ESQUECIMENTO

Em 04 de novembro de 2010, a Autoridade Europeia para a Proteção de Dados (European Data Protection Supervisor – EDPS) formulou o parecer "*A Comprehensive Approach on Personal Data Protection in the European Union*" (publicado em 22/06/11)[19]. O documento foi concebido, entre outras razões, de modo a elucidar o que a Comissão denominou de "*The Right to Be Forgotten*", que é descrito como o direito de os indivíduos terem seus dados deletados assim que não mais necessários para legítimos propósitos.

Nesse relevante documento, foram estabelecidas diversas premissas e apresentadas sugestões, dentre as quais uma nova concepção do Direito ao Esquecimento.

No item 6.5, a EDPS trata especificamente do Direito à Portabilidade e do assim chamado Direito a ser Esquecido, entendidos pela autoridade como conceitos conexos. Nesse contexto, foi afirmada proposição de sugestão no sentido

17. KOOPS, Bert-Jaap Forgetting footprints, shunning shadows: A critical analysis of the 'right to be forgotten' in big data practice, 8 Script ed 229, 236, 2012.
18. 39 N. Ky. L. Rev. 119.
19. Parecer da European Data Protection Supervisor (EDPS), DE 22/06/2011, disponível em https://edps.europa.eu/sites/edp/files/publication/11-01-14_personal_data_protection_pt.pdf. Acesso em: 7 nov. 2021.

de que fossem adotados como direitos autônomos, em *framework* legislativo, em acréscimo aos direitos que já constavam da Diretiva 95/46[20].

Destaca-se do texto, na tradução oficial para o português (e aqui adaptada para o português do Brasil):

> "83. A portabilidade dos dados e o direito a ser esquecido são dois conceitos conexos que a Comunicação propõe para reforçar os direitos das pessoas em causa. São complementares aos princípios já mencionados na diretiva, prevendo o direito de a pessoa em causa se opor ao tratamento dos seus dados pessoais e a obrigação do responsável pelo tratamento de *apagar a informação assim que esta deixe de ser necessária para a finalidade do tratamento.*
>
> 84. O valor acrescentado destes dois conceitos verifica-se sobretudo no contexto de uma sociedade da informação, em que cada vez mais dados são automaticamente armazenados e conservados por períodos indefinidos. A prática mostra que, mesmo que os dados sejam carregados pela pessoa em causa, o grau de controle que esta efetivamente tem sobre os seus dados pessoais é, na realidade, muito limitado. Isto ainda é mais verdadeiro face à memória gigantesca que a Internet atualmente representa. Além disso, de um ponto de vista econômico, fica mais caro a um responsável pelo tratamento apagar os dados do que conservá-los armazenados. O exercício dos direitos das pessoas em causa contraria, assim, a tendência econômica natural.
>
> 85. Tanto a portabilidade dos dados como o direito a ser esquecido podem contribuir para alterar o equilíbrio a favor da pessoa em causa. O objetivo da portabilidade dos dados seria dar às pessoas um maior controle sobre as informações que lhes dizem respeito, enquanto *o direito a ser esquecido garantiria o desaparecimento automático das informações ao fim de um certo período, mesmo que a pessoa em causa nada faça para isso, nem esteja sequer ciente de que os dados chegaram a ser armazenados.*
>
> 88. *A codificação de um novo 'direito a ser esquecido' permitiria garantir o apagamento dos dados pessoais ou a proibição de serem posteriormente utilizados, sem que pessoa em causa tivesse de atuar nesse sentido, mas na condição de esses dados já estarem armazenados há algum tempo. Por outras palavras, atribuir-se-ia aos dados uma espécie de prazo de validade. Este princípio já é afirmado em processos dos tribunais nacionais ou*

20. Texto oficial da Diretiva 1995/46 disponível em https://eur-lex.europa.eu/legal-content/en/TXT/?uri=CELEX%3A31995L0046. Acesso em: 7 nov. 2021.

aplicado em setores específicos, por exemplo, em relação aos ficheiros policiais, registros criminais ou processos *disciplinares: algumas legislações nacionais preveem que as informações sobre pessoas singulares sejam automaticamente apagadas, ou não possam ser posteriormente utilizadas e divulgadas, sobretudo após um prazo estabelecido, sem que seja necessário analisar previamente os casos concretos.*

89. Neste sentido, deveria associar-se um novo 'direito a ser esquecido' à portabilidade dos dados. O valor acrescentado desta medida residiria no fato de a pessoa em causa não necessitar realizar qualquer esforço ou insistência para os seus dados serem apagados, uma vez que isso seria feito de forma objetiva e automática. Só em circunstâncias muito específicas, em que fosse possível determinar uma especial necessidade de conservar os dados por mais tempo, o responsável pelo tratamento teria direito a fazê-lo. Esse *'direito a ser esquecido' inverteria, assim, o ônus da prova, e da pessoa em causa para o responsável pelo tratamento, e criaria um ambiente de 'privacidade por defeito' para o tratamento de dados pessoais.*

90. A *EDPS considera que o direito a ser esquecido se poderia revelar particularmente útil no contexto dos serviços da sociedade da informação. Uma obrigação de apagar ou de não continuar a divulgar as informações após um prazo estabelecido faz particular sentido nos meios de comunicação social ou na Internet e, nomeadamente, nas redes sociais.* Também seria útil no que diz respeito aos equipamentos terminais: os dados armazenados em dispositivos móveis e computadores seriam automaticamente apagados ou bloqueados no fim de um determinado período, quando já não estivessem na posse das pessoas. Nesse sentido, o direito a ser esquecido pode traduzir-se numa obrigação de 'privacidade desde a concepção'" (os grifos não são do original).

Sendo assim, nesse parecer, criou-se uma nova concepção do Direito ao Esquecimento, o qual agora, distanciando-se de seus pressupostos originários, não toma em consideração unicamente a perda do interesse público por força do transcurso temporal. Com será visto, o Direito ao Esquecimento agora atrela-se também à inexistência de base legal, sob a componente, ainda, de desnecessidade do tratamento para uma finalidade específica. No mais, diz respeito também à obrigatoriedade de eliminação automática de uma informação independentemente de requisição.

No sentido de fortalecimento dessa compreensão, a União Europeia, em março de 2011, confirmou e consolidou o Direito ao Esquecimento quando a então Comissária Viviane Reding referiu-se a tal princípio como pilar do direito à privacidade. Em discurso ao Parlamento Europeu, Reding assim afirmou:

> *"I want to explicitly clarify that people shall have the right – and not only the possibility – to withdraw their consent to data processing. The burden of proof should be on data controllers (...) [t]hey must prove that they need to keep the data, rather than individuals having to prove that collecting their data* is not necessary."

Com tais palavras, a Comissária garantiu o direito à exclusão de dados, a qualquer momento, invertendo-se o ônus da prova aos gerenciadores da informação, de modo a que a estes passaria a incumbência de comprovar a necessidade de manutenção dos dados pessoais.

Pois bem. Em maio de 2014, e, portanto, ainda antes da entrada em vigor do Regulamento 2016/679 (General Data Protection Regulation – GDPR)[21], o mundo conheceu a decisão emanada da Corte de Justiça da União Europeia no âmbito do caso *Google Spain SL, Google Inc. v Agencia Española de Protección de Datos, Mario Costeja González*[22], por meio da qual foi reconhecida a responsabilidade da empresa quanto ao apagamento de dados pessoais, ao argumento de que "*é o operador do motor de busca quem determina as finalidades e os meios dessa atividade e, deste modo, do tratamento de dados pessoais que ele próprio efetua no contexto dessa atividade e que deve, consequentemente, ser considerado 'responsável' por esse tratamento por força do referido artigo 2.º, alínea d*" da Diretiva 95/46. Enquadrou-se, pois, a atividade do operador do motor de busca no conceito de tratamento de dados fornecido pela Diretiva.

Por decorrência de referida decisão judicial, e até porque inexistia outra instância recursal, a empresa Google passou a disponibilizar ferramenta para pedidos de remoção e a publicar as estatísticas relativas a tais pedidos com similar fundamento, tornando públicos, outrossim, os informes relativos aos deferimentos administrativos sob seus critérios, e o que pode ser facilmente visualizado no *Transparency Report*.[23] Nas informações coletadas na página em março de 2020, constata-se a existência de 3.553.503 URL's (*Uniform Resource Locator*) com solicitação de remoção, havendo ocorrido atendimento em 46,2%

---

21. Texto oficial do Regulamento 2016/679 disponível em https://eur-lex.europa.eu/eli/reg/2016/679/oj. Acesso em 08/08/2020.
22. Press Release da Corte de Justiça da União Europeia referente ao caso Google/Mario Costeja González disponível em http://curia.europa.eu/jcms/upload/docs/application/pdf/2014-05/cp140070en.pdf. Acesso em: 7 nov. 2021.
23. Política de Remoção de Informações do Google após o caso Costeja disponível em https://www.google.com/transparencyreport/removals/europeprivacy/?hl=pt-BR. Acesso em: 7 nov. 2021.

dos casos. A plataforma traz igualmente as estatísticas relativas a outros países não abrangidos pela decisão, sendo certo que, quanto a estes, restringe-se a atender as informações atinentes aos pedidos fundados em direitos autorais e às solicitações governamentais.[24] Anota-se também que o buscador remove outros conteúdos a pedido de interessados, notadamente quando há informações pessoais que possam resultar em dano financeiro ou fraude.[25]

O Regulamento Geral de Proteção de Dados – GDPR foi proposto em 2012, entrou em vigor em 2016 e teve sua aplicação diferida para 25/05/18. No mais, veio ele, como sabido, a revogar a até então vigente Diretiva 95/46.

Em consonância com o direcionamento que já vinha sendo traçado no seio da União Europeia desde ao menos 2010, foram previstos o Direito à Portabilidade e o Direito ao Esquecimento, em linha com a recomendação formulada pela EDPS anos antes no sentido de que fossem acrescentados esses específicos direitos ao rol daqueles que já eram previstos na agora revogada Diretiva.

O Direito a ser Esquecido acha-se positivado no art. 17 e nos *considerandos* 65 e 66. E, tendo em conta que o Regulamento, no contexto europeu, aplica-se diretamente aos Países-Membros da União Europeia, sem a necessidade da transposição exigida pelas Diretivas, a norma ostenta caráter cogente sem prescindir de normatizações.

No item 1 do art. 17, está estabelecido que o titular dos dados tem o direito de obter do responsável pelo tratamento o apagamento dos seus dados pessoais, sem demora justificada, e este tem a obrigação de apagar os dados pessoais, sem demora justificada, quando se aplique um dos seguintes motivos:

> *"a) Os dados pessoais deixaram de ser necessários para a finalidade que motivou a sua recolha ou tratamento. b) O titular retira o consentimento em que se baseia o tratamento de dados e não há outro fundamento legal para o tratamento. c) O titular opõe-se ao tratamento. d) Os dados, em sua origem, foram tratados ilicitamente. e) O apagamento presta-se a atender uma obrigação jurídica de direito da União ou do Estado-Membro a que responsável esteja sujeito. f) Os dados foram recolhidos na oferta de serviços da sociedade de informação com relação a crianças".*

24. Relatório de Transparência do Google disponível em https://www.google.com/transparencyreport/. Acesso em: 7 nov. 2021.
25. Overview e estatísticas do Relatório de Transparência do Google disponível em https://transparencyreport.google.com/eu-privacy/overview?hl=pt_BR. Acesso em: 7 nov. 2021.

Por seu turno, o item 3 trata das hipóteses de não aplicação. Em síntese, esse específico dispositivo afirma que o tópico 1 não é aplicável em algumas situações. De acordo com o inciso, não se aplica o direito em questão quando o dado se revele necessário:

> "a) *ao exercício da liberdade de expressão e de informação. b) ao cumprimento de obrigação legal que exija o tratamento, ao exercício de funções de interesse público ou ao exercício da autoridade pública de que esteja investido o responsável pelo tratamento. c) por motivos de interesse público no domínio da saúde pública. d) para fins de arquivo de interesse público, para fins de investigação científica ou histórica ou para fins estatísticos. e) para efeitos de declaração, exercício ou defesa de um direito num processo judicial*".

Nesse contexto, e, admitido que um titular de dados pessoais pretenda fazer valer o Direito ao Esquecimento no âmbito da União Europeia, deverá formular sua pretensão invocando uma das bases legais constantes do item 1 do artigo 17. E, ao ser recebida a solicitação, deverá o responsável pelo tratamento examinar se há causa legal, ou não, à permanência do dado em tratamento. Se entender que não existe base legal para a conservação do dado pessoal, deverá atender à solicitação no prazo legal e comunicar o seu titular.

Em exame da redação do inciso I do art. 17 do GDPR, verifica-se que a questão temporal, conforme concepção clássica, deixou de ser a única hipótese ao reconhecimento do Direito ao Esquecimento no contexto europeu. Decorre da norma, por exemplo, que a mera retirada do consentimento a qualquer tempo constitui razão para a possibilidade de exercício do direito, que, atendido, materializa-se, a princípio, na forma de apagamento.

Por essa razão, diz-se que o Direito ao Esquecimento no GDPR se distancia, em parte, dos elementos adotados pela doutrina tradicional, em que há a pressuposição da perda do interesse público pelo mero transcurso do tempo como pilar justificador da invocação do direito. O legislador, em matéria de proteção de dados no seio europeu, optou por tratar o direito ao apagamento de dados como sinônimo do Direito ao Esquecimento.

No mais, é agora o agente de tratamento quem procede, em um primeiro plano, ao juízo de valor sobre a pretensão, analisando a existência, ou não, de base legal para a conservação dos dados cujo apagamento é pretendido. Nessa lógica, se existir a base legal, poderá então levar a efeito a recusa, que sempre deverá ser motivada. E, ao contrário, se não houver base legal ao tratamento, conforme hipóteses do art. 6º, o pedido do titular de dados deverá ser atendido no prazo definido no Regulamento, incumbindo ao responsável munir-se de elementos aptos à eventual demonstração de que processou e atendeu o pedido.

A Comissão Europeia, atenta às dificuldades interpretativas quanto à razoabilidade e validade dos pedidos para fins de atendimento, ou não, publicou em seu *site* oficial algumas informações adicionais tendentes à facilitação da compreensão do tema. Ali estão *guidelines* específicas[26] capazes de auxiliar na tarefa de avaliação dos pedidos de remoção. No mais, as *guidelines* do extinto *Working Party 29* quanto à implementação da decisão do Tribunal de Justiça da União Europeia no que se refere ao caso Costeja também proveem detalhadas informações acerca dos critérios a serem tomados em consideração frente a uma postulação de apagamento.[27]

No Brasil, subsiste o entendimento de que o Direito ao Esquecimento guarda relação com a perda do interesse público em razão do decurso do tempo. O tema hoje acha-se catalogado como matéria de Repercussão Geral (Tema 786 – Aplicabilidade do direito ao esquecimento na esfera civil quando for invocado pela própria vítima ou pelos seus familiares) no Supremo Tribunal Federal[28] e não está reconhecido de forma explícita em diplomas legais.

Com efeito, a matéria é balizada majoritariamente por decisões judiciais. No mais, é de se anotar que as primeiras decisões no âmbito dos Tribunais Superiores (Superior Tribunal de Justiça) sequer diziam respeito ao apagamento de dados da Internet, mas sim à veiculação de casos antigos por meio de matérias jornalísticas televisivas (Chacina da Candelária[29] e Aída Curi[30]).

---

26. Esclarecimentos da Comissão Europeia sobre deleção de dados pessoais disponíveis em https://ec.europa.eu/info/law/law-topic/data-protection/reform/rules-business-and-organisations/dealing-citizens/do-we-always-have-delete-personal-data-if-person-asks_en. Acesso em: 7 nov. 2021.

27. Guidelines do Grupo de Trabalho do art. 29 (WP29) – WP 225 disponíveis em http://ec.europa.eu/justice/article-29/documentation/opinion--ecommendation/files/2014/wp225_en.pdf. Acesso em: 7 nov. 2021.

28. Portal do Suprema Tribunal Federal (STF). Tema de Repercussão Geral n. 786 disponível em http://www.stf.jus.br/portal/jurisprudenciaRepercussao/verAndamentoProcesso.asp?incidente=4623869&numeroProcesso=833248&classeProcesso=ARE&numeroTema=786.

29. Decisão do Superior Tribunal de Justiça (STJ) disponível em http://www.stj.jus.br/SCON/jurisprudencia/toc.jsp?livre=CHACINA+DA+CANDELARIA&b=ACOR&thesaurus=JURIDICO&p=true. Acesso em: 7 nov. 2021.

30. Decisão do Superior Tribunal de Justiça (STJ) sobre o caso relativo à vítima Aída Curi disponível em http://www.stj.jus.br/SCON/jurisprudencia/toc.jsp?livre=AIDA+CURI&b=ACOR&thesaurus=JURIDICO&p=true. Acesso em: 7 nov. 2021.

Tal contexto demonstra, tal como já tivemos possibilidade de discorrer em obra anterior[31], que o Direito ao Esquecimento pode revelar-se por formas e modos diversos, não se circunscrevendo às hipóteses de eliminação de dados da Internet. No primeiro caso, muito embora a emissora demandada tenha sido leal à verdade, já que esclareceu acerca da absolvição do autor quanto à participação no evento criminoso, entendeu o STJ que, ainda assim, referida menção ofendia os direitos da personalidade, dentre os quais o da privacidade, sob a acepção de que o revolver dos fatos antigos foi gravoso ao autor. Apoiou-se a decisão, pois, dentre outros fundamentos, no aspecto temporal. E, por essa razão, afastou-se, no caso concreto, a preponderância de possível interesse público sobre o direito do autor de ser esquecido. No segundo caso, tratou-se de pretensão posta pela família de vítima de brutal assassinato ocorrido em 1958, haja vista que a emissora, décadas depois do crime, relatou o caso no programa "Linha Direta – Justiça", o que teria ensejado dor e transtornos a seus familiares. Aqui, embora a Corte tenha também reconhecido a pertinência da discussão sobre o Direito ao Esquecimento, afastou a indenização pecuniária à família da vítima sob diversos fundamentos, dentre os quais o de que, dada a antiguidade do fato, grande parte da dor experimentada pelos entes próximos já havia se esvaído, pelo que o desconforto não ensejava reparação. No primeiro caso estava em causa o suposto autor de um crime de homicídio. No segundo, a demanda foi proposta pela família da vítima.

Embora as soluções e circunstâncias dos processos judiciais sejam distintas, releva o fato de que, em ambos, foi reconhecido expressamente o Direito ao Esquecimento como fundamento às pretensões formuladas, e o qual, na forma do quanto já ponderado neste trabalho, diz respeito à desconexão temporal de fato verídico, que é capaz de ofender direitos da personalidade se o interesse público desapareceu.

Em solo brasileiro, há quem apresente objeção ao reconhecimento do Direito ao Esquecimento sob a perspectiva de que ele não se encontra positivado[32]. Embora tecnicamente não exista uma capitulação específica do Direito ao Esquecimento na lei nacional, o fato é que, concretamente, o vácuo legislativo não impede o válido processamento de pedido sob tal viés, o qual nada mais é do que o exercício lógico-construtivo da ponderação de direitos fundamentais, cujo

31. Ibidem. p. 3.

32. Matéria produzida pelo ITS Rio denominada Dez Dilemas sobre o chamado Direito ao Esquecimento publicada em 12/07/2017 disponível em https://feed.itsrio.org/dez-dilemas-sobre-o-chamado-direito-ao-esquecimento-b0ba9ff83357. Acesso em: 7 nov. 2021.

balizamento se assenta sobre o interesse público e sobre o princípio da dignidade humana, elementos de matriz constitucional.

Ademais, conquanto a lei não lance mão da terminologia, encontram-se em nosso ordenamento jurídico, em especial no Marco Civil da Internet[33] e no Código de Defesa do Consumidor[34], dispositivos legais claramente indicativos de tal possibilidade.

No art. 7º da Lei 12.965/14, encontra-se a seguinte previsão como direito e garantia ao usuário:

> "X – exclusão definitiva dos dados pessoais que tiver fornecido a determinada aplicação de internet, a seu requerimento, ao término da relação entre as partes, ressalvadas as hipóteses de guarda obrigatória de registros previstas nesta Lei e na que dispõe sobre a proteção de dados pessoais".

Por seu turno, no art. 19 há regras claras atinentes à obrigatoriedade de indisponibilidade de conteúdos, nos seguintes termos:

> "Art. 19. Com o intuito de assegurar a liberdade de expressão e impedir a censura, o provedor de aplicações de internet somente poderá ser responsabilizado civilmente por danos decorrentes de conteúdo gerado por terceiros se, após ordem judicial específica, não tomar as providências para, no âmbito e nos limites técnicos do seu serviço e dentro do prazo assinalado, tornar indisponível o conteúdo apontado como infringente, ressalvadas as disposições legais em contrário.
>
> § 1º A ordem judicial de que trata o *caput* deverá conter, sob pena de nulidade, identificação clara e específica do conteúdo apontado como infringente, que permita a localização inequívoca do material.
>
> § 2º A aplicação do disposto neste artigo para infrações a direitos de autor ou a direitos conexos depende de previsão legal específica, que deverá respeitar a liberdade de expressão e demais garantias previstas no art. 5º da Constituição Federal.
>
> § 3º As causas que versem sobre ressarcimento por danos decorrentes de conteúdos disponibilizados na internet relacionados à honra, à reputação ou a direitos de personalidade, bem como sobre a

33. Texto oficial da Lei 12.965/2014 (Marco Civil da Internet) disponível em http://www.planalto.gov.br/ccivil_03/_ato2011-2014/2014/lei/l12965.htm. Acesso em: 7 nov. 2021.
34. Texto oficial da Lei 8.078/1990 (Código de Defesa do Consumidor) disponível em http://www.planalto.gov.br/ccivil_03/leis/l8078.htm. Acesso em: 7 nov. 2021.

> indisponibilização desses conteúdos por provedores de aplicações de internet, poderão ser apresentadas perante os juizados especiais.
>
> § 4º O juiz, inclusive no procedimento previsto no § 3º, poderá antecipar, total ou parcialmente, os efeitos da tutela pretendida no pedido inicial, existindo prova inequívoca do fato e considerado o interesse da coletividade na disponibilização do conteúdo na internet, desde que presentes os requisitos de verossimilhança da alegação do autor e de fundado receio de dano irreparável ou de difícil reparação".

A esse propósito, é bom que se recorde que também a constitucionalidade, ou não, do art. 19 está elencada como Tema de Repercussão Geral no Supremo Tribunal Federal (Tema 987: "Discussão sobre a constitucionalidade do art. 19 da Lei 12.965/2014 – Marco Civil da Internet – que determina a necessidade de prévia e específica ordem judicial de exclusão de conteúdo para a responsabilização civil de provedor de internet, websites e gestores de aplicativos de redes sociais por danos decorrentes de atos ilícitos praticados por terceiros").

No mais, quanto à Lei 8.078/1990, muito embora o art. 43, § 3º, não faça alusão ao dever de exclusão de forma expressa, consolidou-se o entendimento de que o dispositivo legal alcança tal circunstância, conforme Súmula 548 do STJ ("Incumbe ao credor a exclusão do registro da dívida em nome do devedor no cadastro de inadimplentes no prazo de cinco dias úteis, a partir do integral e efetivo pagamento do débito").

Se dispositivos legais de tal espécie estivessem inseridos em contexto europeu, seriam claramente tratados como hipóteses de Direito ao Esquecimento sob a vertente do novo direito sugerido pela EDPS, que não toma em conta a fluência de lapso temporal para apontar que uma determinada informação deve ser eliminada se não mais é necessária para a finalidade que a justifica desde o início.

O ponto principal a ser destacado é que, muito embora o Direito ao Esquecimento clássico tome por base o decurso temporal para sua caracterização, hoje acha-se construída uma nova premissa, a qual leva em conta a questão da desnecessidade frente à finalidade estabelecida.

De todo modo, é evidente que também a compreensão originária do Direito ao Esquecimento continua existindo em inúmeras hipóteses. Exemplos disso são as relativas a pedidos de eliminação de notícias de crimes e de matérias jornalísticas antigas, que, a par da invocação da desnecessidade, atrelam-se umbilicalmente ao exame da perda do interesse público pelo transcurso do tempo e de modo a honrar, como já ponderado, o princípio constitucional da dignidade humana.

Pode-se dizer, portanto, que, embora tenha ocorrido transmutação da compreensão original do Direito ao Esquecimento para algumas situações, a doutrina original não deixou de existir. E isso porque, frise-se, nem todas as hipóteses, tampouco na União Europeia, permitem a equiparação ao assim chamado "Direito a ser Esquecido" conforme formulação posta no GDPR, que, no contexto da lei, efetivamente equivale ao próprio Direito ao Apagamento.

Em outras palavras, mantido o entendimento original, o Direito ao Esquecimento ampliou-se e desdobrou-se para outra possibilidade, precisamente aquela que diz respeito à eliminação de informações com base na desnecessidade e na falta de finalidade, parâmetros esses claramente distintos do aspecto formal da perda do interesse público, que remanesce válido, contudo, para inúmeras situações.

Outro aspecto a ser destacado é o referente às eliminações em si e, para isso, é preciso estabelecer a existência de diferentes contextos.

Os titulares de dados pessoais têm o direito de formularem pedidos para exclusão e os controladores ficam obrigados a processarem tais solicitações.

A primeira hipótese que se abre é a do apagamento propriamente dito, o que equivale à completa eliminação de informações de uma base de dados específica e o que se estende, como sabido, a possíveis outras bases de dados de agentes de tratamento com os quais tenha ocorrido o compartilhamento, a partir de fonte primária ou não. Nessa hipótese, inexistindo base legal à subsistência da informação, ocorre a exclusão completa, a qual deverá estar garantida pelo agente de tratamento, que deverá comprová-la.

Outra hipótese diz respeito à veiculação de informações na Internet, o que preponderantemente alcança os motores de busca. Nesses casos, abrem-se duas possibilidades: a remoção ou a desindexação.

O Google traz clara política sobre a remoção de informações pessoais. Para esses fins, a plataforma recomenda que, por primeiro, o usuário entre em contato com o disponibilizador da informação para formular tal solicitação. A lógica que se atrela a esse procedimento remete ao fato de que o proprietário do site poderá, desde logo, remover a publicação por inteiro, ou mesmo editá-la, se esse for o caso. Na hipótese de que o proprietário atenda a pretensão, os resultados serão removidos da busca, sendo certo que, quando há assincronia, o utilizador poderá valer-se da "remoção de conteúdo desatualizado".[35]

Na hipótese de que não ocorra a remoção por parte do proprietário do site, o Google poderá remover algumas informações pessoais sob os critérios elencados

35. Informações para remoção de conteúdo desatualizado no Google disponíveis em https://support.google.com/websearch/answer/6349986. Acesso em: 7 nov. 2021.

em sua página e que concernem, em síntese, a "riscos significativos de roubo de identidade, fraude financeira ou outros danos específicos"[36].

Por outro lado, existem remoções de pesquisa que se dão sob a forma de desindexação. Ou seja, nesse caso, não há a remoção da informação em si, mas sim a exclusão da lista de resultados de pesquisas. Esse procedimento encontra-se disponível na plataforma justamente em razão da legislação europeia. Nessa hipótese, não há exclusão efetiva de uma determinada página na Internet, mas tão somente dos resultados em resposta a pesquisas.

A plataforma, na Central de Ajuda[37], fornece, dentre outros, os seguintes esclarecimentos:

> "As páginas são excluídas apenas dos resultados em resposta a consultas relacionadas ao nome de um indivíduo. Portanto, se concedêssemos um pedido para cancelar a lista de um artigo para John Smith sobre sua viagem a Paris, não mostraríamos o resultado para consultas relacionadas a [John Smith], mas mostraríamos para uma consulta como [viagem a paris]. Excluímos URLs de todos os domínios europeus da Pesquisa Google (google.fr, google.de, google.es etc.) e usamos sinais de geolocalização para restringir o acesso ao URL do país da pessoa que está solicitando a remoção.
>
> Por exemplo, digamos que excluamos uma URL como resultado de uma solicitação de John Smith no Reino Unido. Os usuários no Reino Unido não veem o URL nos resultados de pesquisa para consultas que contenham [John Smith] ao pesquisar em *qualquer* domínio da Pesquisa do Google, incluindo google.com. Usuários fora do Reino Unido podiam ver o URL nos resultados da pesquisa quando pesquisavam [John Smith] em qualquer domínio *não europeu da* Pesquisa do Google."

Logo, há algumas informações que efetivamente são removidas da plataforma e outras que são removidas apenas dos sistemas de pesquisa, o que enseja, obviamente, a adoção de providências técnicas distintas e pertinentes à deleção e à desindexação, respectivamente.

As informações contidas nessa Central de Ajuda são particularmente relevantes no que se refere à abrangência da providência, matéria essa que já foi submetida à apreciação da Corte Europeia.

---

36. Instruções para remoção de conteúdo do Google disponíveis em https://support.google.com/websearch/troubleshooter/3111061?hl=en. Acesso em: 7 nov. 2021.
37. Questões relativas aos critérios de remoção de informações do Google disponíveis em https://support.google.com/transparencyreport/answer/7347822. Acesso em: 7 nov. 2021.

Aos fatos. Pouco tempo depois do julgamento do caso Costeja, casos oriundos da jurisdição francesa ensejaram ordem, por parte da CNIL *(Commission Nationale de l'Informatique et des Libertés)*[38] para que a Google francesa e a matriz Google Inc. promovessem a desindexação (remoção de links para páginas web da lista de resultados) não somente no território dos postulantes, tal seja a França (google.fr) mas, sim, com relação a todas as extensões, inclusive as estranhas à jurisdição da União Europeia[39].

Extrai-se de referida decisão:

> "Na sua decisão de 13 de maio de 2014, o Tribunal de Justiça da União Europeia observa que resulta, em particular, dos considerandos 18 a 20 e do artigo 4º da Diretiva 95/46 que o legislador da União pretendia evitar que uma pessoa seja excluída da proteção por ela garantida e que essa proteção seja contornada, prevendo um campo de aplicação territorial particularmente amplo [...]; não se pode aceitar que o tratamento de dados pessoais efetuado para fins de funcionamento do referido mecanismo de pesquisa esteja isento das obrigações e garantias previstas na Diretiva 95/46, que afetariam o efeito útil dessa decisão e à proteção eficaz e completa dos direitos e liberdades fundamentais das pessoas singulares que ela busca garantir (ver, por analogia, acórdão L'Oréal e o., EU: C):
>
> No entanto, resulta das trocas de cartas entre a CNIL e a empresa que a implementação da desreferenciação se limita apenas aos nomes de domínios da Internet acessíveis a partir das extensões geográficas europeias de seu mecanismo de pesquisa.
>
> O serviço oferecido pela empresa por meio de seu mecanismo de busca [...] corresponde a um único tratamento. De fato, os diferentes nomes de domínio que a empresa optou por usar para facilitar o uso local de seu serviço representam apenas caminhos de acesso técnico para esse processamento. Assim, quando lançou seu serviço em 1997, ele estava acessível apenas no site [...] e não foi dividido em diferentes nomes de domínio ao longo do tempo (por exemplo, criação de [...] Em 27 de julho de 2000)".

No mês de julho de 2015, o Google recorreu desta determinação, invocando, dentre outros, o seguinte argumento:

---

38. Site Oficial da CNIL – Commission Nationale de l'Informatique e des Libertés https://www.cnil.fr/. Acesso em: 7 nov. 2021.
39. Decisão da CNIL relativa à Google Francesa disponível em https://www.legifrance.gouv.fr/affichCnil.do?id=CNILTEXT000030746525. Acesso em: 7 nov. 2021.

> *"while the right to be forgotten may now be the law in Europe, it is not the law globally" and that "there are innumerable examples around the world where content that is declared illegal under the laws of one country, would be deemed legal in others".*

Em outras palavras, sustentou que o direito em questão haveria de estar circunscrito ao âmbito da União Europeia, não sendo desde logo aplicável em termos globais. Ademais, o buscador também apontou para a desproporcionalidade e para a desnecessidade da medida, haja vista que a grande maioria dos potenciais usuários e interessados na específica busca seriam provenientes da extensão francesa.

Assim asseverou:

> "this order is disproportionate and unnecessary, given that the overwhelming majority of French internet users – currently around 97% – access a European version of Google's search engine like google.fr, rather than Google.com or any other version of Google".

Os argumentos do Google não foram acatados, sendo certo que, na decisão datada de 10/03/2016, foram afastadas as alegações da empresa de buscas, ao fundamento de que o atendimento parcial da pretensão sob critério territorial não apresentava efetividade. E, assim, foi determinada a aplicação do *delisting* a todas as extensões do Google e não apenas as de extensão europeia.

No site da CNIL, alinham-se os seguintes fundamentos para a solução em questão:

> *"Google's search engine service is a unique treatment, different geographical extensions ('.com,' '.es', '.com' etc.) can not be considered as separate treatments. Indeed, the company initially operated its service on the only '.com' and created extensions over time to provide a service adapted to the national language of each country. So, for the right to dereference persons resident in France is effectively protected in line with the decision of the ECJ, it must be exercised on all of this treatment, and thus all the search engine extensions; contrary to what Google, the delisting of all extensions does not limit freedom of expression to the extent that it involves no removal of content on the Internet. Indeed, it is only to withdraw at the request of a natural person, the list of results from a search performed from his first and last name, links referring to websites pages. These pages remain accessible when the search is made from other words."*

Culminou o processo, ademais, com imposição de multa pecuniária.[40]

---

40. Decisão da CNIL relativa ao Google disponível em https://www.cnil.fr/sites/default/files/atoms/files/d2016-054_penalty_google.pdf. Acesso em: 7 nov. 2021.

Em face do conteúdo desta decisão, o Google, em maio de 2016, apelou para a Corte Francesa, ao argumento de que o princípio em questão, fundado em normativa europeia, não poderia, desde logo, ser aplicado em todo o mundo, tal como compreendera a agência reguladora francesa (CNIL).[41] Segundo a empresa, o entendimento da agência teria ampliado a abrangência da decisão referente a Costeja com relação à Google espanhola, na medida em que, agora, teria determinado o *delisting* não somente das extensões da União Europeia (e também as referentes à Noruega, Lichtenstein, Islândia e Suíça, também já incluídas pelo buscador), mas todas as existentes no mundo.

Com a suspensão da instância pelo Conselho de Estado (Conseil d'Etat)[42], o caso foi submetido ao Tribunal de Justiça com as seguintes questões prejudiciais:

1) Deve o "direito à [supressão de referências]", como consagrado pelo [Tribunal de Justiça] no seu Acórdão de 13 de maio de 2014, [Google Spain e Google (C131/12, EU:C:2014:317),] com fundamento nas disposições dos artigos 12.º, alínea b), e 14.º, [primeiro parágrafo,] alínea a), da [D]iretiva [95/46], ser interpretado no sentido de que o operador de um motor de busca é obrigado, quando acolhe um pedido de [supressão de referências] de uma hiperligação, a efetuar essa [supressão de referências] em todos os nomes de domínio do seu motor, de forma a que as [hiper]ligações controvertidas deixem de ser exibidas, seja qual for o local a partir do qual é efetuada a pesquisa com base no nome do requerente, incluindo fora do âmbito de aplicação territorial da [D]iretiva [95/46]?

2) Em caso de resposta negativa a esta primeira questão, deve o "direito à [supressão de referências]", como consagrado pelo [Tribunal de Justiça] no seu acórdão *supra* referido, ser interpretado no sentido de que o operador de um motor de busca apenas é obrigado, quando acolhe um pedido de supressão de uma hiperligação, a suprimir as [hiper]ligações controvertidas dos resultados exibidos na sequência de uma pesquisa efetuada a partir do nome do requerente no nome de domínio correspondente ao Estado onde se considere que o pedido foi efetuado ou, de forma mais genérica, nos nomes de domínio do motor de busca que correspondem às extensões nacionais desse motor para todos os Estados-Membros [...]?

41. Matéria publicada no Google in Europe, Kent Walker, SVP of Global Affairs, 19/05/2016 disponível http://googlepolicyeurope.blogspot.com.br/2016/05/a-principle-that-should-not-be-forgotten.html. Acesso em: 7 nov. 2021.

42. Site Oficial do Conselho de Estado da França https://www.conseil-etat.fr/. Acesso em: 7 nov. 2021.

3) Além disso, em complemento da obrigação invocada na segunda questão, deve o "direito à [supressão de referências]", como consagrado pelo [Tribunal de Justiça] no seu acórdão *supra* referido, ser interpretado no sentido de que o operador de um motor de busca, quando acolhe um pedido de [supressão de referências] de uma hiperligação, é obrigado, através da técnica designada "bloqueio geográfico", a partir de um endereço IP supostamente localizado no Estado de residência do beneficiário do "direito à [supressão de referências]", a suprimir os resultados controvertidos das pesquisas efetuadas a partir do seu nome, ou mesmo, de forma mais genérica, a partir de um endereço IP supostamente localizado num dos EstadosMembros aos quais se aplica a [D]iretiva [95/46], independentemente do nome de domínio utilizado pelo internauta que efetue a busca?

E, em setembro de 2019, sobreveio o julgamento final, em que foi reconhecida a não obrigatoriedade de remoção em termos mundiais, nos seguintes termos[43]:

> "O artigo 12.º, alínea b), e o artigo 14.º, primeiro parágrafo, alínea *a*), da Diretiva 95/46/CE do Parlamento Europeu e do Conselho, de 24 de outubro de 1995, relativa à proteção das pessoas singulares no que diz respeito ao tratamento de dados pessoais e à livre circulação desses dados, bem como o artigo 17.º, n.º 1, do Regulamento (UE) 2016/679 do Parlamento Europeu e do Conselho, de 27 de abril de 2016, relativo à proteção das pessoas singulares no que diz respeito ao tratamento de dados pessoais e à livre circulação desses dados e que revoga a Diretiva 95/46 (Regulamento Geral sobre a Proteção de Dados), devem ser interpretados no sentido de que, quando aceita um pedido de supressão de referências ao abrigo destas disposições, *o operador de um motor de busca não tem de efetuar essa supressão de referências em todas as versões do seu motor, devendo fazê-lo nas versões deste que correspondem a todos os Estados-Membros, e isto, se necessário, em conjugação com medidas que, embora satisfaçam as exigências legais, permitam efetivamente impedir ou, pelo menos, desencorajar seriamente os internautas que efetuam uma pesquisa a partir do nome da pessoa em causa dentro de um dos Estados-Membros de, através da lista de resultados exibida após essa pesquisa, aceder às hiperligações que são objeto desse pedido*". (os grifos não são do original).

---

43. Decisão da Corte Europeia (Grand Chamber) relativa ao escopo territorial datada de 24/09/2019 disponível em http://curia.europa.eu/juris/document/document.jsf?docid=218105&doclang=EN. Acesso em: 7 nov. 2021.

Essa decisão representou o fim de um acirrado debate sobre a possibilidade de remoções em caráter universal, afastando-se, com isso, a potencial ampliação de limites legais e também de extraterritorialidade de decisão judicial quanto à matéria.

4. Conclusão

O Direito ao Esquecimento, em sua concepção tradicional, parte do pressuposto de que direitos de igual patamar, em especial o direito de informação e o direito à privacidade quanto a uma informação pretérita, devem ser sopesados sob a perspectiva da subsistência do interesse público com vistas a validar-se o princípio da dignidade humana.

Esse modelo tem suas raízes na França e, em sua origem, dizia respeito a pessoas condenadas pelo sistema de justiça criminal e que agora buscavam a possibilidade de que tais informações fossem alijadas do conhecimento público, notadamente quando cumpridas integralmente as penas.

No contexto europeu, tal padrão perdurou de forma exclusiva até meados de 2010, quando iniciou-se movimento para a construção de um novo Direito ao Esquecimento, que, distanciando-se daquelas primeiras premissas, agora tinha por fundamento a desnecessidade de subsistência de uma determinada informação frente às finalidades estabelecidas.

Avançando nesse sentido, o novo Direito ao Esquecimento veio a materializar-se no Regulamento Europeu, ganhando claro contorno de equiparação ao Direito ao Apagamento. O Direito ao Esquecimento e o Direito à Portabilidade, entendidos no contexto europeu como conexos, vieram a se somar ao rol de direitos já previstos na agora revogada Diretiva 95/46, amplificando-se e fortalecendo-se a posição do titular de dados pessoais.

Inobstante tal transmutação, o fato é que existem diversas circunstâncias em que subsiste a concepção clássica, notadamente nas hipóteses em que se repristina fato passado para fins jornalísticos.

No mais, quanto à efetivação do Direito ao Esquecimento, é de se formular distinção das hipóteses de deleção e de desindexação, que possuem causas diversas e obrigam a procedimentos técnicos distintos.

Por fim, muito embora seja incontestável a relevância da eliminação das informações no contexto europeu, o que se alinha à tradição de privacidade que remonta ao período subsequente à Segunda Guerra Mundial, foi afastada a pretensão de aplicação universal do Direito ao Esquecimento, devendo restringir-se a aquele ambiente.

Bibliografia

AMBROSE JONES, Meg Leta e AULOOS, Jef, The Right to be Forgotten Across the Pond, Journal or Information Policy, vol. 3. 2013.

ASANTE, C. E. Press Freedom and Development. Greewood Press. 1997.

BARROSO, Luís Roberto. Colisão entre Liberdade de Expressão e Direitos da Personalidade. Critérios de Ponderação. Revista Jurídica da FIC. 2014.

BRANCO, Sérgio. Memória e Esquecimento na Internet. Ed. Arquipélago, 2017.

KOOPS, Bert-Jaap Forgetting footprints, shunning shadows: A critical analysis of the "right to be forgotten" in big data practice. 2012.

MALDONADO, Viviane N. Direito ao Esquecimento. Ed. Novo Século. 2017.

MAYER-SCHONBERGER, Viktor. Delete: The Virtue of Forgetting in the Digital Age. Princeton University Press. 2009.

MURATA, Kiyoshi; YOHKO Orito, The Right to Forget/be Forgotten, Ethics in Interdisciplinary and Intercultural Relations. 2011.

SARLET, Ingo W; FERREIRA NETO, Arthur M. O Direito ao Esquecimento na Sociedade de Informação. Livraria do Advogado. 2019.SCHWAB, Jurgen. Cinquenta Anos de Jurisprudência do Tribunal Constitucional Alemão. Konrad Adenauer Stiftung, 2006.

SCHREIBER, Anderson (coordenador). COSTA, André Brandão Nery. Direito ao Esquecimento na internet: a scarlett letter digital, *in* Direito e Mídia. Ed. Atlas, 2013.

SOLOVE, Daniel J; SCHWARTZ, Paul M. Privacy, Information and Technology. Aspen Publishers, 2009.

WARREN, Samuel; BRANDEIS, Louis D., The Right to Privacy. Harvard Law Review, 1890.

Foram igualmente consultadas e reproduzidas decisões judiciais e materiais legislativos a partir de suas respectivas fontes oficiais, conforme constam das notas de rodapé.

Capítulo 11

O artigo 23 da LGPD como base legal autônoma para o tratamento de dados pessoais pelo poder judiciário

Renata Barros Souto Maior Baião

Juíza do Tribunal de Justiça de São Paulo, Pesquisadora do *Blockchain Research Institute* – Brasil, membro do Núcleo de Direito Digital da Escola Paulista da Magistratura, Especialista em Direito Tributário e em Direito Processual Civil.

Marcello Muller Teive

Assessor Jurídico do Tribunal de Justiça de Santa Catarina, Secretário do Comitê Gestor de Proteção de Dados do TJSC, Pós-Graduado em Direito Digital e *Compliance*.

1. Introdução

Ao desempenhar um papel central e sistêmico em nossas vidas, a tecnologia constrói "uma ambivalência absorvente, cujas fronteiras demarcam a (sobre) vivência da humanidade"[1]. As redes sociais sugerem contatos profissionais, amizades, encontros, plataformas utilizam fotografias, vídeos, textos como forma de manifestação de opinião e veiculação de conteúdo, aplicativos móveis apontam o melhor trajeto para os destinos, todos eles alimentados pelo mesmo combustível: os dados pessoais.

Muito embora ainda seja difícil visualizar o fluxo e a monetização desses dados, é fato que há uma cadeia econômica alimentada por informações pessoais dos usuários conectados à internet por qualquer meio. Isso acontece, por exemplo, com o compartilhamento de localização geográfica em aplicativo de saúde, a informação do local onde o telefone celular é carregado diariamente no período noturno, com a concordância com os termos de uso de determinado site ou, ainda, com o simples fornecimento do CPF para receber descontos em uma farmácia.

"Embriagamo-nos hoje em dia da mídia digital, sem que possamos avaliar inteiramente as consequências dessa embriaguez"[2] e, em meio à ebriedade digital, os dados pessoais são fornecidos de forma voluntária pelo seu titular, que, apesar de poder não fornecê-los, conforma-se ao comportamento dominante de deliberada entrega informativa.

Paralelamente, as expectativas do usuário final de dispositivos tecnológicos começam a ser transportadas para todas as áreas de sua vida, e a solução fácil obtida para uma compra passa a ser também aquela buscada para a prestação de serviços.

Mas a perspectiva do particular e do fornecimento de dados é apenas uma. Quando diante do Estado, o cenário é distinto. Há uma evidente assimetria de poder e de informações entre os dois polos dessa relação.

Kurbalija destaca a importância da informação para os Estados, notadamente ao "exercerem sua autoridade sobre território e populações"[3] e quando a

1. MOLINARO, Carlos Alberto; SARLET, Ingo Wolfgang. Apontamentos sobre direito, ciência e tecnologia na perspectiva de políticas públicas sobre regulação e tecnologia. In: MENDES, Gilmar Ferreira; SARLET, Ingo Wolfgang; COELHO, Alexandre Zavaglia (coord.). Direito, Inovação e Tecnologia. Vol. 1. São Paulo: Saraiva, 2015, p. 94.
2. HAN, Byung-Chul. No enxame: perspectivas do digital. Petrópolis: Vozes, 2019, p. 10.
3. KURBALIJA, Jovan. Uma introdução à governança da internet. São Paulo: Comitê Gestor da Internet, 2016, p. 134.

coleta de dados pessoais ocorre de forma compulsória. O particular compartilha seus dados pessoais seja ao preencher o formulário do eSocial ou aqueles para fins de obtenção de passaporte ou de carteira de trabalho, ao buscar atendimento em unidades do Sistema Único de Saúde, ou, ainda, ao realizar cadastro biométrico perante sua junta eleitoral. O apetite estatal por informações dos particulares é incessante e não há, para estes, a opção de não as fornecer para o Estado.

Assim, observa-se que o Poder Público, em suas diferentes esferas, realiza tratamento de quantidades gigantescas de dados pessoais.

Longe de ignorar tal fato, a Lei Geral de Proteção de Dados Pessoais – LGPD (Lei n. 13.709/2018) dedicou um capítulo inteiro ao tratamento de dados pessoais pelo Poder Público.

O capítulo IV, intitulado "Do Tratamento de Dados Pessoais Pelo Poder Público", apresenta 9 artigos divididos em duas seções, abordando as regras gerais e a responsabilidade no manejo de informações pessoais pelo Poder Público.

O artigo inaugural da "Seção I – Das Regras" dispõe que:

> Art. 23. O tratamento de dados pessoais pelas pessoas jurídicas de direito público referidas no parágrafo único do art. 1º da Lei 12.527, de 18 de novembro de 2011 (Lei de Acesso à Informação), deverá ser realizado para o atendimento de sua finalidade pública, na persecução do interesse público, com o objetivo de executar as competências legais ou cumprir as atribuições legais do serviço público (...).

As pessoas jurídicas de direito público referidas no parágrafo único do art. 1º da Lei n. 12.527/2011, por sua vez, são "os órgãos públicos integrantes da administração direta dos Poderes Executivo, Legislativo, incluindo as Cortes de Contas, e Judiciário e do Ministério Público" (inc. I)[4].

O Poder Judiciário, por seu turno, por meio de suas Cortes de Justiça, trata uma quantidade assombrosa de dados pessoais, tanto no desempenho de sua atividade-fim como no de suas atividades-meio.

Segundo dados do Conselho Nacional de Justiça (CNJ), no relatório anual Justiça Aberta, divulgado em 2019, referentes aos dados apurados de 2018, havia 78,7 milhões de processos judiciais em tramitação[5]. Além disso, a movimentação

4. BRASIL. Lei n. 12.527, de 18 de novembro de 2011.
5. CONSELHO NACIONAL DE JUSTIÇA. Justiça em Números. Disponível em: https://www.cnj.jus.br/wp-content/uploads/conteudo/arquivo/2019/08/justica_em_numeros20190919.pdf. p. 79. Acesso em: 7 nov. 2021.

desses processos envolve um grupo de 450.157 pessoas, das quais 18.141 são Magistrados; 272.138 são servidores e 159.896 são auxiliares[6].

Se o número de processos impressiona, o volume de dados pessoais passível de tratamento aumenta exponencialmente.

Veja-se: nos processos judiciais, físicos ou digitais, há no mínimo os dados pessoais das partes envolvidas na lide, dos magistrados, promotores de justiça e advogados, de eventuais testemunhas e dos auxiliares da justiça (servidores, peritos etc.). Aliás, a depender do sistema de automação utilizado, até mesmo as informações pessoais de partes que eventualmente intervieram no processo – um servidor que realizou a juntada de petição ou cadastro do processo, por exemplo – podem ter sido vinculadas a ele.

Não bastasse, conforme o objeto da demanda ou até mesmo da narrativa dos fatos ou de declarações de testemunhas, alguns desses dados podem ser classificados como dados pessoais sensíveis[7]. Nos processos administrativos, aliás, não é diferente.

Para além dos dados constantes nos processos judiciais, os Tribunais de Justiça desenvolvem uma série de atividades internas que dão suporte à atividade jurisdicional e a viabilizam.

Dentre elas, é possível elencar os dados necessários para a boa gerência dos recursos humanos, os contratos com fornecedores, além daqueles colhidos por meios de canais de comunicação internos ou externos.

Em todos esses casos, há dados pessoais sob tratamento e, para tanto, é necessário identificá-los e adequá-los aos parâmetros estabelecidos pela Lei n. 13.709/2018.

2. O TRATAMENTO DE DADOS PESSOAIS PELO PODER JUDICIÁRIO

Segundo Márcio Cots e Ricardo Oliveira, o tratamento de dados pessoais pelo Poder Público demanda o atendimento de uma finalidade pública, a persecução do interesse público e o desempenho de suas atribuições[8].

---

6. Op. Cit., p. 72.
7. A Lei n. 13.709/2018 estabelece em seu art. 5º, II, que "dado pessoal sensível" é o "dado pessoal sobre origem racial ou étnica, convicção religiosa, opinião política, filiação a sindicato ou a organização de caráter religioso, filosófico ou político, dado referente à saúde ou à vida sexual, dado genético ou biométrico, quando vinculado a uma pessoa natural;".
8. COTS, Márcio; OLIVEIRA, Ricardo. Lei geral de proteção de dados pessoais comentada. São Paulo: Thomson Reuters Brasil, 2018, p. 176/177.

No caso das Cortes de Justiça, parece evidente que a sua finalidade pública é a solução de conflitos por meio da aplicação da lei aos casos concretos, o que implica na administração de processos judiciais e na sua autogestão.

Esta conclusão é avalizada por Eugenio Raul Zaffaroni[9], que aponta três funções do Poder Judiciário: decidir conflitos, controlar a constitucionalidade das leis e realizar seu autogoverno.

Nesse contexto, atividades como administração de processos judiciais e administrativos, controle de ponto, manejo das informações prestadas em reclamações junto às ouvidorias das Cortes, imagens captadas por câmeras de segurança, notícias veiculadas pelas assessorias de imprensa dos Tribunais, correspondência eletrônica e mensagens em aplicação de comunicação interna, contratos com fornecedores de produtos e serviços e os dados de folha de pagamento, dentre outras hipóteses, devem estar em conformidade com a LGPD.

O processo de conformidade passa pela realização de inventário completo de todas as informações pessoais que circulam em seus sistemas, esmiuçando sua finalidade, quem as controla, como são controladas, porque são processadas e, principalmente, pela necessidade de informar a previsão legal do tratamento de dados, alinhando cada situação a uma das bases legais descritas na Lei Geral de Proteção de Dados Pessoais.

A legislação protetiva previu, em seu art. 7º, um rol das hipóteses de tratamento de dados pessoais. Todavia, algumas bases jurídicas são bastante subjetivas e demandam amplo debate.

3. Análise das bases legais para o tratamento de dados pessoais pelo Poder Judiciário nos processos judiciais

Ao que interessa ao presente estudo, releva enfrentar a hipótese em que há maior quantidade de dados pessoais e dados pessoais sensíveis sendo tratados pelas Cortes de Justiça e cuja base legal não apresenta solução visível no rol do art. 7º da LGPD: os dados pessoais constantes em processos judiciais físicos e digitais.

O dispositivo legal referido apresenta dez hipóteses para o tratamento de dados pessoais:

> Art. 7º O tratamento de dados pessoais somente poderá ser realizado nas seguintes hipóteses:

9. ZAFFARONI, Eugenio Raul. Poder Judiciário: crise, acertos e desacertos. São Paulo: RT, 1999, p. 83.

> I – mediante o fornecimento de consentimento pelo titular;
>
> II – para o cumprimento de obrigação legal ou regulatória pelo controlador;
>
> III – pela administração pública, para o tratamento e uso compartilhado de dados necessários à execução de políticas públicas previstas em leis e regulamentos ou respaldadas em contratos, convênios ou instrumentos congêneres, observadas as disposições do Capítulo IV desta Lei;
>
> IV – para a realização de estudos por órgão de pesquisa, garantida, sempre que possível, a anonimização dos dados pessoais;
>
> V – quando necessário para a execução de contrato ou de procedimentos preliminares relacionados a contrato do qual seja parte o titular, a pedido do titular dos dados;
>
> VI – para o exercício regular de direitos em processo judicial, administrativo ou arbitral, esse último nos termos da Lei 9.307, de 23 de setembro de 1996 (Lei de Arbitragem);
>
> VII – para a proteção da vida ou da incolumidade física do titular ou de terceiro;
>
> VIII – para a tutela da saúde, exclusivamente, em procedimento realizado por profissionais de saúde, serviços de saúde ou autoridade sanitária;
>
> IX – quando necessário para atender aos interesses legítimos do controlador ou de terceiro, exceto no caso de prevalecerem direitos e liberdades fundamentais do titular que exijam a proteção dos dados pessoais; ou
>
> X – para a proteção do crédito, inclusive quanto ao disposto na legislação pertinente.

As bases legais nada mais são do que requisitos independentes para o tratamento de dados. Ou seja: somente é possível conceber o início da conformidade do tratamento de dados aos termos da LGPD quando e se identificada a respectiva base legal.

Na busca pela opção legal que guarde maior conformidade com o objeto do presente estudo, verifica-se que o consentimento (art. 7º, inciso I) não pode ser considerado.

Tido como a "manifestação livre, informada e inequívoca pela qual o titular concorda com o tratamento de seus dados pessoais para uma finalidade determinada"[10],

10. MACIEL, Rafael Fernandes. Manual prático sobre a Lei Geral de Proteção de Dados Pessoais. Goiânia: RM Digital Education, 2019. *E-book*, 1.456, n.p.

o consentimento não se revela como uma base legal apropriada para fundamentar o tratamento dos dados pessoais no desempenho da atividade-fim pelo Poder Judiciário.

Seria uma tarefa de fôlego providenciar e obter o consentimento de todos os atores envolvidos no processo – incluindo os serventuários da justiça – e assegurar que todos os membros da cadeia de tratamento façam o mesmo.

Além disso, o consentimento é base legal que traz em seu cerne a possibilidade de revogação a qualquer tempo pelo titular, e o processo judicial não pode ficar à mercê das oscilações da vontade do titular de dados que eventualmente deseje retirar o consentimento outrora dado (art. 8º, § 5º).

A propósito da revogabilidade incondicional do consentimento, Danilo Doneda pondera:

> A ideia da sua irrevogabilidade incondicional encontra fundamento no fato de se estar protegendo a própria personalidade, entre cujos atributos estaria a indisponibilidade. Por esse ponto de vista, tal consentimento será sempre revogável e a sua caracterização como ato jurídico unilateral serve a reforçar essa revogabilidade. Tal concepção, que poderia ser denominada extracontratual, pode enfrentar problemas ao ser confrontada com a prática, já que esse consentimento, de alguma forma, implica uma modificação na esfera jurídica de quem, a partir dele, é legitimado ao tratamento dos dados pessoais e esse interesse também merece ser considerado[11].

Da mesma forma, também não parece adequado que a gestão dos dados pessoais em processos judiciais decorra do cumprimento de obrigação legal ou regulatória pelo controlador (art. 7º, inciso II), pois a atividade-fim não deriva de normatização do controlador, que, no caso em análise, seria a própria Corte de Justiça.

Sedutora é a justificativa de que os dados pessoais existentes em processos judiciais são tratados para fins de execução de políticas públicas previstas em leis e regulamentos ou respaldadas em contratos, convênios ou instrumentos congêneres (art. 7º, inciso III).

Políticas públicas, conceituadas como a totalidade de ações, metas e planos que os governos (nacionais, estaduais ou municipais) traçam para alcançar o

---

11. DONEDA, Danilo. Da privacidade à proteção de dados pessoais. São Paulo: Thomson Reuters Brasil, 2019, p. 303/304.

bem-estar da sociedade e o interesse público[12], não se confundem com o desempenho da atividade jurisdicional.

Verifica-se, por sua própria natureza, que políticas públicas podem ser voltadas para as mais diversas finalidades, com duração específica ou não, podendo sofrer alterações ao longo do tempo de acordo com as necessidades particulares de determinado projeto.

A atividade jurisdicional, todavia, é essencialmente a mesma e garantida pelo princípio da inafastabilidade do Poder Judiciário (art. 5º, XXXV, da CF).

A partir disso, já se estabelece uma fronteira clara entre políticas públicas e atividade jurisdicional.

Miriam Wimmer, por sua vez, ao comentar a base legal em questão, destaca:

> Saltam aos olhos, de imediato, dois problemas: um relacionado ao âmbito subjetivo da hipótese autorizativa e outro relacionado ao seu âmbito material. Conforme amplamente debatido anteriormente, o Poder Público não se resume à Administração Pública e as inúmeras atividades por ele desempenhadas transcendem, em grande medida, a execução de políticas públicas.
>
> De fato, por meio de suas diferentes ramificações no âmbito do Executivo, do Legislativo e do Judiciário, o Poder Público ocupa-se de uma miríade de atividades envolvendo o exercício do poder de polícia administrativa, a realização de pagamentos, a gestão de servidores públicos e a prestação de tutela jurisdicional, para citar apenas alguns exemplos que dificilmente podem ser caracterizados como execução de políticas públicas. Embora o princípio da legalidade, que norteia todas as atividades públicas, imponha que tais atividades possuam amparo legal, resta a questão de saber qual ou quais seriam as bases legais específicas da LGPD para fundamentar o tratamento de dados pessoais associados a tais funções.[13]

De fato, não se vislumbra que a atividade-fim do Poder Judiciário – entrega da prestação da tutela judicial por meio de processos judiciais – seja uma política pública.

---

12. CALDAS, Ricardo Wahrendorff. Políticas Públicas: conceitos e práticas. Belo Horizonte: Sebrae/MG, 2008. Disponível em: http://www.mp.ce.gov.br/nespeciais/promulher/manuais/MANUAL%20DE%20POLITICAS%20P%C3%9ABLICAS.pdf. p. 5. Acesso em 7 nov. 2021.
13. WIMMER, Miriam. Proteção de dados pessoais no Poder Público: incidência, bases legais e especificidades. Revista do Advogado da AASP, n. 144, nov. 2019, p. 131.

Não se desconsidera que determinados recursos, como o uso do processo eletrônico ou a execução de mutirões de conciliação, possam ser considerados políticas públicas ou, ainda, integrá-las em um contexto maior.

Todavia a atividade finalista do Poder Judiciário, que é solução de conflitos por meio da boa gestão de processos judiciais, físicos ou digitais, não pode ser considerada uma política pública, sob pena de qualquer atividade estatal se resumir a isso.

Ademais, o inciso III menciona que as políticas públicas devem estar previstas em leis e regulamentos ou respaldadas em contratos, convênios ou instrumentos congêneres.

Neste contexto, considerar que a prestação de tutela jurisdicional pelo Poder Judiciário é uma política exigiria ter o Código de Processo Civil ou o Código de Processo Penal, por exemplo, como sendo a previsão legal de tal política, circunstância que diverge não só da qualidade e do destino dos diplomas legais em questão como da própria natureza da atividade jurisdicional.

Portanto, o tratamento de dados pessoais contidos em processos judiciais sob a justificativa de que são necessários à execução de políticas públicas previstas em leis e regulamentos ou respaldadas em contratos, convênios ou instrumentos congêneres não se coaduna na hipótese em estudo.

As bases legais referentes à realização de estudos por órgãos de pesquisa (inciso IV), execução de contratos ou procedimentos preliminares (inciso V), exercício regular de direito em processo judicial, administrativo ou arbitral (inciso VI), proteção da vida ou da incolumidade física do titular (inciso VII) e tutela da saúde (inciso VIII) não se aplicam à hipótese em estudo.

Já o legítimo interesse, descrito no inciso IX, parece, à primeira vista, uma base legal hábil a embasar o tratamento de dados pessoais contidos nos processos judiciais pelas Cortes de Justiça.

Bruno Bioni esclarece:

> Historicamente, o legítimo interesse tem sido encarado como a mais flexível das bases legais de tratamento de dados no regime do direito comunitário europeu. Ainda que sob o mesmo nível hierárquico, o legítimo interesse serviria como uma válvula de escape para que as demais bases legais não fossem sobrecarregadas.
>
> [...]
>
> Mutatis mutandis foi o que se sucedeu no Brasil. Ao longo das consultas públicas e do debate legislativo da lei geral brasileira de proteção de dados, chegou-se ao denominador comum em torno da necessidade de se prever critérios para a aplicação do legítimo interesse.

> [...]
>
> Ao ser enviado o PLDPD/EXE ao Congresso Nacional, já constava um teste de aplicação do legítimo interesse. Ainda que parte do texto tenha sido modificada, a sua redação não perdeu a essência em balancear interesses do titular dos dados e dos agentes de tratamento de dados pessoais. Esse teste, por nós chamado anteriormente chamado de teste de proporcionalidade, foi o que prevaleceu na LGPD, à semelhança do que consta na GDPR[14].

O teste de proporcionalidade mencionado por Bioni compreende 4 etapas: (i) verificação da legitimidade do interesse: situação concreta e finalidade legítima (art. 10, *caput* e I, da LGPD); (ii) necessidade: minimização e outras bases legais (art. 10, § 1º, da LGPD); (iii) balanceamento: impactos sobre o titular dos dados e legítimas expectativas (art. 10, II, da LGPD); (iv) salvaguardas: transparência e minimização dos riscos ao titular dos dados (art. 10, §§ 2º e 3º, da LGPD)[15].

Qual seria o resultado da aplicação das quatro etapas do teste de proporcionalidade ao tratamento de dados do Poder Judiciário no exercício de sua atividade-fim?

Após o enfrentamento de cada uma das etapas tem-se que, com relação à verificação da legitimidade do interesse (i), a aplicação da lei aos casos concretos e gestão de processos judiciais pelas Cortes de Justiça é atividade legítima e não contraria outras bases legais, pois se trata, como já se viu, da finalidade pública do Poder Judiciário.

Conquanto a atividade jurisdicional seja inequivocamente legítima, é possível questionar se há, nessa atividade, algum interesse que poderia ser aferido sob a perspectiva da legitimidade, e a resposta é negativa.

Na segunda fase do teste de proporcionalidade, conclui-se que o tratamento de dados pessoais oriundos de processos judiciais é realmente necessário (ii) para se atender a finalidade pretendida pelas Cortes.

Na terceira etapa, a de balanceamento (iii), constata-se que o tratamento de dados dos processos judiciais pelos Tribunais de Justiça está inserido nas legítimas expectativas dos titulares dos dados, pois o andamento dos processos judiciais seria inviabilizado sem o armazenamento de dados mínimos de cadastro

---

14. BIONI, Bruno. Proteção de dados pessoais: a função e os limites do consentimento. Rio de Janeiro: Forense, 2019, p. 246; 252.
15. Op. Cit., p. 253-255.

sobre as pessoas envolvidas na demanda e o seu objeto, bem como dos demais agentes estatais envolvidos, como juízes, promotores, testemunhas e serventuários da justiça.

Além disso, não se observam repercussões negativas que possam redundar em discriminação ou limitação da autonomia do titular dos dados.

Evidentemente, não se olvidam os possíveis prejuízos decorrentes de condenações criminais ou do vazamento de informações de processos que tramitam em segredo de justiça. A ponderação que se faz neste momento, entretanto, diz respeito única e exclusivamente à gestão dos processos judiciais e administrativos nas Cortes de Justiça, não a eventuais incidentes que venham a ocorrer, até porque estes têm natureza episódica.

A última etapa do teste de proporcionalidade, por sua vez, demandará a criação de mecanismos que busquem conformidade com a LGPD, pois, no âmbito da transparência e minimização dos riscos ao titular dos dados prescritos no art. 10, §§ 2º e 3º, da LGPD (iv), está a tomada de medidas que visem dar transparência à atividade de tratamento de dados e aparelhar o titular dos dados com mecanismos para se opor a tal tratamento, se considerá-lo incompatível com as suas expectativas.

Dentre os mecanismos necessários para a minimização de riscos encontra-se a necessidade de adoção de medidas de anonimização de dados pelos Tribunais, controle de tratamento e elaboração de relatórios de impacto à privacidade a serem enviados à Autoridade Nacional de Proteção de Dados – ANPD.

Nesse universo, ainda que alguns ajustes, adaptações e enfrentamentos de natureza teórica sejam necessários, ao menos três das quatro fases do teste de proporcionalidade para a adoção do legítimo interesse como base legal para o tratamento de dados pelos Tribunais na gestão de processos judiciais e administrativos podem ser tidas, em tese, como atendidas.

Há, entretanto, problema mais grave que desqualifica o legítimo interesse como a base legal adequada para o caso em estudo.

Conforme já mencionado, a depender do objeto da demanda, o processo judicial pode conter dados sensíveis como os dados sobre a saúde ou sobre a orientação sexual ou política de uma das partes.

Não à toa, o legislador dedicou um dispositivo específico para o tratamento de dados pessoais sensíveis (art. 11 da LGPD)[16].

16. Art. 11. O tratamento de dados pessoais sensíveis somente poderá ocorrer nas seguintes hipóteses:

Da leitura do artigo mencionado, conclui-se que a LGPD não prevê o legítimo interesse como base legal para o tratamento de dados sensíveis, situação que o torna incompatível para justificar o tratamento de dados pessoais em processos judiciais.

Assim, o legítimo interesse não é base legal adequada para o tratamento de dados pessoais existentes em processos judiciais.

Por fim, a hipótese prevista no inciso X, do art. 7º, da LGPD, referente à proteção ao crédito (inciso X), tampouco se aplica ao caso em estudo.

Desta forma, verifica-se que o artigo 7º da LGPD não apresenta uma base legal apta a alicerçar o tratamento de dados pessoais existentes nos processos judiciais pelas Cortes de Justiça.

Todavia, o inciso I do artigo 23 da LGPD determina que os órgãos públicos informem, de forma clara e atualizada, a previsão legal para o tratamento de dados realizados no exercício de suas competências.

4. O ARTIGO 23 DA LGPD COMO BASE LEGAL AUTÔNOMA PARA O TRATAMENTO DE DADOS PESSOAIS PELO PODER JUDICIÁRIO

Muito embora o *caput* do artigo 7º da LGPD determine que o tratamento de dados pessoais "somente poderá ser realizado" nas hipóteses mencionadas

---

I – quando o titular ou seu responsável legal consentir, de forma específica e destacada, para finalidades específicas;
II – sem fornecimento de consentimento do titular, nas hipóteses em que for indispensável para:
a) cumprimento de obrigação legal ou regulatória pelo controlador;
b) tratamento compartilhado de dados necessários à execução, pela administração pública, de políticas públicas previstas em leis ou regulamentos;
c) realização de estudos por órgão de pesquisa, garantida, sempre que possível, a anonimização dos dados pessoais sensíveis;
d) exercício regular de direitos, inclusive em contrato e em processo judicial, administrativo e arbitral, este último nos termos da Lei 9.307, de 23 de setembro de 1996 (Lei de Arbitragem);
e) proteção da vida ou da incolumidade física do titular ou de terceiro;
f) tutela da saúde, exclusivamente, em procedimento realizado por profissionais de saúde, serviços de saúde ou autoridade sanitária; ou
g) garantia da prevenção à fraude e à segurança do titular, nos processos de identificação e autenticação de cadastro em sistemas eletrônicos, resguardados os direitos mencionados no art. 9º desta Lei e exceto no caso de prevalecerem direitos e liberdades fundamentais do titular que exijam a proteção dos dados pessoais.

nos seus incisos, não se pode crer que a taxatividade do dispositivo imponha aos agentes de tratamento a tarefa de valer-se de uma adequação imprecisa.

Melhor interpretação à expressão "somente poderá ser realizado" é aquela que conduz à conclusão de que somente haverá tratamento de dados conforme a LGPD quando houver base legal identificada, de sorte a possibilitar o tratamento de dados autorizado por outro fundamento não elencado no art. 7º da LGPD.

Conforme ensina Miriam Wimmer, "apenas com um significativo esforço hermenêutico seria possível argumentar que as bases legais ali previstas dão conta da variedade de situações em que dados pessoais são tratados pelo Poder Público"[17].

Ocorre que, no caso específico dos dados pessoais contidos nos processos judiciais e tratados pelo Poder Judiciário, parece não haver previsão legal mais adequada de que o próprio *caput* do artigo 23 da LGPD.

A propósito, é evidente que a gestão de dados pessoais e dados pessoais sensíveis nos processos judiciais é realizada para o atendimento da finalidade pública do Poder Judiciário, na persecução do interesse público e com o objetivo de executar as suas competências e atribuições legais.

Posto isso, a base legal descrita no *caput* do art. 23 da LGPD é muito mais precisa ao tratamento de dados pessoais existentes em processos judiciais do que qualquer uma daquelas elencadas no artigo 7º.

A leitura do artigo 23 como uma base legal para o tratamento de dados pelo Poder Público não é inédita e foi alvo de comentário por Bruno Bioni e Laura Schertel Mendes, ao escreverem sobre as diferenças entre a Lei Geral de Proteção de Dados Pessoais brasileira e o Regulamento Europeu de Proteção de Dados:

> No que diz respeito à base legal do serviço público, percebe-se uma diferença entre a LGPD e o RGPD, visto que a lei brasileira tem uma finalidade mais restrita ao tratar apenas da execução de políticas públicas. Tal base não abrange toda a gama de serviços executados pelo Estado em que se faz necessário o tratamento de dados, o que poderia gerar à primeira vista problemas de fundamentar legalmente diversas outras atividades estatais que exigem o processamento de informações pessoais.
>
> Um olhar atento à Lei, todavia, permite corrigir tal deficit, na medida em que o art. 23 da LGPD acaba por enunciar uma base legal mais ampla para o tratamento e dados pessoais pelo setor público, podendo,

17. WIMMER, Miriam. Op. Cit., p. 131.

portanto, também ser considerada uma base legal para o tratamento e dados pelos controladores públicos[18].

Miriam Wimmer enfrentou pontualmente o tema das bases legais apropriadas para o tratamento de dados pelo Poder Público e, conquanto não tenha mencionado expressamente o Poder Judiciário, tampouco não o excluiu de sua análise:

> Conquanto não seja desarrazoado invocar, como base legal para o tratamento de dados pessoais pelo Poder Público, o "cumprimento de obrigação legal ou regulatória pelo controlador" (art. 7º, inciso II, c.c. art. 11, inciso II, alínea *a*), parece mais adequado buscar no art. 23 da LGPD, inserido no capítulo específico relativo ao Poder Público, uma base legal complementar: a de tratamento de dados pessoais com o objetivo de "executar as competências legais ou cumprir as atribuições legais do serviço público", observando-se a finalidade pública e a persecução do interesse público.
>
> Observa-se, assim, que a LGPD parece fornecer duas bases legais estruturantes, voltadas especificamente ao Poder Público: (i) execução de políticas públicas; e (ii) execução de competências legais ou atribuições legais do serviço público[19].

Neste contexto, o art. 23 da LGPD surge como uma base legal autônoma para o tratamento de dados pessoais pelo Poder Judiciário, ao largo da taxatividade do elenco disposto no artigo 7º do mesmo diploma legal.

5. Conclusão

O fornecimento de dados pessoais para a aquisição de produtos e serviços se tornou uma tarefa comum no mundo conectado. O Estado, em suas relações com os particulares, obtém os dados de forma compulsória, para conferir-lhe acesso a atendimento em estabelecimento de saúde pública, direito de conduzir veículos ou de receber benefício previdenciário, por exemplo.

---

18. BIONI, Bruno; MENDES, Laura Schertel. Regulamento Europeu de Proteção de Dados Pessoais e a Lei Geral brasileira de Proteção de Dados: mapeando convergências na direção de um nível de equivalência. In: FRAZÃO, Ana; TEPEDINO, Gustavo; OLIVA, Milena Donato (coord.). Lei Geral de Proteção de Dados Pessoais e suas repercussões no direito brasileiro. 1. ed. São Paulo: Thomson Reuters Brasil, 2019, p. 811/812.

19. WIMMER, Miriam. Op. Cit., p. 131/132.

Esse tratamento massivo de dados pelo Estado, no âmbito de seus três Poderes, precisa estar em conformidade com a LGPD, em especial dentro dos preceitos estabelecidos no artigo 23, que impõe, para o tratamento de dados pessoais pelo Poder Público, a necessidade de informação das hipóteses de tratamento, com o detalhamento da sua previsão legal, da finalidade e dos procedimentos e boas práticas adotadas para a execução dessas atividades.

Com o Poder Judiciário não será diferente, incumbindo-lhe igualmente identificar a base legal apropriada para o tratamento de dados pessoais e dados pessoais sensíveis existentes nos processos judiciais.

A Lei Geral de Proteção de Dados Pessoais apresenta em seu artigo 7° um rol com dez hipóteses para o tratamento da dados pessoais; no entanto, nenhuma delas se mostra adequada para embasar o tratamento de dados pessoais contidos nos processos judiciais.

Todavia, como visto, o artigo 7° da LGPD não apresenta base legal segura e apta ao tratamento de dados pessoais e dados pessoais sensíveis existentes em processos judiciais, de modo que a sua taxatividade deve ser flexibilizada para que se encontre, dentro da própria lei, alicerce legal, como aquele identificado no *caput* do art. 23.

O *caput* do artigo 23 apresenta as justificativas legais para o tratamento de dados pelo Poder Público, quais sejam, o atendimento de finalidade pública, na persecução do interesse público, com o objetivo de executar as competências legais ou cumprir as atribuições legais do serviço público.

No caso do tratamento dos dados pessoais e dados pessoais sensíveis existentes nos processos judiciais pelos Tribunais de Justiça, verifica-se que esse tratamento é realizado justamente no atendimento da finalidade pública do Poder Judiciário e com o objetivo de executar as suas competências legais ou cumprir as suas atribuições legais.

Dessa forma, o *caput* do artigo 23 da Lei Geral de Proteção de Dados Pessoais deve ser considerado uma base legal autônoma àquelas descritas no artigo 7° da LGPD e apta a embasar o tratamento de dados pessoais e dados pessoais sensíveis contidos nos processos judiciais, sejam eles físicos ou digitais, pelo Poder Judiciário.

REFERÊNCIAS BIBLIOGRÁFICAS

BIONI, Bruno. **Proteção de dados pessoais: a função e os limites do consentimento**. Rio de janeiro: Forense, 2019.

BIONI, Bruno; MENDES, Laura Schertel. Regulamento Europeu de Proteção de Dados Pessoais e a Lei Geral brasileira de Proteção de Dados: mapeando convergências na direção de um nível de equivalência. *In:* FRAZÃO, Ana; TEPEDINO, Gustavo; OLIVA, Milena Donato (coord.). **Lei Geral de Proteção de Dados Pessoais e suas repercussões no direito brasileiro**. 1. ed. São Paulo: Thomson Reuters Brasil, 2019.

BRASIL. Constituição (1988). **Constituição da República Federativa do Brasil**. Brasília: Senado Federal, 1988.

______. Lei n. 12.527, de 18 de novembro de 2011. Regula o acesso a informações previsto no inciso XXXIII do art. 5º, no inciso II do § 3º do art. 37 e no § 2º do art. 216 da Constituição Federal; altera a Lei n. 8.112, de 11 de dezembro de 1990; revoga a Lei no 11.111, de 5 de maio de 2005, e dispositivos da Lei n. 8.159, de 8 de janeiro de 1991; e dá outras providências. **Diário Oficial da União:** Brasília, DF, 18 de novembro de 2011. Disponível em: http://www.planalto.gov.br/ccivil_03/_ato2011-2014/2011/lei/l12527.htm. Acesso em 7 nov. 2021.

CONSELHO NACIONAL DE JUSTIÇA. **Justiça em Números**. Disponível em: https://www.cnj.jus.br/wp-content/uploads/conteudo/arquivo/2019/08/justica_em_numeros20190919.pdf. Acesso em: 7 nov. 2021.

CALDAS, Ricardo Wahrendorff. **Políticas Públicas: conceitos e práticas**. Belo Horizonte: Sebrae/MG, 2008. Disponível em: http://www.mp.ce.gov.br/nespeciais/promulher/manuais/MANUAL%20DE%20POLITICAS%20P%C3%9ABLICAS.pdf. Acesso em 7 nov. 2021.

COTS, Márcio; OLIVEIRA, Ricardo. **Lei geral de proteção de dados pessoais comentada**. São Paulo: Thomson Reuters Brasil, 2018.

DONEDA, Danilo. **Da privacidade à proteção de dados pessoais**. São Paulo: Thomson Reuters Brasil, 2019.

HAN, Byung-Chul. **No enxame: perspectivas do digital**. Petrópolis: Vozes, 2019.

KURBALIJA, Jovan. **Uma introdução à governança da internet**. São Paulo: Comitê Gestor da Internet, 2016.

MACIEL, Rafael Fernandes. **Manual prático sobre a Lei Geral de Proteção de Dados Pessoais**. Goiânia: RM Digital Education, 2019. *E-book*.

MOLINARO, Carlos Alberto; SARLET, Ingo Wolfgang. Apontamentos sobre direito, ciência e tecnologia na perspectiva de políticas públicas sobre regulação e tecnologia. In: MENDES, Gilmar Ferreira; SARLET, Ingo Wolfgang; COELHO, Alexandre Zavaglia (coord.). **Direito, Inovação e Tecnologia**. Vol. 1. São Paulo: Saraiva, 2015.

ZAFFARONI, Eugenio Raul. **Poder Judiciário: crise, acertos e desacertos**. São Paulo: RT, 1999.

WIMMER, Miriam. Proteção de dados pessoais no Poder Público: incidência, bases legais e especificidades. **Revista do Advogado da AASP**, n. 144, nov. 2019.

Capítulo 12

Responsabilidade civil na LGPD: subjetiva ou objetiva?

Raíssa Cristina de Moura Ferreira

Advogada, especialista em proteção de dados e privacidade. Data Protection Officer no Nubank. Legal Law Master em Direito Corporativo pelo IBMEC, tem cursos de extensão em Gestão de Departamentos Jurídicos pelo INSPER, em Proteção de Dados (GDPR) pelo Opice Blum Academy. Representante do Capítulo Recife do movimento internacional de direito e tecnologia Legal Hackers, participou do Harvard Legal Technology Symposium 2019. Palestrante em relevantes eventos relacionados à proteção de dados, organizados por importantes iniciativas como o Seminário Internacional de Proteção de Dados, International Association of Privacy Professionals, Festival Data for Good, Secretaria Especial de Comunicação da Presidência da República, Ordem dos Advogados do Brasil e Fundação Getulio Vargas. Professora convidada em matérias de proteção de dados e cyber segurança do Instituto New Law.

Raphael Moraes Amaral de Freitas

Advogado, com mais de dez anos de experiência. Corporate Counsel na In Loco. Legal Law Master em Direito Corporativo pelo IBMEC. Especializado em Direito Tributário pelo Instituto

Brasileiro de Estudos Tributários – IBET. Representante do Capítulo Recife do movimento internacional de direito e tecnologia Legal Hackers. Pós-graduando em Filosofia pela PUC/RS.

1. Introdução

Neste artigo pretende-se analisar as teorias de responsabilidade civil, bem como a sua aplicabilidade na Lei Geral de Proteção de Dados tendo como norte o questionamento que dá vida ao título: Responsabilidade Civil na LGPD: Subjetiva ou Objetiva?

A Lei Geral de Proteção de Dados instituiu regras para reparação de dano patrimonial, moral, individual ou coletivo, perpetrado por controladores ou operadores, em detrimento de titulares de dados pessoais em seus artigos 42 e 43.

No entanto, o referido diploma legal não explicitou qual seria a teoria adequada para a responsabilização daqueles que violarem as regras de proteção de dados, deixando a cargo dos operadores do direito a interpretação quanto à adoção da teoria de ordem subjetiva, baseada na caracterização da culpa por ação, omissão voluntária, negligência ou imprudência, mediante comprovação por parte da vítima; ou de ordem objetiva, pela qual bastaria apenas a prova do dano e do nexo de causalidade.

Responder essa questão é de fundamental importância para garantir a tutela da privacidade diante do uso cada vez maior de dados pessoais por novas tecnologias, que podem ocasionar prejuízos, muitas vezes irreversíveis, aos titulares de dados.

Destaque-se que a responsabilidade se constitui na dinâmica social, portanto, faz-se necessário realizar uma breve análise jurídica, histórica e filosófica sobre a evolução da responsabilidade civil no direito romano até sua recepção pelas leis brasileiras e, antes de maior aprofundamento no tema central proposto, também delimitar os conceitos de responsabilidade civil subjetiva e objetiva no ordenamento jurídico pátrio.

Mas como aplicar teorias de responsabilidade civil em um novo mundo onde há uma simbiose de uma linguagem jurídica com a linguagem da informação, computacional, de dados, ao mesmo tempo que se busca equilibrar direitos humanos fundamentais? Como garantir a reparação de danos causados por decisões automatizadas e algoritmos comandados por Inteligência Artificial (IA)?

Após essas análises partiremos para a inserção do tema de responsabilidade na LGPD e as interações sociais, visto que aquela traz em seu bojo os limites e definições de convivência social em uma era em que tudo é transformado em dados e estes são capazes de deduzir as preferências, potenciais desejos e até mesmo definir a personalidade da pessoa natural.

Será que os conceitos que entendemos como Responsabilidade Civil (subjetiva e objetiva) são suficientes, ou melhor, se encaixam e amoldam nas diretrizes normativas desse novo arcabouço legal? Qual seria a melhor forma de proteger o interesse individual diante dos riscos inerentes ao tratamento de dados?

O intuito do artigo não é exaurir o tema. Ao contrário, é examinar as possibilidades e gerar o debate em que a aplicabilidade da teoria se encontrará na práxis da responsabilidade civil, através dos desafios trazidos pela sociedade de dados.

2. A RESPONSABILIDADE CIVIL SUBJETIVA E OBJETIVA

2.1 Histórico

A vida em sociedade pressupõe um complexo de relações ensejadas por obrigações e direitos de toda ordem. Quando um interesse protegido pelo direito é injustamente lesionado, imperioso sua compensação por quem o feriu. Quando o dano suportado é de natureza patrimonial, ou melhor, civil, caracteriza-se a responsabilidade civil, assim chamada para que não se confunda com outra responsabilidade, como a criminal.

No direito romano a responsabilidade concretizava-se na figura da pessoa responsável, que pudesse ser chamada pelos tribunais, em virtude de sobre ela pesar determinada obrigação, dívida, de um ato de vontade livre.

O direito civil ordenou-se como uma *longa-manus* do sistema de moralidade. Nesse contexto, o professor Vicente de Paulo Barreto aponta que:

> O jusnaturalismo representou um conjunto sistemático de preceitos morais a serem consagrados pelo sistema jurídico; assim, a regra

> cristão-estóica de que cada indivíduo deve cumprir a palavra empenhada, irá servir de fundamento para a lei dos contratos – pacta sunt servanda[1].

O professor, através de uma análise histórico-filosófica, aponta que as "raízes morais da responsabilidade civil encontram-se sistematizadas em regras jurídicas medievais e no pensamento de filósofos, como Tomás de Aquino, seguida pelos escolásticos espanhóis e os moralistas do século XVII"[2]. Em todas as situações, apontava-se que cada indivíduo tinha a obrigação de "restituir" ou reparar os danos provocados por atos culposos ou dolosos.

Na continuidade da explanação, o professor aponta que o preceito de natureza estritamente moral foi consagrado como regra de direito. Assim, por exemplo, Grotius estabelece que entre os três axiomas a que se reduz o direito propriamente dito encontra-se o de reparar o dano provocado por sua culpa (Prolegômenos: § 8º)[3]. O Código de Napoleão, no art. 1382, incorporou essa fórmula grociana e evitou de forma categórica a palavra "responsabilidade"[4].

Somente durante as primeiras décadas do século XIX é que a doutrina jurídica irá elaborar uma teoria da responsabilidade civil, especificamente jurídica, liberta de seus vínculos morais.

Não obstante, a problemática da responsabilidade legal, principalmente aquela necessária em virtude das aplicações científicas e técnicas da contemporaneidade, necessita de um horizonte hermenêutico mais amplo.

> O papel organizador dos sistemas jurídicos na sociedade exige o estabelecimento de critérios específicos para que se determinem os níveis e características da responsabilidade, critérios esses a serem positivados em lei. A positivação legal dos critérios de responsabilização representou o passo definitivo dado pela teoria positivista do direito,

---

1. BARRETO, V de Paulo. *Perspectivas Éticas da Responsabilidade Jurídica*. Disponível em: https://www.e-publicacoes.uerj.br/ojs/index.php/quaestioiuris/article/view/11779/9231. p. 262. Acesso em: 7 nov. 2021.
2. BARRETO, V de Paulo. *Perspectivas Éticas da Responsabilidade Jurídica*. Disponível em: https://www.e-publicacoes.uerj.br/ojs/index.php/quaestioiuris/article/view/11779/9231. p. 262. Acesso em: 7 nov. 2021.
3. Idem.
4. BARRETO, V de Paulo. *Perspectivas Éticas da Responsabilidade Jurídica*. Disponível em: https://www.e-publicacoes.uerj.br/ojs/index.php/quaestioiuris/article/view/11779/9231. p. 263. Acesso em: 7 nov. 2021.

> que rompeu com a tradição, onde as raízes da responsabilidade encontravam-se na moralidade[5].

A responsabilidade civil, portanto, na esteira da sua evolução jurídica, implica reparação civil, do latim *reparare,* restabelecer, restaurar; consistente na indenização do prejuízo causado.

Através de uma análise jurídico-histórica percebe-se que ao longo do século XX o tema de responsabilidade civil navegou do conceito subjetivo com a qualificadora da culpa provada, prevista no artigo 159 do Código Civil de 1916[6], embarcando na responsabilidade objetiva, que, em alguns casos, é baseada na teoria do risco integral[7].

Com o advento da Constituição de 1988, qualificou-se a responsabilidade civil estatal na qualidade de objetiva, conforme o artigo 37, § 6º[8]; em seguida o Código de Defesa de Consumidor, nos artigos 12 e 14,[9] estabeleceu a responsabilidade objetiva para todos os fornecedores de produtos e serviços, afastando o campo de incidência do artigo 159 do CC de 1916.

---

5. Idem. p. 264.
6. Art. 159. Aquele que, por ação ou omissão voluntária, negligência, ou imprudência, violar direito, ou causar prejuízo a outrem, fica obrigado a reparar o dano. A verificação da culpa e a avaliação da responsabilidade regulam-se pelo disposto neste Código, artigo 1.521 a 1.532 e 1.542 a 1553.
7. A teoria do risco integral, é a modalidade extrema das chamadas modernas teorias objetivas que cuidam da responsabilidade civil do Estado. Segundo essa teoria a Administração Pública está obrigada a suportar, através de indenização, todo e qualquer dano originário de fato ou ato administrativo, independente da existência de culpa (concorrente ou exclusivo) ou mesmo de dolo por parte da vítima (FRIEDE, Reis. *Lições Objetivas de Direito Administrativo.* Ed. Saraiva. São Paulo, 1999, p. 193).
8. 6º As pessoas jurídicas de direito público e as de direito privado prestadoras de serviços públicos responderão pelos danos que seus agentes, nessa qualidade, causarem a terceiros, assegurado o direito de regresso contra o responsável nos casos de dolo ou culpa.
9. Art. 12. O fabricante, o produtor, o construtor, nacional ou estrangeiro, e o importador respondem, independentemente da existência de culpa, pela reparação dos danos causados aos consumidores por defeitos decorrentes de projeto, fabricação, construção, montagem, fórmulas, manipulação, apresentação ou acondicionamento de seus produtos, bem como por informações insuficientes ou inadequadas sobre sua utilização e riscos. (...) Art. 14. O fornecedor de serviços responde, independentemente da existência de culpa, pela reparação dos danos causados aos consumidores por defeitos relativos à prestação dos serviços, bem como por informações insuficientes ou inadequadas sobre sua fruição e riscos.

Não obstante, o Código Civil vigente acolheu a teoria do risco, em determinados casos, onde determinada atividade perigosa impõe a obrigação de reparar os danos eventualmente causados, independentemente da comprovação da culpa do agente que causou o dano, conforme redação do art. 927[10], parágrafo único, do Código Civil. Contudo, de maneira geral, a culpa continua a ser o fundamento da responsabilidade civil, juntamente com o risco, na teoria objetiva.

De forma sucinta e não exaustiva, segue um quadro resumido sobre a evolução jurídica da responsabilidade civil do Estado que acaba refletindo na estrutura conhecida hoje da doutrina civilista, a saber:

HISTÓRICO DAS TEORIAS SOBRE RESPONSABILIDADE CIVIL DO ESTADO
Teoria da Irresponsabilidade
Esta teoria surgiu na metade do século XIX, época dos Estados Absolutos e repousava na ideia de soberania (...). Entendia-se que exercia o Estado a tutela do direito, e daí, os princípios de que o rei não podia errar (*The King can do no wrong; lê roi ne peut mal faire*), período em que o Estado não tinha qualquer responsabilidade pelos atos praticados por seus agentes. Qualquer responsabilidade atribuída ao Estado significaria colocá-lo no mesmo nível dos súditos, desrespeitando a sua soberania (...)[11].
Teorias Civilistas
A teoria, embasada na culpa civil, informa que o Estado tem a obrigação de reparar os danos causados a terceiros ocasionados pelos seus agentes; desde que o particular demonstre que houve dolo ou culpa por parte do agente público. Essa teoria pretendeu equiparar o Estado ao indivíduo prevendo responsabilidade estatal nas mesmas hipóteses que haveria responsabilidade por parte dos indivíduos[12].

10. Art. 927. Aquele que, por ato ilícito (arts. 186 e 187), causar dano a outrem, fica obrigado a repará-lo. Parágrafo único. Haverá obrigação de reparar o dano, independentemente de culpa, nos casos especificados em lei, ou quando a atividade normalmente desenvolvida pelo autor do dano implicar, por sua natureza, risco para os direitos de outrem.

11. DI PIETRO, Maria Sylvia Zanella. *Direito Administrativo*. 16º ed. Editora Atlas. São Paulo: 2003, p. 408.

12. GANDINI, João Agnaldo Donizeti; SALOMÃO, Diana Paola da Silva. *A Responsabilidade Civil do Estado por Conduta Omissiva*. Disponível em: <http://jus.com.br/revista/texto/4365/a-responsabilidade-civil-do-Estado-por-conduta-omissiva>. Acesso em: 7 nov. 2021.

<table>
<tr><th colspan="2">HISTÓRICO DAS TEORIAS SOBRE RESPONSABILIDADE CIVIL DO ESTADO</th></tr>
<tr><td>Teoria dos Atos de Império e de Gestão</td><td>Esta teoria surgiu como forma de abrandar a teoria da irresponsabilidade do monarca por prejuízos causados a terceiros. Passou-se a admitir a responsabilidade civil quando decorrente de atos de gestão e a afastá-la nos prejuízos resultantes de atos de império. Distinguia-se a pessoa do Rei (insuscetível de errar – the king can do no wrong), que praticaria os atos de império, da pessoa do Estado, que praticaria atos de gestão, através de seus prepostos[13].</td></tr>
<tr><td>Teoria da Responsabilidade Subjetiva do Estado</td><td>Após o marco da Revolução Francesa, onde o grito da queda da bastilha era "Liberdade, Igualdade e a Fraternidade", se tem a abertura de movimentos para responsabilizar o Estado. Período da queda do autoritarismo monárquico e de transformação da visão da irresponsabilidade estatal em uma visão pela responsabilidade subjetiva do Estado. Dependendo assim, de comprovação da culpabilidade do agente público. Assim, também surgem as primeiras teorias que tem como escopo a responsabilização do Estado, chamadas de teorias civilistas, com base no direito civil, que de certa forma, diminuíram o desequilíbrio entre o Estado e os particulares.</td></tr>
<tr><td colspan="2">Teorias Publicistas</td></tr>
<tr><td colspan="2">Teorias publicistas (ou de direito público) afirmam que a responsabilidade civil do Estado independe da existência da culpa do agente ou do próprio Estado; basta que se comprove a falha na prestação do serviço público ou o reconhecimento de que algumas atividades não são dissociadas da possibilidade de causar danos[14].</td></tr>
<tr><td>Teoria da Culpa Administrativa</td><td>Leva em conta a falta de servidão, que compreende a inexistência do serviço, e assim, para que haja a responsabilização do Estado, exige que a vítima demonstre a comprovação do dano em decorrência da existência efetiva desse serviço.</td></tr>
</table>

13. DI PIETRO, Maria Sylvia Zanella. *Direito Administrativo.* 16º ed. Atlas. São Paulo, 2003, p. 408.

14. DI PIETRO, Maria Sylvia Zanella. *Direito Administrativo.* 16. ed. Atlas. São Paulo, 2003, p. 409.

HISTÓRICO DAS TEORIAS SOBRE RESPONSABILIDADE CIVIL DO ESTADO	
Teoria do Risco Administrativo	Adotada no Direito Brasileiro. Aqui exige-se que a vítima comprove somente a existência de um fato administrativo; a existência do dano; o nexo causal entre o fato administrativo e o dano. Lembrando-se que nesta teoria não é necessário a arguição de culpa do Estado. Para que o Estado minimize a sua culpabilidade é necessário que se comprove a culpa exclusiva da vítima ou a culpa concorrente.
Teoria do Risco Integral	A teoria do risco integral é aquela que não admite as causas excludentes da responsabilidade do Estado, ou seja, independe da existência de culpa ou mesmo de dolo do lesado.

A evolução histórica da responsabilidade civil, como foi dito no início do presente capítulo, é marcada pela estrutura de reparação de uma ação ou omissão, ou melhor, por um mal causado a alguém. A responsabilidade civil é, portanto, uma evolução da construção social do homem, afastando-o da barbárie da vingança privada.

2.2. Definições jurídicas

Na doutrina pátria clássica, o conceito de responsabilidade civil pode ser entendido como a aplicação de medidas que obriguem alguém a reparar o dano moral ou patrimonial causado a terceiros em razão de ato do próprio imputado, de pessoa por quem ele responde, ou de fato de coisa ou de animal sob sua guarda, ou ainda, de simples imposição legal[15].

Do desdobramento do conceito acima, nos é apresentada a responsabilidade civil objetiva, conforme predispõe o parágrafo único do artigo 927 do Código Civil[16], como aquela que, independentemente da existência da culpa, basta, apenas, a comprovação do dano e do nexo de causalidade para ser caracterizada.

---

15. DINIZ, Maria Helena. *Curso de Direito Civil Brasileiro – 7º Vol.* 5ª Edição. Editora Saraiva. São Paulo, 1980, p. 34.
16. Art. 927. Aquele que, por ato ilícito (arts. 186 e 187), causar dano a outrem, fica obrigado a repará-lo. Parágrafo único. Haverá obrigação de reparar o dano, independentemente de culpa, nos casos especificados em lei, ou quando a atividade normalmente desenvolvida pelo autor do dano implicar, por sua natureza, risco para os direitos de outrem. Disponível em: http://www.planalto.gov.br/ccivil_03/leis/2002/l10406.htm. Acesso em: 7 nov. 2021.

Já a responsabilidade civil subjetiva é baseada na caracterização da culpa do agente. A culpa deve ser comprovada pela parte que sofreu o dano. A doutrina ensina que:

> A responsabilidade civil subjetiva é caracterizada pela consubstanciação da culpa, uma concepção clássica do agente causador do dano através da caracterização da culpa. De modo que a prova da culpa do agente causador é indispensável para que surja o dever de indenizar. A responsabilidade é subjetiva pois depende do comportamento do indivíduo[17].

Os pressupostos para a ocorrência da responsabilidade civil objetiva apontam três fatos necessários para sua caracterização: a) ação (comissiva ou omissiva); b) dano; c) nexo de causalidade (entre o dano e a ação).

Os elementos da responsabilidade subjetiva, por sua vez, identificam a caracterização do dano, conduta, culpa e nexo de causalidade. Tais elementos são definidos a seguir:

> "Ante tais divagações, entendemos que a responsabilidade requer:
>
> a) Existência de uma ação, comissiva ou omissiva, qualificada juridicamente, isto é, que se apresenta como um ato ilícito ou lícito, pois ao lado da culpa, como fundamento da responsabilidade, temos o risco.
>
> (...)
>
> b) Ocorrência de um dano moral ou patrimonial causado à vítima por ato comissivo ou omissivo do agente ou de terceiro por quem o imputado responde, ou por ato de um animal ou coisa a ele vinculada.
>
> Não pode haver responsabilidade civil sem dano, que deve ser certo, a um bem ou interesse jurídico, sendo necessária a prova real e concreta dessa lesão.
>
> c) Nexo de causalidade entre o dano e a ação (fato gerador da responsabilidade), pois a responsabilidade civil não poderá existir sem o vínculo entre a ação e o dano. Se o lesado experimenta um dano, mas este não resultou da conduta do réu, o pedido de indenização será improcedente (...)".[18]

---

17. Conf. RODRIGUES, Sílvio. *Direito Civil vol. IV*. 19ª Edição. Editora Saraiva. São Paulo, 2003, p. 11.
18. DINIZ, Maria Helena. *Curso de Direito Civil Brasileiro – 7º Vol.* 5ª Edição. Editora Saraiva. São Paulo, 1980, p. 33/34.

Assim, a responsabilidade civil objetiva independe da culpa. Nessa situação a culpa é presumida. A doutrina nos ensina que: "quando a culpa é presumida, inverte-se o ônus da prova. O autor da ação precisa provar apenas a ação ou omissão do agente causador e o dano resultante da conduta, porque sua culpa é presumida"[19].

A responsabilidade civil objetiva tem na sua base a teoria do risco já apresentada de forma sintética no capítulo sobre a evolução histórica. Diante disso, é possível observar que a diferença crucial entre as duas responsabilidades se dá através do elemento culpa, onde em uma é necessária a sua comprovação e, na outra, não.

3. A RESPONSABILIDADE CIVIL E A RELAÇÃO COM AS INOVAÇÕES TECNOLÓGICAS

Conforme se observa na evolução das teorias da responsabilidade civil, percebe-se que ela sempre surgiu da ação ou omissão de um agente, na figura pessoal ou representativa (pessoa jurídica).

No entanto, hoje temos sistemas de inteligência artificial, sistemas autônomos, tomando decisões, aceitando riscos. Não seria diferente se estas situações fáticas estivessem sob a égide da responsabilidade civil. Mas qual seria a melhor a ser aplicada, a responsabilidade subjetiva ou a objetiva?

Para melhor entendimento do assunto, podemos citar um exemplo interessante que ocorreu em Hong Kong, onde a empresa Tyndaris Investments, proprietária de uma plataforma de inteligência artificial, está sendo processada pela perda de U$ 20 milhões de dólares, por um investidor. A perda do dinheiro aconteceu em decorrência da má decisão da máquina autônoma[20].

As decisões tomadas pelas máquinas passam a ter um critério independente, *i.e., independem da vontade tanto do fabricante quanto do usuário do sistema. Essas decisões, por estarem fora da esfera de atuação tanto dos fabricantes quanto do usuário do sistema, em regra não lhes poderiam ser atribuídas*[21].

---

19. GONÇALVES, Carlos Roberto. *Teoria Geral das Obrigações*. 2ºed. Editora Saraiva. São Paulo: 2002, p. 11.
20. BEARDSWORTH, T. and Kumar, N. Disponível em: https://www.bloomberg.com/news/articles/2019-05-06/who-to-sue-when-a-robot-loses-your-fortune. Acesso em 7 nov. 2021.
21. ROBERTO, Enrico. *Responsabilidade Civil pelos usos de sistemas de inteligência artificial: em busca de um novo paradigma*. Disponível em: https://revista.internetlab.org.

O pesquisador Enrico Roberto aponta as direções, através de uma ótica tecnológica das responsabilidades existentes na nossa legislação (Código Civil e Código de Defesa de Consumidor). No caso da situação de aplicabilidade da responsabilidade subjetiva, ele aponta o seguinte:

> (...) do ponto de vista da responsabilidade subjetiva, dificilmente se poderia falar em negligência ou em omissão nos termos do Código Civil por uma decisão autônoma tomada nesses moldes. *Em vista de não haver possibilidade de atuação por parte dos desenvolvedores ou usuários, ou mesmo de estabelecimento de uma relação causal entre suas ações e os danos, em vista da produção difusa e opaca desse tipo de sistema, não se vislumbra a possibilidade de configuração da responsabilidade subjetiva. Da mesma forma, conforme veremos no item seguinte, os institutos atualmente existentes de responsabilidade objetiva apresentam algumas importantes lacunas.* Assim, de forma similar a bugs de software, que até certo ponto são inevitáveis, decisões autônomas apresentam um risco inerente e que não pode ser completamente extinto: não se pode afastar o fato de que sistemas de inteligência artificial, dada sua relativa autonomia, nunca venham a causar danos. Diversos autores já vêm apontando a existência desse "risco da autonomia", o risco inerente à implementação e uso de sistemas autônomos, propondo diferentes maneiras de administrá-lo. *As leis atuais não foram pensadas para a implementação desse tipo de tecnologia, e deve haver profunda discussão pela sociedade e pelas autoridades reguladoras para entender em que medida o direito deve responder a esses desafios.* Entre outros, a verdadeira extensão e o desenho legal dos limites da "interação homem-máquina" ganham relevante importância sob este viés[22]. (grifo nosso)

Na acepção da responsabilidade objetiva, ele aponta para uma tendência que poderia acarretar na aplicabilidade do Código de Defesa do Consumidor, observe-se:

> Se a atuação humana é objeto do direito há milênios, danos causados por objetos independentemente de culpa por parte de seres humanos

br/wp-content/uploads/2020/02/Responsabilidade-civil-pelo-uso.pdf. p. 130. Acesso em: 7 nov. 2021.

22. ROBERTO, Enrico. *Responsabilidade Civil pelos usos de sistemas de inteligência artificial: em busca de um novo paradigma.* p. 129. Disponível em: https://revista.internetlab.org.br/wp-content/uploads/2020/02/Responsabilidade-civil-pelo-uso.pdf. Acesso em: 7 nov. 2021.

> é matéria relativamente mais recente, mas ainda assim realidade jurídica há muito conhecida (Bittar, 2005, p. 46). *Com efeito, teoria corrente da responsabilidade objetiva mostra que esta passa a existir exatamente para fazer frente a um risco social não facilmente endereçado pela responsabilidade subjetiva* (Marques, Benjamin, & Miragem, 2013, p. 381). *Assim, dada a existência do "risco da autonomia" a que se aludiu acima, parecem tratar-se os danos causados por decisões autônomas de caso claro de aplicação das normas de responsabilização objetiva, como as do Código de Defesa do Consumidor* (CDC) (Brasil, 1990) ou a do parágrafo único do Art. 927 do Código Civil (Brasil, 2002), que passaremos a explorar perfunctoriamente neste item[23]. (grifo nosso)

Essa lógica também se aplica à responsabilização dos danos causados pelas decisões autônomas tomadas com a utilização de algoritmos no tratamento de dados pessoais?

É sabido que os algoritmos comandados por inteligência artificial estão o tempo todo tomando decisões cruciais sobre as nossas vidas. O filósofo sul coreano Byung-Chul Han bem afirma que *"o homem não é mais soberano de si mesmo, mas resultado de uma operação algorítmica que o domina sem que ele perceba"*[24].

Muitas dessas decisões tomadas por algoritmos podem ocasionar prejuízos injustificados para as pessoas, seja na esfera pública ou privada, como provoca a cientista política Virginia Eubanks em seu livro "*Automating Inequality: How high-tech tools profile, police, and punish the poor*"[25], onde retrata experiências negativas na utilização de algoritmos pelo serviço público americano, que resultaram na negação de direitos básicos à saúde, à justiça, ao emprego, ou à educação, por exemplo.

Por isso, o direito do titular em solicitar a revisão de decisões tomadas unicamente com base em tratamento automatizado de dados pessoais que afetem seus interesses, incluídas as decisões destinadas a definir o seu perfil pessoal, profissional, de consumo e de crédito ou os aspectos de sua personalidade,

---

23. ROBERTO, Enrico. *Responsabilidade Civil pelos usos de sistemas de inteligência artificial: em busca de um novo paradigma.* p. 131. Disponível em: https://revista.internetlab.org.br/wp-content/uploads/2020/02/Responsabilidade-civil-pelo-uso.pdf. Acesso em: 7 nov. 2021.

24. Disponível em: https://brasil.elpais.com/brasil/2018/02/07/cultura/1517989873_086219.html. Acesso em: 7 nov. 2021.

25. EUBANKS, Virginia. *Automating inequality: How high-tech tools profile, police, and punish the poor.* St. Martin's Press. New York, 2018, p. 7.

foi amplamente debatido durante a elaboração do texto da Lei Geral de Proteção de Dados.

Vale registrar o trecho do parecer da comissão mista destinada a avaliar a Medida Provisória nº 869/18, convertida na Lei 13.853 de 2019 que alterou a Lei Geral de Proteção de Dados e criou a Autoridade Nacional de Proteção de Dados, cujo relator foi o Deputado Orlando Silva:

> "outro ponto a ser ressaltado é que os desenhos dos algoritmos que processam esses dados são baseados em probabilidade e estatística. Como tal, as implementações não englobam o universo dos titulares e seus comportamentos, e sim uma amostra, baseada em intervalos de confiança, erros e desvios padrões naturais dessa ciência. Ademais, assim como as demais ferramentas das Tecnologias das Informações, estão sujeitos a ocasionais incorreções e imprevistos quando executados"[26].

Poderíamos afirmar, portanto, que os sistemas autônomos que não oferecem a segurança que deles legitimamente se espera, deveriam ser considerados defeituosos, conforme previsão do art. 12 do Código de Defesa do Consumidor? Ora, o nível de segurança dos sistemas de inteligência artificial jamais será absoluto; sempre haverá a chance de os sistemas incorrerem em erros e imprevistos.

Além do mais, seria muito difícil afirmar que uma decisão autônoma por parte de um sistema de inteligência artificial constitui um "erro". Ainda assim, seria legítimo concluir que há uma expectativa de segurança nessas decisões automatizadas. Da mesma forma que é esperado que carros autônomos não atropelem pedestres, pode-se afirmar, de forma geral, que espera-se que sistemas de inteligência artificial não causem danos.[27]

Assim, diante dessas novas tecnologias, o titular do dado seria o responsável por comprovar a culpa do agente de tratamento que deu origem ao dano ocasionado pelo algoritmo? Ou a adoção da responsabilidade civil objetiva, fundada no risco da atividade, seria a melhor alternativa?

---

26. BRASIL. Parecer nº 1, de 2019. Medida Provisória 869 de 2018. Brasília: Congresso Nacional. Disponível em: https://legis.senado.leg.br/sdleg-getter/documento?dm=7948833&ts=1559172281928&disposition=inline. Acesso em 7 nov. 2021.

27. ROBERTO, Enrico. Responsabilidade Civil pelos usos de sistemas de inteligência artificial: em busca de um novo paradigma. Site: https://revista.internetlab.org.br/wp-content/uploads/2020/02/Responsabilidade-civil-pelo-uso.pdf. p. 132. Acesso em: 7 nov. 2021.

Percebe-se que a aplicabilidade da responsabilidade civil sobre a ordem de proteção de dados é um novo desafio. As nuances do tema e o silêncio da lei, como será demonstrado, instigam o debate dos operadores do direito e criam uma importante oportunidade para definir a aplicabilidade de um valioso sistema jurídico.

4. A responsabilidade civil na Lei Geral de Proteção de Dados

Bem, após as sucintas explanações sobre a evolução histórica da responsabilidade civil, conceitos jurídicos e a sua relação com a tecnologia, chegou o momento de analisá-la na acepção da Lei Geral de Proteção de Dados.

Vejamos o que dispõe o art. 42 do referido diploma legal:

> Art. 42. O controlador ou o operador que, em razão do exercício de atividade de tratamento de dados pessoais, causar a outrem dano patrimonial, moral, individual ou coletivo, em violação à legislação de proteção de dados pessoais, é obrigado a repará-lo.
>
> § 1º A fim de assegurar a efetiva indenização ao titular dos dados:
>
> I – o operador responde solidariamente pelos danos causados pelo tratamento quando descumprir as obrigações da legislação de proteção de dados ou quando não tiver seguido as instruções lícitas do controlador, hipótese em que o operador equipara-se ao controlador, salvo nos casos de exclusão previstos no art. 43 desta Lei;
>
> II – os controladores que estiverem diretamente envolvidos no tratamento do qual decorreram danos ao titular dos dados respondem solidariamente, salvo nos casos de exclusão previstos no art. 43 desta Lei.
>
> § 2º O juiz, no processo civil, poderá inverter o ônus da prova a favor do titular dos dados quando, a seu juízo, for verossímil a alegação, houver hipossuficiência para fins de produção de prova ou quando a produção de prova pelo titular resultar-lhe excessivamente onerosa.
>
> § 3º As ações de reparação por danos coletivos que tenham por objeto a responsabilização nos termos do caput deste artigo podem ser exercidas coletivamente em juízo, observado o disposto na legislação pertinente.
>
> § 4º Aquele que reparar o dano ao titular tem direito de regresso contra os demais responsáveis, na medida de sua participação no evento danoso[28].

28. Lei Geral de Proteção de Dados. Disponível em: http://www.planalto.gov.br/ccivil_03/_ato2015-2018/2018/lei/L13709.htm. Acesso em: 7 nov. 2021.

Conforme se pode observar, o artigo 42 prevê a responsabilidade dos envolvidos nas operações de tratamento de dados pessoais, tanto do controlador como do operador, apontando de forma clara e cristalina a possibilidade da reparação dos danos patrimonial, moral, individual ou coletivo.

Em ato contínuo, o inciso I, do §1º, do artigo 42 aponta as hipóteses de responsabilidade solidária do operador, quando descumpre a Lei, ou age em desacordo com as ordens do controlador. Marcos Bruno afirma, na obra Lei Geral de Proteção de Dados Comentada, que esse seria um importante mitigador da responsabilidade do controlador no caso de culpa do operador[29].

Já no inciso II, trata da responsabilidade solidária entre os controladores. Um desdobramento da práxis do tema, visto que, normalmente, os dados são tratados por mais de um agente. E seria extremamente penoso ao titular de dados a tarefa hercúlea, dentro de uma cadeia econômica, de descobrir quem deu azo ao dano suportado[30].

Assim, é importante observar que, à primeira vista, a Lei Geral de Proteção de Dados pode parecer apontar para uma possível escolha pela responsabilidade civil de ordem subjetiva, visto que não há qualquer menção expressa ao risco inerente à atividade de tratamento de dados e, por outro lado, a inversão do ônus da prova, prevista no § 2º do referido artigo, parece ser uma exceção concedida mediante decisão judicial que considerar o titular do dado hipossuficiente na relação com o agente de tratamento para fins de produção de prova.

O art. 43, por sua vez, traz hipóteses excludentes de responsabilidade:

> Art. 43. Os agentes de tratamento só não serão responsabilizados quando provarem:
>
> I – que não realizaram o tratamento de dados pessoais que lhes é atribuído;
>
> II – que, embora tenham realizado o tratamento de dados pessoais que lhes é atribuído, não houve violação à legislação de proteção de dados; ou
>
> III – que o dano é decorrente de culpa exclusiva do titular dos dados ou de terceiro.[31]

---

29. BRUNO, Marcos Gomes da Silva. *Dos Agentes de Tratamento de Dados Pessoais. In LGPD: Lei Geral de Proteção de Dados comentada*, org. Viviane Nóbrega Maldonado e Renato Ópice Blum. Thomson Reuters. São Paulo, 2019, p. 323.

30. Idem.

31. Lei Geral de Proteção de Dados. Disponível em: http://www.planalto.gov.br/ccivil_03/_ato2015-2018/2018/lei/L13709.htm. Acesso em: 7 nov. 2021.

O inciso III do art. 43, ao incluir a culpa do titular dos dados, ou de terceiros, como excludente de responsabilidade, também pode levar à conclusão de que a indicação do culpado, seja ele o titular do dado, o controlador ou operador, seria elemento indispensável para a caracterização do dano.

Entretanto, ao analisar os dispositivos citados, percebe-se que a Lei Geral de Proteção de Dados não declara expressamente qual seria a responsabilidade a ser aplicada. Não há indícios diretos da aplicabilidade de uma conduta negligente, imperita ou imprudente; bem como não há indícios de responsabilização independente da culpa (objetiva)[32]. Qualquer conclusão é um exercício de hermenêutica a ser realizado pelos operadores do direito.

O art. 45 da LGPD, por sua vez, deixa claro que quando o tratamento de dados se dá em situações de relação consumerista aplica-se o Código de Defesa do Consumidor: "Art. 45. As hipóteses de violação do direito do titular no âmbito das relações de consumo permanecem sujeitas às regras de responsabilidade previstas na legislação pertinente"[33].

O Código de Defesa do Consumidor é claro quanto à adoção do instituto da responsabilidade civil objetiva, conforme pode ser observado nos artigos 12 a 14[34]:

> Art. 12. O fabricante, o produtor, o construtor, nacional ou estrangeiro, e o importador respondem, independentemente da existência de culpa, pela reparação dos danos causados aos consumidores por defeitos decorrentes de projeto, fabricação, construção, montagem, fórmulas, manipulação, apresentação ou acondicionamento de seus produtos, bem como por informações insuficientes ou inadequadas sobre sua utilização e riscos.
>
> § 1º O produto é defeituoso quando não oferece a segurança que dele legitimamente se espera, levando-se em consideração as circunstâncias relevantes, entre as quais:
>
> I – sua apresentação;
>
> II – o uso e os riscos que razoavelmente dele se esperam;
>
> III – a época em que foi colocado em circulação.

---

32. Lei Geral de Proteção de Dados. Disponível em: http://www.planalto.gov.br/ccivil_03/_ato2015-2018/2018/lei/L13709.htm. Acesso em: 7 nov. 2021.

33. Ibidem.

34. Código do Consumidor. Disponível em: http://www.planalto.gov.br/ccivil_03/leis/l8078.htm. Acesso em: 7 nov. 2021.

> § 2º O produto não é considerado defeituoso pelo fato de outro de melhor qualidade ter sido colocado no mercado.
>
> § 3º O fabricante, o construtor, o produtor ou importador só não será responsabilizado quando provar:
>
> I – que não colocou o produto no mercado;
>
> II – que, embora haja colocado o produto no mercado, o defeito inexiste;
>
> III – a culpa exclusiva do consumidor ou de terceiro.
>
> Art. 13. O comerciante é igualmente responsável, nos termos do artigo anterior, quando:
>
> I – o fabricante, o construtor, o produtor ou o importador não puderem ser identificados;
>
> II – o produto for fornecido sem identificação clara do seu fabricante, produtor, construtor ou importador;
>
> III – não conservar adequadamente os produtos perecíveis.
>
> Parágrafo único. Aquele que efetivar o pagamento ao prejudicado poderá exercer o direito de regresso contra os demais responsáveis, segundo sua participação na causação do evento danoso.
>
> Art. 14. O fornecedor de serviços responde, independentemente da existência de culpa, pela reparação dos danos causados aos consumidores por defeitos relativos à prestação dos serviços, bem como por informações insuficientes ou inadequadas sobre sua fruição e riscos.
>
> § 1º O serviço é defeituoso quando não fornece a segurança que o consumidor dele pode esperar, levando-se em consideração as circunstâncias relevantes, entre as quais:
>
> I – o modo de seu fornecimento;
>
> II – o resultado e os riscos que razoavelmente dele se esperam;
>
> III – a época em que foi fornecido.
>
> § 2º O serviço não é considerado defeituoso pela adoção de novas técnicas.
>
> § 3º O fornecedor de serviços só não será responsabilizado quando provar:
>
> I – que, tendo prestado o serviço, o defeito inexiste;
>
> II – a culpa exclusiva do consumidor ou de terceiro.
>
> § 4º A responsabilidade pessoal dos profissionais liberais será apurada mediante a verificação de culpa.

O que se pode deduzir da aplicabilidade do artigo 45 da Lei Geral de Proteção de Dados é que sempre que o titular do dado for qualificado como consumidor poderá invocar a responsabilidade objetiva para pleitear o seu direito.

Não obstante, em uma evolução do tema responsabilidade civil, há quem aponte, de forma muito interessante, uma responsabilidade civil especial, onde além de reparar o dano causado é necessário a prestação de contas, conforme explicita a professora Maria Celina Bodin, a saber:

> O sistema de responsabilização civil da Lei Geral de Proteção de Dados Pessoais, previsto nos artigos 42 a 45 da Lei n. 13853/2018, mostra-se especialíssimo, configurando-se como a principal novidade da lei, e reflete a determinação do disposto no inciso X do art. 6º da Lei, que prevê o princípio da "responsabilização e prestação de contas", isto é, a "demonstração, pelo agente, da adoção de medidas eficazes e capazes de comprovar a observância e o cumprimento das normas de proteção de dados pessoais e, inclusive, da eficácia dessas medidas". Como se vê, o legislador pretendeu aqui não apenas determinar o ressarcimento dos danos eventualmente causados, mas também e, principalmente, buscou prevenir e evitar a ocorrência desses danos[35].

A professora sabiamente aponta para uma responsabilidade especial, semelhante à do regulamento europeu, onde se caracteriza pela articulação dos elementos dano; violação da legislação de proteção de dados por ato comissivo ou omissivo do operador e/ou controlador e a reparação[36].

Esse conceito de prestação de contas inauguraria um novo sistema de responsabilidade ativa ou proativa, pela qual o agente de tratamento deverá comprovar sua boa-fé na adoção das melhores práticas de proteção de dados e no cumprimento integral da lei antes mesmo da ocorrência de qualquer dano.

Contudo, esse sistema especial de responsabilidade proativa não pode encerrar em si mesmo. Deve-se, no entanto, levar em consideração que a Lei Geral de Proteção de Dados é um sistema holístico que se retroalimenta com outros conceitos adotados pelo legislador.

Devemos fugir de qualquer interpretação literal, gramatical, lógica e exegética da lei e buscar compreender os fatores essenciais que levaram o legislador a criar um sistema complexo de proteção de dados, fundado no respeito à privacidade, na autodeterminação informativa, na liberdade de expressão, de comunicação e de opinião; no desenvolvimento tecnológico e na inovação; na

---

35. MORAES, Maria Celina Bodim. *LGPD: um novo regime de responsabilização civil dito "proativo"*. Editorial à Civilistica.com. Rio de Janeiro: a. 8, n. 3, 2019. Disponível em: <http://civilistica.com/lgpd-um-novo-regime/>. Acesso em: 7 nov. 2021.

36. Conf. Idem.

livre-iniciativa, livre concorrência e defesa do consumidor; nos direitos humanos, no livre desenvolvimento da personalidade, na dignidade e no exercício da cidadania pelas pessoas naturais[37].

Nesse ponto, é importante observar o preâmbulo do regulamento europeu de proteção de dados, uma vez que tal regulamento foi a inspiração máxima para a promulgação da LGPD no Brasil. Em seus itens 6 e 7, o preâmbulo da GDPR deixa claro que a rápida evolução tecnológica e a inovação criaram desafios em matéria de proteção de dados pessoais, resultando num aumento significativo no tratamento de dados, numa escala sem precedentes. Essa evolução exige um quadro de proteção de dados sólido e mais coerente, onde os titulares de dados deverão controlar a utilização que é feita dos seus dados pessoais[38].

Para que esse controle se concretize diante da complexidade das novas tecnologias é imprescindível, dentre outras medidas, que os agentes de tratamento respeitem o princípio da transparência, previsto no art. 12 da GDPR[39], refletido no art. 6º, VI, da LGPD, garantindo informações claras, precisas e facilmente acessíveis sobre a realização do tratamento de dados pessoais[40].

Mas, ainda que os operadores e controladores de dados adotem a transparência em suas práticas e no relacionamento com o titular de dados, caso ocorra um incidente com dados pessoais, ou um tratamento em desconformidade com a lei, não é razoável considerar que o titular do dado terá meios eficazes para provar a responsabilidade subjetiva do agente.

A parte mais frágil da relação de tratamento de dados é o titular e isso se torna ainda mais evidente quando o processamento dos dados é realizado por meio de tecnologias disruptivas que utilizam algoritmos e inteligência artificial para tomar decisões que vão impactar diretamente a vida das pessoas e podem trazer consequências drásticas irreversíveis, como quando um determinado algoritmo é acionado para decidir quem terá as chances de usufruir de um determinado leito de hospital, quem terá acesso a emprego e renda, ou até mesmo à educação.

37. Lei Geral de Proteção de Dados. Disponível em: http://www.planalto.gov.br/ccivil_03/_ato2015-2018/2018/lei/L13709.htm. Acesso em: 7 nov. 2021.

38. Regulamento Geral de Proteção de Dados. Disponível em: https://eur-lex.europa.eu/legal-content/PT/TXT/HTML/?uri=CELEX:32016R0679&from=EN. Acesso em 7 nov. 2021.

39. Idem.

40. Lei Geral de Proteção de Dados. Disponível em: http://www.planalto.gov.br/ccivil_03/_ato2015-2018/2018/lei/L13709.htm. Acesso em: 7 nov. 2021.

Dados pessoais podem ser utilizados para finalidades que não estão claras, que não beneficiem o titular ou que até mesmo criem um risco para as pessoas. Conforme destacam Finn Brunton & Helen Nissenbaum: "Aqueles que sabem sobre nós têm poder sobre nós. Eles podem nos negar emprego, privar-nos de crédito, restringir nossos movimentos, recusar-nos abrigo, associação ou educação, manipular nosso pensamento, suprimir nossa autonomia e limitar nosso acesso a uma vida digna"[41].

A tutela da privacidade e o exercício de direitos humanos fundamentais se concretizam com a proteção das vítimas e a consequente reparação do dano independente da comprovação da culpa do agente que causou o dano. Caberia ao titular do dado comprovar apenas a ação ou omissão do agente de tratamento e o dano resultante da sua conduta, considerando a sua culpa presumida, portanto estamos diante do instituto da responsabilidade objetiva.

A própria lei tem mecanismos eficazes para evitar que o agente seja responsabilizado injustamente, caso não tenha dado causa ao incidente. Caberia ao controlador ou operador, a depender do tratamento, provar que empregou todos os meios eficazes para cumprir a lei e, ainda assim, sofreu uma violação por terceiros, ou que o titular do dado foi o próprio responsável pelo dano. Nesses casos, a lógica se inverte e a necessidade de comprovação da culpa é explicitamente mencionada no art. 43 da LGPD, recaindo o ônus da prova ao agente de tratamento, que poderá inclusive invocar a responsabilidade solidária prevista no art. 42, § 1°, I, do mesmo diploma legal, quando for o caso.

Por fim, é importante mencionar que a adoção da responsabilidade objetiva não traria prejuízos ao desenvolvimento econômico e a inovação, que também são fundamentos da LGPD. Observando a evolução tecnológica ocorrida desde o surgimento do Código de Defesa do Consumidor, promulgado em 1990, até os dias atuais, percebe-se que não houve qualquer descompasso em decorrência da positivação do conceito de reparação do dano independente da comprovação da culpa do agente.

Pelo contrário, testemunha-se uma verdadeira revolução digital nesse período, inclusive no Brasil, que trouxe transformações sociais indispensáveis para a era em que vivemos. É plenamente possível aliar proteção de dados, sob a ótica da responsabilidade civil objetiva, e inovação.

---

41. BRUNTON, F. e NISSENBAUM, H. *The Fantasy of Opting Out*. Disponível em: https://thereader.mitpress.mit.edu/the-fantasy-of-opting-out/. Tradução livre. Acesso em: 7 nov. 2021.

5. CONCLUSÃO

A vida em sociedade depende de um complexo arcabouço jurídico capaz de determinar direitos e obrigações, além de garantir que as vítimas de lesões injustas sejam compensadas por quem lhes causou danos. No caso dos danos civis, o instituto da responsabilidade civil é indispensável para determinar quais as medidas necessárias para garantir sua reparação.

A concepção histórica da responsabilidade civil tem seus fundamentos nas regras jurídicas dos tempos medievais e no pensamento filosófico-cristão, por isso, encontra na culpa a sua raiz e impingiu por muito tempo às vítimas o dever de provar que seu algoz, por ação, omissão, imprudência, negligência ou imperícia, realizou, voluntariamente, atitude capaz de lhe causar dano, características inerentes à responsabilidade subjetiva.

No entanto, a teoria do risco integral foi a evolução necessária para a recepção da responsabilidade objetiva, onde não se faz mais necessária a comprovação do elemento culpa, mas apenas a existência do dano e o nexo de causalidade.

Tal teoria foi recepcionada irrestritamente pelo Código de Defesa do Consumidor, diante da hipossuficiência da relação de consumo. Com o surgimento de novas tecnologias tem sido apontada também como solução eficaz nos casos de decisões automatizadas, determinadas por algoritmos e inteligência artificial, que tenham o potencial de causar prejuízos a direitos humanos fundamentais, portanto, tem um risco alto inerente à sua operação.

Embora a teoria da culpa ainda tenha destaque no art. 927, *caput*, do Código Civil, o diploma também acolheu a teoria objetiva, em determinadas hipóteses, onde o risco inerente à atividade impõe a obrigação de reparar os danos eventualmente causados, independentemente da comprovação da culpa pelo agente que causou o dano[42].

A Lei Geral de Proteção de Dados, por sua vez, foi silenciosa quanto à adoção da teoria da responsabilidade civil objetiva ou subjetiva, com exceção dos casos em que se aplicam claramente as normas de defesa do consumidor, deixando a cargo dos operadores do direito a árdua tarefa de decidir qual seria o melhor instituto a ser aplicado na reparação dos danos causados no âmbito do tratamento de dados pessoais.

---

42. Art. 927. Aquele que, por ato ilícito (arts. 186 e 187), causar dano a outrem, fica obrigado a repará-lo. Parágrafo único. Haverá obrigação de reparar o dano, independentemente de culpa, nos casos especificados em lei, ou quando a atividade normalmente desenvolvida pelo autor do dano implicar, por sua natureza, risco para os direitos de outrem.

Para solucionar o caso, deve-se levar em consideração todos os princípios e fundamentos da lei que demonstram claramente a relação de hipossuficiência do titular de dados pessoais diante do agente de tratamento, bem como o fato de que o direito, principalmente no campo da tecnologia, evoluiu da responsabilidade subjetiva, com reparação fundada na culpa, para a tendência contemporânea à objetivação do instituto na teoria do risco. Não obstante, deve-se observar igualmente a obrigação que os agentes de tratamento têm em prestar contas de maneira proativa quanto à adoção de todas as medidas eficazes para cumprimento da lei.

Conclui-se, portanto, que o silêncio da lei foi eloquente e que não cabe ao titular de dados a injusta tarefa de comprovar a culpa do agente de tratamento, sendo o instituto da responsabilidade civil objetiva o melhor caminho para garantir a reparação de danos no âmbito da Lei Geral de Proteção de Dados e proteger adequadamente os direitos dos titulares de dados pessoais.

6. Referências bibliográficas

BARRETO, V de Paulo. Perspectivas Éticas da Responsabilidade Jurídica. Disponível em: https://www.e-publicacoes.uerj.br/ojs/index.php/quaestioiuris/article/view/11779/9231. p. 262. Acesso em: 7 nov. 2021.

BEARDSWORTH, T. and Kumar, N. Disponível em: https://www.bloomberg.com/news/articles/2019-05-06/who-to-sue-when-a-robot-loses-your-fortune. Acesso em 7 nov. 2021.

BRASIL. Código do Consumidor (1990). Brasília: Senado Federal. Disponível em: http://www.planalto.gov.br/ccivil_03/leis/l8078.htm. Acesso em: 7 nov. 2021.

BRASIL. Código Civil (2002). Código Civil. Brasília: Senado Federal. Disponível em: http://www.planalto.gov.br/ccivil_03/leis/2002/L10406.htm. Acesso em: 7 nov. 2021.

BRASIL. Lei Geral de Proteção de Dados (2018). Brasília: Senado Federal. Disponível em: http://www.planalto.gov.br/ccivil_03/_ato2015-2018/2018/lei/L13709.htm. Acesso em: 7 nov. 2021.

BRASIL. Parecer nº 1, de 2019. Medida Provisória 869 de 2018. Brasília: Congresso Nacional. Disponível em: https://legis.senado.leg.br/sdleg-getter/documento?dm=7948833&ts=1559172281928&disposition=inline. Acesso em: 7 nov. 2021.

BRUNTON, F. e NISSENBAUM, H. The Fantasy of Opting Out. Disponível em: https://thereader.mitpress.mit.edu/the-fantasy-of-opting-out/. Tradução livre. Acesso em: 7 nov. 2021.

BRUNO, Marcos Gomes da Silva. Dos Agentes de Tratamento de Dados Pessoais. in LGPD: Lei Geral de Proteção de Dados comentada, org. Viviane Nóbrega Maldonado e Renato Ópice Blum. Thomson Reuters. São Paulo, 2019, p. 323.

DINIZ, Maria Helena. Curso de Direito Civil Brasileiro – 7º Vol. 5ª Edição. Editora Saraiva. São Paulo, 1980, p. 34.

DI PIETRO, Maria Sylvia Zanella. Direito Administrativo. 16. ed. Editora Atlas. São Paulo: 2003, 410.

EUBANKS, Virginia. Automating inequality: How high-tech tools profile, police, and punish the poor. St. Martin's Press. New York, 2018, p. 7.

FRIEDE, Reis. Lições Objetivas de Direito Administrativo. Ed. Saraiva. São Paulo, 1999, p. 193.

GANDINI, João Agnaldo Donizeti, SALOMÃO, Diana Paola da Silva. A Responsabilidade Civil do Estado por Condita Omissiva. Disponível em: <http://jus.com.br/revista/texto/4365/a-responsabilidade-civil-do-Estado-por-conduta-omissiva>. Acesso em: 7 nov. 2021.

GONÇALVES, Carlos Roberto. Teoria Geral das Obrigações. 2º ed. Editora Saraiva. São Paulo: 2002, p. 11.

MORAES, Maria Celina Bodim. LGPD: um novo regime de responsabilização civil dito "proativo". Editorial à Civilistica.com. Rio de Janeiro: a. 8, n. 3, 2019. Disponível em: <http://civilistica.com/lgpd-um-novo-regime/>. Acesso em: 7 nov. 2021.

ROBERTO, Enrico. Responsabilidade Civil pelos usos de sistemas de inteligência artificial: em busca de um novo paradigma. Disponível em:https://revista.internetlab.org.br/wp-content/uploads/2020/02/Responsabilidade-civil-pelo-uso.pdf. p. 130. Acesso em: 7 nov. 2021.

RODRIGUES, Sílvio. Direito Civil vol. IV. 19ª Edição. Editora Saraiva. São Paulo, 2003, p. 11.

Capítulo 13

Tutela coletiva e coletivização da proteção de dados pessoais

Rafael A. F. Zanatta

Diretor da Associação Data Privacy Brasil de Pesquisa. Doutorando pelo Instituto de Energia e Ambiente da Universidade de São Paulo, com período de estudo na Universidade de Amsterdam. Mestre em Direito pela Faculdade de Direito da USP. Mestre em Direito e Economia Política pela Universidade de Turim. Foi líder do programa de direitos digitais do Instituto Brasileiro de Defesa do Consumidor.
rafaelzanatta@usp.br

Introdução

Nos últimos anos, diversas ações civis públicas (ACPs) notabilizaram as disputas em torno da privacidade e da proteção de dados pessoais no Brasil. Em 2015, o Ministério Público Federal do Piauí ingressou com uma ACP contra a Google do Brasil, formulando uma tese de que a leitura automatizada de mensagens do Gmail constituiria uma prática abusiva, diante da falta de consentimento informado por parte dos usuários de um dos mais populares serviços de e-mail do mundo. A ação foi julgada improcedente em primeira instância em 2018 sob o argumento de que a leitura automatizada para fins publicitários faz parte do modelo de negócios que garante a gratuidade dos serviços,[1] o que não impediu que a Secretaria Nacional do Consumidor (Senacon) instaurasse processo administrativo no final de 2019, abrindo a possibilidade de uma multa de até R$ 9,7 milhões pelo Departamento de Proteção e Defesa do Consumidor (DPDC).

Além do caso MPF/Google, diversas outras ações colocaram a proteção de dados pessoais no holofote, antes mesmo da vigência da Lei Geral de Proteção de Dados Pessoais (Lei 13.709/2018), tomando por base o Código de Defesa do Consumidor (Lei 8.078/1990) e o Marco Civil da Internet (Lei 12.965/2014). Em maio de 2018, O Ministério Público Federal de São Paulo ingressou com uma ACP contra a Microsoft Informática Ltda. em razão de uma série de aspectos problemáticos de coleta de dados na atualização do Windows 10. O MPF pediu, a título de urgência, a tutela antecipada (nos termos do art. 300 e seguintes do Código de Processo Civil), para que (i) a Microsoft tornasse a atualização do sistema Windows 10 factível sem a coleta de "qualquer dado pessoal do usuário/consumidor", (ii) qualquer coleta de dados pessoais ocorresse mediante "expressa e prévia autorização deste", inclusive com alertas específicos acerca das consequências da autorização, (iii) fosse lançada atualização imediata dos sistemas operacionais Windows 10 em uso, (iv) fosse dado amplo conhecimento da imposição dessas obrigações nos meios de comunicação social que tenham maior alcance (*e.g.* Folha de São Paulo, Globo, YouTube, Twitter), às custas da Microsoft. Apesar de vários pedidos terem sido indeferidos pela Justiça Federal, o caso trouxe à tona o debate sobre ausência de consentimento informado e a fragilidade de sistemas com opções de coleta de dados pré-configuradas (sistema

1. De acordo com a decisão do juiz Márcio Braga Magalhães, houve "inexistência de comprovação nos autores de que a violação efetivamente ocorre com a leitura do conteúdo escrito nos e-mails", uma vez que o Google não visualizaria o conteúdo, mas apenas palavras-chave. Além disso, o juiz entendeu que a Política de Privacidade da Google mencionava expressamente o uso de dados para tais fins, inexistindo ilicitude.

opt-out ao invés de *opt-in*).[2] Um Termo de Ajuste de Conduta foi firmado com diversos compromissos da Microsoft com relação aos direitos assegurados na LGPD.

Ainda em 2018, outra ACP ganhou enorme repercussão, trazendo o debate da proteção de dados para o cotidiano da população. No final de agosto de 2018, o Instituto Brasileiro de Defesa do Consumidor (Idec) ajuizou ACP contra a ViaQuatro, concessionária da Linha Amarela do metrô de São Paulo. O imbróglio surgiu em razão do anúncio de uma parceria com a AdMobilize – empresa com sede em Miami (EUA) – para lançamento das Portas Interativas Digitais (PIDs). As PIDs funcionariam como um painel publicitário capaz de realizar análises agregadas das emoções dos passageiros do metrô. A partir de um piloto com a LG do Brasil e Hyperpharma, as PIDs passaram a coletar imagens de câmeras instaladas acima dos painéis publicitários. As imagens das câmeras, por sua vez, eram processadas com o software da AdMobilize, que identificaria as emoções das pessoas filmadas e registraria informações como estimativa de idade e sexo, possibilitando um modelo de negócios de "pay per look" ou "pay per face"[3]. Na visão do Idec, com apoio de pesquisadores da Lavits[4] e do PET/USP[5], a conduta da ViaQuatro seria ilegal por (i) violar o direito básico do usuário de serviços públicos de proteção de suas informações pessoais, (ii) descumprir parâmetros de tratamento de dados biométricos definidos na Lei Geral de Proteção de Dados Pessoais, (iii) descumprir o direito básico do consumidor de proteção contra práticas abusivas nos termos do Código de Defesa do Consumidor, (iv) configurar prática abusiva, exigindo do consumidor vantagem manifestamente excessiva, (v) violar a proibição de obrigações onerosas ("pesquisa de opinião forçada"), (vi) descumprir o direito constitucional de proteção da imagem. Partindo do

---

2. TJ Justiça, *MPF-SP entra com uma ação civil pública contra a Microsoft*, 01/05/2018. Disponível em: https://www.youtube.com/watch?v=E6fo6Cn5Fu4. Acesso em 7 nov. 2021.

3. As expressões são de Rodolfo Saccoman, presidente da AdMobilize. Cf. RINALDI, Camila. Entidades combatem câmeras do metrô de SP que leem emoções de passageiros para vender publicidade, *The Intercept Brasil*, 31 de agosto de 2018. Disponível em: https://theintercept.com/2018/08/31/metro-cameras-acao-civil/?comments=1. Acesso em 7 nov. 2021.

4. Rede Latino-Americana de Estudos de Vigilância, constituída por sociólogos, antropólogos, cientistas políticas e juristas. Ver www.lavits.org. Acesso em 7 nov. 2021.

5. Programa de Educação Tutorial da Faculdade de Direito da Universidade de São Paulo. Foi fundado por José Eduardo Faria na década de 1970. Atualmente, é coordenado pelo professor Rafael Mafei. Ambos são professores do Departamento de Filosofia e Teoria Geral do Direito da USP.

fato de que o lucro líquido da ViaQuatro havia sido R$ 158.658.000,00 (cento e cinquenta e oito milhões reais), o Idec pediu a condenação da ViaQuatro em R$100.000.000,00 (cem milhões de reais) por danos morais coletivos. Em setembro de 2018, a Justiça de São Paulo concedeu liminar em favor do Idec e obrigou o desligamento das PIDs em toda a Linha Amarela do metrô de São Paulo.[6]

Esses casos evidenciam o óbvio: antes mesmo da vigência da Lei Geral de Proteção de Dados Pessoais (Lei 13.709/2018), o sistema de direitos difusos no Brasil já servia como instrumento chave para criação de uma cultura de proteção de dados pessoais.

Neste artigo, pretendo dar sentido a essa tese e explicar (i) por que isso tem acontecido e (ii) por que a tutela coletiva dos dados pessoais – o que tenho chamado de "coletivização da proteção de dados pessoais"[7] – tende a se acentuar com a entrada em vigor da Lei Geral de Proteção de Dados Pessoais. Meu argumento é que esse fenômeno tende a provocar efeitos complexos, que podem ser vistos como positivos ou negativos, a depender do ponto de vista do observador. De uma perspectiva de ampliação da experiência democrática e de uma "democracia de alta energia"[8], com contestações e provocações constantes entre poderes – inclusive a possibilidade de aumento de entidades civis especializadas em litigância em proteção de dados pessoais –, esse fenômeno é positivo. De uma perspectiva exclusivamente centrada em segurança jurídica e "previsão legal para negócios"[9], uma agenda neoliberal bastante característica dos relatórios *Doing*

---

6. ALTMAN, Gustavo. Em liminar, Justiça impede o uso de câmeras de reconhecimento facial no metrô. Jota, 14/09/2018. Disponível em: www.jota.info/justica/mp-cancele-cameras-metro-14092018. Acesso em 7 nov. 2021.

7. MACHADO, Ricardo. A repolitização do uso de dados depois de 15 anos de tecnotopia. Entrevista especial com Rafael Zanatta, *Instituto Humanitas Unisinos*, 17/10/2019. Disponível em: http://www.ihu.unisinos.br/159-noticias/entrevistas/593533-a-repolitizacao-do-uso-de-dados-depois-de-15-anos-de-tecnotopia-entrevista-especial-com-rafael-zanatta. Acesso em 7 nov. 2021.

8. O conceito de "democracia de alta energia" está presente em toda a obra do filósofo brasileiro Roberto Mangabeira Unger, professor da Faculdade de Direito da Harvard. Sobre o conceito e sua relação com o sistema de direitos, ver ZANATTA, Rafael. Imunidade, Desestabilização e Propriedade: o sistema de direitos em Unger, in: TEIXEIRA, Carlos Salvio (org.) *Rebeldia Imaginada: instituições e alternativas no pensamento de Roberto Mangabeira Unger*. São Paulo: Autonomia Literária, 2019.

9. Sobre a centralidade do conceito de segurança jurídica na análise econômica do direito e na agenda Law & Finance, ver FAUVARQUE-COSSON, Bénédicte; KERHUEL, Anne-Julie. Is law an economic contest? French reactions to the doing business World Bank reports and economic analysis of the law. *The American Journal of Comparative Law*, v. 57, n. 4, p. 811-829, 2009. Para um exame crítico das premissas dos teóricos

Business do Banco Mundial, esse fenômeno é negativo, pois aumenta imprevisibilidade regulatória, que deveria ser exclusivamente gerada por uma autoridade independente de natureza técnica.

1. POR QUE A TUTELA COLETIVA É AVANÇADA NO BRASIL E COMO ELA INFLUENCIA A PROTEÇÃO DE DADOS PESSOAIS?

A proteção de dados pessoais no Brasil é herdeira de um processo de transformação institucional muito mais profundo, que teve início na segunda metade do século XX. É importante recordar que as versões iniciais do Anteprojeto de Lei de Proteção de Dados Pessoais tiveram início no Departamento de Proteção e Defesa do Consumidor (DPDC), na época coordenado por Ricardo Morishita, renomado jurista do campo de defesa do consumidor, juntamente com uma equipe de juristas hoje notórios no campo, como Danilo Doneda e Laura Schertel Mendes.[10] O DPDC, por sua vez, é resultado de um processo de reforma institucional, e de reforma do Estado, estruturado na década de 1990, quando o Brasil abriu seus mercados para maior fluxo internacional de bens e serviços – uma das principais bandeiras de Fernando Collor e, posteriormente, de Fernando Henrique Cardoso – e definiu as premissas de defesa do consumidor como balizador mínimo de justiça para as relações de consumo. Em outras palavras: o DPDC existe, pois houve um enorme processo político de afirmação da defesa do consumidor como objetivo constitucional em 1988 e de definição das estruturas regulatórias de defesa do consumidor no Código de Defesa do Consumidor. O Código de Defesa do Consumidor, por sua vez, é resultado de um interessantíssimo processo de fermentação de ideias sobre "direitos difusos" na década de 1970, impulsionados por juristas como Ada Pellegrini Grinover, José Carlos Barbosa Moreira, Tupinambá Azevedo e Kazuo Watanabe.

1.1. Compreendendo a revolução dos direitos difusos no Brasil

Em 1979, o intelectual italiano Mauro Cappelletti ganhou fama mundial ao publicar os relatórios *Access to Justice*, um gigantesco projeto de pesquisa

da Law & Finance, ver FABIANI, Emerson Ribeiro. *Direito e crédito bancário no Brasil*. 2ª edição. São Paulo: Saraiva, 2017.

10. Não é meu objetivo detalhar, precisamente, em que ano cada um desses juristas ocupou uma posição dentro do DPDC. Para uma reconstrução deste momento histórico, recomendo o documentário "Memória da LGPD", produzido pelo Data Privacy Brasil e lançado em janeiro de 2020. O documentário apresenta entrevistas com atores-chave da construção da LGPD, com análises biográficas, incluindo Danilo Doneda e Laura Schertel Mendes. Ver https://observatorioprivacidade.com.br/memorias/. Acesso em 7 nov. 2021.

comparada financiado pela Fundação Ford e coordenado por um amplo número de comparatistas dos EUA, incluindo Bryant Garth e David Trubek.[11] No terceiro volume, no ensaio *Vindicating the Public Interest Through the Courts*, Cappelletti argumentou que o surgimento de interesses coletivos e difusos, como os dos consumidores, "é uma característica identificadora das sociedades modernas que se caracterizam pela produção em massa, consumo em massa e situações em que ações individuais podem afetar um grande número de pessoas"[12]. Para Cappelletti, essas sociedades trouxeram "novos direitos e interesses que constituem um novo tipo de *property* em que o domínio é coletivo e difuso"[13]. Diante do surgimento dos "interesses difusos", as definições e instituições jurídicas tradicionais seriam inadequadas para proteger o interesse público em litígios civis.[14] Ao lado dos direitos difusos, outra característica definidora das sociedades modernas seria o "litígio de interesse público e coletivo"[15]. Para que tal litígio pudesse avançar, seria necessário clareza de compreensão da natureza específica dos interesses difusos.

As lições de Mauro Cappelletti foram muito bem recepcionadas no Brasil. Em 1977, na *Revista de Processo* da qual participava Ada Pellegrini Grinover,[16] Cappelletti publicou um artigo que se tornou um clássico: *Formações sociais e interesses coletivos diante da justiça civil*. Este artigo tornou-se leitura obrigatória em uma série de seminários coordenados por Ada Pellegrini Grinover no início da década de 1980 e outros intelectuais de processo civil. Entre 1982 e 1984, Grinover promoveu uma série de seminários sobre "tutela dos interesses difusos", que culminou em livro de sistematização em 1984, em diálogo com professores

---

11. ASPERTI, Maria Cecília. SOUZA, Michel Roberto O. Desmistificando a Cultura do Acordo: Os discursos de acesso à justiça e eficiência no atual cenário da mediação e da conciliação judiciais no Brasil, in: SOUZA, Michel (org.), *Mediação & o Novo Código de Processo Civil*. Curitiba: Juruá, 2017.

12. CAPPELLETTI, Mauro. Vindicating the Public Interest Through the Courts, in: CAPPELLETTI, Mauro; GARTH, Bryant. Access to Justice, v. 3. Netherlands: Sijthohh & Noodhoff, 1979.

13. CAPPELLETTI, Mauro, *op. cit.*

14. Esse argumento já havia sido claramente colocado por Cappelletti anos antes na doutrina italiana. CAPPELLETTI, Mauro. *Appunti sulla tutela giurisdizionale di interessi collettivi o difusi. le azione a tutela di interessi collettivi*. Pádua: CEDAM, 1976.

15. CAPPELLETTI, Mauro, *op. cit.*

16. Ada Pellegrini Grinover foi Professora de Processo Civil da Faculdade de Direito da Universidade de São Paulo. Um dos nomes mais conhecidos do processo civil brasileiro. Era italiana e havia emigrado ao Brasil na adolescência. Notabilizou-se na Faculdade de Direito da USP pela aproximação com intelectuais italianos e pela elaboração de uma agenda de renovação do processo civil brasileiro, mais afeito aos problemas coletivos.

do Rio de Janeiro e Rio Grande do Sul. Nesse mesmo período, como bem explica o cientista político Rogério Arantes, uma elite intelectual do Ministério Público articulava um processo de reforma jurídica e institucional que pudesse garantir a legitimidade ativa do Ministério Público para ações que pudessem representar o "interesse difuso"[17]. Um exemplo claro desse tipo de teorização foi o Anteprojeto de Lei de Tutela dos Interesses Difusos, produzido em 1983 por iniciativa da Associação Paulista de Magistrados, sob coordenação de Kazuo Watanabe, Cândido Rangel Dinamarco e Ada Pellegrini Grinover. A proposta foi aclamada em Congresso de Direito Processual em 1984 e tornou-se o conteúdo central do que viria a ser a Lei de Ação Civil Pública aprovada em 1985.

A recepção das teorias de "interesses difusos", originárias de pesquisas comparadas e da dogmática jurídica italiana,[18] ocorreu de forma paralela a um bem-sucedido processo de reforma jurídica, já articulado por juristas desde 1981 com a instituição da Política Nacional do Meio Ambiente. Como sustenta Rogério Arantes, essa Política (Lei n. 6.938/1981) "pode ser considerada o marco jurídico inicial da normatização de interesses difusos e coletivos no Brasil e também da inclusão de novos instrumentos processuais, em especial a legitimidade do MP para proposição de ação de responsabilidade civil e criminal por danos causados ao meio ambiente"[19]. Nesse período, o promotor passou a funcionar

17. Para José Carlos Barbosa Moreira, as características básicas dos interesses difusos seriam (i) a existência de uma pluralidade de titulares, em número indeterminado e indeterminável, e (ii) a indivisibilidade do objeto do interesse, cuja satisfação "necessariamente aproveita em conjunto a todos, e cuja postergação a todos em conjunto prejudica". BARBOSA MOREIRA, José Carlos, A proteção jurisdicional dos interesses coletivos ou difusos, in: GRINOVER, Ada Pellegrini (org.), *A tutela dos interesses difusos*. São Paulo: Max Limonad, 1984.

18. Guido Alpa, um jurista italiano muito lido por José Geraldo Brito Filomeno e Antonio Herman de Vasconcellos e Benjamin, definia que "são interesses difusos os interesses que todos os membros possuem de solicitar a declaração de nulidade de uma cláusula contida em um contrato padrão que seja prejudicial aos interesses econômicos dos consumidores são interesses generalizados; são interesses difusos os interesses dos consumidores que compram e usam um produto nocivo, produzido em massa e, portanto, destinados a ser potencialmente prejudiciais à saúde de todos os usuários são interesses generalizados; são interesses difusos os interesses dos destinatários de mensagens publicitárias enganosas ou injustas por inibir a atividade publicitária ou compensar os danos econômicos sofridos pela compra de produtos com qualidade inferior à prometida, e assim por diante" (tradução livre). ALPA, Guido. *Tutela del consumatore e controlli sull'impresa*. Bologna: Il Mulino, 1977.

19. ARANTES, Rogério Bastos. Direito e política: o Ministério Público e a defesa dos direitos coletivos. *Revista Brasileira de Ciências Sociais*, v. 14, n. 39, p. 83-102, 1999.

como defensor do interesse coletivo. Com a experiência constituída no campo ambiental, promotores e juristas do campo processual – professores como José Carlos Barbosa Moreira e Ada Pellegrini Grinover – atuaram com forte lobby para formalização de uma ação específica para tutelar interesses difusos, gerando "uma série de estudos e até um movimento de lobby que levou à criação e edição da Lei n. 7.347, de 1985, que foi a lei que criou a ação civil pública"[20], em um contexto de transição do regime militar para democracia, com uma demanda represada de participação, inclusive no sistema de justiça.

A Lei das Ações Civis Públicas (Lei n. 7.347/1985) promoveu uma série de transformações no direito brasileiro, antes mesmo da criação do Código de Defesa do Consumidor. Primeiro, definiu como objeto da ação condenação em dinheiro ou cumprimento de obrigação de fazer ou não fazer. Segundo, instituiu um fundo para o qual são revertidas as indenizações. Terceiro, garantiu a legitimidade ativa do Ministério Público para defesa dos direitos difusos[21] e para associações constituídas há pelo menos um ano e que incluam, entre suas finalidades institucionais, a proteção ao meio ambiente, ao consumidor e/ou patrimônio histórico e cultural.[22] Quarto, imprimiu mais força ao regime de responsabilidade

---

20. ARANTES, Rogério Bastos. *Op. cit.* (as citações são de um entrevistado da pesquisa empírica de Arantes).

21. O papel do Ministério Público não estava bem definido até então. Em 1984, José Geraldo Brito Filomeno e Antonio Herman de Vasconcellos e Benjamin escreveram um ensaio intitulado "A proteção ao consumidor e o Ministério Público". Nele, explicaram que "face às restrições do Código de Processo Civil, o *Parquet* não tem legitimidade para agir, através da ação civil pública, em defesa do consumidor. Essa carência de legitimidade, contudo, é sanada pelo texto do projeto de lei n. 4.984, de 1983, apresentado à Câmara dos Deputados, que disciplina a ação civil pública (...) sua aprovação alargará, com certeza, o campo de atuação do Promotor de Justiça na proteção ao consumidor, criando para este, ademais, um arcabouço legal altamente avançado, moderno e eficaz, para tutela de seus interesses". FILOMENO, José Geraldo Brito; VASCONCELLOS E BENJAMIN, Antonio Herman. A proteção ao consumidor e o Ministério Público. VI Congresso Nacional do Ministério Público. *Anais do VI Congresso Nacional do Ministério Público*, São Paulo, 1985.

22. Em seu artigo escrito há mais de 20 anos, Arantes identificou que "as associações civis têm apresentado uma performance bastante tímida até agora, talvez por desconhecimento ou mesmo por falta de condições adequadas à utilização eficaz desse tipo de instrumento judicial. Aparentemente, é o Ministério Público quem mais tem se destacado no uso da ação civil pública, em todas as áreas dos direitos difusos e coletivos". Pesquisas recentes realizadas pelo Conselho Nacional de Justiça, conduzidas pelo próprio Arantes, confirmaram essa tese. Há um domínio do Ministério Público no manejo das ACPs.

objetiva, na qual se torna desnecessária a demonstração de elemento subjetivo presente no ato lesivo ao interesse difuso ou coletivo, bastando a comprovação de relação de causalidade entre a ação e o dano para que haja condenação, sem necessidade de demonstração de existência subjetiva da culpa. Quinto, previu inversão do ônus prova. Sexto, permitiu aos magistrados dar efeito suspensivo aos recursos para evitar dano irreparável à parte. Sétimo, permitiu a concessão de medida cautelar não apenas de caráter preventivo, mas também dotada de caráter executório, antecipando uma obrigação de fazer ou não fazer, a fim de afastar o risco de grave lesão a tais direitos.

Como bem notado por Rogério Arantes, "a Constituição de 1988 consolidou as inovações processuais e de direitos substantivos introduzidas pela Lei da Ação Civil Pública, e foi além dela ao ampliar a lista de direitos que podem receber proteção via ACP e ao deixar uma porta aberta para outros que viessem a surgir no futuro, nos termos do art. 129"[23]. Essa *incidência na Constituição* foi resultado de um lobby altamente qualificado por parte da elite do Ministério Público daquela época. Quatro anos antes, em 1984, José Geraldo Brito Filomeno[24] e Antonio Herman de Vasconcellos e Benjamin[25] – ambos do MP/SP – haviam aprovado uma série de teses no VI Congresso Nacional do Ministério Público, em São Paulo. Dentre elas, a tese de que (i) a proteção ao consumidor é dever do Estado, (ii) os direitos do consumidor, bem como sua proteção pelo Ministério Público, devem ser previstos expressamente na nova Constituição, (iii) a proteção ao consumidor não pode ser conferida com exclusividade ao Ministério Público, sendo fundamental a existência e funcionamento de associações privadas com o mesmo fim.[26]

---

23. ARANTES, Rogério Bastos. *Op. cit.* (as citações são de um entrevistado da pesquisa empírica de Arantes).

24. Brito Filomeno foi Procurador-Geral de Justiça do Estado de São Paulo e membro do Ministério Público por 30 anos. É um autor renomado de direito do consumidor, autor de um manual amplamente utilizado.

25. Benjamin foi membro do Ministério Público do Estado de São Paulo de 1982 a 2006. Integrou, de 1988 a 1990, a comissão de juristas que redigiu o Código de Defesa do Consumidor. De 2001 a 2006, foi conselheiro do Conselho Nacional do Meio Ambiente (CONAMA), indicado pelo presidente Fernando Henrique Cardoso e reconduzido pelo presidente Luiz Inácio Lula da Silva. Desde 2006, é ministro do Superior Tribunal de Justiça.

26. FILOMENO, José Geraldo Brito; VASCONCELLOS E BENJAMIN, Antonio Herman. A proteção ao consumidor e o Ministério Público. VI Congresso Nacional do Ministério Público. *Anais do VI Congresso Nacional do Ministério Público*, São Paulo, 1985.

Com a aprovação do Código de Defesa do Consumidor no final da década de 1980, que teve participação ativa de membros do Ministério Público como Antonio Herman Benjamin, a "revolução dos direitos difusos" transformou de vez o cenário jurídico brasileiro. Com a Lei 8.078/1990, consolidou-se o desejo de Ada Pellegrini Grinover de "reconhecer a existência dos interesses difusos, pretender sua tutelabilidade e, ainda, criar o instrumental necessário à sua efetiva proteção"[27]. O Código de Defesa do Consumidor positivou (i) a *efetiva prevenção e reparação* de danos coletivos e difusos (art. 6º, VI), (ii) o *acesso a órgãos administrativos* com vistas à prevenção ou reparação de danos coletivos ou difusos (art. 6º, VII), e (iii) a garantia de que *a defesa dos interesses e direitos dos consumidores* e das vítimas poderá ser exercida em juízo individualmente, ou a *título coletivo* (art. 81).

Além disso, as reformas jurídicas imprimidas pelo Código de Defesa do Consumidor foram bem-sucedidas em remover barreiras às entidades civis, reduzindo ou eliminando custos com emolumentos e perícias. Essa garantia jurídica de acesso à justiça e um amplo repertório de mecanismos de tutela fomentou o surgimento de entidades de defesa do consumidor especializadas em litígio, como o caso do Instituto Brasileiro de Defesa do Consumidor (Idec), fundado em 1987 por Marilena Lazzarini, que havia sido coordenadora de defesa do consumidor em secretária do governo de Estado de São Paulo.

Com as reformas jurídicas iniciadas em 1981 e concluídas em 1990, firmou-se a teoria de que os *interesses coletivos*[28] são os interesses comuns a uma coletividade de pessoas (e apenas a elas), "a partir de um vínculo jurídico definido que as congrega"[29]. Já por *interesses difusos*[30] temos os interesses que não encontram relação-base bem definida, reduzindo-se o vínculo entre as pessoas a fatores conjunturais, como o consumo de um mesmo produto, a vivência sob determinadas condições socioeconômicas ou a sujeição a determinados empreendimentos. Com esse aparato conceitual, abriu-se a possibilidade de um amplo uso das ações civis públicas (ACPs) para tutela dos interesses coletivos e difusos, bem como os "individuais homogêneos" previstos no art. 81, III, do CDC. Esse legado permanece

---

27. GRINOVER, Ada Pellegrini. A problemática dos interesses difusos, in: GRINOVER, Ada Pellegrini (org.), *A tutela dos interesses difusos*. São Paulo: Max Limonad, 1984, p. 27.

28. O CDC qualifica os interesses coletivos como "os transindividuais, de natureza indivisível de que seja titular grupo, categoria ou classe de pessoas ligadas entre si ou com a parte contrária por uma relação jurídica base" (art. 81, II).

29. GRINOVER, Ada Pellegrini. Novas tendências na tutela jurisdicional dos interesses difusos, *Revista da Faculdade de Direito da Universidade de São Paulo*, v. 79, 1984, p. 284.

30. O CDC qualifica os interesses difusos como "os transindividuais, de natureza indivisível, de que sejam titulares pessoas indeterminadas e ligadas por circunstâncias de fato" (art. 81, I).

sendo uma das características definidoras do direito brasileiro, com profundos impactos para debates contemporâneos, como o da proteção de dados pessoais.

1.2. As Ações Civis Públicas hoje e seu papel na proteção de dados

Não existem muitos estudos exaustivos sobre a quantidade total de ações civis públicas no Brasil, não obstante os esforços do Conselho Nacional de Justiça de quantificação e análise de dados do Judiciário desde sua criação pela Emenda Constitucional n. 45 de 2004. Um dos esforços de remediação desta situação (a falta de conhecimento profundo sobre *quem utiliza* as ACPs e *como as utiliza*) foi a pesquisa *Ações coletivas no Brasil: temas, atores e desafios da tutela coletiva*, conduzida por um grupo de pesquisadores de São Paulo, incluindo Rogério Arantes (FFLCH/USP) e Conrado Hübner Mendes (FD/USP).[31]

A pesquisa baseou-se na construção e análise de um banco de dados com mais de 52 mil ações coletivas e ações que utilizam ações coletivas como precedentes, coletadas nos sites de quatorze tribunais selecionados (STF, STJ, TST, TRF1, TRF2, TRF3, TRF4, TRF5, TJAL, TJCE, TJGO, TJPR, TJSP, TJRS). Após essa primeira etapa, os pesquisadores aplicaram um *survey* com juízes de primeira instância nos TRFs e TJs selecionados, com uma amostra de 335 varas, com taxa de resposta de 42%. Por fim, realizaram entrevistas com promotores de justiça e defensores públicos.

A pesquisa do CNJ problematizou o predomínio do Ministério Público – algo percebido por Arantes desde sua pesquisa de doutorado em 1999 –, a fragilidade percebida pelos próprios magistrados acerca do conhecimento que possuem sobre direitos coletivos, as dificuldades de boas provas técnicas e materiais do dano e a baixa utilização, por parte de setores da sociedade civil, das ações coletivas como estratégia e instrumento de defesa dos seus interesses. Além disso, a pesquisa trouxe evidências sobre a dimensão dos direitos coletivos no Brasil. De acordo com o CNJ, em 2017 existiam:

> 4.211 ações civis coletivas;
>
> 2.194 ações populares;
>
> 14.119 ações de improbidade administrativa; e
>
> 41.866 ações civis públicas.[32]

31. CNJ. *Ações coletivas no Brasil: temas, atores e desafios da tutela coletiva*. Brasilía: Conselho Nacional de Justiça, 2017.
32. CNJ. *Ações coletivas no Brasil: temas, atores e desafios da tutela coletiva*. Brasilía: Conselho Nacional de Justiça, 2017.

A quantidade de procedimentos preparatórios (PPs) e inquéritos civis (ICs) em 2017 também era enorme. Em meio ambiente, existiam 27.238 PPs e ICs dos Ministérios Públicos Estaduais e do Distrito Federal e Territórios e 3.594 do Ministério Público Federal. Na área da saúde, existiam 18.130 PPs e ICs dos Ministérios Públicos Estaduais e do Distrito Federal e Territórios e 4.448 do Ministério Público Federal.

Essa força do Ministério Público explica-se, também, pelo grau de legitimidade percebido pelos próprios magistrados. De acordo com os *surveys* aplicados, quase 95% dos magistrados viam como *alto* o grau de legitimidade do Ministério Público para defesa de direitos coletivos. Esse número caía para 85% no caso de ONGs, 45% no caso de sindicatos e 21% para partidos políticos.

Diferentemente da *class action* nos EUA, o Brasil criou um modelo de baixas barreiras de entrada para o Judiciário, retirando o pagamento de custas, emolumentos e perícias técnicas em Ações Civis Públicas. A partir da vigorosa defesa de "ampliação da tutelabilidade" defendida por Ada Pellegrini Grinover, permitiu-se que organizações não governamentais pudessem ajuizar ações de reparação por danos coletivos, bem como pedidos de cessação do ilícito (situação na qual um juiz *ordena* que algo ocorra imediatamente e não somente a reparação enquanto mecanismos de compensação), não obstante o domínio do Ministério Público já demonstrado empiricamente por pesquisas como a do Conselho Nacional de Justiça. No direito brasileiro, nada impede que uma organização civil argumente existir uma violação de direitos individuais homogêneos, desde que exista a prevalência da dimensão coletiva sobre a individual, tal como existente na Regra 23 das *Federal Rules* de 1966 nos EUA. O Código de Defesa do Consumidor definiu uma espécie de "*class action for damages*" que permite sentenças condenatórias genéricas, que conhecem a responsabilidade dos réus pelos danos causados e o condena a repará-los às vítimas ou seus sucessores, ainda que não identificados (art. 95, CDC). Entidades civis podem ajuizar tais ações sem grandes barreiras de entrada, permitindo que as vítimas promovam uma habilitação a título individual, procedendo à liquidação da sentença (art. 97, CDC), a partir da demonstração de existência do dano sofrido e a relação de causalidade deste com o dano coletivo reconhecido na sentença condenatória. No caso de impossibilidade ou insuficiência dessa divisão entre as pessoas afetadas – hipótese residual quando o juiz verifica que as habilitações são incompatíveis com a gravidade do dano –, o produto da indenização pode ser revertida para o Fundo de Direitos Difusos. Nesses casos, a indenização deve ser utilizada para fins diversos dos reparatórios, mas com eles conexos, por intermédio de bens e valores da coletividade.

Essa herança dos direitos difusos tem levado a uma constante judicialização de disputas em torno do "tratamento abusivo de dados" no Judiciário, especialmente por meio de Ações Civis Públicas. Como notado por um processualista, "comparando a outros ordenamentos jurídicos autoproclamados de *civil law* que tentaram implantar o sistema de tutela judicial coletiva, o processo civil brasileiro representa um dos *modelos mais avançados*, talvez aquele que mais produziu ações coletivas e mudanças relevantes na sociedade a partir de litígios coletivos"[33]. Esse fenômeno é notável no campo da proteção de dados pessoais, como pode ser observado em exemplos concretos de ações que objetivam tutelar a privacidade – ou o uso não abusivo de dados pessoais – como uma espécie de "direito difuso" em sentido amplo:

Quadro 1. Ações coletivas de grande repercussão em proteção de dados pessoais

Ano	Autor(es)	Réu	Tese	Pedido de danos morais coletivos?	Resultado
2016	Ministério Público Federal/PI	Google	Coleta de dados no Gmail é feita sem consentimento informado e em violação ao Marco Civil da Internet e Código de Defesa do Consumidor.	Sim, no valor de R$ 1.000.000,00 (um milhão)	Julgado improcedente em 1ª instância[34]
2017	Ministério Público do Rio de Janeiro Defensoria Pública	Fetranspor	Ilegalidade de cessão de serviço público (Bilhete Único do Rio) a uma empresa privada sem licitação; monetização indevida de dados pessoais dos usuários do transporte do Rio.	Sim, no valor de R$ 260.000.000,00 (duzentos e sessenta milhões)	Obtenção de liminar favorável[35] e posterior assinatura de Termo de Compromisso com Ministério Público e Defensoria[36], passível de anulação.

33. ZANETI, Hermes. Processo coletivo no Brasil: sucesso ou decepção?, in: REICHELT, Luis Alberto; JOBIM, Marco Félix. *Coletivização e Unidade do Direito*. Londrina: Thoth, 2019, p. 251.

34. Ver https://www.conjur.com.br/2018-fev-13/analise-conteudo-gmail-nao-configura-invasao-privacidade. Acesso em 7 nov. 2021.

35. Ver https://oglobo.globo.com/economia/defesa-do-consumidor/justica-determina-licitacao-para-bilhete-unico-do-estado-do-rio-21614491. Acesso em 7 nov. 2021.

36. Ver https://odia.ig.com.br/rio-de-janeiro/2018/02/5515776-decisao-acaba-com-monopolio-da-riocard-na-emissao-de-vale-transporte.html. Acesso em 7 nov. 2021.

Ano	Autor(es)	Réu	Tese	Pedido de danos morais coletivos?	Resultado
2018	Ministério Público Federal/SP	Microsoft	Ilegalidade modelo de opt-out do Windows 10 e ausência de consentimento informado em violação ao Marco Civil da Internet e Código de Defesa do Consumidor. Pedido de alertas específicos e consentimento granular, cumulada com obrigação de fazer: atualização imediata para cessar ilícito.	R$ 10.000.000,00 (dez milhões de Reais)	Liminar concedida parcialmente. Não é possível a concessão da tutela de urgência, tal como requerida, no sentido de determinar-se a adequação de *todas as licenças e/ou softwares do sistema operacional Windows 10*, a fim de que este não mais colete informações e dados pessoais de seus usuários. Plausibilidade parcial do direito invocado, no tocante a determinar-se que a Microsoft adote procedimentos específicos, no prazo de 30 (trinta) dias, de modo a permitir que o usuário do sistema operacional Windows 10, em caso de não autorizar o uso de seus dados, tenha ferramenta operacional que permita o exercício de tal opção de forma tão simples e fácil quanto a que permite a atualização com a autorização dos dados.
2018	Ministério Público do Rio de Janeiro	Decolar	Ação civil pública contra a empresa de comércio eletrônico pelas práticas de geo-blocking –	Sim, R$ 57.000.000,00 (cinquenta e sete milhões)	Ação Civil Pública ainda não decidida no mérito. Pedido liminar julgado improcedente.

Ano	Autor(es)	Réu	Tese	Pedido de danos morais coletivos?	Resultado
			bloqueio da oferta com base na origem geográfica do consumidor – e de geo-pricing – precificação diferenciada da oferta também com base na geolocalização. Para o MPRJ, a Decolar.com violou o direito brasileiro na medida em que se utilizou de tecnologia de informação para ativamente discriminar consumidores com base em sua origem geográfica e/ou nacionalidade para manipular as ofertas de hospedagem em hotéis, alterando o preço e a disponibilidade de ofertas conforme a origem do consumidor.		Decolar.com conseguiu no TJRJ o segredo de justiça, que foi revertido em dezembro de 2019 por decisão do Superior Tribunal de Justiça[37].
2018	Ministério Público do Distrito Federal e Territórios	Banco Inter	Incidente de segurança e exposição ilegal de informações financeiras de clientes, com agravante de negligência e ocultação de evidências.	R$ 10.000.000,00 (dez milhões)	Ação Civil Pública encerrada após Termo de Ajuste de Conduta assinado pelo Banco Inter, com repasse de recursos ao Fundo de Direitos Difusos.

37. Informação obtida por meio de entrevista com o Promotor Guilherme Martins (MPRJ) em 18 de dezembro de 2019.

Ano	Autor(es)	Réu	Tese	Pedido de danos morais coletivos?	Resultado
2018	Ministério Público do Distrito Federal e Territórios	Telefônica	Tratamento de dados de pessoais sem consentimento informado no produto Vivo Ads e necessidade de elaboração de Avaliação de Impacto à Proteção de Dados Pessoais, com pedido liminar de produção da AIPD para o Ministério Público.	R$ 10,000.000,00 (dez milhões)	Pedido liminar indeferido e ação julgada improcedente em razão da existência de Termo de Adesão com cláusula expressa sobre coleta de dados de geolocalização.
2018	Instituto Brasileiro de Defesa do Consumidor	ViaQuatro (concessionária da Linha Amarela do Metrô de São Paulo).	Tratamento de dados biométricos sem informação adequada e sem consentimento, configurando prática abusiva, em violação ao Código de Defesa do Consumidor e ao Código de Defesa dos Usuários dos Serviços Públicos, com pedido liminar de suspensão da atividade de coleta de imagens pelas Portas Interativas Digitais.	R$ 100.000.000,00 (cem milhões de Reais)	Liminar concedida ao Idec, com suspensão da atividade de registro de imagens e coleta de dados pessoais. Caso ainda não julgado no mérito.[38]

Considerando (i) o quão avançado é o sistema de tutela coletiva no Brasil, (ii) a força dos Ministérios Públicos e o predomínio do uso de ACPs, (iii) a existência crescente de entidades de direitos digitais com alguma colaboração com o sistema de justiça (não somente Idec, mas também CodingRights, Artigo 19, Intervozes, InternetLab, IRIS, entre outros) e (iv) crescente percepção de que os problemas de proteção de dados pessoais são problemas de ordem coletiva,

38. As informações são válidas até abril de 2020, período de escrita do presente artigo.

envolvendo interesses difusos, fica evidente que a tutela coletiva desempenhará um papel importante na constituição de um regime jurídico brasileiro de proteção de dados pessoais.[39]

Ainda é cedo para avaliar, precisamente, qual é o papel das ACPs na proteção de dados pessoais no Brasil e os problemas de argumentação que podem surgir nas diferenciações entre direitos individuais homogêneos, direitos coletivos e direitos difusos. No entanto, nota-se que, diferentemente da Europa, onde se observa uma utilização estratégica do artigo 80 da GDPR para que casos de interesses difusos sejam avaliados pelas Autoridades de Proteção de Dados em sede administrativa, o Brasil possui uma tendência inicial de continuar valendo-se do Judiciário como *locus* de resolução de conflitos e arena de disputas sobre violações de direitos e medidas de reparação. Nesse sentido, é inevitável a percepção de alguns ministros, como Paulo de Tarso Sanseverino, de que, com a entrada da LGPD, "o número de casos no tribunal vai aumentar"[40].

2. A Lei Geral de Proteção de Dados Pessoais e a abertura à tutela coletiva

O Brasil é um laboratório notável para se pensar as tensões e a problemática dos direitos difusos e da tutela coletiva na proteção de dados pessoais, bem como a relação entre direito, tecnologia e sociedade. A criação e aprovação da Lei Geral de Proteção de Dados Pessoais (Lei 13.709/2018) correram paralelamente à criação e aprovação do Marco Civil da Internet (Lei 12.965/2014) e sua aplicação nas Cortes Superiores, em conjunção com o Código de Defesa do Consumidor (Lei 8.078/1990). O artigo 30 do Marco Civil da Internet deixou claro que "a defesa dos interesses e dos direitos estabelecidos nesta Lei poderá ser exercida em juízo, individual ou coletivamente, na forma da lei", abrindo espaço para modelos de tutela coletiva afeitos ao microssistema de direitos difusos constituído pelas reformas jurídicas da década de 1980.[41]

39. ZANATTA, Rafael; SOUZA, Michel. A tutela coletiva em proteção de dados pessoais: tendências e desafios, in: DE LUCCA, Newton; ROSA, Cíntia. *Direito & Internet V: Proteção de Dados Pessoais*. São Paulo: Quartier Latin, 2019.

40. MEDEIROS, Henrique. LGPD vai gerar aumento exponencial em aberturas de processos, prevê ministro do STJ, Mobile Time, 05/09/2019. Disponível em: https://www.mobiletime.com.br/noticias/05/09/2019/lgpd-tera-aumento-exponencial-em-aberturas-de-processos-preve-ministro-do-stj/. Acesso em 7 nov. 2021.

41. Marcel Leonardi, em sua tese de doutorado na USP defendida há quase uma década, sustentou um argumento relacionado à "defesa da privacidade da coletividade",

2.1. A LGPD como legislação de direitos individuais e difusos

Como herdeira dessa tradição de abertura aos direitos difusos – que define as características do direito civil e processual brasileiro na segunda metade do século XX –, a Lei Geral de Proteção de Dados Pessoais possui um caráter propositalmente ambíguo. A legislação assume um forte caráter de afirmação de direitos individuais, porém mantém, em sua estrutura, dispositivos que garantem claramente instrumentos de proteção de direitos coletivos e difusos. Nesse sentido, é uma lei ambígua. Ela é claramente orientada aos direitos individuais, porém, também é uma legislação de proteção de direitos difusos.[42] Essa identificação da proteção de dados pessoais como um problema de natureza coletiva apoia-se em longa tradição intelectual do pensamento jurídico, em especial o italiano.[43]

---

partindo da premissa de que há uma "relação jurídica base" no uso de aplicações de Internet (e.g. Facebook ou Google), reconhecendo que o "conjunto dos usuários (...) goza de um direito coletivo, tutelável por meio de um provimento jurisdicional uniforme, de forma a cessar eventuais práticas ilícitas que afetem todos eles, de modo indivisível". LEONARDI, Marcel. *Tutela e Privacidade na Internet*. São Paulo: Saraiva, 2012. p. 234.

42. Laura Schertel Mendes sustentou, em trabalho de referência obrigatória sobre o tema, sustentou que "pode-se compreender que a proteção de dados adquire um âmbito abrangente. Primeiramente, ela passa a ser compreendida como um fenômeno coletivo, na medida em que os danos causados pelo processamento impróprio de dados pessoais são, por natureza, difusos, exigindo igualmente uma tutela coletiva". MENDES, Laura Schertel. *Privacidade, proteção de dados e defesa do consumidor*. São Paulo: Editora Saraiva, 2014 (ver capítulo 1.1.2, intitulado "a proteção de dados pessoais: novas características em face de novos desafios").

43. Após os trabalhos pioneiros de Stefano Rodotà na década de 1970 – em especial *Elaboratori elettronici e controllo sociale* de 1973 –, o pensamento jurídico italiano canalizou ótimos debates na revista *Informativa e diritto* na década de 1980. Cf. FROSINI, Vittorio. La protezione della riservatezza nella società informatica. *Informatica e diritto*, v. 7, n. 1, p. 5-14, 1981 (defendendo que "il problema della tutela della riservatezza non riguarda più soltanto, nel mondo d'oggi, l'individuo, il singolo cittadino, la persona umana gelosa della sua vita private (...) il problema della protezione dei dati, e quella dei metodi di elaborazione, ha dunque una sua articolazione complessa, che tocca diversi aspeti dell'esperienza giuridica, e costituice ormai un insieme coerente, che si può designare col nuovo termine di diritto dell'informatica"). PAGANO, Rodolfo. Tutela dei dati personali: evoluzione della legislazione europea e stato del dibattito. *Informatica e diritto*, v. 12, n. 3, p. 67-94, 1986 (comentando os trabalhos da Comissão Mirabelli de 1982, a assinatura da Convenção do Conselho da Europa de 1981 em 1983 e as tensões entre proteção de dados pessoais e leis de acesso à informação). Informatica e diritto, v. 12, n. 3, p. 95-118, 1986. LOSANO, Mario G. Una

Inicialmente, a LGPD diz que seu objetivo é "proteger os direitos fundamentais de liberdade e de privacidade e o livre desenvolvimento da personalidade da pessoa natural" (art. 1º). A legislação fala em *titular* (a pessoa natural que detém os direitos sobre os dados pessoais) e em direitos a serem exercidos individualmente, como o acesso às informações sobre o tratamento de dados (art. 9º). Em viés acentuadamente individual, a legislação diz que "toda pessoa natural tem assegurada a titularidade de seus dados pessoais e garantidos os direitos fundamentais de liberdade, de intimidade e de privacidade" (art. 17). No artigo 18 apresenta-se um amplo rol de novos direitos, como portabilidade (inc. V), acesso (inc. II), correção (inc. III), oposição (§ 2º), conhecimento sobre compartilhamento com controladores/operadores (inc. VII) e eliminação de dados excessivos (inc. VI). Posteriormente, a lei estabelece que a Autoridade irá "apreciar petições de titular contra controlador após comprovada pelo titular a apresentação de reclamação ao controlador não solucionada" (art. 55-J, V). Nessa linguagem, é evidente um caráter de *direitos individuais*, tal como identificado por acadêmicos com relação à *General Data Protection Regulation* (GDPR).

Ao mesmo tempo, a LGPD adota uma série de elementos típicos da defesa ambiental e da defesa do consumidor, em especial a mobilização de ideias relacionadas a "direitos difusos" e tutela coletiva. A legislação é clara ao afirmar que o direito de peticionamento pode ser exercido "perante os organismos de defesa do consumidor" (art. 18, § 8º), reforçando a estrutura das centenas de Procons criados desde a década de 1970 no país. Mas não só. Essa norma atrai para o polo de aplicação desses direitos toda a estrutura dos Procons, Defensorias Públicas, ONGs e Ministérios Públicos (o que é chamado de "Sistema Nacional de Defesa do Consumidor"), na medida em que a LGPD também afirma que "a defesa dos interesses e dos direitos dos titulares de dados poderá ser exercida em juízo, individual ou coletivamente", "acerca dos instrumentos de tutela individual e coletiva" (art. 22).

De modo muito claro, a LGPD estabelece que o judiciário poderá ser instado pelos legitimados, a defender os interesses e os direitos dos titulares de dados, individual ou coletivamente, na forma do disposto na legislação pertinente, acerca dos instrumentos de tutela individual e coletiva (art. 22). Mais detalhadamente, poderá o judiciário ser instado a determinar a responsabilidade dos controladores e operadores pelo ressarcimento de danos individuais e/ou coletivos que tenham causado no exercício de atividade de tratamento de dados pessoais,

---

proposta di legge sulla privacy nella Repubblica di Colombia. *Informatica e diritto*, v. 14, n. 3, p. 117-159, 1988.

quando houver violação da legislação de proteção de dados (art. 42, *caput* e § 3º, da LGPD). Controladores e operadores serão solidariamente responsáveis pelo ressarcimento dos danos, somente não sendo responsáveis quando: (i) provarem que não realizaram o tratamento de dados pessoais que lhes é atribuído; ou ainda que (ii) provarem que, embora tenham realizado o tratamento de dados pessoais que lhes é atribuído, não houve violação à legislação de proteção de dados; ou (iii) restar provado que o dano é decorrente de culpa exclusiva do titular dos dados ou de terceiro. Assim, como notado em outro estudo:

> "em complementação às medidas de prevenção da violação de dados e às medidas de fiscalização e sanções administrativas previstas, fica aberta a possibilidade de atores diversos comparecerem ao judiciário brasileiro para requerer o ressarcimento dos danos individuais e/ou coletivos causados pelos agentes de proteção de dados. A lei de proteção de dados ainda determina a possibilidade de inversão do ônus da prova nesses casos (art. 42, § 2º, da LGPD), até por conta da vulnerabilidade técnica que as outras partes terão quando comparadas com os agentes de proteção de dados"[44].

A leitura dos artigos 22 e 42 não deixa dúvidas sobre a formatação da defesa dos direitos de forma coletiva, por meio da tutela coletiva e ações coletivas por reparações de danos.[45] Além disso, a LGPD apresenta-se como uma legislação de direitos difusos pela clara interação entre LGPD e Código de Defesa do Consumidor, abrindo caminho para uma coordenação institucional entre Secretaria Nacional do Consumidor e Autoridade Nacional de Proteção de Dados Pessoais. Além disso, a LGPD é bastante única, em nível mundial, ao promover uma interação explícita com o Sistema Nacional de Defesa do Consumidor no exercício dos direitos dos titulares. O artigo 18 abre a possibilidade de que os direitos básicos dos titulares de petição sejam exercidos perante entidades do SNDC, o

44. ZANATTA, Rafael; SOUZA, Michel. A tutela coletiva em proteção de dados pessoais: tendências e desafios, in: DE LUCCA, Newton; ROSA, Cíntia. *Direito & Internet V: Proteção de Dados Pessoais*. São Paulo: Quartier Latin, 2019.

45. "Não é difícil imaginar, nessas circunstâncias, que diversas ações coletivas venham a ser ajuizadas com amparo na LGPD, até porque referida lei alude explicitamente à tutela coletiva (arts. 22 e 42, *caput* e § 3º), incidindo subsidiariamente a legislação específica (notadamente, a Lei n.º 7.347/1985 e os arts. 81 a 104 do CDC, sem prejuízo de outros diplomas eventualmente aplicáveis, como a Lei n.º 4.717/1965, sobre a ação popular, e os arts. 21 e 22 da Lei n.º 12.016/2009, sobre o mandado de segurança coletivo)." ROQUE, André. A tutela coletiva dos dados pessoais na Lei Geral de Proteção de Dados Pessoais, *Revista Eletrônica de Direito Processual*, v. 20, n. 2, 2019.

que inclui todo o sistema dos Procons, instâncias administrativas de proteção ao consumidor e que se orientam a casos de interesses difusos. Além disso, a LGPD promoveu uma conexão explícita com a tradição consumerista de boa-fé ao instituir no *caput* do art. 6º este princípio. Diferentemente da GPDR e outras legislações latino-americanas, o legislador brasileiro promoveu uma ligação muito maior com uma tradição de pensamento jurídico que enxerga um conjunto de obrigações de boa-fé como pilar do direito do consumidor, o que possibilita uma relação muito profícua entre boa-fé, direito básico à informação e direitos de proteção de dados pessoais. Mais do que isso, permite uma construção intelectual que enxerga na falha sistemática do cumprimento da boa-fé uma situação de ilicitude, conectada com as noções de abuso de direito. Dessa tradição civilista e consumerista, podem surgir teses inovadoras sobre tutela inibitória e tutelas de remoção do ilícito quando houver uma violação coletiva à boa-fé e aos direitos de proteção de dados pessoais.

Em síntese, a partir da leitura conjunta do art. 22 com o art. 42 da LGPD, bem como os dispositivos da Lei da Ação Civil Pública e do Código de Defesa do Consumidor, pode-se afirmar com segurança que a legislação brasileira

> "(i) permitirá uma atuação repressiva, em nível administrativo, para a tutela da proteção de dados pessoais, valendo-se do microssistema de proteção dos direitos difusos, (ii) fomentará a atuação de entidades civis especializadas e do Ministério Público na tutela dos direitos difusos de proteção de dados pessoais, por meio do poder judiciário, e (iii) possibilitará o uso de um ferramental do processo civil brasileiro para interrupção de violações de direitos assegurados na LGPD, tornando a dinâmica regulatória mais complexa"[46].

De fato, como já sustentado, "o *enforcement* se dará não só pela Autoridade Nacional de Proteção de Dados, mas também por meio desse arranjo de atores institucionais dedicados à tutela coletiva da proteção de dados pessoais"[47].

2.2. As falhas do regime jurídico brasileiro e as tensões com a Secretaria Nacional do Consumidor

A LGPD assumiu características de dramaticidade típicas de uma novela mexicana entre os anos de 2018 e 2020.[48] Além da promessa não cumprida de

46. ZANATTA, Rafael; SOUZA, Michel, *Op. cit.*
47. ZANATTA, Rafael; SOUZA, Michel, *Op. cit.*
48. Não cabe, neste artigo, uma genealogia da LGPD. Para um panorama anterior a 2016, ver MENDES, Laura; DONEDA, Danilo. Marco jurídico para a cidadania digital: uma

constituição da Autoridade Nacional de Proteção de Dados Pessoais – um bizarro imbróglio originário sobre competência e divisão de poderes suscitado por um ex-presidente que também era professor de direito constitucional –, a LGPD enfrentou um longo embate sobre sua eficácia em razão do início da pandemia de Covid-19 e as pressões para que fosse promulgada. As tensões só se resolveram no segundo semestre de 2020 com os acordos políticos para entrada em vigor da legislação e a constituição da Autoridade Nacional de Proteção de Dados Pessoais. Constituída com três membros das Forças Armadas e duas civis, a ANPD passou por um processo de criação de seu Regimento Interno e Planejamento Estratégico. Posteriormente, divulgou sua agenda regulatória. Ao passo que o ano de 2021 teve como norte o regimento interno, o planejamento estratégico, a regulamentação diferenciada para microempresas e empresas de pequeno porte (conforme artigo 55-J, XVIII da LGPD), a consulta pública sobre comunicação de incidentes de segurança, a atuação de 2022 foi definida tendo em mira uma resolução sobre os direitos dos titulares, a edição de regulamentos e procedimentos sobre Relatório de Impacto à Proteção de Dados Pessoais e uma resolução sobre atribuições e responsabilidades do encarregado, incluindo as hipóteses de dispensa de indicação.

Diante desse enfoque em sua própria capacidade institucional na construção das primeiras normas de interpretação da LGPD, e considerando as facilidades de acesso à justiça e litigiosidade do sistema de justiça no Brasil, a atuação da ANPD é incapaz de superar um cenário de relativa instabilidade jurídica, fazendo com que Ministérios Públicos e entidades civis explorem o Poder Judiciário como alternativa a um regime de proteção coletiva dos dados pessoais, potencialmente reduzido em um modelo administrativo de governança.[49] Esse fenômeno, por sua vez, tende a fazer com que conflitos de visões sobre matrizes individuais e coletivas sobre a proteção de dados pessoais ganhem novos contornos específicos no Judiciário, promovendo uma relação dinâmica no processo de interpretação da legislação aplicável a privacidade e tratamento de dados pessoais.

---

análise do Projeto de Lei 5.276/2016, *Revista de Direito Civil Contemporâneo*, v. 9, 2016, p. 35-48 (explicando o processo de construção do Projeto de Lei de Proteção de Dados Pessoais encaminhado pelo Executivo para o Congresso e os direitos subjetivos dos titulares de dados).

49. O caráter coletivo do regime de proteção é reduzido em um modelo administrativo de governança, em tese, em razão do enfoque nas relações "titular-controlador-autoridade". Isso não significa que a proteção coletiva fica impossibilitada, considerando que agentes do Sistema Nacional de Defesa do Consumidor podem ser mobilizados a auxiliar nos direitos previstos no art. 18 da LGPD.

Nesse sentido, o Brasil apresenta-se como jurisdição complexa e conflituosa na qual, apesar de sofrer a influência de um processo de convergência institucional aos moldes do *Fair Information Practices Principles* e da *General Data Protection Regulation* (que exige um aparato de *Data Protection Authorities* e regulação administrativa), favorece um tipo específico de "ativismo em privacidade" mais conectado às estruturas pré-existentes de defesa de direitos coletivos, originados em razão de conflitos ambientais e de direitos dos consumidores.[50]

Assim, o fenômeno de judicialização de conflitos e de protagonismo de ONGs e do Ministério Público no Judiciário em casos de proteção de dados pessoais não pode ser visto como algo negativo, como se fosse um problema de "excesso de acesso à justiça" ou de "ativismo judiciário". Na realidade, sua provável ocorrência será decorrente dos problemas estruturais de constituição da Autoridade Nacional de Proteção de Dados Pessoais e de tentativa de *deslocamento dos conflitos para a tutela administrativa*, algo que ainda não ocorreu. É ainda uma questão empírica, a ser testada, o quanto que uma boa atuação da ANPD em processos administrativos pode ser capaz de diminuir os incentivos para que os casos sejam solucionados no Judiciário.

Esse deslocamento para a tutela administrativa, isto é, para a resolução de conflitos por meio de processos administrativos decididos pela Autoridade Nacional de Proteção de Dados Pessoais, fica mais complexo com as disputas recentes geradas com a Secretaria Nacional do Consumidor (Senacon), conduzida por Luciano Timm,[51] Secretário nomeado pelo ministro da Justiça do governo Bolsonaro.[52] Em agosto de 2019, Timm afirmou que "a ANPD é importante, mas não será o único regulador, já que a lei prevê a possibilidade de atuação também de órgãos de defesa do consumidor". A mensagem foi vista como um prenúncio de protagonismo que, no segundo semestre de 2019, se concretizou. Em poucos meses, aplicou uma multa milionária ao Facebook pelo escândalo Cambridge Analytica. A multa foi aplicada pelo Departamento de Proteção e Defesa do

---

50. Sobre o conceito de "ativismo em privacidade", ver BENNETT, Colin J. The privacy advocates: Resisting the spread of surveillance. Mit Press, 2010.

51. Luciano Timm é bacharel em Direito, mestre em Direito privado, doutor em Direito dos Negócios e da integração regional pela Universidade Federal do Rio Grande do Sul (UFRGS) e possui pós-doutorado no Departamento de Direito, Economia e Negócios pela Universidade da Califórnia em Berkeley.

52. Com a saída de Sergio Moro do governo federal, Luciano Timm também anunciou saída da Secretaria Nacional do Consumidor. Parte da equipe permaneceu no cargo, incluindo a coordenadora do Departamento de Proteção de Direito do Consumidor (DPDC).

Consumidor (DPDC) em 6,6 milhões de Reais. No mesmo dia da aplicação da multa, o ex-ministro Sergio Moro publicou em seu Twitter: "O futuro da proteção do consumidor está nas redes digitais. Passou o tempo no qual o problema era a troca do liquidificador"[53].

É importante ter em mente que a atuação da Senacon precede a da ANPD, inclusive nas questões de proteção de dados pessoais. Desde a ampla reestruturação ocorrida em 2012, a Senacon passou a ter como enfoque ilícitos contra o consumidor envolvendo direitos da personalidade e privacidade. Já em 2013, a Senacon iniciou um grande trabalho de investigação de tratamento de dados pessoais envolvendo a Oi (TNL PCS S/A). Em caso histórico de 2014, envolvendo o software Phorm que monitorava o tráfego de dados do consumidor para fins de construção de perfis de navegação, o DPDC/Senacon multou a Oi em R$ 3,5 milhões por infrações às normas de defesa do consumidor.

Em agosto de 2020, após denúncias do Idec, o DPDC/Senacon multou a Hering pelo uso de câmeras de detecção facial em uma loja piloto no Shopping Morumbi, em São Paulo. A Senacon levou em consideração a vulnerabilidade do consumidor no mercado de consumo (CDC, art. 4º, I), os interesses dos participantes das relações de consumo e a sua participação (CDC, art. 4º, III) e o direito básico de informação sobre produtos e serviços, assegurada a liberdade de escolha e igualdade nas contratações (CDC, art. 6º, II). O processo administrativo também teve como fundamento jurídico a ausência de informações diante do tratamento de dados pessoais em relação de consumo (CDC, art. 43) e a proteção contra práticas abusivas e desleais (CDC, art. 6º, IV).

O caso se notabilizou pela excelente dosimetria de pena, que levou em consideração o enquadramento da infração (a inserção de registros em desacordo com a legislação em bancos de dados), o dano individual, o faturamento do fornecedor (no caso, o faturamento da Loja Hering Experience), a receita bruta mensal da empresa, criando um cálculo que saiu de uma pena-base de R$ 117.543,00 para uma pena final de R$ 58.767,00, considerando os atenuantes de (i) infração primária, (ii) cessação da prática; e (iii) colaboração com o processo administrativo.

Em síntese, a Senacon manteve sua tradição de atuar de forma repressiva, em processos administrativos, contra ilícitos de proteção de dados pessoais. Em julho de 2021, o DPDC/Senacon terminou a aplicação de sanção administrativa de R$ 8,8 milhões contra o Banco Pan por violação à proteção de dados pessoais. Em caso iniciado por denúncias do Idec, a Senacon identificou que

53. Ver https://twitter.com/sf_moro/status/1211642270958702593. Acesso em 7 nov. 2021.

consumidores não eram informados sobre a abertura de cadastros e bancos de dados, inexistindo vigilância e fiscalização das atividades dos correspondentes bancários, em situação agravada pela hipervulnerabilidade de idosos.

O potencial protagonismo da Senacon, na ausência da ANPD, é particularmente interessante considerando a redação do artigo 55-K da LGPD, que diz que "a aplicação das sanções previstas nesta Lei compete exclusivamente à ANPD, e suas competências prevalecerão, no que se refere à proteção de dados pessoais, sobre as competências correlatas de outras entidades ou órgãos da administração pública". A redação é polêmica, tendo em vista que o artigo 52, § 2º, estipula que "o disposto neste artigo não substitui a aplicação de sanções administrativas" nos termos do Código de Defesa do Consumidor, o que abre margem para legitimação da atuação do Sistema Nacional de Defesa do Consumidor e, em especial, a Senacon e o DPDC.

De fato, uma interpretação restritiva, que vise excluir a possibilidade de atuação da Secretaria Nacional do Consumidor, pode facilmente ser vista como inconstitucional, tendo em vista que está previsto na Constituição Federal que é dever do Estado promover a defesa do consumidor. Uma das formas de defesa do consumidor é o Sistema Nacional de Defesa do Consumidor, tal como definido no Código de Defesa do Consumidor, que possui sua estrutura de processo administrativo para tanto. Cabe ao DPDC, enquanto Departamento da Secretaria, a abertura de averiguações preliminares, a instauração de processos administrativos e a aplicação das penalidades previstas no artigo 56 da Lei nº 8.078/90 (Código de Defesa do Consumidor), bem como no artigo 18 do Decreto nº 2.181/97. Das decisões do DPDC cabe recurso à Secretária Nacional do Consumidor, no prazo de dez dias. Esse é o modelo definido pelo direito brasileiro e que parece não colidir com a LGPD.

Nesse sentido, a criação tardia de uma ANPD forneceu combustível para ampliação da Senacon, que manterá suas funções de repressão de ilícitos aos consumidores por meio de processos administrativos. O que se observará nos próximos anos, portanto, é uma delicada relação de competição e cooperação entre Senacon e ANPD. É pouco provável que a Senacon diminuirá sua atuação nesta área e que a ANPD atuará sozinha. Profissionais da proteção de dados pessoais devem saber operar em dois terrenos distintos da tutela administrativa: os processos que se iniciarão na ANPD e a tradição de processos administrativos perante o DPDC/Senacon.[54]

54. Como lembra Luis Manuel Pires, sem processo, o Estado de Direito é uma falácia. O processo é um postulado do Estado de Direito ou qualquer sociedade política que busque promover justiça. O processo supõe a presença de um terceiro e seu

2.3 A coletivização da proteção de dados pessoais e os limites de atuação do MP

Em um artigo escrito para a Revista da AASP em dezembro de 2019,[55] argumentei que estamos vivendo um processo de "coletivização da proteção de dados". Esse processo seria caracterizado por quatro elementos básicos, que poderiam ser observados em várias partes do mundo:

a) a crescente importância da linguagem dos "direitos difusos" e "direitos coletivos" (com base em teorias sobre *group privacy* e *collective dimensions of personal data*);

b) uma mudança na forma de proteção desses direitos, saindo de uma chave clássica liberal na qual o titular dos dados defende seus próprios direitos (nos EUA projetos de lei garantem poderes aos *State Attorneys* e *Attorney General*; na União Europeia, os artigos 80 e 81 da GDPR garantem possibilidade de entidades civis apresentarem casos às Autoridades e ao Judiciário em nome da sociedade);

c) a ampliação das obrigações relativas à "proteção do ambiente informacional", em uma perspectiva preventiva (a elaboração de avaliações de impacto à proteção de dados, a formação de *boards consultivos* com ONGs para avaliação do impacto de algoritmos em direitos humanos);

d) a redefinição das estruturas administrativas de defesa do consumidor, que passam a encarar a proteção de dados pessoais como um problema coletivo de defesa do consumidor (nos EUA, a FTC tem defendido uma atuação mais rigorosa em privacidade, chegando a fechar acordo de 5 bilhões de dólares com Facebook; nos países escandinavos entidades de defesa do consumidor estão pedindo auxílio de entidades de direitos digitais para renovação da agenda de defesa do consumidor com foco em proteção de dados pessoais).[56]

---

conhecimento como instituição, o debate, a decisão que resulta da virtude performativa da palavra que profere o direito e a decisão anunciada para pôr fim à incerteza, impondo às partes uma justa distância. PIRES, Luis Manuel Fonseca. Justiça e processo administrativo no Código de Defesa do Consumidor, in: GUERRA, Alexandre; MALFATTI, Alexandre (org.). 25 anos do Código de Defesa do Consumidor. São Paulo: Escola Paulista de Magistratura, 2015, p. 9.

55. ZANATTA, Rafael A. F., A tutela coletiva na proteção de dados pessoais, *Revista da AASP*, nº 144 – nov. de 2019.

56. ZANATTA, Rafael A. F., A tutela coletiva na proteção de dados pessoais, *Revista da AASP*, nº 144 – nov. de 2019.

No Brasil, além desses quatro fenômenos, há um quinto elemento qualificador da coletivização da proteção de dados pessoais, distinto de outras jurisdições, caracterizado pela intensa atuação repressiva do Ministério Público na construção de Ações Civis Públicas. Desde a criação da Comissão Especial de Proteção de Dados Pessoais no MPDFT, dezenas de inquéritos foram instaurados contra empresas que supostamente violaram as regras da LGPD, antecipando o *enforcement* da legislação.

O Ministério Público do Distrito Federal e Territórios, por meio da Portaria Normativa PGJ nº 539, de 12 de abril de 2018, criou a Comissão de Proteção de Dados Pessoais do MPDFT,[57] primeira iniciativa nacional dedicada exclusivamente à proteção dos dados pessoais e da privacidade, coordenada pelo Promotor de Justiça Criminal, Frederico Meinberg Ceroy.

Desde 2018, a Comissão teve uma atuação constante na proteção dos dados pessoais, porém, com intensidade menor a partir de 2021. Um dos casos emblemáticos trata da abertura do procedimento preparatório em face da Uber do Brasil Tecnologia Ltda. por conta de um incidente de segurança ocorrido em meados do final de 2016, quando houve invasão do sistema e violação de informações de usuários, tanto clientes como motoristas. O objetivo do procedimento era investigar as circunstâncias e as causas do referido incidente, bem como apurar as responsabilidades pelos danos causados[58]. Além desse caso, foram abertos inquéritos civis para apuração de responsabilidade pelo vazamento de dados de outras pessoas jurídicas, tais como Federação das Indústrias de São Paulo (FIESP)[59] e da Starwoods Hotelsand Resorts (Marriott International)[60].

O MPDFT também tem apostado em uma estratégia de firmar TACs, fazendo com que a ameaça de uma condenação se transforme em incentivo para um compromisso de ajustamento de conduta. Em fevereiro de 2019, foi firmado um Termo de Ajustamento de Conduta (n. 01/2019) entre o Ministério Público do Distrito Federal e Territórios, representado pelo Promotor Frederico Ceroy,

57. Posteriormente transformada em Unidade Especial de Proteção de Dados e Inteligência Artificial (Espec).

58. MPDFT. Portaria 01/2018, de 06 de fevereiro de 2018. Disponível em: http://www.mpdft.mp.br/portal/pdf/comissao_protecao_dados_pessoais/Instauracao_de_PP_Uber.pdf. Acesso em 7 nov. 2021.

59. MPDFT. Portaria 27/2018, de 27 de novembro de 2018. http://www.internetlab.org.br/wp-content/uploads/2018/11/26.11_MPDFT.pdf. Acesso em 7 nov. 2021.

60. MPDFT. Portaria 28/2018, de 03 de dezembro de 2018. Disponível em: http://www.mpdft.mp.br/portal/pdf/noticias/dezembro_2018/Instauracao_de_ICP_Marriott_Assinado.pdf. Acesso em 7 nov. 2021.

com a Netshoes (Ns2.com Internet S.A.)[61]. O acordo foi firmado com base na lei brasileira, seguindo a orientações da Lei Geral de Proteção de Dados – apesar de não estar em vigor na época –, em um inquérito civil que pretendeu investigar o vazamento de dados de quase 2 milhões de clientes da empresa no ano de 2018. Pelos termos do acordo, a empresa se comprometeu a pagar R$ 500.000,00 (quinhentos mil reais), a título de indenização pelos danos morais coletivos de caráter nacional em razão do incidente de segurança que comprometeu milhões de titulares dos dados pessoais.[62] Nesse acordo, chama atenção a postura do MPDFT de ressaltar "a necessidade de incentivar as empresas, vítimas de incidentes de segurança, a optarem por colaborarem com as investigações do Ministério Público em detrimento do pagamento de quantia aos autores dos incidentes com o objetivo de ocultar o acontecido".

Em 2019, o MPDFT tornou-se alvo de grandes polêmicas em razão da ACP contra a Telefônica em razão do produto VivoAds. O MPDFT criou a tese de que o Vivo Ads se baseava em mecanismos de *geotargeting* que fazem coleta de dados sem consentimento informado. A ACP foi ajuizada após instauração de um inquérito civil na qual o Promotor de Justiça não teve êxito em exigir um Relatório de Impacto à Proteção de Dados Pessoais, nos termos da LGPD. Na ACP, o MPDFT pediu que a ré fosse "condenada a elaborar e entregar ao Poder Judiciário do Distrito Federal e Território Relatório de Impacto à Proteção de Dados Pessoais nos termos requisitados às folhas 151-157 do Inquérito Civil Público". No entanto, o Juiz da 24ª Vara Cível de Brasília julgou improcedente pedido do Ministério Público do Distrito Federal e dos Territórios – MPDFT para que a Telefônica Brasil deixe de comercializar o produto Mídia Geolocalizada. De acordo com Justiça do Distrito Federal e Territórios, a Telefônica não precisará elaborar e entregar o Relatório de Impacto à Proteção de Dados Pessoais, conforme solicitado pelo MPDFT.

No entendimento do Judiciário, a regulamentação dos procedimentos para sua elaboração *compete à ANPD*, que ainda não se encontra organizada pela Administração Pública Federal, e que, por isso, "não se faz possível impor o dever de elaboração do Relatório ao requerido, em atenção ao Princípio da Legalidade". Decidiu-se que "não se encontrarem comprovadas nos autos violações

61. MPDFT. Termo de Ajustamento de Conduta (n. 01/2019) firmado entre o Ministério Público do Distrito Federal e Territórios, representado pelo Promotor Frederico Ceroy, com a Netshows (Ns2.com Internet S.A.). Disponível em: http://www.mpdft.mp.br/portal/pdf/tacs/espec/TAC_Espec_2019_001.pdf. Acesso em 7 nov. 2021.

62. O valor será recolhido perante o Fundo de Defesa dos Direitos Difusos (FDD), criado pela Lei da Ação Civil Pública e regulamentado pela Lei n. 9.008/95.

à intimidade e à vida privada dos clientes da empresa requerida, uma vez que aduzem expressamente com o uso das informações, que a precisão das cercas virtuais não é capaz de determinar a localização do cliente e que não comprovado o compartilhamento de dados pessoais com as empresas anunciantes da plataforma, entendo pela impossibilidade de suspensão do serviço de publicidade tal como pleiteado". A decisão foi um banho de água fria nas pretensões do MPDFT.

Casos como esse do MPDFT mostram que um dos principais pontos de atenção no debate contemporâneo sobre proteção de dados pessoais no Brasil estará em definir os limites de atuação do Ministério Público, incluindo os pedidos que podem ser formulados no Judiciário e as limitações de pedidos de obrigação de fazer, que muitas vezes podem ser considerados excessivos ou, no limite, até mesmo antijurídicos. Abre-se, também, uma importante agenda de pesquisa empírica sobre a tutela coletiva por meio do MP no Judiciário, incluindo as relações entre sociedade civil e Ministério Público.[63] Será crucial entender quais teses estão sendo construídas no Judiciário, quais as reações provocadas na magistratura e de que modo as decisões podem não somente ser improcedentes ao Ministério Público, como podem reforçar uma perspectiva tradicional da proteção de dados pessoais, como a validade de negócios jurídicos sem o reconhecimento de qualquer abusividade em razão da simples existência de Política de Privacidade e consentimento informado, individualizado, pelo titular dos dados. Será crucial ampliar a agenda de pesquisas sobre a coletivização da proteção de dados pessoais.

Conclusão

A Lei Geral de Proteção de Dados Pessoais não surgiu em um vácuo jurídico ou como um "Big Bang". Do nada. Ela é apenas mais uma camada, de natureza

---

63. Conforme diagnóstico de Rogério Arantes, é possível que entidades civis (ONGs) possam se valer desta força do Ministério Público em litígios estratégicos. Na prática, ao invés de a ONG tornar-se parte autora de um litígio construído por ela, é possível a preparação de uma representação para o Ministério Público, ou mesmo colaborações informais para a construção de casos conjuntos. Um exemplo prático dessa colaboração, porém com a Defensoria Pública, é a Ação Autônoma de Produção de Provas formulada pelo Idec, Intervozes e Artigo 19 – três notórias entidades civis de direitos digitais – em parceria com a Defensoria Pública da União, contra o metrô de São Paulo em razão do edital de contratação de tecnologias de reconhecimento facial. É provável que colaborações desse tipo ganhem força e é possível que os Ministérios Públicos – seja o Federal ou os Estaduais – estabeleçam relações de parcerias com entidades civis especializadas. Essa é uma dimensão específica da "coletivização da proteção de dados pessoais".

jurídico-institucional, que se sobrepõe a uma vida jurídica preexistente. No caso brasileiro, há uma trajetória institucional de décadas caracterizada pelos movimentos de acesso à justiça, afirmação dos direitos difusos e ampliação da tutela, em sua dimensão individual e coletiva. A "revolução dos direitos difusos" explicada neste artigo deixa evidente o quão significativas foram as mudanças geradas pela Lei das Ações Civis Públicas e o Código de Defesa do Consumidor.

A LGPD apresenta tonalidades que variam entre o individual e o coletivo. A leitura conjunta de suas premissas e fundamentos juntamente com o artigo 22 e 42 não deixa dúvidas sobre a receptividade ao microssistema de direitos difusos. A LGPD garante ampla "tutelabilidade" aos interesses difusos de proteção de dados pessoais, abrindo a possibilidade de instrumentos jurídicos de matriz coletiva, como as Ações Civis Públicas. Essa é uma característica que tende a tornar a regulação muito mais complexa do que em outros países, tendo em vista um deslocamento tardio dos conflitos para a arena administrativa. Mesmo ocorrendo um deslocamento para os processos administrativos na ANPD, a agenda coletiva de proteção de direitos provavelmente será pautada pela atuação permanente da Secretaria Nacional do Consumidor e do Sistema Nacional de Defesa do Consumidor, criando uma relação dual entre cooperação e competição institucional.

Esse "deslocamento tardio", que tende a inflar ainda mais o Poder Judiciário inicialmente, pode ser visto de forma positiva por uma perspectiva de construção de cultura de proteção de dados pessoais, de capacitação de agentes[64] e de democracia de alta energia baseada no conflito e na contestação. Esta visão se contrapõe a uma narrativa de que os litígios simplesmente gerariam insegurança jurídica e consequências negativas.

Argumentou-se neste capítulo que a legislação brasileira permitirá uma atuação repressiva, em nível administrativo, para a tutela da proteção de dados pessoais, valendo-se do microssistema de proteção dos direitos difusos, fomentará a atuação de entidades civis especializadas e do Ministério Público na tutela dos direitos difusos de proteção de dados pessoais, por meio do poder judiciário,

---

64. A formulação de litígios em proteção de dados pessoais tende a capacitar múltiplos atores. Não somente a parte autora (e.g. entidade civil sem fins lucrativos que passará meses para poder construir a ação e formular claramente a violação de direitos) como a equipe jurídica da parte Ré (e.g. empresa ou poder público, que terão que utilizar a LGPD em sua defesa, defendendo a base legal existente e ilicitude da ação a partir de uma leitura rigorosa da lei). A capacitação se dá, também, pelo próprio magistrado que estará diante de um caso complexo e com uma formatação jurídica ainda pouco conhecida, que terá que internalizar a LGPD em seu racional decisório, fazendo com que a lei se componha a todo um repertório jurídico preestabelecido.

e possibilitará o uso de um ferramental do processo civil brasileiro para interrupção de violações de direitos assegurados na LGPD, tornando a dinâmica regulatória mais complexa.

A coletivização da proteção de dados pessoais, por sua vez, abre uma importante agenda de pesquisas no campo jurídico, em especial a análise sobre as potências e fraquezas do uso dos instrumentos de tutela coletiva e a resposta do Judiciário em casos estratégicos, que possuem o potencial de formatar a interpretação da legislação e gerar efeitos concretos na vida cívica, considerando a centralidade da LGPD para os negócios e para a relação do cidadão com o poder público.

REFERÊNCIAS

ALPA, Guido. *Tutela del consumatore e controlli sull'impresa*. Bologna: Il Mulino, 1977.

ALTMAN, Gustavo. Em liminar, Justiça impede o uso de câmeras de reconhecimento facial no metrô. *Jota*, 14/09/2018. Disponível em: www.jota.info/justica/mp-cancele-cameras-metro-14092018.

ARANTES, Rogério Bastos. Direito e política: o Ministério Público e a defesa dos direitos coletivos. *Revista Brasileira de Ciências Sociais*, v. 14, n. 39, p. 83-102, 1999.

ASPERTI, Maria Cecília. SOUZA, Michel Roberto O. Desmistificando a Cultura do Acordo: Os discursos de acesso à justiça e eficiência no atual cenário da mediação e da conciliação judiciais no Brasil, in: SOUZA, Michel (org.), *Mediação & o Novo Código de Processo Civil*. Curitiba: Juruá, 2017.

BARBOSA MOREIRA, José Carlos, A proteção jurisdicional dos interesses coletivos ou difusos, in: GRINOVER, Ada Pellegrini (org.), *A tutela dos interesses difusos*. São Paulo: Max Limonad, 1984.

BENNETT, Colin J. *The privacy advocates: Resisting the spread of surveillance*. Mit Press, 2010.

CAPPELLETTI, Mauro. Vindicating the Public Interest Through the Courts, in: CAPPELLETTI, Mauro; GARTH, Bryant. *Access to Justice*, v. 3. Netherlands: Sijthohh & Noodhoff, 1979.

CAPPELLETTI, Mauro. *Appunti sulla tutela giurisdizionale di interessi collettivi o diffusi: le azione a tutela di interessi collettivi*. Pádua: CEDAM, 1976.

CNJ. *Ações coletivas no Brasil: temas, atores e desafios da tutela coletiva*. Brasilía: Conselho Nacional de Justiça, 2017.

FAUVARQUE-COSSON, Bénédicte; KERHUEL, Anne-Julie. Is law an economic contest? French reactions to the doing business World Bank reports and economic analysis of the law. *The American Journal of Comparative Law*, v. 57, n. 4, p. 811-829, 2009.

FILOMENO, José Geraldo Brito. *Direitos do consumidor*. 15 ed., rev., atual. São Paulo: Atlas, 2018.

FILOMENO, José Geraldo Brito; VASCONCELLOS E BENJAMIN, Antonio Herman. *A proteção ao consumidor e o Ministério Público*. VI Congresso Nacional do Ministério Público. Anais do VI Congresso Nacional do Ministério Público, São Paulo, 1985.

FROSINI, Vittorio. La protezione della riserva tezzanella società informatica. *Informatica e diritto*, v. 7, n. 1, p. 5-14, 1981.

GRINOVER, Ada Pellegrini. A problemática dos interesses difusos, in: GRINOVER, Ada Pellegrini (org.), *A tutela dos interesses difusos*. São Paulo: Max Limonad, 1984.

LEONARDI, Marcel. *Tutela e Privacidade na Internet*. São Paulo: Saraiva, 2012.

LOSANO, Mario G. Una proposta di legge sulla privacy nella Repubblica di Colombia. *Informatica e diritto*, v. 14, n. 3, p. 117-159, 1988.

MACHADO, Ricardo. A repolitização do uso de dados depois de 15 anos de tecnotopia. Entrevista especial com Rafael Zanatta, *Instituto Humanitas Unisinos*, 17/10/2019. Disponível em: http://www.ihu.unisinos.br/159-noticias/entrevistas/593533-a-repolitizacao-do-uso-de-dados-depois-de-15-anos-de-tecnotopia-entrevista-especial-com-rafael-zanatta. Acesso em 7 nov. 2021.

MEDEIROS, Henrique. LGPD vai gerar aumento exponencial em aberturas de processos, prevê ministro do STJ, *Mobile Time*, 05/09/2019. Disponível em: https://www.mobiletime.com.br/noticias/05/09/2019/lgpd-tera-aumento-exponencial-em-aberturas-de-processos-preve-ministro-do-stj/. Acesso em 7 nov. 2021.

MENDES, Laura Schertel. *Privacidade, proteção de dados e defesa do consumidor*. São Paulo: Editora Saraiva, 2014.

MENDES, Laura Schertel; DONEDA, Danilo. Marco jurídico para a cidadania digital: uma análise do Projeto de Lei 5.276/2016, *Revista de Direito Civil Contemporâneo*, v. 9, 2016, p. 35-48.

PAGANO, Rodolfo. Tutela dei dati personali: evoluzione della legislazione europea e stato del dibattito. *Informatica e diritto*, v. 12, n. 3, p. 67-94, 1986.

RINALDI, Camila. Entidades combatem câmeras do metrô de SP que leem emoções de passageiros para vender publicidade, *The Intercept Brasil*, 31 de agosto de 2018. Disponível em: https://theintercept.com/2018/08/31/metro-cameras-acao-civil/?-comments=1. Acesso em 7 nov. 2021.

ROQUE, André. A tutela coletiva dos dados pessoais na Lei Geral de Proteção de Dados Pessoais, *Revista Eletrônica de Direito Processual*, v. 20, n. 2, 2019.

ZANATTA, Rafael. Imunidade, Desestabilização e Propriedade: o sistema de direitos em Unger, in: TEIXEIRA, Carlos Salvio (org.) *Rebeldia Imaginada: instituições e alternativas no pensamento de Roberto Mangabeira Unger*. São Paulo: Autonomia Literária, 2019.

ZANATTA, Rafael; SOUZA, Michel. A tutela coletiva em proteção de dados pessoais: tendências e desafios, in: DE LUCCA, Newton; ROSA, Cíntia. *Direito & Internet V: Proteção de Dados Pessoais*. São Paulo: Quartier Latin, 2019.

ZANATTA, Rafael A. F., A tutela coletiva na proteção de dados pessoais, *Revista da AASP*, nº 144 – nov. de 2019.

ZANETI, Hermes. Processo coletivo no Brasil: sucesso ou decepção?, in: REICHELT, Luis Alberto; JOBIM, Marco Félix. *Coletivização e Unidade do Direito*. Londrina: Thoth, 2019.

Capítulo 14

O que esperar do contencioso de dados

Natália Balbino da Silva

Bacharel em Direito pela Universidade Presbiteriana Mackenzie (UPM), pós-graduada em Direito Digital e Compliance pelo Instituto Damásio de Direito da Faculdade Ibmec SP, certificada pela IAPP – *Certified Information Privacy Manager* (CIPM), voluntária do projeto socioeducativo Juventude Privada, membro da Comissão de Direito Digital do Alumni Direito Mackenzie e da Comissão Especial de Privacidade e Proteção de Dados da OAB São Paulo e *Privacy & IP Analyst* no Quinto Andar.
linkedin.com/in/natália-balbino

I stand
On the sacrifices
Of a million women before me
Thinking
What can I do
To make this mountain taller
So the women after me
Can see further
– Legacy, Rupi Kaur

1. Introdução

A Lei Geral de Proteção de Dados Pessoais (LGPD) tornou-se o epicentro das mais diversas discussões entre profissionais atuantes no mercado brasileiro e internacional. Promulgada em agosto de 2018, passou a vigorar somente em setembro de 2020 e já vem trazendo mudanças significativas para a sociedade como um todo.

A LGPD é a primeira legislação brasileira a abordar exclusivamente o tratamento de dados pessoais, de forma a não se preocupar com os dados da pessoa jurídica, apenas com as informações atinentes à pessoa natural identificada ou identificável. Isso porque, o crescente fluxo de dados no mundo globalizado já ensejava a criação de um amplo sistema protetivo, capaz de abranger as caraterísticas próprias dos dados pessoais da população[1].

Nesse sentido, ressalta-se que a Lei foi inspirada no regulamento da União Europeia a respeito do tema, o *General Data Protection Regulation* (GDPR), de modo que muito provavelmente o Brasil se elevará a um nível reputacional suficiente para garantir suas relações econômicas com países europeus e ser reconhecido como uma jurisdição adequada para fluxos internacionais de dados.

Ocorre que, apesar da sua notória importância, o cenário para que tivéssemos a LGPD em vigor foi bastante complexo. Até a publicação da última edição desta obra não se sabia quando a Lei entraria de fato em vigor, isto porque o Projeto de Lei 1.179/2020[2], de autoria do Senador Antonio Anastasia, havia sido

1. MALDONADO, Viviane Nóbrega. A Lei Geral de Proteção de Dados: objeto, âmbito de aplicação, requisitos, segurança e a necessidade de sua correta implementação. **LGPD: Lei Geral de Proteção de Dados Pessoais: Manual de Implementação**. Viviane Nóbrega Maldonado, coordenação. 1 ed. São Paulo: Thomson Reuters Brasil, 2019. p. 15; 20.
2. MOTA, Renato. Senado adia Lei Geral de Proteção de Dados para 2021. **Olhar Digital**. 3 de abril de 2020. Disponível em: https://olhardigital.com.br/coronavirus/noticia/senado-adia-lei-geral-de-protecao-de-dados-para-2021/98995. Acesso em: 3 abr. 2020.

aprovado pelo Senado Federal, prorrogando a entrada em vigor da LGPD para 1º de janeiro de 2021, e a aplicação de sanções administrativas para 1º de agosto de 2021, e a Medida Provisória nº 959/2020 havia sido editada, prorrogando a entrada em vigor da LGPD para o dia 3 de maio de 2021 (art. 4º, que alterou o artigo 65, II, da LGPD).

O Projeto de Lei 1.179/2020 foi convertido na Lei nº 14.010/2020[3], prorrogando a entrada em vigor das sanções previstas na LGPD para agosto de 2021. A Medida Provisória nº 959/2020, por sua vez, foi prorrogada pelo presidente da Mesa do Congresso Nacional, tendo sido estabelecida como data final de sua validade o dia 27 de agosto de 2020[4].

Em agosto de 2020, a Câmara dos Deputados aprovou um substitutivo ao texto da Medida Provisória nº 959/2020, definindo o dia 31 de dezembro de 2020 como a data de início da vigência da LGPD[5] – o Projeto de Lei de Conversão 34/2020. No entanto, o substitutivo ainda precisava ser sancionado e, enquanto isso, a Medida Provisória poderia atingir sua caducidade.

O Projeto de Lei de Conversão 34/2020 foi vetado no que dizia respeito à LGPD e a Lei entrou em vigor no dia 18 de setembro de 2020, com exceção dos artigos que preveem sanções administrativas – que entraram em vigor em agosto de 2021.

Somado a esse cenário arrevesado, também não se sabia, à época, qual seria a configuração da Autoridade Nacional de Proteção de Dados (ANPD), tampouco suas tendências no sentido de interpretar e preencher as lacunas deixadas pelo legislador.

Atualmente, embora a ANPD esteja estruturada e em funcionamento, o cenário brasileiro continua sendo extremamente desafiador, de modo que o

3. BRASIL. **Lei nº 14.010, de 10 de junho de 2020. Dispõe sobre o Regime Jurídico Emergencial e Transitório das relações jurídicas de Direito Privado (RJET) no período da pandemia do coronavírus (Covid-19)**. Disponível em: http://www.planalto.gov.br/ccivil_03/_ato2019-2022/2020/lei/L14010.htm. Acesso em: 10 de julho de 2021.

4. BRASIL. Senado Federal. **Prorrogada MP que regulamenta benefícios e adia Lei de Proteção de Dados**. Disponível em: https://www12.senado.leg.br/noticias/materias/2020/06/29/prorrogada-mp-que-regulamenta-beneficios-e-adia-lei-de-protecao-de-dados. Acesso em: 10 de julho de 2021.

5. BRASIL. Câmara dos Deputados. **Câmara aprova emenda sobre vigência da Lei de Proteção de Dados e conclui votação de MP**. Disponível em: https://www.camara.leg.br/noticias/687343-CAMARA-APROVA-EMENDA-SOBRE-VIGENCIA-DA-LEI-DE-PROTECAO-DE-DADOS-E-CONCLUI-VOTACAO-DE-MP. Acesso em: 10 de julho de 2021.

presente artigo pretende explorar as ações e os caminhos que vêm sendo seguidos pelo Poder Judiciário e quais são as tendências para o futuro do contencioso de dados.

2. A PRIVACIDADE NO ORDENAMENTO JURÍDICO BRASILEIRO

A noção geral de privacidade já estava inserida no ordenamento jurídico brasileiro antes da promulgação da LGPD, estando, inclusive, disposta na Constituição Federal. O artigo 5º, X, da Carta Maior[6], traz a garantia da inviolabilidade da vida privada e da intimidade. No entanto, conforme aponta Danilo Doneda[7], ainda que traga determinações acerca da proteção às correspondências, às comunicações telegráficas, aos dados e às comunicações telefônicas (artigo 5º, XII), existe um grau significativo de permissividade concernente à utilização das informações pessoais no Brasil.

Tércio Sampaio Ferraz[8] aponta que o ordenamento jurídico brasileiro protege o sigilo das comunicações, mas não os dados propriamente ditos. Dessa forma, a proteção dos dados pessoais estaria atrelada ao momento da comunicação, conforme julgados dos Supremo Tribunal Federal.

Além dos dispositivos constitucionais, é fundamental apontar o papel da Lei nº 8.078/1990, o Código de Defesa do Consumidor (CDC), na proteção das informações pessoais da população. Isso porque sua Seção VI[9] é dedicada aos bancos de dados e cadastros de consumidores, trazendo diversas garantias aos titulares de dados, como o direito ao acesso e o direito à atualização e correção de dados (artigo 43, caput e § 3º).

Ressalta-se, inclusive, que parte da doutrina interpreta o CDC em caráter expansivo, de forma a verificar a existência dos princípios de proteção de dados pessoais em seu corpo normativo[10]. Dessa forma, diversas decisões proferidas no

6. BRASIL. **Constituição da República Federativa do Brasil de 1988.** Disponível em: http://www.planalto.gov.br/ccivil_03/constituicao/constituicao.htm. Acesso em: 7 nov. 2021.
7. DONEDA, Danilo; **Da Privacidade à Proteção de Dados Pessoais**: Fundamentos da Lei Geral de Proteção de Dados. 2. ed. São Paulo: Thomson Reuters Brasil, 2020. p. 259 e 260.
8. FERRAZ, Tercio Sampaio apud DONEDA, Danilo; **Da Privacidade à Proteção de Dados Pessoais**: Fundamentos da Lei Geral de Proteção de Dados. 2. ed. São Paulo: Thomson Reuters Brasil, 2020. p. 259.
9. BRASIL. **Lei nº 8.078, de 11 de setembro de 1990**. Disponível em: http://www.planalto.gov.br/ccivil_03/leis/l8078.htm. Acesso em: 7 nov. 2021.
10. DONEDA, Danilo; **Da Privacidade à Proteção de Dados Pessoais: Fundamentos da Lei Geral de Proteção de Dados**. 2. ed. São Paulo: Thomson Reuters Brasil, 2020. p. 266.

Judiciário antes da vigência da LGPD e que diziam respeito à matéria de proteção de dados adotaram como fundamento disposições do CDC, conforme veremos adiante.

O Brasil também adotou em sua legislação o instituto do *habeas data* (artigo 5º, LXXII, da Constituição Federal), seguindo os passos de países da América Latina que haviam acabado de sair de regimes militares na década de 1980. Ainda que nomes como Luís Roberto Barroso acreditem ser um remédio constitucional essencialmente simbólico[11], o *habeas data* tem como objetivo "assegurar o conhecimento de informações relativas à pessoa do impetrante, constantes de registros ou bancos de dados de entidades governamentais ou de caráter público[12]" e a retificação de dados.

Existem outros diplomas legais que tangenciam a questão da proteção de dados pessoais, como a Lei nº 12.965/2014 – Marco Civil da Internet; a Lei nº 12.527/2011 – Lei de Acesso à Informação; a Lei nº 12.414/2011, que disciplinou o cadastro positivo e foi alterada pela Lei Complementar nº 166/2019; a Lei nº 12.737/2012, que trata de crimes de invasão de dispositivos informáticos, popularmente conhecida como Lei Carolina Dieckmann; e a Lei nº 9.472/1996 – Lei Geral de Telecomunicações.

Dessa forma, é certo que o Brasil dava atenção às questões de privacidade, mas em dispositivos esparsos e não de forma específica. Além disso, a saída para resolução de violações de tratamento era unicamente pelo Judiciário, de forma que administrativamente não havia qualquer garantia que companhias privadas ou entes públicos fossem atender à população, tampouco de que seriam penalizadas objetivamente no caso da falta de atendimento, com exceção dos órgãos de defesa ao consumidor.

A LGPD representa um grande marco no país por ser um diploma legal a tratar exclusivamente da proteção de dados pessoais, em âmbito federal e com penalidades objetivas aos responsáveis pelo tratamento de dados. Além de continuar transformando a realidade de diversas empresas nacionais e internacionais no ramo consultivo, vem sendo criada uma nova área no contencioso administrativo e civil.

3. O contencioso em proteção de dados

A entrada em vigor da LGPD trouxe diversos desafios para o contencioso administrativo e civil em proteção de dados. Vejamos a seguir quais são os tipos

---

11. Op. cit. P. 267 e 268.

12. BRASIL. **Constituição da República Federativa do Brasil de 1988**. Disponível em: http://www.planalto.gov.br/ccivil_03/constituicao/constituicao.htm. Acesso em: 7 nov. 2021.

de demandas e questionamentos que surgiram e que ainda poderão surgir com base na análise da lei seca, bem como do cenário geral de resolução de conflitos que existe hoje no Brasil.

3.1. O contencioso administrativo

A Autoridade Nacional de Proteção de Dados é um órgão da administração pública federal indireta e integrante da Presidência da República, conforme dispõe o artigo 55-A da LGPD.

Cabe à ANPD elaborar diretrizes para a Política Nacional de Proteção de Dados Pessoais e da Privacidade e editar regulamentos e procedimentos sobre a temática, conforme insculpido nos incisos III e XIII do artigo 55-J da LGPD.

Além disso, a ANPD é responsável pelo contencioso administrativo em proteção de dados, de modo que a legislação determina que o órgão deverá "fiscalizar e aplicar sanções em caso de tratamento de dados realizado em descumprimento à legislação, mediante processo administrativo que assegure o contraditório, a ampla defesa e o direito de recurso[13]" (artigo 55-J, IV, LGPD) e "apreciar petições de titular contra controlador após comprovada pelo titular a apresentação de reclamação ao controlador não solucionada no prazo estabelecido em regulamentação[14]" (artigo 55-J, V, LGPD).

Conforme afirmam Fabrício da Mota Alves e Gustavo Sabóia[15], era esperado que a ANPD já estivesse devidamente estruturada antes da vigência da LGPD para direcionar o processo de transição e de adaptação do Brasil em relação às imposições trazidas pela Lei, de forma que:

> "Sua ausência também agrava o cenário de incerteza regulatória quanto ao processo de adequação em si: afinal, todos os agentes de tratamento que já estão passando pelo processo pautam-se – por razões óbvias – na experiência europeia.
>
> Mas fato é que não há uma autoridade pública sequer que tenha chancelado essa estratégia, ou, ao menos, sugerido que esse deverá ser o

13. BRASIL. **Lei nº 13.709, de 14 de agosto de 2018 – Lei Geral de Proteção de Dados Pessoais (LGPD)**. Disponível em: http://www.planalto.gov.br/ccivil_03/_ato2015-2018/2018/lei/L13709.htm. Acesso em: 7 nov. 2021.
14. Idem.
15. ALVES, Fabricio da Mota; VIEIRA, Gustavo Afonso Sabóia. **Sem a ANPD, a LGPD é um problema, não uma solução**. Jota. 06 de janeiro de 2020. Disponível em: https://www.jota.info/opiniao-e-analise/artigos/anpd-lgpd-problema-solucao-06012020. Acesso em: 7 nov. 2021.

caminho a ser seguido. De fato, os projetos de adequação hoje realizados no País são baseados em práticas internacionais, mas ainda pendentes de chancela formal no Brasil. Por mais óbvio que seja esse o caminho a ser seguido pela ANPD, a opção por aderir a metodologias e planos de ação com base na experiência europeia não tem, ainda, respaldo formal ou protocolar das autoridades brasileiras."

Ocorre que somente em agosto de 2020 foi aprovada a estrutura regimental da ANPD, bem como o quadro demonstrativo de cargos em comissão e das funções de confiança (Decreto nº 10.474[16], de 2020).

Em 20 de outubro, o Plenário do Senado aprovou os nomes indicados para compor a primeira diretoria da ANPD – Waldemar Gonçalves Ortunho Junior (Presidente), Arthur Pereira Sabbat, Miriam Wimmer, Nairane Farias Rabelo Leitão e Joacil Basilio Rael[17] e, no dia 06 de novembro, a ANPD iniciou oficialmente suas atividades[18].

Desde então, a Autoridade Nacional publicou diversos documentos, como o Planejamento Estratégico 2021-2023[19] e um Guia Orientativo para Definições dos Agentes de Tratamento de Dados Pessoais e do Encarregado[20], além de tornar pública a sua agenda regulatória para o biênio 2021-2022[21].

---

16. BRASIL. **Decreto nº 10.474, de 26 de agosto de 2020**. Disponível em: http://www.planalto.gov.br/ccivil_03/_ato2019-2022/2020/decreto/D10474.htm. Acesso em: 7 nov. 2021.
17. BRASIL. Senado Notícias. **Senado confirma primeira diretoria da Autoridade Nacional de Proteção de Dados**. Disponível em: https://www12.senado.leg.br/noticias/materias/2020/10/20/senado-confirma-primeira-diretoria-da-autoridade-nacional-de-protecao-de-dados. Acesso em: 7 nov. 2021.
18. BRASIL. Autoridade Nacional de Proteção de Dados. **Perguntas Frequentes – ANPD**. Disponível em: https://www.gov.br/anpd/pt-br/acesso-a-informacao/perguntas-frequentes-2013-anpd#a3. Acesso em: 7 nov. 2021.
19. BRASIL. Autoridade Nacional de Proteção de Dados. **Planejamento Estratégico 2021-2023**. Disponível em: https://www.gov.br/anpd/pt-br/documentos-e-publicacoes/planejamento-estrategico/planejamento-estrategico-2021-2023.pdf. Acesso em: 7 nov. 2021.
20. BRASIL. Autoridade Nacional de Proteção de Dados. **Guia Orientativo para Definições dos Agentes de Tratamento de Dados Pessoais e do Encarregado**. Disponível em: https://www.gov.br/anpd/pt-br/documentos-e-publicacoes/2021.05.27GuiaAgentesdeTratamento_Final.pdf. Acesso em: 7 nov. 2021.
21. BRASIL. Diário Oficial da União. **Portaria nº 11, de 27 de janeiro de 2021**. Disponível em: https://www.in.gov.br/en/web/dou/-/portaria-n-11-de-27-de-janeiro-de-2021-301143313. Acesso em: 7 nov. 2021.

Conforme sua agenda, a ANPD deu início ao processo de regulamentação com a temática de proteção de dados e privacidade para pequenas e médias empresas, startups e pessoas físicas que tratam dados com fins econômicos, publicando, no dia 28 de janeiro de 2022, a Resolução CD/ANPD nº 2[22].

Também fazem parte deste início de processo de regulamentação o estabelecimento de normativos para a aplicação de sanções administrativas; comunicação de incidentes e especificação do prazo de notificação; e relatório impacto à proteção de dados. Tais temas são extremamente relevantes, contudo, ainda existe uma enorme insegurança jurídica em relação a diversos outros tópicos trazidos pela LGPD.

Caso o processo de estruturação da ANPD tivesse sido iniciado previamente, provavelmente caberia aos magistrados a judicialização de suas diretrizes, no entanto, no cenário atual, há uma enorme pressão sob o Judiciário, que vem lidando com uma matéria específica sem ampla orientação do órgão regulador.

3.2. O contencioso civil antes da vigência da LGPD

Mesmo antes de setembro de 2020, já existiam diversas demandas judiciais relacionadas a questões da proteção de dados pessoais, sendo certo que alguns casos ganharam destaque midiático por citarem disposições da LGPD. No entanto, é importante destacar que a questão já era tratada com base na legislação que estava em vigor, conforme Recurso Especial nº 1.758.799 – Minas Gerais, de relatoria da Ministra Nancy Andrighi, do Superior Tribunal de Justiça (STJ).

Trata-se de uma Ação de Obrigação de Fazer e Compensação por Dano Moral em face da PROCOB S/A – empresa de soluções em proteção ao crédito[23], proposta em 2017.

O pedido do titular de dados consistia na obrigação da empresa de excluir as suas informações cadastrais de seu banco de dados. O Tribunal de Justiça de Minas Gerais determinou a exclusão dos dados e condenou a PROCOB ao pagamento de R$ 8.000,00 (oito mil reais) a título de compensação do dano moral em decorrência da disponibilização dos dados pessoais em banco de dados de fácil acesso por terceiros, com fundamento no artigo 43 do CDC[24].

---

22. BRASIL. Diário Oficial da União. **Resolução CD/ANPD nº 2, de 27 de janeiro de 2022**. Disponível em: https://in.gov.br/web/dou/-/resolucao-cd/anpd-n-2-de-27-de--janeiro-de-2022-376562019. Acesso em: 4 fev. 2022.

23. PROCOB. **Como funciona**. Disponível em: [https://www.procob.com/como-funciona/]. Acesso em: 7 nov. 2021.

24. BRASIL. Superior Tribunal de Justiça. **Ação de Indenização**. Inovação Recursal. Interesse de agir. Teoria da causa madura. Art. 515, parágrafo 3º do CPC. Abertura

Em sua decisão, a Ministra Nancy Andrighi apontou que:

> "Evidentemente, quando o consumidor fornece dados para a realização de uma compra no comércio ele não está, implícita e automaticamente, autorizando o comerciante a divulgá-los no mercado; está apenas cumprindo as condições necessárias à concretização do respectivo negócio jurídico entabulado apenas entre as duas partes, confiando ao fornecedor a proteção de suas informações pessoais."

No que tange ao CDC, vale salientar que o artigo 45 da LGPD dispõe que "as hipóteses de violação do direito do titular no âmbito das relações de consumo permanecem sujeitas às regras de responsabilidade previstas na legislação pertinente[25]", traduzindo o princípio da especialidade. No entanto, não há impedimento para demandas consumeristas no Judiciário com base na LGPD – ou seja, consumidores lesados pelo tratamento ilícito de seus dados pessoais.

Ademais, no ano de 2019, o Ministério Público do Distrito Federal e Territórios, por meio de sua Unidade de Proteção de Dados e Inteligência Artificial (ESPEC), ajuizou Ação Civil Pública em face da empresa Telefônica Brasil S/A[26] para que esta deixasse de comercializar o produto denominado *Mídia Geolocalizada*, que fornecia publicidade utilizando os dados de clientes da Vivo, entre eles, o perfil, a localização e os locais frequentados.

No caso, o Ministério Público chegou a requisitar da empresa a elaboração de um Relatório de Impacto à Proteção de Dados Pessoais (RIPD), conhecido como *Data Protection Impact Assessment* (DPIA), por meio do Inquérito Civil nº 08190.005366/18-16, para comprovação da legalidade do serviço, mas a Telefônica deixou de apresentar o documento.

---

de cadastro com dados pessoais do consumidor sem autorização. Reconhecimento tácito do pedido pela ré. Exclusão das informações cadastrais. Código de Defesa do Consumidor. Informações pessoais. Violação à privacidade. Danos morais configurados. Quantum indenizatório. Acórdão em Recurso Especial nº 1.758.799 – MG. José Galvão da Silva e **Procob S/A. Relatora: Ministra Nancy Andrighi**. Disponível em: [https://www.conjur.com.br/dl/ausencia-comunicacao-comercializacao.pdf]. Acesso em: 7 nov. 2021.

25. BRASIL. **Lei nº 13.709, de 14 de agosto de 2018 – Lei Geral de Proteção de Dados Pessoais (LGPD)**. Disponível em: [http://www.planalto.gov.br/ccivil_03/_ato2015-2018/2018/lei/L13709.htm]. Acesso em: 7 nov. 2021.

26. MINISTÉRIO PÚBLICO DO DISTRITO FEDERAL E TERRITÓRIOS. **Ação Civil Pública – Obrigação de Não Fazer e Obrigação de Fazer**. Disponível em: [https://www.mpdft.mp.br/portal/pdf/Acao_Civil_Publica_Vivo_Ads_Black.pdf]. Acesso em: 7 nov. 2021.

Em sentença do caso, o Magistrado entendeu que:

> "[...] a regulamentação dos procedimentos para a elaboração do Relatório de Impacto à Proteção de Dados Pessoais, compete a ANPD, órgão este que, apesar de criado, não se encontra ainda organizado pela Administração Pública Federal.
>
> Verifica-se, assim, que os moldes para a elaboração do referido relatório, tal como requerido pelo Ministério Público, ainda encontram-se pendentes de regulamentação pelo órgão competente.
>
> Uma vez não estabelecidos os limites do documento pelo órgão responsável, a ANPD, não se faz possível impor o dever de elaboração do Relatório ao requerido, em atenção ao Princípio da Legalidade insculpido no inciso II, art. 5º da Constituição Federal.
>
> Não se questiona aqui o poder requisitório do Parquet, mas a imputação ao requerido de produção de relatório cujos moldes não estão definidos, o que implica na impossibilidade de coerção direta para o estabelecimento de obrigação de fazer de documento ainda não discriminado pela legislação competente.
>
> Com efeito, nada impede que o Ministério Público exija as informações que entender necessárias à proteção dos direitos em tela, mas deve indicar os elementos que devem constar do relatório pretendido. *A simples menção a um relatório que ainda não tem forma ou conteúdo definidos impõe uma obrigação impossível de ser cumprida.*
>
> Assim, como não há pedido de produção de prova em outros moldes pelo Parquet, tal pedido deve ser julgado improcedente[27] [...]" (grifos da autora)

O pedido do Ministério Público para que a Telefônica deixasse de comercializar o produto *Mídia Geolocalizada* também foi julgado improcedente, pois entendeu-se que os clientes consentiram expressamente com o tratamento de seus dados por meio de cláusula específica e destacada no Contrato de Prestação de Serviço Móvel Pessoal.

O Magistrado apontou que não foi questionado se o método de coleta do consentimento é efetivo ou não, tampouco foi pedido seu aperfeiçoamento, de

---

27. 24ª VARA CÍVEL DE BRASÍLIA. Tribunal de Justiça do Distrito Federal e dos Territórios. Ação Civil Pública com Pedido de Tutela de Urgência nº 0721735-15.2019.8.07.0001, Dr. Flavio Augusto Martins Leite. Decisão de 4 de novembro de 2019. Disponível em: [https://www.internetlab.org.br/wp-content/uploads/2019/11/tjdftmidia-geolocalizada.pdf]. Acesso em 7 nov. 2021.

modo que sua obrigação seria obedecer aos limites da ação. Afirmou, ainda, que o Ministério Público "não conseguiu demonstrar nos autos efetiva violação no tratamento de dados pela empresa requerida, uma vez que o produto não se utiliza dos dados de GPS dos celulares dos clientes, mas sim da localização do consumidor baseada em informações das estações-base.[28]".

Vale comentar também sobre o Mandado de Segurança[29] impetrado em agosto de 2019, em favor da empresa In Loco Tecnologia da Informação S.A., para suspender requisição de um Relatório de Impacto à Proteção de Dados Pessoais, feita pelo Ministério Público do Distrito Federal e Territórios no escopo do Inquérito Civil Público nº 08190.141191/18-47.

Foi argumentado que a In Loco havia recebido um ofício com diversas perguntas acerca do seu modelo de negócios e requereu dilação de prazo, a qual foi concedida. Nesse meio tempo, teria sido instaurado Inquérito Civil, o qual foi veiculado pela mídia e trouxe dessabores e danos reputacionais à empresa.

Ademais, a defesa da In Loco afirmou que o Relatório de Impacto é um documento a ser desenvolvido quando o tratamento de dados pessoais pode gerar riscos às liberdades civis e aos direitos fundamentais e que sua previsão está expressa na LGPD, que ainda não havia entrado em vigor quando o Mandado de Segurança foi impetrado.

No entanto, o pleito foi negado, de modo que a magistrada entendeu, em suma, que ao "Ministério Público é assegurada a prerrogativa de empreender as investigações que estão à mercê de sua competência institucional, entre elas as questões que afetam interesses de consumidores e que assim sejam passíveis de tutela a interesses transindividuais[30]".

Outro caso interessante foi iniciado em fevereiro de 2020, quando a Defensoria Pública do Estado de São Paulo, em parceria com a Defensoria Pública da União, o Instituto Brasileiro de Defesa do Consumidor (IDEC), o Intervozes – Coletivo

---

28. 24ª VARA CÍVEL DE BRASÍLIA. Tribunal de Justiça do Distrito Federal e dos Territórios. Ação Civil Pública com Pedido de Tutela de Urgência nº 0721735-15.2019.8.07.0001, Dr. Flavio Augusto Martins Leite. Decisão de 4 de novembro de 2019. Disponível em: [https://www.internetlab.org.br/wp-content/uploads/2019/11/tjdftmidia-geolocalizada.pdf]. Acesso em 7 nov. 2021.

29. 24ª VARA CÍVEL DE BRASÍLIA. Tribunal de Justiça do Distrito Federal e dos Territórios. Mandado de Segurança Cível nº 0722935-57.2019.8.07.0001, Dr. Flavio Augusto Martins Leite. Decisão de 20 de novembro de 2019. Disponível em: [https://www.jusbrasil.com.br/processos/235284076/processo-n-0722935-5720198070001-do-tj-df]. Acesso em: 7 nov. 2021.

30. Idem.

Brasil de Comunicação Social e o Artigo 19 Brasil, propuseram Ação Autônoma de Produção Antecipada de Provas em face da Companhia do Metropolitano de São Paulo para produção de provas "acerca do alcance, finalidade, cautelas e delimitação de banco de dados do sistema de monitoração eletrônica com reconhecimento fácil, objeto de processo de licitação LPI nº 10014557, referente às linhas azul, verde e vermelha de São Paulo[31]".

A licitação LPI nº 10014557[32], apesar de não detalhar tecnicamente nas cláusulas centrais do edital o funcionamento do sistema de monitoração que pretende implementar, deixa claro que a Companhia do Metropolitano de São Paulo tem como objetivo utilizar um sistema de reconhecimento facial de todos os usuários do metrô no Estado de São Paulo, com capacidade para o armazenamento e compartilhamento dos dados coletados.

O IDEC notificou a Companhia do Metropolitano requerendo maiores informações e explicações acerca da utilização do sistema de reconhecimento facial, tendo em vista o seu grande potencial de violação de direitos de privacidade de toda a população que utiliza as linhas de metrô em São Paulo e a organização respondeu que visa ao aumento da quantidade de locais monitorados; a melhora da qualidade do armazenamento de imagens, bem como seu tempo; a implementação de um sistema capaz de gerar alarmes; a integração de sistemas de monitoração em um só; a centralização de equipamentos; e o monitoramento de áreas de circulação restritas para pessoas e animais[33].

A simples leitura dos itens supracitados demonstra que o sistema de reconhecimento facial não é necessário para as finalidades pretendidas. Além disso, a "Companhia do Metropolitano de São Paulo informou também que 'a modernização contratada para o SME tem por objetivo o aperfeiçoamento desta tecnologia voltada a segurança e ao atendimento de órgãos públicos que demandam a colaboração da Companhia para auxiliar na investigação e repressão de infrações'[34]."

---

31. 1ª VARA DA FAZENDA PÚBLICA. Tribunal de Justiça do Estado de São Paulo. **Ação Autônoma de Produção Antecipada de Provas nº 1006616-14.2020.8.26.0053**, Dra. Renata Barros Souto Maior Baião. Decisão de 12 de fevereiro 2020. Publicação em 20 de fevereiro de 2020.

32. METRÔ. **Licitações/Editais**. Disponível em: [https://aplic.metrosp.com.br/as0001/frontend/index.php/processo/index/AvisosPublicados_sort/ds_objeto/AvisosPublicados_page/4#]. Acesso em: 7 nov. 2021.

33. 1ª VARA DA FAZENDA PÚBLICA. Tribunal de Justiça do Estado de São Paulo. **Ação Autônoma de Produção Antecipada de Provas nº 1006616-14.2020.8.26.0053**, Dra. Renata Barros Souto Maior Baião. Decisão de 12 de fevereiro 2020. Publicação em 20 de fevereiro de 2020.

34. Idem.

Ainda que a LGPD tenha entrado em vigor apenas em setembro de 2020, é evidente que o auxílio em investigações e na repressão de infrações foge do escopo de implementação do sistema de monitoramento do metrô, em claro descumprimento ao princípio da finalidade, ao Código de Proteção e Defesa do Usuário do Serviço Público do Estado de São Paulo (Lei Estadual nº 10.294/1999) e ao Código de Defesa do Consumidor (Lei Federal nº 8.078/1990). Exatamente por esses motivos, foi deferido o pedido para que a Companhia do Metropolitano de São Paulo apresentasse prova documental contendo os dados que serão tratados, a base legal para a coleta e a finalidade do tratamento[35].

Ainda, em março de 2020, o Instituto Sigilo ajuizou uma ação civil pública com pedido de indenização por perdas e danos morais e materiais contra o Nubank, alegando que o banco estaria acessando dados pessoais de brasileiros por meio de entidades financeiras e comerciais, sem o consentimento expresso dos titulares de dados, para fins publicitários.

A ação foi fundamentada com base no Marco Civil da Internet, no Código de Defesa do Consumidor e na Lei do Cadastro Positivo e foi concedida a tutela de urgência para que o Nubank "se abstenha de coletar todas as informações e dados pessoais de não clientes, obtidos ilegalmente através de entidades financeiras e comerciais, que não tenha o expresso consentimento, sob pena de multa diária de R$10.000,00[36]".

Com base nos casos mencionados, é possível inferir que questões relacionadas à proteção de dados pessoais, mesmo antes da vigência da LGPD, já vinham ganhando cada vez mais espaço no Judiciário, sobretudo em razão da crescente preocupação das instituições democráticas com o assunto. Além disso, diante do cenário emergencial em decorrência da pandemia do coronavírus, as discussões acerca da coleta de dados pessoais como parte da estratégia de contenção da doença se tornaram cada vez mais comuns. Em consequência, o Supremo Tribunal Federal brasileiro se manifestou em maio de 2020 acerca do direito à privacidade, proferindo uma decisão histórica, conforme veremos a seguir.

---

35. 1ª VARA DA FAZENDA PÚBLICA. Tribunal de Justiça do Estado de São Paulo. **Ação Autônoma de Produção Antecipada de Provas nº 1006616-14.2020.8.26.0053**, Dra. Renata Barros Souto Maior Baião. Decisão de 12 de fevereiro 2020. Publicação em 20 de fevereiro de 2020.

36. 39ª VARA CÍVEL DO FORO CENTRAL DE SÃO PAULO. Tribunal de Justiça do Estado de São Paulo. **Ação Civil Pública Cível nº 1013884-75.2020.8.26.0100**, Dra. Daniela Pazzeto Maneghine Conceição. Decisão de 13 de março de 2020. Publicação em 18 de março de 2020.

3.3. O caso da Medida Provisória 954/2020

A Medida Provisória 954, de 17 de abril de 2020, dispõe a respeito do compartilhamento de dados por empresas de telecomunicações com a Fundação Instituto Brasileiro de Geografia e Estatística (IBGE), "para fins de suporte à produção estatística oficial durante a situação de emergência de saúde pública de importância internacional decorrente do coronavírus (COVID-19), de que trata a Lei nº 13.979, de 6 de fevereiro de 2020[37]".

Em seu artigo 2º, a Medida determina que empresas de telecomunicação prestadoras de serviço telefônico fixo comutado e de serviço móvel pessoal disponibilizem ao IBGE a relação de nomes, números de telefone e endereços de seus consumidores – pessoas físicas ou jurídicas.

Evidentemente, no escopo da LGPD, a proteção aos dados se estende apenas às pessoas físicas, mas é cristalino que a MP não fere somente os princípios basilares da legislação de proteção de dados pessoais, sobretudo os da finalidade e da necessidade (artigo 6º, I e III da LGPD), mas também as garantias fundamentais da dignidade da pessoa humana (artigo 1º, III, da CF), da inviolabilidade da intimidade, da vida privada, da honra e da imagem das pessoas (artigo 5º, X, XF), além do sigilo dos dados (artigo 5º, XII, CF).

Foi nesse sentido que que entendeu o Plenário do Supremo Tribunal Federal ao julgar cinco Ações Diretas de Inconstitucionalidade (ADIs)[38] sob a relatoria da Ministra Rosa Weber, e suspender, por uma maioria de 10x1, a eficácia da Medida Provisória 954/2020.

O julgamento foi um marco para a história do direito à privacidade no Brasil, pois foi reconhecida a existência de um direito fundamental à proteção de dados, ainda que a Proposta de Emenda à Constituição nº 17/2019, que pretende alterar a "Constituição Federal para incluir a proteção de dados pessoais entre os direitos e garantias fundamentais e para fixar a competência privativa da União para legislar sobre proteção e tratamento de dados pessoais[39]", não tenha sido aprovada até o momento.

---

37. BRASIL. Medida Provisória nº 954, de 17 de abril de 2020. Disponível em: http://www.planalto.gov.br/CCIVIL_03/_Ato2019-2022/2020/Mpv/mpv954.htm. Acesso em: 7 nov. 2021.

38. As ADIs foram propostas pelo Conselho Federal da Ordem dos Advogados do Brasil (ADI 6387); pelo Partido da Social Democracia Brasileira – PSDB (ADI 6388); pelo Partido Socialista Brasileiro – PSB (ADI 6389); pelo Partido Socialismo e Liberdade – PSOL (ADI 6390); e pelo Partido Comunista do Brasil (ADI 6393).

39. BRASIL. Senado Federal. **Proposta de Emenda à Constituição nº 17, de 2019**. Acrescenta o inciso XII-A, ao art. 5º, e o inciso XXX, ao art. 22, da Constituição Federal

Nas palavras de Laura Schertel Mendes:

> "O julgamento é um marco, pois tornou expressa a tutela dos dados pessoais como direito fundamental. Assim, não é exagero afirmar que o seu significado para o Brasil é comparável ao julgamento da Corte constitucional alemã de 1983 que, de forma pioneira, estabeleceu o conceito de autodeterminação informativa naquele país, posteriormente influenciando e moldando os debates internacionais sobre proteção de dados. Curiosamente, tanto no caso brasileiro como no alemão, debatia-se a coleta realizada por órgãos estatais para a produção de estatística oficial, destacando a necessidade da implementação de medidas concretas para a proteção de direitos fundamentais, independentemente das boas intenções envolvidas e de sua relevante atuação[40]."

Conforme afirma a autora em seu artigo "Decisão histórica do STF reconhece direito fundamental à proteção de dados pessoais", o julgamento levou em consideração a importância da proteção de dados para a própria manutenção do regime democrático brasileiro, tendo em vista que em todo o mundo há uma grande preocupação em relação a limitação que a vigilância em tempos de crise pode trazer às liberdades individuais.

Ademais, Schertel aponta que existem três aspectos da decisão que são essenciais para o entendimento do que a elevação da proteção de dados à categoria de direito fundamental significa de fato para o país. O primeiro aspecto é a superação da ideia de que existiriam dados pessoais neutros ou insignificantes, que, por consequência, não estariam amparados pela legislação. O segundo aspecto é que o direito fundamental à proteção de dados possui uma dimensão subjetiva, que é o de defesa do titular, bem como uma dimensão objetiva, que se traduz no dever de proteção por parte do Estado. Nesse sentido, tanto a ação quanto a omissão estatal passam a ser controlados.

O terceiro aspecto levantado pela autora é o da fragilidade institucional no Brasil no que diz respeito à proteção de dados pessoais. Isto porque a LGPD ainda

---

para incluir a proteção de dados pessoais entre os direitos fundamentais do cidadão e fixar a competência privativa da União para legislar sobre a matéria. Disponível em: [https://www25.senado.leg.br/web/atividade/materias/-/materia/135594]. Acesso em: 7 nov. 2021.

40. MENDES, Laura Schertel. **Decisão histórica do STF reconhece direito fundamental à proteção de dados pessoais**. 10 de maio de 2020. Disponível em: https://www.jota.info/opiniao-e-analise/artigos/decisao-historica-do-stf-reconhece-direito-fundamental-a-protecao-de-dados-pessoais-10052020. Acesso em 7 nov. 2021.

não havia entrado em vigor e não havia ainda "uma autoridade independente em nosso país, apta fiscalizar a violação de direitos e garantias fundamentais no processo de coleta, uso e de compartilhamento de dados[41]".

Sabemos que ainda existe um cenário de incertezas no Brasil, mas a decisão do STF foi um passo importantíssimo para garantir que o ordenamento jurídico acompanhe os desafios que decorrem dos avanços tecnológicos típicos da sociedade da informação. Dessa forma, veremos a seguir o que esperar do contencioso civil com a vigência da LGPD.

3.4. O contencioso civil com a vigência da LGPD

O Judiciário evidentemente não foi criado especialmente para atender às demandas de proteção de dados pessoais, no entanto, é inevitável que venha a ser o órgão competente para lidar com as demandas decorrentes das obrigações elencadas na LGPD, sobretudo em decorrência do fato de que a ANPD iniciou apenas recentemente as suas atividades.

Tal afirmação pode ser comprovada pelo fato de que, até o dia 25 de junho de 2021, o Judiciário já possuía 600 decisões envolvendo a LGPD, conforme reportagem da Folha de S. Paulo[42]. Na reportagem, é mencionado que 74% das sentenças são de primeiro grau, ou seja, não há jurisprudência consolidada sobre a matéria.

A empresa Cyrela Brazil Realty S/A. Empreendimentos e Participações foi a primeira empresa a ser multada com base na LGPD. Isto porque o autor da Ação de Obrigação de Fazer c/c Indenização por Danos Morais em razão de Tratamento Inadequado de Dados – Divulgação Não Autorizada[43], celebrou contrato de promessa de compra e venda em 2018 para aquisição do empreendimento Cyrela

---

41. MENDES, Laura Schertel. **Decisão histórica do STF reconhece direito fundamental à proteção de dados pessoais**. 10 de maio de 2020. Disponível em: https://www.jota.info/opiniao-e-analise/artigos/decisao-historica-do-stf-reconhece-direito-fundamental-a-protecao-de-dados-pessoais-10052020. Acesso em 7 nov. 2021.
42. SOPRANA, Paula. **Justiça já tem 600 decisões envolvendo lei de proteção de dados.** Folha de S. Paulo. 4 de julho de 2021. Disponível em: https://www1.folha.uol.com.br/mercado/2021/07/justica-ja-tem-600-decisoes-envolvendo-lei-de-protecao-de-dados.shtml. Acesso em: 7 nov. 2021.
43. 13ª VARA CÍVEL DO FORO CENTRAL DE SÃO PAULO. Tribunal de Justiça do Estado de São Paulo. **Ação de Obrigação de Fazer c/c Indenização por Danos Morais em razão de Tratamento Inadequado de Dados – Divulgação Não Autorizada nº 1080233-94.2019.8.26.0100**. Dra. Tonia Yuka Koroku. Decisão de 29 de setembro de 2020.

Ibirapuera By Yoo/Thera Ibirapuera, e empresas estranhas à relação contratual começaram a o abordar comercialmente, oferecendo inúmeros produtos e serviços (financiamento, consórcio, instalação de móveis planejados).

A sentença proferida em 29 de setembro de 2020 reconheceu que houve tratamento de dados para finalidade diversa e sem que o autor recebesse informações adequadas, bem como o acesso indevido a dados do autor por terceiros, evidenciando uma violação aos seus direitos de personalidade. A Cyrella foi condenada ao pagamento de dano moral no valor de 10 mil reais e a se abster de conceder acesso ou repassar a terceiros os dados pessoais do autor, sob pena de multa de 300 reais por contato indevido.

Passado um ano, o Tribunal de Justiça de São Paulo reverteu a condenação da Cyrella, destacando que a LGPD não estava em vigor quando o imóvel foi comprado e que não havia evidência suficiente para comprovar que o compartilhamento de dados foi realizado pela Cyrela[44].

Enquanto o Judiciário enfrenta o desafio de analisar casos como o da Cyrella, a realidade brasileira é que cerca de 84% das empresas ainda não se adaptaram à LGPD, segundo a matéria da TI Inside[45].

Além das questões de tratamento indevido de dados pessoais, ao analisarmos o rol de direitos dos titulares, que está disposto no artigo 18 da LGPD, também nos deparamos com um significativo potencial contencioso, sobretudo levando-se em consideração a dificuldade de adequação por parte das empresas e falha do legislador ao ponderar de forma mais criteriosa o que seria ou não viável para as atividades cotidianas das instituições situadas no Brasil.

A LGPD traz que é de direito do titular de dados pessoais o recebimento da confirmação da realização ou não do tratamento de seus dados pessoais (artigo 18, I, LGPD), bem como o acesso aos seus dados, ou seja, o titular de dados pessoais possui o direito de solicitar uma cópia de todos os seus dados pessoais que são tratados pela organização (artigo 18, II, LGPD).

O artigo 19, II, por sua vez, dispõe que a confirmação da existência ou o acesso a dados deverão ser providenciados no prazo de quinze dias, contados da data do requerimento do titular.

---

44. CNN BRASIL. **Justiça reverte decisão e inocenta Cyrela em 1º caso da lei de proteção de dados**. Disponível em: https://www.cnnbrasil.com.br/business/justica-reverte-decisao-e-inocenta-cyrela-em-1-caso-da-lei-de-protecao-de-dados/. Acesso em: 4 fev. 2022.

45. TI INSIDE. **LGPD: Multas e sanções entram em vigor em agosto e 84% das empresas brasileiras não estão preparadas**. 22 de junho de 2021. Disponível em: https://tiinside.com.br/22/06/2021/lgpd-multas-e-sancoes-entram-em-vigor-em-agosto-e-84-das-empresas-brasileiras-nao-estao-preparadas/. Acesso em: 7 nov. 2021.

Ora, tal artigo gera inúmeras discussões, pois o prazo de quinze dias é considerado curto e não há possibilidade de prorrogação do prazo, ainda que a solicitação feita seja de maior complexidade a depender de cada caso.

Ademais, ainda que a lei elucide que o prazo será contado a partir da data de requerimento, existe a problemática em torno da comprovação da identidade do titular de dados pessoais. As empresas deverão adotar critérios para que se torne possível a rápida verificação da identidade, como uma cópia de documento anexado ao requerimento de confirmação de existência.

Ainda assim, caso o requerimento chegue à empresa sem nenhuma forma de comprovação da identidade do titular de dados, o prazo de quinze dias continuará valendo? Caso a empresa venha solicitar a comprovação da identidade na mesma data que do requerimento e o titular só responda no décimo quarto dia, ainda assim a empresa terá apenas um dia para responder ao pedido?

Todas essas questões deverão ser devidamente interpretadas e dirimidas pela ANPD, mas, nesse meio-tempo, não se sabe como o Judiciário irá ponderar tais dúvidas, tendo em vista que, até o momento, temos decisões utilizando as mais variadas interpretações da LGPD, o que, evidentemente, cria um cenário de enorme insegurança jurídica.

É certo que a LGPD veio para proteger os titulares de dados pessoais, no entanto, não parece minimamente razoável que uma empresa que tenha se preocupado com o processo de adequação à legislação de privacidade e proteção de dados e esteja tomando as medidas cabíveis para que o tratamento de dados ocorra de forma criteriosa, conforme impõe a lei, tenha que sofrer sanções por não cumprir o prazo exato de quinze dias para responder a uma solicitação de confirmação da existência de tratamento ou de acesso aos dados.

Outra situação que poderá gerar demandas judiciais, mas que já vem sendo abordada pela ANPD, decorre do artigo 48, que insculpe que "o controlador deverá comunicar à autoridade nacional e ao titular a ocorrência de incidente de segurança que possa acarretar risco ou dano relevante aos titulares[46]" dentro de um prazo razoável a ser determinado pela ANPD.

Ambas as situações citadas dependerão do caso concreto, mas é certo que os magistrados deverão se cercar dos princípios gerais do direito, em especial o da

46. BRASIL. **Lei nº 13.709, de 14 de agosto de 2018 – Lei Geral de Proteção de Dados Pessoais (LGPD)**. Disponível em: http://www.planalto.gov.br/ccivil_03/_ato2015-2018/2018/lei/L13709.htm. Acesso em: 7 nov. 2021.

proporcionalidade ou da razoabilidade, ao proferirem suas decisões. Conforme afirmam Gilmar Mendes, Inocêncio Coelho e Paulo Gustavo Branco[47]:

> "[...] o princípio da proporcionalidade ou da razoabilidade, em essência, consubstancia uma pauta de natureza axiológica que emana diretamente das ideias de justiça, equidade, bom senso, prudência, moderação, justa medida, proibição de excesso, direito justo e valores afins; precede e condiciona a positivação jurídica, inclusiva a de nível constitucional; e, ainda, enquanto princípio geral do direito, serve de regra de interpretação para todo o ordenamento jurídico."

É fundamental, portanto, que organizações públicas e privadas passem a considerar prioritário o processo de adequação à legislação de proteção de dados, de modo que o tratamento de informações pessoais seja realizado de maneira lícita em todas as situações – relações de consumo, relações com colaboradores e relações com fornecedores, por exemplo.

O tratamento indevido de dados pessoais sujeita companhias não somente às penalidades administrativas impostas pela LGPD, mas também às medidas judiciais para reparação de danos.

Ademais, as ações judiciais envolvendo proteção de dados pessoais podem ser exercidas, com base na LGPD, individual ou coletivamente, cabendo aos controladores o ônus da prova no que tange à obtenção de consentimento ou tratamento com fundamento em qualquer outra das bases legais. Desse modo, os programas de governança em privacidade serão fundamentais, conforme veremos mais adiante no tópico que aborda o conjunto probatório no escopo do contencioso em proteção de dados.

3.5. O contencioso de massa

Conforme *guidelines* do *Information Commissioner's Office* (ICO)[48], vazamentos de dados podem incluir o acesso por terceiro não autorizado; ação acidental ou omissão por parte da própria empresa; o envio de dados pessoais para o receptor incorreto; a perda, roubo ou furto de aparelhos que contenham dados

47. MENDES, Gilmar Ferreira; COELHO, Inocêncio Mártires; BRANCO, Paulo Gustavo Gonet. **Curso de Direito Constitucional**. 1. ed. São Paulo: Saraiva, 2007. P. 113 e 114.

48. ICO. **Guide to the Geral Data Protection Regulation (GDPR) – Personal data breaches**. Disponível em: [https://ico.org.uk/for-organisations/guide-to-data-protection/guide-to-the-general-data-protection-regulation-gdpr/personal-data-breaches/]. Acesso em: 7 nov. 2021.

pessoais; a alteração de um dado pessoal sem permissão; e a perda da disponibilidade do dado pessoal.

Tendo o conceito em mente, ressalta-se que a Forbes[49] divulgou em seu site que, de acordo com o Mid Year Quick View Data Breach Report, nos primeiros seis meses de 2019 mais de 3800 vazamentos de dados haviam sido tornados públicos, expondo o total de 4.1 bilhões de documentos no mundo todo.

No Brasil, em janeiro de 2019, uma empresa que vende relatórios sobre a situação de veículos emplacados no Brasil foi responsável pelo vazamento de cerca de 191 milhões de registros de CPF, incluindo, em alguns cadastros, nomes, endereços, telefones, rendas, classes sociais, datas de nascimento e escolaridade de pessoas físicas[50].

Também em 2018 a Netshoes firmou um Termo de Ajustamento de Conduta (TAC) e pagou 500 mil reais a título de indenização por danos morais coletivos em decorrência do vazamento de sua base de dados interna, que expôs informações de pedidos de 1.999.704 contas de clientes, incluindo dados de servidores públicos[51].

Em janeiro de 2021, após a publicação de informações em um fórum on-line dedicado à venda de bases de dados, foi divulgado o megavazamento de dados de 223 milhões de brasileiros, expondo informações como nome, CPF e gênero[52].

> "Em nota ao Estadão em janeiro, a ANPD disse que 'está apurando tecnicamente informações sobre o caso e atuará de maneira cooperativa

---

49. WINDER, Davey. **Data Breaches Expose 4.1 Billion Records in First Six Months of 2019**. Forbes. 20 de agosto de 2019. Disponível em: [https://www.forbes.com/sites/daveywinder/2019/08/20/data-breaches-expose-41-billion-records-in-first-six-months-of-2019/#2a632bcbbd54]. Acesso em: 7 nov. 2021.

50. ROHR, Altieres. **Empresa expõe dados atribuídos a 190 milhões de brasileiros e 35 milhões de empresas na web**. G1. 29 de janeiro de 2019. Disponível em: [https://g1.globo.com/economia/tecnologia/blog/altieres-rohr/post/2019/01/29/empresa-expoe-dados-atribuidos-a-190-milhoes-de-brasileiros-e-35-milhoes-de-empresas-na-web.ghtml] Acesso em: 22 de março de 2020.

51. LEORATTI, Alexandre. **Netshoes terá de pagar R$ 500 mil por vazamento de dados de milhões de clientes**. Jota. 5 de fevereiro de 2019. Disponível em: [https://www.jota.info/tributos-e-empresas/mercado/netshoes-vazamento-dados-clientes-05022019]. Acesso em: 7 nov. 2021.

52. G1. **Megavazamento de dados de 223 milhões de brasileiros: o que se sabe e o que falta saber**. 28 de janeiro de 2021. Disponível em: https://g1.globo.com/economia/tecnologia/noticia/2021/01/28/vazamento-de-dados-de-223-milhoes-de-brasileiros-o-que-se-sabe-e-o-que-falta-saber.ghtml. Acesso em: 7 nov. 2021.

> com os órgãos de investigação competentes e oficiará para apurar a origem, a forma em que se deu o possível vazamento, as medidas de contenção e de mitigação adotadas em um plano de contingência, as possíveis consequências e os danos causados pela violação'. O órgão afirmou ainda que 'sugerirá as medidas cabíveis, previstas na Lei Geral de Proteção de Dados, para promover, com os demais órgãos competentes, a responsabilização e a punição dos envolvidos'[53]."

Imaginemos que metade dessas pessoas viesse a processar a empresa apontada como responsável pelo vazamento ao final das investigações, utilizando como base na LGPD – teríamos caracterizado o contencioso de massa em proteção de dados pessoais.

A LGPD é clara no que tange à obrigação da adoção de medidas de segurança aptas a proteger os dados pessoais que constam na base de dados de instituições, de modo que, se restar comprovado que não foram desempenhados esforços nesse sentido, caberá à empresa reparar os danos causados.

Na Europa, indivíduos entram diretamente em contato com as autoridades nacionais, enquanto no Brasil esse trabalho vem sendo substancialmente realizado por associações de consumidores e pelo Ministério Público, conforme afirmou Dirceu Santa Rosa[54].

4. Do conjunto probatório no contencioso em proteção de dados

Conforme afirmam Paula Abi-Chahine Yunes Perim, Renato Caovilla e Rodrigo Dufloth:

> "(...) na hipótese de eventual demanda judicial envolvendo o incidente, recomenda-se a apresentação das políticas de segurança da empresa que visam garantir o tratamento de dados de forma segura e demais medidas adotadas de forma a salvaguardar e mitigar os riscos

53. IDEC. **Em meio a megavazamento, caminho da Autoridade de Dados preocupa**. 11 de fevereiro de 2021. Disponível em: https://idec.org.br/idec-na-imprensa/em-meio-megavazamento-caminho-da-autoridade-de-dados-preocupa-especialistas. Acesso em: 7 nov. 2021.

54. LEORATTI, Alexandre. **Com GDPR, número de notificações de vazamento de dados ultrapassa 41 mil casos**. Jota. 6 de fevereiro de 2019. Disponível em: [https://www.jota.info/paywall?redirect_to=//www.jota.info/pesquisa-empirica/gdpr-vazamento-de-dados-41-mil-casos-06022019]. Acesso em: 7 nov. 2021.

> dos titulares dos dados. Vale notar que será necessário comprovar que as práticas anunciadas foram reiteradamente seguidas pela organização, da mesma forma como um programa de *compliance*. Igualmente, haverá a necessidade de controle (e sua documentação) em relação aos dados pessoais que se encontram em domínio público e que, posteriormente, não mais se mostram à livre disposição na rede de computadores"[55].

O cenário atual é de grande insegurança jurídica, no entanto, espera-se que o Poder Judiciário valorize os programas de governança em privacidade adotados por organizações públicas e privadas, motivo pelo qual todo o trabalho realizado no consultivo em proteção de dados terá um enorme valor probatório em demandas judiciais.

As empresas que enfrentarem processos judiciais deverão demonstrar que analisaram suas práticas e condutas internas, realizaram o mapeamento de todos os seus dados e desenvolveram políticas internas[56] para todas as suas áreas de atuação, sobretudo no que diz respeito à segurança da informação, práticas de marketing e instruções para o tratamento de dados de colaboradores e clientes.

É fundamental que seja comprovado que houve o treinamento de colaboradores para fomento da consciência em termos de privacidade e preparo para o cumprimento de regramentos internos e das obrigações legais trazidas pela legislação.

Demonstrar que a empresa revisou seus contratos e elaborou novos documentos incluindo cláusulas capazes de assegurar os direitos dos titulares de dados e os demais dispositivos da LGPD também é essencial. Da mesma forma, o desenvolvimento de DPIAs (*Data Protection Impact Assessments*), necessários para avaliações de proteção de dados e segurança da informação, pode representar grande diferencial em uma ação judicial, de modo que restará comprovado que a empresa tinha como objetivo identificar, mapear, analisar, organizar e minimizar eventuais riscos e impactos à privacidade.

---

55. PERIM, Paula Abi-Chahine Yunes; CAOVILLA, Renato; DUFLOTH, Rodrigo. **O novo contencioso de dados pessoais: sua organização está preparada?** Jota. 13 de outubro de 2019. Disponível em: [https://www.jota.info/opiniao-e-analise/artigos/o-novo--contencioso-de-dados-pessoais-sua-organizacao-esta-preparada-13102019]. Acesso em: 7 nov. 2021.

56. BAPTISTA LUZ ADVOGADOS. **Privacidade & Proteção de Dados**. Disponível em: [https://baptistaluz.com.br/areas-de-atuacao/privacidade-protecao-de-dados/]. Acesso em: 7 nov. 2021.

Outrossim, a elaboração de um plano de resposta e de continuidade dos negócios, o treinamento de executivos-chave da empresa e o mapeamento das soluções técnicas e dos motivos pelos quais o incidente foi gerado corroboram que a empresa estava adequada, ou buscando se adequar, aos parâmetros de segurança exigidos pela LGPD.

De modo geral, toda documentação que demonstre os esforços das instituições no sentido de se adequar aos parâmetros legais trazidos pela LGPD terão um grande valor probatório e poderão ser o diferencial para uma condenação ou não.

5. Conclusão

É certo que o Brasil possui uma precária cultura de privacidade e proteção de dados, de modo que a implementação da Lei, para se tornar efetiva, necessitará de uma conscientização social a respeito da importância fundamental dos dados pessoais e da imprescindibilidade de protegê-los, bem como o *compliance* de companhias e entes públicos.

O processo de implementação da LGPD será complexo e longo, mas é essencial reconhecer o valor positivo da Lei e a urgência de se garantir maior transparência no mercado, de modo que a população saiba como seus dados estão sendo tratados e, consequentemente, tenham mais confiança nas organizações nacionais e internacionais.

Nas palavras de Felipe Palhares[57]:

> "De fato, a Lei não é de fácil adequação e ainda carece de muitas definições e de regulações por parte da Autoridade Nacional de Proteção de Dados, cujo conselho diretor ainda sequer foi indicado. A ausência dessas delimitações é preocupante, mas longe está de tornar a Lei uma adaga a cortar a veia cava da inovação ou a minar o empreendedorismo. Se leis complexas fossem capazes de pôr um fim nesses ideais, o Código de Defesa do Consumidor e a Lei Anticorrupção já teriam exterminado todas as empresas brasileiras há muito tempo."

A vigência da LGPD deu início a um relevante período de transição para organizações e para o Judiciário. Evidentemente, períodos de transição são extremamente complexos, mas podem trazer inúmeros benefícios para o país. Ressalta-se,

57. PALHARES, Felipe. **O valor positivo da LGPD**. Jota. 25 de novembro de 2019. Disponível em: [https://www.jota.info/opiniao-e-analise/artigos/o-valor-positivo-da-lgpd-25112019]. Acesso em: 7 nov. 2021.

inclusive, que a legislação de proteção de dados pessoais poderá trazer ao Brasil um número maior de investimentos, além de representar um grande diferencial competitivo para empresas devidamente compromissadas com o processo de adequação aos princípios e diretrizes estabelecidos pela Lei.

Dessa forma, o Judiciário deverá estar devidamente preparado para receber uma crescente demanda acerca do assunto, atuando com imparcialidade em suas decisões e frisando que o corpo normativo visa à proteção dos dados de pessoas naturais.

Além disso, espera-se que a ação do Judiciário adote uma posição educacional, valorizando organizações que estejam tomando as medidas necessárias para tratar dados pessoais da maneira adequada e adotando critérios efetivos de segurança da informação.

Bibliografia

1ª VARA DA FAZENDA PÚBLICA. Tribunal de Justiça do Estado de São Paulo. **Ação Autônoma de Produção Antecipada de Provas nº 1006616-14.2020.8.26.0053**, Dra. Renata Barros Souto Maior Baião. Decisão de 12 de fevereiro 2020. Publicação em 20 de fevereiro de 2020.

13ª VARA CÍVEL DO FORO CENTRAL DE SÃO PAULO. Tribunal de Justiça do Estado de São Paulo. **Ação de Obrigação de Fazer c/c Indenização por Danos Morais em razão de Tratamento Inadequado de Dados – Divulgação Não Autorizada nº 1080233-94.2019.8.26.0100**. Dra. Tonia Yuka Koroku. Decisão de 29 de setembro de 2020.

24ª VARA CÍVEL DE BRASÍLIA. Tribunal de Justiça do Distrito Federal e dos Territórios. **Ação Civil Pública com Pedido de Tutela de Urgência nº 0721735-15.2019.8.07.0001**, Dr. Flavio Augusto Martins Leite. Decisão de 4 de novembro de 2019. Disponível em: [https://www.internetlab.org.br/wp-content/uploads/2019/11/tjdftmidiageolocalizada.pdf]. Acesso em: 7 nov. 2021.

24ª VARA CÍVEL DE BRASÍLIA. Tribunal de Justiça do Distrito Federal e dos Territórios. **Mandado de Segurança Cível nº 0722935-57.2019.8.07.0001**, Dr. Flavio Augusto Martins Leite. Decisão de 20 de novembro de 2019. Disponível em: [https://www.jusbrasil.com.br/processos/235284076/processo-n-0722935-5720198070001-do-tjdf]. Acesso em: 7 nov. 2021.

39ª VARA CÍVEL DO FORO CENTRAL DE SÃO PAULO. Tribunal de Justiça do Estado de São Paulo. **Ação Civil Pública Cível nº 1013884-75.2020.8.26.0100**, Dra. Daniela Pazzeto Maneghine Conceição. Decisão de 13 de março de 2020. Publicação em 18 de março de 2020.

AFP. **Investigação aponta que Cambridge Analytica enganou usuários do Facebook**. O Tempo. 06 de dezembro de 2019. Disponível em: [https://www.otempo.com.br/

interessa/tecnologia-e-games/investigacao-aponta-que-cambridge-analytica-enganou-usuarios-do-facebook-1.2270844]. Acesso em: 7 nov. 2021.

ALTMAN, M. *et al.* Practical approaches to big data privacy over time. **Oxford University Press**: subtítulo da revista, Oxford, Volume 8, Número 1, p. 29-51, mar./2018. Disponível em: [https://academic.oup.com/idpl/article/8/1/29/4930711]. Acesso em: 7 nov. 2021.

ALVES, Fabricio da Mota. **Requerimento para a realização de sessão de debates temáticos sobre o tema "Proteção de Dados e Autoridade Nacional de Proteção de Dados (ANPD)"**. Linkedin, 10 de março de 2020. Disponível em: [https://www.linkedin.com/posts/fabricio-mota-alves_requerimento-sessão-temática-senado-activity-6643157940956119040-wbjq/]. Acesso em: 7 nov. 2021.

ALVES, Fabricio da Mota; VIEIRA, Gustavo Afonso Sabóia. **Sem a ANPD, a LGPD é um problema, não uma solução**. Jota. 06 de janeiro de 2020. Disponível em: [https://www.jota.info/opiniao-e-analise/artigos/anpd-lgpd-problema-solucao-06012020]. Acesso em: 7 nov. 2021.

BAPTISTA LUZ ADVOGADOS. **Privacidade & Proteção de Dados**. Disponível em: [https://baptistaluz.com.br/areas-de-atuacao/privacidade-protecao-de-dados/]. Acesso em: 7 nov. 2021.

BRASIL. Autoridade Nacional de Proteção de Dados. **Guia Orientativo para Definições dos Agentes de Tratamento de Dados Pessoais e do Encarregado**. Disponível em: https://www.gov.br/anpd/pt-br/documentos-e-publicacoes/2021.05.27GuiaAgentesdeTratamento_Final.pdf. Acesso em: 7 nov. 2021.

BRASIL. Autoridade Nacional de Proteção de Dados. **Perguntas Frequentes – ANPD**. Disponível em: https://www.gov.br/anpd/pt-br/acesso-a-informacao/perguntas-frequentes-2013-anpd#a3. Acesso em: 7 nov. 2021.

BRASIL. Autoridade Nacional de Proteção de Dados. **Planejamento Estratégico 2021-2023**. Disponível em: https://www.gov.br/anpd/pt-br/documentos-e-publicacoes/planejamento-estrategico/planejamento-estrategico-2021-2023.pdf. Acesso em: 7 nov. 2021.

BRASIL. Câmara dos Deputados. **Câmara aprova emenda sobre vigência da Lei de Proteção de Dados e conclui votação de MP**. Disponível em: https://www.camara.leg.br/noticias/687343-CAMARA-APROVA-EMENDA-SOBRE-VIGENCIA-DA-LEI-DE-PROTECAO-DE-DADOS-E-CONCLUI-VOTACAO-DE-MP. Acesso em: 7 nov. 2021.

BRASIL. Câmara dos Deputados. **Projeto de Lei nº 5762/2016**. Altera a Lei nº 13.709, de 2018, prorrogando a data da entrada em vigor de dispositivos da Lei Geral de Proteção de Dados Pessoais – LGPD – para 15 de agosto de 2022. Disponível em: [https://www.camara.leg.br/proposicoesWeb/fichadetramitacao?idProposicao=2227704]. Acesso em: 7 nov. 2021.

BRASIL. **Constituição da República Federativa do Brasil de 1988**. Disponível em: http://www.planalto.gov.br/ccivil_03/constituicao/constituicao.htm. Acesso em: 7 nov. 2021.

BRASIL. **Decreto nº 10.474, de 26 de agosto de 2020**. Disponível em: http://www.planalto.gov.br/ccivil_03/_ato2019-2022/2020/decreto/D10474.htm. Acesso em: 7 nov. 2021.

BRASIL. Diário Oficial da União. **Portaria nº 11, de 27 de janeiro de 2021**. Disponível em: https://www.in.gov.br/en/web/dou/-/portaria-n-11-de-27-de-janeiro-de-2021-301143313. Acesso em: 7 nov. 2021.

BRASIL. **Diário Oficial da União. Resolução CD/ANPD nº 2, de 27 de janeiro de 2022**. Disponível em: https://in.gov.br/web/dou/-/resolucao-cd/anpd-n-2-de-27-de--janeiro-de-2022-376562019. Acesso em: 4 fev. 2022.

BRASIL. **Lei nº 8.078, de 11 de setembro de 1990**. Disponível em: http://www.planalto.gov.br/ccivil_03/leis/l8078.htm. Acesso em: 7 nov. 2021.

BRASIL. **Lei nº 13.709, de 14 de agosto de 2018 – Lei Geral de Proteção de Dados Pessoais (LGPD)**. Disponível em: http://www.planalto.gov.br/ccivil_03/_ato2015-2018/2018/lei/L13709.htm. Acesso em: 7 nov. 2021.

BRASIL. Lei nº 14.010, de 10 de junho de 2020. **Dispõe sobre o Regime Jurídico Emergencial e Transitório das relações jurídicas de Direito Privado (RJET) no período da pandemia do coronavírus (Covid-19)**. Disponível em: http://www.planalto.gov.br/ccivil_03/_ato2019-2022/2020/lei/L14010.htm. Acesso em: 7 nov. 2021.

BRASIL. **Medida Provisória nº 954, de 17 de abril de 2020**. Disponível em: [http://www.planalto.gov.br/CCIVIL_03/_Ato2019-2022/2020/Mpv/mpv954.htm]. Acesso em: 7 nov. 2021.

BRASIL. Senado Federal. **Proposta de Emenda à Constituição nº 17, de 2019**. Acrescenta o inciso XII-A, ao art. 5º, e o inciso XXX, ao art. 22, da Constituição Federal para incluir a proteção de dados pessoais entre os direitos fundamentais do cidadão e fixar a competência privativa da União para legislar sobre a matéria. Disponível em: [https://www25.senado.leg.br/web/atividade/materias/-/materia/135594]. Acesso em: 7 nov. 2021.

BRASIL. Senado Federal. **Prorrogada MP que regulamenta benefícios e adia Lei de Proteção de Dados**. Disponível em: https://www12.senado.leg.br/noticias/materias/2020/06/29/prorrogada-mp-que-regulamenta-beneficios-e-adia-lei-de-protecao-de-dados. Acesso em: 7 nov. 2021.

BRASIL. Senado Notícias. **Senado confirma primeira diretoria da Autoridade Nacional de Proteção de Dados**. Disponível em: https://www12.senado.leg.br/noticias/materias/2020/10/20/senado-confirma-primeira-diretoria-da-autoridade-nacional--de-protecao-de-dados. Acesso em: 7 nov. 2021.

BRASIL. Superior Tribunal de Justiça. **Ação de Indenização**. Inovação Recursal. Interesse de agir. Teoria da causa madura. Art. 515, parágrafo 3º do CPC. Abertura de cadastro com dados pessoais do consumidor sem autorização. Reconhecimento tácito do pedido pela ré. Exclusão das informações cadastrais. Código de Defesa do Consumidor. Informações pessoais. Violação à privacidade. Danos morais configurados.

Quantum indenizatório. Acórdão em Recurso Especial nº 1.758.799 – MG. José Galvão da Silva e **Procob S/A. Relatora: Ministra Nancy Andrighi**. Disponível em: [https://www.conjur.com.br/dl/ausencia-comunicacao-comercializacao.pdf]. Acesso em: 8 de março de 2020.COTS, Márcio. **Lei Geral de Proteção de Dados Pessoais Comentada**/Márcio Cots e Ricardo Oliveira, coordenação. 3. ed. rev., atual e ampl. São Paulo: Thomson Reuters Brasil, 2019.

CNN BRASIL. **Justiça reverte decisão e inocenta Cyrela em 1º caso da lei de proteção de dados**. Disponível em: https://www.cnnbrasil.com.br/business/justica-reverte-decisao-e-inocenta-cyrela-em-1-caso-da-lei-de-protecao-de-dados/. Acesso em: 04 de fevereiro de 2022.

DONEDA, Danilo. **Da Privacidade à Proteção de Dados Pessoais**: Fundamentos da Lei Geral de Proteção de Dados. 2. ed. São Paulo: Thomson Reuters Brasil, 2020. FEIGELSON, Bruno e SIQUEIRA, Antonio Henrique Albani. **Comentários à Lei Geral de Proteção de Dados: Lei 13.709/2018**. 1. ed. São Paulo: Thomson Reuters Brasil, 2019.

G1. **Megavazamento de dados de 223 milhões de brasileiros: o que se sabe e o que falta saber**. 28 de janeiro de 2021. Disponível em: https://g1.globo.com/economia/tecnologia/noticia/2021/01/28/vazamento-de-dados-de-223-milhoes-de-brasileiros-o-que-se-sabe-e-o-que-falta-saber.ghtml. Acesso em: 7 nov. 2021.

ICO. **Guide to the Geral Data Protection Regulation (GDPR) – Personal data breaches**. Disponível em: [https://ico.org.uk/for-organisations/guide-to-data-protection/guide-to-the-general-data-protection-regulation-gdpr/personal-data-breaches/]. Acesso em: 7 nov. 2021.

IDEC. **Ação questiona falta de transparência em licitação do Metrô de SP**. 10 de janeiro de 2020. Disponível em: [https://idec.org.br/noticia/acao-questiona-falta-de-transparencia-e-solicita-informacoes-sobre-licitacao-do-metro-de-sp]. Acesso em: 7 nov. 2021.

IDEC. **Em meio a megavazamento, caminho da Autoridade de Dados preocupa**. 11 de fevereiro de 2021. Disponível em: https://idec.org.br/idec-na-imprensa/em-meio-megavazamento-caminho-da-autoridade-de-dados-preocupa-especialistas. Acesso em: 7 nov. 2021.

LEORATTI, Alexandre. **Com GDPR, número de notificações de vazamento de dados ultrapassa 41 mil casos**. Jota. 6 de fevereiro de 2019. Disponível em: [https://www.jota.info/paywall?redirect_to=//www.jota.info/pesquisa-empirica/gdpr-vazamento-de-dados-41-mil-casos-06022019]. Acesso em: 7 nov. 2021.

LEORATTI, Alexandre. **Netshoes terá de pagar R$ 500 mil por vazamento de dados de milhões de clientes**. Jota. 5 de fevereiro de 2019. Disponível em: [https://www.jota.info/tributos-e-empresas/mercado/netshoes-vazamento-dados-clientes-05022019]. Acesso em: 7 nov. 2021.

MALDONADO, Viviane Nóbrega. A Lei Geral de Proteção de Dados: objeto, âmbito de aplicação, requisitos, segurança e a necessidade de sua correta implementação.

LGPD: Lei Geral de Proteção de Dados Pessoais: Manual de Implementação/Viviane Nóbrega Maldonado, coordenação. 1. ed. São Paulo: Thomson Reuters Brasil, 2019.

MALDONADO, Viviane Nóbrega; BLUM, Renato Ópice. **LGPD: Lei Geral de Proteção de Dados Comentada**. 2. ed. rev., atual. e ampl. – São Paulo: Thomson Reuters Brasil, 2019.

MENDES, Gilmar Ferreira; COELHO, Inocêncio Mártires; BRANCO, Paulo Gustavo Gonet. **Curso de Direito Constitucional**. 1. ed. São Paulo: Saraiva, 2007.

MENDES, Laura Schertel. **Decisão histórica do STF reconhece direito fundamental à proteção de dados pessoais**. 10 de maio de 2020. Disponível em: [https://www.jota.info/opiniao-e-analise/artigos/decisao-historica-do-stf-reconhece-direito-fundamental-a-protecao-de-dados-pessoais-10052020]. Acesso em 7 nov. 2021.

METRÔ. **Licitações/Editais**. Disponível em: [https://aplic.metrosp.com.br/as0001/frontend/index.php/processo/index/AvisosPublicados_sort/ds_objeto/AvisosPublicados_page/4#]. Acesso em: 7 nov. 2021.

MINISTÉRIO PÚBLICO DO DISTRITO FEDERAL E TERRITÓRIOS. **Ação Civil Pública – Obrigação de Não Fazer e Obrigação de Fazer**. Disponível em: [https://www.mpdft.mp.br/portal/pdf/Acao_Civil_Publica_Vivo_Ads_Black.pdf.] Acesso em: 7 nov. 2021.

MOTA, Renato. Senado adia Lei Geral de Proteção de Dados para 2021. **Olhar Digital**. 3 de abril de 2020. Disponível em: <https://olhardigital.com.br/coronavirus/noticia/senado-adia-lei-geral-de-protecao-de-dados-para-2021/98995>. Acesso em: 7 nov. 2021.

PÁDUA, Luciano. **Ministério Público investiga a atuação de Cambridge Analytica no Brasil**. Jota. 21 de março de 2018. Disponível em: [https://www.jota.info/paywall?redirect_to=//www.jota.info/justica/ministerio-publico-investiga-atuacao-da-cambridge-analytica-no-brasil-21032018]. Acesso em: 7 nov. 2021.

PALHARES, Felipe. **O valor positivo da LGPD. Jota**. 25 de novembro de 2019. Disponível em: [https://www.jota.info/opiniao-e-analise/artigos/o-valor-positivo-da-lgpd-25112019] Acesso em: 7 nov. 2021.

PERIM, Paula Abi-Chahine Yunes; CAOVILLA, Renato; DUFLOTH, Rodrigo. **O novo contencioso de dados pessoais: sua organização está preparada?** Jota. 13 de outubro de 2019. Disponível em: [https://www.jota.info/opiniao-e-analise/artigos/o-novo-contencioso-de-dados-pessoais-sua-organizacao-esta-preparada-13102019]. Acesso em: 7 nov. 2021.

PROCOB. **Como funciona**. Disponível em: [https://www.procob.com/como-funciona/]. Acesso em: 7 nov. 2021.

ROHR, Altieres. **Empresa expõe dados atribuídos a 190 milhões de brasileiros e 35 milhões de empresas na web**. G1. 29 de janeiro de 2019. Disponível em: [https://g1.globo.com/economia/tecnologia/blog/altieres-rohr/post/2019/01/29/

empresa-expoe-dados-atribuidos-a-190-milhoes-de-brasileiros-e-35-milhoes-de--empresas-na-web.ghtml]. Acesso em: 7 nov. 2021.

SHARMA, Sanjay. **Data Privacy and GDPR Handbook**. 1. ed. New Jersey: Wiley & Sons, 2019.

SOMBRA, Thiago Luís Santos. **Fundamentos da regulação da privacidade e proteção de dados pessoais: pluralismo jurídico e transparência em perspectiva**. 1. ed. São Paulo: Thomson Reuters Brasil, 2019.

SOPRANA, Paula. **Justiça já tem 600 decisões envolvendo lei de proteção de dados. Folha de S. Paulo**. Jota. 4 de julho de 2021. Disponível em: https://www1-folha-uol--com-br.cdn.ampproject.org/c/s/www1.folha.uol.com.br/amp/mercado/2021/07/justica-ja-tem-600-decisoes-envolvendo-lei-de-protecao-de-dados.shtml. Acesso em: 7 nov. 2021.

TI INSIDE. **LGPD: Multas e sanções entram em vigor em agosto e 84% das empresas brasileiras não estão preparadas**. 22 de junho de 2021. Disponível em: https://tiinside.com.br/22/06/2021/lgpd-multas-e-sancoes-entram-em-vigor-em-agosto-e--84-das-empresas-brasileiras-nao-estao-preparadas/. Acesso em: 7 nov. 2021.

WINDER, Davey. **Data Breaches Expose 4.1 Billion Records In First Six Months Of 2019**. Forbes. 20 de agosto de 2019. Disponível em: [https://www.forbes.com/sites/daveywinder/2019/08/20/data-breaches-expose-41-billion-records-in-first-six--months-of-2019/#2a632bcbbd54]. Acesso em: 7 nov. 2021.

Capítulo 15

Privacy Shield *EUA x Brasil: é possível?*

Bruna Michele Wozne Godoy

Advogada especialista em privacidade e proteção de dados, formada em Direito pela Universidade Estadual de Ponta Grossa, mestranda em Leis Europeias e Transnacionais de Propriedade Intelectual e Tecnologia da Informação, pela Universidade de *Göttingen*, na Alemanha.

1. Lei Geral de Proteção de Dados: Transferência Internacional de Dados e a Decisão de Adequação

A Lei Geral de Proteção de Dados Pessoais (Lei 13.709/18)[1] impõe medidas a fim de restringir as transferências de dados pessoais que ocorram para países ou organizações situadas fora do território brasileiro. As restrições se aplicam

1. BRASIL, Lei nº 13.709, de 14 de agosto de 2018. Lei Geral de Proteção de Dados, Brasília, DF, ago 2018. Disponível em: <http://www.planalto.gov.br/ccivil_03/_ato2015-2018/2018/lei/L13709.htm>. Acesso em 3 mar. 2022.

a todos os casos em que ocorra a transferência de dados pessoais que permita o tratamento por agentes internacionais, não importando a frequência ou a quantidade de dados transferidos.

Tornar os dados acessíveis por terceiros fora do Brasil, ou até mesmo para sedes internacionais da própria empresa, hospedar os dados na nuvem (nos casos em que os servidores estão estabelecidos em outros países), enviar *e-mails* para destinatários no exterior, por exemplo, são consideradas formas de compartilhamento internacional de dados pessoais.

O objetivo de tais restrições é garantir ao titular de dados, que possui dados tratados no âmbito da LGPD, a mesma proteção e zelo que lhe são garantidos pela legislação brasileira.

Dessa maneira, a lei brasileira disciplina, em seu art. 33 (em harmonia com o Regulamento Geral de Proteção de Dados, GDPR[2]), as seguintes bases legais que permitem o compartilhamento internacional de dados:

> "*I – para países ou organismos internacionais que proporcionem grau de proteção de dados pessoais adequado ao previsto nesta Lei*;
>
> II – quando o controlador oferecer e comprovar garantias de cumprimento dos princípios, dos direitos do titular e do regime de proteção de dados previstos nesta Lei, na forma de:
>
> a) cláusulas contratuais específicas para determinada transferência;
>
> b) cláusulas-padrão contratuais;
>
> c) normas corporativas globais;
>
> d) selos, certificados e códigos de conduta regularmente emitidos;
>
> III – quando a transferência for necessária para a cooperação jurídica internacional entre órgãos públicos de inteligência, de investigação e de persecução, de acordo com os instrumentos de direito internacional;
>
> IV – quando a transferência for necessária para a proteção da vida ou da incolumidade física do titular ou de terceiro;
>
> V – quando a autoridade nacional autorizar a transferência;
>
> VI – quando a transferência resultar em compromisso assumido em acordo de cooperação internacional;

---

2. EU General Data Protection Regulation (GDPR): Regulation (EU) 2016/679 of the European Parliament and of the Council of 27 April 2016 on the protection of natural persons with regard to the processing of personal data and on the free movement of such data, and repealing Directive 95/46/EC (General Data Protection Regulation), OJ 2016 L 119/1. Disponível em: <https://eur-lex.europa.eu/legal-content/EN/AUTO/?uri=CELEX:02016R0679-20160504&qid=1532348683434>. Acesso em 3 mar. 2022.

> VII – quando a transferência for necessária para a execução de política pública ou atribuição legal do serviço público, sendo dada publicidade nos termos do inciso I do caput do art. 23 desta Lei;
>
> VIII – quando o titular tiver fornecido o seu consentimento específico e em destaque para a transferência, com informação prévia sobre o caráter internacional da operação, distinguindo claramente esta de outras finalidades; ou
>
> IX – quando necessário para atender as hipóteses previstas nos incisos II, V e VI do art. 7º desta Lei." (grifos nossos)

As hipóteses dispostas no inciso IX do art. 33 são respectivamente:

> "II – para o cumprimento de obrigação legal ou regulatória pelo controlador;
>
> [...]
>
> V – quando necessário para a execução de contrato ou de procedimentos preliminares relacionados a contrato do qual seja parte o titular, a pedido do titular dos dados;
>
> VI – para o exercício regular de direitos em processo judicial, administrativo ou arbitral [...]."

Entretanto, várias das opções fornecidas somente podem ser exercidas após regulamentação pela Autoridade Nacional de Proteção de Dados (ANPD) que, embora já tenha sido instituída pela Lei 13.853/2019[3], ainda está em processo de constituição, não estando ainda em funcionamento para fins de atendimento de consultas públicas e protocolos.

A ANPD será a responsável por determinar quais são os países ou as organizações internacionais que proporcionam um grau de proteção adequado (art. 33, I, da LGPD), por meio das denominadas *Decisões de Adequação*.

Uma vez que o procedimento para a tomada de decisões, critérios utilizados e a definição específica do conceito de uma decisão de adequação não foram abordados pela legislação, é necessário emprestar os conceitos já utilizados pela União Europeia, em razão do embasamento quase que total da legislação brasileira no regulamento europeu de proteção de dados.

---

3. BRASIL, Lei nº 13.853 de 8 de Julho de 2019. Altera a Lei nº 13.709, de 14 de agosto de 2018, para dispor sobre a proteção de dados pessoais e para criar a Autoridade Nacional de Proteção de Dados; e dá outras providências, Brasília, DF, dez 2019. Disponível em: <http://www.planalto.gov.br/ccivil_03/_ato2019-2022/2019/lei/l13853.htm>. Acesso em 3 mar. 2022.

Ambas as legislações atingem um nível de bastante consistência, principalmente referentes às transferências internacionais, o que significa que possuem um alto nível de similaridade na lógica, no núcleo e no escopo de suas provisões, ainda que possam divergir nos detalhes que regem sua aplicação.

O GDPR tem um cuidado maior com as definições e exemplifica situações de aplicação, enquanto a LGPD traz definições mais básicas e menos detalhadas.

Portanto, uma decisão de adequação é quando a autoridade competente (Comissão Europeia no GDPR) avalia o nível de proteção oferecido por um país ou uma organização internacional e a partir disso toma uma decisão, considerando se as garantias provenientes são adequadas e compatíveis com as oferecidas pela legislação local de proteção de dados.

Quando um país ou uma organização internacional recebe a decisão de adequação concedida pela autoridade, passa a obter autorização para o livre trânsito de dados internacionalmente, sem que medidas adicionais de proteção sejam necessárias. Dessa maneira, os dados pessoais podem ser transferidos livremente, podendo ser adotado o mesmo procedimento utilizado para a realização de transferências domésticas.

As decisões de adequação são benéficas à economia, pois reduzem consideravelmente o valor das transações para as companhias, gerando oportunidade de criação de novos negócios e parceiros comerciais.

Para receber uma decisão de adequação, o país em causa precisará passar por uma rigorosa avaliação em diversos escopos e cumprir com determinados critérios estipulados pelo GDPR em seu artigo 45, 2[4]:

> a) "*O primado do Estado de direito*, o respeito pelos direitos humanos e liberdades fundamentais, a legislação pertinente em vigor, tanto a geral como a setorial, nomeadamente em matéria de segurança pública, defesa, segurança nacional e direito penal, e respeitante ao acesso das autoridades públicas a dados pessoais, bem como *a aplicação dessa legislação e das regras de proteção de dados, das regras profissionais e das medidas de segurança, incluindo as regras para a transferência ulterior de dados pessoais para outro país terceiro ou organização internacional,*

4. EU General Data Protection Regulation (GDPR): Regulation (EU) 2016/679 of the European Parliament and of the Council of 27 April 2016 on the protection of natural persons with regard to the processing of personal data and on the free movement of such data, and repealing Directive 95/46/EC (General Data Protection Regulation), OJ 2016 L 119/1. Disponível em: <https://eur-lex.europa.eu/legal-content/EN/AUTO/?uri=CELEX:02016R0679-20160504&qid=1532348683434>. Acesso em 3 mar. 2022.

> que são cumpridas nesse país ou por essa organização internacional, e a jurisprudência, bem como os *direitos dos titulares dos dados efetivos e oponíveis, e vias de recurso administrativo e judicial* para os titulares de dados cujos dados pessoais sejam objeto de transferência;
>
> b) *a existência e o efetivo funcionamento de uma ou mais autoridades de controlo independentes no país terceiro ou às quais esteja sujeita uma organização internacional,* responsáveis por assegurar e impor o cumprimento das regras de proteção de dados, e dotadas de poderes coercitivos adequados para assistir e aconselhar os titulares dos dados no exercício dos seus direitos, e cooperar com as autoridades de controlo dos Estados-Membros;
>
> c) *os compromissos internacionais assumidos pelo país terceiro ou pela organização internacional em causa*, ou outras obrigações decorrentes de convenções ou instrumentos juridicamente vinculativos, bem como da sua participação em sistemas multilaterais ou regionais, em especial em relação à proteção de dados pessoais." (grifos nossos)

Ao analisar especificamente as leis de proteção de dados presentes no país candidato, Araújo[5] ressalta que existem algumas características relevantes que recebem atenção especial e necessitam apresentar uma forte semelhança com as disposições do GDPR, que são:

- concessão de direitos aplicados a todos os titulares de dados, independentemente de nacionalidade ou residência;
- requisitos para obtenção de consentimento mais exigentes;
- encarregados de proteção de dados obrigatórios (*DPOs*) e avaliações de impacto de proteção de dados obrigatórias (*DPIAs*) para certos tipos de tratamento;
- proteção de dados desde a concepção e como configuração padrão;
- responsabilidade direta e demonstrável pelos agentes de tratamento;
- notificações de incidentes de violação de dados;
- representação de controladores estrangeiros;
- multas de acordo com a receita;
- autoridades de Proteção de Dados independentemente estabelecidas, capazes de tomar decisões e emitir sanções, que possam ser objeto de discussão judicial, bem como cooperar em assuntos de interesse internacional.

5. ARAÚJO, A. The Right to Data Protection and the Commissions' Adequacy Decision. UNIO – EU Law Journal, v. 1, p. 77-93, 1 jul. 2015.

Apesar de não estarem presentes no Regulamento Europeu, questões políticas, como a relevância econômica na condição de parceiro comercial, influenciam na concessão de decisões de adequação a países terceiros[6]. O núcleo do GDPR não é apenas proteger os titulares contra abusos aos seus direitos, mas também incentivar o desenvolvimento da economia da União Europeia.

Além de toda a análise técnica jurídica, de acordo com a Comunicação[7] emitida pela Comissão Europeia, outros fatores devem ser considerados, como: as extensões das relações comerciais (reais ou potenciais) da UE com o país terceiro, a extensão dos fluxos de dados, o eventual papel pioneiro do país terceiro no domínio de regulamentações a respeito de privacidade e proteção de dados, que podem servir de modelo para outros países da região e a relação política geral entre os países.

Atualmente a transferência internacional de dados pessoais ocorre em uma escala massiva e constante, empresas e países que enfrentem restrições para executá-las definitivamente sofrerão danos significativos em diversas esferas.

Em um mundo globalizado, em que o mercado único digital elimina fronteiras e conecta pessoas e negócios em todo o mundo, obter uma autorização que permita o livre fluxo de dados pessoais entre as economias mais importantes do mundo, como a União Europeia e os Estados Unidos, é um diferencial competitivo elementar.

2. Do *Safe Harbor* ao *Privacy Shield* UE x EUA

Em 2000, considerando o grande volume de transferências de dados entre os Estados Unidos e a União Europeia, a Comissão Europeia emitiu uma decisão declarando que o mecanismo denominado *Safe Harbor*[8], desenvolvido pelo Departamento de Comércio dos EUA em conjunto com Comissão Europeia,

---

6. BLACKMORE, Nicholas. Feeling inadequate? Why adequacy decisions are rare (and may get rarer) in Asia-Pacific. Kennedys law. 26 mar 2019. Disponível em: <https://www.kennedyslaw.com/thought-leadership/article/feeling-inadequate-why-adequacy-decisions-are-rare-and-may-get-rarer-in-asia-pacific>. Acesso em 3 mar 2022.
7. European Commission, COM/2017/07 'Exchanging and Protecting Personal Data in a Globalised World', 10 jan. 2017. Disponível em: <https://op.europa.eu/en/publication-detail/-/publication/4fd5eab0-f393-11e6-8a35-01aa75ed71a1/language-en?_portal2012documentDetail_WAR_portal2012portlet_source=118106217>. Acesso em: 3 mar 2022.
8. USTARAN, Eduardo. Lei e Prática Europeias de Proteção de Dados. Associação Internacional de Profissionais de Privacidade. 2018. p. 490.

fornecia proteção adequada aos dados pessoais provenientes da UE, de acordo com a Diretiva 95/46/CE.

O *Safe Harbor* possuía uma estrutura de autorregulação que permitia às organizações privadas atender aos requisitos da diretiva europeia para transferências internacionais de dados. As empresas com sede nos Estados Unidos que concordassem em cumprir com as garantias oferecidas pelo *Safe Harbor*, ao receberem a certificação seriam autorizadas a realizar as transferências internacionais sem a adoção de demais salvaguardas.

Sob o *Safe Harbor*, as empresas que desejavam participar autocertificavam a sua conformidade com um conjunto de princípios que foram publicados pelo Departamento de Comércio (DOC) dos EUA e essencialmente refletiam os princípios estabelecidos pela Diretiva da UE em matéria de proteção de dados[9]. Organizações autocertificadas enviavam uma aplicação ao DOC, que incluía uma descrição de suas práticas relacionadas ao tratamento de dados, políticas de privacidade, participação em programas de privacidade, e os tipos de dados que eles tratavam.

Além disso, era necessário que as organizações renovassem sua certificação sob o *Safe Harbor* anualmente, a fim de manter sua validade e legalidade.

No entanto, sua fraqueza foi percebida ao longo do tempo e atraiu muitas críticas, devido à sua natureza de autocertificação, diferenciando-se do modelo europeu. Denotou-se que as empresas participantes do *Safe Harbor* deixavam de realizar as verificações anuais obrigatórias de conformidade, além da falta de fiscalização efetiva pela autoridade americana responsável, a *Federal Trade Commission* (FTC).

A gota d'água para a desestabilização do *Safe Harbor* ocorreu depois das divulgações feitas por Edward Snowden em 2013[10], onde revelou que a Agência de Segurança Nacional dos Estados Unidos (NSA) realizava operações de vigilância em massa, que poderiam também ser realizadas em empresas que faziam parte do esquema do *Safe Harbor*.

9. MYERS, Anna. FTC Enforcement Of The U.S.-Eu Safe Harbor Framework, IAPP, Disponível em: <https://iapp.org/media/pdf/resource_center/IAPP_FTC_SH-enforcement.pdf>. Acesso em: 3 mar. 2022.

10. PILATI, José Isaac; OLIVO, Mikhail Vieira Cancelier de. Um novo olhar sobre o direito à privacidade: caso Snowden e pós-modernidade jurídica. Sequência (Florianópolis), Florianópolis, n. 69, p. 281-300, 2014. Disponível em: <http://www.scielo.br/scielo.php?script=sci_arttext&pid=S2177=70552014000200012-&lng=en&nrm=iso>. Acesso em 3 mar. 2022.

O fim do programa *Safe Harbor* por si só afetaria substancialmente os interesses e a economia das empresas da União Europeia, razão pela qual foram reabertas as discussões com o governo dos EUA a fim de estabelecer uma nova estrutura mais forte para restaurar a credibilidade do programa.

Durante as negociações para fortalecer a estrutura do programa de transferência internacional de dados, em 2013, Maximillian Schrems[11], um ativista da privacidade, apresentou uma queixa ao Comissário de Proteção de Dados da Irlanda (C-362/14 Maximillan Schrems v. Comissário de Proteção de Dados)[12], a fim de proibir o Facebook de transferir seus dados para os Estados Unidos, questionando a validade do acordo do *Safe Harbor* e afirmando que este não oferece proteção suficiente para os seus dados pessoais.

O caso foi levado ao Tribunal de Justiça da União Europeia em 2014, que confirmou as falhas relacionadas ao acesso de documentos privados por autoridades públicas de maneira ilegal, e, portanto, declarou inválida a decisão de adequação da Comissão Europeia referente ao *Safe Harbor*.

Após um longo período de negociação para adotar uma nova decisão de adequação, desta vez denominada *Privacy Shield*, em 13 de abril de 2016, o Grupo de Trabalho do Artigo 29º (*Article 29 Working Party*) (12)[13], que reúne os comissários nacionais de proteção à privacidade da União Europeia, expressou sua preocupação com relação a três pontos específicos[14]:

> Depois que uma transferência de dados para os EUA for efetivada, as entidades dos EUA não terão obrigações legais semelhantes às que se

---

11. REINALDO FILHO, Demócrito. A Decisão da Corte Europeia Que Invalidou o Acordo de Transferência de Dados Pessoais, Lex Magister, 04 dez. 2015. Disponível em: <http://www.lex.com.br/doutrina_27076672_A_DECISAO_DA_CORTE_EUROPEIA_QUE_INVALIDOU_O_ACORDO_DE_TRANSFERENCIA_DE_DADOS_PESSOAIS.aspx>. Acesso em 3 mar. 2022.
12. Tribunal de Justiça da União Europeia, Caso Maximillian Schrems v Data Protection Commissioner, C-362/14. OJ C 351, 6.10.2014. Disponível em: <http://curia.europa.eu/juris/document/document.jsf?text=&docid=172254&pageIndex=0&doclang=en&mode=req&dir=&occ=first&part=1&cid=3908603>. Acesso em: 3 mar. 2022.
13. ARTICLE 29 DATA PROTECTION WORKING PARTY, Opinion 01/2016 on the EU – U.S. Privacy Shield draft adequacy decision, 13 abr. 2016. Disponível em: <https://ec.europa.eu/justice/article-29/documentation/opinion-recommendation/files/2016/wp238_en.pdf>. Acesso em: 3 mar 2022.
14. BULSING, Barbra. Privacy authorities remain concerned about the Privacy Shield, Stibbe, 13 out. 2016. Disponível em: <https://www.stibbe.com/en/news/2016/october/privacy-authorities-remain-concerned-about-the-privacy-shield>. Acesso em 3 mar 2022.

> aplicam às entidades da UE para a exclusão dos dados, se não forem mais necessários para atingir a finalidade para que foram coletados.
>
> Nos EUA, a coleta contínua de dados maciços e indiscriminados não é totalmente excluída. Consequentemente, essa coleta de dados é uma interferência injustificada nos direitos fundamentais dos indivíduos sob a lei de privacidade da UE.
>
> Preocupações quanto à introdução de um mecanismo de ouvidoria de privacidade nos EUA, e se o respectivo ouvidor terá poderes suficientes para fornecer um funcionamento eficaz ao programa.

Apesar das inquietações levantadas pelos comissários da UE, a estrutura do *Privacy Shield* foi adotada em 12 de julho de 2016[15] por meio de uma decisão de adequação da Comissão Europeia.

Para aderir ao *Privacy Shield*, as empresas americanas sujeitas à jurisdição da *Federal Trade Commission* precisam fazer um registro *on-line* e são obrigadas a tomar certas medidas para demonstrar sua capacidade de cumprir com os princípios estipulados pelo Programa e, caso contrário, adotar controles internos, políticas e procedimentos para entrar em conformidade.

Os sete princípios basilares do *Privacy Shield* que são[16] aplicados a todos os seus participantes:

> Notificação: a empresa deverá, por exemplo, informar os titulares de dados sobre sua participação no *Privacy Shield*, bem como os tipos de dados pessoais a serem tratados, os propósitos de tratamento, meios de contato, os direitos, com quem os dados serão compartilhados, entre outros.
>
> Escolha: a empresa deverá oferecer ao titular a oportunidade de escolher (rejeitar) quando seus dados pessoais forem ser compartilhados com terceiros que não estejam atuando em nome da empresa e/ou quando forem ser usados para um propósito diferente do inicialmente proposto.
>
> Responsabilização por transferências futuras: a empresa deverá garantir que os dados compartilhados guardem consigo o mesmo nível de

15. EUROPEAN COMMISSION, Implementing Decision (Eu) 2016/1250 of 12 July 2016 pursuant to Directive 95/46/EC of the European Parliament and of the Council on the adequacy of the protection provided by the EU-U.S. Privacy Shield, 01 ago. 2016. Disponível em: <https://ec.europa.eu/info/sites/info/files/celex_32016d1250_en_txt.pdf>. Acesso em 3 mar 2022.

16. US DEPARTMENT OF COMMERCE, Privacy Shield Framework Principles. Disponível em: <https://www.privacyshield.gov/servlet/servlet.FileDownload?file=015t00000004qA>. Acesso em 3 mar 2022.

proteção originalmente oferecido durante todo o seu ciclo de vida, respeitando os princípios e os direitos estabelecidos no esquema do *Privacy Shield*.

Segurança: a empresa deverá adotar medidas apropriadas e razoáveis para proteger os dados pessoais de perdas, uso inadequado, acessos não autorizados, vazamentos, alterações e destruição, levando em conta os riscos envolvidos no tratamento e a natureza dos dados pessoais.

Integridade dos dados e limitação dos objetivos: os dados pessoais a serem tratados devem ser limitados apenas aos relevantes para atingir o propósito do processamento. Ainda, medidas razoáveis e apropriadas devem ser adotadas a fim de garantir a confiabilidade e integridade dos dados coletados, para que sempre estejam corretos, completos e atualizados.

Acesso à informação: os titulares de dados devem ter acesso às informações pessoais que a empresa detém sobre eles, tendo a possibilidade de corrigir, acrescentar ou requisitar a exclusão de tais dados quando incorretos ou tratados em desconformidade com os princípios.

Recursos, Aplicação e Responsabilização: a proteção efetiva da privacidade requer a inclusão de mecanismos robustos para garantir a conformidade com os princípios, como o oferecimento de recurso para os indivíduos afetados por violações e consequências para as empresas que desrespeitam os princípios.

Ainda, existem outros 16 princípios suplementares igualmente vinculantes, referentes a: dados sensíveis, exceções jornalísticas, responsabilidade secundária, realização de diligências e auditorias, o papel das autoridades de proteção de dados, autocertificação, verificação, acesso, dados de recursos humanos, contratos obrigatórios para transferências posteriores, resolução e execução de disputas, escolha (momento da recusa), informações sobre viagem, produtos médicos e farmacêuticos, registro público e informações publicamente disponíveis, solicitações de acesso por autoridades públicas.

Somente as entidades legais dos EUA sujeitas à jurisdição da *Federal Trade Commission* (FTC) ou do Departamento de Transporte (DOT) são elegíveis para participar do *Privacy Shield*. Ambas as autoridades se comprometeram publicamente[17-18] a executar o esquema do *Privacy Shield* em sua integralidade.

17. FEDERAL TRADE COMMISSION, Commitment to Enforce the Privacy Shield, 07 jul. 2016. Disponível em: <https://www.privacyshield.gov/servlet/servlet.?file=015t00000004q0v>. Acesso em 3 mar. 2022.

18. DEPARTMENT OF TRANSPORTATION, Re: EU-US Privacy Shield Framework, 19 fev. 2016. Disponível em: <https://www.privacyshield.gov/servlet/servlet.FileDownload?file=015t00000004q0q>. Acesso em 3 mar. 2022.

O programa do *Privacy Shield* é administrado pela *International Trade Administration* (ITA) no Departamento de Comércio dos EUA.

Para ingressar no *Privacy Shield*, uma organização sediada nos EUA deverá se autocertificar perante o Departamento de Comércio (*on-line*) e se comprometer publicamente a cumprir os requisitos do programa.

Para se autocertificar, as empresas devem: (a) estar sob o poder da *Federal Trade Commission* e ser objeto de investigação e execução, do Departamento de Transportes ou de outro órgão estadual que garanta eficientemente o cumprimento dos princípios (outras organizações estaduais dos EUA reconhecidas pela UE também podem ser incorporadas como um anexo no futuro); (b) demonstrar publicamente sua responsabilidade de cumprir com os Princípios; (c) disponibilizar publicamente suas políticas de privacidade que contenham a informação de participação no programa e seus respectivos princípios e (d) implementá-los integralmente nos processos de tratamento de dados.

Embora a adesão ao *Privacy Shield* seja voluntária, uma vez assumido o compromisso público de cumprir com os requisitos da estrutura, o compromisso se tornará obrigatório e poderá ser executado de acordo com a lei dos EUA.

As organizações que participam do programa *Privacy Shield* devem se certificar novamente perante o Departamento de Comércio todos os anos. O Departamento removerá empresas da lista de aderentes do *Privacy Shield* caso se retirarem voluntariamente ou se não concluírem sua recertificação anual.

O *Privacy Shield* desde o início foi duramente criticado, no entanto, a Comissão se mostrou bastante otimista ao afirmar os seguintes pontos em sua segunda revisão anual do programa:

> "Conforme recomendado pela primeira revisão anual da Comissão, o Departamento de Comércio criou vários mecanismos, como um sistema de verificações ('verificações pontuais'), que seleciona aleatoriamente as empresas para verificar se estão em conformidade com os princípios estabelecidos. Centenas de empresas foram verificadas e apenas vinte e uma delas tiveram problemas que foram posteriormente resolvidos. Os procedimentos adicionais de revisão de conformidade também incluem a análise dos *sites* dos participantes do *Privacy Shield* para garantir que os *links* para as políticas de privacidade estejam corretos. O Departamento de Comércio também criou um sistema para identificar alegações falsas que impedem as empresas de reivindicar falsamente a conformidade com o *Privacy Shield* quando elas não forem oficialmente certificadas."[19]

19. EUROPEAN COMMISION, Press Release: EU-U.S. Privacy Shield: Second review shows improvements but a permanent Ombudsperson should be nominated by 28

Entretanto, as preocupações contínuas quanto à vigilância abusiva do governo dos EUA trouxeram novamente as transferências de dados internacionais realizadas dentro do esquema do *Privacy Shield* para serem testadas perante o Tribunal de Justiça da União Europeia. O caso do ativista de privacidade austríaco, Maximialian Schrems, questionando a validade das decisões ainda repercute.

De acordo com o Relatório Anual de Governança da Privacidade da IAPP-EY 2019[20], 60% dos dados transferidos para fora da UE utilizam o mecanismo do *Privacy Shield*, uma decisão do Tribunal é essencial nesta questão, uma vez que a estrutura é responsável por fluxos de dados maciços e tem um peso incomparável nas transferências internacionais de dados.

Apesar de deter inúmeras legislações a nível estadual e federal, com destaque para a CCPA (*California Consumer Protection Act*), que regulam a privacidade e a proteção de dados de maneira setorial, atualmente os Estados Unidos não possuem uma legislação geral, ampla e robusta de proteção de dados pessoais, que seja aplicável a todo o país.

Dessa maneira, uma decisão geral de adequação estaria fora de cogitação, pelo menos por ora, e se apoiar em decisões limitadas a determinados setores é a solução facilitadora e economicamente mais vantajosa para a realização de transferências internacionais para os Estados Unidos.

3. *Privacy Shield* BR x EUA

A LGPD estava prevista para entrada em vigor em 16 de agosto de 2020, após dilação do prazo inicial de sua *vacatio legis* para 36 meses pela Lei 13.853/19.

Entretanto, devido à crise provocada pela pandemia mundial do coronavírus, foi aprovado pelo Senado, o Projeto de Lei 1.179/2020. Originalmente, o texto do Senado, de autoria do Senador Antonio Anastasia, PSD/MG, entre outros assuntos, prorrogava para 1º de agosto de 2021 a entrada em vigor das sanções da LGPD (arts. 52 a 54) e, quanto aos demais dispositivos, estipulava a data de 1º de janeiro de 2021.

Em meio à inércia do legislativo para encaminhar o Projeto de Lei 1.179/2020 à Câmara dos Deputados, o Executivo, em 29 de abril de 2020, editou a Medida

---

February 2019, IP/18/6818, 19 dez. 2018. Disponível em: <https://ec.europa.eu/commission/presscorner/detail/en/IP_18_6818>. Acesso em: 3 mar. 2022.

20. FENESSY, Caitline et al. The advocate general's 'Schrems II' opinion: What it says and means, IAPP, 19 dez. 2019. Disponível em: <https://iapp.org/news/a/the-advocate-generals-schrems-ii-opinion-what-it-says-and-means/>. Acesso em: 3 mar 2022.

Provisória nº 959/2020, que entre outros assuntos, prorrogou a *vacatio legis* da LGPD em sua totalidade para a data de 3 de maio de 2021.

Somente após a edição da Medida Provisória, o PL 1.179 chegou à Câmara dos Deputados, momento em que o Deputado Federal Enrico Misasi (PV/SP), relator da matéria na Câmara, desconsiderou o trecho do Projeto de Lei referente à prorrogação da *vacatio legis* da LGPD, tendo em vista a Medida Provisória nº 959, mantendo, entretanto, a prorrogação no que tange às sanções da Lei.

Com efeito, o Projeto de Lei 1.179/2020 foi sancionado, com alguns vetos, pelo Presidente da República, com a promulgação da Lei nº 14.010/2020, que prorrogou as sanções administrativas da LGPD para o dia 1º de agosto de 2021. Já a MP nº 959/2020, que recebeu exatas 126 emendas, possui validade de 120 dias e também será objeto de análise, desta vez pelo Legislativo.

Estabeleceu-se, portanto, uma queda de braço entre os poderes, a qual vitimou a Lei Geral de Proteção de Dados. Caso ambos os dispositivos sejam vetados, o prazo voltará ao estipulado pela Lei 13.853/19, que define a data de 16 de agosto de 2020 para a entrada em vigor da legislação protetiva de dados pessoais em sua totalidade. No entanto, a legislação acabou entrando em vigor no dia 18 de setembro de 2020.

De qualquer sorte, é necessário vislumbrar maneiras de continuar realizando as transferências internacionais de dados de maneira lícita após a entrada em vigor da LGPD.

No cenário atual, sem a regulamentação complementar pela Autoridade, empresas poderiam realizar as transferências internacionais baseadas apenas em dois dos mecanismos apresentados pela legislação: com a coleta específica e detalhada do consentimento, ou para a execução de um contrato ou de suas tratativas preliminares.

Entretanto, os instrumentos supracitados somente podem ser utilizados para atingir a finalidade específica para a qual foram coletados, dessa maneira, não são os instrumentos ideais a serem usados em transferências internacionais repetitivas ou de larga escala.

Todas as demais hipóteses, como decisões de adequação, normas corporativas globais e cláusulas contratuais padrões ou específicas, necessitam de outorga pela ANPD, o que tornaria o cenário de transferências internacionais caótico e extremamente impraticável.

É certo que a nova legislação impõe barreiras e restrições ao livre fluxo de dados a fim de proteger os titulares de dados contra abusos, entretanto um de seus fundamentos basilares é justamente o desenvolvimento econômico do país (art. 2º, V).

Portanto, não há dúvidas de que, tão logo iniciem as atividades da Autoridade de Proteção de Dados, uma de suas prioridades será desenvolver mecanismos e emitir regulamentações a fim de facilitar processos que possam ser danosos, como adotar decisões de adequação com países economicamente relevantes, como os Estados Unidos e a União Europeia.

Segundo a Agência Brasileira de Promoção de Exportações e Investimentos[21] (APEX), o Brasil é o 11º maior parceiro comercial da UE (1,7% do comércio total) e a UE é o 2º maior parceiro comercial do Brasil (18,3% do comércio total). O Brasil é o maior exportador de produtos agrícolas para a União Europeia e a UE é o maior investidor estrangeiro no Brasil.

Portanto, em razão da relevante importância comercial, uma decisão mútua de adequação deve ser buscada assim que possível, preenchendo as lacunas propositalmente deixadas pela LGPD.

Com relação aos Estados Unidos, em 2011, o Brasil ratificou o Acordo de Comércio e Cooperação Econômica, para aprimorar a cooperação em comércio e investimento. O acordo expande a relação direta de comércio e investimento, fornecendo uma estrutura para aprofundar a cooperação em várias questões de interesse mútuo, incluindo inovação, facilitação do comércio e barreiras técnicas ao comércio.[22]

Em 2018, o Brasil foi o 9º maior mercado de exportação de mercadorias dos Estados Unidos e o seu 17º maior fornecedor de importação de bens.[23]

Entretanto, é de suma importância denotar que eventual existência de acordos comerciais com um país terceiro não garante a concessão de uma decisão de adequação, mesmo que o país seja um importante parceiro comercial, a privacidade não é uma mercadoria que possa ser negociada.

Por esse motivo, a legislação e o regime judicial do país terceiro devem oferecer direitos efetivos e adequadamente aplicáveis aos titulares de dados, garantindo o nível de proteção necessário e equivalente ao do país de origem.

Contudo, uma vez que o *Privacy Shield* foi validado como efetivo e compatível perante o GDPR, garantindo a proteção adequada dos dados pessoais,

21. ORTH, Camila Flores et al., Bilateral Investments Map Brazil-European Union, Brasília, Apex Brasil, 22 set. 2017. Disponível em: <https://eeas.europa.eu/sites/eeas/files/mapa_de_investimentos_brasil-ue_versao_portugues_final_1.pdf>. Acesso em 27 mar. 2020.

22. OFFICE OF THE UNITED STATES TRADE REPRESENTATIVE EXECUTIVE, Office of the President, Brazil. Disponível em: <https://ustr.gov/countries-regions/americas/brazil>. Acesso em 30 mar. 2020.

23. Op. Cit.

a Comissão Europeia estabeleceu um precedente. A Lei Geral de Proteção de Dados, como já mencionado anteriormente, foi baseada inteiramente no Regulamento Europeu, apresentando apenas algumas variações minoritárias, mas portando um alto nível de consistência com seus dispositivos.

Portanto, com relação à análise técnica jurídica do mecanismo, é provável que a Autoridade Nacional de Proteção de Dados adote o mesmo posicionamento já adotado pela Comissão Europeia, em razão da similaridade das legislações e suas respectivas exigências.

No tocante à adoção de um mecanismo já existente, não há nenhum óbice que proíba seu acolhimento. Denota-se que a União Europeia não foi a única a ter adotado uma decisão de adequação para um parceiro comercial tão importante como os Estados Unidos. Em 12 de janeiro de 2017, o governo suíço anunciou a aprovação do *Privacy Shield* como um mecanismo legal válido para cumprir com os requisitos ao transferir dados pessoais da Suíça para os Estados Unidos.[24]

Uma decisão de adequação adotando o esquema do *Privacy Shield* entre o Brasil e os Estados Unidos é bastante razoável, apesar de preocupações que naturalmente podem surgir em razão do acesso ilegal já realizado no passado pelas autoridades americanas, denota-se que Departamento de Comércio vem trabalhando arduamente para corrigir todas as falhas até então apontadas pela Comissão Europeia em suas avaliações anuais.

Assim como já vem ocorrendo, o mecanismo do *Privacy Shield* deve continuar sofrendo ajustes anuais, corrigindo erros e preenchendo lacunas identificadas ao longo do tempo, a fim de garantir a proteção aos titulares e coibir eventuais abusos que possam ocorrer.

Dessa maneira, conclui-se que uma decisão de adequação nesse sentido é iminente. Os Estados Unidos são um parceiro comercial de extrema importância, o fluxo de dados entre os países não pode ser prejudicado, uma vez que geraria prejuízos imensuráveis para ambas as nações. Uma vez que o seu esquema do *Privacy Shield*, que atualmente já está em prática com a União Europeia e com a Suíça, cumpre com os requisitos técnicos necessários para o tratamento e compartilhamento de dados pessoais pela ótica da legislação brasileira, a concessão de uma decisão de adequação por parte do Brasil trata-se apenas de uma questão de tempo.

---

24. FEDERAL COUNCIL, Swiss-US Privacy Shield: better protection for data transferred to the USA, 11 jan. 2017. Disponível em: <https://www.admin.ch/gov/en/start/documentation/media-releases.msg-id-65210.html/>. Acesso em 30 mar 2020.

4. Referências

ARAÚJO, A. The Right to Data Protection and the Commissions' Adequacy Decision. UNIO – EU Law Journal, v. 1, p. 77-93, 1 jul. 2015.

ARTICLE 29 DATA PROTECTION WORKING PARTY, *Opinion 01/2016 on the EU – U.S. Privacy Shield draft adequacy decision*, 13 abr. 2016. Disponível em: <https://ec.europa.eu/justice/article-29/documentation/opinion-recommendation/files/2016/wp238_en.pdf>. Acesso em: 7 nov. 2021.

BLACKMORE, Nicholas. *Feeling inadequate? Why adequacy decisions are rare (and may get rarer) in Asia-Pacific. Kennedyslaw.* 26 mar 2019. Disponível em: <https://www.kennedyslaw.com/thought-leadership/article/feeling-inadequate-why-adequacy-decisions-are-rare-and-may-get-rarer-in-asia-pacific>. Acesso em: 7 nov. 2021.

BRASIL, *Lei nº 13.709, de 14 de agosto de 2018.* Lei Geral de Proteção de Dados, Brasília, DF, ago 2018. Disponível em: <http://www.planalto.gov.br/ccivil_03/_ato2015-2018/2018/lei/L13709.htm>. Acesso em: 7 nov. 2021.

BRASIL, *Lei nº 13.853 de 8 de julho de 2019.* Altera a Lei nº 13.709, de 14 de agosto de 2018, para dispor sobre a proteção de dados pessoais e para criar a Autoridade Nacional de Proteção de Dados; e dá outras providências, Brasília, DF, dez. 2019. Disponível em: <http://www.planalto.gov.br/ccivil_03/_ato2019-2022/2019/lei/l13853.htm>. Acesso em: 7 nov. 2021.

BULSING, Barbra. *Privacy authorities remain concerned about the Privacy Shield*, Stibbe, 13 out. 2016. Disponível em: <https://www.stibbe.com/en/news/2016/october/privacy-authorities-remain-concerned-about-the-privacy-shield>. Acesso em: 7 nov. 2021.

DEPARTMENT OF TRANSPORTATION, Re: *EU-US Privacy Shield Framework*, 19 fev. 2016. Disponível em: <https://www.privacyshield.gov/servlet/servlet.FileDownload?file=015t00000004q0q>. Acesso em: 7 nov. 2021.

EU General Data Protection Regulation (GDPR): *Regulation (EU) 2016/679 of the European Parliament and of the Council of 27 April 2016 on the protection of natural persons with regard to the processing of personal data and on the free movement of such data, and repealing Directive 95/46/EC (General Data Protection Regulation)*, OJ 2016 L 119/1. Disponível em: <https://eur-lex.europa.eu/legal-content/EN/AUTO/?uri=CELEX:02016R0679-20160504&qid=1532348683434>. Acesso em: 7 nov. 2021.

EUROPEAN COMMISION, Press Release: EU-U.S. *Privacy Shield: Second review shows improvements but a permanent Ombudsperson should be nominated by 28 February 2019*, IP/18/6818, 19 dez. 2018. Disponível em: <https://ec.europa.eu/commission/presscorner/detail/en/IP_18_6818>. Acesso em: 7 nov. 2021.

EUROPEAN COMMISSION, COM/2017/07 '*Exchanging and Protecting Personal Data in a Globalised World*', 10 jan. 2017. Disponível em: <https://op.europa.eu/en/publication-detail/-/publication/4fd5eab0-f393-11e6-8a35-01aa75ed71a1/language-en?_portal2012documentDetail_WAR_portal2012portlet_source=118106217>. Acesso em: 7 nov. 2021.

EUROPEAN COMMISSION, *Implementing Decision (Eu) 2016/1250 of 12 July 2016 pursuant to Directive 95/46/EC of the European Parliament and of the Council on the adequacy of the protection provided by the EU-U.S. Privacy Shield*, 01 ago. 2016. Disponível em: <https://ec.europa.eu/info/sites/info/files/celex_32016d1250_en_txt.pdf>. Acesso em: 7 nov. 2021.

FEDERAL COUNCIL, *Swiss-US Privacy Shield: better protection for data transferred to the USA*, 11 jan. 2017. Disponível em: <https://www.admin.ch/gov/en/start/documentation/media-releases.msg-id-65210.html/>. Acesso em: 7 nov. 2021.

FEDERAL TRADE COMMISSION, *Commitment to Enforce the Privacy Shield*, 07 jul. 2016. Disponível em: <https://www.privacyshield.gov/servlet/servlet.?file=015t000 00004q0v>. Acesso em: 7 nov. 2021.

FENESSY, Caitline et al. *The advocate general's 'Schrems II' opinion: What it says and means*, IAPP, 19 dez. 2019. Disponível em: <https://iapp.org/news/a/the-advocate-generals-schrems-ii-opinion-what-it-says-and-means/>. Acesso em: 27 mar 2020.

MYERS, Anna. *FTC Enforcement Of The U.S.-Eu Safe Harbor Framework*, IAPP, Disponível em: <https://iapp.org/media/pdf/resource_center/IAPP_FTC_SH-enforcement.pdf>. Acesso em: 7 nov. 2021.

OFFICE OF THE UNITED STATES TRADE REPRESENTATIVE EXECUTIVE, Office of the President, Brazil. Disponível em: <https://ustr.gov/countries-regions/americas/brazil>. Acesso em: 7 nov. 2021.

ORTH, Camila Flores et al., *Bilateral Investments Map Brazil-European Union*, Brasília, Apex Brasil, 22 set. 2017. Disponível em: <https://eeas.europa.eu/sites/eeas/files/mapa_de_investimentos_brasil-ue_versao_portugues_final_1.pdf>. Acesso em: 7 nov. 2021.

PILATI, José Isaac; OLIVO, Mikhail Vieira Cancelier de. *Um novo olhar sobre o direito à privacidade: caso Snowden e pós-modernidade jurídica*. Sequência (Florianópolis), Florianópolis, n. 69, p. 281-300, 2014. Disponível em: <http://www.scielo.br/scielo.php?script=sci_arttext&pid=S2177-70552014000200012&lng=en&nrm=iso>. Acesso em: 7 nov. 2021.

REINALDO FILHO, Demócrito. *A Decisão da Corte Europeia Que Invalidou o Acordo de Transferência de Dados Pessoais*, Lex Magister, 04 dez. 2015. Disponível em: <http://www.lex.com.br/doutrina_27076672_A_DECISAO_DA_CORTE_EUROPEIA_QUE_INVALIDOU_O_ACORDO_DE_TRANSFERENCIA_DE_DADOS_PESSOAIS.aspx>. Acesso em: 7 nov. 2021.

TRIBUNAL DE JUSTIÇA DA UNIÃO EUROPEIA, *Caso Maximillian Schrems v Data Protection Commissioner*, C-362/14. OJ C 351, 6.10.2014. Disponível em: <http://curia.europa.eu/juris/document/document.jsf?text=&docid=172254&pageIndex=0&doclang=en&mode=req&dir=&occ=first&part=1&cid=3908603>. Acesso em: 7 nov. 2021.

US DEPARTMENT OF COMMERCE, *Privacy Shield Framework Principles*. Disponível em: <https://www.privacyshield.gov/servlet/servlet.FileDownload?file=015t00000004qAg>. Acesso em: 7 nov. 2021.

USTARAN, Eduardo. *Lei e Prática Europeias de Proteção de Dados*. Associação Internacional de Profissionais de Privacidade. 2018. p. 490.

Capítulo 16

Gestão de Incidentes de Violação de Dados Pessoais

Marcelo Crespo

Doutor e Mestre em Direito Penal pela Faculdade de Direito da Universidade de São Paulo, possui pós-graduações em Direito Penal e em Segurança da Informação pela Universidade de Salamanca e é *Certified Compliance and Ethics Professional International* (CCEP-I) *pela Society of Corporate Compliance and Ethics* (SCCE). Possui diversos cursos de formação complementares. É palestrante nacional e internacional, com artigos publicados no Brasil e no exterior. É coordenador da pós-graduação em Direito Digital e *Compliance* do Damásio/IBMEC. É advogado com extensa e comprovada atuação em temas de direito digital, criminal e *compliance*, com ênfase em proteção de dados pessoais para corporações nacionais e multinacionais.
marcelocrespo@peckadv.com.br

1. Introdução

As corporações precisam gerir crises o tempo todo, independentemente do seu ramo de atuação ou porte, e isso é inerente à gestão dos negócios. Também é fato que as crises podem ser significativamente diferentes e suas combinações e variações podem gerar cenários que afetem a continuidade dos negócios.

Crises expõem as corporações a situações extremas, testando suas capacidades de preparação, organização, bem como seus valores, liderança e reputação. Gerir crises é mais do que apenas atuar pura e simplesmente numa situação concreta. As movimentações precisam ser pensadas e estruturadas porque não há espaço para equívocos e estes, acontecendo, podem ser fatais para os negócios. Quando uma crise é mal gerida, os reflexos negativos reputacionais e econômicos vêm muito rapidamente. No entanto, quando há um bom gerenciamento, os estragos podem ser bastante reduzidos.

Para incrementar as dificuldades desse contexto, o avanço tecnológico e de como nos envolvemos com diversas plataformas digitais tem aumentado substancialmente a visibilidade das crises, o que, evidentemente, também aumenta os riscos para os negócios. Justamente por isso é fundamental compreender os eventos críticos para organizar e implementar medidas que sejam aptas as diminuir os possíveis danos.[1] Assim, processos maduros de gestão de crises são

---

1. Sobre o termo "evento", há algumas obras diferenciando nomenclaturas como "incidente de segurança", "vazamentos" e outros. Vide: THOMAS, Liisa. Data Breach Incident Plans. In: Privacy Program Management: tools for managing privacy within your organization. Second Edition. An IAPP publication, 2019, pg. 147. Vide, ainda, SHER-JAN, Mahmood. Is it an incident or a breach? How to tell and why it matters. IAPP website. Disponível em https://iapp.org/news/a/is-it-an-incident-or-a-breach-how-to-tell-and-why-it-matters/, acesso em 04.02.2022. Aqui o autor explica as razões pelas quais é importante diferenciar incidentes, estabelecendo que essas situações poderão identificar quais departamentos serão envolvidos, quais ações serão tomadas, como o incidente será tratado, quais notificações serão disparadas, quem, quando e como serão as notificações.
   O autor menciona o Computer Security Incident Handling Guide do NIST, Disponível em: https://nvlpubs.nist.gov/nistpubs/SpecialPublications/NIST.SP.800-61r2.pdf, acesso em 04.02.2022, e acaba enumerando quatro tipos de incidentes: a) eventos (seriam quaisquer ocorrências em sistemas ou redes que tenham consequências negativas como malwares etc); b) eventos de segurança da informação (são os que violam a integridade, confidencialidade ou disponibilidade); c) eventos de privacidade (que, nos termos do Departamento de Segurança Interna dos EUA, conforme mencionado pelo autor, são o uso não autorizado ou à divulgação de dados regulamentados, como informações de identificação pessoal ou informações de saúde protegidas);

importantes para apoiar as demandas a elas relacionadas, permitindo sua identificação e superação. E é sempre um grande desafio para as corporações ter um plano de respostas a incidentes claro e efetivo.[2]

Nos últimos anos temos visto algumas novidades, pelo mundo, nas legislações de proteção de dados pessoais, como é o caso do Regulamento 2016/679 (conhecido como GDPR) vigente desde 25 de maio de 2018, que acabou direcionando outros países a terem leis mais atuais, como foi com a Alemanha (Lei Federal de Proteção de Dados de 2017 – *Bundesdatenschutzgesetz* – BDSG) e a França (Lei de Proteção de Dados nº 2018-493 de junho de 2018), além de iniciativas estaduais como o *California Consumer Protection Act* (CCPA, de 28 de junho de 2018). Também não é segredo algum que a nossa LGPD, Lei 13.709/18 foi, de alguma forma, inspirada no GDPR.

Tais leis não tratam apenas e tão somente de vazamentos de dados pessoais, embora essa seja uma questão bastante importante. Afinal, deveria ser consenso que toda instituição será, em algum momento, vítima de incidentes com dados e, apesar de dizermos isso em aulas, palestras, congressos, salas de aula há anos, muitas vezes percebemos que essa realidade parece ser ainda ignorada por muitos.[3] Não temos elementos para afirmar as razões pelas quais isso ocorre, mas acreditamos que parte desse cenário se dê porque muitos acreditam que planos de respostas a incidentes deveriam existir apenas para casos de vazamentos criminosos de dados, algo como quando uma instituição é alvo de criminosos que exploram vulnerabilidades. Mas não é apenas para esse tipo de situação que os planos devem existir, já que violações de dados pessoais podem ocorrer com situações muito mais simples e corriqueiras.

---

d) vazamentos. Ele menciona que vazamentos são a classificação de eventos com dados previstos em leis de proteção de dados.

Em nosso texto já partimos da premissa que os incidentes são de violação de dados pessoais.

2. Nesse sentido, THOMAS, Liisa. Data Breach Incident Plans. In: Privacy Program Management: tools for managing privacy within your organization. Second Edition. An IAPP publication, 2019, pg. 145.

3. KRAL, Patrick. Incident Handler's Handbook. SANS Institute, 2012, pg. 02 já dizia que um incidente não é questão de "se", mas de "quando" acontecerá. Particularmente, em nossas apresentações, temos dito que há dois tipos de empresas: as que já foram vazadas e as que não sabem que foram vazadas. Também há um ditado de que há três certezas irrefutáveis em nossas vidas: que todos nós um dia morreremos, que todos nós pagaremos tributos e, ainda, que nossos dados vazarão. E vazam mesmo. Esse autor já foi vítima de vazamentos por algumas vezes.

É preciso registrar, no entanto, que entendemos que segurança da informação e proteção de dados pessoais podem ser temáticas tratadas em documentos e plano distintos, haja vista terem particularidades que permitem este distanciamento material, embora inegavelmente sejam assuntos que convivem com proximidade que não se pode e não se deve ignorar. E devem ter total apoio da alta administração.[4]

Todavia, para este artigo precisamos limitar a temática e escopo do texto, motivo pelo qual, aqui, trataremos de como construir uma política de incidentes envolvendo dados pessoais dado o contexto legislativo brasileiro – a Lei 13.709/18 – "Lei Geral de Proteção de Dados Pessoais" que ficou conhecida como "LGPD".

2. A LGPD – "Lei Geral de Proteção de Dados Pessoais" – Lei 13.709/2018

A LGPD, ao contrário do que muitos já disseram e ainda dizem, não é uma lei que tem como o escopo a proteção de dados focada na segurança da informação.[5] Evidentemente, com segurança da informação vários tipos de dados são

---

4. Para o tema, vide: CRESPO, Liana Irani Affonso Cunha, et al. A importância do *Tone At The Top* e os seus Desafios na Prática. In: Guia Prática de Compliance. Org. Isabel Franco. Forense. Rio de Janeiro, 2020.

5. São importantes frameworks de segurança da informação com regras bastante específicas: a) HIPAA – *Healthcare Insurance Portability and Accountability Act* (determina a maneira como as organizações de saúde e as pessoas que trabalham com informações de saúde devem proteger seus sistemas para garantir a confidencialidade dessas informações. Disponível em https://www.hhs.gov/sites/default/files/ocr/privacy/hipaa/administrative/combined/hipaa-simplification-201303.pdf. b) PCI-DSS – *Payment Card Industry Data Security Standard* (é a estrutura do setor de cartões de pagamento abrange empresas que lidam com informações de cartão de crédito de uma das quatro maneiras: aceitar cartões de crédito, processar as transações, armazenar esses dados ou transmitir dados de cartão de crédito. Disponível em https://www.pcisecuritystandards.org/documents/PCI_DSS_v3-2-1_PT-BR.pdf); c) NIST SP 800-53 (são requisitos de segurança para a maioria dos sistemas de informação federais dos EUA. Disponível em: https://nvlpubs.nist.gov/nistpubs/SpecialPublications/NIST.SP.800-53r4.pdf); d) NIST *Cybersecurity Framework* (é uma estrutura de uso geral para qualquer entidade interessada em fortalecer sua segurança cibernética. Disponível em https://www.uschamber.com/sites/default/files/intl_nist_framework_portugese_finalfull_web.pdf); e) Common *Security Framework* da HITRUST (são diretrizes destinadas a todos os sistemas de informações que trabalham com informações de saúde protegidas, estejam em armazenadas ou em trânsito. Disponível para download em https://

protegidos, inclusive os pessoais. O que não se pode entender é que a lei trata apenas de situações de vazamentos ou *data breaches*, porque suas disposições são bem mais amplas, como é o caso de estabelecer as bases legais para os fluxos dos dados pessoais.

Sua estrutura está dividida em dez capítulos, sendo:

a) Capítulo I – Disposições preliminares.

b) Capítulo II – Do tratamento de dados pessoais.

c) Capítulo III – Dos direitos do titular.

d) Capítulo IV – Do tratamento de dados pessoais pelo Poder Público.

e) Capítulo V – Da transferência internacional de dados.

f) Capítulo VI – Dos agentes de tratamento de dados pessoais.

g) Capítulo VII – Da segurança e das boas práticas.

h) Capítulo VIII – Da fiscalização.

i) Capítulo IX – Da Autoridade Nacional de Proteção de Dados (ANPD) e do Conselho Nacional de Proteção de Dados Pessoais e da Privacidade.

j) Capítulo X – Disposições finais e transitórias.

Vê-se, assim, que é o Capítulo VII responsável por trazer as disposições sobre segurança e boas práticas e, portanto, tem maior relação com incidentes. Não há, todavia, um dispositivo específico sobre políticas na LGPD. Todavia, o art. 50

---

hitrustalliance.net/hitrust-csf-download/?email={!Lead.Email); f) Série 27000 da ISO (é um padrão para sistemas de gerenciamento de segurança da informação, com foco principal de colocar os gerentes no controle das medidas de segurança cibernética em vigor, sendo destinado ao setor privado. Disponível em https://www.iso.org/obp/ui/#iso:std:iso-iec:27000:ed-5:v1:en); g) NERC 1300 da *North American Electric Reliability* (que é conjunto de padrões de segurança para empresas de sistemas de energia em massa. Disponível em http://nerccip.org/nerc-cyber-security/); h) ANSI/ISA 62443 da Sociedade Internacional de Automação e o *American National Standards Institute* (é uma estrutura de segurança para sistemas de automação e controle industrial. Disponível em https://www.isa.org/store/ansi/isa-62443-4-1-2018,-security-for-industrial-automation-and-control-systems-part-4-1-product-security-development-life-cycle-requirements/60908278). Por isso tudo, reputamos equivocada a ideia de dizer que a conformidade com normas de segurança da informação seria suficiente para a conformidade com a LGPD. Alguns chegaram até dizer que a LGPD representa um percentual significativo (aponto numericamente quanto) de segurança da informação. Ainda assim discordamos. A LGPD é uma norma de governança mais ampla que a segurança da informação.

dá algumas diretrizes do que se pode dizer de um programa de *compliance* digital ou *privacy compliance*, como a menção, no § 2º, I, de haver um "programa de governança em privacidade". Embora o nome não seja dos melhores, um programa de governança em privacidade deveria ser um programa de *compliance* focado na proteção de dados pessoais.[6]

Nesse sentido, o art. 46 estabelece que os agentes de tratamento de dados (controlador e operador) "devem adotar medidas de segurança, técnicas e administrativas aptas a proteger os dados pessoais de acessos não autorizados e de situações acidentais ou ilícitas de destruição, perda, alteração, comunicação ou qualquer forma de tratamento inadequado ou ilícito". Além disso, lembra-se que o art. 6º, VII estabelece que a segurança é um princípio a ser igualmente observado. Ademais, a ANPD publicou o Guia de Segurança da Informação para Agentes de Tratamento de Pequeno Porte, que estabelece boas práticas e deve ser observado, juntamente com um checklist simplificado sobre o tema, também publicado pelo mesmo órgão.[7]

Medidas técnicas são as adotadas no âmbito tecnológico, da tecnologia da informação, tais como a criptografia, autenticações de acesso, segregação de servidores e de bases de dados, testes de penetração/invasão (*penetration tests* ou *pen tests*), entre várias outras. Já as medidas administrativas são atividades de natureza gerencial, incluindo-se aí algumas atividades jurídicas, tais como a redação e a implementação de políticas, normas, instruções normativas, contratos e cláusulas específicas para proteção de dados, capacitação, entre várias outras. Pelo escopo das medidas (proteção de dados), tanto medidas técnicas quanto administrativas acabam tendo importante correlação.

Embora se tenha querido problematizar se as medidas técnicas e administrativas deveriam ser ambas implementadas ou se seriam alternativas, fato é que um programa de proteção de dados pessoais deve ser permeado por pilares de um

---

6. Programas de *compliance* devem levar em consideração os principais riscos dos negócios. Então, evidentemente, há negócios com mais riscos envolvendo dados pessoais que outros, da mesma forma que há, para alguns maiores riscos de corrupção que outros. Esse sopesamento para verificar se o programa será de *compliance* focado na proteção de dados ou se será mais um dos riscos de um programa mais amplo deverá ser feito caso a caso. De toda forma, são pilares de um programa de *compliance* a existência de políticas. Como literatura abrangente de um programa de *compliance*, vide: FOX, Thomas. The Compliance Handbook.

7. O Guia pode ser acessado em https://www.gov.br/anpd/pt-br/documentos-e-publicacoes/guia-vf.pdf, acesso em 04.02.2022 e o checklist pode ser acessado em https://www.gov.br/anpd/pt-br/documentos-e-publicacoes/checklist-vf.pdf, acesso em 04.02.2022.

programa de *compliance*, de forma que tudo aquilo que fomentar a boa governança corporativa deve ser implementado.[8] Não se trata, pois, de considerar alternativas porque as medidas técnicas e administrativas são necessariamente complementares para atingimento da melhor governança. E, para se ter uma boa governança, as corporações devem se instrumentalizar com políticas, normas e outros documentos que possam ter procedimentos formalizados para atuação uníssona, evitando decisões casuais ou gestão não técnica de riscos.[9]

Nesse sentido, sugerimos a edição de uma política de gestão de incidentes de violação de dados pessoais, conforme abaixo demonstrado.

3. Política de gestão de incidentes de violação de dados pessoais

3.1. O que é uma política de gestão de incidentes de violação de dados pessoais? Qual sua estrutura?

O papel fundamental das políticas corporativas é proteger as corporações, seus colaboradores, terceiros e outras partes envolvidas provendo um conjunto básico de direcionamentos a serem seguidos e complementados por procedimentos internos ainda mais específicos.[10] As políticas, no entanto, não garantem que as pessoas tomarão as melhores e adequadas medidas, mas, sua implementação juntamente com outros pilares de um programa de *compliance* demonstram a boa-fé objetiva e indicam atitudes éticas em benefício da sociedade.[11]

Uma política de gestão de incidentes de violação de dados é uma parte de um plano de respostas a uma crise. O plano é algo mais amplo, que pode envolver áreas de comunicação, recursos humanos, jurídico, *compliance* e quaisquer

8. Sobre os pilares de um programa de compliance, sob a perspectiva digital, vide: CRESPO, Marcelo Xavier de Freitas. Compliance Digital. In: Governança, Compliance e Cidadania. 2ª Edição. Revista dos Tribunais: São Paulo, 2019.

9. FOX, Thomas. The Compliance Handbook. Pg. 31. Vide, também: FCPA Guide. The United States Department of Justice, 2019. Disponível em https://www.justice.gov/sites/default/files/criminal-fraud/legacy/2015/01/16/guide.pdf, acesso em 04.02.2022.

10. FOX, Thomas. The Compliance Handbook. Pg. 32. Sobre *due diligence* e interações com terceiros, vide, para complementação, CRESPO, Liana Irani Affonso Cunha. Interação com terceiros e *due diligence*. In: Governança, Compliance e Cidadania. 2ª Edição. Revista dos Tribunais: São Paulo, 2019.

11. Idem, ibidem. Thomas Fox indica que uma política deveria ter cinco elementos gerais: a) identificar a quem se aplica; b) estabelecer um objetivo claro; c) descrever as razões pelas quais a política é necessária; d) trazer exemplos do que é ou não aceito; e) delinear as consequências pelo descumprimento.

outras necessárias para a contenção adequada da crise e que atuarão, não necessariamente, em questões relativas ao incidente em si.

A política é mais restrita, focada num tema específico, neste caso a violação de dados pessoais. É, pois, um documento interno, com valor jurídico e aplicabilidade imediata e indistinta a partir da sua publicação.

Sendo um documento corporativo que pode ser confeccionado conforme o porte/estrutura, ramo de atividade e outros detalhes do negócio, não deve ser interpretado como algo imutável nem que haja uma estrutura correta e outras que sejam erradas. É preciso coerência, organização e, acima de tudo, utilidade.

Assim, sugere-se que haja uma estrutura que abranja os itens abaixo:

a) Objetivos;[12]

A política deve declarar que estabelece as regras e restrições relativas à gestão dos incidentes de violação de dados na corporação e mitigar os riscos ao negócio e aos ativos.

b) Aplicação;[13]

Deve-se indicar as áreas vinculadas ao documento, tais como a de Segurança da Informação, Infraestrutura de T.I., Encarregado pelo Tratamento de Dados Pessoais e demais Áreas de Negócio.

Em geral as políticas devem ser aplicadas para todos os níveis da corporação.

c) Necessidade da política;[14]

A política deve estabelecer que sua necessidade decorre da legislação, tal como a Lei 13.709/18 (LGPD) e o Regulamento 2016/679 (GDPR).

d) Prevenção;

A política deve mencionar que a corporação avaliará o impacto do processamento de dados pessoais antes de implementar projetos ou tecnologias a eles relacionadas. Verificada a existência de risco, a corporação deverá tomar medidas técnicas e organizacionais apropriadas para proteger os dados pessoais contra a

12. Nos termos do que sugere FOX, Thomas. The Compliance Handbook. Pg. 212/214.
13. Idem. Ibidem.
14. Idem. Ibidem.

destruição acidental ou ilegal, perda acidental, alteração, divulgação ou acesso não autorizado.

e) Identificação do incidente;[15]

A política deve deixar claro que todos os colaboradores da corporação devem ser capazes de identificar um incidente de violação de dados pessoais bem como reportar a ocorrência ao responsável pelos canais predeterminados.

É importante deixar expresso que o responsável pela área ou pelo recurso do qual foi originado o incidente deve ser comunicado formalmente, devendo realizar análise se a informação recebida realmente configura um incidente de violação de dados pessoais. Em caso positivo, deverá formalizar o registro do incidente (algo como um "formulário de incidente de violação de dados pessoais") e enviar para o encarregado de proteção de dados.

Também deve-se explicar os casos de relações controlador/operador. Caso o incidente tenha ocorrido por agente de tratamento em nome da corporação (figura do operador), além deste ente ter que tratar internamente do incidente, deveria ser orientado a também formalizar o registro do incidente destinado ao controlador e enviar ao encarregado de proteção de dados.

---

15. SHER-JAN, Mahmood. Is it an incident or a breach? How to tell and why it matters. IAPP website. Disponível em https://iapp.org/news/a/is-it-an-incident-or-a-breach-how-to-tell-and why it matters/, acesso em 04.02.2022. Aqui o autor explica as razões pelas quais é importante diferenciar incidentes, estabelecendo que essas situações poderão identificar quais departamentos serão envolvidos, quais ações serão tomadas, como o incidente será tratado, quais notificações serão disparadas, quem, quando e como serão as notificações.
O autor menciona o Computer Security Incident Handling Guide do NIST, Disponível em: https://nvlpubs.nist.gov/nistpubs/SpecialPublications/NIST.SP.800-61r2.pdf, acesso em 04.02.2022, e acaba enumerando quatro tipos de incidentes: a) eventos (seriam quaisquer ocorrências em sistemas ou redes que tenham consequências negativas como malwares etc.); b) eventos de segurança da informação (são os que violam a integridade, confidencialidade ou disponibilidade); c) eventos de privacidade (que, nos termos do Departamento de Segurança Interna dos EUA, conforme mencionado pelo autor, são o uso não autorizado ou à divulgação de dados regulamentados, como informações de identificação pessoal ou informações de saúde protegidas); d) vazamentos. Ele menciona que vazamentos são a classificação de eventos com dados previstos em leis de proteção de dados.
Em nosso texto já partimos da premissa que os incidentes são de violação de dados pessoais.

Por sua vez, vale mencionar que o encarregado, ao receber os formulários, deve analisá-los e fazer apuração para constatar o incidente ou descartar sua ocorrência, se necessário, envolvendo outras áreas para fundamentar a análise.

Por fim, caso os dados pessoais envolvidos no incidente estejam anonimizados ou protegidos de outra forma, não haveria maiores riscos para a privacidade dos titulares e o incidente deveria ser tratado no processo de gestão de incidentes de segurança da informação.

f) Registro do incidente;[16]

A política deve fazer menção sobre o recebimento do registro do incidente, indicando que recebido e constatado, o encarregado deverá avaliar o tipo de nível de risco criado pela violação e, na sequência, deverá registrar formalmente no sistema apropriado.

Na sequência, deve-se dizer que o encarregado deverá, ainda, avaliar se existe risco para os direitos e liberdades dos titulares dos dados pessoais, tais como a perda do controle ou da confidencialidade, a reversão não autorizada de pseudonimização, danos à reputação, discriminação, possíveis fraudes envolvendo a identidade do titular, riscos de perdas financeiras ou outras desvantagens econômicas ou sociais.

Deve-se dizer, ainda, que o encarregado de proteção de dados avaliará a probabilidade e gravidade dos riscos identificando se há alto risco de perdas para o titular dos dados. Essa avaliação deverá considerar o tipo da violação, a natureza, a sensibilidade e o volume de dados afetados, a gravidade das possíveis consequências para os titulares dos dados, o número e as características dos titulares de dados afetados, as características do destinatário dos dados pessoais e a facilidade de identificação dos titulares dos dados.

É importante estabelecer que são elevados os riscos derivados de utilização de novas tecnologias ou métodos de processamento e em casos de não ter sido feita a avaliação de impacto.

É fundamental ressaltar que o risco deve ser avaliado, o quanto possível, objetivamente. A exceção da objetividade deve ficar apenas e tão somente

16. Como parte de um plano de respostas a vazamentos, há autor que menciona uma planilha de reportes. Algo como um formulário de registro, como propomos aqui no artigo. Vide: THOMAS, Liisa. Data Breach Incident Plans. In: Privacy Program Management: tools for managing privacy within your organization. Second Edition. An IAPP publication, 2019, pg. 148.

relacionada a situações como riscos reputacionais (que muitas vezes são imensuráveis objetivamente).

Caso o incidente configure hipótese legal ou reputacional de comunicação a quaisquer partes ou autoridades, sugere-se que o departamento jurídico seja um facilitador, apoiando nas notificações para a Autoridade Nacional de Proteção de Dados, aos titulares de dados pessoais ou quaisquer outras autoridades.

g) Contenção;

Embora inerente às próprias atividades, é importante dizer que o encarregado de proteção de dados deverá orientar os gestores das áreas envolvidas (responsáveis e afetadas) sobre as medidas corretivas a serem tomadas e, inclusive, inserir o incidente nos registros para treinamentos futuros.[17]

Também deve-se estipular que o gestor da área originária do incidente deverá buscar, juntamente com seu time, recuperar qualquer dado que tenha sido comprometido, procurando mitigar o quanto possível os riscos e ou danos. Poderá e deverá contar com apoio do encarregado de proteção de dados além da área de segurança da informação.

Deve haver menção de que o encarregado de proteção de dados deverá estabelecer quem precisa ser comunicado internamente sobre a violação dos dados e quais ações devem ser tomadas por quem foi informado.

Também é recomendável dispor que a área de segurança da informação deverá apoiar com as medidas técnicas necessárias para contenção/recuperação do incidente, a exemplo de efetuar coleta de provas de forma legal ou isolar recursos de tecnologia de modo a não perder informações do incidente. O departamento jurídico deverá apoiar para que a preservação das provas seja legal e que tenham

---

17. Treinamentos são um dos pilares de um bom programa de *compliance*, além de ser mencionado no FCPA Guide. The United States Department of Justice, 2019, pg. 59. Disponível em https://www.justice.gov/sites/default/files/criminal-fraud/legacy/2015/01/16/guide.pdf, acesso em 04.02.2022. Além disso, treinamentos são essenciais para expor gaps em situações pré-crise, e também serve para incrementar aspectos de segurança podendo reduzir responsabilidades e consequências advindas de eventos danosos. Nesse sentido: THOMAS, Liisa. Data Breach Incident Plans. In: Privacy Program Management: tools for managing privacy within your organization. Second Edition. An IAPP publication, 2019, pg. 148. Para pilares de *compliance* sob a perspectiva digital vide, com item sobre treinamento, vide: CRESPO, Marcelo Xavier de Freitas. Compliance Digital. In: Governança, Compliance e Cidadania. 2ª Edição. Revista dos Tribunais: São Paulo, 2019, pg. 198.

validade jurídica para eventual futuro uso em demandas administrativas ou judiciais decorrentes do incidente.

h) Análise do risco;

Sobre a análise do risco vale constar que ela deve ter parâmetros/diretrizes e deverá ser feita por representante da área originária do incidente com o apoio do encarregado de proteção de dados, considerando as seguintes questões:

i) quais dados foram envolvidos no incidente?;

ii) há também dados sensíveis?;

iii) quantos titulares de dados foram atingidos?;

iv) quais são as medidas de segurança aplicáveis à área originária do incidente?;

v) foi ou é possível identificar os envolvidos no incidente?;

vi) em caso de compartilhamento indevido das informações, o que o terceiro que as acessa poderia obter /extrair delas?;

vii) o incidente afeta algum direito de titular de dados?

Evidentemente, essas são perguntas iniciais e devem ser acompanhadas do contexto todo, inclusive para se poder avaliar não só as violações aos dados pessoais, mas, também, os reflexos reputacionais e financeiros para a corporação em decorrência do incidente.

i) Notificações para a Autoridade Nacional de Proteção de Dados (ANPD);

Uma política não será adequada se não constar disposições sobre as notificações para a ANPD, que deverá ser feita com muita cautela e precisão, já que, tradicionalmente, as demandas judiciais e investigações pelas mais variadas instituições que farão o *enforcement* derivam das notificações às autoridades e aos titulares.[18]

Caso sejam identificadas violações de dados pessoais que representem riscos aos direitos e liberdades dos titulares deverão ser informadas para a ANPD sem demora injustificada, quando possível em até 72 horas após o conhecimento,

---

18. Nesse sentido, THOMAS, Liisa. Data Breach Incident Plans. In: Privacy Program Management: tools for managing privacy within your organization. Second Edition. An IAPP publication, 2019, pg. 146.

pela corporação, da violação. Note-se que a LGPD não dá um prazo para que haja essa comunicação, falando-se em prazo razoável.[19] O GDPR fala que o ideal é que ocorra em 72 horas e, na impossibilidade, se justifique as razões da demora, daí a sugestão de se seguir esse padrão.

Vale mencionar que, embora muitas vezes seja difícil estabelecer o exato momento em que a corporação tomou conhecimento de uma violação, a corporação estará ciente todas as vezes que houver razoável grau de certeza de que ocorreu um incidente que levou ao comprometimento dos dados pessoais. Também haverá ciência quando a parte for informada por outra, como nas relações controlador e operador (deve, inclusive, haver previsão específica em contrato).

Na impossibilidade de se promover um aviso completo, um parcial poderá ser feito, especialmente se o incidente for de uma violação complexa e que demande investigação mais detalhada.

O art. 48 da LGPD diz que o aviso para a ANPD deverá incluir:

a) a descrição da natureza dos dados pessoais afetados;
b) as informações sobre os titulares envolvidos;
c) a indicação das medidas técnicas e de segurança utilizadas para a proteção dos dados, observados os segredos comercial e industrial;
d) os riscos relacionados ao incidente;
e) os motivos da demora, no caso de a comunicação não ter sido imediata;
f) as medidas que foram ou que serão adotadas para reverter ou mitigar os efeitos do prejuízo;
g) identificar pontos de contato do controlador para maiores detalhes;
h) descrever possíveis consequências do incidente de violação de dados para os titulares de dados pessoais e eventuais terceiros;

19. Verifica-se pelo texto legal que a ANPD poderá estabelecer o que se entende por razoável. Veja-se.
"Art. 48. O controlador deverá comunicar à autoridade nacional e ao titular a ocorrência de incidente de segurança que possa acarretar risco ou dano relevante aos titulares. § 1º A comunicação será feita em prazo razoável, conforme definido pela autoridade nacional, e deverá mencionar, no mínimo: [...]." Atualmente a ANPD sugere que o prazo seja de 2 dias úteis, conforme consta do website: https://www.gov.br/anpd/pt-br/assuntos/incidente-de-seguranca, acesso em 04.02.2022. No que diz respeito a agentes de tratamento de pequeno porte o prazo é em dobro, nos termos do art. 14, II da Resolução CD/ANPD nº 2, de 27 de janeiro de 2022, que trata do Regulamento de aplicação da LGPD para agentes de tratamento de pequeno porte.

i) descrever medidas para endereçar o incidente de violação de dados, incluindo as adotadas para mitigar possíveis efeitos adversos do incidente de violação de dados.

Mas as notificações para a ANPD não são as únicas, devendo haver previsão, ainda, de comunicação para os titulares de dados, conforme se observa abaixo.

j) Notificação para os titulares de dados pessoais;

Uma política não será adequada se não constar disposições sobre as notificações para os titulares de dados pessoais, que deverá ser feita com muita cautela e precisão, já que, tradicionalmente, as demandas judiciais e investigações pelas mais variadas instituições que farão o *enforcement* derivam das notificações às autoridades e aos titulares.[20]

É aconselhável que as notificações aos titulares de dados pessoais sejam feitas pelo encarregado de proteção de dados ou pelo departamento jurídico, ambos com apoio das demais áreas como a de comunicação.

As notificações ao titular de dados pessoais afetado devem ser feitas em linguagem clara, simplificada e devem conter, no mínimo:

j.1) quais os dados pessoais afetados e se são sensíveis;

j.2) as informações sobre os titulares envolvidos;

j.3) a indicação das medidas técnicas e de segurança utilizadas para a proteção dos dados;

j.4) os riscos relacionados ao incidente;

j.5) os motivos da demora, no caso de a comunicação não ter sido imediata;

j.6) as medidas que foram ou que serão adotadas para reverter ou mitigar os efeitos do prejuízo;

j.7) dados de contanto do encarregado de proteção de dados e outros necessários para prestar maiores informações;

j.8) a descrição de possíveis consequências do incidente;

j.9) a descrição das medidas adotadas para mitigar possíveis efeitos adversos do incidente.

---

20. Nesse sentido, THOMAS, Liisa. Data Breach Incident Plans. In: Privacy Program Management: tools for managing privacy within your organization. Second Edition. An IAPP publication, 2019, pg. 146.

Vale dizer que a comunicação com os titulares dos dados deve ser entregue em mensagens dedicadas por meios que aumentem as chances de comunicação das informações a todos os afetados.

Caso a violação afete grande volume de registros de dados, a corporação poderá fazer uma notificação pública caso isso possa agilizar todo o processo e demonstrar, de forma clara e transparente, o que houve, nos termos dos elementos indicados acima.

k) Decisão de não notificação;[21]

A política deve conter disposições sobre não notificações, isto é, casos em que a corporação não se manifestará em face de incidente.

Lembramos que a corporação estará isenta do requisito de notificação obrigatória quando o risco para os titulares de dados for extremamente baixo. São exemplos as violações de dados já publicamente disponíveis ou que estejam protegidos por senha, criptografia ou estejam anonimizados.

Caso a decisão da corporação seja a de não notificar, o ideal é que se registre tal decisão com os fundamentos adequados já que, na ausência de justificação poderá haver exposição da corporação a riscos jurídicos e reputacionais sérios caso haja questionamentos por titulares e autoridades, já que os argumentos defensivos serão mais dificilmente apresentados.

De toda forma, a corporação deverá seguir monitorando as circunstâncias e os efeitos da violação já que, a qualquer momento, poderá precisar atualizar a comunicação para quem de direito, caso surjam novas informações que não podiam ser conhecidas inicialmente.

Por fim, todas as violações e ações tomadas devem ser documentadas, mesmo que não tenha sido necessário fazer uma notificação, tudo devidamente inserido no formulário de incidentes de violação de dados.

l) Pós-incidente;[22]

A política deve conter disposições pós-violação.

---

21. Como se verá adiante, nem todos os incidentes são passíveis de notificações legais. Nesse sentido, THOMAS, Liisa. Data Breach Incident Plans. In: Privacy Program Management: tools for managing privacy within your organization. Second Edition. An IAPP publication, 2019, pg. 174.

22. NIST (2012), Computer Security Incident Handling Guide – Recommendations of the National Institute of Standards and Technology. Disponível em: http://nvlpubs.nist.gov/nistpubs/SpecialPublications/NIST.SP.800-61r2.pdf, acesso em 04.02.2022.

Sugere-se que após a correção de uma violação, a equipe de resposta à violação deve se reunir para discutir as medidas ou procedimentos de segurança que precisam ser implementados para melhorar a segurança dos dados com base nas lições aprendidas.

A equipe de resposta a violações também deve refletir sobre a resposta geral à violação e políticas ou protocolos atualizados, conforme necessário, para melhorar as reações futuras às violações.[23]

A política deve estimular, portanto, a detecção, a correção, o monitoramento, o aprimoramento e o treinamento sobre um incidente.[24]

m) Sobre responsabilidades específicas;[25]

É importante registrar departamentos/grupos/pessoas que podem ter responsabilidades específicas delineadas na política de modo que não haja sobreposição de atuações nem que haja omissões que impliquem prejuízos para a corporação.

Segue sugestão mínima, já que cada estrutura corporativa poderá ensejar outras pessoas e departamentos.

a) Encarregado de proteção de dados;

a. deverá receber o formulário "Formulário de Incidente de Violação de Dados" preenchido pelo gestor da área onde ocorreu o evento;

b. deverá prosseguir com o devido fluxo de apuração e providências e indicar demais áreas que deverão participar do processo;

As disposições do NIST estabelecem que o pós-incidente deveria ser composto pelas lições aprendidas (para poder ter um aprimoramento constante), pelo conjunto de dados compilados após o incidente e pela retenção das provas.

23. Como formar um time de respostas a incidentes: Building your incident-response team: it takes a village. Mahmood Sher-Jan. Disponível em https://iapp.org/news/a/building-your-incident-response-team-it-takes-a-village/, acesso em 04.02.2022.

24. Como dito anteriormente, treinamentos são um dos pilares de um bom programa de compliance, além de ser mencionado no FCPA Guide. The United States Department of Justice, 2019, pg. 59. Disponível em https://www.justice.gov/sites/default/files/criminal-fraud/legacy/2015/01/16/guide.pdf, acesso em 04.02.2022.

25. Quando se fala em plano de resposta a incidentes, há quem aponte nove áreas a participarem (segurança da informação, jurídico, recursos humanos, marketing, financeiro, CEO, atendimento aos clientes, lideranças, relações públicas e área de negócios). Curiosamente a autora nada fala sobre o DPO. Claro que isso no plano de respostas e não necessariamente nas políticas. Vide. THOMAS, Liisa. Data Breach Incident Plans. In: Privacy Program Management: tools for managing privacy within your organization. Second Edition. An IAPP publication, 2019, pg. 152.

c. deverá avaliar a necessidade de comunicação do incidente de violação de dados para Autoridade Nacional de Proteção de Dados e titulares de dados pessoais e providenciar que isso seja feito caso necessário;

d. deverá seguir com o processo de apuração até conclusão, indicando atividades para mitigar os riscos, sugestões de monitoramento, de controles internos e de treinamentos;[26]

b) Tecnologia da Informação;

a. aprovar e empreender ações ou investimentos que promovam a melhoria contínua dos processos;

b. auxiliar na análise dos incidentes de violação de dados pessoais por meio da apresentação das trilhas de auditoria dos sistemas sob sua gestão;

c. é a área responsável pelo gerenciamento de mudanças tecnológicas;

d. caso o tratamento do incidente envolva impactos no ambiente de produção a equipe de gerenciamento de mudanças deve ser comunicada para notificar os gestores e usuários do recurso em questão sobre o ocorrido;

e. conduzir em paralelo a este documento os procedimentos indicados na Política de Gestão de Incidentes de Segurança da Informação;

f. auxiliar nos processos de investigação do incidente quando requerido;

g. apoiar com as medidas técnicas necessárias para contenção/recuperação do incidente.

c) Time de respostas a incidentes;[27]

a. monitorar continuamente o ambiente tecnológico do ponto de vista de segurança da informação, visando eventos que possam causar

---

26. Treinamentos são atividades também relacionadas ao exercício da função de DPO ou encarregado de proteção de dados, nos termos do GDPR (artigos 37, 38 e 39, além do considerando 97) e da Comissão Europeia. Vide: What are the responsibilities of a Data Protection Officer (DPO)? European Comission website. Disponível em https://ec.europa.eu/info/law/law-topic/data-protection/reform/rules-business-and-organisations/obligations/data-protection-officers/what-are-responsibilities-data-protection-officer-dpo_en, acesso em 04.02.2022. A LGPD não usa o termo “treinamento”, mas insere como função do encarregado de proteção de dados a orientação a colaboradores (art. 41, § 2º, III) e há disposição dizendo que a ANPD pode estabelecer atribuições extras do encarregado (§ 3º).

27. Na página do NIC.br há um FAQ sobre CSIRTs, onde se explica que: Um “Computer Security Incident Response Team (CSIRT)”, ou Grupo de Resposta a Incidentes de

impacto na disponibilidade, integridade e confidencialidade de dados pessoais que sejam tratados pela corporação;

b. seguir todas as fases descritas neste documento desde a identificação até a solução;

c. comunicar as áreas responsáveis pelo gerenciamento de mudanças em caso de incidentes de violação de dados pessoais que envolvam impactos no ambiente de produção;

d. conduzir em paralelo a este documento os procedimentos indicados na Política de Gestão de Incidentes de Segurança da Informação;

e. auxiliar nos processos de investigação do incidente quando requerido;

f. apoiar com as medidas técnicas necessárias para contenção / recuperação do incidente.

d) Auditoria;

a. para os incidentes de violação de dados pessoais que envolvam indícios de fraude ou vazamento de informação, ele será encaminhado para área de auditoria, a qual poderá se aprofundar na análise.

e) Jurídico;

a. se o incidente tiver consequências legais deve ser estabelecido um contato com os órgãos responsáveis pela apuração e aplicação de penalidades (Agências Reguladoras e/ou Delegacias, se for o caso) para relato dos fatos e a apresentação de indícios relativos ao incidente;

b. auxílio na confecção de documentos relativos ao incidente;

c. cabe zelar pela estratégia jurídica que tenha menor impacto e proteja a corporação.

Segurança, é uma organização responsável por receber, analisar e responder a notificações e atividades relacionadas a incidentes de segurança em computadores. Um CSIRT normalmente presta serviços para uma comunidade bem definida, que pode ser a entidade que o mantém, como uma empresa, um órgão governamental ou uma organização acadêmica. Um CSIRT também pode prestar serviços para uma comunidade maior, como um país, uma rede de pesquisa ou clientes que pagam por seus serviços.
Um CSIRT pode ser um grupo formal ou um grupo "ad hoc". Um grupo formal tem no trabalho de resposta a incidentes a sua principal função. Um grupo "ad hoc" é reunido quando há um incidente de segurança em andamento ou para responder a um incidente quando necessário. Disponível em https://www.cert.br/certcc/csirts/csirt_faq-br.html#1, acesso em 04.02.2022.

f) *Compliance;*

a. cabe zelar pelo resguardo financeiro e reputacional;

b. sugerir e implementar treinamentos relacionados com o evento que gerou a violação;

c. monitorar o *framework* normativo de atendimento a proteção de dados pessoais;

d. cooperar com as demais áreas na investigação do incidente, comunicações e orientações;

e. redação conjunta de documentos, políticas, normas;

g) Controles internos;

a. o departamento de controles internos deve assessorar os gestores para que eles estipulem controles adequados nos mais variados processos, em especial onde houve o incidente.

h) Comunicação;

a. O departamento deve auxiliar interna e externamente sobre os incidentes, em especial no evento com repercussão externa e que possam envolver a imprensa.

i) R.H.

a. para os incidentes de violação de dados pessoais que envolvam desvio de conduta do colaborador ou em desacordo com o código de ética, o colaborador será encaminhado para área de recursos humanos, a qual poderá se aprofundar na apuração e providências específicas.

j) Gestor do colaborador;

a. deverá gerenciar o cumprimento da política e demais documentos normativos pelos seus colaboradores, orientando-os;

b. deverá reportar incidentes de violação de dados ao encarregado de proteção de dados e ao seu superior hierárquico;

c. deverá receber comunicações de incidentes de violação de dados por parte de colaboradores de sua área;

d. deverá iniciar o preenchimento do formulário "Formulário de Incidente de Violação de Dados" e o encaminhar ao encarregado de proteção de dados pessoais quando o incidente ocorrer em área de sua gestão;

e. deverá auxiliar nos processos de investigação do incidente.

k) Colaborador;

a. deverá estar ciente e atualizado sobre as políticas, normas e documentos complementares, cumprindo-os fielmente;

b. deverá reportar incidentes de violação de dados ao gestor de sua área;

c. deverá auxiliar no preenchimento do formulário "Formulário de Incidente de Violação de Dados";

d. deverá auxiliar nos processos de investigação do incidente quando requerido.

l) Consequências;[28]

A política deve mencionar as consequências em caso de descumprimento, tais como responsabilidades funcionais, civis e até mesmo mencionar possíveis consequências criminais.

m) Disposições finais;

A política deve conter uma disposição esclarecendo que ela deve ser lida e interpretada sob a égide das leis brasileiras, no idioma português e em conjunto com as normas e procedimentos da corporação.

Deve conter, ainda, uma disposição para indicar em que lugar o documento se encontra disponível e, em caso de indisponibilidade sistêmica para consulta, que o encarregado de proteção de dados poderá encaminhar uma cópia dele.

Deve, ainda, conter disposição para que eventuais dúvidas sejam encaminhadas ao encarregado de proteção de dados, indicando seus contatos.

Por fim, deve constar que a política entra em vigor na data da sua publicação.

n) Das revisões;

A política deve trazer uma previsão de renovação/atualização que deverá ser, no mínimo, anual ou com menor periodicidade todas as vezes que houver a necessidade de alterações nos critérios definidos nas demais políticas e normas da corporação.

o) Das definições;

Sugere-se que a política traga definições essenciais para seu entendimento, permitindo que haja efetividade na sua aplicação em casos concretos.

---

28. FOX, Thomas. The Compliance Handbook. Pg. 213.

p) Dos modelos.

É recomendável que a política traga, como anexos, modelos de documentos essenciais, tais como o "formulário de incidente de violação de dados pessoais", o "formulário de notificação à ANPD" e, ainda, o "formulário de notificação a titulares de dados pessoais".[29]

4. Orientações gerais para a gestão de crises

Não há uma fórmula mágica ou solução única para gerenciamento de crises, mas existem ações que podem auxiliar bastante a gestão.

Primeiramente, sugere-se que sejam imaginados e analisados todos os cenários possíveis, preparando-se para o pior. Não se trata de ser pessimista, mas é preciso impedir que o excesso de confiança ponha a corporação em sérios riscos financeiros, operacionais e reputacionais.

Também não se deve subestimar os problemas, haja vista que a sociedade conectada permite que eles tomem proporções muito maiores do que sua essência.

Embora a agilidade seja fundamental, mais importante ainda é atuar com velocidade na medida certa. Agilidade não pode nem deve significar tomar açoes impensadas ou precipitadas, mas também não pode indicar que a corporação se omitiu diante de fatos importante e que devem ser tratados.

Não se pode esquecer, jamais, de alocar recursos financeiros para caso críticos que possam cobrir os treinamentos, investigações periciais forenses, comunicações e até mesmo apoio jurídico externo especializado. Sem alocação de recursos financeiros previamente alocados outros projetos importantes podem ficar comprometidos.[30]

Ajuda, ainda, pensar como o titular dos dados afetados. Como uma pessoa se porta ao saber de um incidente com seus dados pessoais? Ela compreende as figuras de controlador e operador? Entende o que são os modelos de negócios da corporação? Ela tende a ir às redes sociais fazer críticas/reclamações? Estas são perguntas sempre úteis quando o tema são os incidentes com dados pessoais.

---

29. Nesse sentido, lembramos que a ANPD disponibiliza formulário para comunicação de incidentes em seu website, disponível em https://www.gov.br/anpd/pt-br/assuntos/atual-formulario-de-comunicacao-de-incidentes-de-seguranca-com-dados-pessoais_01-03-2021-4.docx, acesso em 04.02.2022.

30. THOMAS, Liisa. Data Breach Incident Plans. In: Privacy Program Management: tools for managing privacy within your organization. Second Edition. An IAPP publication, 2019, pg. 158.

Não negar os fatos é outra regra de ouro. Em tempos de alta conexão tecnológica, fica muito difícil negar, esconder ou mentir sobre um problema. Não que essas condutas fossem boas soluções, mas atualmente ainda são piores. E, ainda é impressionante o número de pessoas que, em face de problemas que geram crises, tendem a querer simplesmente negar a existência. Lembre-se que é melhor para todos que o mercado e titulares de dados saibam de incidentes pela corporação que pela mídia, por outros titulares ou até mesmo por concorrentes.

Justamente pelos motivos acima é que também se deve monitorar o que estão falando da sua corporação na internet. É muito mais fácil para uma só pessoa destruir reputações atualmente e problemas podem sair do controle e evitar o monitoramento se nada for feito. Então, agilidade em monitorar e responder são essenciais. Nesse ponto, muitas corporações possuem contas em redes sociais e, apesar disso, não têm poder responsivo. Isto é, têm as contas, mas não conseguem imprimir agilidade nas interações com quem busca a comunicação. Isso pode ser terrível para a reputação, sendo importante poder dar respostas rápidas e assertivas para quem buscar se comunicar por esses meios.

Evidentemente, é fundamental aprender com os erros para evitar novas crises.[31] Claro que, nesse sentido, os registros dos incidentes devem servir de material para que haja novos controles internos, treinamentos e melhor comunicação, evitando reiteração dos incidentes. Mas devem ser analisados os impactos financeiros e reputacionais também, a fim de que, melhorados os processos de governança, futuros impactos sejam ainda menores ou até mesmo inexistentes.

5. Bibliografia consultada

BENNETT, Colin J.; RAAB, Charles D. *The Governance of Privacy: Policy Instruments in Global Perspective*. Reino Unido: Routledge, 2017.

BLOKDYK, Gerardus. *Data Breaches A Complete Guide – 2019 Edition*. Australia: 5STARCooks, 2019.

BLOKDYK, Gerardus. *Privacy Audits A Complete Guide – 2019 Edition*. Australia: 5STARCooks, 2019.

CRESPO, Marcelo Xavier de Freitas. Compliance Digital. In: Governança, Compliance e Cidadania. 2ª Edição. Revista dos Tribunais: São Paulo, 2019.

CRESPO, Liana Irani Affonso Cunha. Interação com terceiros e *due diligence*. In: Governança, Compliance e Cidadania. 2ª Edição. Revista dos Tribunais: São Paulo, 2019.

---

31. KRAL, Patrick. Incident Handler's Handbook. SANS Institute, 2012. O autor fala em lições aprendidas como uma importante fase inclusive para documentação do que não foi feito durante o incidente.

CRESPO, Liana Irani Affonso Cunha, et al. A importância do *Tone At The Top* e os seus Desafios na Prática. In: Guia Prática de Compliance. Org. Isabel Franco. Forense. Rio de Janeiro, 2020.

CROMPTON, Malcolm. TROVATO, Michael. *The New Governance of Data and Privacy: Moving beyond compliance to performance*. Austrália: Australian Institute of Company Directors, 2018.

DENSMORE, Russel. *Privacy Program Management. Tools for Managing Privacy Within Your Organization*. Estados Unidos: IAPP, 2019.

FOX, Thomas. *The Compliance Handbook*, 2018.

HILL, David G. *Data Protection: Governance, Risk Management, and Compliance*. Estados Unidos: CRC Press, 2019.

KRAL, Patrick. *Incident Handler's Handbook*. SANS Institute, 2012.

KYRIAZOGLOU, J. *Data Protection and Privacy Management System. Data Protection and Privacy Guide*. Reino Unido: Bookboon, 2016. b.

McCARTHY, N. K. *Resposta a Incidentes de Segurança em Computadores: Planos para Proteção de Informação em Risco*. Porto Alegre: Bookman, 2013.

SALDANHA, Nuno. *RGPD – Guia Para Uma Auditoria de Conformidade, Dados, Privacidade, Implementação, Controlo e Compliance*. Portugal: FCA, 2019.

SANS Institute (2003), *Sample Incident Handling Forms*. Disponível em https://www.sans.org/score/incident-forms/, acesso em: 4 fev. 2022.

SANS Institute (2007), *An Incident Handling Process for Small and Medium Businesses*. Disponível em https://www.sans.org/reading-room/whitepapers/incident/incident-handling-process-small-medium-businesses-1791, acesso em: 4 fev. 2022.

SANS Institute (2008), *Incident Handling for SMEs (Small to Medium Enterprises)*. Disponível em https://www.sans.org/reading-room/whitepapers/incident/incident-handling-smes-small-medium-enterprises-32764, acesso em: 4 fev. 2022.

SANS Institute (2008), *Security Incident Handling in Small Organizations*. Disponível em https://www.sans.org/reading-room/whitepapers/incident/security-incident-handling-small-organizations-32979, acesso em: 4 fev. 2022.

SHER-JAN, Mahmood. *Building your incident-response team: it takes a village*. IAPP website. Disponível em https://iapp.org/news/a/building-your-incident-response-team-it-takes-a-village/, acesso em: 4 fev. 2022.

SHER-JAN, Mahmood. *Is it an incident or a breach? How to tell and why it matters*. IAPP website. Disponível em https://iapp.org/news/a/is-it-an-incident-or-a-breach-how-to-tell-and-why-it-matters/, acesso em: 4 fev. 2022.

THOMAS, Liisa. *Data Breach Incident Plans*. Chapter 9, pages 145 to 186. In: Privacy Program Management: tools for managing privacy within your organization. Second Edition. An IAPP publication, 2019.

What are the responsibilities of a Data Protection Officer (DPO)? European Commission website. Disponível em https://ec.europa.eu/info/law/law-topic/data-protection/reform/rules-business-and-organisations/obligations/data-protection-officers/what-are-responsibilities-data-protection-officer-dpo_en, acesso em: 4 fev. 2022.

Capítulo 17

Complexidades na implementação da LGPD em multinacionais

Gustavo Corrêa Godinho

Gerente de Privacidade e de Proteção de Dados em Fintech. Formado pela UNIFMU e com Especialização em Direito e Economia pelo CEDES. Membro da IAPP | LGPD ACADÊMICO | JURTECH | JURÍDICO SEM GRAVATA. Professor da CONECTESE. Palestrante no tema de Privacidade e Proteção de Dados. Entusiasta em tecnologia.

1. Introdução

Quem disse que seria fácil, se enganou tremendamente!

Para ser um profissional completo, além de conhecer o texto da Lei Geral de Proteção de Dados Pessoais[1] – LGPD (Lei nº 13.709/2018) de "cabo a rabo", você precisa também ser curioso, irresignado, destemido e determinado.

Conhecer também sobre a *General Data Protection Regulation* (GDPR) é ponto pacífico. Não esqueça da antiga Diretiva (95/46), dos *recitals*, WP's (*working parties*) etc.

Além disso, você só vai ganhar pontos se também souber algo sobre *CCPA*, *PIPEDA*, *HIPAA*. Vários acrônimos, não?

Além deles, você também vai se deparar com outros neste capítulo, neste livro e, certamente, em sua vida acadêmico-profissional. Posso citar alguns por aqui: ANPD, *BCR*, *CNIL*, *DPA*, *DPO*, *DPIA*, *EDPB*, *ICO*, *IoT*, *ISO*, *LIA*, *NIST PCI-DSS*, *PIA*, *ROPA*, e tantos outros (a grande maioria em inglês).

Apesar do meu *background* jurídico, sempre tive uma "queda" por tecnologia.

Essa "queda" virou amor quando deixei o último escritório de advocacia em que trabalhei e migrei para o jurídico de uma empresa de tecnologia em 2007. Termos como *hosting*, *colocation*, *full outsourcing*, *business process outsourcing* ("*BPO*"), *business process management* ("*BPM*"), *links* (de dados e de voz), SFTP, SCM, RENPAC[2] da EMBRATEL e SPPAC da TELESP/TELEFONICA (esses aqui, provavelmente, você tem que ter mais de 40 anos para conhecer) passaram a fazer parte do meu dia a dia. Olhos brilhavam à época (e brilham até hoje)! Inclusive, em rápida pesquisa pela internet, encontrei uma ilustração[3] que caracteriza o RENPAC e SPPAC.

---

1. BRASIL. Lei nº 13.709, de 14 de agosto de 2018. Lei Geral de Proteção de Dados Pessoais (LGPD). Disponível em: <http://www.planalto.gov.br/ccivil_03/_ato2015-2018/2018/lei/L13709.htm>. Acesso em: 7 nov. 2021.
2. RENPAC. Wikipédia: a enciclopédia livre. Disponível em: <https://pt.wikipedia.org/wiki/RENPAC>. Acesso em 08 de abril de 2020.
3. SISTEMA DE TRANSFERÊNCIA DE CAIXAS POSTAIS. Consuldata. Disponível em: <http://novo.consuldata.com.br/consultoria/consultoria_casos_de_sucesso_abtra.htm>. Acesso em: 7 nov. 2021.

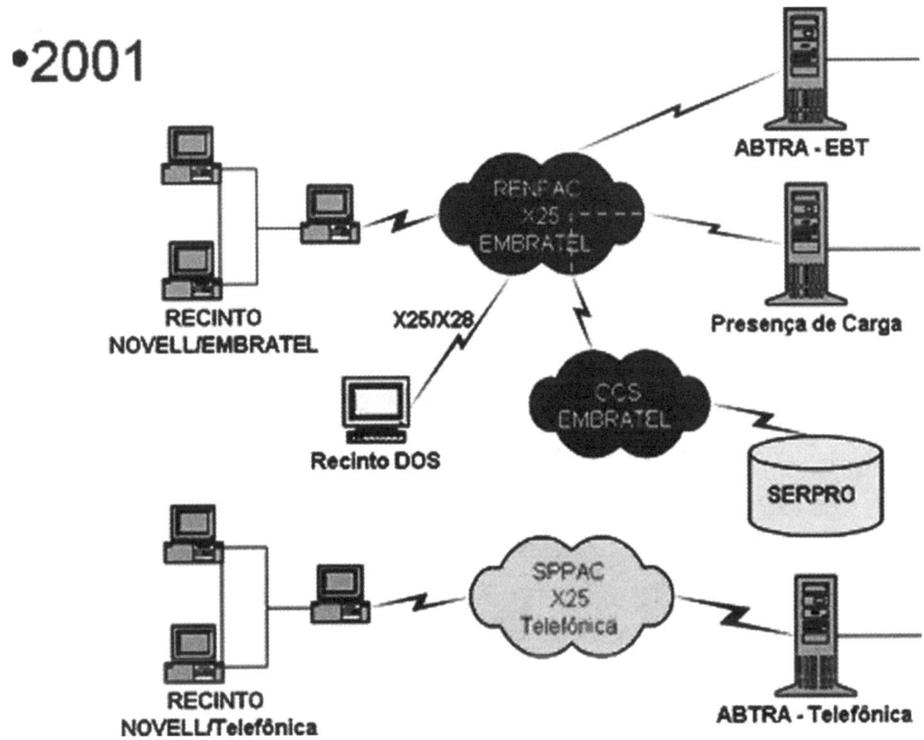

Do *Full Outsourcing* passei para Internet, Meios de Pagamento, Jogos, Serviços Online, Streaming, Aplicativos, Modelos Estatístico, Escore de Dados, Fraudes Online etc. Nessa época, a primeira consulta pública sobre proteção de dados no Brasil (2010) e o respectivo primeiro projeto de lei que tratava sobre o assunto já existia (2012). Já era efetuada a coleta e o armazenamento de dados e *cookies*, já eram escritas versões de termos de uso e política de privacidade.

Em 2014, o Marco Civil da Internet (MCI) foi sancionado e respectivo decreto regulamentador veio na sequência (2016) e, desde então, eu já estava apaixonado pelo assunto. *Edward Snowden*, o episódio do vazamento de dados de nossa ex-presidente Dilma Rousseff, OCDE[4] e, não menos importante, o escândalo que envolveu a gigante *Facebook* e *Cambridge Analytica*[5] foram os responsáveis por fazer o assunto andar no Brasil.

---

4. UMA COOPERAÇÃO MUTUALMENTE BENÉFICA. Oecd. Disponível em: <http://www.oecd.org/latin-america/countries/brazil/brasil.htm>. Acesso em: 7 nov. 2021.

5. G1. Entenda o escândalo de uso político de dados que derrubou valor do Facebook e o colocou na mira de autoridades. Disponível em:<https://g1.globo.com/economia/

Em 2018, com o sancionamento da LGPD (não vou entrar no mérito dos trâmites e burocracias legislativos), já não dava mais para fugir. Com o Brasil inserido no mapa mundial da privacidade/proteção de dados[6] e, pelo fato do assunto já fazer parte do meu dia a dia, consegui (com bastante insistência) cativar a atenção de alguns dentro de onde trabalho para, junto com um par de SI (Segurança da Informação), tocar o programa de adequação à LGPD dentro da empresa multinacional em que trabalhava à época.

Acesse o QR Code para visualizar imagem colorida

Aviso: isto aqui foi, é e continuará sendo um "*live MBA*"!

Vou dividir com vocês um pouco do que venho vivenciando como *PMO* deste projeto. Mas, friso, não teria como aqui trazer tudo o que aconteceu. Além de ser humanamente impossível em razão de diversas questões, entre elas a confidencialidade de alguns pontos do Programa e de informações consideradas sensíveis e sigilosas pela companhia, não haveria tempo para redigir e/ou espaço/possibilidade de inserção neste artigo para tanto. Mas não posso deixar de registrar um ponto.

---

tecnologia/noticia/entenda-o-escandalo-de-uso-politico-de-dados-que-derrubou-valor-do-facebook-e-o-mira-de-autoridades.ghtml>. Acesso em: 7 nov. 2021.

6. NATIONAL Comprehensive Data Protection/Privacy Laws and Bills 2014 Map. Research Gate. Disponível: <https://www.researchgate.net/publication/256011932_National_Comprehensive_Data_ProtectionPrivacy_Laws_and_Bills_2014_Map>. Acesso em: 7 nov. 2021.

Chamo o que estou gerenciando de "programa" ou "jornada" e não de "projeto". Pois, o projeto tem começo, meio e fim. Já o programa ou a jornada é algo cíclico (vide ilustração[7] resumida a seguir) que continua, se renova e perdura.

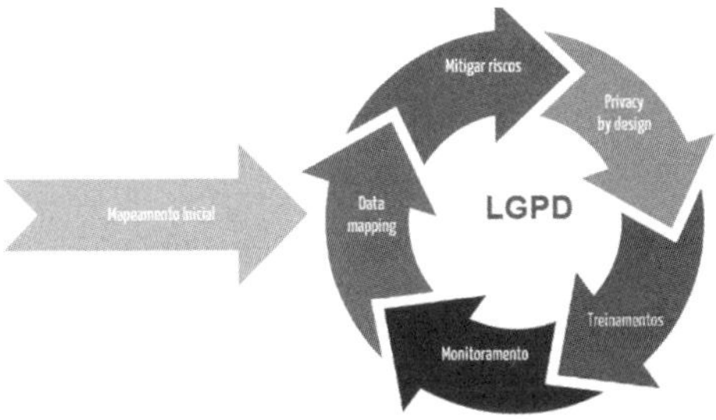

Acesse o QR Code para visualizar imagem

E essa é a ideia principal. A preocupação e, consequentemente, a governança sobre dados não acabam com a entrega do programa ou com o início da vigência, no caso, da LGPD. Tem muita coisa a acontecer.

Vamos lá?

2. Estruturação e faseamento de seu Programa de Adequação

Já começo afirmando que não há "receita de bolo da vovó", como gosta de mencionar sempre em suas palestras o amigo e "fera" no assunto, Gustavo Artese, quando se fala em estruturação e definição de um programa de adequação.

Um plano para o programa pode ser estruturado de várias formas e com diversas fases. Já vi planos divididos em 6 fases.

Particularmente, acredito pelo que pude (i) conversar com outros profissionais; (ii) entender como outras empresas estavam se organizando e, pelo fato de fazer parte de um grupo empresarial que atua globalmente; (iii) buscar como o pessoal da Europa estava se organizando, cheguei à conclusão de que um programa dividido em três fases está mais do que suficiente. Segue abaixo uma sugestão de estruturação:

Fase 1:

Definir projeto e PMO;

Workshop com *Stakeholders*;

Entrevistas/*Data Mapping/Assessment*;

Revisar produtos, serviços e respostas do *Data Mapping*;

7. Ilustração criada pelo autor e utilizada em suas apresentações sobre a LGPD e proteção de dados.

Identificar políticas/contratos;
Definir bases legais para tipos de tratamento;
Executar *PIA/DPIA* (RIPD)/*LIA*;
Compliance roadmap.

Fase 2:

Plano de trabalho de acordo com *roadmap*;
Endereçar *issues*/riscos encontrados (e dividi-los em planos de ação);
Definir e formular procedimentos padrão;
Realizar *assessment* em fornecedores/parceiros/subsidiárias;
Realizar treinamentos;
Definir governança de proteção de dados;
Obter possíveis certificações (*ISO*, *PCI* etc.).

Fase 3:

Implementar políticas e procedimentos;
Realizar novos *assessments*;
Implementar processo de pedidos de acesso aos dados dos titulares;
Automatizar processos específicos, de acordo com possíveis demandas;
Gerar melhoria contínua.

Uma observação. Não incluí aqui a escolha e definição do *DPO*, pois ela pode acontecer em qualquer das 3 fases do programa a qual sugeri. Pontos como tamanho da empresa, atuação, forma como lida e trata dados são pontos a considerar no momento em que a decisão for tomada por cada empresa. Todavia, como ainda não foi escolhida a pessoa, grupo de pessoas ou a terceirização via *DPOaaS* (*DPO as a service*), tomo a liberdade de deixar para tratar esse ponto em uma outra oportunidade. Se quiser entender um pouco mais o papel do *DPO*, sugiro a leitura de texto[8] dos *experts* Bruno Bioni e Renato Monteiro.

Vale ressaltar, para finalizar este tópico, que essa mesma divisão de fases pode te ajudar na (i) cotação de profissionais e consultorias para te apoiar em cada fase de seu programa; (ii) na definição de valores mais próximos da realidade

8. BIONI, Bruno; LEITE, Renato. Data Privacy.O Papel do Data Protection Officer. Disponível em: <https://dataprivacy.com.br/o-papel-do-data-protection-officer/>. Acesso em: 1 fev. 2022.

visando a incluí-los no orçamento de sua área/empresa; e a (iii) diminuir as possibilidades de pleitear por valores *extra budget* durante o curso do seu programa.

3. CONVENCIMENTO DA ALTA DIREÇÃO E CONSCIENTIZAÇÃO DOS COLABORADORES DA EMPRESA

A conscientização de todos de uma empresa, com relação à LGPD e seu respectivo programa de adequação, deve ocorrer pelo amor, não pela dor. O amigo, profissional de ponta e responsável pelo convite para escrever o presente capítulo, Felipe Palhares, também compactua com este sentimento e, em um artigo[9] escrito para o JOTA, tece seus comentários de forma cirúrgica sobre o lado positivo da LGPD.

É muito mais fácil tentar ser convencido pelas sanções, multas, que podem chegar a 2% (dois por cento) do faturamento bruto da empresa ou de seu grupo econômico, limitadas a R$ 50.000.000,00 (cinquenta milhões de reais) por ato infracional, isso sem contar em possíveis danos reputacionais imensuráveis e incalculáveis neste momento inicial. Como exemplo sobre como um problema dessa magnitude pode perdurar, relembrem do caso da Yahoo, onde, mesmo depois de mais de 6 anos do ocorrido, ainda a empresa vivenciava problemas e prejuízos por conta dos percalços relacionados aos vazamentos de dados pessoais em que foi envolvida[10].

Mas esse não é o ponto.

Inicialmente, o modelo a ser apresentado é que a empresa e seus colaboradores devem cuidar, controlar, respeitar, armazenar e descartar os dados pessoais e dados pessoais sensíveis de qualquer outro, assim como gostaria que seus próprios dados fossem cuidados, controlados, respeitados, armazenados e tratados.

Isso é mais um ponto que virá por meio do "*tone from the top*". A alta diretoria começa a dar o exemplo, o comitê multidisciplinar faz o mesmo.

É uma mudança de *mindset*, de comportamento, de forma de controle e respeito aos dados dos titulares que são coletados e armazenados pela empresa.

Durante o processo de entrevistas (*assessment*) na 1ª fase do Programa de Adequação, o(s) gerente(s) de projeto ("*PMOs*") do Programa de Adequação à

9. PALHARES, Felipe. JOTA. Disponível em: <https://www.jota.info/opiniao-e-analise/artigos/o-valor-positivo-da-lgpd-25112019>. Acesso em: 1 fev. 2022.
10. HIGA, Paulo. De Novo: Yahoo admite outro vazamento, agora com 1 bilhão de contas afetadas. Tecnoblog. Disponível em: <https://tecnoblog.net/204918/yahoo-vazamento-1-bilhao/>. Acesso em: 1 fev. 2022.

LGPD iniciam o roteiro da conversa informando que (i) tal situação não deve ser vista como uma auditoria formal; e (ii) as perguntas efetuadas não são para buscar problemas e culpas, mas sim para entender falhas, riscos e problemas existentes, visando não à busca de culpados com a consequente penalização dos mesmos, inclusive também para encontrar formas de solucioná-los com o apoio daqueles que, direta ou indiretamente, participarão desta jornada que, certamente, não acaba com o início da eficácia da LGPD.

Estamos aqui considerando algumas formas que podem apoiar na conscientização das empresas e de seus colaboradores. Falamos do amor, da dor, das sanções, em se colocar no lugar do próximo, da alta diretoria e do comitê multidisciplinar, dos *privacy champions* e dos treinamentos.

Essa é uma das várias situações em que vale afirmar que "não há receita de bolo pronta".

Treinamentos gerais e direcionados também são ações vitais para apoiar na conscientização do tema por todos. Vamos tratar isso em um dos tópicos mais a frente.

Com eles, e se utilizando de exemplos práticos, os colaboradores absorvem a informação e conseguem entender além de como agir, se, eventualmente, já fizeram algo que está sendo recomendado a não fazerem, considerando a coleta, armazenamento e o eventual descarte, além de outros exemplos.

Cada um e cada empresa deve avaliar o que pode ser feito para mudar processos e conscientizar pessoas, visando a não só afastar a possibilidade de aplicação de multas e pagamento de indenização, mas sim nas boas práticas e nas vantagens competitivas alcançadas por ser uma empresa que, além de possuir regras de governança e *compliance*, que zela genuína e efetivamente pelos dados coletados de todos aqueles que fazem parte de seu ecossistema.

4. Definição de um *Steering Committee* (Comitê Multidisciplinar)

Uma coisa é certa, a LGPD, discutida por quase 10 anos, sancionada em agosto de 2018, pelo ex-Presidente da República Michel Temer, veio para ficar. E podemos avaliá-la sob as mais diversas formas e aspectos.

Vale dizer que, dentro das empresas, escritórios, escolas, consultórios, entidades e organizações ("empresa"), públicas e privadas, atingirá diversas áreas e equipes, por exemplo:

- Tecnologia da Informação (considerando suas diversas ramificações);
- Jurídico;

- *Compliance*;
- Negócios/Vendas;
- Marketing;
- SAC/*Consumer Care*;
- Recursos Humanos;
- Financeiro;
- Suprimentos;
- Segurança Corporativa;
- Logística;
- Entre outras (a depender do tipo de empresa e de sua atividade).

Mais um ponto importante. A LGPD tem impacto direto tanto em operações/situações *online*, quanto *offline*. Ou seja, não devemos nos preocupar apenas com dados coletados somente durante a transação comercial em um *e-commerce*.

Não menos relevante é o fato de que a LGPD não abrange tão somente dados e informações de consumidores coletados por uma empresa (sob as mais diversas formas – formulários, *Curriculum Vitae* ["CV"], fichas de cadastro, informações constantes em contratos, procurações, *internet protocol* ["I.P."], *cookies* e outros dados coletados) –, como também de funcionários, parceiros, fornecedores de serviços e/ou de qualquer outro terceiro a que se tem contato e se precise coletar seus dados pessoais e sensíveis.

Outra questão também é certa. Dificilmente, e muito provavelmente, uma área e/ou equipe de uma empresa única terá capacidade de avaliar no detalhe todos os aspectos, meandros e minúcias da lei. Será preciso a soma de conhecimentos dos diversos *stakeholders* (entes interessados) envolvidos no programa de adequação.

Assim, um dos primeiros aspectos necessários dentro de um Programa de Adequação à LGPD é a criação de um comitê multidisciplinar envolvendo, no mínimo, as seguintes equipes: Negócios; Jurídico; *Compliance*; Tecnologia da Informação/Segurança da Informação; Auditoria/Riscos; RH; Segurança Corporativa; entre outras (a decidir de empresa para empresa).

Esse comitê deve ter um apoio forte e constante não só da alta diretoria, como também de um patrocinador/*sponsor*, podendo ser o Dono, *CEO* e/ou Presidente do Conselho de Administração. Segue uma sugestão[11]11 a seguir.

---

11. Ilustração criada pelo autor e utilizada em suas apresentações sobre a LGPD e proteção de dados.

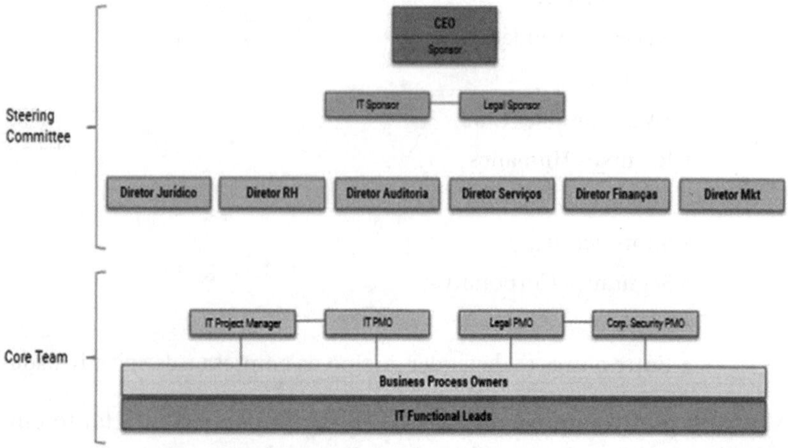

Deve haver o "*tone from the top*", ou seja, a alta administração da empresa, após conscientizada, deverá transmitir mensagens de tempos em tempos sobre a LGPD, sua importância e aderência para conscientização de todos os colaboradores, assunto este que trataremos no tópico a seguir.

Lembrando, devemos conquistar todos da empresa e suas partes relacionadas (terceiros) pelo amor, e não pela dor.

Finalmente, esse comitê não só deverá se reunir mensalmente (ou de tempos em tempos) para discutir questões sobre (i) *budget*; (ii) contratações de consultorias para apoio ao programa; (iii) *gaps* encontrados; (iv) simulações de vazamento, resultados de *privacy impact assessment* ("*PIA*")/*data protection impact assessment* ("*DPIA*")/*legitimate interest assessment* ("*LIA*"), e (vi) gestão de consequências/crises, como também será responsável pela escolha do *Data Protection Office*r ("DPO") ou Encarregado de Proteção de Dados.

5. Orçamento: pedir tudo de uma vez ou seguir de forma faseada?

Como advogado que sou, começo respondendo esse ponto simplesmente com: "depende"!

Mas, não há como prever tudo em um tiro só. Particularmente, acredito que nem prudente seria.

Já havia mencionado isso antes, mas a divisão gerada para definir as fases de um programa de adequação vai te ajudar na (i) cotação de consultorias (escritórios de advocacia/consultoria em processos e/ou em tecnologia); (ii) definição de valores mais próximos da realidade visando a incluí-los no orçamento de sua área/empresa (3 fases, 3 valores, uso mais realista de recursos); e (iii) diminuir as possibilidades de pleitear por valores extra *budget* durante o curso do seu programa.

Valores extra *budget* podem estar relacionados a (a) resolução de problemas gerados pela descoberta de *shadow IT* dentro da empresa (ex: sistema contratado por uma área, sem que este tivesse sido validado por TI/SI); (b) necessidade de utilização de plataformas, integrações, apps, softwares para atender requisitos legais / normativos, bem como otimizar/baratear processos já existentes; (c) contratação de pessoal para apoiar em algum momento/fase do programa, entre outros.

Logo, não se afobe para definir esse ponto. Leve o assunto para o seu *steering committee* visando apoio em algumas das decisões mais assertivas e eficazes para a sua empresa e para o seu programa.

6. Contratações de terceiros – alguns *insights* sobre o assunto

Com a chegada da LGPD, entendo que tão importante quanto mapear os dados e garantir os novos direitos dos titulares passou a ser documentar corretamente e da forma mais precisa possível as relações jurídicas entre empresas e agentes envolvidos no tratamento de dados pessoais.

Agora, o Controlador[12]12 passa a ser responsável pelos incidentes e desvios ocorridos em qualquer elo da sua cadeia de custódia com relação ao dado pessoal.

As informações cedidas pelo Titular dos Dados ao Controlador continuarão a ser responsabilidade jurídica deste, mesmo que o tratamento seja terceirizado para um Operador[13]13.

Isso significa que as relações jurídicas entre os Agentes de Tratamento deverão ser bem descritas, minuciosas e com alto nível de precisão, para que, por exemplo, um Operador não faça nem mais, nem menos do que o necessário com os dados que lhe foram confiados.

Por sua vez, caberá ao Controlador a verificação das hipóteses e requisitos de tratamento, bem como a verificação de quais dados demandarão a coleta de consentimento ou sob a forma em que serão tratados. Na hipótese de incidente

12. Controlador: Pessoa Física ou Jurídica (direito público ou privado), a quem competem as decisões referentes ao tratamento de dados pessoais.

13. Operador: Pessoa Física ou Jurídica (direito público ou privado), a quem compete realizar o tratamento de dados pessoais em nome do Controlador.

ou questionamento pela futura ANPD, as evidências da contratação deverão ser apresentadas em prazo razoável para apuração das responsabilidades.

Em complemento, se faz necessário avaliar questões contratuais, considerando que a relação jurídica entre o Controlador e Operador preveja, minimamente:

> Partes do contrato e qual a função de cada uma delas na relação jurídica;
>
> Identificar o titular do dado, bem como a quem pertencerá o resultado econômico do que for desenvolvido, enriquecido etc.;
>
> Quais requisitos de segurança e políticas que deverão ser seguidas para acesso, monitoramento, inclusão, modificação ou exclusão de dados, seja a pedido do Controlador ou do titular do dado;
>
> Direito de acesso às informações, possibilidade de auditoria e realização de testes de segurança;
>
> Prazo de guarda dos dados e hipóteses de rescisão;
>
> Possibilidade ou não de acesso aos dados pelas autoridades ou titulares.
>
> Dependendo do caso, pode-se aproveitar o contrato para discutir cláusulas mais complexas, como:
>
> Acordo de nível de serviço (*SLA – Service Level Agreement*), forma de comunicação e prazos de respostas em caso de incidentes envolvendo dados pessoais;
>
> Limitação de responsabilidade contratual ou a definição de solidariedade no caso das sanções previstas em Lei (LGPD, Código Civil, CDC e/ou demais normas aplicáveis);
>
> Contratação de seguro[14] (*Cyber*, *Property* com cláusula de *Cyber*, *D&O* e/ou *E&O*, ambos com cláusula de *Cyber* etc.).

O mero ajuste contratual, ainda que da melhor forma, não garante 100% que tudo ocorrerá sem falhas. Logo, ajudar a conscientizar seus fornecedores, parceiros e respectivos colaboradores ajudará na conscientização sobre o assunto e nos riscos e potenciais problemas que surgirão caso aquilo que ficou acordado entre as partes não seja cumprido. Logo, sugiro uma lista não exaustiva de tópico para possíveis sessões de capacitação:

---

14. E, mesmo assim, contratação de seguro não é garantia/certeza de tranquilidade. BAGUETE. Zurich nega pagamento de prêmio de seguro a Mondelez por conta ataque NotPetya, sob a justificativa de guerra virtual entre dois países. Disponível em: <https://www.baguete.com.br/noticias/11/01/2019/zurich-nega-seguro-por-ataque-notpetya>. Acesso em: 7 nov. 2021.

- Dados pessoais, sensíveis e anonimizados/bases legais/tratamento;
- Relação entre controlador e operador;
- Políticas e regras do(s) cliente(s);
- Políticas e regras internas;
- Aquisição e compartilhamento de base de dados;
- Manuseio de *Data Lake*;
- Gestão de novos processos, crises e consequência;
- Possível interação com titulares de dados;
- Possível interação com agentes de tratamento.

Outros possíveis treinamentos podem ser considerados, levando em conta o tamanho do Fornecedor, sua criticidade com relação ao negócio de sua empresa e a forma como este lida com dados, por exemplo.

Finalmente, o ideal é que sempre tenhamos uma relação transparente, sadia e de parceria com os fornecedores.

Contudo, percalços podem acontecer com qualquer um deles (incluindo aqueles alocados diretamente em seu programa de adequação), ou ainda, como resultado de uma relação.

Dessa maneira, visando a evitar transtornos e/ou a possibilidade de rompimento de relação e consequente necessidade de troca emergencial de parceiros, sugiro que sejam tomadas as seguintes cautelas: (a) Definição clara de *to-do's* e entregáveis desde a emissão de proposta/contrato; (b) Acompanhamento e gerenciamento do trabalho no detalhe; (c) Controle das atividades semanais; e (d) Ajuste de problemas no momento em que eles ocorram.

Levando esses pontos em consideração, provavelmente, as chances de erros ou "rusgas" nas relações diminuirão.

7. Definição dos *Privacy Champions*

O *Privacy Champion* nada mais é do que o Embaixador de Proteção de Dados dentro de cada área da empresa que lida com dados pessoais.

Eis alguns de seus papéis e responsabilidades (tais pontos podem ajudar a nortear a decisão/escolha):

> Ponto focal sobre privacidade/proteção de dados para sua função;
>
> Treinado em LGPD, considerando aspectos regulatórios, de metodologia e ferramentas da empresa em que trabalha;

Lidera a "descoberta" de todos os processos de sua função que coletam/processam dados pessoais;

Corresponsável pela definição do plano de remediação (a ser suportado pela equipe de Privacidade);

Conduz a execução do plano de remediação designado para sua função pelo time de gestão de crises; e

Ser o ponto de referência para a LGPD para todas as novas iniciativas (devendo, inclusive, considerar e nomear, ao menos, um sucessor caso o colaborador atual nomeado deixe a companhia).

Durante o processo de entrevistas, tratado em outro item, podem surgir interessados, de forma orgânica, a participar como embaixadores das áreas envolvidas no Programa de Adequação.

O *Privacy Champion* também pode ser designado pelo *Steering Committee* (Comitê Multidisciplinar), ou ainda pela diretoria da área da empresa envolvida. É importante ressaltar que, ainda que não seja uma figura tratada pela LGPD, este foi tratado na *GDPR* e vem sendo utilizado por diversas empresas ao redor do mundo que já possuem programas de adequação e conformidade à *GDPR*.

O *Privacy Champion*, devidamente capacitado, será os "olhos e ouvidos" em cada área da empresa. Ele apoiará o Gerente do Programa durante as suas fases, cascateará informações importantes e treinamentos aos colaboradores da empresa e até a terceiros envolvidos e é peça fundamental no apoio à conscientização de todos.

Tim Clemens, expoente no assunto, trata com detalhe sobre esta figura vital em um programa de adequação[15] em um de seus artigos postados no LinkedIn e explica utilizando a ilustração a seguir para expressar o que está sendo tratado nesta parte do texto.

15. CLEMENTS, Tim. Linkedin. Who is championing your Privacy (GDPR) Program? Disponível em: <https://www.linkedin.com/pulse/who-championing-your-privacy-gdpr-program-tim-clements/> Acesso em: 7 nov. 2021.

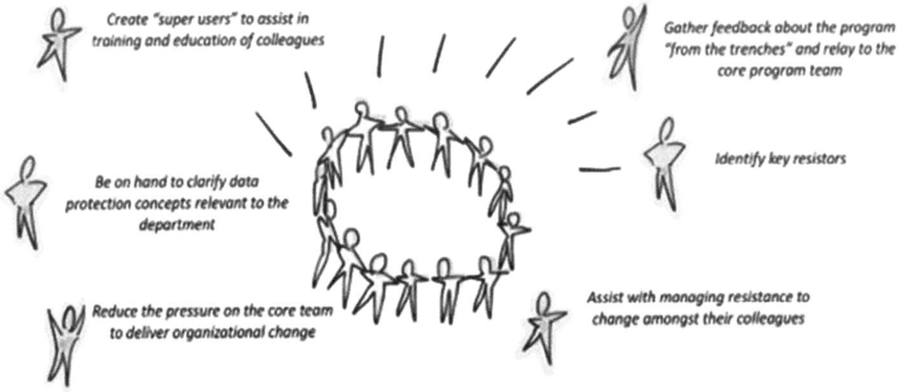

Ponto vital que preciso trazer aqui, *engajamento* é a palavra-chave não só para a manutenção de um Programa de Adequação em si, mas também para que um Privacy Champion se mantenha ativo, engajado, interessado e atuante.

8. FASE 1 – *DATA MAPPING, ASSESSMENTS, GAP ANALYSIS,* RELATÓRIO DE IMPACTO E AFINS

Esse é o momento de entender/mapear/inventariar quais são as "joias da coroa". Qual será o tamanho do problema a ser resolvido para, assim, poder na Fase 2 iniciar os respectivos planos de ação para resolver os pontos encontrados e mapeados. De pronto, como Gerente do Programa:

> Identifique as áreas de negócio de sua empresa e as empresas do mesmo grupo que precisam ser mapeadas;
>
> Não só gerencie, como também participe e interaja durante as entrevistas;
>
> Seja curioso, meticuloso, detalhista e queira entender no detalhe todos os procedimentos que estão sendo mapeados;
>
> Identifique tipos de riscos e quantidade de ocorrências.

Longe de querer afirmar que são somente esses pontos a serem considerados, mas já podem ser usados como "norte" por aqueles que ainda não iniciaram seus programas.

Mas deixo aqui uma lista com sugestões (não exaustivas) para levar em consideração e ir atrás: (i) processos de sua área; (ii) como coleta dados pessoais/sensíveis; (iii) dados que coleta e por qual motivo; (iv) onde, de que forma e por quanto tempo armazena dados; (v) processo de segregação/anonimização de dados; (vi) descarta dados, depois de quanto tempo, de que forma; (vii) trabalha com softwares ou terceiros dentro de sua área; (viii) *softwares* são homologados por TI; (ix) fornecedores/parceiros da área que lidam com dados; (x) área enriquece dados (por si ou por terceiros); (xi) *shadow* IT na área; (xii) trabalha com macros ou robôs na área; (xiii) recebe/armazena *Curriculum Vitae* ("CV"); (xiv) faz/solicita *background check* dos potenciais candidatos ou colaboradores; (xv) armazena infos de seus colaboradores; (xvi) troca informações sensíveis/sigilosas por *Instant Messaging Platforms* (*WhatsApp*, *Telegram*, *Hangouts*, *Slack*, *Signal*, entre outras).

Vale checar se o ciclo de vida útil dos dados pessoais, conforme ilustração[16] seguinte, está sendo respeitado.

Essa mesma lista também poderá ser utilizada para o *assessment* de fornecedores/parceiros/terceiros.

Um ponto importante, aquilo que constar do *DPIA* vale também a ser considerado em uma matriz de "risco x impacto". Certamente isso te ajudará a priorizar algumas atividades e planos de ação.

Visando a apoiar/complementar o material/processos para a realização de um *DPIA* dentro de sua empresa, seja por conta própria ou apoiado por alguma consultoria, por meio de planilhas, softwares e/ou processos sugeridos, vale

16. Ilustração criada pelo autor e utilizada em suas apresentações sobre a LGPD e proteção de dados.

checar os modelos de DPIA indicados/publicados pela: (i) *IAPP*[17]; (ii) *ICO*[18]; (iii) *AEPD*[19] e Modelo (*Guidelines*) de *DPIA/PIA* da *CNIL*[20].

Além disso, entre os diversos doutrinadores que já tratam sobre esse assunto de forma primorosa, as amigas e coautoras deste livro (em que este capítulo faz parte), Fernanda Maia e Remi Yun, já abordam com propriedade sobre o *DPIA*, também conhecido como Relatório de Impacto à Proteção de Dados Pessoais ("RIPD"), considerando à LGPD. Logo, desnecessária aqui uma extensão sobre o tema.

O que não poderia deixar de ficar registrado é que, considerando o cenário de uma primeira fase bem trabalhada, as chances de uma maior efetividade ao seu Programa são excelentes. Isso posto, tal efetividade evitaria que se repetissem processos desnecessários ou mal feitos, se buscassem por um *peer review* em caso de algo "raso" que tenha sido entregue ou ainda tivesse que ser executado algo que fora esquecido ou não considerado na primeira fase. Sem ela completa, a chance de seu programa ter sido entregue com falhas é grande.

9. As demais fases do Programa estão aí – Botando a "mão na massa"

Bom, feito seu *DPIA*/RIPD, você alcança o *status* da conclusão de sua fase 1 e chega no seu *compliance roadmap*. Partindo desse ponto, você tem acesso aos *gaps/issues* mapeados, bem como a quantidades de vezes em que são encontrados, inclusive, se ocorrem de forma *cross* entre áreas de uma mesma empresa.

Com base nessas informações, você consegue definir e estruturar os respectivos planos de ação para daí, literalmente, começar a pôr a "mão na massa" nesta

17. Template for Data Protection Impact Assessment (DPIA). International Association of Privacy Professionals (IAPP). Disponível em: <https://iapp.org/resources/article/template-for-data-protection-impact-assessment-dpia/>. Acesso em: 7 nov. 2021.
18. Information Commissioner's Office ("ICO"). Sample DPIA template. Disponível em: <https://ico.org.uk/media/about-the-ico/consultations/2258461/dpia-template-v-04-post-comms-review-20180308.pdf>. Acesso em: 7 nov. 2021.
19. Agencia Española de Protección de Datos ("AEPD") publishes model DPIA report for private organisations. One Trust Data Guidance. Disponível em: <https://platform.dataguidance.com/news/spain-aepd-publishes-model-dpia-report-private-organisations>. Acesso em: 7 nov. 2021.
20. Commission nationale de l'informatique et des libertés ("CNIL"). Privacy Impact Assessment PIA. Disponível em: <https://www.cnil.fr/en/privacy-impact-assessment-pia>. Acesso em: 7 nov. 2021.

nova etapa do Programa, adequando a sua empresa às melhores práticas, bem como ao que a LGPD determina. E, se prepare, pois, "sangue, suor e lágrimas" serão necessários para cumprir com essa árdua tarefa de seguir e completar com as fases 2 e 3 do seu programa.

E, para apoiar o leitor e colega que já está (ou quer trabalhar) com isso, indico os planos de ação trabalhados no Programa em que gerencio e sugiro que cada um os adeque, considerando as necessidades de sua respectiva empresa: (i) Governança de Privacidade; (ii) Pedidos de Acesso do Titular (*DSAR – data subject access request*); (iii) Verificação de Riscos (*DPIA*); (iv) Privacidade/Proteção de Dados por *Design* (*PbD – Privacy by Design*); (v) Gerenciamento de Terceiros; (vi) Revisão de Processos e Políticas; (vii) Gerenciamento de Incidentes; (viii) Inventário e Gerenciamento de Dados Pessoais; (ix) Treinamento e Conscientização; (x) Revisão de acessos; (xi) Monitoramento de Dados (*DLP – Data Loss Prevention*); (xii) Ajustes jurídicos.

A fase 3 poderá ser tocada em paralelo com a fase 2 ou na sequência ao término desta. E, parte da fase 3 contemplará repetir alguns dos *TO-DO's* das fases 1 e 2, pois, como já dito, isto é um programa e muito do que acontece é cíclico e não acaba. Processos são alterados, novas soluções surgem e sempre haverá a necessidade de estar em *compliance* com a legislação e com as exigências de mercado. Com isso, você garante vantagem competitiva com relação aos demais, em especial, aos seus competidores.

10. Envolvimento de profissionais de outros países

Recomendo, de pronto!

As trocas, na maioria das vezes, são riquíssimas. Todo mundo ganha com isso. Inclusive, quem já se relaciona por conta de adequações em sua empresa com pessoal da Europa por conta do *GDPR* deve saber do que estou falando.

Dá para se aprender, absorver, trocar e até ensinar nessa relação. Por exemplo, pelo fato da já mencionada e inspiradora *GDPR* estar em vigor desde 25 de maio de 2018, questões atreladas a melhores práticas/*DO's and DON'Ts*/*benchmarking*/lições aprendidas, o que/quem contratar (ou não) já fazem parte do dia a dia dos profissionais europeus. Logo, visando a evitar processo de "reinventar a roda", muito se pode aprender com eles, facilitar processos, otimizar ações e ter apoio em decisões que, nem sempre, precisam ser as mais difíceis ou complicadas.

Outro ponto, você aqui no Brasil, se fizer parte de uma organização global e alguma de suas empresas fora do Brasil fizer uso, por exemplo, de um ou mais sistemas/plataformas (i) para gerenciamento de processos que envolvem dados pessoais e *cookies* (e.g., Onetrust, TrustArc, BigId); (ii) que façam *assessment* nos fornecedores/*vendors* (RSA Archer, ServiceNow, Jira); ou (iii) de Monitoramento de Dados – *DLP* (Symantec, Check Point, Digital Guardian) e não houver restrição territorial atrelada a esta contratação, provavelmente, você poderá se beneficiar desta plataforma e, possivelmente, dependendo como a contratação foi feita, você pode fazer uso sem custo, pois isso já estaria orçado para a sua *parent company* estrangeira. Apenas ressalto os exemplos (com os nomes das empresas aqui dados agnósticos e meramente ilustrativos), não havendo nenhuma relação do autor com qualquer das mencionadas.

Ou seja, use e abuse dessas possíveis conexões para tornar o seu dia a dia no programa menos árduo e mais eficiente.

11. CAPACITAÇÕES E TREINAMENTOS

Um programa imposto normalmente é frio e possivelmente pouco aceito pelos colaboradores de uma empresa.

Os colaboradores têm que absorver o conteúdo, se sentir parte daquilo e entender as dores geradas para que se sintam parte integrante. Não que isso seja totalmente difícil ou impossível, pois estamos falando de uma lei que se preocupa com os dados de todos. Não é uma mera lei consumerista ou setorial. Os nossos dados, de nossa família, também estão englobados.

De toda forma, capacitações e treinamentos recorrentes são necessários, visando a apoiar e facilitar este processo, bem como visando a que o Programa implantado seja eficiente, eficaz, de fácil compreensão e execução.

Para isso, eis uma sugestão de divisão de público para direcionar os treinamentos: *Privacy Champions* | Gestores e Áreas Críticas | Colaboradores em geral.

Em complemento, seguem sugestões de tópicos a serem tratados/abordados: (i) Conceitos; (ii) *Awareness*; (iii) Manuseios dos dados; (iv) Terceiros; (v) Lidando com Titulares; (vi) Gestão de Riscos e novos Processos; (vii) Relação com o *Privacy Office(r)*; (viii) Vazamentos de Dados; (ix) utilização de sistema para gerenciamento de processos que envolvem dados pessoais e *cookies*; (x) Demais outros treinamentos (de acordo com a empresa/área e de suas necessidades).

Há de se definir também questões como: (a) quantidade de treinamentos; (b) tempo dos treinamentos; (c) modalidade dos treinamentos (física/virtual); (d) áreas envolvidas; e (e) recorrência dos treinamentos (semestral/anual, bianual).

Lembrando sempre de coletar a presença dos participantes, pois este documento serve como evidência integrante do que está sendo feito em um programa de adequação.

12. Conclusão

Antes de mais nada, já adianto.

O programa que gerencio ainda não terminou. Estamos adiantados, considerando uma série de empresas, conforme conversas profissionais de proteção de dados que tenho tido. Os melhores esforços estão sendo empenhados para terminar. Temos muitos *Privacy Champions* engajados com a causa e empenhados a nos ajudar. E isso conta muito!

Mas, espero que você não tenha ficado totalmente satisfeito com o que escrevi. Na verdade, espero que, assim como eu, você tenha ficado cheio de dúvidas. Afirmo isso por alguns motivos.

Primeiro, pois, como comentei supra, o Programa que gerencio não está pronto e 100% executável (não quero dizer concluído, pois, caso contrário, estaria me contradizendo com tudo o que escrevi, simplesmente por ser cíclico e não ter fim).

Segundo, simplesmente por não ter conseguido contar/descrever/detalhar tudo aqui neste capítulo, pelos motivos já expostos na introdução e ao longo do texto.

Terceiro, pelas dúvidas que tenho e pelos questionamentos que espero que você também tenha mentalmente gerado. Como já disse aqui antes, vivemos um "*live MBA*".

Logo, as dúvidas são respondidas e mudam, mas nunca deixam de existir. Estamos constantemente "pivotando[21]". É como se estivéssemos dentro de um avião voando, tomando decisões e ajustando questões em pleno voo.

Por isso, fico à disposição dos leitores para trocar ideias, tentar responder a possíveis questionamentos e ajudar no que for possível no que tange à estruturação e à execução de um programa de adequação. Vocês conseguem me encontrar nas principais redes sociais, seja através da busca pelo meu nome, como também por meio do meu perfil, @DPOwannabe, hosteado no *Instagram*[22] e no *Twitter*[23].

---

21. Pivotar significa dar uma guinada no rumo de um negócio que não está tendo o sucesso esperado, com base na própria experiência adquirida com ele. In: PIVOTAR, Dicionário Online Financeiro. Disponível em: <https://www.dicionariofinanceiro.com/pivotar/>. Acesso em: 7 nov. 2021.
22. https://www.instagram.com/dpowannabe/?hl=en.
23. https://twitter.com/DpOwannabe.

BIBLIOGRAFIA

BAGUETE. Zurich nega pagamento de prêmio de seguro a Mondelez por conta ataque NotPetya, sob a justificativa de guerra virtual entre dois países. Disponível em: <https://www.baguete.com.br/noticias/11/01/2019/zurich-nega-seguro-por-ataque--notpetya>. Acesso em: 7 nov. 2021.

BIONI, Bruno; LEITE, Renato. Data Privacy. O Papel do *Data Protection Officer*. Disponível em: <https://dataprivacy.com.br/o-papel-do-data-protection-officer/>. Acesso em: 7 nov. 2021.

BRASIL. Lei nº 13.709, de 14 de agosto de 2018. Lei Geral de Proteção de Dados Pessoais (LGPD). Disponível em: <http://www.planalto.gov.br/ccivil_03/_ato2015-2018/2018/lei/L13709.htm>. Acesso em: 7 nov. 2021.

CLEMENTS, Tim. Linkedin. Who is championing your Privacy (GDPR) Program? Disponível em: <https://www.linkedin.com/pulse/who-championing-your-privacy--gdpr-program-tim-clements/> Acesso em: 7 nov. 2021.

COMMISSION NATIONALE DE L'INFORMATIQUE ET DES LIBERTÉS ("CNIL"). Privacy Impact Assessment PIA. Disponível em: <https://www.cnil.fr/en/privacy--impact-assessment-pia>. Acesso em: 7 nov. 2021.

COMUNIDADE EUROPEIA. REGULATION (EU) 2016/679 OF THE EUROPEAN PARLIAMENT AND OF THE COUNCIL of 27 April 2016. Disponível em: https://eur-lex.europa.eu/legal-content/EN/TXT/PDF/?uri=CELEX:32016R0679. Acesso em: 7 nov. 2021.

CONGRESSO NACIONAL. Medida Provisória que Estabelece a operacionalização do pagamento do Benefício Emergencial de Preservação do Emprego e da Renda e do benefício emergencial mensal de que trata a Medida Provisória nº 936 (01/04/2020) e prorroga a *vacatio legis* da LGPD. Disponível em: <https://www.congressonacional.leg.br/materias/medidas-provisorias/-/mpv/141753>. Acesso em: 04 de maio de 2020.

G1. Entenda o escândalo de uso político de dados que derrubou valor do Facebook e o colocou na mira de autoridades. Disponível em: <https://g1.globo.com/economia/tecnologia/noticia/entenda-o-escandalo-de-uso-politico-de-dados-que-derrubou--valor-do-facebook-e-o-colocou-na-mira-de-autoridades.ghtml>. Acesso em: 7 nov. 2021.

HIGA, Paulo. De Novo: Yahoo admite outro vazamento, agora com 1 bilhão de contas afetadas. Tecnoblog. Disponível em: <https://tecnoblog.net/204918/yahoo-vazamento-1-bilhao/>. Acesso em: 7 nov. 2021.

IAPP. Template for Data Protection Impact Assessment (DPIA). Disponível em: <https://iapp.org/resources/article/template-for-data-protection-impact-assessment-dpia/>. Acesso em: 7 nov. 2021.

INFORMATION COMMISSIONER'S OFFICE ("ICO"). Sample DPIA template. Disponível em: <https://ico.org.uk/media/about-the-ico/consultations/2258461/dpia--template-v04-post-comms-review-20180308.pdf>. Acesso em: 7 nov. 2021.

OECD. Uma cooperação mutualmente benéfica. Disponível em: <http://www.oecd.org/latin-america/countries/brazil/brasil.htm>. Acesso em: 7 nov. 2021.

ONE TRUST DATA GUIDANCE. Agencia Española de Protección de Datos ("AEPD") publishes model DPIA report for private organisations. Disponível em: <https://platform.dataguidance.com/news/spain-aepd-publishes-model-dpia-report-private-organisations>. Acesso em: 7 nov. 2021.

PALHARES, Felipe. Jota. Disponível em: <https://www.jota.info/paywall?redirect_to=//www.jota.info/opiniao-e-analise/artigos/o-valor-positivo-da-lgpd-25112019>. Acesso em: 7 nov. 2021.

PIVOTAR. Dicionário Online Financeiro. Disponível em: <https://www.dicionariofinanceiro.com/pivotar/>. Acesso em: 7 nov. 2021.

RENPAC. Wikipédia: a enciclopédia livre. Disponível em: <https://pt.wikipedia.org/wiki/RENPAC>. Acesso em 08 de abril de 2020.

RESEARCH GATE. National Comprehensive Data Protection/Privacy Laws and Bills 2014 Map. Disponível: <https://www.researchgate.net/publication/256011932_National_Comprehensive_Data_ProtectionPrivacy_Laws_and_Bills_2014_Map>. Acesso em: 08 de abri de 2020.

SISTEMA DE TRANSFERÊNCIA DE CAIXAS POSTAIS. Consuldata. Disponível em: <http://novo.consuldata.com.br/consultoria/consultoria_casos_de_sucesso_abtra.htm>. Acesso em: 7 nov. 2021.

TIINSIDE. Senado aprova prorrogação da vigência da LGPD para janeiro de 2021. Disponível em: <https://tiinside.com.br/03/04/2020/senado-aprova-prorrogacao-da-vigencia-da-lgpd-para-janeiro-de-2021/>. Acesso em: 7 nov. 2021.

Capítulo 18

Tratamento de dados pessoais de crianças e adolescentes: a LGPD e os demais diplomas legais existentes no Brasil

ANA CAROLINA CAGNONI

Advogada de propriedade intelectual e direito digital, *expert* em proteção de dados pessoais (CIPP/E e CIPP/US). Certificada como "Innovation Manager" pelo DANCERT – *Danish Technological Institute*. Mestre pela *Queen Mary and Westfield College* da Universidade de Londres (2009). Aluna de mestrado da Universidade de São Paulo e graduada pela Universidade de São Paulo.

1. INTRODUÇÃO E RELEVÂNCIA DA MATÉRIA

Anualmente, no início do mês de novembro, o Centro Regional de Estudos para o Desenvolvimento da Sociedade da Informação (Cetic.br), entidade vinculada ao Comitê Gestor da Internet no Brasil[1] (CGI.br), reforça seu papel de provedor de indicadores e estatísticas sobre acesso e uso de tecnologias de informação e comunicação no país e apresenta a pesquisa TIC Kids Online Brasil. Como nas últimas edições realizadas desde 2012, a pesquisa tem como objetivo "mapear riscos e oportunidades no ambiente digital, gerando indicadores confiáveis e comparáveis sobre acesso à Internet por crianças e adolescentes de 9 a 17 anos de idade e sobre os usos que eles fazem da rede".

Resta evidente, a cada ano que a pesquisa é realizada, que a evolução tecnológica na qual toda a sociedade está (sendo) imersa afeta diretamente crianças e adolescentes. Não alheias ao mundo ao redor, crianças e adolescentes também se utilizam dos novos dispositivos disponíveis, das novas tecnologias e aplicativos, enfim, de toda a revolução que vivemos para as mesmas finalidades que os adultos, quais sejam, se comunicar, pesquisar, buscar conhecimento, se divertir, entre outros.

Os mais recentes números são, portanto, a melhor maneira de trazer dimensão à relevância do tema. Já é fato, confirmado pela pesquisa TIC Kids Online Brasil 2018, realizada em 23.508 domicílios brasileiros (em 349 municípios), *que 86% das crianças e adolescentes brasileiras entre 9 e 17 anos de idade usa a rede mundial de computadores*[2]. Isso representa 24,3 milhões de jovens conectados à internet.

---

1. Por meio da atuação do Núcleo de Informação e Coordenação do Ponto BR (NIC.br) e do Centro Regional de Estudos para o Desenvolvimento da Sociedade da Informação (Cetic.br), o Brasil tem acesso, anualmente, a mais de 550 indicadores sobre a adoção das TIC em setores estratégicos, como é o caso dos domicílios, empresas, provedores de Internet, telecentros, órgãos governamentais e das instituições que proveem serviços essenciais como saúde, educação e cultura. Todos os dados aqui apresentados se referem à pesquisa TIC Kids Online Brasil 2018 publicada em 05.11.2019 e integralmente disponível por meio do link: https://cetic.br/pt/publicacao/pesquisa-sobre-o-uso-da-internet-por-criancas-e-adolescentes-no-brasil-tic-kids-online-brasil-2018/. Vale pontuar que a pandemia do Covid-19 prejudicou a coleta de dados para os anos de 2020/2021, mas a pesquisa destes anos trouxe dados inéditos foram trazidos e podem ser acessados pelo site https://cetic.br/pt/pesquisa/kids-online/publicacoes/.
2. A pesquisa informa, contudo, que a presença da internet entre crianças e adolescentes não é a mesma se consideradas as diferentes regiões do país ou ainda as classes econômicas avaliadas, o que indica a manutenção de certas desigualdades verificadas em outras áreas: "*A proporção de crianças e adolescentes usuários de Internet foi maior entre as classes AB (98%) e C (94%) do que nas classes DE (73%). As proporções também foram maiores nas regiões Sul (95%), Sudeste (94%) e Centro-Oeste (94%), na comparação com Norte e Nordeste (ambos com 75%)*". (Pesquisa TIC Kids Online Brasil

Entre as atividades multimídia identificadas na pesquisa, chama a atenção que 83% informaram ter assistido vídeos, programas, filmes ou séries online, número pela primeira vez maior do que aqueles referentes a outros serviços disponíveis na internet como: (1) uso de programas de mensagens instantâneas (identificado em 77%); (2) realização de pesquisas escolares (identificado em 74%); (3) utilização de serviços de música online (identificado em 82%); (4) uso de jogos online sozinhos ou com outros participantes virtuais (identificado em 60% e 55% respectivamente).

Em se tratando de redes sociais, quase a totalidade dos usuários da internet na faixa entre 9 e 17 anos de idade (82%) afirmam fazer uso de pelo menos uma plataforma. Em números absolutos o percentual significa cerca de 20 milhões de pessoas (um pouco mais que 10% da população brasileira total). O WhatsApp, pela primeira vez desde que iniciadas as pesquisas TIC Kids, ultrapassou o Facebook e é a rede social mais utilizada por crianças e adolescentes. A terceira rede social mais utilizada, o Instagram, registrou, por sua vez, o maior crescimento em usuários, saltando de 36% para 45% em um ano.

O acesso à internet se dá, em sua maioria, por meio dos *smartphones*, especialmente nas áreas rurais. A proporção de crianças e adolescentes que utiliza aparelhos celulares para acessar a internet é de 93%, sendo que para mais da metade deles o celular é o único dispositivo disponível de acesso à rede (53%). Houve, porém, crescimento significativo no uso da televisão como dispositivo para acesso à internet frente aos anos anteriores, chegando a 32%[3]. No que se refere a

---

2018, p. 26). Vale mencionar que em 2019, os dados apontavam que a população com idades entre 9 a 17 anos habitava domicílios que possuíam aparelhos celulares (98%) e televisão (97%), mas com as mesmas discrepâncias regionais apontadas em 2018 conforme aponta o Resumo Executivo TIC Kids Online Brasil 2020 Edição COVID-19 – Metodologia adaptada (disponibilizado em https://cetic.br/pt/publicacao/resumo-executivo-pesquisa-sobre-o-uso-da-internet-por-criancas-e-adolescentes-no-brasil-tic-kids-online-brasil-2020/).

3. Interessante observar no relatório disponibilizado em 2021, referente ao ano de 2020, que a pandemia afetou números de domicílios que contavam com computadores (nas versões notebook ou de mesa) para acesso à internet. Como aponta o relatório, "Durante a pandemia, houve um aumento da presença de computadores nos domicílios brasileiros (de 39%, em 2019, para 45%, em 2020), avanço que foi menos presente em domicílios das classes DE e nas áreas rurais em relação ao período anterior à crise sanitária, segundo a TIC Domicílios 2020 – Edição COVID-19. Considerando apenas a população de 10 a 17 anos que residia em domicílios com computadores, observou-se o crescimento expressivo, sobretudo, do notebook que passou de 49%, em 2019, para 74%, em 2020. Também houve aumento do número de computadores de mesa

diferenças de gênero, não se apresentam muitas discrepâncias entre o uso de internet por meninas e meninos, salvo em situações pontuais (ex. meninos jogam mais jogos online do que meninas, na proporção de 21% para 10%). Quando se avalia a faixa etária, demonstrou-se que crianças de 9 a 12 anos de idade acessam menos a internet do que adolescentes, mas mesmo assim os percentuais são altos (77% para crianças de 9-10 anos; 81% para crianças de 11-12 anos).[4]

GRÁFICO 1
CRIANÇAS E ADOLESCENTES QUE ACESSARAM A INTERNET NOS ÚLTIMOS TRÊS MESES (2018)
Total de crianças e adolescentes de 9 a 17 anos (%)

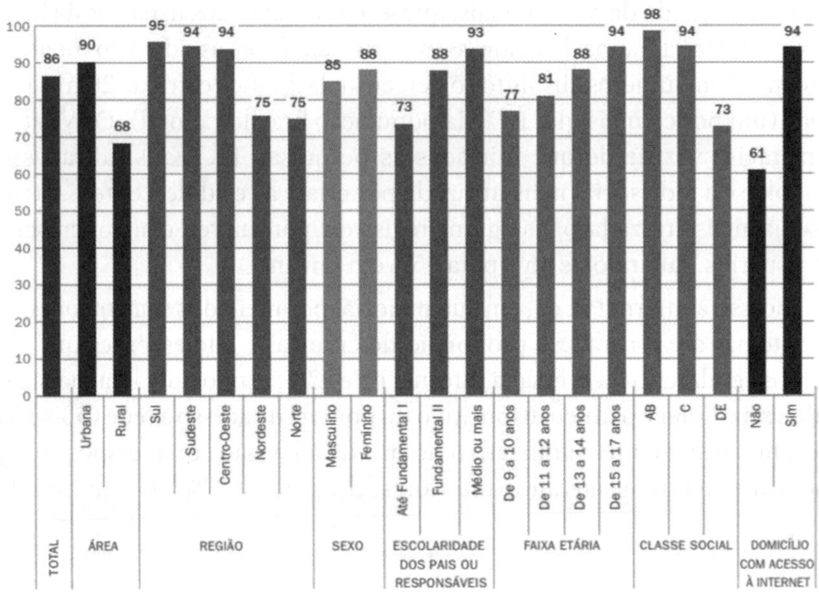

A evidente e massiva presença de crianças e adolescentes nos ambientes virtuais, com índices que apenas aumentam ao longo dos anos, é a realidade fática que necessariamente enfrentará os dispositivos legais estabelecidos na Lei Geral de Proteção de Dados Pessoais (Lei 13.709/18 ou "LGPD"). Isso porque, mesmo não sendo a lei aplicável *apenas* ao tratamento de dados pessoais nos ambientes virtuais, inegável que o processamento de dados deste grupo etário é radicalmente ampliado pelo uso que é feito da internet.

(44%, em 2019, e 49%, em 2020) e tablets (37%, em 2019, e 45%, em 2020)" (relatório Resumo Executivo TIC Kids Online Brasil 2020 Edição COVID-19 – Metodologia adaptada, p. 4).

4. Gráfico apresentado pela Pesquisa TIC Kids Online Brasil 2018, p. 111.

Sem uso da rede mundial de computadores, os dados pessoais de crianças e adolescentes estariam restritos a ambientes como instituições de ensino, saúde e serviços públicos, entre outros, sempre muito limitados e bastante acompanhados da atuação de seus responsáveis legais. Mas a constante utilização da internet por essa parcela da população engrandece os horizontes quanto às possibilidades de tratamento de dados pessoais de crianças e adolescentes por quaisquer controladores. Como exemplo desta realidade, trazido pela pesquisa do Cetic.br, temos os dados pessoais compartilhados pelas crianças e adolescentes em redes sociais[5]:

GRÁFICO 12
CRIANÇAS E ADOLESCENTES, POR TIPOS DE INFORMAÇÕES COMPARTILHADAS NO SEU PERFIL DE REDE SOCIAL (2015 - 2018)
Total de usuários de Internet de 9 a 17 anos que possuem perfil em rede social (%)

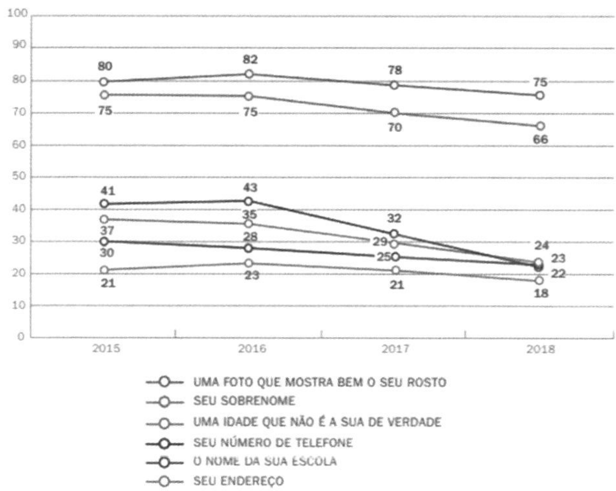

Acesse o QR Code para visualizar imagem colorida

Neste sentido, as disposições da LGPD à proteção de crianças e adolescentes são aplicáveis à variada gama de controladores. Somada aos demais institutos jurídicos que conferem proteção legal às crianças e adolescentes no Brasil, nos parece, já num primeiro momento, que a LGPD terá inúmeros desafios, nos mais diferentes setores.

2. Proteção jurídica conferida às crianças e adolescentes no Brasil

Desde a promulgação da Constituição Federal em 1988, o Brasil tem construído sistema jurídico em que a proteção à criança tem *absoluta prioridade* frente

5. Gráfico apresentado pela Pesquisa TIC Kids Online Brasil 2018, p. 129.

a todos os agentes envolvidos em seu desenvolvimento, o que inclui famílias, instituições de ensino, sociedade civil, empresas, demais entidades e o Estado como um todo, nas suas diversas formas e instituições[6]. Assim sendo, a obrigação de proteger a criança de qualquer negligência, discriminação, exploração, violência, crueldade e/ou opressão é da família, da sociedade civil em todas as suas formas e também do Estado brasileiro.

Em atenção à Convenção dos Diretos da Criança[7], que em 2019 alcançou o 30º ano da sua adoção pela Organização das Nações Unidas, o Brasil incorpora o princípio do *melhor interesse da criança* como regra basilar a ser considerada em todas as decisões e medidas a serem tomadas, e também como norte interpretativo sempre que o direito de crianças está em jogo. Se bem verdade que tal princípio é "aberto" e, neste sentido, sujeito à aplicação a certa realidade fática que se coloca, importante ressaltar que o objetivo primordial em qualquer caso deve ser a proteção destes indivíduos de forma a garantir seu desenvolvimento pleno, com saúde, segurança e bem-estar.

Da mesma forma, concordamos com o entendimento partilhado por Lucia Ancona Lopez Magalhães Dias e Roberta Densa de que esse princípio se traduz ainda no dever de "respeitar cada criança na sua essência e buscar o seu desenvolvimento de forma individual e personalizada"[8]. Tal compreensão de que cada criança merece respeito a seu desenvolvimento singular e único é fundamental quando se considera a proteção quanto ao tratamento de seus dados pessoais. Vale notar, neste ponto, que a Convenção da ONU entende serem "crianças"

---

6. Prescreve o art. 227 da Constituição Federal: "É dever da família, da sociedade e do Estado assegurar à criança, ao adolescente e ao jovem, *com absoluta prioridade*, o direito à vida, à saúde, à alimentação, à educação, ao lazer, à profissionalização, à cultura, à dignidade, ao respeito, à liberdade e à convivência familiar e comunitária, além de colocá-los a salvo de toda forma de negligência, discriminação, exploração, violência, crueldade e opressão" (g.n.).
7. A Resolução 44/25 da ONU, adotada em 20 de novembro de 1989, é o instrumento de direitos humanos mais reconhecido do mundo, contando com a ratificação de 196 nações. O Brasil ratificou a Convenção em 1990 por meio do Decreto 99.710/90. Reza o art. 3º o princípio do "melhor interesse da criança", na medida em que determina que "Todas as ações relativas à criança, sejam elas levadas a efeito por instituições públicas ou privadas de assistência social, tribunais, autoridades administrativas ou órgãos legislativos, devem considerar primordialmente o melhor interesse da criança".
8. DIAS, Lúcia; DENSA, Roberta. A proteção dos Dados Pessoais de Crianças e Adolescentes na LGPD. In: *Comentários À Lei Geral de Proteção de Dados à Luz do Código de Defesa do Consumidor*. São Paulo: Editora Singular, 2019, p. 93.

todos os indivíduos que ainda não tenham completado 18 anos de vida, a mesma idade definida no Código Civil Brasileiro para alcance da plena capacidade civil.

Crianças e adolescentes estão, vale lembrar, sujeitas aos pais ou representantes[9] até que alcancem 18 anos de idade nos termos do Código Civil[10]; esses *representarão* aqueles em todos os atos da vida civil, exceto em circunstâncias específicas também endereçadas pelo Código em que a maioridade é alcançada antes desta idade (como quando há casamento, colação de grau em ensino superior, exercício de emprego público ou pela concessão dos pais cumpridas determinadas formalidades).

Também define o Código Civil o intervalo temporal em que, mesmo não sendo plena, a capacidade civil é *relativizada* a determinados atos ou à maneira de exercê-los. Nos termos do art. 4º, indivíduos que tenham entre 16 e 18 anos são considerados "relativamente capazes" perante seus atos e serão *assistidos* por pais ou tutores. A maior diferença imposta pelo Código Civil entre os absolutamente incapazes (abaixo de 16 anos) e os relativamente capazes (entre 16 e 18 anos) é que atos jurídicos exercidos por estes podem ser anulados[11], enquanto atos jurídicos praticados por aqueles são nulos de pleno direito[12].

Se as determinações do Código Civil se mostram, por um lado, categóricas quanto à definição de capacidade civil conferida a indivíduos até os 18 anos de idade, cabe observar também que a doutrina civilista reconhece, em certa extensão, que atos jurídicos praticados por menores de idade tenham sua validade jurídica inquestionada frente a seu reconhecimento social. Neste sentido, há razoável consenso de que não há que se falar em nulidade ou anulabilidade de

---

9. Aqui cabe mencionar a determinação do Código Civil de que compete a ambos os pais o pleno exercício do poder familiar quanto aos filhos, nos termos do art. 1.634.

10. Art. 5º: "A menoridade cessa aos dezoito anos completos, quando a pessoa fica habilitada à prática de todos os atos da vida civil. Parágrafo único. Cessará, para os menores, a incapacidade: I – pela concessão dos pais, ou de um deles na falta do outro, mediante instrumento público, independentemente de homologação judicial, ou por sentença do juiz, ouvido o tutor, se o menor tiver dezesseis anos completos; II – pelo casamento; III – pelo exercício de emprego público efetivo; IV – pela colação de grau em curso de ensino superior; V – pelo estabelecimento civil ou comercial, ou pela existência de relação de emprego, desde que, em função deles, o menor com dezesseis anos completos tenha economia própria".

11. "Art. 171. Além dos casos expressamente declarados na lei, é anulável o negócio jurídico: I – por incapacidade relativa do agente."

12. "Art. 166. É nulo o negócio jurídico quando: I – celebrado por pessoa absolutamente incapaz."

certos atos jurídicos presentes na vida comum, diuturnamente praticados por menores de idade, como a realização de compras de pequeno valor em estabelecimentos comerciais (como cantinas escolares, lojas ou supermercados) ou mesmo o contrato de transporte, seja por transporte público ou por meios particulares como táxis ou aplicativos[13]. Nas palavras de Chiara Spadeccini de Teffé:

> *"(...) busca-se proteger efeitos socialmente relevantes mesmo de negócios nulos ou inexistentes (...) que fazem parte do cotidiano da sociedade quando a invalidade do negócio não excluiria a admissibilidade para certos fins de eficácia jurídica à atividade desenvolvida."*[14]

Mister, portanto, é definir em que medida atos praticados por crianças ou adolescentes são vistos como socialmente aceitos, uma vez que próprios da vida comum destes indivíduos no momento histórico, cultural, espacial e tecnológico em que vivem, como bem nos informa a pesquisa TIC Kids Online mencionada supra[15]. Se é verdade que tal acepção pela sociedade deve levar em consideração o *melhor interesse da criança* preceituado pela Convenção, também nos parece correto que tal acepção seja *feita à luz da capacidade de compreensão e discernimento de quem pratica o ato jurídico que se quer (in)validar.*

Até porque, reconhecidamente, o sistema jurídico pátrio permite a prática de diferentes atos ao longo dos anos até o alcance da maioridade civil. Em outras palavras, a própria legislação entende que a plena capacidade não se adquire de forma estanque; ao contrário, é adquirida ao decorrer dos anos e uma pessoa com 8 anos tem menos discernimento que outra de 14 anos, que, por sua vez, tem menor capacidade de fato do que alguém de 17 anos.

Reconhece-se aqui, importante frisar, que indivíduos com menos de 18 anos estão autorizados pelo sistema jurídico vigente a praticar atos de grande responsabilidade e maturidade, tais como: (a) votar[16]; (b) eximir-se de responsabilidade

---

13. SIMÃO, José Fernando. *Responsabilidade Civil do Incapaz*. São Paulo: Atlas, 2008, p.29.
14. TEFFÉ, Chiara Spadaccini. Proteção de dados de crianças e adolescentes na Lei Geral de Proteção de Dados. *Revista dos Advogados*, São Paulo, n. 144. 2019, p. 56.
15. Neste sentido parece ir o Código Civil Português que determina, em seu art. 127: "1. São excepcionalmente válidos, além de outros previstos na lei: b) Os negócios jurídicos próprios da vida corrente do menor que, estando ao alcance da sua capacidade natural, só impliquem despesas, ou disposições de bens, de pequena importância".
16. Constituição Federal, art. 14, § 1º: "O alistamento eleitoral e o voto são: II – facultativos para: c) os maiores de dezesseis e menores de dezoito anos".

legal por ter omitido sua idade[17]; (c) ser admitidos como testemunha judicial[18]; (d) casar-se[19]; (e) estabelecer seu próprio testamento[20]; (f) ser contratados como menores aprendizes e exercer atividade profissional remunerada[21].

Nessa linha, vale pontuar que o ECA – Estatuto da Criança e do Adolescente (Lei 8.069/1990, art. 2º), define crianças como aquelas pessoas com menos de 12 anos e adolescentes como aqueles entre 12 e 18 anos de idade. A definição cronológica do ECA visa, principalmente, a estabelecer recorte temporal para aplicação de medidas educativas e de proteção ali definidas[22]. Para além disso, não se encontra dentre as disposições do ECA qualquer distinção entre direitos conferidos às crianças que não são conferidos da mesma forma a adolescentes. Muito pelo contrário.

Desta forma, nos deparamos com relativa complexidade do ordenamento jurídico quando se avalia normas que visam a proteger e estabelecer os limites de capacidade civil de crianças e adolescentes. Identifica-se que há definição legal no ECA para os conceitos de "criança" e "adolescente", baseada em recorte cronológico apenas. Ao mesmo tempo, nota-se que tal distinção não é o elemento fundamental a ser avaliado no contexto de se determinar se atos jurídicos praticados por pessoas nestas condições são ou não válidos perante o sistema jurídico vigente. E, finalmente, se reconhece que parte expressiva da doutrina nacional defende que atos praticados por aqueles que não alcançaram ainda maioridade civil podem ser considerados válidos, se inseridos no contexto de discernimento e capacidade daquele indivíduo quando avaliado considerando-se a realidade socialmente posta.

---

17. Código Civil: "Art. 180. "O menor, entre 16 (dezesseis) e 18 (dezoito) anos, não pode, para eximir-se de uma obrigação, invocar a sua idade se dolosamente a ocultou quando inquirido pela outra parte, ou se, no ato de obrigar-se, declarou-se maior".
18. Código Civil: "Art. 228. Não podem ser admitidos como testemunhas: I – os menores de 16 (dezesseis) anos; (...)".
19. Código Civil: "Art. 1.517. O homem e a mulher com dezesseis anos podem casar, exigindo-se autorização de ambos os pais, ou de seus representantes legais, enquanto não atingida a maioridade civil".
20. Código Civil: "Art. 1.860. Além dos incapazes, não podem testar os que, no ato de fazê-lo, não tiverem pleno discernimento. Parágrafo único. Podem testar os maiores de 16 (dezesseis) anos".
21. Lei de aprendizagem nº 10.097/2000.
22. Como medidas dirigidas à prevenção de gravidez na adolescência (art. 8º-A); a proteção do trabalho na condição de menor aprendiz (art. 61); a garantia de direitos em programas de internação (art. 94); a aplicação de medidas frente a prática de atos infracionais (arts. 103 e seguintes) etc.

3. Adolescentes na Lei Geral de Proteção de Dados Pessoais

A LGPD preconiza, em seus primeiros artigos, que seu objetivo é "proteger os direitos fundamentais de liberdade e de privacidade e o livre desenvolvimento da personalidade da pessoa natural" e que entre os seus fundamentos estão o "o respeito à privacidade" e à "inviolabilidade da intimidade, da honra e da imagem".

Cabe enfatizar, de pronto, que também o ECA garante às crianças e adolescentes todos os direitos fundamentais inerentes às pessoas naturais[23], incluindo o direito à privacidade e à intimidade. São assegurados também pelo ECA o direito à inviolabilidade de sua identidade e imagem, autonomia de ideias, crenças e valores[24]. No mesmo sentido, o Código Civil também determina que os direitos de personalidade, como o direito à vida privada, são intransmissíveis e irrenunciáveis, garantia esta que se estende a todos os indivíduos, incluídas crianças e adolescentes.

Contudo, como sabido, a LGPD traz previsões direcionadas à proteção específica do tratamento de dados pessoais de crianças e adolescentes[25] em seu art. 14:

> *Art. 14. O tratamento de dados pessoais de crianças e de adolescentes deverá ser realizado em seu melhor interesse, nos termos deste artigo e da legislação pertinente.*

---

23. Art. 3º: "A criança e o adolescente gozam de todos os direitos fundamentais inerentes à pessoa humana, sem prejuízo da proteção integral de que trata esta Lei, assegurando-se-lhes, por lei ou por outros meios, todas as oportunidades e facilidades, a fim de lhes facultar o desenvolvimento físico, mental, moral, espiritual e social, em condições de liberdade e de dignidade".
24. Art. 17. "O direito ao respeito consiste na inviolabilidade da integridade física, psíquica e moral da criança e do adolescente, abrangendo a preservação da imagem, da identidade, da autonomia, dos valores, ideias e crenças, dos espaços e objetos pessoais".
25. Cabe ainda ressaltar que a Resolução 2 do Conselho Diretor da ANPD que versa sobre Regulamento para Aplicação da LGPD para Agentes de Pequeno Porte, publicada pela Autoridade brasileira em 27 de janeiro de 2022, mantém a diferenciação entre dados de crianças e adolescentes dos demais ao definir que tais dados pessoais são critério específico a ser considerado na definição se determinada atividade de tratamento de dados pessoais deve ser considerada de "alto risco" por agentes de pequeno porte visando se enquadrar no referido Regulamento (art. 4º, II, "d" do texto normativo disponível na página da ANPD acessível pelo site https://www.in.gov.br/en/web/dou/-/resolucao-cd/anpd-n-2-de-27-de-janeiro-de-2022-376562019).

§ 1º O tratamento de dados pessoais de crianças deverá ser realizado com o consentimento específico e em destaque dado por pelo menos um dos pais ou pelo responsável legal.

§ 2º No tratamento de dados de que trata o § 1º deste artigo, os controladores deverão manter pública a informação sobre os tipos de dados coletados, a forma de sua utilização e os procedimentos para o exercício dos direitos a que se refere o art. 18 desta Lei.

§ 3º Poderão ser coletados dados pessoais de crianças sem o consentimento a que se refere o § 1º deste artigo quando a coleta for necessária para contatar os pais ou o responsável legal, utilizados uma única vez e sem armazenamento, ou para sua proteção, e em nenhum caso poderão ser repassados a terceiro sem o consentimento de que trata o § 1º deste artigo.

§ 4º Os controladores não deverão condicionar a participação dos titulares de que trata o § 1º deste artigo em jogos, aplicações de internet ou outras atividades ao fornecimento de informações pessoais além das estritamente necessárias à atividade.

§ 5º O controlador deve realizar todos os esforços razoáveis para verificar que o consentimento a que se refere o § 1º deste artigo foi dado pelo responsável pela criança, consideradas as tecnologias disponíveis.

§ 6º As informações sobre o tratamento de dados referidas neste artigo deverão ser fornecidas de maneira simples, clara e acessível, consideradas as características físico-motoras, perceptivas, sensoriais, intelectuais e mentais do usuário, com uso de recursos audiovisuais quando adequado, de forma a proporcionar a informação necessária aos pais ou ao responsável legal e adequada ao entendimento da criança.

Percebe-se que a nova lei determina que os dados de crianças e adolescentes devem ser processados levando em consideração seu *melhor interesse*, bem como as leis aplicáveis. Recepcionados estão, portanto, os conceitos trazidos pela Convenção da ONU, mencionada supra, e da própria Constituição Federal.

Leitura mais atenta do dispositivo revela que, à exceção do parágrafo sexto, demais determinações se referem ao consentimento necessário para tratamento de dados de crianças. Ainda mais relevante, a LGPD exige o consentimento parental; em outras palavras, ela requer que o consentimento a ser conferido para tratamento de dados de crianças seja fornecido por um dos seus pais ou pelo representante legal, quaisquer que sejam suas finalidades.

Nesse sentido, como será exposto em maior detalhe a seguir, a lei brasileira adota padrão de proteção mais elevado se comparado com o *Child Online Privacy Protection Act* (COPPA), lei federal americana que regula a atividade de "operadores de sites e serviços online" relacionados a crianças. Da mesma forma, se comparada à Regulamentação Geral de Dados da União Europeia (GDPR), também a proteção brasileira é mais forte, uma vez que a GDPR se limita a regular "as condições aplicáveis ao consentimento dado por uma criança, em relação aos serviços da sociedade da informação", em seu art. 8º. Ao que tudo indica, no Brasil, o consentimento a ser obtido para tratamento de dados pessoais de crianças em quaisquer atividades desempenhadas por essa criança dependerá de um dos pais ou responsável.

Consentimento na LGPD deve ser prévio, livre, informado, inequívoco, *específico e destacado* – este último um conceito advindo do Código do Consumidor[26] e do Marco Civil da Internet[27]. Vale frisar que a combinação dos dois requisitos finais se aplica apenas para o tipo de consentimento dado à transferência internacional de dados, além do tratamento de dados de crianças. Por conta disso, pode-se dizer que é um tipo de consentimento mais protetivo[28], no que parece ser o entendimento de que crianças são um *grupo vulnerável* de indivíduos[29].

Esse tipo de consentimento, claramente inspirado em disposições do COPPA[30] e da GDPR, deve ser dado por pais ou tutores a controladores dos dados,

---

26. A noção de destaque encontra-se no art. 54, § 4º, do Código de Defesa do Consumidor. Ali se determina que disposições contratuais que limitem os direitos do consumidor devem estar destacadas no resto do texto (eventualmente por meio do uso de uma formatação diferente ou outro tipo de artifício visual) para "imediata e fácil compreensão".

27. No Marco Civil da Internet, o consentimento *expresso* para tratamento de dados pessoais deveria estar disposto de forma destacada das demais cláusulas contratuais, nos termos do art. 7º, IX. O destaque também é requisito de consentimento obtido por escrito (art. 8º, § 1º, da LGPD) ou de consentimento relacionado ao tratamento de dados pessoais sensíveis (art. 11, I, da LGPD).

28. Como dito por Bruno Bioni, a adjetivação do consentimento implica em quão mais se espera que o titular tenha participação na decisão acerca de seus dados pessoais: "(...) essa adjetivação mais extensa – expresso e específico – desemboca para o mesmo lugar: carga máxima de participação do cidadão dentro da dinâmica de proteção dos dados pessoais baseada, a partir da acepção de que ele deveria seguir seus dados pessoais em todos os seus movimentos (...)". BIONI, Bruno Ricardo. *Proteção de Dados Pessoais*: a função e os limites do consentimento. Rio de Janeiro: Forense, 2019, p. 203.

29. Como expressamente colocado no Parecer do Deputado Orlando Silva ao PL 4.060/12 de autoria do deputado Milton Monti, disponível em https://www.camara.leg.br/proposicoesWeb/prop_mostrarintegra?codteor=1663305&filename=Tramitacao-PL+4060/2012, acesso em 7 nov. 2021 (p. 36).

30. Neste caso, a inspiração foi referenciada no mesmo parecer mencionado supra: "Com relação à proteção das crianças, a Lei dos EUA, *Children's Online Privacy Protection*

estes identificados como responsáveis por tomar medidas razoáveis no sentido de se certificar da identidade de quem deu o consentimento parental tendo em vista as tecnologias disponíveis. Evidentemente que aqui encontramos já um possível ponto de discussão, dado que existe espaço para debate sobre quais seriam tais medidas razoáveis, quais as tecnologias entendidas como adequadas e exatamente quando se pode considerar que estas estariam disponíveis.

Exceção ao consentimento, nos termos do art. 14, seria possível em circunstâncias nas quais a informação processada é necessária para contactar pais ou tutores ou quando para a *proteção direta da criança*; desnecessário dizer que tal previsão traz correlação imediata às hipóteses de tratamento de dados pessoais em situações de "proteção da vida ou da incolumidade física do titular ou de terceiro" ou "tutela da saúde", identificadas no art. 7º, VII e VIII (para dados pessoais), e art. 11, II "e" e "f" (quando se trata de dados pessoais sensíveis). O tratamento de dados, nesses casos, também independe do consentimento do titular, configurando como outras bases legais disponíveis na lei para além do consentimento.

De qualquer maneira, informações obtidas de crianças nestas condições não poderão ser compartilhadas com terceiros, em respeito ao princípio da necessidade e adequação (art. 6º, II e III). Atende também a determinação de que o tratamento de dados pessoais deve ser minimizado o dispositivo que veda o fornecimento de dados pessoais para permitir o acesso a jogos online ou outras aplicações, exceto àqueles necessários para a realização da atividade proposta.

O atendimento aos outros princípios já elencados na LGPD também se faz presente quando se determina que, ao processar dados de crianças, os controladores devem informar publicamente qual é a natureza dos dados coletados, o propósito do seu uso, e como os direitos garantidos legalmente podem ser efetivados pelos pais, tutores ou pela própria criança. Reforça-se aqui a ideia de que o tratamento de dados pessoais deve se dar de forma transparente (art. 6º, VI) em quaisquer circunstâncias.

Ademais, a linguagem do aviso de privacidade e do consentimento deve ser simples, clara e facilmente compreensível, levando em consideração as capacidades intelectuais e físicas de crianças, para que se permita uma total apreensão do conteúdo. O uso de recursos audiovisuais e outras medidas tecnológicas é encorajado pela lei, especialmente se proporcionar maior conscientização. Vale

---

Act, de 1998, conhecida como Lei COPPA, possui extenso detalhamento para a proteção do grupo, que inclui, por exemplo, a notificação aos pais quando do tratamento de dados de menores" (p. 9).

ponderar que, neste ponto, mais uma vez a LGPD se alinha com dispositivos do ECA, que já prevê que crianças têm direito à informação, produtos e serviços que respeitem seu nível de desenvolvimento[31].

Feitas tais considerações, cabe avançar em outras reflexões sobre a redação do art. 14 e, ainda, sobre sua integração com outros dispositivos da própria LGPD.

Primeiramente, questiona-se se a utilização da palavra "criança" em todos os parágrafos do art. 14 supra deve ser interpretada como restrição de tais normas ao tratamento de dados pessoais daqueles indivíduos que possuam menos de 12 anos de idade[32]. De fato, conforme mencionado, o termo "criança" possui definição legal clara no ordenamento brasileiro e difere do termo "adolescente" (uma distinção que não é vista em outros países, diga-se de passagem)[33].

Poder-se-ia advogar no sentido de que a interpretação sistemática da LGPD determinaria que tais imposições ao consentimento (incluindo o consentimento parental) seriam aplicáveis aos casos de tratamento de dados pessoais de indivíduos nessa faixa etária. A *contrariu sensu*, portanto, não se sujeitaria aos parágrafos do art. 14 o consentimento para processamento de dados dos adolescentes? Nestes casos, deveria o controlador pautar-se apenas à norma do *caput* e processar tais dados no *melhor interesse* do titular?

E como harmonizar tal interpretação do consentimento frente às considerações feitas quanto à capacidade civil, considerando também o interesse social em validar determinados atos? Colocando em termos mais práticos, à luz da realidade trazida pela pesquisa TIC Kids Online: é juridicamente válido o consentimento de jovem de 14 anos para se cadastrar em uma rede social ou fazer uso de um aplicativo de compras ou transporte em smartphone presenteado pelos seus pais?

---

31. Nos termos do art. 71: "A criança e o adolescente têm direito à informação, cultura, lazer, esportes, diversões, espetáculos e produtos e serviços que respeitem sua condição peculiar de pessoa em desenvolvimento".

32. No mesmo sentido, o Código de Defesa do Consumidor se utiliza do termo "criança" para definir o que se entende por propaganda abusiva: "§ 2º É abusiva, dentre outras a publicidade discriminatória de qualquer natureza, a que incite à violência, explore o medo ou a superstição, se aproveite da deficiência de julgamento e experiência da criança" (...).

33. Vale pontuar que a definição do ECA para "crianças" era de conhecimento do Deputado Orlando Silva, que defendeu em seu relatório: "Decidimos incluir, como regra geral, ser ilegal a coleta de dados pessoais de crianças, abaixo de 12 anos de idade, sem o consentimento específico e em destaque dado por pelo menos um dos pais ou responsável legal", nos termos do parecer identificado supra (p. 36).

Outro ponto que se levanta, ao interpretar o art. 14, se refere às outras bases legais previstas na LGPD como hipóteses de tratamento legal de dados pessoais, para além do consentimento. Como sabido, a LGPD determina nove hipóteses jurídicas adicionais, entre estas (a) cumprimento de obrigação legal; (b) execução de políticas públicas pela administração pública; (c) realização de estudos por órgãos de pesquisa; (d) execução de contrato ou procedimentos preliminares; (e) exercício regular de direitos; (f) proteção da vida; (g) tutela da saúde; (h) o legítimo interesse do controlador; ou (i) proteção ao crédito. Em todos esses casos, pode haver um titular que não tenha 18 anos completos, ou mesmo estar abaixo dos 12 anos. Diante de disposição específica, poderiam tais bases ser utilizadas para justificar o tratamento de dados pessoais de crianças?

De tais provocações, constata-se que há ainda muito espaço para debate sobre como deve ser interpretada a LGPD no que se refere a crianças e adolescentes, diante da realidade fática que se impõe e ao ordenamento jurídico existente. Contudo, o que parece estar sedimentado no momento é que a lei deve ser aplicada visando o melhor interesse da criança de forma a *proporcionar, com absoluta prioridade, o direito à vida, à saúde, à educação, ao lazer, à cultura, à dignidade, ao respeito, à liberdade e à convivência familiar e comunitária*, como reza a Constituição Federal.

4. Inspiração estrangeira? Considerações sobre COPPA e GDPR

Diante das diversas similaridades da disposição da LGPD a estas leis internacionais, cabe aqui uma breve ponderação sobre a lei americana COPPA (*Children's Online Privacy Protection Act*) e a GDPR (Regulamentação Geral de Dados da União Europeia).

O COPPA é lei federal americana que foi adotada em 1998 para proteção da privacidade de crianças na internet[34]. O fato de ser lei federal já traz indicação de que o COPPA se distingue das demais leis de proteção à privacidade atualmente em vigor nos EUA, onde o sistema jurídico de proteção conferido a dados pessoais (mais especificamente) e privacidade (mais amplamente) é composto por uma diversa gama de leis setoriais editadas por diferentes entes federativos

34. Especificamente, a legislação "*prohibits unfair or deceptive acts or practices in connection with the collection, use, and/or disclosure of personal information from and about children on the Internet*" (sec. 312.1). Texto integral da Lei pode ser acessado pelo link https://www.ecfr.gov/current/title-16/part-312, acesso em 7 fev. 2022.

(existem leis federais e leis estaduais em vigor), além de determinações relacionadas à proteção do consumidor que se aplicam ao tema.

O *Federal Trade Commission* é a agência americana que se encarrega de dar cumprimento ao COPPA, por força de determinação da própria lei, frente a todos àqueles a que a legislação se destina (notadamente empresas do setor privado). Isso porque, mais genericamente, ao FTC se reserva a competência de "*enforce against unfair and deceptive trade practices*[35]", sendo que a competência aqui se acumula com o *enforcement* do COPPA. Cabe observar que a atuação do FTC em temas relacionados à privacidade e proteção de dados pessoais tem se intensificado ao longo dos anos, em razão do entendimento de que determinadas práticas se revelam como injustas ou fraudulentas ao comércio.

Dentre a definição do COPPA, crianças são aquelas que não possuem 13 anos de idade completos, sendo esse o único recorte de idade apresentado. Determina a lei, portanto, que para tais indivíduos, a coleta, uso e divulgação de seus dados pessoais por websites ou demais serviços online é ilícita, salvo se previamente conhecida e autorizada pelos pais ou responsáveis. Dados pessoais, por sua vez, são quaisquer informações capazes de individualmente identificar uma pessoa (chamados nos Estados Unidos de "*personal identifiable information*" ou "PII") e incluem expressamente nomes, dados de contato e endereço, logins ou nomes de tela, números de telefone ou do serviço social, fotografias, vídeos ou áudios, dados geolocacionais, identificadores persistentes como cookies, endereços de IPs ou números de identificação de *devices*, além de informações referentes aos pais ou responsáveis da criança em questão.

Desta forma, cabe às empresas que operam websites ou serviços disponíveis na internet cumprir com as determinações do COPPA. Sendo assim, a sua aplicação tem um recorte setorial importante, que não encontra congruência com a LGPD (aplicável a toda operação que envolve o tratamento de dados pessoais de crianças e adolescentes, sendo mais abrangente em escopo). A grande discussão, contudo, que se tem em relação à aplicabilidade do COPPA nos EUA se refere exatamente a este ponto: a norma se destina apenas a empresas que operam websites ou serviços online (A) direcionados a crianças ou (B), se direcionados ao

---

35. Conforme apontam Peter Swire e DeBrae Kennedy-Mayo, "*The FTC is an independent agency governed by a chairperson and four other commissioners. Their decisions are not under the US's president control. With certain exceptions, the FTC has authority to enforce against 'unfair and deceptive trade practices'. Along with this general authority, the FTC has specific statutory responsibility for issues such as children's privacy online and commercial email marketing*". SWIRE, Peter; KENNEDY-MAYO, Debrae. *U.S. Private Sector Privacy*. IAPP, Second Edition, p. 39.

público em geral, quando houver conhecimento efetivo de que seus serviços são utilizados por crianças.

Para aferir se determinado website ou serviço online é direcionado a crianças, os comissários do FTC deverão avaliar seu propósito, conteúdo visual, a utilização de desenhos animados ou existência de atividades orientadas a crianças, músicas ou conteúdos audiovisuais, presença de modelos ou celebridades apelativas a crianças, linguagem utilizada, além de presença de publicidade de produtos ou serviços consumidos por crianças.[36]

Contudo, na avaliação de um serviço destinado ao público em geral, de que forma é possível avaliar se o controlador tem "conhecimento efetivo" de que crianças utilizam o site ou serviço online que está sendo ofertado? Aqui, o COPPA não traz definições claras e tal análise vem sendo construída pelo FTC ao longo dos anos. Como recomendação, determina a agência em sua página na internet que:

> *"The Rule doesn't require operators of sites or services directed to general audiences to investigate the ages of its users. However, asking for or otherwise collecting information that establishes that a visitor is under 13 triggers COPPA compliance."*
>
> *"Although the Rule doesn't define the term, the FTC has said that an operator has actual knowledge of a user's age if the site or service asks for – and receives – information from the user that allows it to determine the person's age. For example, an operator who asks for a date of birth on a site's registration page has actual knowledge as defined by COPPA if a user responds with a year that suggests they're under 13. An operator also may have actual knowledge based on answers to "age identifying" questions like "What grade are you in?" or 'What type of school do you go to? (a) elementary; (b) middle; (c) high school; (d) college'."*[37]

36. No texto integral, prevê o COPPA que "(1) In determining whether a Web site or online service, or a portion thereof, is directed to children, the Commission will consider its subject matter, visual content, use of animated characters or child-oriented activities and incentives, music or other audio content, age of models, presence of child celebrities or celebrities who appeal to children, language or other characteristics of the Web site or online service, as well as whether advertising promoting or appearing on the Web site or online service is directed to children. The Commission will also consider competent and reliable empirical evidence regarding audience composition, and evidence regarding the intended audience".

37. Em tradução livre: "A norma não requer que operadores de sites ou serviços direcionados à audiência em geral investiguem a idade dos usuários. Contudo, requerendo

Verificadas tais hipóteses em que um site ou serviço online é direcionado ou alcança crianças, muito semelhante à LGPD, deve o controlador informar o usuário que o seu serviço processa dados de crianças e de quais formas, além de obter consentimento parental dos pais ou responsáveis legais da criança, munindo-os de meios adequados para revisão de como os dados serão tratados. O consentimento parental também deverá, aqui, ser obtido se utilizando das tecnologias existentes. Igualmente, não poderá o controlador obter informações pessoais das crianças em excesso para participação em jogos online, concurso de prêmios ou outras atividades interativas[38].

Já na Regulamentação Europeia de Proteção de Dados Pessoais (GDPR), a disposição específica referente à proteção de dados pessoais de crianças determina que será lícito o processo de tratamento de dados pessoais, quando justificados pelo consentimento do titular em serviços da sociedade da informação, se

---

ou de outra forma coletando informações que estabeleçam que o usuário está abaixo de 13 anos implica no cumprimento do COPPA. Independentemente de a norma não definir o termo, o FTC determinou que o operador possui 'conhecimento efetivo' da idade dos usuários quando o site ou serviço questiona e recebe informações do usuário que permite a identificação da sua idade. Por exemplo: o operador que questiona a data de nascimento para registro no site tem 'conhecimento efetivo' para fins do COPPA se o usuário responda com ano que sugira que ele possui menos de 13 anos. O operador também pode ter conhecimento efetivo baseado em respostas a perguntas que identifiquem idade como 'Em que série você estuda?' ou 'Que tipo de escola você frequenta? (a) elementar (b) fundamental (c) médio ou (d) universidade'". Informações disponíveis por meio do link https://www.ftc.gov/tips-advice/business-center/guidance/childrens-online-privacy-protection-rule-not-just-kids-sites, acesso em 7 nov. 2021.

38. No texto integral, prevê o COPPA que: "General requirements. It shall be unlawful for any operator of a Web site or online service directed to children, or any operator that has actual knowledge that it is collecting or maintaining personal information from a child, to collect personal information from a child in a manner that violates the regulations prescribed under this part. Generally, under this part, an operator must: (a) Provide notice on the Web site or online service of what information it collects from children, how it uses such information, and its disclosure practices for such information; (b) Obtain verifiable parental consent prior to any collection, use, and/or disclosure of personal information from children; (c) Provide a reasonable means for a parent to review the personal information collected from a child and to refuse to permit its further use or maintenance; (d) Not condition a child's participation in a game, the offering of a prize, or another activity on the child disclosing more personal information than is reasonably necessary to participate in such activity; and (e) Establish and maintain reasonable procedures to protect the confidentiality, security, and integrity of personal information collected from children".

o titular possuir 16 anos completos. Em situações nas quais o titular de quem se busca o consentimento não possuir tal idade, caberá ao controlador obter o consentimento de seus representantes legais (art. 8.1[39]) e utilizar-se das tecnologias disponíveis e esforços razoáveis para aferir a identidade do representante legal que dá o consentimento requerido (art. 8.2)[40], de forma também muito semelhante à disposição brasileira e ao COPPA.

É aberta, contudo, a possibilidade de cada um dos Estados-membros da União Europeia determinar idade inferior a 16 anos para compatibilizar a norma às suas realidades locais específicas, desde que o recorte etário adotado não seja abaixo de 13 anos. Relatórios disponíveis online, como o preparado pela Library of Congress em abril de 2021 e intitulado 'Children's Online Privacy and Data Protection in Selected European Countries', comparam dados de diferentes Estados europeus (e Reino Unido, considerando o Brexit) informam as diferentes alterações em leis nacionais para definir este critério etário e demais mudanças para proteger direitos das crianças e adolescentes destes países em termos mais amplos. Este excelente relatório relata que Dinamarca, Portugal, Suécia e Reino Unido adotaram a idade de 13 anos; Espanha optou por determinar tal idade aos 14 anos; França e Grécia optaram por 15 anos; e, finalmente, Alemanha e Romênia fixaram tal idade em 16 anos.[41]

Importante ressaltar que as disposições colocadas pela GDPR expressamente se referem a situações em que o consentimento é a base legal do tratamento de dados pessoais de crianças. Demais bases legais de tratamento, previstas no art. 6º, não estão alcançadas pela disposição do art. 8º em questão, uma clareza de redação que não é apresentada no texto da LGPD. De toda forma, o tratamento de

39. No texto integral da GDPR: "Where point (a) of Article 6(1) applies, in relation to the offer of information society services directly to a child, the processing of the personal data of a child shall be lawful where the child is at least 16 years old. Where the child is below the age of 16 years, such processing shall be lawful only if and to the extent that consent is given or authorised by the holder of parental responsibility over the child".

40. No texto integral da GDPR: "The controller shall make reasonable efforts to verify in such cases that consent is given or authorised by the holder of parental responsibility over the child, taking into consideration available technology".

41. Maiores informações quanto à pesquisa comparativa apresentada ao Congresso dos EUA, para além das questões da GDPR, estão disponíveis no relatório 'Children's Online Privacy and Data Protection in Selected European Countries' por meio do link https://iapp.org/media/pdf/resource_center/us_law_library_of_congress_childrens_online_privacy_data_protection_in_selected_european_countries.pdf. Acessado em 07 fev. 2022.

dados pessoais de crianças na GDPR está sujeito ao preâmbulo 38, que determina a necessidade de extra proteção:

> *"Children merit specific protection with regard to their personal data, as they may be less aware of the risks, consequences and safeguards concerned and their rights in relation to the processing of personal data. Such specific protection should, in particular, apply to the use of personal data of children for the purposes of marketing or creating personality or user profiles and the collection of personal data with regard to children when using services offered directly to a child."*[42]

Finalmente, a GDPR determina que a disposição relacionada ao consentimento parental não deve afetar disposições nacionais relacionadas ao direito contratual de cada Estado-membro, especificamente no que se refere à validade, formação ou efeitos de contratos que tenham crianças como partes (art. 8.3). A ressalva é interessante porque abre espaço para discussão de como se deve compatibilizar o requerimento da GDPR de consentimento parental diante de normas contratuais particulares de cada ordenamento, momento em que o debate quanto à capacidade civil de agentes deverá ganhar espaço.

5. Conclusões

Buscou-se nesse capítulo trazer dados relevantes para maior compreensão do uso da internet que é feito pelas crianças e adolescentes brasileiras. Diante da realidade fática apresentada, e considerando o massivo uso das novas tecnologias por indivíduos que não possuem 18 anos completos, procurou-se trazer, em linhas gerais, quais disposições normativas existem em vigor que versam sobre a proteção de crianças e adolescentes no Brasil. Dado que a disposição específica da LGPD determina que o tratamento de dados pessoais de crianças e adolescentes deve observar a legislação pertinente, fundamental que aqueles que pretendam corretamente interpretar a nova legislação tenham conhecimento das demais normas que tratam da matéria.

---

42. Tradução livre: "Crianças requerem proteção específica com relação a seus dados pessoais, dado que elas possuem menos consciência dos riscos, consequências e proteções relacionadas a seus direitos em relação ao tratamento de dados pessoais. Tal proteção específica às crianças deve, em particular, ser aplicável ao uso de dados pessoais de crianças com a finalidade de ações de marketing ou da criação de perfis de usuário ou personalidade e à coleta de dados pessoais no decorrer de uso de serviços oferecidos diretamente a crianças".

Posteriormente, trouxemos considerações específicas relacionadas ao art. 14 da LGPD e às leis estrangeiras que, notadamente, serviram de parâmetro e inspiração para a criação das disposições brasileiras. Pontuamos que referido artigo, na nossa visão, visa a alcançar a prioridade absoluta das crianças no tratamento de seus dados pessoais em respeito aos termos constitucionais. Contudo, a redação também traz questionamentos sobre seu alcance e compatibilização com demais disposições legais aplicáveis, o que com certeza trará desafios de interpretação no futuro.

A discussão de casos concretos, quer pela Autoridade Nacional de Dados Pessoais, quer por outros agentes ou até mesmo pelo Poder Judiciário, certamente trará maiores elementos de como todas essas peças deverão ser melhor encaixadas para que se alcance a proteção integral que se objetiva. A proximidade da redação legislativa brasileira com os instrumentos normativos estrangeiros apresentados aqui pode permitir comparações e construções analógicas entre os sistemas, uma vez que tais países possuem maior experiência na discussão do tema.

6. REFERÊNCIAS BIBLIOGRÁFICAS

BIONI, Bruno Ricardo. Proteção de Dados Pessoais: a função e os limites do consentimento. Rio de Janeiro: Forense, 2019.

DIAS, Lúcia; DENSA, Roberta. A proteção dos Dados Pessoais de Crianças e Adolescentes na LGPD. In: Comentários À Lei Geral de Proteção de Dados à Luz do Código de Defesa do Consumidor. São Paulo: Editora Singular, 2019.

SIMÃO, José Fernando. Responsabilidade Civil do Incapaz. São Paulo: Atlas, 2008.

SWIRE, Peter; KENNEDY-MAYO, Debrae. U.S. Private Sector Privacy. IAPP, Second Edition.

TEFFÉ, Chiara Spadaccini. Proteção de dados de crianças e adolescentes na Lei Geral de Proteção de Dados. Revista dos Advogados, São Paulo, n. 144, 2019.

Capítulo 19

Big data, *pandemia e proteção de dados pessoais*

ALINE FUKE FACHINETTI

Gerente de Proteção de Dados Pessoais. Reconhecida como *40 under 40* pelo *Global Data Review* e como *Fellow of Information Privacy* pela *International Association of Privacy Professionals* – IAPP. Cofundadora e Diretora da Associação Juventude Privada. Certificada pela IAPP como *Privacy Manager* (CIPM), *Privacy Profissional* (CIPP/E) e DPO Brasil (CDPO/BR). Certificada pela EXIN em *Privacy & Data Protection*. Vice-presidente da Comissão de Direito Digital e Compliance da 17ª subseção da OAB-SP. Membro do conselho consultivo *Women Leading Privacy* da IAPP. Advogada graduada pela PUC e especialista em Direito Empresarial pela FGV. Candidata ao LL.M em *Innovation, Technology and Law* na *University of Edinburgh*. Chevening Scholar. Atuou em consultoria Big4, com período de atuação em Londres e Manchester (Reino Unido), em projetos de GDPR e *Digital Law*.
alineff@adv.oabsp.org.br

Sumário: 1. *Big Data*. 2. Uso de dados no contexto da pandemia da Covid-19. 2.1. Dados de localização e a potencial vigilância. 3. Proteção de dados pessoais em tempos de pandemia. 3.1. Posicionamento de autoridades de proteção de dados pessoais. 3.2. Aspectos relevantes para mitigação de riscos à proteção de dados. 4. A importância de considerar a proteção de dados além da esfera da privacidade. 5. Considerações finais. 6. Referências Bibliográficas.

1. *Big Data*

A capacidade de captar, manipular e transmitir informações foi a maior inovação do século XX e representa a força dominante do século atual, fomentada pela questão do *big data*. O Instituto de Tecnologia e Sociedade do Rio de Janeiro – ITS[1], define *big data* da seguinte forma:

> "(...) conjunto de dados cuja existência só é possível em consequência da coleta massiva de dados que se tornou possível nos últimos anos, graças à onipresença de aparelhos e sensores na vida cotidiana e do número crescente de pessoas conectadas a tais tecnologias por meio de redes digitais e também de sensores."

Não há, no momento, um consenso acerca da definição do termo *big data*, embora muitos descrevam como sendo um "oceano de informações" ou grandes conjuntos de dados que cresceram além da capacidade de serem gerenciados e analisados com ferramentas tradicionais. O tratamento de um número tão vasto de dados variáveis, em tempo real, requer a adoção e o uso de novos métodos e ferramentas tecnológicas (por exemplo, com utilização de processadores, softwares e algoritmos).

Conforme os conceitos apresentados, percebe-se que *big data* possui como suas principais características (conhecidas como os "3 Vs"), notadamente: (i) volume – quantidade volumosa de transações, informações, comunicações e, por conseguinte, dados; (ii) variedade – os dados assumem diferentes formas, incluindo bancos de dados tradicionais, imagens, documentos e registros complexos, são aleatórios e provêm de diferentes ferramentas, como celulares, sistemas integrados, mídias sociais, documentos etc.; e (iii) velocidade – os dados estão em processo de evolução, atualização e mudança contínua e são criados de forma acelerada.

---

1. ITS – Instituto de Tecnologia e Sociedade. Big Data no projeto sul global. Rio de Janeiro, 2016. p. 09. Disponível em: <http://itsrio.org/wp-content/uploads/2016/03/ITS_Relatorio_Big-Data_PT-BR_v2.pdf>. Acesso em: 7 nov. 2021.

Para melhor entendimento do conceito de *big data*, é possível analisar o mecanismo de pesquisa de buscadores, como o Google, que permitem a obtenção de informações específicas de forma praticamente instantânea, mediante acesso a um enorme banco de dados.

O principal objetivo do *big data* é extrair pequenas quantidades de dados de grandes bancos de dados para atingir um objetivo específico. Na prática, isso pode ser exemplificado ao utilizar um aplicativo que pesquisa um grande banco de dados para recomendar ao usuário lojas ou serviços abertos.

Além dos usos corriqueiros de *big data*, que englobam desde decisões de negócio até uma simples busca na internet, a verdade é que análises baseadas em dados podem ser uma ferramenta importantíssima na tomada de decisões e utilização de dados na forma preditiva, principalmente num cenário de crise, como pandemias.

2. Uso de dados no contexto da pandemia da Covid-19

Há pouco mais de dez anos, a pandemia que decorreu da gripe H1N1, que eclodiu no México e se espalhou pelo mundo, pôde ser prevista e analisada pelo Google, que publicou um artigo demonstrando a previsão da evolução da gripe nos Estados Unidos com base na análise do histórico de pesquisa de seus usuários embasado em determinadas palavras, como "remédio para tosse" e "remédio para febre"[2]. A mera análise desse histórico de pesquisas possibilitou a verificação do aumento de casos por região e, portanto, o acompanhamento do crescimento do surto e sua evolução para uma pandemia.

Uma década depois, em janeiro de 2020, a Organização Mundial da Saúde – OMS, declarou o surto do coronavírus ("Covid-19"), uma emergência de saúde pública de interesse internacional. Menos de seis semanas depois, o surto foi classificado como uma pandemia. Comparado ao cenário do surto da H1N1, a Covid-19 está ocorrendo em um mundo muitíssimo mais digitalizado e notadamente movido a dados. Com o passar da década, em muito se evoluiu no contexto tecnológico, principalmente no que tange à capacidade de análise preditiva baseada em dados e potencial para análises envolvendo inteligência artificial. Conforme se demonstrou ao longo dos meses desde que a crise do coronavírus se tornou uma pandemia, essas análises baseadas em dados se tornaram valiosas ferramentas para definir estratégias de saúde pública, sendo grandes aliadas para

2. Google. Flu Trends Research. Disponível em: <https://www.google.org/flutrends/about/>. Acesso em: 7 nov. 2021.

a contenção da disseminação do vírus e para apoiar na tomada de decisões envolvendo políticas públicas e proteção da saúde da população.

Não poderia ser diferente, já que o volume de dados na atual economia é cada vez maior, trazendo inúmeras possibilidades, especialmente com a decorrência do praticamente obrigatório distanciamento social da pandemia, que ocasionou uma verdadeira digitalização forçada da sociedade em diversas instâncias, por exemplo, escolas precisaram se adaptar rapidamente, disponibilizando plataformas de aprendizado digital, escritórios mudaram suas dinâmicas para continuarem trabalhando por meio de um sistema de *home office* (com videoconferência e serviços em nuvem), médicos e psicólogos se adaptaram à telemedicina e comerciantes, alguns antes resistentes à digitalização, sucumbiram aos famosos serviços de *delivery* ou criação de *e-commerces*.

Nesse contexto, *big data*, juntamente com algoritmos de Inteligência Artificial, têm sido um instrumento valioso utilizado para detectar e prevenir a expansão do vírus e possibilitar a imunização da população através da vacinação.

O uso de tecnologias e dados não se restringe aos listados e às finalidades supraelencadas, vinculadas à diminuição da propagação do vírus, podendo o avanço da análise de dados servir para questões ainda menos óbvias, como a avaliação de um indivíduo através do seu histórico de pesquisa (com alocação do indivíduo em quarentena preventivamente sem que tenha que se deslocar ao médico com base no tipo de pesquisa realizada) ou até para prever quais perfis de indivíduos seriam mais propensos a descumprirem medidas de distanciamento social, tomando medidas preventivas ou repressivas quanto a esses indivíduos de forma mais assertiva. Dados podem apoiar na definição orçamentária e alocação de recursos na crise, identificação e gerenciamento de hospitais mais lotados (com possibilidade de análise de verbas e de organização do número de médicos e enfermeiros necessários), definição de metodologias objetivas para o cuidado de pacientes infectados visando a maximizar o número de pessoas salvas (por exemplo, mediante alocação justa de recursos médicos[3]) ou até do tipo de vacina deve ser destinado a cada grupo populacional, considerando que cada uma possui diferentes períodos entre suas doses e até número de doses necessário para imunização, possibilitando estratégias de imunização mais assertivas; considerando aspectos como a distância de postos de saúde, probabilidade de retorno para segunda dose da vacina; considerando o contexto socioeconômico e o grau de risco do grupo impactado.

3. Emanuel E. J., Persad G., Upshur R., Thome B., Parker M., Glickman A., Zhang C., Boyle C., Smith M., Phillips J. P. Fair Allocation of Scarce Medical Resources in the Time of Covid-19. N. Engl. J. Med.

Mesmo para fins corporativos e comerciais durante a crise da Covid-19, dados têm sido utilizados para previsão da utilização da internet e tecnologias para redimensionamento de sistemas (como já tem ocorrido, por exemplo, com os diversos serviços de *streaming*[4] diminuindo a sua qualidade de reprodução de vídeos como decorrência da pandemia e do distanciamento social).

Ainda, algumas das principais análises com base em dados realizadas têm sido feitas visando à detecção rápida do vírus, com base em ferramentas médicas e detecção automática pautadas em aparelhos tecnológicos, previsão de insuficiência respiratória em pacientes e a aceleração e fomento da descoberta de medicamentos. Em paralelo, os dados foram essenciais para o desenvolvimento das vacinas, por meio do esforço combinado de base de dados e supercomputadores interligados internacionalmente.

A utilização de dados para a contenção da crise foi e continua sendo, portanto, essencial e uma das ferramentas mais poderosas na atuação global para impedir o avanço ainda maior da pandemia e de seus efeitos.

2.1. Dados de localização e a potencial vigilância

Como destacado anteriormente, situações de utilização de dados no contexto da pandemia vêm ocorrendo cada vez a ritmo mais acelerado, com aumento exponencial no interesse do setor público por dados, especialmente dados de geolocalização.

Um dos principais e mais preocupantes usos de dados na pandemia até o momento envolve justamente esses dados, já que propiciam a possibilidade de vigilância pelo Estado, considerando, especialmente, a capacidade de controle hoje possível num mundo movido a dados, que constitui o *big data* e que é de uma grandeza sem precedentes.

A preocupação com o poder de controle e capacidade de vigilância estatal não é nova. Mesmo na literatura, George Orwell, no livro "1984"[5], pensou na figura do *Big Brother* em sua obra que retrata uma sociedade sem privacidade, constantemente vigiada e controlada por um governo totalitário por meio das "teletelas". No mundo atual, a vigilância vislumbrada por Orwell estaria mais

4. Exame. Diante da pandemia, aplicativos de *streaming* reduzem qualidade de vídeo. Disponível em: <https://exame.abril.com.br/tecnologia/diante-da-pandemia-aplicativos-de-streaming-reduzem-qualidade-de-video/>. Acesso em: 7 nov. 2021.
5. ORWELL, George. 1984. Tradução Wilson Velloso. 29. ed. São Paulo: Companhia Editora Nacional, 2005.

intensificada, já que poderia se apoiar em diversos dispositivos que carregam informações constantemente (*smartphones*, *smart devices* e outros dispositivos conectados), todas alimentadas por um mundo movido a dados.

Na literatura mais recente, Yuval Noah Harari, em seu livro "21 Lições para o Século XXI"[6], afirma que o uso de algoritmos de vigilância pode ser a melhor coisa que já aconteceu aos seres humanos, mas, também, que poderá descambar para um regime de vigilância onde todos são monitorados o tempo inteiro, sem liberdades ou possibilidades. Em artigo publicado no primeiro semestre de 2020 no *Financial Times*[7] sobre a crise do coronavírus, o autor tratou sobre como o esforço na coleta de dados para o combate à pandemia pode levar a novos níveis de vigilância.

Harari ainda afirmou que, com a tecnologia, se torna possível que os governos monitorem a sociedade, a todo o tempo, por meio de algoritmos e sensores onipresentes, exemplificando sua preocupação com o contexto chinês:

> "(...) ao monitorar de perto os smartphones das pessoas, usam centenas de milhões de câmeras que reconhecem o rosto e obrigam as pessoas a verificar e relatar sua temperatura corporal e condição médica, as autoridades chinesas podem não apenas identificar rapidamente os portadores suspeitos de coronavírus, mas também rastrear seus movimentos" (tradução livre).

Harari ainda explicou que a pandemia poderia se tornar um "divisor de águas" em relação à questão da vigilância, não apenas por tornar a vigilância em massa um instrumento usual entre governos, mas também por realizar uma transição da vigilância "sobre a pele" para "sob a pele", isto é, na qual a nova forma de controle social não consiste meramente em câmeras, mas na obtenção de dados biológicos, como temperatura, pressão e histórico de saúde, adentrando uma esfera cada vez mais íntima do indivíduo.

Não obstante, com a tecnologia atual, aliada ao volume de dados existentes e sendo capturados a cada minuto globalmente, temos diversos dados e sensores que permitem, dadas as devidas circunstâncias e limites, a utilização de forma benéfica para contenção de crises, como a pandemia da Covid-19.

---

6. HARARI, Yuval Noah. 21 Lições para o Século 21. 1. Ed. Companhia Das Letras, 2018.
7. HARARI, Yuval Noah. The world after coronavirus. Financial Times. Disponível em: <https://www.ft.com/content/19d90308-6858-11ea-a3c9-1fe6fedcca75>. Acesso em 7 nov. 2021.

Diversos países têm adotado tratamento de dados de localização no combate à pandemia, como uma maneira possível de monitorar, conter ou mitigar a disseminação do vírus. Para tanto, a geolocalização é muitas vezes anonimizada (o que é amplamente recomendado pelas autoridades de proteção de dados pessoais mundialmente) e as análises usualmente feitas por meio de análises de dados gerados sobre a concentração de dispositivos móveis em um determinado local, o que se denomina cartografia.

Países como Israel, Singapura e Coreia do Sul utilizam combinações de dados de localização, imagens de câmera de segurança e dados de cartão de crédito para monitorar a população. Sobre esse tratamento de dados, a EFF – *Electronic Frontier Foundation* (entidade americana que fomenta direitos civis na internet), divulgou um posicionamento[8] de que os governos só deveriam ter acesso a esse volume de informações se demonstrassem de maneira clara como elas seriam usadas.

Em Israel, a agência de segurança israelita foi autorizada a rastrear os celulares de indivíduos. Ao estipular as novas regras, o Primeiro-ministro israelente, Benjamin Netanyahu, se pronunciou[9] para destacar que irão "adotar medidas que antes usávamos somente contra terroristas. Algumas delas serão invasivas e violarão a privacidade das pessoas afetadas. Devemos adotar uma nova rotina".

Na China[10], país em que supostamente o surto da Covid-19 se originou, existem diversas medidas de vigilância adotadas pelas autoridades locais visando ao controle da pandemia. Em Hong Kong, a Comissão de Privacidade para a Proteção de Dados fez uma declaração[11] afirmando que o direito à privacidade de dados pessoais não é absoluto, cedendo frente ao direito absoluto à vida e

8. Electronic Frontier Foundation. COVID-19 and Digital Rights. Disponível em: <https://www.eff.org/pt-br/taxonomy/term/11560>. Acesso em: 7 nov. 2021.

9. Época Negócios. Tecnologia. 5 países que usam os celulares para rastrear a pandemia de coronavírus. Disponível em: <https://epocanegocios.globo.com/Tecnologia/noticia/2020/03/5-paises-que-usam-os-celulares-para-rastrear-pandemia-de-coronavirus.html>. Acesso em: 7 nov. 2021.

10. South China Morning Post. Coronavirus accelerates China's big data collection, but privacy concerns remain. Disponível em: <https://www.scmp.com/tech/apps-social/article/3052232/coronavirus-accelerates-chinas-big-data-collection-privacy>. Acesso em: 7 nov. 2021.

11. PCPD. Privacy Commissioner for Personal Data, Hong Kong. The Use of Information on Social Media For Tracking Potential Carriers of COVID-19. Disponível em: <https://www.pcpd.org.hk/english/media/media_statements/press_20200226.html>. Acesso em: 7 nov. 2021.

declarando que "o governo poderá coletar e usar informações disponíveis online e off-line com o auxílio de dispositivos, aplicativos, softwares ou supercomputadores visando ao monitoramento de pacientes ou potenciais portadores de Covid-19". Em sua declaração, mencionou o decreto de privacidade de dados pessoais de Hong Kong (*Personal Data Privacy Ordinance*), que prevê exceção à regra de proteção de dados para a salvaguarda da saúde física ou mental do titular ou de terceiros.

Na Malásia, se introduziu vigilância por meio de drones para controlar os movimentos humanos[12] e conter eventuais movimentações e aglomerações.

Em Taiwan e Israel, um sistema de rastreamento foi implantado nos *smartphones* de pessoas infectadas, que emite uma notificação às autoridades públicas caso pacientes não observem a quarentena[13].

Em Singapura, um aplicativo que utiliza transmissão via *bluetooth* consegue verificar pessoas que entram em contato umas com as outras a uma distância inferior a dois metros. Além disso, foi adotado um rigoroso sistema de controle, com dados estatísticos, em conjunto com dados anonimizados de pessoas diagnosticadas, que são publicados em um painel[14].

Na França, o governo contatou os cidadãos via SMS, lembrando-lhes sobre instruções de segurança a serem aplicadas na mitigação da pandemia. A questão despertou indignação da população, que se sentiu vigiada. Para resolver a questão, a Autoridade de Proteção de Dados Francesa (CNIL) publicou uma nota sobre o envio do SMS, indicando que o governo está respaldado legalmente em caso de perigo iminente ou um desastre grave e que o governo não teve acesso aos números de telefone dos cidadãos, considerando que enviou uma mensagem às operadoras, controladoras dos seus próprios bancos de dados.

---

12. Commercial Drone Professional. CORONAVIRUS: Malaysia to use drones to control public movement. Disponível em: <https://www.commercialdroneprofessional.com/coronavirus-malaysia-to-use-drones-to-control-public-movement/>. Acesso em: 7 nov. 2021.

13. Telegraph. Taiwan uses smartphones to monitor patients on quarantine. Disponível em: <https://www.telegraph.co.uk/news/2020/02/03/taiwan-uses-smartphones-monitor-patients-quarantined-virus-scare/> e <https://platform.dataguidance.com/news/israel-government-approves-mobile-tracking-monitor-coronavirus-quarantine-enforcement>. Acesso em 7 nov. 2021.

14. Deutsche Elle. Opinião: Cingapura é exemplo na luta contra Covid-19. Terra. Disponível em <https://www.terra.com.br/noticias/opiniao-cingapura-e-exemplo-na-luta-contra-covid-19,ee5eed03f9383dd6712dc732596dc3c3l53q9aam.html>. Acesso em 7 nov. 2021.

A Índia introduziu a coleta de impressões digitais para as pessoas que chegam aos aeroportos para que pudessem ser mais facilmente obrigadas a cumprir as medidas de quarentena e isolamento[15].

No Reino Unido, uma operadora móvel chamada BT está em negociações com o governo sobre a transferência de dados de seus usuários[16].

Na Itália, a Vodafone construiu um mapa digital para ajudar a analisar como as pessoas se movimentam[17].

A Tailândia implementou um sistema de disponibilização de um cartão SIMcard para celulares, que rastreia os turistas[18]. Adicionalmente, visitantes de países de regiões de alto risco de contaminação são obrigados a utilizar um aplicativo de rastreamento e que facilita a geolocalização antes de passar pela imigração do país.

Globalmente, o *Facebook* está utilizando dados anonimizados de movimentação dos usuários para ajudar os investigadores a antecipar os movimentos da pandemia de coronavírus, criando mapas de movimento da população com suas ferramentas. Segundo nota emitida pela rede social, as medidas serão feitas protegendo a privacidade dos usuários[19].

No Brasil, uma das primeiras respostas à crise foi o de realizar o monitoramento para controle de aglomerações[20], incluindo a requisição de que as cinco

---

15. Roli Srivastava, Anuradha Nagaraj. Reuters. Privacy fears as India hand stamps suspected coronavirus cases. Disponível em: <https://www.reuters.com/article/us-health-coronavirus-privacy/privacy-fears-as-india-hand-stamps-suspected-coronavirus-cases-idUSKBN21716U>. Acesso em 7 nov. 2021.

16. The Guardian. Phone location data could be used to help UK coronavirus effort. Disponível em: <https://www.theguardian.com/world/2020/mar/19/plan-phone-location-data-assist-uk-coronavirus-effort>. Acesso em 7 nov. 2021.

17. Vodafone group. Vodafone launches five-point plan to help counter the impacts of the COVID-19 outbreak. Disponível em: <https://www.vodafone.com/business/news-and-insights/company-news/vodafone-launches-five-point-plan-to-help-counter-the-impacts-of-the-covid-19-outbreak>. Acesso em 7 nov. 2021.

18. Anukuç. The Thaiger. Mandatory sim and app used to track down movement. Disponível em: <https://thethaiger.com/coronavirus/mandatory-sim-and-app-used-to-track-down-movement>. Acesso em: 7 nov. 2021.

19. Correio Braziliense. Facebook usará dados de usuários no combate ao coronavírus. Disponível em <https://www.correiobraziliense.com.br/app/noticia/mundo/2020/04/07/interna_mundo,842894/facebook-usara-dados-de-usuarios-no-combate-ao-coronavirus.shtml>. Acesso em: 7 nov. 2021.

20. DIEB, Daniel; GOMES, Helton Simões. Governo vai monitorar celular para controlar aglomeração na pandemia. Disponível em: <https://www.uol.com.br/tilt/noticias/

principais operadoras de telefonia móvel do país passassem a fornecer dados sobre a posição dos usuários ao Ministério da Ciência, Tecnologia, Inovações e Comunicações (MCTIC), que poderia fornecer essas informações para todas as esferas do poder público. Adicionalmente, em relação ao aspecto de divulgações da mídia em relação à crise da Covid-19 e dados pessoais no país, o Ministério Público se posicionou[21] no sentido de reconhecer o trabalho dos meios de comunicação e da mídia durante a pandemia, mas recomendando que o direito à intimidade e à privacidade das vítimas, bem como de seus familiares, fosse sempre resguardado, o que denota a seriedade com que essa autoridade estava tratando o tema no país, especialmente durante o período anterior ao funcionamento da Autoridade Nacional de Proteção de Dados brasileira. Conforme destacado, novos usos de tecnologias e dados surgem diariamente pelo mundo no período de pandemia, muitos envolvendo a vigilância e controle da população. Percebe-se que, desde que devida e legitimamente utilizadas, essas tecnologias podem continuar a ajudar na luta contra a pandemia, garantindo o distanciamento social ou a quarentena de indivíduos.

Apesar de todos os aspectos positivos e muito bem-vindos provenientes da utilização de novas tecnologias, é cediço que o uso de tecnologias atreladas a dados pode trazer riscos às pessoas, principalmente no que diz respeito à garantia de suas liberdades individuais e direitos da coletividade.

3. Proteção de dados pessoais em tempos de pandemia

Considerando o uso massivo de dados, muitas vezes de dados pessoais, para controle, contenção e demais usos de tecnologias atreladas a dados no cenário de uma pandemia, notadamente por meio da vigilância social, algumas preocupações emergem, principalmente ao se analisar potenciais implicações em relação às liberdades individuais e coletivas.

Por todo o mundo, a pandemia tem fomentado o debate sobre os limites entre o interesse individual e o coletivo, muitas vezes com posicionamentos radicais (e, felizmente, minoritários) sobre a necessidade de se abdicar da privacidade durante a conjuntura atual. Nessa medida, a proteção de dados pessoais e

---

redacao/2020/04/02/para-combater-a-covid-19-o-governo-federal-vai-monitorar-o-seu-celular.htm>. Acesso em: 7 nov. 2021.

21. MINISTÉRIO PÚBLICO DO DISTRITO FEDERAL E TERRITÓRIOS. TERMO DE RECOMENDAÇÃO Nº 07/2020. Disponível em: <https://www.mpdft.mp.br/portal/pdf/recomendacoes/pddc/Recomendacao_007_2020_PDDC.pdf>. Acesso em: 7 nov. 2021.

privacidade e sua apropriada regulamentação se torna cada vez mais relevante, além de amplamente necessária, para que se demonstre que é possível, ao mesmo tempo, atender o interesse coletivo e preservar as garantias e direitos fundamentais individuais.

A sociedade precisou se adaptar e é notável que temos o dever de usar a tecnologia e os dados a favor dessa evolução, principalmente no contexto da contenção de uma epidemia, em que dados têm sido extremamente úteis e necessários para a persecução das finalidades e proteção da vida, mesmo que por meio de práticas que antes poderiam ser consideradas demasiadamente intrusivas, como a vigilância pelo governo.

Ademais, à medida em que os impactos da pandemia aumentam, verifica-se uma tendência entre autoridades e governos pelo mundo de abrandarem as restrições ligadas ao tratamento de dados pessoais, de modo a facilitar a contenção da pandemia, seja via monitoramento ou por meio da pesquisa e desenvolvimento de tratamentos.

Nesse contexto, resta claro que a utilização ética e responsável dos dados é extremamente necessária para continuar a garantir os nossos direitos fundamentais. E não poderia ser diferente, considerando que a disciplina da proteção de dados surgiu visando à proteção do indivíduo.

Dessa forma, em situações que exigem o uso massivo de dados, como a pandemia da Covid-19, essa proteção é elementar para atuar como uma verdadeira facilitadora, para que as medidas tomadas sejam eficazes, proporcionais e com os menores níveis de invasões desnecessárias à intimidade e direitos de liberdade de cada cidadão, na medida do que for necessário para o interesse público.

Ademais, justamente por visar a proteger situações como esta, usualmente as legislações de proteção de dados pessoais contêm dispositivos específicos que permitem a utilização de dados para tutelar a saúde, situações emergenciais, necessidades vitais e tratamento de dados para questões de notório interesse público em geral, além da usual permissão para tratamento de dados anonimizados, que, em tese, não teriam impacto para indivíduos.

A normatização da proteção de dados, notadamente durante situações graves e emergenciais, propicia um ambiente com segurança para as partes envolvidas, inclusive aos cidadãos. Além disso, em situações de emergência, a persecução do interesse público se torna prioridade, sendo essencial que exista uma forma de propiciar segurança para os próprios agentes que pretendem se utilizar de dados pessoais para perseguir tais interesses (seja do setor público ou privado), para que possam fazê-lo de forma legítima e com a segurança jurídica necessária.

Importante notar que algumas questões envolvendo o tema foram judicializadas no país, com decisões preocupantes que viabilizaram, por exemplo, a disponibilização de listagens nominais sobre imunização[22], visando melhor controle da vacinação, sob argumento de que o interesse público da saúde, como valor coletivo, seria demasiadamente relevante, não se vislumbrando, na opinião dos magistrados, ofensa aos direitos fundamentais.

Entendo, no entanto, que normativos que regulam a proteção de dados pessoais não devem ser desconsiderados, mesmo em momentos no qual se priorize o interesse público. Em especial, regramentos de cunho principiológico podem permitir o uso de dados de forma ética, evitando abusos, conforme abordado adiante.

3.1. Posicionamento de autoridades de proteção de dados pessoais

Por conta desse cenário e das preocupações que dele emergem, diversas autoridades pelo mundo se pronunciaram a respeito dos riscos e da necessidade de se proteger dados, liberdades individuais e direitos coletivos.

Inclusive, a *Global Privacy Assembly*, um fórum mundial de privacidade e proteção de dados, que reúne autoridades de proteção de dados pessoais de mais de 130 países, declarou[23] que as regulamentações de proteção de dados não devem ser vistas como obstáculos na luta contra o vírus e que, nesse momento, a colaboração entre seus membros, a nível global, é essencial.

Nesse cenário, o próprio Comitê Europeu de Proteção de Dados (EDPB) emitiu, em março de 2020, uma declaração endereçando a questão do uso responsável e legal de dados pessoais no contexto da pandemia da Covid-19, destacando a necessidade de que a utilização dos dados pessoais e a restrição a direitos

---

22. Processos nº 1002728-14.2021.8.26.0114 e nº 1006642-77.2021.8.26.0602, em andamento na justiça estadual de Campinas e Sorocaba, respectivamente, e do processo nº 0801065-24.2021.4.05.8200, em andamento na Justiça Federal na Paraíba. (https://esaj.tjsp.jus.br/cpopg/show.do?processo.codigo=36000RBVH0000&processo.foro=114&processo.numero=1002728-14.2021.8.26.0114&uuidCaptcha=sajcaptcha_34710a1e022f4980b77a2e2b1d4156e8; http://www.mppb.mp.br/images/2021/Docs/Liminar---vacinas.pdf; http://www.mpsp.mp.br/portal/pls/portal/!PORTAL.wwpob_page.show?_docname=2678785.PDF).

23. Global Privacy Assembly. GPA Executive Committee. Statement by the GPA Executive Committee on the Coronavirus (COVID-19) pandemic. Disponível em: <https://globalprivacyassembly.org/gpaexco-covid19/>. Acesso em: 7 nov. 2021.

eventualmente justificados pelo combate ao vírus sejam proporcionais e, principalmente, limitadas ao período de emergência:

> "Para o processamento de dados de comunicação eletrônica, como dados de localização móvel, aplicam-se regras adicionais. As leis nacionais que implementam a Diretiva de Privacidade (ePrivacy) estabelecem o princípio de que os dados de localização só podem ser usados pelo operador quando forem anônimos ou com o consentimento dos indivíduos. As autoridades públicas devem primeiro visar o processamento de dados de localização de forma anônima (ou seja, o processamento de dados agregados de uma maneira que não possa ser revertida para dados pessoais). [...]. Quando não for possível processar apenas dados anônimos, o art. 15 da Diretiva ePrivacy permite que os Estados membros introduzam medidas legislativas visando a segurança nacional e a segurança pública. Esta legislação de emergência é possível na condição de constituir uma medida necessária, apropriada e proporcional dentro de uma sociedade democrática." (*European Data Protection Board*, 2020, tradução nossa.)[24]

No que tange ao Brasil, a Autoridade Nacional de Proteção de Dados ainda não havia sido devidamente constituída no contexto de ápice da eclosão da situação pandêmica, razão pela qual não houve um direcionamento específico nacional à época. Sobre o tema, faz-se necessário destacar que a autoridade, tivesse sido constituída anteriormente, poderia ter desempenhado um papel ímpar de conscientização e direcionamento de órgãos públicos e do setor privado, além da população brasileira.

---

24. European Data Protection Board. Comitê Europeu para a Proteção de Dados. Statement by the EDPB Chair on the processing of personal data in the context of the COVID-19 outbreak. Disponível em: <https://edpb.europa.eu/news/news/2020/statement-edpb-chair-processing-personal-data-context-covid-19-outbreak_pt>. Acesso em 7 nov. 2021.
"For the processing of electronic communication data, such as mobile location data, additional rules apply. The national laws implementing the ePrivacy Directive provide for the principle that the location data can only be used by the operator when they are made anonymous, or with the consent of the individuals. The public authorities should first aim for the processing of location data in an anonymous way (i.e. processing data aggregated in a way that it cannot be reversed to personal data). [...] When it is not possible to only process anonymous data, Art. 15 of the ePrivacy Directive enables the member states to introduce legislative measures pursuing national security and public security. This emergency legislation is possible under the condition that it constitutes a necessary, appropriate and proportionate measure within a democratic society."

3.2. Aspectos relevantes para mitigação de riscos à proteção de dados

Conforme elucidado, os dados têm sido utilizados de forma crescente e massiva para a contenção de crises e para definições de políticas públicas. Muitas vezes, como medida de segurança e visando a garantir a proteção dos indivíduos, os dados são anonimizados antes de serem compartilhados.

No entanto, as técnicas de anonimização existentes não são completamente seguras, de forma que seu processo pode ser revertido, havendo risco de reidentificação dos indivíduos aos quais os dados pertencem. A própria Lei Geral de Proteção de Dados Pessoais[25] considerou essa questão, ao definir dado anonimizado em seu artigo 5º, III, como "dado relativo a titular que não possa ser identificado, considerando a utilização de meios técnicos razoáveis e disponíveis na ocasião de seu tratamento". Percebe-se, portanto, que, mesmo na elaboração da lei, denotou-se que os processos de anonimização não são infalíveis, considerando o tempo e investimento que se faça na tentativa de reversão do processo. Essa constatação faz com que o uso responsável dos dados, mesmo em seu estado anonimizado, seja essencial.

A despeito da vigência ou não da referida lei, aqueles envolvidos em ações envolvendo dados pessoais devem, desde já, incorporar medidas de mitigação de riscos a direitos fundamentais, decorrentes do próprio ordenamento jurídico brasileiro. Dentro desse contexto, para reduzir os riscos elencados, é essencial que o tratamento de dados pessoais, anonimizados ou não, esteja dentro de certos limites.

Como as novas formas e finalidades de tratamentos massivos de dados, além de contribuírem diretamente para o aumento do fluxo de dados pessoais, acabam por aumentar a exposição desses dados a situações e ambientes inseguros, como consequência, há maior risco de vazamento e incidentes de segurança. Assim, é necessário implementar medidas de segurança, inclusive para dados anonimizados (considerando, como abordado, que técnicas de anonimização não podem ser consideradas infalíveis) ou pseudoanonimizados, especialmente diante da constatação de que ataques cibernéticos são mais propensos de ocorrer em situações de crises, uma vez que os atacantes visam a momentos de vulnerabilidade para a realização de *cyber* ataques[26]. Em se tratando de dados pessoais de saúde,

---

25. BRASIL. Lei nº 13.709, de 14 de agosto de 2018. Disponível em <http://www.planalto.gov.br/ccivil_03/_ato2015-2018/2018/lei/L13709.htm>. Acesso em 7 nov. 2021.
26. Merav Griguer, Sharone Franco. Two Birds. COVID-19: Coronavirus pandemic and cybersecurity, when cyber criminals exploit the health crisis in France. Disponível

a sensibilidade da questão aumenta, principalmente pela possível discriminação que os pacientes infectados podem sofrer em caso de divulgação da informação.

Mais do que tratar os dados de forma ética e segura, é necessário que os indivíduos tenham ciência do tratamento que poderá ser realizado com seus dados (mesmo que posteriormente os dados sejam anonimizados). Apesar de, ao desenvolver seus avisos e políticas de privacidade, as empresas (notadamente *BigTechs*) não pudessem ter ciência da situação ocasionada pela pandemia, ao realizar acordos que implicam compartilhamento de dados com o governo ou setor privado, é importante que se esclareça aos usuários todo e qualquer uso que poderá ser realizado com os dados pessoais, garantindo a transparência. Os titulares de dados pessoais não devem ser privados do seu direito de serem informados sobre como suas informações serão tratadas nesse momento, principalmente pelo setor público, que deve atuar de forma proativamente transparente e pautada em leis formais, sob risco de um precedente perigoso ser estabelecido.

Para contenção de riscos, é necessário, ainda, que se considere a questão geográfica, isto é, com aplicação de salvaguardas para eventuais transferências internacionais que se façam necessárias de forma a evitar a transmissão de dados para destinos que não protejam adequadamente os dados pessoais.

Além disso, conforme bem destacado pela EDPB, é importante que os dados sejam tratados somente durante o período estritamente necessário para atingimento das suas finalidades, implementando medidas efetivas para a exclusão dos bancos de dados gerados no período caso não tenham uma finalidade legítima para manutenção posterior.

É elementar, ainda, que, apenas os dados estritamente necessários para atingir os propósitos sejam processados, já que um dos maiores riscos que decorrem do uso de dados na pandemia é o risco de que novos usos de dados derivem para interesses não relacionados ao combate emergencial da crise, sendo, portanto, essencial que os dados sejam tratados apenas com o objetivo de impedir o desenvolvimento da pandemia da Covid-19 e não para fins subsequentes e incompatíveis que possam lesar direitos e liberdades fundamentais.

É interessante notar que essas questões já vinham sendo consideradas inclusive no Brasil, mesmo em momento prévio à vigência da Lei Geral de Proteção de Dados Pessoais, que ocorreu em setembro de 2020. Em abril de 2020, em

---

em: <https://www.twobirds.com/en/news/articles/2020/france/covid-19-pandemie-et-cybercriminalite>. Acesso em 7 nov. 2021.

meio à pandemia, foi editada a Medida Provisória 954/2020[27], que dispôs sobre o compartilhamento de dados de clientes de empresas de telecomunicações com a Fundação Instituto Brasileiro de Geografia e Estatística (IBGE). A referida medida provisória obrigava o compartilhamento de nome, endereço e telefone dos brasileiros que possuíssem um número de telefone (móvel ou fixo), para fins de produção estatística oficial, enquanto durasse a situação de emergência pública no país.

Em julgamento histórico na seara da proteção de dados pessoais no país, no qual ações ajuizadas[28] para questionar a constitucionalidade foram julgadas, em maio de 2020, o Supremo Tribunal Federal suspendeu a eficácia da medida, por, dentre outros aspectos, não haver delimitação do objeto da estatística e sua finalidade, assim como a forma de sua utilização, reconhecendo, ainda, o direito à proteção de dados como um direito fundamental no país.

4. A IMPORTÂNCIA DE CONSIDERAR A PROTEÇÃO DE DADOS ALÉM DA ESFERA DA PRIVACIDADE

Quando a proteção da privacidade começou a ser debatida, notadamente com a publicação de um artigo referendado como pioneiro no estudo da privacidade em 1890, por Warren e Brandeis[29], o direito à privacidade era definido utilizando a expressão cunhada pelo juiz Thomas Cooley como "*right to be left alone*", ou seja, "direito de ser deixado em paz".

No entanto, com o passar dos anos, a transformação da função do Estado, aliada à revolução tecnológica, modificou de forma intensa o alcance do direito à privacidade: ao invés de meramente um direito negativo, o direito à privacidade passou a ser expandido para uma interpretação como um direito positivo,

---

27. BRASIL. Medida Provisória n. 954, de 17 de abril de 2020. Dispõe sobre o compartilhamento de dados por empresas de telecomunicações prestadoras de Serviço Telefônico Fixo Comutado e de Serviço Móvel Pessoal com a Fundação Instituto Brasileiro de Geografia e Estatística, para fins de suporte à produção estatística oficial durante a situação de emergência de saúde pública de importância internacional decorrente do coronavírus COVID-19, de que trata a Lei nº 13.979, de 6 de fevereiro de 2020. Disponível em: <http://www.planalto.gov.br/ccivil_03/_Ato2019-2022/2020/Mpv/mpv954.htm>. Acesso em: 7 nov. 2021.
28. As ações Diretas de Inconstitucionalidade (ADIs) ADI 6387, ADI 6388, ADI 6389, ADI 6390 e ADI 6393 foram ajuizadas questionando a constitucionalidade da Medida Provisória 954 de 2020.
29. WARREN, Samuel D., BRANDEIS, Louis D. The Right to Privacy. Harvard Law Review, Vol. 4, Nº. 5. (Dec. 15, 1890), pp. 193-220.

à proteção dos dados pessoais, com garantia de controle do indivíduo sobre as próprias informações, sua personalidade e suas liberdades.

Dessa forma, o bem jurídico protegido pelo direito à proteção de dados se mostra mais amplo, abarcando também a integridade física e moral, a privacidade e a personalidade da pessoa, as liberdades em geral e a igualdade, como componentes da própria dignidade da pessoa humana.

A proteção de dados se firmou, portanto, como um pilar para a consolidação de um ambiente democrático, livre, e que respeite a privacidade, a liberdade e a igualdade dos indivíduos.

A importância dessa distinção entre um direito negativo e um direito positivo, ao tratar de uma crise como a pandemia, é essencial. A proteção de dados e a privacidade são importantes nesse contexto não somente para que o indivíduo não seja incomodado, já que os seus dados serão necessários no contexto global e na defesa da saúde e da vida humana. Assim, essa proteção passa a ser essencial porque os dados potencialmente precisarão ser tratados, mas é necessário que sejam tratados de forma legítima, justa e transparente, para garantia e segurança que, mesmo em momentos e situações emergenciais, que exigem o atendimento de direitos da sociedade, direitos e garantias individuais e da coletividade serão resguardados.

E, como bem apontado[30] pela presidente da autoridade francesa de proteção de dados pessoais, a CNIL, o ano de 2020 colocou à prova um dos mais modernos regulamentos de proteção de dados pessoais, o Regulamento Geral de Proteção de Dados Pessoais europeu, já que foi possível avaliar, de forma extenuante, sua aplicação em um momento de tensão e preocupações envolvendo a dicotomia trazida pela situação: a necessidade de utilização massiva de dados sensíveis *versus* a necessidade de imposição de regramentos que restringissem seu uso ilegítimo. Felizmente, para grande parte dos especialistas, a regulamentação foi flexível o suficiente para abarcar os desafios trazidos e "passou" no teste da pandemia.

5. Considerações finais

O debate sobre o impacto na esfera da proteção de dados pessoais proveniente do tratamento de dados pessoais para fins de contenção da pandemia tem sido cada vez mais recorrente nas discussões atuais.

---

30. POLLET, Mathieu. EURACTIVE France. French data watchdog president: GDPR successfully stood 'pandemic test'. Disponível em: <https://www.euractiv.com/section/digital/news/french-data-watchdog-president-gdpr-sucessfully-stood-pandemic-test/>. Acesso em: 7 de nov. 2021.

Percebe-se que as novas tecnologias, *big data* e inteligência artificial possuem um papel elementar na implementação de políticas públicas e outras questões envolvendo a contenção da pandemia. Inclusive, essas atividades têm a finalidade de tutelar o direito à vida, que é um direito absoluto, sendo essencial que autoridades de todo o mundo unam forças e informações que possam ser valiosas para preservação e para a saúde da humanidade.

Nesse contexto, outros direitos, por mais fundamentais que sejam, podem vir a sofrer restrições quando a legislação permite e conforme seja necessário para a persecução do interesse público e a garantia da saúde pública. No entanto, conforme analisado neste artigo, a proteção de dados e privacidade não pode ser relegada ao se invocar o interesse público, sendo necessário encontrar um equilíbrio para que as medidas cheguem ao seu fim sem restringir desproporcionalmente direitos fundamentais.

Trata-se de um debate de suma importância, uma vez que é essencial que salvaguardas proporcionais e adequadas sejam implementadas, globalmente, para a proteção dos indivíduos, de suas privacidades e liberdades, principalmente em momentos de crise.

Apesar da situação de urgência propiciar a coleta e o tratamento de dados, é essencial que todos atuem para evitar que isso seja feito de forma abusiva, principalmente no Brasil, onde a regulamentação do direito à proteção de dados pessoais é recente, dada a recente vigência da Lei Geral de Proteção de Dados Pessoais e da carência do aculturamento da população em proteção de dados pessoais.

Nesse contexto, faz-se necessário que se aumente o trabalho que tem sido realizado nos últimos anos sobre respeito e conscientização acerca da privacidade e proteção de dados pessoais, principalmente diante da importância do tema na era da digitalização, para que a cultura de proteção de dados pessoais saia verdadeiramente fortalecida (ao invés de mitigada diante de potencial vigilância estatal ou eventual permissibilidade de usos excessivos de dados).

Conforme bem pontuado pelo especialista em novas tecnologias da Universidade do Texas, em Austin, Dr. Wenhong Chen, em comentário[31] feito ao jornal português Público: "Os governos e as empresas já acumularam uma vasta quantidade de dados sobre os indivíduos. A questão, agora, é perceber se os dados privados não serão usados de forma perniciosa no futuro".

---

31. Neto, Ivo. JORNAL PÚBLICO, Comunicação Social, SA. O medo e a tecnologia de mãos dadas no controlo da pandemia. Disponível em: <https://www.publico.pt/2020/04/12/tecnologia/noticia/medo-tecnologia-maos-dadas-controlo-pandemia-1911568>. Acesso em: 7 nov. 2021.

Este tema se mantém atual, principalmente com desafios como os denominados passaportes de imunidade, que documentariam e habilitariam seus portadores a frequentarem espaços específicos ou realizarem viagens, mas que, por outro lado, ajudariam a construir um sistema transacional de coleta e tratamento massivo de dados, inclusive de saúde e localização.

Muito embora pandemias e situações emergenciais cessem, o tratamento de dados pessoais que for realizado nesse período, sem cautelas, pode ter efeitos duradouros. Assim, embora se espere que os dados coletados nestes momentos sejam utilizados de forma legítima em prol da preservação de vidas e propagação da saúde, possibilitando garantir a salvaguarda do direito fundamental maior à vida – ao mesmo tempo e com as devidas proporções, se faz necessário, mais do que nunca, cautela e discernimento para proteção do direito fundamental à proteção de dados e da manutenção de direitos e garantias individuais e coletivas para que, com sabedoria, se possa conciliar a utilização crescente de dados e sua proteção, sem que exista um legado de vigilância, ocorra a erosão das garantias fundamentais dos indivíduos ou se perdure a utilização dos dados tratados durante a pandemia para finalidades posteriores diversas e ilegítimas.

6. Referências Bibliográficas

Anukuç. The Thaiger. **Mandatory sim and app used to track down movement**. Disponível em: <https://thethaiger.com/coronavirus/mandatory-sim-and-app-used-to-track-down-movement>. Acesso em: 7 nov. 2021.

BRASIL. **Lei nº 13.709, de 14 de agosto de 2018**. Disponível em: <http://www.planalto.gov.br/ccivil_03/_ato2015-2018/2018/lei/L13709.htm>. Acesso em 7 nov. 2021.

BRASIL. **Medida Provisória n. 954, de 17 de abril de 2020**. Dispõe sobre o compartilhamento de dados por empresas de telecomunicações prestadoras de Serviço Telefônico Fixo Comutado e de Serviço Móvel Pessoal com a Fundação Instituto Brasileiro de Geografia e Estatística, para fins de suporte à produção estatística oficial durante a situação de emergência de saúde pública de importância internacional decorrente do coronavírus (covid-1), de que trata a Lei nº 13.979, de 6 de fevereiro de 2020. Disponível em: <http://www.planalto.gov.br/ccivil_03/_Ato2019-2022/2020/Mpv/mpv954.htm>. Acesso em: 7 nov. 2021.

Commercial Drone Professional. **CORONAVIRUS: Malaysia to use drones to control public movement**. Disponível em: <https://www.commercialdroneprofessional.com/coronavirus-malaysia-to-use-drones-to-control-public-movement/>. Acesso em: 7 nov. 2021.

Correio Braziliense. **Facebook usará dados de usuários no combate ao coronavírus**. Disponível em <https://www.correiobraziliense.com.br/app/noticia/mundo/2020/04/07/interna_mundo,842894/facebook-usara-dados-de-usuarios-no-combate-ao-coronavirus.shtml>. Acesso em: 7 nov. 2021.

Deutsche Elle. TERRA. **Opinião: Cingapura é exemplo na luta contra Covid-19.** Disponível em <https://www.terra.com.br/noticias/opiniao-cingapura-e-exemplo--na-luta-contra-covid-19,ee5eed03f9383dd6712dc732596dc3c3l53q9aam.html>. Acesso em 7 nov. 2021.

DIEB, Daniel; GOMES, Helton Simões. **Governo vai monitorar celular para controlar aglomeração na pandemia**. Disponível em: <https://www.uol.com.br/tilt/noticias/redacao/2020/04/02/para-combater-a-covid-19-o-governo-federal-vai-monitorar--o-seu-celular.htm>. Acesso em: 7 nov. 2021.

Electronic Frontier Foundation. **COVID-19 and Digital Rights**. Disponível em: <https://www.eff.org/pt-br/taxonomy/term/11560>. Acesso em: 7 nov. 2021.

Emanuel E. J., Persad G., Upshur R., Thome B., Parker M., Glickman A., Zhang C., Boyle C., Smith M., Phillips J. P. **Fair Allocation of Scarce Medical Resources in the Time of Covid-19**. N. Engl. J. Med.

Época Negócios. Tecnologia. **5 países que usam os celulares para rastrear a pandemia de coronavírus**. Disponível em: <https://epocanegocios.globo.com/Tecnologia/noticia/2020/03/5-paises-que-usam-os-celulares-para-rastrear-pandemia-de-coronavirus.html>. Acesso em: 7 nov. 2021.

European Data Protection Board. Comité Europeu para a Proteção de Dados. **Statement by the EDPB Chair on the processing of personal data in the context of the COVID-19 outbreak**. Disponível em: <https://edpb.europa.eu/news/news/2020/statement-edpb-chair-processing-personal-data-context-covid-19-outbreak_pt>. Acesso em 11 de abril de 2020.

Exame. **Diante da pandemia, aplicativos de streaming reduzem qualidade de vídeo**. Disponível em: <https://exame.abril.com.br/tecnologia/diante-da-pandemia-aplicativos-de-streaming-reduzem-qualidade-de-video/>. Acesso em: 7 nov. 2021.

Global Privacy Assembly. GPA Executive Committee. **Statement by the GPA Executive Committee on the Coronavirus (COVID-19)** pandemic. Disponível em: <https://globalprivacyassembly.org/gpaexco-covid19/>. Acesso em: 7 nov. 2021.

GOOGLE. **Flu Trends Research**. Disponível em: <https://www.google.org/flutrends/about/>. Acesso em: 7 nov. 2021Acesso em: 7 nov. 2021.

Griguer, Merav. Sharone Franco. Two Birds. **COVID-19: Coronavirus pandemic and cybersecurity, when cyber criminals exploit the health crisis in France**. Disponível em: <https://www.twobirds.com/en/news/articles/2020/france/covid-19-pandemie-et-cybercriminalite>. Acesso em 7 nov. 2021.

HARARI, Yuval Noah. **21 Lições para o Século 21**. 1. Ed. Companhia Das Letras, 2018.

HARARI, Yuval Noah. **The world after coronavirus**. Financial Times. Disponível em: <https://www.ft.com/content/19d90308-6858-11ea-a3c9-1fe6fedcca75>. Acesso em 7 nov. 2021.

ITS – Instituto de Tecnologia e Sociedade. **Big Data no projeto sul global**. Rio de Janeiro, 2016. p.09. Disponível em: <http://itsrio.org/wp-content/uploads/2016/03/

ITS_Relatorio_Big-Data_PT-BR_v2.pdf>. Acesso em: 7 nov. 2021Acesso em: 7 nov. 2021.

Ministério Público do Distrito Federal e Territórios. **TERMO DE RECOMENDAÇÃO Nº 07/2020**. Disponível em: <https://www.mpdft.mp.br/portal/pdf/recomendacoes/pddc/Recomendacao_007_2020_PDDC.pdf>. Acesso em: 7 nov. 2021.

NETO, Ivo. JORNAL PÚBLICO, Comunicação Social, SA. **O medo e a tecnologia de mãos dadas no controlo da pandemia**. Disponível em: <https://www.publico.pt/2020/04/12/tecnologia/noticia/medo-tecnologia-maos-dadas-controlo-pandemia-1911568>. Acesso em: 7 nov. 2021.

ORWELL, George. **1984**. Tradução Wilson Velloso. 29. ed. São Paulo: Companhia Editora Nacional, 2005.

PCPD. Privacy Commissioner for Personal Data, Hong Kong. **The Use of Information on Social Media For Tracking Potential Carriers of COVID-19**. Disponível em: <https://www.pcpd.org.hk/english/media/media_statements/press_20200226.html>. Acesso em: 7 nov. 2021Acesso em: 7 nov. 2021.

POLLET, Mathieu. EURACTIVE France. **French data watchdog president: GDPR successfully stood 'pandemic test'**. Disponível em: <https://www.euractiv.com/section/digital/news/french-data-watchdog-president-gdpr-sucessfully-stood-pandemic-test/>. Acesso em: 7 nov. 2021.

Roli Srivastava, Anuradha Nagaraj. Reuters. **Privacy fears as India hand stamps suspected coronavirus cases**. Disponível em: <https://www.reuters.com/article/us-health-coronavirus-privacy/privacy-fears-as-india-hand-stamps-suspected-coronavirus-cases-idUSKBN21716U>. Acesso em 7 nov. 2021.

South China Morning Post. **Coronavirus accelerates China's big data collection, but privacy concerns remain**. Disponível em: <https://www.scmp.com/tech/apps-social/article/3052232/coronavirus-accelerates-chinas-big-data-collection-privacy>. Acesso em: 7 nov. 2021.

Telegrah. **Taiwan uses smartphones to monitor patients on quarentine**. Disponível em: https://www.telegraph.co.uk/news/2020/02/03/taiwan-uses-smartphones-monitor-patients-quarantined-virus-scare/; e <https://platform.dataguidance.com/news/israel-government-approves-mobile-tracking-monitor-coronavirus-quarantine-enforcement>. Acesso em 7 nov. 2021.

The Guardian. **Phone location data could be used to help UK coronavirus effort**. Disponível em: <https://www.theguardian.com/world/2020/mar/19/plan-phone-location-data-assist-uk-coronavirus-effort>. Acesso em 7 nov. 2021.

Vodafone. **Vodafone launches five-point plan to help counter the impacts of the COVID-19 outbreak**. Disponível em: <https://www.vodafone.com/business/news-and-insights/company-news/vodafone-launches-five-point-plan-to-help-counter-the-impacts-of-the-covid-19-outbreak>. Acesso em 7 nov. 2021.

WARREN, Samuel D., BRANDEIS, Louis D. **The Right to Privacy**. Harvard Law Review, Vol. 4, Nº. 5. (Dec. 15, 1890), pp. 193-220.

[illegible] Relatorio_Big-Data_PT-BR_v2.pdf. Acesso em: 7 nov. 2021. Acesso em: 7 nov. 2021.

Ministério Público do Distrito Federal e Territórios. TERMO DE RECOMENDAÇÃO Nº 07/2020. Disponível em: <https://www.mpdft.mp.br/portal/pdf/recomendacoes/Recomendacao_007_2020_PDDC.pdf>. Acesso em: 7 nov. 2021.

NETO, [illegible] JORNAL DO COMÉRCIO, Comunicação Social. SAÚDE: O medo e a tecnologia de big data no controle da pandemia. Disponível em: <https://[illegible]/2020/04/[illegible]-tecnologia/noticia/medo-tecnologia-big-data-[illegible]-controle-da-pandemia-[illegible]>. Acesso em: 7 nov. 2021.

ORWELL, George. 1984. Tradução Wilson Velloso. 29. ed. São Paulo: Companhia Editora Nacional, 2005.

PCPD. Privacy Commissioner for Personal Data, Hong Kong. The Use of Information on Social Media For Tracking Potential Carriers of COVID-19. Disponível em: <https://www.pcpd.org.hk/english/media/media_statements/press_20200720.html>. Acesso em: 7 nov. 2021. Acesso em: 7 nov. 2021.

POLLET, Mathieu. EURACTIV & France. French data watchdog president: COVID successfully stood 'pandemic test'. Disponível em: <https://www.euractiv.com/section/digital/news/french-data-watchdog-president-gdpr-successfully-stood-pandemic-test/>. Acesso em: 7 nov. 2021.

Reuters. [illegible] Privacy fears as India hand stamps suspected coronavirus cases. Disponível em: <https://www.reuters.com/article/us-health-coronavirus-privacy/privacy-fears-as-india-hand-stamps-suspected-coronavirus-cases-idUSKBN21[illegible]>. Acesso em: 7 nov. 2021.

South China Morning Post. Coronavirus accelerates China's big data collection but privacy concerns remain. Disponível em: <https://www.scmp.com/tech/[illegible]/article/3057[illegible]/coronavirus-accelerates-chinas-big-data-collection-but-privacy-[illegible]>. Acesso em: 7 nov. 2021.

[illegible]

[illegible] could be used to help US coronavirus effort [illegible] Acesso em: 7 nov. 2021.

[illegible] help counter the impacts of the COVID-19 outbreak [illegible]

[illegible]

Capítulo 20

Pandemia: gestão de crise e proteção dos dados pessoais

Patricia Peck Pinheiro

PhD. Graduada e Doutorada pela Universidade de São Paulo, PhD em Direito Internacional. Pesquisadora convidada do Instituto Max Planck de Hamburgo e Munique, e da Universidade de Columbia nos EUA. Professora convidada da Universidade de Coimbra em Portugal e da Universidade Central do Chile. Professora convidada de Ciber Segurança da Escola de Inteligência do Exército Brasileiro. Advogada Mais Admirada em Propriedade Intelectual por 13 anos consecutivos de 2007 a 2019. Recebeu o prêmio *Compliance* Digital pelo LEC em 2018, *Security Leaders* em 2012 e 2015, a Nata dos Profissionais de Segurança da Informação em 2006 e 2008, o prêmio Excelência Acadêmica – Melhor Docente da Faculdade FIT Impacta em 2009 e 2010. Condecorada com 5 medalhas militares, sendo a Medalha da Ordem do Mérito Ministério Público Militar em 2019, Ordem do Mérito da Justiça Militar em 2017, Medalha Ordem do Mérito Militar pelo Exército em 2012, a Medalha Tamandaré pela Marinha em 2011, a Medalha do Pacificador pelo Exército em 2009. Árbitra do Conselho Arbitral do Estado de São Paulo – CAESP, Vice-Presidente Jurídica da Associação Brasileira dos Profissionais e Empresas de Segurança da Informação – ASEGI, e membro do Conselho de Ética da ABED. Professora e coordenadora da Pós-graduação em Gestão da Inovação e Direito Digital da FIA. Autora/coautora de 25 livros de Direito Digital. Sócia do escritório Peck+ Advogados, da empresa de educação Peck

Sleiman Edu e Presidente do Instituto iStart de Ética Digital. Programadora desde os 13 anos, autodidata em Basic, Cobol, C++, Html. Certificada em Privacy e Data Protection EXIN.

1. Introdução

O tema da proteção de dados pessoais não é recente, ao contrário. Faz parte integrante das camadas essenciais de salvaguardas necessárias para garantir o direito à privacidade, que, por sua vez, está no rol dos direitos humanos. Importante destacar que informação sempre foi sinônimo de poder, e aquele que detém o privilégio do acesso irrestrito aos dados, pode, em algum momento, desviar o seu uso, se não forem criadas medidas de controle para coibir abusos. Por isso, dentre estas medidas, a tônica principal do diálogo a ditar as regras deve ser a transparência.

Em termos históricos, não existe nada mais excepcional do que a guerra. E aqui quero ampliar o conceito para incluir não apenas as "Grandes Guerras", mas também qualquer tipo de situação que possa suspender, mesmo que temporariamente, direitos fundamentais e que cujas ocorrências são vistas em diversos países até hoje.

Mas, apesar do mundo ainda assistir a diversos conflitos, ao longo do tempo, a comunidade internacional desenvolveu, por meio principalmente de tratados, o Direito Humanitário, *jus in bello*, visando a minimizar o sofrimento causado pelas divergências de convivência entre os seres humanos.

Fazendo um paralelo, podemos dizer que com o contexto da Pandemia Covid-19, que vem assolando o planeta desde o final de 2019, estamos vivendo uma "guerra contra um vírus", que traz consigo também situações de divergências entre países, entre autoridades, bem como medidas que priorizam alguns direitos em detrimento de outros.

Sendo assim, devemos analisar tudo isso com muita cautela, tanto objetivando extrair aprendizado valioso com finalidade preventiva, para evitar novas ocorrências, como também para mitigar efeitos colaterais desastrosos que possam perdurar muito além da crise de saúde e ter consequências sociais, econômicas, políticas e jurídicas imensuráveis.

É neste contexto que se apresenta como extremamente relevante a aplicação adequada da regulamentação de proteção de dados pessoais, como *framework* legal específico para permitir, na dosagem certa, o tratamento de dados pessoais dos indivíduos, inclusive em situações excepcionais, como de uma pandemia, quer seja por entes públicos ou privados.

2. O Contexto da Pandemia

Pela Organização Mundial de Saúde, o termo pandemia significa a disseminação mundial de uma doença. Para o Centro de Controle de Doenças dos Estados Unidos (US CDC), uma pandemia refere-se a uma epidemia que se espalhou em vários países ou continentes, normalmente afetando um grande número de pessoas[1].

É sabido que a humanidade já teve que enfrentar anteriormente, por mais de uma vez, situação de disseminação de alguma doença contagiosa. Foi assim com a Peste Negra ou Peste Bubônica do século 14, com a Gripe Espanhola de 1918-1920, com a AIDS nos anos 1980, com SARS em 2002, com o H1N1 (Gripe Suína) em 2009, com o Ebola em 2014-2016. E a partir de 2019-2020, surgiu o novo coronavírus conhecido por Covid-19.

O que há em comum em todos estes casos: a velocidade de propagação. Fazendo parecer, a cada novo surgimento, que não estamos preparados. Apesar de todo o conhecimento acumulado pelas situações anteriores, é como se cada nova ocorrência trouxesse novos desafios, fazendo com que as medidas e protocolos já conhecidos não pareçam ser suficientemente eficazes.

Logo, quando o medo é instalado na sociedade faz com que ações precisem ser tomadas em caráter emergencial. E é neste momento que se mostra tão relevante a existência de um sistema jurídico forte para instrumentalizar o Estado com as ferramentas necessárias para atender ao dever de agir imediato, mas delimitando muito bem o "remédio social" para que não seja além do necessário. Qualquer dose demasiada pode causar danos colaterais irreversíveis.

Entre estas ações, algumas que tiveram que ser implantadas rapidamente, em praticamente todos os países afetados, foram: i) isolamento social (separação

1. WHO; Washington Post. "WHO declares a pandemic of coronavirus disease covid-19". Disponível em: [https://www.washingtonpost.com/health/2020/03/11/who-declares-pandemic-coronavirus-disease-covid-19/]. Acesso em: 7 nov. 2021.

de pessoas de maneira a evitar contaminação ou propagação de doença contagiosa); ii) quarentena (restrição de atividades); iii) realização compulsória de exames médicos e testes laboratoriais; iv) vacinação; v) restrição excepcional e temporária de entrada e saída do país; vi) requisição de bens e serviços de pessoas naturais e jurídicas; vii) autorização excepcional e temporária para importação de produtos.

No Brasil, este rol de medidas de enfrentamento da emergência de saúde pública de importância internacional decorrente do coronavírus, responsável pelo surto de 2019, ficou estabelecido pela Lei nº 13.979/2020 e pela Portaria da Saúde nº 188/2020, com a Declaração de Emergência Nacional pelo Ministério da Saúde e medidas em decorrência da infecção humana por coronavírus.

Na sequência destes eventos, como resposta à crise, toda uma nova cultura digital foi imposta pela pandemia, principalmente devido às exigências de isolamento. Apesar da forma abrupta e emergencial em que foram realizadas mudanças para adaptação à necessidade de distanciamento social, acredita-se que esse movimento, assim como outras iniciativas tomadas em relação a viabilizar mais o ensino à distância, o incremento do serviço de entregas e aumento do comércio eletrônico, o uso da Telemedicina e as próprias sessões virtuais do Senado com votação eletrônica remota, que colocou o Brasil na posição de primeiro país do mundo a realizar votação remota em seu parlamento[2], serão persistentes e várias atividades econômicas deverão aderir ao formato digital de maneira permanente. Logo, de mãos dadas com a crise, caminha também a inovação.

3. A Gestão da Crise

Com a mesma rapidez que o surto de coronavírus se disseminou pelo mundo, gestores públicos e privados precisaram se adequar às novas demandas trazidas com a condição de isolamento social, cuja dimensão, amplitude e duração se mostram inéditas, o que significa que passou a exigir tomadas de decisão sobre cenários desconhecidos, sem referências anteriores.

Para o Direito esta é uma questão muito relevante, pois é justamente quando se abre a porta para a aplicação da Teoria da Imprevisão[3], como o próprio termo diz de forma muito simples e objetiva, sobre aquilo que não foi previsto. E é aí também que mora o perigo, dando margem para todo o tipo de alegação,

2. Fonte: [https://agenciabrasil.ebc.com.br/politica/noticia/2020-03/senado-estreia-hoje-o-plenario-virtual]. Acesso em 7 nov. 2021.

3. Artigos 393 e 478 do Código Civil Brasileiro.

infração, abuso, quebra contratual. É onde podemos cair em verdadeira desgraça jurídica.

A pandemia não pode, em momento algum, ser justificativa para um "vale tudo". Ao contrário, devemos realizar a gestão da crise seguindo um conjunto de regras claras, cumprindo com deveres de transparência, de informação, de diligência, de minimização, de proporcionalidade e de responsabilidade.

Este tem sido o paradigma: de um lado a proteção da segurança e da saúde pública, com a necessidade de se aplicar restrições às liberdades individuais e empresariais; do outro lado o questionamento sobre quais são os meios para medir o equilíbrio destas decisões e seus impactos no tempo, para evitar que se tornem "leis draconianas", cuja severidade e rigidez se apresentem tão drásticas que as torne desumanas.

Não podemos subestimar o impacto das definições legais que ficarem estabelecidas neste período da pandemia. Pois a abrangência das ações para diminuir a velocidade de transmissão da doença já atinge uma grande parcela da população mundial. Pelo menos 2,8 bilhões de pessoas vivem atualmente sob algum tipo de restrição de circulação em seu território.

No âmbito da atividade empresarial, a saída para muitas instituições foi adotar o *home office*, como medida de prevenção ao trabalho coletivo para atender ao isolamento social. Apenas no Brasil, o incremento de pessoas trabalhando em casa aumentou 21,1% entre 2017 e 2018, segundo a Pesquisa Nacional por Amostra de Domicílios (PNAD)[4], e, com a chegada do coronavírus ao país, várias empresas vêm aderindo ao trabalho remoto de forma acelerada.

Por isso, é fundamental ter um plano de gestão de crise estruturado, isso vale tanto para uma pequena empresa como para uma prefeitura. A recomendação é estabelecer um comitê de crise, ter um canal de contato único, como um e-mail ou telefone onde possa direcionar para resposta às dúvidas, e sempre publicar o posicionamento oficial da instituição a fim de evitar informação oficiosa nos grupos paralelos (tais como grupos de WhatsApp ou Telegram).

Em meio às repentinas alterações no regime de trabalho e na rotina dos serviços prestados, que estão provocando impacto na administração dos negócios e na prestação dos serviços (inclusive os públicos e/ou os essenciais), devem ser seguidas as melhores práticas para mitigação de riscos relacionados com:

4. Pesquisa Nacional de Amostra por Domicílio. Disponível em: [https://agenciabrasil.ebc.com.br/saude/noticia/2020-03/empresas-adotam-home-office-por-conta-do-coronavirus]. Acesso em 7 nov. 2021.

i) saúde (necessário proteger a saúde dos indivíduos e evitar contaminações); ii) privacidade (deve haver transparência e informação clara sobre o tratamento dos dados pessoais, especialmente os sensíveis relacionados à saúde, seu compartilhamento com terceiros e finalidades de tratamento); iii) segurança da informação (devem ser aplicadas medidas técnicas e administrativas de controle e proteção de dados pessoais)[5]; iv) continuidade da operação (renegociar contratos, dialogar com equipes e fornecedores para evitar paralisação completa a não ser que inevitável).

Vamos precisar sair desta crise com muito mais do que um conjunto de leis nacionais, ou soluções locais, será necessário novamente fortalecer o pacto internacional multilateral entre as nações para o futuro, com um novo *guidance* de melhores práticas, que provavelmente irá tratar sobre circulação de pessoas e protocolos de segurança relacionados à verificação de estado de saúde, além do dever de colaboração entre os países em uma nova ocorrência de crise de saúde, principalmente no tocante à informação rápida, transparente, verdadeira e atualizada.

4. Proteção de Dados Pessoais

O que vence a luta contra a pandemia do novo coronavírus é a informação. Este é o principal consenso entre diversos especialistas de várias áreas em todo o mundo. Por isso a importância do combate efetivo à propagação de notícias falsas e desinformação, assim como a relevância de todos colaborarem com dados atualizados sobre a saúde de indivíduos, bem como sobre os protocolos de tratamento. Antes mesmo de termos um remédio ou uma vacina, o que temos como melhor arma de combate são os dados.

Segundo Fernando Antônio Tasso[6], "inserido na transformação digital das últimas três décadas, o Estado vive, juntamente dos seus cidadãos, um processo de datificação".

Por certo, a pandemia intensificou o uso de tecnologia, que, por sua vez, aumentou o tratamento de dados pessoais. Além disso, tanto no âmbito hospitalar como até mesmo nas empresas, nunca foi tão necessário tratar dados sensíveis e compartilhar estas informações com a finalidade maior da própria proteção da vida.

---

5. Multas continuam a ser aplicadas por falhas de segurança relacionadas à proteção de dados pessoais mesmo durante o período da pandemia. https://www.enforcementtracker.com/. Acessado em 7 nov. 2021.
6. TASSO, F. A. Compartilhamento de Dados entre o setor público e privado – possibilidades e limites. Revista do Advogado AASP, n. 144, p. 107-116, 2019.

Neste sentido, os países que já possuem regulamentação específica de proteção de dados pessoais estão sendo capazes de aplicar os princípios, conceitos, previsões, hipóteses de exceções, condicionantes e limitadores ali trazidos para legitimar a condução dos atores.

Portanto, várias autoridades vêm reiterando a possibilidade e legitimidade do tratamento de dados de saúde, ou seja, dados sensíveis, para contenção da pandemia, desde que sempre cumprindo com o princípio da minimização de dados, para que os dados tratados sejam limitados aos necessários para a finalidade pretendida. Para a Agência Espanhola de Proteção de Dados – AEPD:

> "O Regulamento Geral de Proteção de Dados permite o tratamento de dados pessoais de saúde sem o consentimento do interessado em situações de interesse público no campo da saúde pública e no cumprimento das obrigações legais no âmbito empregatício decorrentes de tais situações"[7] (tradução nossa).

Importante destacar a declaração do EDPB (*European Data Protection Board)*:

> "Mesmo nesses momentos excepcionais, o controlador e o operador de dados devem garantir a proteção dos dados pessoais dos titulares dos dados. Portanto, várias considerações devem ser levadas em conta para garantir o tratamento legal de dados pessoais e, em todos os casos, deve-se lembrar que qualquer medida tomada nesse contexto deve respeitar os princípios gerais da lei e não deve ser irreversível"[8] (tradução nossa).

Nesta mesma linha também manifestou entendimento a entidade *Global Privacy Assembly*, que reúne mais de 130 autoridades de Privacidade e Proteção

---

7. "El RGPD permite el tratamiento de datos personales de salud sin consentimiento del interesado en situaciones de interés público en el ámbito de la salud pública y en el cumplimiento de obligaciones legales en el ámbito laboral derivado de dichas situaciones. [...] hay que hacer especial hincapié en ello, el principio de minimización de datos. Sobre este último aspecto hay que hacer referencia expresa a que los datos tratados habrán de ser exclusivamente los limitados a los necesarios para la finalidad pretendida". Disponível em: [https://www.aepd.es/es/prensa-y-comunicacion/notas-de-prensa/la-aepd-publica-un-informe-sobre-los-tratamientos-de-datos-em]. Acesso em 12.04.2020.
8. European Data Protection Board (EDPB). Disponível em: https://edpb.europa.eu/sites/edpb/files/files/file1/edpb_statement_2020_processingpersonaldataandcovid-19_en.pdf. Acesso em 7 nov. 2021.

de Dados Pessoais de diversos países: "estamos confiantes de que os requisitos de proteção de dados não interromperão o compartilhamento crítico de informações para apoiar os esforços para combater essa pandemia global".[9]

Por sua vez, a autoridade de proteção de dados irlandesa reconheceu o impacto significativo da pandemia na capacidade de atuação de empresas, e entendeu como razoável a justificativa da COVID-19 para eventuais atrasos nas respostas a requisições de titulares. Contudo, reforçando a obrigatoriedade de manter os registros para fins de responsabilidade e transparência:

> "Os prazos de resposta aos pedidos de dados da GDPR ainda se aplicam quando uma organização está temporariamente fechada ou a capacidade de lidar com pedidos é reduzida por causa da COVID-19?
>
> [...] Quando uma organização, devido ao impacto da COVID-19, não pode responder a um pedido, total ou parcialmente, dentro dos prazos legais, ela permanece obrigada a fazê-lo e deve garantir que o pedido seja atendido o mais rápido possível. Para fins de responsabilidade e transparência, as razões para o não cumprimento dos prazos devem ser documentadas pela organização e claramente comunicadas aos indivíduos afetados"[10] (tradução nossa).

Enquanto no Brasil ainda não entrou em vigor a Lei Geral de Proteção de Dados Pessoais, Lei nº 13.709/2018 (LGPD), o Uruguai emitiu novas disposições sobre proteção de dados para complementar o marco regulatório já em vigor no país, tendo em vista a importância desta matéria especialmente no contexto da pandemia. Trata-se do Decreto nº 64/020, de 21 de fevereiro de 2020 (doravante denominado "Decreto"), que regulamenta os artigos 37 a 40 da Lei 19.670, de 15 de outubro de 2018, que introduziu alterações à Lei de Proteção de Dados (LPD), reforçando a importância da proteção dos dados pessoais[11].

---

9. Global Privacy Assembly. Disponível em: https://globalprivacyassembly.org/gpaexco-covid19/. Acesso em 7 nov. 2021.

10. "Do the timelines for responding to GDPR data subject requests still apply where an organisation is temporarily closed or capacity to handle requests is curtailed because of COVID-19? [...] Where an organisation, due to the impact of COVID-19, cannot respond to a request in full or in part within the statutory timelines, they remain under an obligation to do so and should ensure that the request is actioned as soon as possible. For accountability and transparency purposes, the reasons for not complying with the timelines should be documented by the organisation and clearly communicated to the affected individuals". Disponível em: [https://www.dataprotection.ie/en/covid-19-and-subject-access-requests]. Acesso em 7 nov. 2021.

11. Disponível em: [https://iapp.org/news/a/uruguay-dicta-nuevas-normas-sobre-proteccion-de-datos/]. Acesso em: 7 nov. 2021.

A autoridade francesa, CNIL, também ratificou a legalidade da coleta de dados sensíveis:

> "Finalmente, os dados de saúde podem ser coletados pelas autoridades sanitárias, que estão qualificadas para tomar as medidas adequadas. A avaliação e coleta de informações sobre os sintomas do coronavírus e informações sobre os movimentos recentes de certas pessoas é de responsabilidade dessas autoridades públicas"[12] (tradução nossa).

Apesar de movimentos requerendo o adiamento da aplicação do *California Consumer Privacy Act* – CCPA, o procurador geral da Califórnia, Xavier Becerra, por meio de seu escritório, rejeitou a ideia de impedir que o CCPA entre em vigor:

> "'No momento, estamos comprometidos em fazer cumprir a lei ao finalizar as regras ou em 1º de julho, o que ocorrer primeiro', disse um consultor de Becerra. 'Estamos todos atentos à nova realidade criada pelo COVID-19 e ao valor acrescido da proteção da privacidade dos consumidores on-line que acompanha o produto. Encorajamos as empresas a estar particularmente atentas à segurança dos dados neste momento de emergência.'"[13]

Em breve análise comparativa, considerando o Regulamento Europeu (GDPR) e a legislação brasileira (LGPD), temos o seguinte sobre tratamento de dados pessoais e dados pessoais sensíveis:

Regulamentação	General Data Protection Regulation nº 2016/679	Lei Geral de Proteção de Dados do Brasil nº 13.709/2018
Conceito de Dado Pessoal	Art. 4º, 1) "«Dados pessoais», informação relativa a uma pessoa	Art. 5º, I "Art. 5º Para os fins desta Lei, considera-se:

12. "Enfin, des données de santé peuvent être collectées par les autorités sanitaires, qualifiées pour prendre les mesures adaptées à la situation. L'évaluation et la collecte des informations relatives aux symptômes du coronavirus et des informations sur les mouvements récents de certaines personnes relèvent de la responsabilité de ces autorités publiques". Disponível em: [https://www.cnil.fr/fr/coronavirus-covid-19-les-rappels-de-la-cnil-sur-la-collecte-de-donnees-personnelles]. Acesso em 7 nov. 2021.
13. Disponível em: [https://privacytech.com.br/destaque/procurador-geral-da-california-nao-adiara-a-aplicacao-da-ccpa-em-meio-a-pandemia,353595.jhtml]. Acesso em 7 nov. 2021.

Regulamentação	General Data Protection Regulation nº 2016/679	Lei Geral de Proteção de Dados do Brasil nº 13.709/2018
	singular identificada ou identificável («titular dos dados»); é considerada identificável uma pessoa singular que possa ser identificada, direta ou indiretamente, em especial por referência a um identificador, como por exemplo um nome, um número de identificação, dados de localização, identificadores por via eletrónica ou a um ou mais elementos específicos da identidade física, fisiológica, genética, mental, económica, cultural ou social dessa pessoa singular;"	I – dado pessoal: informação relacionada a pessoa natural identificada ou identificável;"
	Art. 4, 13) a 15) "13) «Dados genéticos», os dados pessoais relativos às características genéticas, hereditárias ou adquiridas, de uma pessoa singular que deem informações únicas sobre a fisiologia ou a saúde dessa pessoa singular e que resulta designadamente de uma análise de uma amostra biológica proveniente da pessoa singular em causa; 14) «Dados biométricos», dados pessoais resultantes de um tratamento técnico específico relativo às características físicas, fisiológicas ou comportamentais de uma pessoa singular que permitam ou confirmem a identificação única dessa pessoa singular, nomeadamente imagens faciais ou dados dactiloscópicos;	Art. 5º, II; 11 a 13 "(...) dado pessoal sensível: dado pessoal sobre origem racial ou étnica, convicção religiosa, opinião política, filiação a sindicato ou a organização de caráter religioso, filosófico ou político, dado referente à saúde ou à vida sexual, dado genético ou biométrico, quando vinculado a uma pessoa natural; Art. 11. O tratamento de dados pessoais sensíveis somente poderá ocorrer nas seguintes hipóteses: I – quando o titular ou seu responsável legal consentir, de forma específica e destacada, para finalidades específicas; II – sem fornecimento de consentimento do titular, nas hipóteses em que for indispensável para:

Regulamentação	General Data Protection Regulation nº 2016/679	Lei Geral de Proteção de Dados do Brasil nº 13.709/2018
	15) «Dados relativos à saúde», dados pessoais relacionados com a saúde física ou mental de uma pessoa singular, incluindo a prestação de serviços de saúde, que revelem informações sobre o seu estado de saúde;"	a) cumprimento de obrigação legal ou regulatória pelo controlador; b) tratamento compartilhado de dados necessários à execução, pela administração pública, de políticas públicas previstas em leis ou regulamentos; c) realização de estudos por órgão de pesquisa, garantida, sempre que possível, a anonimização dos dados pessoais sensíveis;
	Art. 9 "Tratamento de categorias especiais de dados pessoais 1. É proibido o tratamento de dados pessoais que revelem a origem racial ou étnica, as opiniões políticas, as convicções religiosas ou filosóficas, ou a filiação sindical, bem como o tratamento de dados genéticos, dados biométricos para identificar uma pessoa de forma inequívoca, dados relativos à saúde ou dados relativos à vida sexual ou orientação sexual de uma pessoa. [...] 3. Os dados pessoais referidos no n.º 1 podem ser tratados para os fins referidos no nº 2, alínea h), se os dados forem tratados por ou sob a responsabilidade de um profissional sujeito à obrigação de sigilo profissional, nos termos do	d) exercício regular de direitos, inclusive em contrato e em processo judicial, administrativo e arbitral, este último nos termos da Lei nº 9.307, de 23 de setembro de 1996 (Lei de Arbitragem); e) proteção da vida ou da incolumidade física do titular ou de terceiro; f) tutela da saúde, exclusivamente, em procedimento realizado por profissionais de saúde, serviços de saúde ou autoridade sanitária; ou (Redação dada pela Lei nº 13.853, de 2019) g) garantia da prevenção à fraude e à segurança do titular, nos processos de identificação e autenticação de cadastro em sistemas eletrônicos, resguardados os direitos mencionados no art. 9º desta Lei e exceto no

Regulamentação	General Data Protection Regulation nº 2016/679	Lei Geral de Proteção de Dados do Brasil nº 13.709/2018
	direito da União ou dos Estados-Membros ou de regulamentação estabelecida pelas autoridades nacionais competentes, ou por outra pessoa igualmente sujeita a uma obrigação de confidencialidade ao abrigo do direito da União ou dos Estados-Membros ou de regulamentação estabelecida pelas autoridades nacionais competentes.	caso de prevalecerem direitos e liberdades fundamentais do titular que exijam a proteção dos dados pessoais. § 1º Aplica-se o disposto neste artigo a qualquer tratamento de dados pessoais que revele dados pessoais sensíveis e que possa causar dano ao titular, ressalvado o disposto em legislação específica. § 2º Nos casos de aplicação do disposto nas alíneas 'a' e 'b' do inciso II do caput deste artigo pelos órgãos e pelas entidades públicas, será dada publicidade à referida dispensa de consentimento, nos termos do inciso I do *caput* do art. 23 desta Lei. § 3º A comunicação ou o uso compartilhado de dados pessoais sensíveis entre controladores com objetivo de obter vantagem econômica poderá ser objeto de vedação ou de regulamentação por parte da autoridade nacional, ouvidos os órgãos setoriais do Poder Público, no âmbito de suas competências. § 4º É vedada a comunicação ou o uso compartilhado entre controladores de dados pessoais sensíveis referentes à saúde com objetivo de obter vantagem econômica, exceto nas hipóteses relativas a prestação de serviços de saúde, de

Regulamentação	General Data Protection Regulation nº 2016/679	Lei Geral de Proteção de Dados do Brasil nº 13.709/2018
		assistência farmacêutica e de assistência à saúde, desde que observado o § 5º deste artigo, incluídos os serviços auxiliares de diagnose e terapia, em benefício dos interesses dos titulares de dados, e para permitir: (Redação dada pela Lei nº 13.853, de 2019)
	4. Os Estados-Membros podem manter ou impor novas condições, incluindo limitações, no que respeita ao tratamento de dados genéticos, dados biométricos ou dados relativos à saúde."	I – a portabilidade de dados quando solicitada pelo titular; ou (Incluído pela Lei nº 13.853, de 2019) Vigência II – as transações financeiras e administrativas resultantes do uso e da prestação dos serviços de que trata este parágrafo. (Incluído pela Lei nº 13.853, de 2019) § 5º É vedado às operadoras de planos privados de assistência à saúde o tratamento de dados de saúde para a prática de seleção de riscos na contratação de qualquer modalidade, assim como na contratação e exclusão de beneficiários. (Incluído pela Lei nº 13.853, de 2019)"
Dado Anonimizado	Art. 4º, 5) "«Pseudonimização», o tratamento de dados pessoais de forma que deixem de poder ser atribuídos a um titular de dados específico sem recorrer a informações suplementares, desde que essas informações suplementares sejam mantidas separadamente e sujeitas a	Art. 5º, III "dado anonimizado: dado relativo à titular que não possa ser identificado, considerando a utilização de meios técnicos razoáveis e disponíveis na ocasião de seu tratamento;" Art. 12. Os dados anonimizados não serão considerados dados pessoais para os fins

Regulamentação	General Data Protection Regulation nº 2016/679	Lei Geral de Proteção de Dados do Brasil nº 13.709/2018
Dado Anonimizado	medidas técnicas e organizativas para assegurar que os dados pessoais não possam ser atribuídos a uma pessoa singular identificada ou identificável;"	desta Lei, salvo quando o processo de anonimização ao qual foram submetidos for revertido, utilizando exclusivamente meios próprios, ou quando, com esforços razoáveis, puder ser revertido. § 1º A determinação do que seja razoável deve levar em consideração fatores objetivos, tais como custo e tempo necessários para reverter o processo de anonimização, de acordo com as tecnologias disponíveis, e a utilização exclusiva de meios próprios. § 2º Poderão ser igualmente considerados como dados pessoais, para os fins desta Lei, aqueles utilizados para formação do perfil comportamental de determinada pessoa natural, se identificada. § 3º A autoridade nacional poderá dispor sobre padrões e técnicas utilizados em processos de anonimização e realizar verificações acerca de sua segurança, ouvido o Conselho Nacional de Proteção de Dados Pessoais. Art. 13. Na realização de estudos em saúde pública, os órgãos de pesquisa poderão ter acesso a bases de dados pessoais, que serão tratados exclusivamente dentro do órgão e estritamente para a finalidade de realização de estudos e pesquisas e mantidos em

Regulamentação	General Data Protection Regulation nº 2016/679	Lei Geral de Proteção de Dados do Brasil nº 13.709/2018
		ambiente controlado e seguro, conforme práticas de segurança previstas em regulamento específico e que incluam, sempre que possível, a anonimização ou pseudonimização dos dados, bem como considerem os devidos padrões éticos relacionados a estudos e pesquisas. § 1º A divulgação dos resultados ou de qualquer excerto do estudo ou da pesquisa de que trata o caput deste artigo em nenhuma hipótese poderá revelar dados pessoais. § 2º O órgão de pesquisa será o responsável pela segurança da informação prevista no caput deste artigo, não permitida, em circunstância alguma, a transferência dos dados a terceiro. § 3º O acesso aos dados de que trata este artigo será objeto de regulamentação por parte da autoridade nacional e das autoridades da área de saúde e sanitárias, no âmbito de suas competências. § 4º Para os efeitos deste artigo, a pseudonimização é o tratamento por meio do qual um dado perde a possibilidade de associação, direta ou indireta, a um indivíduo, senão pelo uso de informação adicional mantida separadamente pelo controlador em ambiente controlado e seguro.

Fonte: elaboração própria.

No tocante ao tratamento de dados pessoais relacionados à autoridade pública, o Regulamento Europeu traz esta previsão nos artigos 6 e 9, assim como a lei brasileira, LGPD, traz essa prerrogativa em seu capítulo IV. Especialmente nos artigos 23 a 26, mas devendo sempre atender à finalidade pública e persecução do interesse público.

Grande parte das legitimadoras de tratamento de dados pessoais sensíveis, mesmo pelos entes privados, durante o período de regime emergencial e excepcional, restam justificadas com as bases legais relacionadas ao cumprimento de obrigação legal e política pública[14], visto que têm sido emitidas orientações das autoridades relacionadas ao dever de colaboração com o isolamento social, e com o monitoramento, bem como de prestar informações relacionadas à saúde da população.

Destaca-se ainda os tratamentos de dados pessoas sensíveis cuja finalidade tenha como base legal a justificativa da tutela da saúde, mas que devem preencher requisitos específicos como o procedimento a ser realizado exclusivamente por profissionais de saúde, serviços de saúde ou autoridade sanitária[15].

Mas mesmo entre as autoridades, quando o assunto envolve monitoramento social, no que se refere à utilização de dados de geolocalização de titulares para controle do isolamento e combate à disseminação do coronavírus, há uma certa desconfiança e desconforto com a possibilidade de eventual vigilância continuada.

Neste sentido, o EDPB publicou recomendações para o processamento de dados pessoais, incluindo a categoria de dados relacionados ao tratamento por autoridades públicas (como autoridades de saúde), com as seguintes considerações:

> "As autoridades públicas devem sempre primeiro buscar processar os dados de localização de forma anonimizada (como exemplo processar os dados agregados de maneira que os indivíduos não possam ser re-identificados), o que poderia ser feito gerando relatórios que possam relatar sobre a concentração dos dispositivos móveis em certas localizações (cartografia). As regras de proteção de dados não se aplicam para os dados que foram apropriadamente anonimizados. Quando não for possível processar dados de forma anonimizada, a Diretiva e Privacidade permite os Estados Membros introduzirem medidas

14. Lei 13.709/2018, art. 11°, II, a) cumprimento de obrigação legal ou regulatória pelo controlador; II, b) tratamento compartilhado de dados necessários à execução, pela administração pública, de políticas públicas previstas em leis ou regulamentos.
15. Lei 13.709/2018, art. 11°, II, f) tutela da saúde, exclusivamente, em procedimento realizado por profissionais de saúde, serviços de saúde ou autoridade sanitária.

> legislativas de salvaguarda para segurança pública (artigo 15). Se medidas permitindo o tratamento de dados de localização não anonimizados forem implementadas, o Estado Membro é obrigado a colocar em efetividade as salvaguardas apropriadas como prover aos usuários dos serviços de comunicação eletrônica o direito às medidas judiciais"[16] (tradução nossa).

Segundo Fernando Antonio Tasso:

> "A dispensa do consentimento impõe ao ente público o dever legal de dar publicidade de tal circunstância na forma do inciso I do *caput* do art. 23 da lei, ou seja, de forma clara e atualizada sobre a previsão legal, a finalidade, os procedimentos e as práticas utilizadas para a execução dessa atividade, em veículos de fácil acesso, preferencialmente, em seus sítios eletrônicos."[17]

Para Bruno Bioni, devem ser tomados cuidados no uso da anonimização, tais como uso de métodos como supressão ou generalização, com os quais pode-se gerenciar circunstancialmente a identificabilidade de uma base de dados. Ele destaca a necessidade de cuidados para que não seja possível a reidentificação de titulares de dados pessoais:

> "[...] não há um único método ou uma combinação perfeita ex ante para parametrizar o processo de anonimização, devendo-se analisar contextualmente como este deve ser empreendido para que os titulares dos dados anonimizados não sejam reidentificados, nem mesmo por quem procedeu à sua anonimização."[18]

---

16. "Public authorities should first seek to process location data in an anonymous way (ie. processing data aggregated in a way that individuals cannot be re-identified), which could enable generating reports on the concentration of mobile devices at a certain location ("cartography"). Personal data protection rules do not apply to data which has been appropriately anonymised. When it is not possible to only process anonymous data, the ePrivacy Directive enables Member States to introduce legislative measures to safeguard public security (Art. 15). If measures allowing for the processing of non-anonymised location data are introduced, a Member State is obliged to put in place adequate safeguards, such as providing individuals of electronic communication services the right to a judicial remedy". Disponível em: [https://edpb.europa.eu/sites/edpb/files/files/file1/edpb_statement_2020_processingpersonaldataandcovid-19_en.pdf]. Acesso em 7 nov. 2021.
17. TASSO, F. A. Compartilhamento de Dados entre o setor público e privado – possibilidades e limites. Revista do Advogado AASP, n. 144, p. 107-116, 2019.
18. BIONI, Bruno Ricardo. Proteção de Dados Pessoais: a função e os limites do consentimento. 2. ed. Rio de Janeiro: Forense. p. 65, 2019.

Já na visão de Danilo Doneda, é fundamental cumprir com o princípio da finalidade:

> "[...] pelo qual toda utilização dos dados pessoais deve obedecer à finalidade conhecida pelo interessado antes da coleta de seus dados. Este princípio possui grande relevância prática: com base nele, fundamenta-se a restrição da transferência de dados pessoais a terceiros, além do que se pode, a partir dele, estruturar-se um critério para valorar a razoabilidade da utilização de determinados dados para uma certa finalidade (fora da qual haveria abusividade)."[19]

Por fim, especialmente aqui no Brasil, um dos efeitos advindos da Covid-19 tem sido a produção maciça de projetos de lei. Inclusive com o objetivo de buscar prorrogação da própria entrada em vigor da legislação de proteção de dados pessoais, como ocorre com as propostas do PL 1179/2020 e PL 1198/2020, na Câmara dos Deputados, e PL 1164/2020, no Senado Federal[20].

Além disso, desde a época do Marco Civil da Internet (Lei 12.965/2014), busca-se garantir a promoção do direito de acesso à internet a todos (art. 4º). O que motivou o surgimento de 9 projetos de lei somente sobre esta matéria, para proibir ou dificultar a interrupção dos serviços de conexão à internet, residencial, móvel ou comercial durante o período da pandemia ou ainda propõem a universalização do acesso (com pacotes gratuitos).

A justificativa então tem sido de que a população mais vulnerável não possa sofrer com previsões de desconectividade e falta de acesso à informação nesse momento em que informação pode salvar vidas. Entre eles: PL 1422/2020, PL 1231/2020, PL 1285/2020, PL 1537/2020, PL 1292/2020, PL 1036/2020, PL 820/2020, todos na Câmara dos Deputados, e PL 1201/2020, no Senado Federal.

Logo, a reboque proliferam os PLs de combate a *fake news* em tempos de Covid-19, são eles PL1429/2020, PL1258/2020, PL1068/2020, PL1416/2020,

---

19. DONEDA, Danilo. Da privacidade à proteção de dados pessoais. 2. ed. São Paulo: Thomson Reuters Brasil, p. 182, 2019.
20. Também tivemos a MPV 959/2020, que estabeleceu a operacionalização do pagamento do Benefício Emergencial de Preservação do Emprego e da Renda e do benefício emergencial mensal de que trata a Medida Provisória nº 936, de 1º de abril de 2020, e prorrogou a *vacatio legis* da Lei nº 13.709, de 14 de agosto de 2018, que estabelece a Lei Geral de Proteção de Dados Pessoais para 03 de maio de 2021 e que recebeu 126 pedidos de emenda, destas 46 relacionadas à temática da LGPD. A Nota técnica 44/2020 do Antônio Carlos Costa D'Avila justifica a MP considerando a urgência e relevância da implantação do pagamento dos benefícios da MP 936 e para garantir a aplicação da LGPD de modo ordenado e sem insegurança jurídica.

na Câmara dos Deputados, e PL1358/2020 e PL 2630/2020, no Senado Federal. Alguns propões mudanças do Código Penal, e outros trazem alterações no Marco Civil da Internet visando a alterar a responsabilidade dos provedores de aplicações incluindo os aplicativos de mensagens. Ainda que o contexto seja o da pandemia, onde há um "inimigo comum que é o vírus" e junto com ele outros que lhe estão associados como as *fake news*, novamente, o que surgir de mudança jurídica, seja legislativa ou judicial neste momento, trará efeitos que repercutirão mesmo após passada a crise.

E na esteira da inovação na saúde, vem o Projeto de Lei nº 696, de 2020[21], que dispõe sobre o uso da telemedicina durante a crise causada pelo Coronavírus, que foi aprovado pelo Congresso e aguarda sanção presidencial. Tal iniciativa visa a desafogar hospitais e centros de saúde com atendimento à distância, por meio de recursos tecnológicos, como as videoconferências.

Com isso, busca-se retomar o tempo perdido, visto que desde 2002 tenta-se a transformação digital na saúde no país.

5. CONCLUSÃO

Conforme todo o exposto, vários têm sido os esforços para combater a pandemia, inclusive com uso de novas tecnologias. Assim como também as recomendações no sentido de se resguardar os princípios da transparência, finalidade e implementação de medidas adequadas de proteção de dados pessoais, incluindo adoção de mecanismos e soluções de segurança da informação, anonimização, limitação do tempo de uso e prestação de contas relativas a dados de geolocalização, conforme se depreende da manifestação da Autoridade Europeia para a Proteção de Dados em comunicado conjunto com o Conselho Europeu para Proteção de Dados, transcrito a seguir:

> "A Autoridade Europeia para a Proteção de Dados e o Conselho Europeu para a Proteção de Dados enfatizaram que, desde que a informação compartilhada com as autoridades nacionais seja anonimizada e não permita a identificação dos indivíduos de qualquer maneira, ela pode ser utilizada. No entanto, devem ser implementadas medidas robustas de segurança relativamente à utilização, acesso e armazenamento da informação, bem como períodos limitados de retenção"[22] (tradução nossa).

21. Disponível em: [https://www12.senado.leg.br/noticias/materias/2020/03/31/senado-aprova-uso-da-telemedicina-durante-pandemia-de-covid-19]. Acesso em 7 nov. 2021.
22. "The European Data Protection Supervisor and the European Data Protection Board have stressed that as long as the information shared with national authorities is

No mesmo sentido foi o posicionamento do *Information Commissioner's Office* – ICO.UK, declarando que:

> "A análise generalizada das tendências dos dados de localização está ajudando a enfrentar a crise dos coronavírus. Quando esses dados são devidamente anonimizados e agregados, eles não se enquadram na lei de proteção de dados porque nenhum indivíduo é identificado. Nessas circunstâncias, as leis de privacidade não são violadas, desde que as salvaguardas apropriadas estejam em vigor."[23] (tradução nossa)

O Centro Europeu de Direitos Digitais Austríaco (NOYB) também publicou opinião sobre o rastreamento por celulares, cabendo destacar a ênfase no aspecto técnico da precisão, ou falta dela:

> "Até onde a *noyb* sabe, o rastreamento de localização baseado em redes de telefonia móvel não é suficientemente preciso (precisão de apenas 50 metros ou mais) para obter informações relevantes sobre a interação entre duas pessoas nos cenários mais realistas. Por exemplo: Quando dois usuários estão no mesmo trem ou no mesmo prédio, os dados da rede dificilmente serão capazes de diferenciar entre os vagões ou salas do prédio. Dado o atual estado da tecnologia, o rastreamento personalizado de possíveis pessoas expostas com base em dados da rede, dificilmente será tecnicamente viável, especialmente dentro de edifícios. Dada a falta de precisão, é altamente provável que tal abordagem conduza a um excesso de notificações e 'sobrecarga de informação'"[24] (tradução nossa).

---

anonymised and does not allow for individuals to be identified in any way, it can be used. However, strong security measures regarding the use, access and storage of the information as well as strict retention periods must be implemented". Disponível em: [https://www.europarl.europa.eu/news/en/press-room/20200406IPR76604/use-of-smartphone-data-to-manage-covid-19-must-respect-eu-data-protection-rules]. Acesso em 7 nov. 2021.

23. "Generalised location data trend analysis is helping to tackle the coronavirus crisis. Where this data is properly anonymised and aggregated, it does not fall under data protection law because no individual is identified. In these circumstances, privacy laws are not breached as long as the appropriate safeguards are in place". Disponível em: [https://ico.org.uk/about-the-ico/news-and-events/news-and-blogs/2020/03/statement-in-response-to-the-use-of-mobile-phone-tracking-data-to-help-during-the-coronavirus-crisis/]. Acesso em 7 nov. 2021.

24. "As far as known to noyb, location tracking based on mobile phone networks is not accurate enough (accuracy of only 50 Meters or more) to get relevant information

Sendo assim, observa-se a relevância que a situação da crise da Covid-19 trouxe sobre a necessidade de se ter boas práticas de privacidade e proteção de dados como condição para aceitação de eventual sistema de rastreamento, que, por sua vez, se mostrou uma ferramenta essencial para proteção da vida e para combate eficiente de uma situação de pandemia.

Além dos riscos de saúde e os impactos econômicos resultantes do isolamento social e do *lockdown* dos negócios, o que mais aumentou com a pandemia foram os riscos de vazamento de informações. Este é um cenário extremamente preocupante que pode facilitar a ação de cibercriminosos para propagação de *malware* e abrir espaço para golpes a partir do acesso ilegal de dados a partir de ambientes mais vulneráveis, especialmente a partir do *home office* desprotegido.

Daí a importância da atenção maior que deve ser dada ao aspecto comportamental em todo este evento, visto que a conduta das pessoas tem grande efeito no elemento preventivo da equação. Qual o papel de cada um, como indivíduo, para a proteção de todos, já que vivemos em rede, conectados, quer seja para transmitir um vírus humano ou um vírus de computador.

Ao final, isso quer dizer que a sociedade sairá de todo este processo com um aprendizado sobre os elos que interconectam diretamente requisitos de segurança e saúde pública com garantias de transparência e limitação no tratamento de dados relacionados à privacidade dos indivíduos.

> "Qualquer sistema de rastreamento do SARS-CoV-2 é fortemente dependente da aceitação de uma grande parte de qualquer sociedade. Boas práticas de privacidade e proteção de dados sao certamente uma condição prévia para uma ampla aceitação de qualquer sistema de rastreamento pelo público"[25] (tradução nossa).

---

about the interaction between two persons in most realistic scenarios. For example: When two users are on the same train or in the same building, network data will unlikely be able to differentiate between the train carts or rooms of the building. Given the current state of technology, personalised tracking of possible exposed persons based on network data, will hardly be technically feasible, especially within buildings. Given the lack of accuracy, it is highly likely, that such an approach would lead to too many notifications and "information overload". Disponível em: https://noyb.eu/sites/default/files/2020-04/ad_hoc_paper_corona_tracking_v0.3.pdf]. Acesso em 7 nov. 2021.

25. "Any SARS-CoV-2 tracking system is heavily dependent on the acceptance of a large portion of any society. Good privacy and data protection practices are surely a precondition for broad acceptance of any tracking system by the public". Disponível em:

E, ainda, sobre o aspecto da limitação de acesso à tecnologia:

> "Não se pode assumir que cada pessoa tenha acesso a um *smartphone* moderno, que esteja totalmente operacional e carregado. Os assinantes também excedem regularmente seus limites de dados. Outros podem utilizar sistemas operacionais alternativos (como Blackberry ou derivados 'abertos' do Android) ou telefones celulares tradicionais. Alguns usuários podem não utilizar contas Google ou Apple, que são necessárias para baixar aplicativos de suas respectivas plataformas de aplicativos. As crianças normalmente não possuem telefones celulares. Especialmente idosos (e, portanto, vulneráveis) podem não ter um telefone celular ou podem não usar smartphones. Telefones celulares que são projetados para pessoas idosas não podem usar um sistema operacional iOS ou Android e não podem executar aplicativos externos. Muitos desses telefones são, em essência, apenas 'telefones com recursos'" (tradução nossa).[26]

Importante destacar, para concluir, que este também foi o entendimento à época da excelentíssima Ministra Rosa Weber do Supremo Tribunal Federal em análise feita em medida cautelar proferida para suspender a eficácia de dispositivos da MP 954, que trata da obrigação das empresas de telefonia em fornecer dados dos usuários ao IBGE, na ADI proposta pelo Conselho Federal da OAB, em cuja decisão mencionou a importância da privacidade e da proteção dos dados pessoais garantidos pela Lei Geral de Proteção de Dados (Lei 13.709/2018), fazendo referência ainda ao princípio da necessidade que deve ser respeitado.[27]

---

https://noyb.eu/sites/default/files/2020-04/ad_hoc_paper_corona_tracking_v0.3.pdf. Acesso em 7 nov. 2021.

26. "It cannot be assumed that every person has access to a modern smart phone, which is fully operational and charged. Subscribers also regularly exceed their data limits. Others may use alternative operating systems (like Blackberry or "open" Android derivatives) or traditional mobile phones. Some users may not use Google or Apple accounts, which are necessary to download applications from their respective app platforms. Children usually do not have mobile phones at all. Especially elderly (and therefore vulnerable) people may not have a mobile phone at all or may not use smart phones. Mobile phones that are designed for elderly people may not use an iOS or Android operating system and cannot run external applications. Many such phones are in essence only 'feature phones'". Disponível em: https://noyb.eu/sites/default/files/2020-04/ad_hoc_paper_corona_tracking_v0.3.pdf. Acesso em 7 nov. 2021.

27. Decisão liminar proferida no dia 24 de abril de 2020, ADIns 6.387, 6.388, 6.389 e 6.390: "*Não emerge da Medida Provisória n. 954/2020, nos moldes em que posta, interesse*

Muito conhecimento está sendo criado e muitas inovações desenvolvidas. Quanto à temática da proteção de dados pessoais, há uma série de melhores práticas que foram elaboradas especificamente para apoiar as autoridades de diversos países na condução do plano de ação da crise[28]. E, por certo, estes aprendizados poderão contribuir para consolidar uma nova cultura, um mundo pós Covid-19. Ou seja, podemos concluir de tudo isso que vamos avançar, quer seja por ação ou por reação.

6. REFERÊNCIAS BIBLIOGRÁFICAS

BIONI, Bruno Ricardo. Proteção de Dados Pessoais: a função e os limites do consentimento. 2. ed. Rio de Janeiro: Forense, 2019.

DONEDA, Danilo. Da privacidade à proteção de dos dados pessoais. 2. ed. São Paulo: Thomson Reuters Brasil, 2019.

TASSO, F. A. Compartilhamento de Dados entre o setor público e privado – possibilidades e limites. Revista do Advogado AASP, n. 144, p. 107-116, 2019.

público legítimo no compartilhamento dos dados pessoais dos usuários dos serviços de telefonia, considerados a necessidade, a adequação e a proporcionalidade da medida. E tal dever competia ao Poder Executivo ao editá-la" e referendada em 07/05/2020.

28. Disponível em: https://globalprivacyassembly.org/covid19/. Acesso em 7 nov. 2021.

Capítulo 21

As Falácias do Amanhã: A Saga da Entrada em Vigor da LGPD

Felipe Palhares

Bacharel em Direito pela Faculdade de Ciências Sociais de Florianópolis (CESUSC); Pós-graduado em Direito Empresarial pela Fundação Getulio Vargas – FGV/SP; Pós-graduado em Direito Societário pelo Instituto de Ensino e Pesquisa – INSPER; Mestre (LL.M.) em *Corporate Law* pela *New York University* – NYU. Único brasileiro a ser reconhecido como *Privacy Law Specialist* (PLS) pela *International Association of Privacy Professionals* – IAPP. Primeiro brasileiro a ser reconhecido como *Fellow of Information Privacy* (FIP) e o único brasileiro a ter obtido todas as certificações de privacidade e proteção de dados da IAPP (CIPP/E, CIPP/US, CIPP/C, CIPP/A, CIPM, CIPT). Certificado em *Privacy and Data Protection Foundation* pela EXIN. Certificado como *Data Protection Officer* pela *Maastricht University*. Certificado como *Data Privacy Solutions Engineer* pela ISACA (CDPSE). Professor convidado de matérias de proteção de dados pessoais do INSPER, da FGV/Rio, da Damásio/IBMEC, do ITS Rio, do Tribunal de Justiça do Estado de Santa Catarina, da Nextlaw Academy e do Instituto New Law. Cofundador da *Brazilian Legal Society at NYU School of Law*. Selecionado pela the *Law Society* e o *Bar Council of England and Wales* para ser um dos representantes brasileiros no *6th Latin American Young Lawyers' Exchange Programme*. Palestrante internacional, convidado para palestrar em eventos como o *IAPP Data Protection Intensive: UK 2020*, o *IAPP Global Privacy Summit 2020*, o *IAPP Summit Sessions 2020* e o *IAPP Global*

Privacy Summit Online 2021. Coordenador dos livros *Temas Atuais de Proteção de Dados* e *Estudos Sobre Privacidade e Proteção de Dados*. Coautor dos livros *LGPD – Manual de Implementação*, *Compliance no Direito Digital*, *Manual do DPO*, *LGPD na Saúde*, *A Lei Geral de Proteção de Dados Pessoais – LGPD no Setor Público e Privado – Temas Relevantes*, e *LGPD Aplicada*. Autor de diversos artigos sobre proteção de dados publicados em periódicos internacionais e nacionais, como Valor Econômico, Estadão, O Globo, JOTA, Conjur e *DataGuidance*. Advogado, admitido para a prática jurídica no Brasil e no estado de Nova York (EUA). Reconhecido dentre os maiores advogados de proteção de dados do mundo com menos de 40 anos, figurando na lista *40 under 40* da *Global Data Review*. Sócio da área de Proteção de Dados e *Cybersecurity* do BMA – Barbosa, Müssnich, Aragão Advogados.
https://www.linkedin.com/in/felipepalhares/
https://www.instagram.com/ofelipepalhares/
felipe.palhares@bmalaw.com.br

Nota Introdutória

Quando a primeira edição deste livro foi publicada, este artigo já nasceu defasado. Na época em que ele foi escrito e os originais foram enviados para a editora, a entrada em vigor da LGPD era uma incógnita. Vivia-se o temor, dado como quase certo, de que a legislação seria novamente prorrogada em razão da pandemia da Covid-19, tendo sua vigência postergada para janeiro ou maio de 2021 (ou algum período após essas datas).

Mas como a história é sempre distinta do que se espera e o Brasil não é para amadores, a LGPD acabou entrando em vigor no dia 18 de setembro de 2020, ainda que para quem não tenha vivido aquele momento histórico essa data possa parecer cabalística, já que não consta no texto da legislação ou em qualquer outra norma.

Para resumir: em 29 de abril de 2020, o Presidente da República editou a Medida Provisória nº 959/2020, que, dentre outros aspectos, prorrogava a vigência da Lei Geral de Proteção de Dados Pessoais para o dia 3 de maio de 2021. Na Câmara dos Deputados, o texto da MP havia sido alterado, resultando no Projeto de Lei de Conversão nº 34/2020, que alterava a vigência da LGPD para 31 de dezembro de 2020.

Numa reviravolta totalmente inesperada, quando o Projeto de Lei de Conversão nº 34/2020 foi submetido à apreciação pelo Senado Federal, o Senador Eduardo Gomes suscitou questão de ordem, citando itens do regimento interno do Senado e argumentando que a matéria já havia sido deliberada por aquela casa, que, em maio de 2020, ao apreciar o projeto de lei que deu origem à Lei nº 14.010/2020, havia decidido não prorrogar a vigência da LGPD, com exceção das suas sanções administrativas.

Após apreciar a questão de ordem, o Senador Davi Alcolumbre, então Presidente do Senado Federal, acolheu o respectivo argumento, declarando a prejudicialidade do dispositivo que postergava a entrada em vigor da LGPD. O restante da MP nº 959, na forma do Projeto de Lei de Conversão nº 34/2020, foi aprovado pelo Senado.

Com isso, a LGPD entrou em vigor na data da sanção da Lei nº 14.058/2020 (oriunda do Projeto de Lei de Conversão nº 34/2020), que foi publicada no Diário Oficial da União no dia 18 de setembro de 2020.

Feitas essas considerações introdutórias, este artigo perdeu totalmente o sentido com a entrada em vigor da LGPD. Ainda assim, para fins de registro histórico e para manter a uniformidade com a primeira edição deste livro, decidiu-se por mantê-lo na obra, exatamente na forma em que foi escrito, sem qualquer alteração.

Por essa razão, alerta-se ao leitor que alguns trechos do artigo não mais farão sentido, já que retratam fatos ultrapassados.

1. Introdução

Desde a sanção da Lei Geral de Proteção de Dados Pessoais (LGPD), em 14 de agosto de 2018, o fantasma da entrada em vigor da nova legislação sempre pairou no ar. Em todos os diversos eventos, palestras, seminários, painéis, encontros, *webinars*, *podcasts* e entrevistas, que aconteceram desde lá, uma mesma pergunta sempre foi recorrente: será que a lei vai pegar?

A indagação simplória, e ao mesmo tempo complexa, representativa da clássica dualidade de posições que se vive no Brasil, sempre me deixou um pouco perplexo e, quando vinha de outros colegas da profissão, claramente estarrecido. Somente numa República na qual existe um número demasiado de leis, tornando os cidadãos por vezes indiferentes a elas, é que esse tipo de questionamento é possível.

Diferentemente de um vírus, em Estados Democráticos de Direito leis regularmente criadas e aprovadas por órgãos legislativos, com representantes escolhidos pelo próprio povo por meio de eleições diretas e democráticas, não são transmitidas pelo ar ou contagiantes somente mediante contato físico ou aproximação. A partir do momento em que são sancionadas pelo Presidente da República, após debatidas e aprovadas pelo Congresso Nacional, leis são feitas para serem cumpridas, não cabendo escolha discricionária de acordo com o bel prazer do cidadão.

A autonomia da vontade do cidadão é plena e irrestrita somente até onde não for regulada pela legislação, conforme bem preceitua o artigo 5º, II, da Constituição Federal, ao prever que ninguém será obrigado a fazer ou deixar de fazer alguma coisa senão em virtude de lei. Para as condutas que são reguladas pela norma, certas escolhas deixam de estar disponíveis, sob pena da aplicação de sanções também prescritas em lei.

Não é permitido ao cidadão matar alguém, dirigir sem carteira de motorista, exercer a advocacia sem regular inscrição nos quadros da Ordem dos Advogados do Brasil, deixar de pagar tributos, fumar em ambientes fechados, usar drogas ilícitas, sem que essas condutas acarretem penalidades. E, curiosamente, ninguém questiona se as legislações que preveem tais restrições "vão pegar".

A LGPD trouxe essa angústia coletiva aparentemente por duas razões. A primeira é que o Marco Civil da Internet, outra legislação que abordava o tema de proteção de dados pessoais, consolidando o consentimento expresso como a única base legal disponível para o tratamento de dados, de fato nunca foi extensamente fiscalizada e aplicada nesse quesito, servindo muito mais como suporte jurídico para pleitos relacionados à retirada de conteúdo ofensivo da internet e à responsabilização dos provedores de aplicações de internet pela exibição desses conteúdos. A segunda é que a LGPD traz uma mudança completa e radical no que tange ao tratamento de dados pessoais, a demandar a transformação total de muitos modelos de negócio e a adaptação intensa tanto de empresas privadas quanto de órgãos públicos.

Mexer num vespeiro como esse, ao se exigir uma transmutação tão grande e extensa, para todos os setores da indústria sem exceção, pode realmente pôr em xeque a credibilidade de uma legislação. Mesmo assim, o fato de passar por um processo legislativo regular (e, diga-se de passagem, longo), sendo aprovada por unanimidade nas duas casas do Congresso, já deveria garantir à LGPD a confiabilidade necessária para ser considerada uma lei que "vai pegar". Somado ao fato de notícias constantes de vazamentos de dados pessoais, abusos cometidos por grandes corporações no compartilhamento de dados e de governos espionando outras nações com base em escutas secretas, a Lei tinha tudo para não encontrar resistências ideológicas sobre sua efetividade futura.

Desde o começo, a LGPD já previa um período de adequação amplo, de 18 meses desde a data de sua publicação. Poucas leis tiveram uma *vacatio legis* desse porte. Tanto o Código de Defesa do Consumidor quanto a Lei Anticorrupção entraram em vigor 180 dias depois de sua publicação, enquanto o novo Código de Processo Civil, que mudou substancialmente toda a sistemática processual do país, teve uma *vacatio* de 1 ano.

Em 28 de dezembro de 2018, a Medida Provisória nº 869/2018[1] trouxe uma prorrogação quase indolor, alterando a *vacatio legis* da maior parte da LGPD para 24 meses, com exceção dos artigos que criam a Autoridade Nacional de Proteção de Dados (ANPD) e o Conselho Nacional de Proteção de Dados Pessoais e da Privacidade, que entraram em vigor naquela mesma data em razão da posterior conversão da MP na Lei nº 13.853/2019. Diante da distância ainda grande da primeira data em que era esperada a entrada em vigor da legislação, o adiamento por mais 6 meses foi pouco questionado ou debatido, mormente por conta da necessária discussão central daquela Medida Provisória, ligada à criação da ANPD. A prorrogação era tão subliminar no texto da referida Medida Provisória que sequer foi comentada na mensagem da exposição de motivos EM nº 00239/2018[2] e não encontrou resistência no Congresso Nacional.

Ao longo do segundo semestre de 2019, um burburinho começou a rondar o mercado e os profissionais de proteção de dados sobre a possibilidade de um novo adiamento da LGPD, sem que um novo prazo fosse declarado abertamente. No dia 30 de outubro de 2019, o Deputado Carlos Bezerra apresentou o Projeto de Lei 5762/2019[3], com o intuito de prorrogar a entrada em vigor da LGPD para

---

1. BRASIL. *Medida Provisória nº 869, de 27 de dezembro de 2018*. Altera a Lei nº 13.709, de 14 de agosto de 2018, para dispor sobre a proteção de dados pessoais e para criar a Autoridade Nacional de Proteção de Dados, e dá outras providências. Disponível em: <http://www.planalto.gov.br/ccivil_03/_ato2015-2018/2018/Mpv/mpv869.htm>. Acesso em: 15 abr. 2020.
2. BRASIL. *Exposição de Motivos nº 00239/2018 MP, de 6 de dezembro de 2018*. Disponível em: <http://www.planalto.gov.br/ccivil_03/_ato2015-2018/2018/Exm/Exm-MP-869-18.pdf>. Acesso em: 15 abr. 2020.
3. CÂMARA DOS DEPUTADOS. *Projeto de Lei n. 5762/2019 (Deputado Carlos Bezerra)*. Altera a Lei nº 13.709, de 2018, prorrogando a data de entrada em vigor de dispositivos da Lei Geral de Proteção de Dados Pessoais – LGPD – para 15 de agosto de 2022.

o dia 15 de agosto de 2022, o que levaria a Lei a ter uma *vacatio legis* de 48 meses. O Projeto teve pouca movimentação, sendo encaminhado para a Comissão de Constituição e Justiça e de Cidadania em 21 de novembro de 2019, onde ainda se encontra na data em que este artigo foi escrito. Ainda em meados de 2019, outros dois Projetos de Lei (6149/2019[4], de autoria do Deputado Mário Heringer; e 3420/2019[5], de autoria do Deputado Heitor Freite) buscavam alterar critérios relativos à aplicação das multas previstas pela LGPD.

Mesmo com a propositura do Projeto de Lei 5762/2019, os rumores de que a Lei seria potencialmente adiada não estavam ligados a tal proposição, mas sim à possibilidade de o Presidente da República editar uma nova Medida Provisória, próximo à data da entrada em vigor da legislação, sob o fundamento de que a Autoridade Nacional de Proteção de Dados ainda não havia sido constituída e de que a Lei não poderia entrar em vigor sem ela.

As expectativas, no entanto, foram desfeitas e o cenário mudou drasticamente desde então. Em razão da propagação da pandemia da Covid-19 no Brasil, no dia 30 de março de 2020, o Senador Antonio Anastasia apresentou o Projeto de Lei 1179/2020[6], que cria o Regime Jurídico Emergencial e Transitório (RJET) nas relações de direito privado. Entre as disposições originais do PL 1179 constava a alteração da data da entrada em vigor da LGPD para 36 meses contados da data de sua publicação.

Outros Projetos de Lei também propostos em março de 2020 no âmbito do Senado Federal tinham a pretensão de postergar a legislação ou a aplicação das

---

Disponível em: <https://www.camara.leg.br/proposicoesWeb/prop_mostrarintegra?codteor=1828120&filename=PL+5762/2019>. Acesso em: 15 abr. 2020.

4. Idem. *Projeto de Lei n. 6149/2019 (Deputado Mário Heringer)*. Altera a Lei nº 13.709, de 14 de agosto de 2018, para estabelecer progressividade temporal no valor das multas a serem aplicadas. Disponível em: <https://www.camara.leg.br/proposicoesWeb/prop_mostrarintegra?codteor=1837343&filename=PL+6149/2019>. Acesso em: 15 abr. 2020.
5. Idem. *Projeto de Lei n. 3420/2019 (Deputado Heitor Freire)*. Altera a Lei nº 13.709, de 14 de agosto de 2018, a fim de limitar a multa aplicada às entidades de direito privado em caso de vazamento de dados pessoais. Disponível em: <https://www.camara.leg.br/proposicoesWeb/prop_mostrarintegra?codteor=1762621&filename=PL+3420/2019>. Acesso em: 15 abr. 2020.
6. SENADO FEDERAL. *Projeto de Lei n. 1179/2020 (Senador Antonio Anastasia)*. Dispõe sobre o Regime Jurídico Emergencial e Transitório das relações jurídicas de Direito Privado (RJET) no período da pandemia do Coronavírus (Covid-19). Disponível em: <https://legis.senado.leg.br/sdleg-getter/documento?dm=8081779&ts=1586972948105&disposition=inline>. Acesso em: 15 abr. 2020.

suas sanções, a exemplo do PL 1027/2020[7], do Senador Otto Alencar, e do PL 1198/2020[8], do Senador Alvaro Dias.

No dia 3 de abril de 2020, depois de negociações entre os parlamentares do Senado Federal, o PL 1179/2020 foi aprovado em sessão virtual do Plenário, na forma do Substitutivo apresentado pela relatora, a Senadora Simone Tebet. De acordo com o texto que tinha sido aprovado naquela ocasião, a data da entrada em vigor da grande parte dos dispositivos da LGPD seria prorrogada para o dia 1º de janeiro de 2021, com os artigos 52 ao 54 da Lei, que se referem às sanções administrativas previstas na legislação, entrando em vigor posteriormente, no dia 1º de agosto de 2021.

No dia 29 de abril de 2020, para complicar ainda mais a salada mista do processo legislativo para a prorrogação da LGPD, o Presidente da República editou a Medida Provisória nº 959/2020. Embora a quase totalidade do texto da Medida Provisória seja destinada a tratar da operacionalização do pagamento do Benefício Emergencial de Preservação do Emprego e da Renda, o seu penúltimo artigo traz uma previsão inesperada, determinando o adiamento da *vacatio legis* da LGPD e sua entrada em vigor no dia 3 de maio de 2021, justificando a prorrogação com base na pandemia da Covid-19.

A súbita edição dessa nova Medida Provisória deflagra um verdadeiro caos legislativo, na medida em que o PL 1179 já havia sido previamente aprovado pelo Senado Federal e, no momento da edição da Medida Provisória estava em vias de ser votado pela Câmara, inexistindo aparente razão para a edição da referida Medida Provisória, especialmente diante da ausência de urgência do tema. Caso o PL 1179 não fosse aprovado até agosto, aí sim caberia argumentar a eventual urgência para a edição de uma medida provisória prorrogando a LGPD.

---

7. SENADO FEDERAL. *Projeto de Lei n. 1027/2020 (Senador Otto Alencar)*. Altera a Lei nº 13.709, de 2018, prorrogando a data da entrada em vigor de dispositivos da Lei Geral de Proteção de Dados Pessoais – LGPD – para 16 de fevereiro de 2022. Disponível em: <https://legis.senado.leg.br/sdleg-getter/documento?dm=8078383&ts=1586897287166&disposition=inline>. Acesso em: 15 abr. 2020.

8. Idem. *Projeto de Lei n. 1198/2020 (Senador Alvaro Dias)*. Acrescenta parágrafo único ao artigo 65 da Lei no 13.709, de 14 de agosto de 2018, Lei Geral de Proteção de Dados Pessoais – LGPD, para prever prazo de aplicação das sanções previstas na referida Lei, em virtude do estado de calamidade pública reconhecido pelo Decreto Legislativo no 6, de 20 de março de 2020, e da emergência de saúde pública de importância internacional decorrente do coronavírus (covid-19). Disponível em: <https://legis.senado.leg.br/sdleg-getter/documento?dm=8082566&ts=1586898530806&disposition=inline>. Acesso em: 15 abr. 2020.

No dia 14 de maio de 2020, a Câmara dos Deputados aprovou o PL 1179, mas decidiu suprimir a previsão que prorrogava a entrada em vigor da maior parte da LGPD para o dia 1º de janeiro de 2021, mantendo somente o dispositivo que prorroga a entrada em vigor das sanções administrativas da Lei para o dia 1º de agosto de 2021. O argumento utilizado pela Câmara dos Deputados foi o de que o tema seria posteriormente debatido quando da apreciação da MP 959, ocasião na qual o Congresso poderia melhor discutir sobre a eventual prorrogação da Lei. Como houve alteração do texto, o Projeto de Lei teve que retornar ao Senado para ratificação.

No dia 19 de maio de 2020, o Senado Federal aprovou novamente o PL 1179, de acordo com o texto alterado pela Câmara dos Deputados. A aprovação parece ter sido uma surpresa para a própria relatora, a Senadora Simone Tebet, que defendia o retorno do texto ao que fora inicialmente aprovado pelo Senado. Contudo, a maioria dos senadores defendeu a manutenção do texto alterado pela Câmara, sob o argumento de que a Lei teria que entrar em vigor o quanto antes, dando a entender que a MP 959 seria posteriormente rejeitada pelo Congresso Nacional.

Parte dos senadores, inclusive, defendeu que a LGPD era necessária especialmente diante da necessidade de se combater a proliferação das *fake news*, ainda que mencionada legislação de proteção de dados não sirva para a resolução desse problema.

De fato, as sanções administrativas da LGPD foram prorrogadas para o dia 1º de agosto de 2021, com a sanção do PL 1179 pelo Presidente da República e consequente promulgação da Lei nº 14.010/2020. Sobre os demais artigos da Lei, embora o adiamento se mostre provável, por conta da MP 959 e dos pleitos de parte do setor industrial em prol da prorrogação da Lei, nada garante que a Medida Provisória não será rejeitada ou modificada pelo Congresso Nacional, o que pode resultar tanto na manutenção da *vacatio legis* da LGPD em 24 meses, quanto na alteração dos prazos indicados acima.

Indiferentemente do que seja decidido pelo Congresso Nacional nesse momento, quando da apreciação da MP 959, este artigo tem como objetivo abordar as três principais razões que são levantadas pelos defensores da necessidade da prorrogação da entrada em vigor da Lei Geral de Proteção de Dados Pessoais.

Os três argumentos, conjuntamente, compõem *as falácias do amanhã* (também conhecidas como a epítome do procrastinador): amanhã haverá maior nível de conformidade; amanhã existirá uma Autoridade Nacional de Proteção de Dados; e amanhã não haverá mais pandemia.

Nenhum dos argumentos parece vingar como justificativa para a imperiosidade do adiamento da LGPD, como será visto a seguir.

2. O Argumento da Baixa Conformidade

Talvez o argumento mais inóspito para a prorrogação da vigência da LGPD seja o relativo aos estudos ou pesquisas que demonstram que há um baixo nível de organizações, especialmente de empresas de grande porte, que já estão em conformidade com a legislação, a indicar que a tarefa seria ainda mais hercúlea para pequenas e microempresas.

Justificativas desse parâmetro possuem dois grandes problemas: o primeiro é que privilegiam o comportamento de quem nada fez para se adequar, de empresas privadas e órgãos da Administração Pública que, desde agosto de 2018, sabiam que a Lei entraria em vigor em 24 (ou 18) meses e preferiram se manter inertes, fugindo de qualquer responsabilidade pela adequação de suas práticas de tratamento de dados pessoais sob o manto/desculpa de incredulidade em relação ao fato de se a lei iria "pegar". Em muitos casos, o nível de conformidade com a legislação é baixo por conta da falta de interesse em se modificarem práticas comerciais que sempre foram realizadas e que, quando alteradas, terão um impacto profundo na organização, ainda que posteriormente elas resultem em benefícios não vislumbrados num primeiro momento. Aos que deixaram para fazer algo em relação à Lei somente após a sua entrada em vigor, a extensão da *vacatio* é a prova viva de que procrastinar a adequação à legislação compensa.

Inclusive, não foram só empresas que deixaram de se movimentar em relação à LGPD. Alguns órgãos da Administração Pública, incluindo a Câmara dos Deputados, o Senado Federal, os Tribunais de Justiça estaduais, os Tribunais Superiores, os governos estaduais e municipais, entre outros, aparentemente mantiveram-se inertes durante os últimos dois anos no que tange à implementação de práticas de proteção de dados pessoais.

O segundo grande problema é que a prorrogação da Lei por conta do baixo nível de conformidade incentiva empresas e órgãos públicos a realmente não fazerem nada em prol de sua adequação à legislação. Se eu sei que se ninguém se mover em prol da conformidade a Lei será postergada, a inércia pode parecer de fato a melhor solução.

Contar com um elevado nível de conformidade (com qualquer legislação) é um critério irreal para o cenário brasileiro. No País que reconhece o "jeitinho" como uma forma natural de se superar problemas e obstáculos, ainda que a solução não seja inteiramente lícita ou politicamente correta, imaginar que uma nova legislação tão significativa como a LGPD teria um nível de conformidade alto logo de cara beira ao devaneio.

Em muitos casos, é justamente a entrada em vigor da Lei que dará o empurrão inicial para o caminho da conformidade de empresas e órgãos públicos.

É a partir do momento em que as sanções previstas na legislação se tornam uma possibilidade real e concreta, que a fiscalização da Lei por conta de órgãos de defesa do consumidor e dos próprios titulares se torna um fato incontornável, que muitas organizações começarão a se preocupar com o que é a Lei Geral de Proteção de Dados Pessoais e como se adequar a ela. Até lá, vai-se empurrando com a barriga, sob o pretexto de que a lei "não vai pegar" ou que certamente será adiada. É só quando as coisas ficam realmente difíceis que a preocupação bate na porta.

Não faltam evidências para comprovar esse ponto. Em 2018, a Deloitte, em conjunto com a *International Chamber of Commerce* – Brasil (ICC Brasil), divulgou uma pesquisa sobre integridade corporativa no Brasil, avaliando a evolução do *compliance* e das boas práticas empresariais nos anos anteriores e projetando o que seriam os níveis de conformidade esperados para os anos seguintes.[9] A pesquisa identificou que, entre 2012 a 2014 (ou seja, dois anos antes da entrada em vigor da Lei Anticorrupção e no ano em que esta passou a ter vigência efetiva), somente 19% das 211 empresas pesquisadas adotavam diretrizes determinadas por aquela legislação. O número só passa a ter um aumento significativo *depois* da entrada em vigor da Lei Anticorrupção: entre 2015 e 2017, o percentual subiu para 47%; entre 2018 e 2020, a previsão indicada pelo estudo mostra que o percentual se elevaria para 61%. Ainda assim, mesmo que o percentual efetivamente tenha chegado a 61%, significaria dizer que 39% das empresas ainda não cumprem com as diretrizes da Lei Anticorrupção, mesmo passados 6 anos desde a sua entrada em vigor.

No Brasil, que se viu envolto em diversos escândalos de corrupção de grandes proporções nos últimos anos, *compliance* e integridade corporativa se tornaram uma preocupação recorrente das empresas, especialmente daquelas que têm interesses em realizar negócios globalmente. E, mesmo assim, o nível de conformidade com a legislação era extremamente baixo antes da entrada em vigor da Lei Anticorrupção (e continua, de acordo com a pesquisa indicada, em nível abaixo do que se poderia imaginar). Se nem com aspectos de prevenção à corrupção essas empresas se importavam antes da entrada em vigor da respectiva lei, difícil seria imaginar que o cenário fosse diferente em relação ao tema de proteção de dados pessoais, que para muitas continua sendo assunto desconhecido e com baixa percepção interna de relevância ou dos ganhos positivos que pode acarretar.

---

9. DELOITTE. *Integridade Corporativa no Brasil: Evolução do compliance e das boas práticas empresariais nos últimos anos – Pesquisa 2018*, p. 8. Disponível em: <https://www2.deloitte.com/content/dam/Deloitte/br/Documents/risk/DL_ICC_Publicação_v09.pdf>. Acesso em: 15 abr. 2020.

O cenário de conformidade com leis de proteção de dados não demonstra somente um baixo nível de adesão no ambiente brasileiro. Em julho de 2018, a TrustArc publicou uma pesquisa[10] realizada com 600 empresas (200 dos EUA, 200 do Reino Unido e 200 da União Europeia), que foram questionadas entre 4 a 15 de junho de 2018 sobre a sua conformidade com o *General Data Protection Regulation* (GDPR). O resultado não impressiona: somente 27% das empresas da União Europeia responderam que estavam em plena conformidade com o GDPR, enquanto 21% das empresas do Reino Unido e 12% das empresas dos EUA responderam da mesma forma.

Vale lembrar que, no momento da pesquisa, o GDPR já estava em vigor há quase 2 semanas, depois de um período de adaptação de 2 anos. Mais relevante ainda é o fato de que tanto na União Europeia quanto no Reino Unido (que na época ainda fazia parte da União Europeia) já existiam leis específicas de proteção de dados há muito tempo, transpostas nacionalmente em cada Estado-Membro em razão da Diretiva 95/46/EC.

Não obstante esses fatos, o nível de conformidade plena com o GDPR ainda era bem reduzido. Por outro lado, a mesma pesquisa indica que 49% das empresas da União Europeia pesquisadas, 55% das do Reino Unido e 56% das americanas tinham a expectativa de alcançar a conformidade plena até o final de 2018, o que corrobora o argumento de que, a partir do momento em que a lei entra em vigor, as empresas começam a de fato se mexer em prol da conformidade.

Outra pesquisa conduzida pela *TrustArc* e publicada em fevereiro de 2019[11] revela o nível de *compliance* de empresas norte-americanas com o *California Consumer Privacy Act* (CCPA), 11 meses antes da entrada em vigor da legislação. Duzentos e cinquenta empresas foram entrevistadas no período de 15 a 27 de fevereiro de 2019. Dessas empresas, algumas eram obrigadas a cumprir tanto com o GDPR e com o CCPA, enquanto outras estavam somente sob a jurisdição do CCPA. Das que precisavam entrar em conformidade somente com o CCPA, apenas 6% das empresas responderam que já estavam em plena conformidade, enquanto 58% responderam que sequer tinham começado a fase de

10. TRUSTARC. *GDPR Compliance Status: A Comparison of US, UK and EU Companies*, p. 8. Disponível em: <https://download.trustarc.com/dload.php/?f=M9T2K99J-729>. Acesso em: 15 abr. 2020.

11. TRUSTARC. *CCPA and GDPR Compliant Report: Research into U.S. Compliance Status and Plans for Californua Consumer Privacy Act and EU General Data Protection Regulation*, p. 6. Disponível em: <https://download.trustarc.com/dload.php/?f=7OFE-DLUL-784>. Acesso em: 15 abr. 2020.

implementação. O número baixo do nível de conformidade, no entanto, não impediu o CCPA de entrar em vigor no dia 1º de janeiro de 2020.

Muito embora as comparações internacionais supra já revelem que nível de conformidade prévio não deve ser critério para avaliação de se uma lei deve entrar em vigor ou não, outro aspecto merece ser mencionado. Estar em plena conformidade com qualquer legislação de proteção de dados é uma tarefa quase impossível, mormente porque essa não é uma corrida com linha de chegada. O *compliance* com a LGPD é contínuo e cíclico, não acaba com a implementação de políticas e processos, fazendo com que um evento ocasional e equivocado, como o envio de um e-mail que contém dados pessoais sensíveis para um destinatário errado, resulte num vazamento de dados pessoais e, por sua vez, numa inconformidade com a legislação.

Assim, pesquisas sobre a conformidade com a LGPD podem apresentar resultados que parecem pífios por conta da interpretação das pessoas que foram questionadas sobre o que seria a conformidade plena com a Lei, especialmente se os entrevistados tiverem senso crítico de responderem que não estão em conformidade plena por uma visão holística, de que, embora a organização esteja cumprindo com todas as regras, hoje é impossível afirmar que um evento de não conformidade não acontecerá num futuro próximo, pondo por terra a ideia de conformidade "plena".

Assim, o argumento de que poucas empresas estão em conformidade com a LGPD como justificativa para a prorrogação da lei é frívolo. Representa, na verdade, a máxima do procrastinador: hoje eu não fiz o que deveria ter feito, amanhã eu faço (ou talvez não). Para contextualizar adequadamente o cenário, contudo, a frase deveria ser diferente: nos últimos dois anos eu não fiz nada em relação à LGPD, nos próximos dois quem sabe eu faça.

3. O Argumento da Ausência da ANPD

O segundo argumento rotineiramente levantado para justificar o adiamento da LGPD é o da ausência da instalação e funcionamento da Autoridade Nacional de Proteção de Dados, cujo decreto estrutural sequer tinha sido publicado e cujos membros do Conselho Diretor sequer tinham sido nomeados na data de elaboração deste artigo.

Esse é claramente o mais forte dos argumentos em prol da postergação da Lei. Não há como negar que a Lei Geral de Proteção de Dados Pessoais é uma lei aberta, propositalmente lacunosa, repleta de incertezas e de pontos deixados sem definição específica pelo Poder Legislativo, pendentes de futuras regulamentações por parte da ANPD.

Entre os mais de 20 aspectos que precisam ser regulados pela Autoridade, destacam-se os seguintes:

> Definição de regras para as transferências internacionais de dados, incluindo o reconhecimento de outros países como jurisdições adequadas, a aprovação de normas corporativas globais (*binding corporate rules*), de cláusulas contratuais padrão (*standard contractual clauses*) ou de cláusulas específicas para a transferência;
>
> Os casos de dispensa da necessidade de nomeação de um Encarregado pelo tratamento de dados pessoais (*Data Protection Officer*), e a edição de normas complementares sobre a definição e atribuições dessa posição;
>
> A especificação do que seria um "prazo razoável" para a comunicação de um incidente de segurança à Autoridade Nacional e aos titulares envolvidos, na forma prevista no artigo 48, § 1º, da Lei;
>
> A definição dos padrões mínimos de medidas de segurança, técnicas e administrativas, aptas a proteger os dados pessoais;
>
> Aspectos relativos ao Relatório de Impacto à Proteção de Dados Pessoais, incluindo sua forma e a definição de hipóteses de obrigatoriedade ou de dispensa de sua condução;
>
> As metodologias que orientarão a dosimetria para o cálculo do valor-base das sanções de multa a serem aplicadas;
>
> Normas específicas sobre a adequação progressiva de bancos de dados legados, constituídos e formados antes da entrada em vigor da Lei;
>
> Definição de prazos diferenciados para a resposta aos requerimentos formulados por titulares de dados para o exercício de seus direitos de conformação de existência do tratamento de dados ou de acesso.

Formular um projeto de adequação à LGPD sem essas balizas é inegavelmente complexo, uma vez que a adequação pode não resultar na conformidade com a legislação caso a posterior regulamentação seja incompatível com os critérios adotados anteriormente pela empresa ou pelo órgão público. A escolha do que seria um "prazo razoável" para a comunicação de um vazamento de dados é um desse pontos nevrálgicos, que pode exigir a reformatação de um programa de governança em privacidade e proteção de dados. O que é razoável para alguém, possivelmente não será razoável para um terceiro.

Em artigo intitulado "Sem a ANPD, a LGPD é um problema, não uma solução", Fabrício da Mota Alves e Gustavo Afonso Sabóia Vieira defendem a tese de que a falta da ANPD é altamente preocupante, especialmente para órgãos da Administração Pública:

> "A questão ganha contornos ainda mais preocupantes para o setor público, cuja adequação à LGPD deve respeitar diretrizes e processos mais complexos, em razão do cumprimento de preceitos constitucionais delimitadores (e determinantes) da ação estatal.
>
> Como podem os órgãos públicos promover a adequação a uma legislação inacabada e, ao mesmo tempo, respeitar o princípio da legalidade? Podem os órgãos e entes públicos basearem-se na experiência europeia adotando o Direito Europeu Regulatório de Proteção de Dados Pessoais? O RGPD pode ser usado como parâmetro para acomodar a LGPD nesse ambiente restrito? Os pareceres do antigo Grupo de Trabalho do art. 29 e do atual Comitê Europeu de Proteção de Dados podem ser utilizados como referência dos fundamentos, decisões e ações de adequação do setor público? Os atos administrativos que assim dispuserem serão válidos? O gestor público que seguir nessa direção estará agindo com probidade, legitimidade e responsabilidade administrativas?"[12]

De fato, a ausência da Autoridade Nacional de Proteção de Dados traz uma série de complicações para o sistema nacional de proteção de dados, inclusive para a conformidade com a legislação. Resolver esse problema, entretanto, não exige postergar a data da entrada em vigor da LGPD. Exige que o Poder Público, num compromisso tanto do Executivo quanto do Legislativo, assim queira. Até o momento, essa vontade parece não existir, ou, ao menos, não ser uma prioridade de ambos os Poderes.

Desde 28 de dezembro de 2018, com a edição da Medida Provisória nº 869/2018, o Poder Executivo já tinha a prerrogativa inicial de formular um decreto para a estruturação regimental e administrativa da ANPD, bem como de nomear os cinco membros do seu Conselho Diretor, como prevê o art. 55-D da Lei. Passados 1 ano e 6 meses, nada disso foi feito.

A bem da verdade é que proteção de dados pessoais nunca foi uma pauta primordial para a gestão atual, assim como não era para nenhum dos candidatos que concorreram à Presidência da República em 2018. Com exceção de uma singela menção à LGPD em um dos treze planos de governo apresentados pelos postulantes ao cargo máximo do Poder Executivo que tiveram seus registros deferidos, e que também se limitava a dizer que a Lei Geral de Proteção de Dados

---

12. ALVES, Fabricio Mota; VIEIRA, Gustavo Afonso Sabóia. Sem a ANPD, a LGPD é um problema, não uma solução. *JOTA*, 6 de janeiro de 2020. Disponível em: <https://www.jota.info/opiniao-e-analise/artigos/anpd-lgpd-problema-solucao-06012020>. Acesso em: 15 abr. 2020.

Pessoais receberia atenção, nenhuma medida efetiva sobre o sistema de proteção de dados do País foi contemplada nos referidos programas, demonstrando a pouca relevância relegada ao tema.

Ao longo de 2019, a expectativa sobre a criação da ANPD cresceu, inclusive diante de comentários de pessoas ligadas ao Governo Federal de que a movimentação interna no Poder Executivo era para que os diretores da Autoridade Nacional fossem nomeados e sabatinados pelo Senado Federal até o final daquele ano, com a possibilidade de antecipação desse prazo para setembro caso os nomes já tivessem sido escolhidos no começo daquele mês.[13]

Chegou-se também a comentar que o decreto de estruturação da ANPD já havia sido minutado e encaminhado para a Casa Civil, dando a entender que ele seria publicado ainda no ano de 2019[14], o que também não ocorreu.

A inércia do Poder Executivo nos trouxe até junho de 2020 sem a publicação do decreto estruturante da ANPD e sem a nomeação de seus diretores. Mas, ainda que ambos os atos tivessem sido realizados, continuaríamos a depender da vontade do Senado Federal para a instalação efetiva da ANPD em razão da necessidade de sabatina dos diretores, o que, em tempos de clara dificuldade política de conciliação entre o Executivo e o Legislativo, pode levar diversos meses.

Basta verificar que, em novembro de 2019, o Presidente Jair Bolsonaro indicou dois novos nomes para o cargo de diretores da Agência Nacional de Aviação Civil (ANAC) e as respectivas mensagens de nomeação ainda não haviam sequer sido lidas pelo Senado na data de elaboração deste artigo, em junho de 2020, inviabilizando, portanto, a sabatina de referidos nomes.[15]

Nesse sentido, mesmo que os diretores da ANPD já tivessem sido nomeados pelo Presidente da República, ainda existiria o impasse do agendamento da respectiva sabatina e aprovação pelo Senado Federal, o que, no correr da carruagem

13. URUPÁ, Marcos. ANPD poderá ter Conselho Diretor nomeado até o final do ano. *Teletime*, 6 de agosto de 2019. Disponível em: <https://teletime.com.br/06/08/2019/anpd-podera-ter-conselho-diretor-nomeado-ate-o-final-do-ano/>. Acesso em: 15 abr. 2020.

14. POSSEBON, Samuel. LGPD: prazos e regulamentação ainda são pontos cada vez mais críticos. *Teletime*, 27 de novembro de 2019. Disponível em: <https://teletime.com.br/27/11/2019/lgpd-prazos-e-regulamentacao-ainda-sao-pontos-cada-vez-mais-criticos/>. Acesso em: 15 abr. 2020.

15. SILVEIRA, Tales. Sabatina de diretores da ANAC no Senado continua sem previsão de ocorrer. *Agência Infra*, 23 de março de 2020. Disponível em: <http://www.agenciainfra.com/blog/sabatina-de-diretores-da-anac-no-senado-continua-sem-previsao-de-ocorrer/>. Acesso em: 15 abr. 2020.

e de acordo com o histórico recente de nomeações de outros órgãos, pode demorar mais de 6 meses para se concretizar.

Diante desse contexto, a Autoridade Nacional de Proteção de Dados ainda não existe por falta de interesse político e esse próprio desinteresse governamental pode prosperar por um período de tempo indeterminado. Se essa for a justificativa para prorrogar a legislação, seria prudente nos prepararmos para novas prorrogações no futuro, haja vista a possibilidade efetiva de a ANPD não ser constituída nem mesmo no próximo ano.

Mais apropriado do que postergar a Lei em razão da ausência da ANPD seria cobrar efusivamente, dos governantes, ações concretas e transparentes em prol da instituição e formatação da Autoridade.

Adiar a legislação novamente por conta da ausência da ANPD seria crer na tese de que somente a Autoridade irá nos salvar e cair no segundo vão do tripé da falácia do amanhã: amanhã nós teremos uma Autoridade em atividade e tudo se resolverá.

4. O Argumento da Pandemia

O argumento final invocado por Projetos de Lei, pela Medida Provisória nº 959/2020 e por críticos da entrada em vigor da LGPD em agosto de 2020 diz respeito à inesperada pandemia do novo coronavírus, alastrada ao redor do mundo desde o final de 2019, reconhecida para fins de declaração de emergência em saúde pública de importância nacional pela Portaria nº 188, de 3 de fevereiro de 2020, emitida pelo Ministério da Saúde e com medidas de enfrentamento dispostas pela Lei nº 13.979/2020.

Incontestavelmente, a pandemia da Covid-19 e suas proporções globais jamais poderiam ser esperadas, muito menos em relação à sua propagação exponencial ao redor do mundo em tão pouco tempo e sua chegada ao Brasil de forma avassaladora. Desde que o primeiro caso foi confirmado em território nacional, no dia 26 de fevereiro de 2020[16], até o dia 5 de junho de 2020, o Brasil computava 643.766 confirmados oficialmente e 34.973 mortes, com óbitos registrados em todos os Estados da Federação.[17]

---

16. OLIVEIRA, Elida; ORTIZ, Brenda. Ministério da Saúde confirma primeiro caso de coronavírus no Brasil. *Globo.com*, 26 de fevereiro de 2020. Disponível em: <https://g1.globo.com/ciencia-e-saude/noticia/2020/02/26/ministerio-da-saude-fala-sobre-caso-possivel-paciente-com-coronavirus.ghtml>. Acesso em: 15 abr. 2020.

17. NOGUEIRA, Luiz. Covid-19: Brasil passa dos 100 mil casos; mortes superam 7 mil. Olhar Digital, 4 de maio de 2020. Disponível em: <https://olhardigital.com.br/coronavirus/

Os reflexos da pandemia já são sentidos desde agora e certamente atingirão um número expressivo de empresas e indivíduos, modificando-se por completo a lógica comercial e social existente até então. Ainda assim, adiar a entrada em vigor da Lei Geral de Proteção de Dados Pessoais por conta da pandemia não é a solução.

Muito pelo contrário, em um momento no qual o mundo vive uma dependência enorme de dados pessoais sensíveis, relativos às pessoas que foram infectadas pelo vírus e as que foram curadas, no sentido de tentar encontrar um medicamento ou vacina para enfrentar o coronavírus, ou mesmo de monitorar o agrupamento de pessoas a fim de evitar maiores propagações da doença, seria essencial termos uma legislação de proteção de dados pessoais em vigor, que pontue princípios e regras sobre o tratamento de dados. Num cenário em que prontuários médicos são lidos na televisão, pacientes são claramente identificados em coletivas de imprensa e, muitas vezes, descobrem que contraíram a doença por meio desses pronunciamentos, antes mesmo de terem recebido os resultados oficiais do teste da presença do vírus em seu organismo, seria o caso de ser pleiteada a antecipação urgente da Lei, não sua postergação.

A eficácia plena da LGPD seria primorosa para, inclusive, criar limites a condutas de monitoramento excessivas que podem ser (e estão sendo) adotadas pelo Poder Público ao redor do globo, balanceando a cristalina necessidade do tratamento de dados para fins de saúde pública e de proteção da vida e da incolumidade física do titular e de terceiros, com os direitos à privacidade de cada um de nós.

No dia 14 de abril de 2020, a Corte Interamericana de Direitos Humanos disponibilizou uma declaração intitulada "COVID-19 e Direitos Humanos: os problemas e desafios devem ser abordados a partir de uma perspectiva de direitos humanos e com respeito às obrigações internacionais", na ratifica que:

> "Medidas adequadas devem ser tomadas para garantir que o uso da tecnologia de vigilância, para monitorar e rastrear a disseminação do coronavírus COVID-19, seja limitado e proporcional às necessidades de saúde, e não envolva uma interferência desmedida e lesiva à privacidade, à proteção de dados pessoais e à observância ao princípio geral de não discriminação."[18]

---

noticia/covid-19-brasil-passa-dos-100-mil-casos-mortes-superam-7-mil/98089>. Acesso em: 4 mai. 2020.

18. CORTE INTERAMERICANA DE DIREITOS HUMANOS. *COVID-19 e Direitos Humanos: os problemas e desafios devem ser abordados a partir de uma perspectiva de direitos*

Sem uma legislação de proteção de dados pessoais em vigor, a limitação dos poderes do Estado na seara do monitoramento dos dados de pacientes, infectados e curados é mais restrita. Admitir o monitoramento extensivo, sem qualquer controle ou equilíbrio com os direitos individuais, abre brechas para que órgãos da Administração Pública tomem gosto pela prática e pretendam reiterá-la posteriormente, sob a justificativa de que ela já foi adotada previamente sem qualquer oposição.

É óbvio que concessões precisariam ser feitas, como já ocorre em outras áreas do direito, a exemplo das obrigações tributárias que estão sendo diferidas ou das dívidas tributárias que estão sendo renegociadas. Nada disso deveria impedir a Lei de entrar em vigor.

Argumentar que a pandemia seja uma justificativa para tanto, em virtude da necessidade de realocação de investimentos de empresas em outras áreas que não a da proteção de dados pessoais, a exemplo de comitês de crise, abre um precedente perigoso (especialmente diante do cenário que se é esperado para os próximos anos), de que a chegada de crises com impactos econômicos imponha a postergação de novas legislações. Nesse caminhar, talvez a Lei Geral de Proteção de Dados Pessoais só entre em vigor em 2030.

E, novamente, privilegia quem até o momento não tinha sequer se importado com a adequação à legislação, deixando tal tarefa para o último minuto possível, na esperança de que a Lei fosse adiada ou pouco fiscalizada.

Por fim, adiar a legislação em razão da pandemia criaria, além de evidente insegurança jurídica, uma total incerteza sobre quando enfim a lei entraria em vigor. Até o momento, não há definições concretas de quando superaremos a propagação da Covid-19, nem certezas sobre como será o cenário pós-pandemia que nos espera. Pode ser (e tomara que seja) que a pandemia seja contida nos próximos meses, assim como pode ser que ela continue de forma persistente e reincidente pelos próximos anos.

Se a LGPD for constantemente prorrogada enquanto perdurarem os efeitos da Covid-19, novamente teríamos um cenário em que a Lei, provavelmente, só entraria em vigor daqui a vários anos.

A justificativa da pandemia como fundamento para eventual postergação completa o terceiro ponto do tridente da falácia do amanhã: amanhã a pandemia vai passar, e aí então podemos voltar a pensar em proteção de dados pessoais.

---

humanos e com respeito às obrigações internacionais. 14 de abril de 2020. Disponível em: <https://www.conjur.com.br/dl/direitos-humanos.pdf>. Acesso em: 15 abr. 2020.

5. Considerações Finais

Considerar qualquer um dos argumentos supra, isoladamente, para justificar a prorrogação da entrada em vigor da LGPD parece inapropriado. O conjunto dos três, no entanto, acaba por criar a tempestade perfeita e abre uma janela de oportunidade para que o Congresso Nacional postergue uma lei complexa, de difícil implementação e que exige uma série de ajustes comportamentais e procedimentais delicados, especialmente para órgãos da Administração Pública, especialmente num ano de eleição.

A realidade atual faz com que seja improvável que a Lei Geral de Proteção de Dados Pessoais não seja adiada. No momento em que este artigo era escrito, o PL 1179/2020 já havia sido sancionado pelo Presidente da República, com a consequente promulgação da Lei nº 14.010/2020, que postergou a entrada em vigor dos artigos relacionados às sanções administrativas da LGPD para o dia 1º de agosto de 2021. E, em todos os casos, a Medida Provisória nº 959/2020, enquanto não validada pelo Congresso Nacional, já determinou a prorrogação da Lei para o dia 3 de maio de 2021, ainda que tal adiamento possa ser revisto.

Com efeito, quando este artigo for publicado, há chances de a LGPD já ter sido postergada diante da apreciação da MP 959, o que poderia esvaziar todo o conteúdo deste texto. Contudo, as provocações que são feitas neste artigo não foram pensadas no hoje, *foram pensadas no amanhã*.

Caso a MP 959 seja aprovada pelo Congresso Nacional sem quaisquer modificações no que diz respeito à LGPD, a Lei entrará em vigor em 3 de maio de 2021, com os artigos sobre as sanções administrativas previstas na legislação entrando em vigor no dia 1º de agosto de 2021.

O curto prazo de prorrogação previsto faz levantar um questionamento crível: qual é a real eficácia dessa extensão? Nenhum dos três argumentos para justificar a prorrogação parece ser resolvido com esse adiamento diminuto.

As empresas que não se adequaram até agora, dificilmente terão condições de se adequar dentro dessa extensão do prazo, de modo que o nível de conformidade com a legislação deve continuar baixo; em um ano no qual existem preocupações muito mais latentes para o Poder Executivo e para o Poder Legislativo, que inclusive farão com que a meta fiscal vá para o espaço sideral e que serão o foco primordial de atenção provavelmente durante os próximos 6 meses que ainda restam em 2020, esperar que a Autoridade Nacional seja instaurada e que seus diretores sejam nomeados e sabatinados até o final do ano é uma quimera; imaginar que todos os efeitos da pandemia da Covid-19 estarão resolvidos até maio de 2021, e que a economia já terá se restabelecido a permitir novos investimentos em adequações à LGPD também parece ilusório.

Por sua vez, a postergação das sanções administrativas para agosto de 2021 também carece de eficácia prática. Considerando que a ANPD seja instituída, tenha seus membros diretores selecionados e sabatinados, e comece a trabalhar a partir do dia 1º de janeiro de 2021 (o que, como salientado supra, já é improvável), dificilmente qualquer sanção seria aplicada antes de agosto de 2021 de qualquer forma. Não somente pelo caráter educativo que se espera que a Autoridade tenha nos seus primeiros anos, mas principalmente pelo fato de que, mesmo para poder punir com multas, ela precisa antes editar um regulamento próprio sobre as metodologias que orientarão a dosimetria dessas penas, o qual deverá ser objeto de consulta pública, na forma do art. 53, *caput* e § 1º, da Lei.

Isso tudo sem contar os diversos pontos de extrema relevância que precisam antes ser regulamentados pela ANPD, como exposto supra. Todos esses regulamentos também demandam prévias consultas e audiências públicas antes de serem adotados, consoante o art. 55-J, § 2º, da Lei. Sem qualquer sombra de dúvidas, isso exigirá um tempo provavelmente muito maior do que agosto de 2021.

A mesma lógica é aplicável para a prorrogação prevista na Medida Provisória nº 959/2020, que levaria a LGPD a entrar em vigor em 3 de maio de 2021, tempo também relativamente curto.

Nessa linha de raciocínio, a prorrogação da LGPD, tal como lançada pelo texto da MP 959, ou de suas sanções administrativas, como previsto na Lei nº 14.010/2020, parece sem sentido. E, mais do que isso, dá margem a que, quando estivermos perto desse novo prazo, os argumentos sejam reeditados, e tenhamos a volta das falácias do amanhã.

A saga da LGPD, com base nas falácias do amanhã, é cíclica e jamais terá fim. Assim como a grama do vizinho é sempre mais verde, o amanhã é sempre melhor. E acreditar que o amanhã será melhor quando estamos envoltos no meio de uma crise mundial sem precedentes é mais do que fácil, é necessário.

Ainda assim, esperar o amanhã chegar não traz nenhuma certeza concreta: nem que o nível de conformidade com a Lei será maior, nem que a ANPD terá sido instalada e terá iniciado seus trabalhos, nem que a pandemia terá sido superada. Nesse contexto, as palavras de Geraldo Vandré ecoam com exatidão: "vem, vamos embora, que esperar não é saber. Quem sabe faz a hora não espera acontecer".

6. Referências Bibliográficas

ALVES, Fabricio Mota; VIEIRA, Gustavo Afonso Sabóia. Sem a ANPD, a LGPD é um problema, não uma solução. *JOTA*, 6 de janeiro de 2020. Disponível em: <https://www.jota.info/opiniao-e-analise/artigos/anpd-lgpd-problema-solucao-06012020>. Acesso em: 15 abr. 2020.

BRASIL. *Exposição de Motivos nº 00239/2018 MP, de 6 de dezembro de 2018*. Disponível em: <http://www.planalto.gov.br/ccivil_03/_ato2015-2018/2018/Exm/Exm-MP-869-18.pdf>. Acesso em: 15 abr. 2020.

_____. *Medida Provisória nº 869, de 27 de dezembro de 2018*. Altera a Lei nº 13.709, de 14 de agosto de 2018, para dispor sobre a proteção de dados pessoais e para criar a Autoridade Nacional de Proteção de Dados, e dá outras providências. Disponível em: <http://www.planalto.gov.br/ccivil_03/_ato2015-2018/2018/Mpv/mpv869.htm>. Acesso em: 15 abr. 2020.

CÂMARA DOS DEPUTADOS. *Projeto de Lei n. 3420/2019 (Deputado Heitor Freire)*. Altera a Lei nº 13.709, de 14 de agosto de 2018, a fim de limitar a multa aplicada às entidades de direito privado em caso de vazamento de dados pessoais. Disponível em: <https://www.camara.leg.br/proposicoesWeb/prop_mostrarintegra?codteor=1762621&filename=PL+3420/2019>. Acesso em: 15 abr. 2020.

_____. *Projeto de Lei n. 5762/2019 (Deputado Carlos Bezerra)*. Altera a Lei nº 13.709, de 2018, prorrogando a data de entrada em vigor de dispositivos da Lei Geral de Proteção de Dados Pessoais – LGPD – para 15 de agosto de 2022. Disponível em: <https://www.camara.leg.br/proposicoesWeb/prop_mostrarintegra?codteor=1828120&filename=PL+5762/2019>. Acesso em: 15 abr. 2020.

_____. *Projeto de Lei n. 6149/2019 (Deputado Mário Heringer)*. Altera a Lei nº 13.709, de 14 de agosto de 2018, para estabelecer progressividade temporal no valor das multas a serem aplicadas. Disponível em: <https://www.camara.leg.br/proposicoesWeb/prop_mostrarintegra?codteor=1837343&filename=PL+6149/2019>. Acesso em: 15 abr. 2020.

CORTE INTERAMERICANA DE DIREITOS HUMANOS. *COVID-19 e Direitos Humanos: os problemas e desafios devem ser abordados a partir de uma perspectiva de direitos humanos e com respeito às obrigações internacionais*. 14 de abril de 2020. Disponível em: <https://www.conjur.com.br/dl/direitos-humanos.pdf>. Acesso em: 15 abr. 2020.

DELOITTE. *Integridade Corporativa no Brasil: Evolução do compliance e das boas práticas empresariais nos últimos anos – Pesquisa 2018*, p. 8. Disponível em: <https://www2.deloitte.com/content/dam/Deloitte/br/Documents/risk/DL_ICC_Publicação_v09.pdf>. Acesso em: 15 abr. 2020.

NOGUEIRA, Luiz. Covid-19: Brasil passa dos 100 mil casos; mortes superam 7 mil. Olhar Digital, 4 de maio de 2020. Disponível em: <https://olhardigital.com.br/coronavirus/noticia/covid-19-brasil-passa-dos-100-mil-casos-mortes-superam-7-mil/98089>. Acesso em: 4 mai. 2020.

OLIVEIRA, Elida; ORTIZ, Brenda. Ministério da Saúde confirma primeiro caso de coronavírus no Brasil. *Globo.com*, 26 de fevereiro de 2020. Disponível em: <https://g1.globo.com/ciencia-e-saude/noticia/2020/02/26/ministerio-da-saude-fala-sobre-caso-possivel-paciente-com-coronavirus.ghtml>. Acesso em: 15 abr. 2020.

POSSEBON, Samuel. LGPD: prazos e regulamentação ainda são pontos cada vez mais críticos. *Teletime*, 27 de novembro de 2019. Disponível em: <https://teletime.com.

br/27/11/2019/lgpd-prazos-e-regulamentacao-ainda-sao-pontos-cada-vez-mais--criticos/>. Acesso em: 15 abr. 2020.

SENADO FEDERAL. *Projeto de Lei n. 1027/2020 (Senador Otto Alencar)*. Altera a Lei nº 13.709, de 2018, prorrogando a data da entrada em vigor de dispositivos da Lei Geral de Proteção de Dados Pessoais – LGPD – para 16 de fevereiro de 2022. Disponível em: <https://legis.senado.leg.br/sdleg-getter/documento?dm=8078383&t-s=1586897287166&disposition=inline>. Acesso em: 15 abr. 2020.

_____. *Projeto de Lei n. 1179/2020 (Senador Antonio Anastasia)*. Dispõe sobre o Regime Jurídico Emergencial e Transitório das relações jurídicas de Direito Privado (RJET) no período da pandemia do Coronavírus (Covid-19). Disponível em: <https://legis.senado.leg.br/sdleg-getter/documento?dm=8081779&ts=1586972948105&disposition=inline>. Acesso em: 15 abr. 2020.

_____. *Projeto de Lei n. 1198/2020 (Senador Alvaro Dias)*. Acrescenta parágrafo único ao artigo 65 da Lei no 13.709, de 14 de agosto de 2018, Lei Geral de Proteção de Dados Pessoais – LGPD, para prever prazo de aplicação das sanções previstas na referida Lei, em virtude do estado de calamidade pública reconhecido pelo Decreto Legislativo no 6, de 20 de março de 2020, e da emergência de saúde pública de importância internacional decorrente do coronavírus (covid-19). Disponível em: <https://legis.senado.leg.br/sdleg-getter/documento?dm=8082566&ts=1586898530806&-disposition=inline>. Acesso em: 15 abr. 2020.

SILVEIRA, Tales. Sabatina de diretores da ANAC no Senado continua sem previsão de ocorrer. *Agência Infra*, 23 de março de 2020. Disponível em: <http://www.agenciainfra.com/blog/sabatina-de-diretores-da-anac-no-senado-continua-sem-previsao-de-ocorrer/>. Acesso em: 15 abr. 2020.

TRUSTARC. *CCPA and GDPR Compliant Report: Research into U.S. Compliance Status and Plans for California Consumer Privacy Act and EU General Data Protection Regulation*, p. 6. Disponível em: <https://download.trustarc.com/dload.php/?f=7OFE-DLUL-784>. Acesso em: 15 abr. 2020.

_____. *GDPR Compliance Status: A Comparison of US, UK and EU Companies*, p. 8. Disponível em: <https://download.trustarc.com/dload.php/?f=M9T2K99J-729>. Acesso em: 15 abr. 2020.

URUPÁ, Marcos. ANPD poderá ter Conselho Diretor nomeado até o final do ano. *Teletime*, 6 de agosto de 2019. Disponível em: <https://teletime.com.br/06/08/2019/anpd-podera-ter-conselho-diretor-nomeado-ate-o-final-do-ano/>. Acesso em: 15 abr. 2020.

VALENTE, Fernanda. Senado aprova projeto que congela leis do Direito Privado durante epidemia. *ConJur*, 3 de abril de 2020. Disponível em: <https://www.conjur.com.br/2020-abr-03/senado-aprova-pl-preve-mudanca-temporaria-direito-privado>. Acesso em: 15 abr. 2020.
